U0000854

百衲本二十四史

舊五代史

上海涵芬樓影
印吳興劉氏嘉
業堂刻原輯永
樂大典有注本

宋司空同中書門下平章事薛居正等撰

高祖紀第一　晉書一

高祖聖文章武明德孝皇帝姓石諱敬瑭太原人也本衛大夫碏漢丞相奮之後漢衰關輔亂子孫流泒西裔故有居甘州者焉四代祖璟以唐元和中與沙陀軍都督朱耶氏自靈武人附憲宗嘉之隸爲河東陰山府裨校以邊功累官至朔州刺史天福二年追尊爲孝安皇帝廟號靖祖陵曰義陵祖妣秦氏追諡爲孝安元皇后三代祖郴早薨贈左散騎常侍追尊爲孝簡皇帝廟號

肅祖陵曰惠陵祖妣安氏追諡孝簡恭皇后皇祖諱翌任振武防禦使贈尚書右僕射追尊孝平皇帝廟號睿祖陵曰康陵祖妣米氏追諡孝平獻皇后皇考諱紹雍（案原本作詔雍今從五代會要改正）番字臬捩雞善騎射有經遠大畧事後唐武皇及莊宗累立戰功與周德威相亞歷平洺二州刺史薨於任贈太傅追尊爲孝元皇帝廟號憲祖陵曰昌陵皇妣何氏追諡孝元懿皇后帝卽孝元之第二子也以唐景福元年二月二十八日生於太原汾陽里時有白氣充庭人甚異焉及長性沈淟寡言笑讀兵法重李牧周亞夫行事唐明宗爲代州刺史每深心器之

因妻以愛女唐莊宗聞其善射擢居左右明宗請隸大軍從之後明宗從莊宗征行命帝領親騎號三討軍（案歐陽史作左射軍）倚以心腹天祐十二年莊宗併有河北之地開府於鄴梁遣上將劉鄩以兵五萬營於莘十三年二月鄩引兵突至淸平薄於城下莊宗至自甘陵兵未陣多爲鄩所掩帝領十餘騎横槊深入東西馳突無敢當者卒全部伍而旋莊宗壯之拊其背曰將門出將言不謬爾因頒以器帛復親爲啗酥當時以爲異恩由是知名明年鄩兵陣於莘之西北明宗從莊宗酣戰久之塵埃四合帝與明宗俱陷陣内帝挺身躍劍反復轉鬬行數

十里逐鄩於故元城之東是日鄩軍殺傷過半十五年唐軍拔楊劉鎮梁將賀瓌設伏於無石山明宗爲瓌所迫帝爲後殿破梁軍五百餘騎按轡而還十二月莊宗與梁軍大戰於胡柳陂衆號十萬總管周德威將左軍雜以燕人前鋒不利德威死之莊宗率步衆五千固守高陵以避敵之鋭明宗獨完右廣伏於土山之下顧謂帝曰梁人首獲其利旌旗甚整何計可以挫之帝曰臟後寒如此出手麾指彼多步衆易進難退莫若啜糒飲水徐而困之且超乘徒行其勢不等一擊而破期在必勝明宗曰是吾心也會日暮梁軍列於平野五六萬人

爲一方陣麾游騎以迫唐軍帝曰敵將遁矣乃請明宗令士整胄寬而羅之命左射軍二百人鳴矢馳轉漸東其勢以數千騎合之迨夜旌旗皆靡而一角先潰三面踵之其牙竿相擊若火爆之聲橫屍積甲不可勝計由是梁人勢削莊宗進營德勝渡十八年十月又從明宗戰梁人於德勝渡敗其將戴思遠殺二萬餘人十九年戰胡盧套唐軍稍郤帝睹其敵銳拔劍闢道肩護明宗而退敵人望之無敢襲者二十年十月從明宗觀梁人之楊村寨部曲皆不擐甲俄而敵出不意以兵掩明宗刃將及背帝挾戰戟而進一擊而凶酋落馬者數輩明

宗遂解其難是歲莊宗卽位於鄴改元同光遣明宗越河懸軍深入以取鄆鄆人始不之覺帝以五十騎從明宗涉濟突東門而入鄆兵來拒帝中刃褁明宗羅兵通衢嶷然不動會後騎繼至遂拔中城以據之旣而平汴水滅梁室成莊宗一統集明宗大勳帝與唐末帝功居最莊宗朝官未顯者以帝不好矜伐故也唯明宗心知之同光四年二月趙在禮據鄴爲亂朝廷遣元行欽招之不下羣議紛然以爲非明宗不可莊宗乃以明宗爲統帥時帝從行至魏諸軍有變叩馬請明宗帝河北明宗受霍彥威勸將自訴於天子遂佯諾諸軍亦恐事不

果而散者甚衆明宗所全者唯常山一軍而已西次魏縣帝密言於明宗曰猶豫者兵家大忌必若求訴宜決其行某願率三百騎先趨汴水以探虎口如遂其志請大軍速進夷門者天下之要害也據之可以自雪安有上將與三軍言變他日有平手乎危在頃刻不宜恬然明宗至相州遂分驍騎三百付之遣帝由黎陽濟河自汴西門而入因據其城及明宗入汴莊宗親統師亦至城之西北五里登高歎曰吾不濟矣由此莊宗從兵大潰來歸明宗明宗尋遣帝令率兵爲前鋒趨汜水關俄而莊宗遇內難而崩是月明宗入洛嘉帝之功自總管

府都校署陝府兵馬留後明宗卽位改元天成五月加帝光祿大夫檢校司徒充陝州保義軍節度使歲未期而軍民之政大治焉二年二月加檢校太傅兼六軍諸衛副使進封開國伯增食邑八百戶是月帝赴闕以倅六軍諸衛事故也四月加食邑八百戶實封一百戶旌爲政之效也十月明宗幸汴以帝爲御營使車駕次京水飛報汴州節度使朱守殷叛明宗命帝董親軍倍道星行信宿及浚城一戰而拔之尋以帝爲宣武軍節度使侍衛親軍步軍都指揮使兼六軍諸衛副使進封開國公加食邑五百戶賜耀忠匡定保節功臣四月車駕

還洛制加檢校太傅同中書門下平章事與唐尹鄴都留守天雄軍節度使五月丁未加駙馬都尉長興元年二月明宗南郊禮畢加檢校太尉增食邑五百戶尋詔歸任時鄴都繁富爲天下之冠而土俗獷悍民多爭訟帝令投函府門一一覽之及踰年盈積几案滯於獄者甚眾時論以此減之九月東川董璋叛朝廷命帝爲東川行營都招討使兼知東川行府事十月至自魏博董眾西征二年春以川路險艱糧運不繼詔班師四月復兼六軍諸衞副使六月改河陽節度使仍兼兵柄是時秦王從榮奏伏見北面頻奏報契丹族帳近塞吐渾突

厥已侵邊地戍兵雖多未有統帥早宜命大將一人以安雲朔明宗曰卿等商量從榮與諸大臣奏曰將校之中唯石敬瑭康義誠二人可行帝素不欲爲禁軍之副即奏曰臣願北行明宗曰卿爲吾行事無不濟及受詔不落六軍副使帝復遷延辭避十一月乙酉明宗復謂侍臣曰雲州奏契丹自幽州移帳言就放牧終冬不退其患深矣樞密使范延光奏曰已議石敬瑭與康義誠北行然其定奪即在宸旨帝奏曰臣雖不才爭敢避事但進退惟命明宗曰卿爲吾行甚叶眾議由是遂定丁亥加兼侍中太原尹北京留守河東節度使兼大同振

武彰國威塞等軍蕃漢馬步軍總管改賜竭忠匡運寧國功臣翌日宴於中興殿帝捧觴上壽因奏曰臣雖微怯惟邊事敢不盡其忠力但臣遠違玉階無以時申補報帝因再拜告辭明宗泣下霑衿左右怪其過傷果與帝因此爲訣遂不復相見矣十二月明宗晏駕帝聞之長慟若喪考妣應順元年正月閔帝即位加中書令及增食邑帝性簡儉未嘗以聲色滋味輒自宴樂每公退必召幕客論民間利害及刑政得失明而難犯事多親決有店婦與軍士訟云曝粟於門爲馬所食而軍士懇訴無以自明帝謂鞫吏曰兩訟未分何以爲斷可殺馬

刳腸而視其粟有則軍士誅無則婦人死遂殺馬馬腸無粟因戮其婦人境內肅然莫敢以欺事言者三月移鎮常山所歷方鎮以孝治爲急見民間父母在昆弟分索者必繩而殺之勤於吏事廷無滯訟常山屬邑曰九門有人鬻地與異居兄議價不定乃移于他人他人須兄立券兄固抑之因訴于令令以弟兄俱不義送府帝監之曰人之不義由牧長新至教化所未能及吾甚愧焉若以至理言之兄利良田弟求善價順之則是沮之則非其兄不義之甚也宜重笞焉市田以高價者取之上下服其明及岐陽兵亂推潞王爲天子閔帝急詔帝

赴闕欲以社稷爲託閔帝自洛陽出奔於衞相遇於途遂與閔帝迴入衞州時閔帝左右將不利於帝帝覺之因擒其從騎百餘人閔帝知事不濟與帝長慟而別帝遣刺史王弘贄安置閔帝於公舍而去尋爲潞王所害帝後長以此愧心焉清泰元年五月復授太原節度使北京留守充大同振武彰國威塞等軍蕃漢馬步總管二年夏帝屯軍於忻州朝廷遣使送夏衣傳詔撫諭後軍人遽呼萬歲者數四帝懼斬挾馬將李暉以下三十餘人以狥乃止三年五月移授鄆州節度使進封趙國公仍改扶天啟運中正功臣尋降詔促帝赴任帝心疑之乃召僚佐議曰孤再受太原之日主上面宣云與卿北門一生無議除改今忽降此命莫是以去年忻州亂兵見迫過相猜乎又今年千春節公主入覲當辭時謂公主曰爾歸心甚急欲與石郎反耶此疑我之狀固且明矣今天子用后族委邪臣沈湎荒惑萬機停壅失刑失賞不亡何待吾自應順中少主出奔之日覩人情大去不能扶危持顛憤憤于方寸者三年矣今我無異志朝廷自啟禍機不可安然死於道路况太原險固之地積粟甚多若且寬我我當奉之必若加兵我則外告鄰方北搆強敵興亡之數皎皎在天今欲發表稱疾以俟

其意諸公以爲何如掌書記桑維翰都押衙劉知遠贊成密計帝遂拒末帝之命朝廷以帝不奉詔降旨削奪官爵即詔晉州刺史北面副招討使張敬達領兵圍帝於晉陽帝尋命桑維翰詣諸道求援契丹遣人復書諾之約以中秋赴義（玉堂閒話晉祖在并部嘗從容謂佐云近因晝寢忽夢若頃年在洛京時與天子連鑣于路過舊第天子請某入其第某遜讓者數四不得已即促轡而入至廳事下馬升自阼階西向而坐天子已馳車去矣其夢如此羣僚莫敢有所答是年冬果有鼎革之事蓋晉祖懷不軌之志久矣故託夢以惑眾也　遼史太宗紀云七月丙申唐河東節度使石敬瑭爲其主所討遣趙瑩求救時趙德鈞亦遣使至河東復遣桑維翰來告急遂許興師八月庚午自將以援敬瑭）六月北面招討指揮使安重榮以部曲數千人入城七月代州屯將安元信率一軍與西北面先鋒指揮使安審信引五百騎俱至八月懷州彰德軍使張萬迪各率千餘騎來降是月外眾攻我甚急帝親當矢石人心雖固廩食漸困九月辛丑契丹主率眾自雁門而南旌騎不絕五十餘里（遼史九月丁酉入雁門戊戌次忻州己亥次太原）先使人報帝云吾欲今日便破賊可乎帝使人馳告曰皇帝赴難比要成功賊勢至厚可明旦穩審議戰未爲晚也使未達契丹已與南軍騎將高行周符彥卿等合戰時張敬達楊光遠列陣西山下士未及成伍而行周彥卿爲伏兵所斷捨軍而退敬達等步兵大敗死者萬人是夜帝出北門與戎王相見戎

王執帝手曰恨會面之晚因論父子之義遼史敬瑭率官屬來見帝
帝執手撫慰之契丹國志云敬瑭見契丹帝問曰皇帝遠來士馬疲倦遽與唐大戰而勝何也帝曰始我謂唐必斷雁門諸路伏兵險要不可得進使人偵視皆無之是以長驅而深入我氣力銳乘此擊之是以勝之敬瑭歎服
明日帝與契丹圍敬達營寨南軍不復出矣帝與契
丹本無結好自末帝見迫之後遣心腹何福以刀錯爲
信一言親赴其難迅若流電信天意耶己酉唐末帝率
親軍步騎三萬出次河橋辛亥末帝詔樞密使趙延壽
分衆二萬爲北面招討使又詔魏博節度使范延光統
本軍二萬人屯遼州十月幽州節度使趙德鈞領所部
萬餘人自上黨吳兒谷合延壽兵屯團谷口與敬達寨

相去百里彌月竟不能相通案遼史初圍晉安分遣精兵守其要害以絕援兵之路趙延壽等皆逗留不進十一月戎王會帝於營謂帝曰我三千里
赴義事須必成觀爾體貌恢廓識量深遠眞國主也天
命有屬事不可失欲徇蕃漢羣議册爾爲天子帝飾讓
久之既而諸軍勸請相繼乃命築壇於晉陽城南册帝
爲大晉皇帝戎王自解衣冠授焉案遼史太宗紀十一年冬十月甲子封敬瑭爲晉王十一月丁酉册敬瑭爲大晉皇帝薛史及通鑑歐陽史俱不載先封晉王事文曰維天
顯九年歲次丙申十一月丙戌朔十二日丁酉大契丹
皇帝若曰於戲元氣肇開樹之以君天命不恆人輔以
德故商德衰而周德盛秦德亂而漢國昌人事天心古
今靡異咨爾子晉王神鍾睿哲天贊英雄叶夢日以儲
祥應澄河而啟運迨事數帝歷試諸艱武畧文經迺由
天縱忠規孝節固自生知猥以渺躬奄有北土暨明宗
之享國也與我先哲王保奉明契所期子孫順承患難
相濟丹書未泯白日難欺顧予纂承匪敢失墜爾惟近
戚實系本枝所以余視爾若子爾待予猶父也朕昨以
獨夫從珂本非公族竊據寶圖棄義忘恩逆天暴物誅
剪骨肉離間忠良聽任矯諛威虐黎獻華夷震悚內外
崩離知爾無辜爲彼致害敢徵衆旅來逼嚴城雖併吞
之志甚堅而幽顯之情何負達於聞聽深激憤驚乃命

興師爲爾除患親提萬旅遠殄羣凶但赴急難罔辭艱
險果見神祇助順卿士叶謀旗一麾而棄甲平山鼓三
作而殭屍偏野雖以遂予本志快彼羣心將期稅駕金
河班師玉塞矧中原無主四海未寧茫茫生民若墜塗
炭况萬幾不可以暫廢大寶不可以久虛拯溺救焚當
在此日爾有庇民之德格于上下爾有戡難之勳光于
區宇爾有無私之行通乎神明爾有不言之信彰乎兆
庶予懋乃德嘉乃丕績天之曆數在爾躬是用命爾當
踐皇極仍以爾自茲并土首建義旂宜以國號曰晉朕
永與爲父子之邦保山河之誓於戲補百王之闕禮行

玆盛典成千載之大義遂我初心爾其永保兆民勉持
一德愼乃有位允執厥中亦惟無疆之休其誡之哉禮
畢帝鼓吹導從而歸案通鑑考異引廢帝實錄契丹立晉在閏月丁卯歐陽史及通鑑並從薛史作十一月丁酉始梁開國之歲即前唐天祐四年也潞州
行營使李思安奏壺關縣庶穰鄉鄉人伐樹樹倒自分
兩片內有六字如左書云天十四載石進梁祖令藏於
祖庫然莫詳其義至帝即位識者曰天字取四字中兩
畫加之於傍則丙字也四字去中之兩畫案原本作中去之兩畫今從冊府元龜改正加十字則申字也帝即位之年乃丙申也又
易云晉者進也國號大晉皆符契焉又帝即位之前一

年歲在乙未鄴西有柵曰李固淸淇合流在其側柵有
橋橋下大鼠與蛇鬬鬬及日之申蛇不勝而死行人觀
者數百識者志之後唐末帝果滅于申又末帝眞定常
山人也有先人舊廬其側有古佛剎剎有石像忽搖動
不已人皆異之及重圍晉陽帝遣心腹案原本闕帝遣心腹四字今從冊府元龜增入何福輕騎求援北蕃蕃王自將諸部赴之不以
繒帛不以珠金若響應聲謂福曰吾已兆于夢皆上帝
命我非我意也契丹國志引紀異錄云契丹主德光常晝寢夢一神人花冠美姿容輜軿甚盛忽自天而下衣白衣佩金帶執鍇錄有異人十二隨其後內一黑兎入德光懷而失之神人語德光曰石郎使人喚汝汝須去覺告其母母忽之不以爲異後復夢即前神人也衣冠儀貌儼然如故曰石郎已使人來喚汝

旣覺而驚復以告母母曰可命筮乃召巫筮言太祖從西樓來言中國將立天王要爾爲助爾須去未浹旬唐石敬瑭反于河東爲後唐張敬達所敗亟遣趙瑩持表重賂許割燕雲求兵爲援契丹主曰我非爲石郎興師乃奉天帝敕使也時援兵未至僞將張敬達引軍逼城設柵柵
將成必有大風暴雨柵無以立後築長城城就又爲水
潦所壞城終不能合晉陽有北宮宮城之上有祠曰毗
沙門天王帝曾焚修默而禱之經數日城西北闉正受
敵處軍候報稱夜來有一人長丈餘介金執殳行於城
上久方不見帝心異之又牙城有僧坊曰崇福坊之廡
下西北隅有泥神神之首忽一日有烟生其騰郁如曲
突之狀坊僧奔赴以爲人火所延及俯而視之無所有

焉事尋達帝帝召僧之臘高者問焉僧曰貧道見莊宗
將得天下曾有此烟觀此噴湧甚於當時兆可知矣自
此日傍多有五色雲氣如蓮芰之狀帝召占者視之謂
曰此驗應誰占者曰見處爲瑞更應何人又帝每詰旦
使慰撫守陴者卒以爲常忽一夕已瞑城上有號令之
聲聲不絕者三帝使人問之將吏云從上傳來者皆知
神助時城中復有數家井泉暴溢不止及蕃軍大至合
勢破之末帝之衆似拉朽焉斯天運使然非人力也是
日帝言于戎王願以雁門已北及幽州之地爲戎王壽
仍約歲輸帛三十萬戎王許之永樂大典卷一萬五千六百四十三

舊五代史卷七十五終

舊五代史卷七十五攷證

晉高祖紀一本衞大夫碏漢丞相奮之後　案歐陽史作其姓石氏不知其得姓之始

乃命築壇于晉陽城南　案通鑑作築壇于柳林遼史亦作設壇晉陽

歲次丙申十一月丙戌朔十二日丁酉　案通鑑攷異引廢帝實錄契丹立晉誤在閏月丁卯辨正在唐紀歐陽史及通鑑並從晉紀作十一月丁酉

舊五代史卷七十五攷證

舊五代史卷七十六

宋司空同中書門下平章事薛居正等撰

高祖紀第二　晉書二

天福元年十一月己亥帝御北京崇元殿降制改長興七年爲天福元年大赦天下十一月九日昧爽已前應在京及諸州諸色罪犯及曾授僞命職掌官吏并見禁四徒已結正未結正已發覺未發覺罪無輕重常赦不原者咸赦除之應明宗朝所行勅命法制仰所在遵行不得改易其在京鹽貨元是官場出糶自今後並不禁斷一任人戸取便糶易仍下太原府更不得開場糶貨

其麴每斤與減價錢三十文以節度判官趙瑩爲翰林學士承旨守尚書戸部侍郎知河東軍府事以節度掌書記桑維翰爲翰林學士守尚書禮部侍郎知樞密院事以觀察判官薛融爲吏部郎中兼侍御史知雜事太原縣令何羅周岳爲左諫議大夫節度推官竇貞固爲翰林學士軍城都巡檢使劉知遠爲侍衛馬軍都指揮使客將景延廣爲步軍都指揮使太原少尹李玘爲尚書工部侍郎閏十一月甲子晉安寨副招討使楊光遠等殺上將張敬達以諸軍來降丙寅制以翰林學士承旨知河東軍府戸部侍郎知制誥趙瑩爲門下侍郎同中書門下平章事監修國史以翰林學士權知樞密事禮部侍郎知制誥桑維翰爲中書侍郎同中書門下平章事集賢殿大學士依前知樞密院事並賜推忠興運致理功臣甲戌車駕至昭義受趙德鈞延壽降是日戎王舉酒言於帝曰予遠來赴義大事已成皇帝須赴京都今令大詳袞（舊作相温今改正）勒兵相送至河梁要過河者任意多少予亦且在此州俟京洛平定便當北轅執手相泣久不能別脫白貂裘以衣帝贈細馬二十匹戰馬一千二百匹仍誡曰子子孫孫各無相忘己卯至河陽北節度使萇從簡來降舟楫已具庚辰望見洛陽烟火

相次有將校飛狀請進辛巳唐末帝聚其族與親將宋審虔等登玄武樓縱火自焚而死至晚車駕入洛唐兵解甲待罪皆慰而舍之帝止潛龍舊第百官稍稍見焉詔御史府促朝官入見詔文武兩班臣寮應事僞庭者並釋罪是日百辟謝恩於宮門之外甲申車駕入內御文明殿受朝賀用唐禮樂制大赦天下應中外諸色職掌官吏內曾有受僞命者一切不問僞廷賊臣張延朗劉延皓劉延朗等並姦邪害物貪猥弄權罪既滿盈理難容貸除此三人已行勅命指揮外其有宰臣馬裔孫樞密使房暠宣徽使李專美河中府節度使韓昭裔等

四人並令釋放少帝宜令中書門下追尊定謚擇日禮葬妃孔氏宜行追册祔葬應天下節度使刺史下賓席郡職及將校等委中書門下各與改轉官資其北京管內鹽鎬戶合納逐年鹽利昨者僞命指揮每斗須令人戶折納白米一斗五升極知百姓艱苦自今後宜令人戶以元納食鹽石斗數目每斗依實價計定令錢數取人戶便穩折納斛斗其洛京管內逐年所配人戶食鹽起來年每斤特與減價錢十文應諸道商稅仰逐處將省司合收稅條例牓於本院前牓內該設名目者卽得收稅十二月己酉朔幸河陽餞送大詳衮蕃部兵士歸

國詔降末帝爲庶人丁亥制以司空馮道守本官兼門下侍郎平章事弘文館大學士以步軍都指揮使符彥饒爲滑州節度使以河陽節度使萇從簡爲許州節度使以澤州刺史劉凝爲華州節度使以皇子重乂爲河南尹庚寅以滑州節度判官石光贊爲宗正卿辛卯以舊相姚顗爲刑部尚書時自秋不雨經冬無雪命羣官徧加祈禱癸巳以邠州節度使張希崇爲靈武節度使鄧州節度使皇甫遇爲定州節度使詔國朝文物制度起居入閣宜依唐明宗朝事例施行鎭州衙內都虞候秘瓊作亂逐副使李彥琦殺都指揮使胡章同州小校門鐸殺節度使楊漢賓燒刼州城丙申帝爲明宗皇后曹氏發舉哀于長春殿輟朝三日詔封故東丹王李贊華爲燕王遣前單州刺史李肅部署歸葬本國以右拾遺吳涓爲左補闕充樞密院學士己亥以汴州節度使李周充西京留守以前河中節度使李從璋爲鄧州節度使慈州奏草寇攻城三日而退庚子帝爲皇弟故彰聖指揮使敬殷沂州指揮使敬德檢校太子賓客敬友舉哀于長春殿以舊相盧文紀爲吏部尚書以皇城使周瓌爲大將軍充三司使以左贊善大夫馬重績爲司天監青州奏節度使房知溫卒詔鄆州王建立以所部

牙兵往青州安撫中書門下奏請以來年二月二十八日帝慶誕日爲天和節從之

天福二年春正月甲寅朔帝御文明殿受朝賀仗衞如式乙卯日有蝕之（案五代春秋作正月乙卯朔日食據通鑑考異引十國紀年蜀人亦以乙卯爲朔蓋晉人避正朝日食故改甲寅朔耳）是夜有赤白氣相間如耕壟竹林之狀自亥至丑生北濁過中天明滅不定徧二十八宿徹曙方散丁巳故皇弟敬德敬殷並贈太傅皇子重裔重進重殷並贈太保右神武統軍康思立卒輟視朝贈太子少師是日詔曰唐莊宗陵名與國諱同宜改爲伊陵應京畿及諸州縣舊有唐朝諸帝陵并眞源等縣

丁不爲次赤却以畿甸緊望爲定其逐處縣令不得以
陵臺結銜考滿日依出選門官例指揮隔任後準格例
施行其宋州亳州節度使刺史落太清宮使副名額庚
申以前吏部郎中兼侍御史知雜事王松爲左諫議大
夫水部郎中[illegible]易簡本官知制誥定州奏契丹改幽州
爲南京中書奏請立宗廟從之以翰林學士工部侍郎
和凝爲禮部侍郎依前充職詔內外文武臣僚並與加
恩皇基初造示普恩也太子少保致仕華温琪卒贈太
子太保是日詔應朝臣中有藉才特除外任者秩滿無
遺闕將來擬官之時在外一任同在朝一任升進其就

便自求外職及不是特達選任者不在此限安州上言
節度使盧文進殺行軍副使率部下親兵過淮以前天
平軍節度使檢校太尉兼侍中王建立爲平盧軍節度
使以守司空門下侍郎平章事弘文館大學士馮道兼
諸道鹽鐵轉運等使天雄軍節度使兼中書令范延光
改封秦國公加食邑實封鳳翔節度使兼中書令西平
王李從曮加食邑實封乙丑以端明殿學士禮部侍郎
呂琦爲檢校工部尚書秘書監丙寅改中興殿爲天福
殿門名從之湖南節度使楚王馬希範加食邑實封改
賜功臣名號前昭義節度使檢校太傅同平章事高行

周起復右金吾衛大將軍依前昭義軍節度使泰寧軍
節度使李從温荆南節度使南平王高從誨歸德軍節
度使趙在禮並加食邑實封改功臣名號以端明殿學
士戶部侍郎李崧爲兵部侍郎判戶部以左諫議大夫
王松判度支魏府范延光奏當管夏津鎮捕賊兵士誤
殺却新齊州防禦使祕瓊初延光將萌異志使人潛結
於瓊諾之及是以瓊背其謀密使精騎殺之由是延光
反狀明矣以工部侍郎李玘檢校右僕射爲汾州刺史
以前彰國軍節度使尹暉爲左千牛衛上將軍是日詔
日西天中印土摩竭陀舍衛國大菩提寺三藏阿闍梨

沙門室利縛羅宜賜號弘梵大師庚午涇州節度使李
德珫徐州節度使安彥威秦州節度使康福延州節度
使劉景巖襄州節度使安從進夏州節度使李彝殷並
加食邑實封壬申正衙備禮册贈故皇弟皇子等丙子
故契丹人皇王歸葬輟視朝一日改汴州雍邱縣爲杞
縣避廟諱也戊寅以兵部侍郎判戶部李崧爲中書侍
郎同中書門下平章事充樞密使以權知樞密使事中
書侍郎同中書門下平章事集賢殿學士桑維翰爲樞
密使是日詔曰應天開國恭己臨人宜覃繼絶之恩以
廣延洪之道宜於唐朝宗屬中取一人封公世襲兼隋

之鄰公爲二王後以後周介公備三恪主其祭祀及赴
大朝會（五代會要載原敕云其唐朝宗屬中舊在朝及諸道爲官者各據資歷考限滿日從品秩序遷己有出身任令參選）以前鎮國軍節度使皇甫立爲神武統軍以
前宗正卿李郁爲太子賓客庚辰以吏部侍郎龍敏判
戸部二月丙戌以尙食使安友規充葬明宗皇后監護
使以河陽節度使安審暉爲鄜州節度使癸巳詔停北
京西北面計度司事吳越國王錢元瓘加食邑實封改
賜功臣名號己亥詔應諸道行軍副使等得替後且就
私家取便安止限一年後方得赴闕當便與比擬壬寅
詔應諸道馬步都虞候自今後朝廷更不差補委自藩

方於本州衙前大將中愼選久歷事任曉會刑獄者充
以三年限仍不得於元隨職員內差補以左散騎常侍
孔昭序爲太子賓客尙書左僕射劉昫左僕射盧質並
加食邑實封甲辰以滄州留後馬全節爲橫海軍節度
使以太子賓客韓惲爲貝州刺史左羽林統軍羅周敬
爲右金吾衛上將軍丙午以皇子左驍衛上將軍重信
爲檢校太保河陽三城節度使以權知河陽軍州事周
瓌爲安州節度使詔中外臣寮或因差使出入並不得
薦屬人於藩鎭希求事任如有犯者並準唐長興二年
勅條處分戊申中書舍人陳乂改左散騎常侍應在朝

文武百寮及見任刺史先代未封贈者與贈母妻未敘
封者並與敘封辛亥天和節帝御長春殿召左右街僧
錄威儀殿內譚經循舊式也三月甲寅制北京留守太
原尹皇子重貴封食邑三百戸刑部侍郎張鵬改兵部
侍郎己未御史臺奏唐朝定令式南衙常參文武百寮
每日朝退于廊下賜食謂之常食自唐末亂離常食漸
廢仍於入閤起居日賜食每入閤禮畢閤門宣放仗羣
官俱拜謝之謝食至僞主淸泰年中入閤禮畢更差中
使至正衙門日宣賜食百官並班重謝此則交失唐朝
賜食之意於禮寔爲太繁臣恐因循漸失根本起今後

入閤賜食望不差中使口宣準唐明宗朝事例處分從
之（五代會要載其年四月御史臺奏文武百官每月朔望入閤禮畢賜廊下食在京時祗于廟堂幕次兩廊下今在行朝于正衙門外權爲幕次房廊監狹伏恐五月一日朝會禮畢準例賜食于幕次難爲排比伏見唐明宗時兩省官于文明殿前廊下賜食今未審入閤日權于正衙門內兩廊下排比賜食爲復別有處分敕宜依明宗時舊規廊下賜食）中書奏準勅故庶人三月七日以王禮葬
其妻男等並以禮葬請輟其日朝參一日從之以宣徽
南院使楊彥詢爲左監門衛上將軍依前充宣徽使兗
州李從溫奏節度副使王謙搆軍士作亂尋已處置丙
寅詔王者省方設教靡憚於勤勞養士撫民必從其宜
便顧惟涼德肇啟丕圖常務去于煩苛冀漸臻于富庶

念京城俶擾之後屬舟船焚爇之餘饋運頓虧支費殊闕將別謀於飛輓慮轉困於生靈以此疚心未嘗安席今以夷門重地梁苑雄藩水陸交通舟車必集爰資經度須議按巡寧免暫勞所期克濟取今月二十六日巡幸汴州云通鑑范延光聚卒繕兵悉召巡內刺史集魏州將作亂會帝謀徙都大梁桑維翰曰大梁北控燕趙南通江淮水陸都會資用富饒今延光反形已露大梁距魏不過十驛彼若有變大軍尋至所謂疾雷不及掩耳也丙寅下詔託以洛陽漕運有闕東巡汴州以前貝州刺史史圭爲刑部侍郎充諸道鹽鐵轉運副使澤州刺史閻至爲戶部侍郎詔車駕經過州府管界所有名山大川帝王陵廟名臣祠墓去路十里者令本州排比祇候駕經過日以酒脯祭告左僕射劉昫等議立宗廟以立高祖已下四親廟其始祖一廟伏候聖裁御史中丞張昭遠議請依隋唐之制立四廟推四世之中名位高者爲太祖詔下百官定議百官請依唐制追尊四廟爲定從之甲戌以右龍武統軍楊思權爲左衞上將軍乙亥前鄜州節度使張萬進加檢校太傅前定州節度使李從敏加檢校太尉以吏部郎中兼侍御史知雜事薛融爲左諫議大夫以兵部郎中段希堯爲右諫議大夫戊寅以戶部尚書王權爲兵部尚書工部尚書崔居儉爲戶部尚書兵部尚書李鏻爲太子少保兵部尚書致仕裴皞爲工部

尚書東上閤門使李守貞爲右龍武將軍充職庚辰車駕離京四月癸未朔至鄭州防禦使白景友進牲餼器皿帝曰不出民力否景友曰臣畏陛下法皆辦於已俸命收之甲申駕入汴州丁亥制應天福二年四月五日昧爽已前諸道州府見禁囚徒大辟已下罪無輕重並釋放天福元年已前諸道州府應係前殘欠租稅並特除免諸道係徵諸色人負省司錢物宜令自僞清泰元年年終已前所欠者據所通納到物業外並與除放昨者行至鄭州滎陽縣界路旁見有蟲食及旱損桑麥處委所司差人檢覆量與蠲免租稅河陽管內酒戶百姓應欠天福元年閏十一月者二十五日已前不敷年額麴錢並放其諸處經兵火者亦與指揮當罪即誅式明常典既往可憫宜示深仁僞清泰中臣寮內有從誅戮者並許收葬天下百姓有年八十已上者與免一子差徭仍逐處簡署上佐官梁故滑州節度使王彥章效命當時致身所事稟千年之生氣流百代之令名宜令超贈太師子孫量才敘錄應諸道州府管界有自僞命抽點鄉兵之時多是結集劫盜因此畏懼刑章藏隱山谷宜令逐處曉諭招攜各令復業自今年四月五日已前爲非者一切不問如兩月不歸業者復罪如初丁酉宣

武軍節度使侍衛親軍使楊光遠加兼侍中己亥陝西節度使侍衛都虞候劉知遠加檢校太保庚子北京鄴都徐兗二州並奏旱詔今後立妃及拜免三公宰相及命將封親王公主宜令並降制命餘從令式處分夏五月壬子朔帝御崇光殿受朝賀仗衛如式詔洛京魏府管內所徵今年夏苗麥稅等宜放五分之一以徵旱故也丙辰御史中丞張昭遠奏汴州在梁室朱氏稱制之年有京都之號及唐莊宗平定河南復廢爲宣武軍至明宗行幸之時掌事者因緣修葺衙城遂挂梁室時宮殿門牌額當時識者竊或非之一昨車駕省方暫居

梁苑臣觀衙城內齋閣牌額一如明宗行幸之時無都號而有殿名恐非典據臣竊尋秦漢已來寰海之內鑾輿所至多立宮名近代隋室於揚州立江都宮太原立汾陽宮岐州立仁壽宮唐朝於太原立晉陽宮同州立長春宮岐州立九成宮宮中殿閣皆題署牌以類皇居請準故事於汴州衙城門權挂一宮門牌額則餘齋閣並可取便爲名勅行闕宜以大寧宮爲名湖南青草廟舊封安流侯進封廣利公洞庭廟進封靈濟公磊石廟舊封昭靈侯進封威顯公黃陵二妃廟舊封懿節廟改封昭烈廟從馬希範之請也戊午以前成德軍節度判

官張彭爲太府卿壬戌詔在朝文武臣寮每人各進封事一件仍須實封通進務裨闕政用副虛懷甲子以虞部郎中知制誥于嶠爲中書舍人以戶部郎中于邁爲虞部郎中知制誥故太子少保致仕朱漢賓贈司空乙丑六宅使王繼弘送義州衙前洺州團練使高信送復州收管二人於崇禮門喧爭爲臺司所劾故也戊辰翰林學士戶部員外郎知制誥竇貞固改工部郎中知制誥翰林學士都官郎中知制誥李慎儀改中書舍人仍賜金紫並依舊充職庚午制封皇第二十一女爲長安公主封皇第十一妹烏氏爲壽安長公主皇第

十二妹史氏爲永壽長公主皇第十三妹杜氏爲樂平長公主壬申天雄軍節度使守太傅兼中書令興唐尹范延光進封臨清王加食邑三千戶鳳翔節度使檢校太師兼中書令西平王李從曮進封岐王丙子平盧軍節度使兼中書令王建立進封臨淄王昭信軍節度使侍衛馬軍都指揮使景延廣改寧江軍節度使典軍如故太常卿梁文矩奏定四廟諡號廟號陵號太常少卿裴坦奏定四廟皇后追尊諡號從之戊寅以中書舍人權知貢舉王延爲御史中丞以翰林學士戶部侍郎知制誥崔梲爲兵部侍郎充承旨以翰林學士承旨兵部

侍郎程遜爲檢校禮部尚書太常卿檢校吏部尚書太常卿梁文矩爲吏部尚書以御史中丞張昭遠爲戶部侍郎以吏部尚書盧文紀爲太子少傅己卯詔太社內先收掌唐朝罪人首級等宜令骨肉或先舊寮屬收葬其喪葬儀注不得過制案改葬梁末帝因婁繼英之請也事未及行而繼英誅死至九月甲寅始命安崇阮改葬詳見通鑑六月壬午朔制宗正卿石光贊奏榮陽道左有萬石君石奮之廟德行懿美宜示封崇用光遠祖之徽猷益茂我朝之盛典贈奮太傅癸未契丹使伊勒希巴舊作夷離畢今改正來聘致馬二百匹及人參貂鼠皮走馬木椀等物乙酉翰林學士司封員外郎知制誥王仁裕改都官郎中右贊善大夫盧損改右散騎常侍前有朝貶故也以秘書少監致仕劉頎爲鴻臚卿致仕前光祿少卿尹玉羽以少府監致仕丙戌宰臣李崧上表讓樞密使於趙瑩以瑩佐命之元臣也詔不允以前義成軍節度使李彥舜爲左武衛大將軍以左散騎常侍唐汭爲檢校禮部尚書國子祭酒以前左龍武統軍李承約爲左驍衛上將軍戊子宰臣趙瑩自契丹使回癸巳東都奏瀍澗河溢壞金沙灘內舍屋幽州趙思溫奏瀛莫兩州元係當道其刺史常行周白彥球乞發遣至臣本府詔遣行周等赴闕甲午六宅使張彥自魏府迴

奏范延光叛命滑州符彥饒飛奏有兵士自北來傳范延光到黎陽乞發兵屯禦宜遣客省使李守貞往延光所問罪尋命護聖都指揮使白奉進領騎士一千五百赴白馬渡巡檢乙未魏府范延光男閑廐使守圖送御史臺攝荆南節度行軍司馬檢校太保歸州刺史王保義加檢校太傅知武泰軍節度觀察留後充荆南行軍司馬兼沿淮巡檢使襄州奏江水漲一丈二尺丁酉遣內班史進能押信箭一對往滑州賜符彥饒以前磁州刺史劉審交爲魏府計度使以東都巡檢使張從賓充魏府西南面都部署遣侍衞使楊光遠領步騎一萬赴滑州以東都副留守張延播充洛京都巡檢使白奉進奏捉得賊卒張柔稱范延光差澶州刺史馮暉充一行都部署元從押衙孫銳充一行兵馬都監帝覽奏謂侍臣曰朕雖寡德寡謀自謂不居延光之下而馮暉孫銳過於兒戲朝夕就擒安能抗拒大軍爲我之患乎天平軍節度使安審琦起復舊任翰林學士禮部侍郎和凝改端明殿學士己巳范延光差牙將王知新齎表到闕不令朝見收付武德司丁未詔侍衞使楊光遠充魏府西面部署以張從賓充副兼諸軍都虞候昭義軍節度使高行周充魏府西南都部署是日張從賓亦叛與范

延光叶謀害皇子河陽節度使重信皇子東都留守重乂已酉以奉國都指揮使侯益護聖都指揮使杜重威領步騎五千往屯汜水關備從賓之亂也通鑑七月張從賓攻汜水關殺巡檢使宋廷浩帝戎服嚴輕騎將奔晉以避之桑維翰叩頭苦諫曰賊鋒雖盛勢不能久請少待之不可輕動帝乃止七月辛亥兩浙錢元瓘奏弟呉越士客馬步諸軍都指揮使靜海軍節度使元球非時入府欲謀爲亂腰下搜得匕首已誅戮訖詔削元球在身官爵甲寅奉國都指揮使馬萬奏滑州節度使符彥饒作亂屠害侍衞馬軍都指揮使白奉進尋以所部兵擒到彥饒差立功都虞候方太押送赴闕尋賜死於路是日削奪范延光在身官爵以馬萬爲滑州節度使以昭義節度使高行周爲河南尹東都留守充西面行營諸軍都部署以護聖左右廂都指揮使杜重威爲昭義軍節度使兼侍衞馬軍都指揮使案原本脫馬軍都三字今從通鑑增入充西面行營副部署以奉國都指揮使侯益爲河陽節度使以右神武統軍王周充魏府行營步軍都指揮使以滑州節度使馬萬充魏府行營馬軍都指揮使以左僕射劉昫充東都留守兼判河南府事杜重威等奏收下汜水關破賊千人張從賓及其殘黨奔投入河兼收到護聖指揮使曹再晟一百人騎稱背賊投來並送赴行闕升貝州爲

防禦使贈皇子故東都留守重乂贈太傅皇子故河陽節度使重信贈太尉勅朋助張從賓逆人張延播張繼祚等十人宜令收捕親的骨肉並處斬丁卯以唐開府儀同三司守太尉兼中書令西平王李晟五代孫臧爲耀州司戶參軍示勸忠之義也壬申帝御崇元殿備禮册四廟親授寶册於使攝太尉守司空門下侍郎平章事馮道使副攝司徒守工部尚書裴皥赴洛京行禮甲戌以宰臣趙瑩判戶部以吏部侍郎判戶部龍敏爲東都副留守詔洛京留司百官並赴闕安州軍亂指揮使王暉害節度使周環於理所遣右衞上將軍李金全領千騎赴安州八月辛巳以許州節度使萇從簡爲徐州節度使以陝州節度使侍衞馬步軍都虞候劉知遠爲許州節度使以權北京留守徐州節度使安彥威爲太原尹北京留守河東節度使宰臣監修國史趙瑩奏請循近例依唐明宗朝凡有內廷公事及言動之間委端明殿學士或樞密院學士侍立冕旒繫日編錄逐季送當館其百司公事亦望逐季送當館旋要編修日曆從之丁亥以前宋州節度使李從敏爲陝州節度使戊子以尚書左丞鄭韜光爲戶部尚書致仕改元德殿爲廣政殿門名從之庚子華州渭河泛溢害稼宰臣馮道加

開府儀同三司食邑實封左僕射劉昫加特進兼鹽鐵轉運等使故東京留守判官李遐追贈右諫議大夫其母田氏封京兆郡太君子孫量才敘錄仍加賻贈長給遐在身祿俸終母之世先是遐監左藏庫於洛陽會張從賓叛令強取錢帛遐拒而不與因而遇害故有是命乙巳詔天下見禁囚徒除十惡五逆放火劫舍持杖殺人合造毒藥官典犯贓欠負官錢外其餘不問輕重已發覺未發覺已結正未結正並從釋放應自張從賓作亂以來有曾被張從賓及張延播脅從染污者及符彥饒下隨身軍將等兼安州王暉徒黨除已誅戮外並從

釋放一切不問張繼祚在喪紀之中承逆豎之意顯從叛亂難貸刑章乃睠先臣實有遺德遽茲乏祀深所軫懷其一房家業準法雖已籍沒所有先臣并祖父母墳莊祠堂並可交付骨肉主張應自梁朝後唐以來前後奉使及北京沿邊管界擄掠往向北人口宜令官給錢物差使齎持往彼收贖放歸本家云繼祚故齊王全義之子也故有是詔丙午詔天下刑獄繫囚染疾者宜差醫工治療官中量給藥價事輕者仍許家人看候合杖者俟損日決遣九月庚戌朔以前太府卿兼通事舍人陳瓚爲衛尉卿兼通事舍人壬子故安遠軍節度使周

環贈太傅甲寅皇子北京留守知河東軍府事太原尹重貴加檢校太保爲右金吾衛上將軍以右龍武統軍安崇阮爲右衛上將軍以前保大軍節度使檢校太尉張萬進爲右龍衛軍統軍以右領軍衛上將軍權知安州軍州事李金全爲安遠軍節度使魏府招討使楊光遠進攻城圖戊午以太子賓客孔昭序爲工部尚書致仕將作少監高鴻漸上言伏覩近年以來士庶之家死喪之苦當殯葬之日被諸色音聲伎藝人等作樂攪擾求覓錢物請行止絕從之庚申靜江軍節度使檢校太尉同平章事馬希杲加階爵及功臣名號以前兵部侍

郎楊凝式爲檢校兵部尚書太子賓客故右金吾衛上將軍羅周敬贈太傅乙丑鄧州節度使李從璋卒贈太師改興唐府爲廣晉府興唐縣爲廣晉縣癸酉以左諫議大夫判度支王松爲尚書工部侍郎甲戌貝衛兩州奏河溢害稼乙亥以將作監王屼爲太子賓客十月壬午以宣徽南院使左監門衛上將軍楊彥詢爲鄧州威勝軍節度使詔選人試判兩道以左司郎中張琢爲右諫議大夫以刑部侍郎鹽鐵轉運副使史圭爲吏部侍郎以曹州刺史宋光業爲宣徽北院使以左金吾衛大將軍高漢筠爲左驍衛大將軍充內客省使以宣徽北

院使左驍衞大將軍劉處讓爲左監門衞上將軍充宣徽南院使丙戌遣使祀五嶽四瀆故天平軍節度使閻寶追封太原郡王故大同軍節度使李存璋贈太師故瀛州刺史李嗣顒贈太尉故相州刺史史建瑭故代州刺史王建及並贈太保故幽州節度使周德威追封燕王十一月庚戌賜光遠空名官告自司空至常侍凡四十道將士立功者得補之而後奏中書上言準唐貞元二年九月五日勅文官充翰林學士及皇太子諸王侍讀武官充禁軍職事並不常朝參其在三館等諸職事者並朝參訖各歸所務自累朝以來文武在內廷充職

兼判三司或帶職額及六軍判官等例不赴常朝元無正勅準近勅文武職事官未升朝者按舊制並赴朔望朝參其翰林學士侍讀三館職事望準元勅處分其諸在內廷諸司使等每受正官之時來赴正衙謝後不赴常朝大朝會不離禁廷位次三司職官免常朝唯赴大朝會其京司未升朝官員祇赴朔望朝參帶諸司職掌者不在此例文官除端明殿翰林學士樞密院學士中書省知制誥外有兼官兼職者仍各發遣本司公事從之丙申太子賓客王珏卒改潞京潛龍宅爲廣德宮北京潛龍宅爲興義宮戊午中書奏準雜令車駕巡幸所

祇承者賜贈並同京官從戊辰鎮海鎮東節度使吳越王錢元瓘加天下兵馬副元帥封吳越國王庚午以右拾遺李澣充翰林學士甲戌令太常卿程遜兵部員外郎韋梲充吳越國王加恩使甲子以戶部侍郎張昭遠守本官充翰林學士仍知制誥乙丑湖南馬希範貢寶裝龍鳳用結銀花果子等物帝覽之謂侍臣曰奇巧蕩心斯何用耳但以來遠之道不欲阻其意聞者服之壬午安州李金全上言奉詔抽臣元隨左都押衙胡漢筠其人染重病候損日赴闕漢筠本滑吏也從金全歷數鎮而濫聲喧聞帝知之欲授以他職免陷功臣漢筠懼

其罪遂託疾由是勸金全貳於朝廷自此始也十二月以監察御史徐台符爲尙書膳部員外郎知制誥以右補闕史官修撰吳承範爲尙書屯田員外郎知制誥左諫議大夫薛融改中書舍人辭而不拜尙書水部郎中知制誥王易簡改中書舍人故隴西郡王李嗣昭追封韓王故橫海軍節度使安審通贈太師辛丑湖南節度使兼中書令楚王馬希範加食邑實封改賜扶天佐運同德致理功臣甲辰車駕幸相國寺祈雪永樂大典卷一萬五千六百四十三

舊五代史卷七十六終

舊五代史卷七十六攷證

晉高祖紀二甲戌車駕至昭義　案歐陽史及通鑑竝
從是書作甲戌至潞州遼史作辛未與是書異

己卯至河陽北　案是書唐紀作庚辰晉帝至河陽遼
史又作辛巳竝與此紀異通鑑作己卯與此紀同

乙卯日有食之　案五代春秋作正月乙卯朔日食通
鑑攷異引十國紀年蜀人亦以乙卯爲朔蓋晉人避
正朝日食故改甲寅朔耳

定州奏契丹改幽州爲南京　南京歐陽史作燕京通
鑑遼史契丹國志竝作南京

安州上言節度使盧文進殺行軍副使率部下親兵過
淮　案盧文進棄鎭奔吳通鑑作元年十二月五代
春秋歐陽史作二年正月與是書同

洞庭廟進封靈濟公　案洞庭廟不載舊封疑有脫文
攷五代會要十國春秋竝與是書同

磊石廟舊封昭靈侯進封威顯公　威顯公五代會要
作廣利威顯公

以奉國都指揮使侯益爲河陽節度使　案宋史侯益
傳晉祖召益謂曰宗社危若綴旒卿能爲朕死耶益
日願假銳卒五千人破賊必矣以益爲西面行營副
都部署據是書高行周爲都部署杜重威爲副部署
不言侯益爲副都部署與宋史異

杜重威等奏收下汜水關破賊千人張從賓及其殘黨
奔投入河　案宋史侯益傳益率禁兵數千人次虎
牢從賓軍萬餘人夾汜水而陣益親鼓士乘之大敗
其衆擊殺殆盡汜水爲之不流從賓乘馬入河溺死
據是書祇言破賊千人與宋史異

安州軍亂指揮使王暉害節度使周瓌于理所　案王
暉害周瓌五代春秋通鑑俱不書日歐陽史作丙子
是書作甲戌諸史所載俱異

大詳袞舊作大相温今改　伊勒希巴舊作夷離畢今
改

舊五代史卷七十六攷證

舊五代史卷七十七

宋司空同中書門下平章事薛居正等撰

高祖紀第三　晉書三

天福三年正月戊申朔帝御崇元殿受朝賀仗衛如式己酉百官守司以太史先奏日蝕故也至是不虧內外稱賀壬戌是夜以上元張燈於京城縱都人遊樂帝御太寧宮門樓觀之丙申端明殿學士禮部侍郎和凝兼判度支工部侍郎判度支王松改尚書刑部侍郎戶部郎中高延賞改左諫議大夫充諸道鹽鐵轉運副使壬申以前右諫議大夫薛融爲左諫議大夫前興元節度

使張筠卒於西京輟視朝一日（五代會要太常禮院申準故事前節度使無例輟朝敕宜特輟一日朝參）二月庚辰左散騎常侍張允進駁赦論帝覽而嘉之降詔獎飾仍付史館甲申荊南節度使高從誨加食邑實封戊子翰林學士李澣賜緋魚袋以尚書屯田員外郎知制誥吳承範爲庫部員外郎充樞密院直學士乙未御札曰曾有宣示百官令進封事今據到者未及十人朕雖無德自行敕後已是數月至於假手於人也合各有一件事敷奏食祿於朝豈當如是言而不用朕所甘心用而不言誰之責也丙申制武清軍節度使馬希萼改威武軍節度使辛丑中書上言禮經云禮不諱嫌名二名不偏諱注云嫌名謂音聲相近若禹與宇卯與區也二名不偏諱謂孔子之母名徵在言在不稱徵言徵不稱在此古禮也唐太宗二名並諱玄宗二名亦同人姓與國諱音聲相近是嫌名者亦改姓氏與古禮有異廟諱平聲字即不諱餘三聲諱側聲即不諱平聲字所諱字正文及偏旁闕點望依令式施行詔曰朝廷之制今古相沿道在人弘禮非天降方開曆數虔奉祖宗雖踰孔子之文未爽周公之訓所爲二名及嫌名事宜依唐禮施行（案太原縣有史匡翰碑立於天福八年匡翰建瑭之子也碑於瑭字空文以避諱而建瑭父敬思仍書敬字蓋當時避諱之體如此）乙巳天和節宴近臣

於廣政殿三月戊午鴻臚卿劉頎卒贈太子賓客壬戌東上閤門使前司農卿蘇繼顏改鴻臚卿充職迴鶻可汗王仁美進野馬獨峯駝玉團硇砂等方物甲戌永壽長公主甍輟朝一日故涇州節度觀察留後盧順密贈右驍衛上將軍丁丑詔禁止私下打造鑄瀉銅器四月丁亥以尚書吏部侍郎盧詹爲尚書左丞中書舍人李祥上疏請沙汰在朝文武臣寮以減冗食仍條貫藩侯郡守凡遇溥恩不得多奏衙前職員妄邀恩澤疏奏嘉之戊子宣武軍節度使侍衛親軍都指揮使廣晉府行營都招討使楊光遠加兼中書令昭義節度使侍衛馬

軍都指揮使廣晉府行營排陣使杜重威河陽節度使兼奉國左右廂都指揮使廣晉府行營馬步都虞候侯益並加檢校太傅鳳翔節度使檢校太師兼中書令岐王李從曮進奉封秦王平盧軍節度使檢校太尉兼中書令臨淄王王建立進封東平王甲午泰寧軍節度使李從溫西京留守京兆尹李周歸德軍節度使趙在禮並加兼侍中是月諸道藩侯郡守皆等第加恩改雍熙樓為章和樓避廟諱也五月丁未朔帝御崇元殿受朝仗衛如式丁巳詔應諸州縣名犯廟諱者並改之庚申以楊光遠男承祚為檢校工部尚書左衞將軍駙馬都尉

丁卯魏府行營步軍都指揮使檢校司徒右神武統軍王周加檢校太保戊辰故振武節度使李嗣本贈太尉己巳詔中外臣寮帶平章事侍中中書令及諸道節度使並許私門立戟仍並官給及據官品依令式處分六月丁丑右監門衛上將軍王彥璘卒甲申以太子詹事王居敏置制安邑縣解縣兩池榷鹽事左諫議大夫薛融上疏請罷修洛京大內優詔褒之尋罷營造庚寅翰林學士尚書工部郎中知制誥竇貞固改中書舍人充職戶部尚書致仕蕭蘧卒贈右僕射詔貢舉宜權停一年以員闕少而選人多常調有淹滯故也丁酉詔尚書

省司門應管諸闕令丞等宜準唐天成四年四月四日勑本司不得差補祇委闕鎮使鈐轄見差補者並畫時勒停訖奏聞應常帶使相節度使自楊光遠已下凡七人並改鄉里名號七月丙午朔差左諫議大夫薛融祕書監呂琦駕部員外郎兼侍御史知雜事劉皞刑部郎中司徒詡大理正張仁瑑同共詳定唐明宗朝編勑庚戌御史王延改尚書右丞尚書右丞虞導改尚書吏部侍郎以左諫議大夫薛融為御史中丞辛酉製皇帝受命寶以受天明命惟德允昌為文據六典受命寶者天子修封禪禮神祇則用之其始皆破皇業錢以製之皇

業者藩邸上事之所有也五代會要天福三年六月中書門下奏準敕製皇帝受命寶今參唐貞觀十六年太宗文皇帝所刻之璽白玉為螭首其文曰皇帝景命有德者昌敕宜以受天明命惟德允昌為文刻之壬戌虞部郎中知制誥于邈改中書舍人宰臣趙瑩桑維翰李崧各改鄉里名號荊南節度使高從誨本貫汴州浚義縣王纖鄉表節東坊改為擁旌鄉浴鳳里八月戊寅以左僕射劉昫為契丹冊禮使左散騎常侍韋勳副之給事中盧重為契丹皇太后冊禮使案歐陽史八月戊寅馮道及左僕射劉昫為契丹冊禮使通鑑戊寅以馮道為太后冊禮使左僕射劉煦為契丹主冊禮使據薛史則為太后冊禮使者乃盧重非馮道也壬午魏府軍前奏前澶州刺史馮暉自逆城來歸定州奏境內旱民多流散詔曰

朕自臨寰宇每念生民務切撫綏期于富庶屬干戈之未戢慮徭役之或煩惟彼中山偶經夏旱因茲疾苦遽至流移達我聽聞深懷憫惻應定州所差軍前夫役逃戶夏秋稅並放甲申襄州奏漢江水漲一丈一尺己丑以前澶州刺史馮暉爲檢校太保充義成軍節度使詔河中府同州絳州等三處災旱逃移人戶下所欠累年殘稅并今年夏稅差科及麥苗子沿徵諸色錢物等並放其逃戶下秋苗據見檢到數不許足元額及出剩頃畝並放一半委觀察使散行曉諭專切攜應歸業戶人仍指揮逐縣切加安撫翰林學士中書舍人竇貞固上

言請令文武百寮逐司之內各奏舉一人述其人有某能堪爲某官某職據所薦否臧定舉主黜陟宋史竇貞固傳載此疏略云爲國之要進賢是先陛下方樹丕基宜求多士乞降詔百僚令各司議定一人有何能識堪何職官朝廷依奏用之若能符薦引果謂當才所奏之官宜加獎賞如乖其舉或涉徇私所奏之官望加黜罰自然官由德序位以才升三人同行尙聞擇善十目所覩必不濫知臣職在論思敢陳狂狷疏奏嘉之仍令文武百官於縉紳之內草澤之中知灼然有才器者列名以奏宴契丹冊禮使於廣政殿戊戌鄆州奏陽穀縣界河決青州王建立奏高麗國宿衛質子王仁翟乞放歸鄉里從之辛丑鎭邢定三州奏奉詔共差樂官六十七人往契丹部魏府城下自屯軍已來墳墓多經斵

掘雖已差人收掩今更遣太僕卿邢德昭往伸祭奠九月己酉宮苑使焦繼勳自軍前押范延光牙將馬諤齎歸命請罪表到闕壬子延光領部下將士素服於本府門俟命有詔釋罪乙卯詔司空兼門下侍郎平章事馮道官一品給門戟十六枝中書侍郎平章事桑維翰李崧給門戟十二枝己未宣遣静鞭官劉守威左金吾仗勘契官王英案歐史作王殷司天臺雞叫學生商暉等宋避殷作商並赴契丹庚申契丹使人往洛京般取趙氏公主宋史趙贊傳德鈞父子降晉契丹盡錮之北去贊獨與母公主留西洛天福三年晉祖命贊奉母歸薊門襄州奏漢江水漲三丈出岸害稼東都奏洛陽水漲一丈五尺

壞下浮橋乙丑于闐國王楊仁美遣使貢方物迴鶻可汗遣使貢䭾馬丙寅趙延壽進馬謝恩放燕國長公主歸幽州案通鑑不載趙延壽進馬之事胡三省云延壽妻唐明宗女也延壽在北用事故來取之范延光差節度副使李式到闕奉表首罪兼進玉帶一條遣宣徽南院使劉處讓權知魏府軍事己巳復范延光官爵其制畧曰頃朕始登大寶未靜中原六飛纔及於京師千里未通於懷抱楚王求舊方在遺簪晉子傳疑忽成投杼尋聞悛悔遽戢奸回干戈俄至於經時雷雨因思於作解果馳賓介叠奉表章向丹闕以傾心瀝衷悃而効順而況保全黎庶完整甲兵納欵斯來其功非

細得不特頒鐵契重建牙章封本郡之土茅移樂郊之旌鉞至於將吏咸降綵綸於戲上元之運四時不愆者信大道之崇三寶所重者慈活萬戶之傷夷息六師之勞瘁遂予仁憫旌爾變通永貽子孫長守富貴敬佩光寵可不美歟可復推誠奉義佐運致理功臣天雄軍節度管內觀察處置等使開府儀同三司太傅兼中書令廣晉尹上柱國臨淸王食邑一萬戶食實封一千戶改授鄆州刺史天平軍節度鄆齊案原本有闕文等觀察處置等使賜鐵券改封高平郡王仍令擇日備禮冊命以天雄軍節度副使檢校刑部尚書李式檢校尚書右僕射充

亳州團練使以貝州刺史孫漢威檢校太保隴州防禦使以天雄軍三城都巡檢使薛霸爲檢校司空衛州刺史以天雄軍馬步軍都指揮使王建爲檢校司空虢州刺史以天雄軍內外馬軍都指揮使藥元福爲檢校司空深州刺史以天雄軍內外步軍都指揮使安元霸爲檢校司空隨州刺史以天雄軍都監前河陽行軍司馬李彥珣爲檢校司空坊州刺史李式延光之舊寮也其餘皆延光之將佐也故有是命庚午遣省使李守貞押器幣賜魏府立功將校辛未以魏府招討使楊光遠檢校太師兼中書令行廣晉尹充天雄軍節度使十月乙亥福建節度使王繼恭遣使貢方物戊寅契丹命使以寶冊上帝徽號曰英武明義皇帝歐陽史作契丹使中書令韓頻來奉冊是日左右金吾六軍儀仗太常鼓吹等竝出城迎引至崇光殿前陳列如儀鄆州范延光奏到任丙辰御札曰爲國之規在於敏政建都之法務要利民歷考前經朗然通論顧惟涼德獲啟丕基當數朝戰伐之餘是兆庶傷殘之後車徒旣廣帑廩咸虛經年之輓粟飛芻繼日而勞民動衆常頻漕運不給供需今汴州水陸要衝山河形勝乃萬庾千箱之地是四通八達之郊爰自按巡益觀宜便俾升都邑以利兵民汴州宜升爲東京置

開封府仍升開封浚儀兩縣爲赤縣其餘升爲畿縣應舊置開封府時所管屬縣竝可仍舊割屬收管亦升爲畿縣其洛京改爲西京其雍京改爲晉昌軍留守改爲節度觀察使依舊爲京兆府列在七府之上其曹州改爲防禦州其餘制置竝委中書門下商量施行丙戌以護聖右廂都指揮使曹州刺史張彥澤爲鎭國軍節度使以工部尚書裴皥爲尚書左僕射致仕是日詔改大寧宮門爲明德門又改京城諸門名額南門尉氏以薰風爲名西二門鄭門梁門以金義乾明爲名北二門酸棗門封邱門以玄化宣陽爲名東二門曹門宋門以迎

春仁和爲名戊子以右金吾大將軍馬從斌爲契丹國信使考功郎中劉知新副之案馬從斌使契丹以報其加尊號也考通鑑則始以命王權權辭以老疾乃改爲命從斌耳歐陽史止書從斌不載劉知新五代春秋作十月馮道使於契丹以前天平軍節度使檢校太尉同平章事安審琦爲晉昌軍節度使行京兆尹襄州奏江水漲害稼壬辰以樞密使中書侍郎平章事集賢殿大學士桑維翰兼兵部尚書皆罷樞密使案以上疑有闕文據通鑑考異引晉高祖實錄維翰與李崧並罷樞密使戊戌大赦天下以魏府初平故也庚子楊光遠朝覲到闕對于便殿賜賚甚厚于闐國王李聖天冊封大寶于闐國王以杭州嘉興縣爲秀州從錢元瓘之奏也十一月甲辰樞密直學士祠部員外郎吳涓進金部郎中知制誥樞密直學士庫部員外郎吳承範進祠部郎中知制誥乙巳鄆州范延光來朝丙午封閩王昶爲閩國王加食邑一萬五千戶又以中武建武等軍節度使檢校太師兼中書令蘓州誠州刺史錢元璙爲太傅以清海軍節度使廣州刺史錢元璹爲檢校太尉兼中書令仍改名元懿應付魏府行營將校及六軍諸道本城將校等並與加恩戊申以門下侍郎平章事監修國史判戶部趙瑩兼吏部尚書以威武軍節度福建管內觀察處置等使王繼恭爲特進檢校太傅仍封臨海郡王以魏博節度

使楊光遠爲守太尉洛京留守兼河陽節度使判六軍諸衛事端明殿學士尚書吏部侍郎判度支和凝改尚書戶部侍郎充職庚戌鄆州范延光上表乞休退詔不允辛亥升廣晉府爲鄴都置留守升廣晉元城兩縣爲赤縣屬府諸縣升爲畿縣升相州爲彰德軍置節度觀察使以澶衞二州爲屬郡其澶州仍升爲防禦州移於德勝口爲治所升貝州爲永清軍置節度觀察使以博冀二州爲屬郡以西京留守高行周爲廣晉鄴都留守廣晉府行營中軍使貝州防禦使王庭胤加檢校太傅充相州彰德軍節度使廣晉府行營步軍都指揮使右神武統軍王周爲貝州永清軍節度使甲寅以范延光爲太子太師致仕丙辰以秘書監呂琦爲禮部侍郎歸德軍節度趙在禮改天平軍節度使昭義軍節度使兼侍衞親軍馬步軍都虞候杜重威改忠武軍節度使忠武軍節度使侍衞親軍馬步軍都指揮使劉知遠改歸德軍節度使前河陽節度使兼奉國左右廂都指揮使侯益改昭義軍節度使癸亥割濮州濮陽縣隸澶州詔許天下私鑄錢以天福元寶爲文丙寅冬至帝御崇光殿受朝賀仗衞如式十二月甲戌朔以前兵部尚書梁文矩爲太子少師以鎮武節度副使符蒙爲右諫議大

夫以吏部郎中曹國珍爲左諫議大夫以前涇州彰義軍節度使李德琉爲晉州建雄軍節度使加同平章事以皇太子右金吾衛上將軍重貴爲檢校太傅開封尹封鄭王加食邑三千戶戊寅制以大寶于闐國進奉使檢校太尉馬繼榮可鎮國大將軍副使黃門將軍國子少監張再通可試衞尉卿監使殿頭承旨通事舍人吳順規可試將作少監迴鶻使都督李萬金可歸義大將軍監使雷福德可順化將軍是日詔宣令天下無問公私應有銅欲鑄錢者一任取便酌量輕重鑄造戊子以河陽潛龍舊宅爲開晉禪院邢州潛龍舊宅爲廣法禪院

龍武統軍李從昶卒輟朝一日贈太尉永樂大典卷一萬五千六百四十二

舊五代史卷七十七終

舊五代史卷七十七攷證

九月己酉宮苑使焦繼勳自軍前押范延光牙將馬謌齋歸命請罪表到闕壬子延光領部下士素服于本府門俟命有詔釋罪　案歐陽史作九月己酉赦范延光葢併書于奉表請罪之日也

宋司空同中書門下平章事薛居正等撰

晉書四

高祖紀第四

天福四年春正月癸卯帝御崇光殿受朝賀仗衛如式丙午召太子太師致仕范延光宴于便殿以延光歸命之後慮懷疑懼故休假之內錫以款密帝謂之曰無忿疾以傷厥神無憂慁以勞厥衷朕方示信於四方豈食言於汝也延光俯伏拜謝其心遂安丁未以西京副留守龍敏爲吏部侍郎戊申盜發唐閔帝陵己酉朔方軍節度使張希崇卒贈太師以澶州防禦使張崇恩爲樞密使甲寅以侍衛步軍都指揮使寧江軍節度使景延廣爲義成軍節度使以義成軍節度使馮暉爲朔方軍節度使乙卯左諫議大夫曹國珍上言請于內外臣寮之中選才畧之士聚唐六典前後會要禮閣新儀大中統類律令格式等精詳纂述俾無漏落別爲書一部目爲大晉政統從之其詳議官宜差太子少卿梁文矩左散騎常侍張允大理卿張澄國子祭酒唐汭大理少卿高鴻漸國子司業田敏禮部郎中呂咸休司勳員外郎劉濤刑部員外郎李知損監察御史郭延升等一十九人充文矩等咸曰改前代禮樂刑憲爲大晉政統則堯

典舜典當以晉典革名列狀駁之曰作者謂之聖述者謂之明苟非聖明焉能述作若運因革故則事乃惟新或改正朔而變犧牲或易服色而殊徽號是以五帝殊時不相沿樂三王異世不相襲禮至於近代率由舊章比及前朝日滋條目多因行事之失改爲立制之初或臣奏條章君行可否皆表其年月紀以姓名聚類分門成文作則莫不悉稽前典垂範後昆述自聖賢歷于朝代得金科玉條之號設亂言破律之防守而行之其來尙矣皇帝陛下運齊七政歷契千載爰從創業開基莫不積功累德所宜直筆具載鴻猷若備錄前代之編年目作聖朝之政統此則是名不正也夫名不正則言不順而媚時掠美非其實矣若翦截其詞此則是文不備也夫文不備則啟爭端而禮樂刑政于斯亂矣若改舊條而爲新制則未審何門可以刊削何事可以編聯既當革故從新又須廢彼行此則未知國朝能守而不守乎臣等同共參詳未見其可疏奏嘉之其事遂寢辛酉以前晉昌軍節度使李周爲靜難軍節度使是日封皇第十一妹安定郡主爲延慶長公主皇第十二妹廣平郡主爲清平長公主二月辛卯改東京玉華殿爲承福殿中書上言太原潛龍莊望建爲慶長宮使相鄉望改

爲龍飛鄉都尉里望改爲神光里從之丁酉宰臣馮道
左散騎常侍韋勳禮部員外郎楊昭儉自契丹使廻案馮
道出使之期當從五代春秋作三年九月至四年二月始得歸也帝慰勞備至錫賚豐
厚庚子以天和節宴羣官於廣政殿錫物有差三月癸
卯朔左僕射劉昫給事中盧重自契丹使迴頒賜器幣
如馮道等乙巳迴鶻可汗仁美遣使貢方物中有玉狻
猊實奇貨也丙午涇州節度使張萬進卒贈太師己未
皇子開封尹鄭王重貴歸德軍節度使兼侍衛親軍馬
步軍都指揮使劉知遠忠武軍節度使杜重威並加同
中書門下平章事天平軍節度使趙在禮封衛國公庚

申遣內臣趙處玭以版詔徵華山隱者前右拾遺鄭雲
叟玉笥山道士羅隱之靈州戍將王彥忠據懷遠城作
叛帝遣供奉官齊延祚乘驛而往彥忠率衆出降延祚
矯制殺之詔齊延祚辜我誓言擅行屠戮彰殺降之罪
顯示信之文宜除名決重杖一頓配流王彥忠贈官收
葬辛酉封迴鶻可汗仁美爲奉化可汗癸亥以左龍武
統軍皇甫遇爲鎭國軍節度使張彥澤爲彰義軍節度
使夏四月壬申朔以河中節度副使薛仁謙爲衛尉卿
丙子以汝州防禦使宋彥筠爲同州節度使以護聖左
右軍都指揮使李懷忠爲侍衛親軍馬軍都指揮使領

壽州忠正軍節度使以奉國左右廂都指揮使郭謹爲
侍衛親軍步軍都指揮使夔州寧江軍節度使戊寅詔
廢長春宮使額五代會要載原勑云同州長春宮使額宜停沿宮職務委州司制置己卯
改明德殿爲滋德殿宮城南門同名故也以華州節度
使劉遂凝爲右龍武統軍以右龍步統軍張延蘊爲絳
州刺史庚辰徵前右拾遺鄭雲叟爲右諫議大夫玉笥
山道士羅隱之賜號希夷先生甲申以翰林學士承旨
兵部侍郎崔梲權判太常卿以端明殿學士戶部侍郎
和凝爲翰林學士承旨樞密院學士尚書倉部郎中司
徒詡樞密院學士尚書工部郎　顏衎並落職守本官

樞密副使張從恩改宣徽使初廢樞密院故也先是桑
維翰免樞密之務以劉處讓代之奏議多不稱旨及處
讓丁母憂遂以樞密院印付中書故密院廢焉丙戌以
韓昭允爲兵部尚書致仕馬允孫爲太子賓客致仕房
暠爲右驍衛大將軍致仕皆唐末帝之舊臣也戊子升
永岳二州爲團練使額改湘川縣爲全州從馬希範之
奏也五月壬寅朔帝御崇光殿受朝仗衛如式癸卯以
左僕射劉昫兼太子太保封譙國公乙巳昭順軍節度
事姚彥章卒升靈州方渠鎭爲威州隸於靈武改舊威
州爲清邊軍戊申湖南節度使馬希範加天策上將軍

以前邠州節度使安叔千爲滄州節度使庚戌虞部郎中楊昭儉可本官知制誥辛亥置靜海軍於溫州從錢元瓘之請也壬子以侍御史盧價爲戶部員外郎知制誥戶部尚書崔梲卒甲寅詔止絕朝臣不得外州府求覓表狀奏薦交親乙卯升金州爲節鎮以懷德軍爲使額以齊州防禦使潘瓌爲懷德軍節度使右諫議大夫致仕鄭雲叟賜號逍遙先生仍給致仕官俸丁巳以刑部尚書姚顗爲戶部尚書以兵部侍郎權判太常卿事崔梲爲尚書左丞以工部侍郎任贊爲兵部侍郎以禮部尚書李懌爲刑部尚書以左丞盧詹爲禮部尚書以

左散騎常侍韋勳爲工部侍郎庚申廢華清宮爲靈泉觀辛酉御史臺奏省郎知雜之時赴臺禮上軍巡邸吏之輩咸集公參赤縣府司悉呈杖印今後年深御史判雜上事欲依前例從之丙寅以鎮海軍衙內統軍上直馬步軍都監檢校太傅睦州刺史陸仁章爲同平章事遙領遂州武信軍節度使以鎮海軍興武左右開道都指揮使明州刺史仰仁銓爲檢校太傅同平章事領宣州寧國軍節度使從錢元瓘之請也六月辛未朔陳郡民王武穿地得黃金數餅州牧取而貢之帝曰宿藏之物既非符寶不合入官命付所獲之家庚辰西京大風

雨應天門屋瓦皆飛鴟吻俱折辛卯詔禮部貢舉宜權停一年秋七月庚子朔日有食之西京大水伊洛瀍澗盡溢壞天津橋癸卯以華清宮使李頃爲右領軍衛上將軍甲辰以定州節度使皇甫遇爲潞州節度使檢校太尉以潞州節度使侯益爲徐州節度使戊申御史中丞薛融等上詳定編勅三百六十八道分爲三十一卷是日詔先令天下州郡公私鑄錢近多鉛錫相兼缺薄小弱有違條制今後私鑄錢下禁依舊法壬戌以太子少保梁文矩爲太子太保致仕閏七月庚午朔百官不入閤雨霑服故也壬申以中書侍郎平章事集賢殿

大學士桑維翰爲檢校司空兼侍中相州彰德軍節度使以彰德節度使王延胤爲義武軍節度使尚書戶部奏李自倫義居七世準勅旌表門閭先有鄧州義門王仲昭六代同居其旌表有廳事步欄前列屏樹烏頭正門閥閱一丈二尺二柱相去一丈柱端安瓦桶墨染號爲烏頭築雙闕一丈在烏頭之南三丈七尺夾階十有五步槐柳成列今舉此爲例則令式不該詔王仲昭正廳烏頭門等制不載令文又無勅命既非故事難顯大倫宜從令式祇表門閭於李自倫所居之前量地之宜高其外門門外綽楔門外左右各建一臺高一丈二尺

廣狹方正稱臺之形圬以白泥四隅漆赤其行列樹植隨其事力其同籍課役一準令文壬午濮州刺史武從諫勒歸私第受賍十五萬故也丁酉故皇子河南尹重乂妻號國夫人李氏落髮爲尼賜名悟因仍錫紫衣法號及夏臘二十八月已亥朔河決博平甘陵大水辛丑以守司空兼門下侍郎平章事弘文館大學士馮道爲守司徒兼侍中封魯國公壬寅詔曰皇圖革故庶政惟新宜設規程以諧公共其中書印祇委上位宰臣一人知當戊申前兵部尚書王權授太子少傅致仕已酉以天下兵馬副元帥鎭海鎭東等軍節度使檢校太師行

中書令吳越王錢元瓘爲天下兵馬元帥壬子升亳州爲防禦使額依舊隸宋州丙辰司天監馬重績等進所撰新歷降詔褒之詔翰林學士承旨和凝制序命之曰調元曆九月辛未以右羽林統軍周密爲鄜州節度使癸酉升婺州爲武勝軍額丁丑宴羣臣於永福殿契丹使納默庫舊作粘木孤今改正來聘致牛馬犬腊頭駿十四遼史會同二年正月戊申晉遣金吾衞大將軍馬從斌考功郎中劉知新來貢珍幣丙辰晉遣使謝免沿邊四州錢幣七月戊申晉遣使進犀帶閏月乙酉遣使賜晉良馬八月乙丑晉遣使貢歲幣奏輸戊亥二歲金幣于燕京已卯遙領洮州保順軍節度使鮑君福加檢校太師兼侍中判湖州諸軍事辛巳相州節度使桑維翰上言管內

所獲賊人從來籍没財產請止之詔今後凡有賊人準格律定罪不得没納家貲天下諸州準此癸未封唐許王李從益爲郇國公奉唐之祀服色旌旗一依舊制仍以西京至德宮爲廟牲幣器服悉從官給五代會要九月敕周受龍圖立夏殷之祀唐膺鳳曆開鄰介之封乃睠前朝載稽舊典宜封土宇俾奉宗祧宜以郇國三千戶封唐許王李從益爲郇國公云丙戌高麗王王建遣使貢方物已丑以中書侍郎平章事李崧權判集賢殿事庚寅詔停寒食七夕重陽及十月暖帳內外羣官貢獻丙申以威勝軍節度副使羅周岳爲給事中中書舍人李詳改禮部侍郎禮部侍郎呂琦改刑部侍郎刑部侍郎王松改戶部侍郎

戶部侍郎閻至改兵部侍郎中書舍人王易簡充史館修撰判館事冬十月戊戌朔故昭信軍節度使白奉進贈太尉丙午以太常卿程遜没於海廢朝一日贈右僕射庚戌閩王王昶威武軍節度使王繼恭遣僚佐林思鄭元弼等朝貢致書於宰執無人臣之禮帝怒詔令不受所貢應諸州綱運並令林思鄭弼等押歸本道既而兵部員外郎李知損上疏請禁錮使人籍没綱運可之收林思等下獄丙辰谿州刺史彭士愁以錦蔣之兵與蠻部萬人掠辰澧二境湖南節度使馬希範遣牙兵拒之而退金州山賊度從讓等寇洵陽遣兵討平之十一

月甲戌以太子賓客李延範爲司農卿乙亥詔立唐高祖太宗及莊宗明宗閔帝五廟於洛陽丁丑祠部郎中知制誥吳承範改中書舍人充翰林學士翰林學士中書舍人竇貞固改御史中丞御史中丞薛融改尚書左丞尚書右丞王延改吏部侍郎尚書左丞崔梲改太常卿戊寅史館奏請令宰臣一人撰錄時政記逐時以備撰述從之五代會要史館奏唐長壽二年右丞姚璹奏帝王謨訓不可闕文其仗下所言軍國政事令宰臣一人撰錄號時政記唐明宗朝又委端明殿學士撰錄逐季送付史館伏乞遵行者宜令宰臣一員撰述己卯吏部侍郎龍敏改尚書左丞己丑以太子賓客楊凝式爲禮部尚書致仕詔建錢鑪於欒川丙申諫議大夫致仕逍遙先生鄭雲叟卒十二月丁酉朔百官不八閤大雪故也己亥故皇太子重英妻張氏落髮爲尼賜名悟慎并夏臘二十庚戌禮官奏來歲正旦王公上壽皇帝舉酒奏元同之樂再飲奏文同之樂三飲奏同前從之歌辭不錄丙辰詔今後城郭村坊不得剏造僧尼院舍丁巳帝謂宰臣曰大雪害民五旬未止京城祠廟悉令祈禱了無其驗豈非凉德不儲神休未洽者乎因令出薪炭米粟給軍士貧民等壬戌禮官奏正旦上宮懸歌舞未全且請雜用九部雅樂歌教坊法曲從

永樂大典卷一萬二千六百四十四

舊五代史卷七十八

舊五代史卷七十八攷證

晉高祖紀四以霍州防禦使張從恩爲樞密副使　樞密副使原本作樞密使按下文亦作樞密副使今從歐陽史及宋史張從恩傳改正

以版詔徵華山隱者前右拾遺鄭雲叟　右拾遺歐陽史作左拾遺攷是書前後俱作右拾遺今仍其舊

以潞州節度使侯益爲徐州節度使　案宋史侯益傳天福四年晉祖追念虎牢之功遷武寧軍節度同平章事是書不載同平章事五代會要所載天福中使相有侯益與宋史同

今後私鑄錢下禁依舊法　案歐陽史七月丙辰復禁鑄錢是書作七月戊申

李自倫義居七世準勅旌表門閭　七世歐陽史作六世又旌表門閭歐陽史作正月與是書作閏七月異

先有鄧州義門王仲昭六代同居　案王仲昭歐陽史作登州人

乙亥詔立唐高祖太宗及莊宗明宗閔帝五廟于洛陽　案立唐廟于西京歐陽史作十二月與是書作十一月異

舊五代史卷七十八攷證

舊五代史卷七十九

宋司空同中書門下平章事薛居正等撰

高祖紀第五　晉書五

天福五年春正月丁卯朔帝御崇光殿受朝賀仗衞如式降德音應天福三年終公私債欠一切除放壬申蜀人寇西鄙羣盜張達任康等刦清水德鐵之城以應之癸酉湖南奏閩人殺王昶夷其族王延義因民之欲而定之甲戌遣宣徽使楊彥詢使於契丹辛巳皇子開封尹鄭王重貴加檢校太尉己丑迴鶻可汗仁美遣使貢良馬白玉謝冊命也庚寅以二王後前右贊善大夫襲

酅國公楊延壽爲太子左諭德三恪汝州襄城縣令襲介國公宇文頵加食邑三千戶辛卯升絳州爲防禦州癸巳以左神武統軍陸思鐸爲右羽林統軍以隴州防禦使何福進爲右神武統軍甲午太常少卿裴羽奏請追諡莊宗皇后劉氏爲神閔敬皇后明宗皇后曹氏請追諡爲武憲皇后閔帝魯國夫人孔氏追諡爲閔哀皇后從之丙申河中節度使安審信奏軍校康從受李崇孫大裕張從于千等以所部兵爲亂尋平之死者五百人二月丁酉朔沙州歸義軍節度使曹義全卒贈太師以其子元德襲其位乙巳御史中丞竇貞固奏國忌日宰臣跪爐焚香文武百寮列坐竊惟禮例有所未安今欲請宰臣仍舊跪爐百寮依班序立詔可之仍行香之後飯僧百人永爲定制庚戌北京留守安彥威來朝帝慰接甚厚賜上尊酒壬子升中書門下平章事爲正二品丁巳青州節度使東平王王建立來朝己未以中書門下侍郎爲清望正三品諫議大夫御史中丞爲清望正四品三月丁卯朔右散騎常侍張允改禮部侍郎辛未宋州歸德軍節度使侍衞親軍馬步軍都指揮使劉知遠加特進改鄴都留守廣晉尹典軍如故以兗州節度使李從溫爲徐州節度使以北京留守安彥威爲宋

州節度使壬申詔朝臣覲省父母依天成例頒賜茶藥癸酉以青州節度使王建立爲昭義軍節度使進封韓王仍割遼沁二州爲昭義屬郡以建立本遼州人用成其衣錦之美也以晉州節度使李德珫爲北京留京以潞州節度使皇甫遇爲晉州節度使是日容州節度使馬存卒甲戌以給事中李光廷爲左散騎常侍亳州團練使李式爲給事中乙亥相州節度使桑維翰加檢校司徒改兗州節度使許州節度使杜重威改鄆州節度使河中節度使安審信改許州節度使丁丑長安公主出降駙馬都尉楊承祚戊寅詔中書　門下五品以上官

於兩省上事宰臣押角之禮及第舉人與主司選勝筵宴及中書舍人靸鞋接見舉人兼兵部禮部引人過堂之日幕次酒食會客悉宜廢之己卯以前樞密使劉處讓爲相州節度使辛巳湖南遣牙將劉勍領兵大破溪洞羣蠻收溪錦蔣三州丁亥以秦州節度使康福爲河中節度使以徐州節度使侯益爲秦州節度使庚寅御明德樓餞送昭義軍節度使王建立賜玉斧蜀馬甲午詔吏部三銓聽四時選擬官旋奏不在團甲之限夏四月丙申朔宴羣臣於永福殿戊戌曹州防禦使石暉卒帝之從弟也禮官奏天子爲五服之內親本服周者三

哭而止從之己亥罷洛陽京兆進苑囿瓜果閔勞人也壬寅右僕射致仕裴皞卒贈太子太保丙午詔曰承旨者承時君之旨非近侍重臣無以稟朕旨宣予言是以大朝會宰臣承旨草制詔學士承旨若無區別何表等威除翰林承旨外殿前承旨宜改爲殿直密院承旨宜改爲承宣御史台三司閤門密省所有承旨並令別定其名庚戌以滄州節度使馬全節爲安州節度使禮部侍郎張允奏請廢明經童子科從之因詔宏詞拔萃明筭道舉百篇等科並停之五月癸酉宋州貢瑞麥兩歧甲申以前徐州節度使萇從簡爲右金吾衞上將軍丙

戌安州節度使李金全叛詔新授安州節度使馬全節以洛汴汝鄭單宋陳蔡曹濮十州之兵討之以前鄜州節度使安審暉爲副以內客省使李守貞爲都監仍遣供奉官劉彥瑤奉詔以諭金全命麾下齊謙以詔送於淮夷雲夢人齊峴斬謙歸其詔於朝辛卯昭義節度使韓王王建立薨輟朝二日冊贈尚書令（原脫六月）壬寅少府監致仕尹玉羽卒癸卯淮南使李承裕伐李金全金全南走承裕以淮兵二千守其城甲辰馬全節自應山縣進軍於大化鎮戊申與鄂州賊軍陣於安陸之南三戰而後克之斬首三千級生擒千餘人供奉官安友謙登鋒力

戰奮不顧身全節賞其忠勇使馳獻捷書竭死於路是日削奪李金全官爵丁巳淮夷僞校李承裕率眾掠城中資貨而遁馬全節入城撫其遺民遣安審暉等兵以逐承裕擒而斬之執其僞都檢杜光鄴及淮南軍五百餘人露布獻於闕下帝曰此輩何罪皆厚給放還癸亥道士崇眞大師張薦明賜號通元先生是時帝好道德經常召薦明講說其義帝悅故有是命尋令薦明以道德二經雕上印板命學士和凝別撰新序冠於卷首俾頒行天下秋七月甲子朔降安州爲防禦使額以申州隸許州丙寅安州節度使馬全節加檢校太尉改昭義

軍節度使前鄜州節度使安審暉加檢校太傅爲威勝軍節度使丁卯湖南奏遣天策府步騎將張少敵領兵五萬樓船百艘次於岳陽將進討淮夷也甲戌宣徽使楊彥詢加檢校太傅充安國軍節度使乙亥戶部尚書致仕鄭韜光卒贈右僕射戊寅福州王延羲遣商人間路貢表自述戊子宿州奏淮東鎮移牒云本國奏書於上國皇帝曰久增景慕莫會光塵但循戰國之規敢預睦鄰之道一昨安州有故脫難相規邊校貪功乘便據壘矧機宜之孰在顧茫昧以難申否臧皆凶乃大易之明義進取不止亦聖人之厚顏適屬暑雨稍頻江波甚漲指揮未到事實已違今者猥沐睿咨曲形宸旨歸其俘獲示以英仁其如軍法朝章彼此不可揚名建德曲直相懸雖認好生非敢聞命其杜光鄴等五百七人已令却過淮北帝復書曰昨者災生安陸釁接漢陽當三伏之炎蒸動兩朝之師旅豈期邊帥不稟上謀洎復城池備知本末尋已捨諸俘執還彼鄉閭不惟念効命之人兼亦敦善鄰之道今承來旨將正朝章循宥罪之文用廣崇仁之美其杜光鄴等再令歸復尋遣使押光鄴等於桐墟渡淮淮中有棹船甲士拒之南去不果詔光鄴等歸京師授以職秩其戎士五百人立爲顯義都八

月丁酉帝觀稼於西郊己亥詳定院以先奉詔詳定冬正朝會禮節樂章二舞行列等事上之事具樂志庚子以前金州防禦使田武爲金州懷德軍節度使辛丑升復郢二郡爲防禦使額戊午左龍武統軍相里金卒廢朝一日贈太師己未太子太師致仕范延光卒於河陽廢朝二日贈太師丁卯宰臣李崧加集賢殿大學士以翰林學士承旨戶部侍郎和凝爲中書侍郎平章事丙子廢翰林學士院其公事並歸中書舍人丁丑翰林學士中書舍人李愼儀爲右散騎常侍以翰林學士左右補闕李澣爲吏部員外郎以右散騎常侍趙元輔爲太子賓客以太子賓客韓惲爲兵部尚書以右諫議大夫段希堯爲萊州刺史甲申西京留守楊光遠加守太尉兼中書令充平盧軍節度使封東平王戊子改東京上源驛爲都亭驛冬十月丁酉制天下兵馬元帥鎮海鎮東浙江東西等道節度使中書令吳越王錢元瓘加守尚書令充天下兵馬都元帥戊戌戶部尚書姚顗卒廢朝一日贈右僕射癸卯湖南上言福建王延羲與弟延政互起干戈內相侵伐甲辰升萊州爲防禦使額以汝州防禦使楊承貴領之以新授萊州刺史段希堯爲懷州刺史丁未契丹使錫里（舊作舍利今改正）來聘致馬百匹及

王䕶狐裘等遼史會同三年三月戊辰遣使使晉乙未晉遣使來覲四月壬寅遣人使晉丙午晉遣宣徽使楊端王朓等來問起居丙辰晉遣使進茶藥癸亥晉遣使賀端午五月庚辰晉遣使進弓矢甲申遣皇子天德及檢校司徒耶用和使晉六月庚子晉遣使來見九月丙戌晉遣使貢名馬庚申晉遣使貢布十二月丙申遣使使晉己酉宴羣臣於永福殿賜帛有差癸丑詔今後竊盜贓滿者處死三匹以上者決杖配流以盜論者准律文處分又詔過格選人等許赴吏部南曹召保委正身者降一資注官十一月壬戌遙領遂州武信軍節度使鎮海軍衙內統軍檢校太傅同平章事陸仁璋卒贈太子太傅甲子滑州節度使景延廣加檢校太傅改陝州保義軍節度使以鄭州防禦使駙馬都尉史匡翰

為義成軍節度使戊辰曹州防禦使石贇加檢校太保充河陽三城節度使庚午以翰林學士戶部侍郎張昭遠為兵部侍郎丙子冬至御崇元殿受朝賀始用二舞帝舉觴奏元同之樂登歌奏文同之樂舉食文舞奏昭德之舞武舞奏成功之舞典禮久廢至是復興觀者悅之丁丑吳越國進奉使陳元亮進冬日觀仗詩一首帝覽之稱善賜服馬器幣癸未移德州長河縣大水故也甲申制授閩國王延羲檢校太師兼中書令福州威武軍節度使封閩國王以兩浙西南面安撫使錢元懿為檢校太尉兼中書令遙領廣州清海軍節度使又以恩州團練使錢鏵為檢校太尉同平章事遙領楚州順化軍節度使丁亥割衛州黎陽縣隸滑州十二月壬辰朔遙領洮州保順軍節度使檢校太尉兼侍中判湖州軍州事鮑君福卒贈太傅丙申詔故靜海軍兼東南面安撫制置使檢校太傅溫州刺史錢弘巽贈太子太傅故吳越兩軍節度副使檢校太傅錢弘僔贈太子太師

天福六年春正月辛酉朔帝御崇元殿受朝賀仗衛如式刑部員外郎李象上二舞賦帝覽而嘉之命編諸史冊甲子同州指揮使成殷謀亂事洩伏誅時節度使宋彥筠御下無恩既貪且鄙故殷與子彥璋陰搆部下為亂

會有告者遂滅其黨乙丑青州奏海凍百餘里丙寅遣供奉官張澄等領兵二千發并鎮忻代四州山谷吐渾令還舊地先是吐渾苦契丹之虐受鎮州安重榮誘召叛而南遷入常山太原二境帝以契丹歡好之國故遣歸之戊辰詔應諸州無屬州錢處今後冬至寒食端午天和節及諸色謝賀不得進貢壬申以左司郎中趙上交為諫議大夫戊寅封唐叔虞為興安王台駘神為昌寧公差給事中張瑑戶部郎中張守素就行冊禮又詔嶽鎮海瀆等廟宇並令崇飾仍禁樵採丙戌故皇第二叔檢校司徒萬友贈太師皇第三叔檢校司空萬銓贈

太尉皇兄故檢校左僕射敬儒贈太傅二月辛卯詔天下郡縣不得以天和節禁屠宰輙滯刑獄壬辰置浮橋於德勝口甲午詔諸衞上將軍月俸舊三十千令增至五十千戊戌以三恪汝州襄城縣令襲介國公宇文頡爲太子率更令己亥詔戶部侍郎張昭遠起居郎賈緯秘書少監趙熙吏部郎中鄭受益左司員外郎李爲光等同修唐史仍以宰臣趙瑩建修壬寅以三白渠制置使張琢爲給事中戊申詔侯伯來朝君臣相見賞宴貢奉今後宜停起居郎賈緯以所撰唐年補錄六十五卷上之帝覽之嘉歎賜以器幣仍付史館五代會要起居賈緯奏曰伏以唐高祖至代宗已有紀傳德宗亦存實錄武宗至濟陰廢帝凡六代惟有武宗實錄一卷餘皆闕略臣今搜訪遺聞及耆舊傳說編成六十五卷目爲唐朝補遺錄以備將來史官修述癸丑長安公主薨帝之長女也筓年降於駙馬楊承祚帝悼惜之甚輟視朝二日追贈秦國公主三月甲子河中節度使康福進封許國公乙丑右驍衞上將軍李承約卒癸酉詔天福四年終已前百姓所欠夏秋租稅一切除放夏四月庚寅朔湖南奏溪州刺史彭士愁五溪酋長等乞降已立銅柱於溪州鑄誓狀於其上以五溪銅柱圖上之丙申詔顯義指揮使劉康部下兵五百人放還淮海郎安州所俘也己亥虞部郎中知制誥楊昭儉遷中書舍人戶

部侍郎王松改御史中丞禮部郎中馮玉改司門郎中知制誥辛丑宰臣監修國史趙瑩奏奉詔差張昭遠等五人同修唐史內起居郎賈緯丁憂去官請以刑部侍郎呂琦侍御史尹拙同與編修又奏史館所闕唐朝實錄請下敕購求從之五代會要監修國史趙瑩奏自李朝喪亂迨五十年四海沸騰兩都淪覆今之書府百無二三臣等近奉綸言俾令撰述褒貶或從于新意纂修須案于舊章既闕簡編先虞漏略今據史館所闕唐書實錄請下敕命購求況咸通中宰臣韋保衡與蔣伸皇甫煥撰武宗宣宗兩朝實錄皆遇多事或值播遷雖聞撰述未見流傳其韋保衡裴贄合有子孫見居職任或門生故吏曾記纂修聞此討論諒多欣愜請下三京諸道及內外臣寮凡有將此數朝實錄詣闕進納量其文武才能不拘資地除授一官如卷帙不足據數進納亦請不次獎酬以勸來者自會昌至天祐垂六十年其初李德裕平上黨著武宗伐叛之書其後康承訓定徐方有武寧本末之傳如此事類記述頗多請下中外臣寮及名儒宿學有于此六十年內撰述得傳記及中書銀臺史館日曆制敕冊書等不限年月多少並許詣闕進納如年月稍多記錄詳備請特行簡拔不限資序臣與張昭遠等所撰唐史敘本紀以綱帝業列傳以述功臣十志以書刑政所陳條例請下所司從之壬寅以戶部員外郎知制誥盧價爲虞部郎中知制誥以昭義節度副使陳元爲光祿卿致仕乙巳齊魯民飢詔兗鄆青三州發廩賑貸五月庚申朔以前邢州節度使丁審琪爲延州節度使延州節度使劉景巖爲邠州節度使故皇子杲冊贈太尉進封陳王庚午涇州奏雨雹川水大溢壞州郡鎭戍三十四城甲戌北京遣牙將劉從以吐渾大首領白承福念龐里赫連功德來

朝邢州上言吐渾移族帳於鎭州封部六月丙申以前衞尉卿趙延乂爲司天監丁酉詔今後藩侯郡守凡有善政委倅貳官條件聞奏百姓官吏等不得逺詣京闕壬寅右領衞上將軍李頃卒贈太師甲辰迦葉彌陁國僧哩哩以佛牙泛海而至丙午高麗國王王建加開府儀同三司檢校太師食邑一萬戸戊午鎭州節度使安重榮執契丹使伊喇（舊作拽剌今改正）遣輕騎掠幽州南境之民處於博野仍貢表及馳書天下述契丹援天子父事之禮貪傲無厭困耗中國已繕治甲兵將與決戰帝發所論而止之重榮跋扈愈甚由是與襄州節度使安從進潛相搆謀爲不軌（永樂大典卷一萬五千六百四十四）

舊五代史卷七十九

舊五代史卷七十九攷證

晉高祖紀五五月丙戌安州節度使李金全叛詔新授安州節度使馬全節以洛汴汝鄭單宋陳蔡曹濮十州之兵討之　案五代春秋五月李金全叛附于吳馬全節帥師討安州吳人救安州全節敗吳師克安州金全奔吳六月放吳俘還歐陽史作五月李金全叛六月克安州馬令南唐書作六月安州節度使李金全來降遣鄂州屯營使李承裕帥師迎之紀月互異

執其僞都監杜光鄴　僞都監馬令南唐書作監軍通事舍人

尋遣使押光鄴等于桐墟渡淮　桐墟原本作桐廬據通鑑注引九域志云宿州蘄縣有桐墟鎭自桐墟而南至渦口則濟淮矣今改正

太子太師致仕范延光卒于河陽廢朝二日　案歐陽史作西京留守楊光遠殺太子太師范延光攷本傳延光本爲楊光遠推墮溺水死爲之輟朝諱之也

丁卯　案歐陽史作九月丁卯原本疑有脫字

發并鎭忻代四州山谷吐渾令還舊地　案晉逐吐谷渾在天福六年通鑑與是書同攷天福六年即遼會

同四年也遼史作會同三年晉以并鎭忻代之吐谷渾來歸與是書異

甲戌北京遣牙將劉從以吐渾大首領白承福念厖里赫連功德來朝　案通鑑四月辛巳北京留守李德珫遣牙校以吐谷渾酋長白承福入朝是書作五月甲戌與通鑑異歐陽史從是書

鎭州節度使安重榮執契丹使伊喇　案遼史作二月晉安重榮執使者伊喇是書作六月先後互異

舊五代史卷七十九攷證

舊五代史卷八十

宋司空同中書門下平章事薛居正等撰

高祖紀第六　　晉書六

天福六年秋七月己未朔帝御崇光殿視朝庚申升陳州爲防禦使額辛酉以前鄧州節度使焦方爲貝州節度使壬戌涇州奏西涼府留後李文謙今年二月四日閉宅門自焚遣元人西涼府譯語官與來人賚三部族蕃書進之以三司使劉審交爲陳州防禦使癸未以前鄆州節度使趙在禮爲許州節度使以前鄴都留守廣晉尹高行周爲河南尹西都留守詔改拱辰威和內直

等軍並爲興順甲子以宣徽使權西京留守張從恩判三司己巳以鄴都留守兼侍衛親軍馬步軍都指揮使廣晉尹劉知遠爲太原尹充北京留守河東節度使仍割遼沁二州卻隸河東以北京留守李德珫爲廣晉尹充鄴都留守以昭義節度使馬全節爲邢州節度使加同平章事甲戌詔今後諸道行軍副使不得奏薦骨肉爲殿直供奉官己卯以前陝州節度使李從敏爲昭義軍節度使以陝州節度使景延廣爲河陽三城節度使兼侍衛親軍馬步軍都虞候以河陽節度使石贇爲陝州節度使壬午突厥遣使朝貢以遙領壽州忠正軍節度使兼侍衛馬軍都指揮使李懷忠爲同州節度使以宣徽北院使李守貞遙領忠正軍節度使侍衛馬軍指揮使甲申降御札取八月五日暫幸鄴都沿路供頓並委所司以官物排比州縣不得科率人戶丙戌以右諫議大夫趙遠爲中書舍人吏部郎中鄭受益爲右諫議大夫刑部郎中殷鵬爲水部郎中知制誥八月戊子朔以皇子開封尹鄭王重貴爲東京留守以天平軍節度使兼侍衛親軍馬步軍副都指揮使杜重威爲侍衛親軍馬步軍都指揮使以宣徽南院使張從恩爲東京內外兵馬都監改奉德馬軍爲護聖放文武百官朝參取

便先赴鄴都壬辰車駕發東京己亥至鄴左右金吾六軍儀仗排列如儀迎引入內改舊澶州爲德清軍以內客省使劉遂清爲宣徽北院使判三司壬寅制應天福六年八月十五日昧爽以前諸色罪犯常赦所不原者咸赦除之其持仗行劫及殺人賊並免罪移鄉配逐處軍都收管犯枉法贓者雖免罪不得再任用諸徒流人並放還貶降官未量移與量移者約資敘用天福五年終已前殘稅並放應河東起義之初及收復鄴都汜水立功將校並與加恩亡歿者與追贈自東京至鄴都緣路昨因行幸有損踐田苗處據頃畝與放今年租稅鄴

都管內有潛龍時在職者並與加恩耆年八十已上者版授上佐官天下農器並許百姓自鑄造亡命山澤者招喚歸業百日不出者復罪如初唐梁國公狄仁傑宜追贈官秩應天福三年已前敗闕場院官無家業者並與除放其人免罪永不任使私下債負徵利及一倍者並放主持者不在此限丁未以客省使將作監丁知浚爲內客省使引進使鴻臚卿王景崇爲客省使殿中監判四方館事劉政恩爲引進使壬子改鄴都皇城南門應天門爲乾明門大明館爲都亭驛甲寅遣光祿卿張澄國子博士謝攀使高麗行冊禮九月己未以兵部侍

郎閻至爲吏部侍郎辛酉滑州河決一漑東流鄉村戶民攜老幼登邱冢爲水所隔餓死者甚衆壬申忠武建武等軍節度使守太傅兼中書令行蘇州睦州刺史錢元璙進封彭城郡王遙領廣州清海軍節度使判婺州軍州事錢元懿爲檢校太師乙亥遣前邢州節度使楊彥詢使于契丹錫賚甚厚丁丑吐渾遣使朝貢壬午夜有彗星出于西方長二丈餘在房一度尾跡穿天市垣東行踰月而滅丙戌兗州上言水自西來漂没秋稼冬十月丁亥朔遣鴻臚少卿魏玭等四人分往滑濮鄆澶視水害苗稼己丑詔以胡梁度月城爲大通軍浮橋爲

大通橋壬寅詔唐梁國公狄仁傑可贈太師十一月丁未鄭王夫人張氏薨福州王延羲遣使貢方物甲寅遣太子賓客聶延祚吏部郎中盧撰持節冊天下兵馬元帥守尚書令吳越國王錢元瓘甲子以御史中丞王松爲尚書右丞中書舍人史館修撰判館事王易簡爲御史中丞戶部侍郎張昭遠爲兵部侍郎國子祭酒田敏以本官兼戶部侍郎辛未太妃皇后至自東京壬申遣給事中李式考功郎中張鑄持節冊閩國王王延羲甲戌太子少傅致仕王璀卒贈左僕射丁丑襄州安從進舉兵叛以西京留守高行周爲南面行營都部署率兵

討之以前同州節度使宋彥筠爲副以宣徽南院使張從恩監護焉十二月丙戌朔以東京留守開封尹鄭王重貴爲廣晉尹進封齊王以鄴都留守廣晉尹李德珫爲開封尹充東京留守南面軍前奏十一月二十七日武德使焦繼勳先鋒都指揮使郭金海等唐州南遇安從進賊軍一萬餘人大破之（案宋史陳思讓傳思讓爲先鋒右廂都監從武德焦繼勳領兵進討遇從進之師于唐州花山下急擊大破之）生擒衙內都指揮使安宏義獲山南東道之印其安從進單騎奔逸丁亥詔襄州行營都部署高行周權知襄州事是日鎮州節度使安重榮稱兵向闕（案安重榮反在十二月丁亥五代春秋誤繫于十月）以侍衛親軍

馬步軍都指揮使杜重威爲北面行營招討使率兵擊之以邢州節度使馬全節爲副以前貝州節度使王周爲馬步軍都虞候癸巳武德使焦繼勳奏安從進遣弟從貴領兵千人取接均州刺史蔡行遇尋領所部兵掩殺賊軍七百餘人生擒安從貴截其雙腕却放入城戊戌以皇子重睿爲銀青光祿大夫檢校尚書左僕射己亥北面軍前奏十三日未時於宗城縣西南大破鎮州賊軍殺一萬五千人餘黨走保宗城縣是夜三更破縣城前深州刺史史虔武自縛歸降獲馬三千匹絹二萬餘疋餘物稱是安重榮脫身遁走是日百官稱賀癸卯

削奪安從進安重榮在身官爵右金吾上將軍萇從簡卒廢朝贈太師乙巳天下兵馬都元帥守尚書令吳越國王錢元瓘薨廢朝三日謚曰文穆是日帝習射於後苑諸軍都指揮使已上悉預焉賜物有差丁未南面行營都部署高行周奏今月十三日部領大軍至襄州城下相次降賊軍二千人其降兵馬軍詔以彰聖爲號步軍以歸順爲號庚戌以權知吳越國事錢弘佐爲起復鎮軍大將軍檢校太師兼中書令杭州越州大都督鎮海東等軍節度使封吳越國王壬子杜重威部領大將至鎮州城下

天福七年春正月丙辰朔不受朝賀用兵故也戊午以前將作監李鍇爲少府監北面招討使杜重威奏今月已收復鎮州斬安重榮傳首闕下帝御乾明樓宣露布訖大理卿受馘付市徇之百官稱賀曲赦廣晉府禁四遼史云戊辰晉函安重榮首來獻上數欲親討重榮至是乃止辛酉追贈皇弟三人故忻州馬步軍都指揮使贈太傅德再贈太尉追封福王故檢校太子賓客贈太傅殷再贈太尉追封通王故彰聖右第三軍都指揮使長州刺史贈太傅威再贈太尉追封廣王壬戌追贈皇子五人故右衛將軍贈太保重英再贈太傅追封虢王故權東京留守河南尹贈太傅

重乂再贈太尉追封壽王故皇城副使贈太保重裔再贈太傅追封鄭王故河陽節度使贈太尉重信再贈太師追封沂王故左金吾衛將軍贈太保重進再贈太傅追封夔王癸亥改鎮州爲恆州成德軍爲順國軍丙寅以門下侍郎平章事監修國史趙瑩爲侍中青州節度使楊光遠加食邑改賜功臣名號兗州節度使桑維翰加檢校太保河東節度使劉知遠加兼侍中以鄆州節度使北面行營招討使侍衛親軍都指揮使杜重威爲恆州順國軍節度使加兼侍中皇子廣晉尹兼功德使齊王重貴加兼侍中秦州節度使侯益加特進增食邑

丁卯以判四方館事孟承誨爲太府卿充職戊辰以滄州節度使安叔千爲邢州節度使以北面行營副招討使邢州節度使馬全節爲定州節度使以定州節度使王延胤爲滄州節度使以前邢州節度使楊彥詢爲華州節度使恆州立功將校王溫以降等第除郡庚午契丹遣使來聘是日上元節六街諸寺燃燈御乾明門觀之夜半還宮壬申延州節度使丁審琦加爵邑鄧州節度使安審徽加檢校太傅陝州節度使石贇加檢校太傅乙亥契丹遣使來聘河陽節度使兼侍衞馬步軍都虞候景延廣加檢校太尉改鄆州節度使典軍如故以

前貝州節度使北面行營馬步軍都虞候王周爲河陽節度使加檢校太保丁丑以刑部侍郎竇貞固爲門下侍郎以禮部郎中邊歸讜爲比部郎中知制誥壬午以河陽節度使王周爲涇州節度使以恆州節度副使王欽祚爲殿中監二月丁亥皇妹淸平公主進封衞國長公主契丹遣使來聘己丑宴于武德殿新恆州節度使杜重威已下諸軍副兵馬使已下悉預焉賜物有差己亥以曹州防禦使何建爲延州留後涇州奏差押牙陳延暉齎勅書往西涼府本府都指揮使等請以陳延暉爲節度使辛丑宰臣李崧丁母憂起復舊任蕃寇作亂

同州鄜州各起牙兵討平之丙午詔鄧唐隨郢諸州多有曠土宜令人戶取便開耕與免五年差稅三月己未兵部尚書韓惲卒庚申遣前齊州防禦使宋光鄴翰林茶酒使張言使于契丹壬戌分命朝臣諸寺觀禱雨丙寅皇后爲妹契丹樞密使趙延壽妻燕國長公主卒於幽州舉哀於外次辛未滑州節度使駙馬都尉史匡翰卒輟朝贈太保詔唐州湖陽縣蓼山神祠宜賜號爲蓼山顯順之神乙亥以晉昌軍節度使安審琦爲河中節度使以前亳州防禦使王令溫爲貝州節度使丙子賜宰臣李崧白藤肩輿以起復故也丁丑以晉州節度使

皇甫遇爲河陽節度使以壽州節度使兼侍衞馬步軍指揮使李守貞爲滑州節度使以夔州節度使兼侍衞步軍都指揮使郭達（郭達刻本作郭謹）爲相州節度使皆典軍如故宰臣於寺觀禱雨閏月丙戌以兵部郎中司徒詡爲右諫議大夫戊子兗州節度使桑維翰加特進封開國公庚寅以延州留後何建爲延州節度使以引進使兼殿中監劉正恩爲太子詹事壬辰宋州節度使安彥威奏修滑州黃河功畢詔於河決之地建碑立廟丙申以鄜州節度使周密爲晉州節度使以左羽林統軍符彥卿爲鄜州節度使壬寅詔百官五日一度起居日輪

定兩員具所見以封事奏聞詔改鄴都宣明門爲朱鳳門武德殿爲視政殿文思殿爲崇德殿晝堂爲天清殿寢殿爲乾福殿其門悉從殿名皇城南門爲乾明門北門爲玄德門東門爲萬春門西門爲千秋門羅城南塼門爲廣運門觀音門爲金明門橙槽門爲清景門冠氏門爲永芳門朝臣門爲景風門大城南門爲昭明門觀音門爲廣義門北河門爲靜安門魏縣門爲應福門冠氏門爲迎春門朝城門爲興仁門上斗門爲延清門下斗門爲通遠門戊申宋州節度使安彥威封邢國公賞修河之勞也癸丑涇州節度使王周奏前節度使張彥

澤在任日不法事二十六條己改正停廢詔褒之是春鄴都鳳翔兗陝汝恆陳等州旱鄆曹澶博相洺諸州蝗夏四月甲寅朔避正殿不視朝日蝕故也是日太陽不虧百官上表稱賀詔沿河藩郡節度使刺史並兼管內河堤使己亥右諫議大夫鄭受益兩疏論張彥澤在涇州之日違法虐民支解掌書記張式部曲楊洪等請下所司明申其罪皆留中不出庚申刑部郎中李濤張麟員外郎麻麟王禧同詣閤門上疏論張彥澤罪犯詞甚懇切宋史李濤傳涇帥張彥澤殺記室張式奪其妻式家人詣闕上訴晉祖以彥澤有軍功釋其罪濤伏閤抗疏請寘于法晉祖召見諭之濤植笏叩陛聲色俱厲晉祖怒叱之濤執笏如初晉祖曰吾與彥澤有誓約

恕其死濤厲聲曰彥澤私誓陛下不忍食其言范延光嘗賜鐵券今復安在晉祖不能答即拂衣起辛酉詔張彥澤刳剔賓從誅剝生聚寃聲穢跡流聞四方章表繼來指陳甚切尚以會施微効特示寬恩深懷曲法之慙貴狥議勞之典其張彥澤宜削一階仍降爵一紀其張式宜贈官張式父鐸弟守貞男希範並與除官仍於涇州賜錢十萬差人津置張式靈柩并骨肉歸鄉所有先收納却張式家財物畜並令還其涇州新歸業戶量與蠲減稅賦翌日以前涇州節度使張彥澤爲左龍武大將軍宋史楊昭儉傳昭儉與李濤論張彥澤不報會有詔令朝臣轉對或有封事亦許以不時條奏昭儉復上疏曰天子君臨四海日有萬幾懋建諍臣彌縫其闕今則諫臣雖設言路不通藥石之論不達

于聖聰而邪佞之徒取容于左右御史臺紀綱之府彈糾之司衡寃者固當昭雪爲蠹者難免放流陛下臨御以來寬仁太甚徒置兩司殆如虛器遂令節使慢侮朝章屠害幕吏始訴寃于丹闕反執送于本藩苟安跋扈之心莫恤寃抑之苦願回
宸斷誅彥澤以謝軍徒戊辰廢雄州爲昌化軍警州爲威肅軍其軍使委本道差補故涇州節度掌書記張式贈尚書虞部郎中以式父鐸爲沁州司馬致仕弟守貞爲貝州清河縣主簿男希範爲興元府文學甲戌詔
皇子齊王就前河中府節度使康福第以教坊樂宴會前見任節度使戊寅前慶州刺史米廷訓追奪在身官爵配流麟州坐姦妻兄之女也是月州郡十六處蝗五月己亥中書門下奏時屬炎蒸事宜簡省應五日百官

起居望令押班宰臣一員押百官班其轉對官兩員封付閤門使引進本官隨百寮退不用別出謝恩其文武內外官寮乞假寧覲搬家婚葬病損並門見門辭諸道進奉物等不用殿前排列引進使引進殿前奏云某等進奉奏訖令進奉使出其進奉專使朝見日班首一人致詞都附起居刺史并行軍副使諸道馬步軍都指揮使已下差人到闕並門見門辭州縣官謝恩日甲頭一人都致詞不用逐人告官其供奉官殿直等如是當直及合於殿前排列者卽入起居如不當直排立者不用每日起居委宣徽使點檢常須整齊從之時帝不豫難於視朝故也遼史二月甲午遣使使晉索吐谷渾叛者契丹國志云遼以晉招納吐谷渾遣使責讓晉高祖憂悒成疾左威衛上將軍衛審峹卒贈太子少保乙巳尊皇太妃劉氏爲皇太后徐無黨五代史記注云高祖所生母也丁未工部侍郎韋勳改刑部侍郎壬子以左散騎常侍李光廷爲秘書監給事中蕭愿爲右散騎常侍左諫議大夫曹國珍爲給事中太常卿裴坦爲左諫議大夫是月州郡五奏大水十八奏旱蝗六月丁巳以兗州節度使桑維翰爲晉昌軍節度使以前許州節度使安審琦爲兗州節度使襄州都部署高行周奏安從進觀察判官李光圖出城請援送赴闕乙丑帝崩於保昌殿壽五十一遺

制齊王重貴於柩前卽皇帝位喪紀並依舊制山陵務從節儉馬步諸軍優紀並從嗣君處分通鑑攷異云漢高祖實錄晉高祖大漸召近臣屬之曰此天下明宗之天下寡人竊而處之久矣寡人旣謝當歸許王寡人之願也此說難信八月太常卿崔棁上謚曰聖文章武明德孝皇帝廟號高祖以其年十一月十日庚寅葬於顯陵宰臣和凝撰謚冊哀冊文永樂大典卷一萬五千六百四十四五代史補高祖尚明宗女宮中謂之石郎及將起兵於太原京師夜聞狼皆羣走往往入宮中愍帝患之命諸班能射者分投捕逐謂之射狼或遇諸塗問曰汝何從而來對曰看射狼未幾高祖至蒞射音與石相近也五代史闕文梁開平初潞州行營使李思安奏函關縣樓鄉民伐樹樹仆自分爲二中有六字如左書云天十四載石進梁帝藏于武庫時莫詳其義至帝卽位識者曰天字取四字兩畫加之于傍卽丙字也四字去中之兩畫加十字卽申字也帝卽位之年廼丙申也進者晉也石者姓也臣謹案天祐二十年歲在癸未其年莊宗建號改同光元年至清泰三年歲丙申其年晉祖卽位改元天福元年自未至申凡十四載矣故識書云天十四載石進者言自天祐滅後十四載石氏興於晉也豈不明乎而拆字解識以就丙申非也

史臣曰晉祖潛躍之前沉毅而已及其爲君也旰食宵衣禮賢從諫慕黃老之教樂清淨之風以絁爲衣以麻爲履故能保其社稷高朗令終然而圖事之初召戎爲援獫狁自茲而孔熾黔黎由是以罹殃迨至嗣君兵連禍結卒使都城失守舉族爲俘亦猶決鯨海以救焚何逃没溺飲鴆漿而止渴終取敗亡謀之不臧何至於是儻使非由外援之力自副皇天之命以茲睿德惠彼蒸

民雖未足以方駕前王亦可謂仁慈恭儉之主也永樂大典卷一萬五千六百四十四

舊五代史卷八十終

舊五代史卷八十攷證

晉高祖紀六乙亥遣前邢州節度使楊彥詢使于契丹 案楊彥詢使于契丹歐陽史通鑑俱從是書作九月遼史作二月己未晉遣楊彥詢來貢且言鎮州安重榮跋扈狀遂留不遣與是書異

丁丑襄州安從進舉兵叛 案安從進反歐陽史五代春秋俱作十月通鑑從是書作十一月遼史作十二月戊子晉遣使來告山南節度使安重進反則因其赴告之月而書之也

生擒衙內都指揮使安宏義 案宋史焦繼勳傳作擒其牙將安洪義鮑洪等五十餘人

是日鎮州節度使安重榮稱兵向闕 案安重榮反歐陽史通鑑俱從是書作十二月五代春秋繫于十月之後遼史作十一月丙寅晉以討安重榮來告與是書異

遣前齊州防禦使宋光鄴 案宋光鄴遼史避諱作宋暉業

宋州節度使安彥威奏修滑州黃河功畢 案修河事是書紀于閏月壬辰歐陽史作三月歸德軍節度使安彥威塞決河于滑州葢以奉使之月言是書以奏

功之日言也

詔改鄴都宣明門爲朱鳳門　朱鳳門五代會要作來鳳門

皇城南門爲乾明門北門爲元德門東門爲萬春門西門爲千秋門　案五代會要晉改皇城四門爲乾明元德萬春千秋在天福六年是書繫于七年與會要異

舊五代史卷八十攷證

舊五代史卷八十一

宋司空同中書門下平章事薛居正等撰

少帝紀第一　　晉書七

少帝名重貴高祖之從子也考諱敬儒母安氏以唐天祐十一年六月二十七日生帝于太原汾陽里敬儒嘗爲後唐莊宗騎將早薨高祖以帝爲子帝少而謹厚高祖愛之洎歷方鎭嘗遣從行委以庶事但性好馳射有祖禰之風高祖鎭太原命瑯琊王震以禮記敎帝不能領其大義謂震曰非我家事業也及高祖受圍于太原親冒矢石數獻可于左右高祖愈重焉高祖受契丹册入洛欲留一子撫晉陽先謀於戎王戎王曰使諸子盡出吾當擇之乃於行中指帝謂高祖曰此眼大者可矣遂以帝爲北京留守授金紫光祿大夫檢校司徒行太原尹知河東管內節度觀察事天福二年九月徵赴闕授光祿大夫檢校太保右金吾衞上將軍三年十二月授開封尹加檢校太傅封鄭王增食邑三千戶俄加檢校太尉同中書門下平章事六年高祖幸鄴改廣晉尹進封齊王（以下疑脫七年正月加兼侍中八字）是歲六月十三日（案此歲爲天福七年此承上六年爲言于中當有脫文）乙丑高祖崩承遺制命柩前即皇帝位帝在幷州未著人望及保釐浚郊大有寬裕之稱

從幸鄴都是歲遇旱高祖遣祈雨于白龍潭有白龍見于潭心是夜澍雨尺餘人皆異之至是果登大位焉丁卯賜侍衞諸軍將校錢一百貫下至五貫以初即位示賚也戊辰宰臣馮道等率百寮請聽政凡三上表允之庚午始聽政于崇德殿門偏廊分命廷臣以嗣位奏告天地宗廟社稷遣右驍衞將軍石德超等押先皇御馬二匹往相州西山撲祭用北俗禮也丙子以司徒兼侍中馮道爲大行皇帝山陵使門下侍郎竇貞固副之太常卿崔棁爲禮儀使戶部侍郎呂琦爲鹵簿使御史中丞王易簡爲儀仗使（徐無黨五代史記注云舊史實錄無橋道頓遞使疑不置或闕書漢高祖亦然）已卯遣判四方館事朱崇節（案歐陽史作館使宋崇節）右金吾大將軍梁言持國信物使于契丹是時河南河北關西並奏蝗害稼秋七月癸未朔百官素服臨于天淸殿戊子詔應宮殿州縣及官名府號人姓名與先帝諱同音者改之改西京明堂殿爲宣德殿中書政事堂爲政事廳堂後官房頭爲錄事餘爲主事（案東都事略陶穀傳穀本姓唐避晉祖諱改姓陶蓋當時避諱之體如此）已丑大行皇帝大祥帝釋縗服百官衣縿辛卯帝除禫服百官吉服壬辰太后劉氏崩高帝之庶母也遺詔服紀園陵册用后禮皇帝不得廢軍國機務既而禮官奏準令式爲祖父母齊縗周又準喪

葬令皇帝本服周者三哭而止請準後唐同光三年皇太妃北京薨莊宗于洛京西內發哀素服不視事三日從之仍遣國子祭酒兼戶部侍郎田敏奏告高祖靈座癸巳右諫議大夫鄭受益中書舍人楊昭儉並停見任以請假在外不赴國哀故也丁酉宰臣馮道等率文武百寮詣崇德殿門拜表請御正殿凡三上表允之安州奏水平地深七尺庚子帝御正殿宣制大赦天下諸道州府諸色罪犯除十惡五逆殺人强盜官典犯贓合作毒藥屠牛鑄錢外其餘罪犯咸赦除之襄州安從進如能果決輸誠並從釋放其中外臣寮將校並與加恩天

下有蟲蝗處並與除放租稅辛丑恆州順國軍節度使杜威（案杜重威避少帝諱去重字至漢始復故少帝紀皆作杜威）河東節度使劉知遠並加檢校太師仍增爵邑青州平盧軍節度使楊光遠加守太師癸卯鄆州天平軍節度使兼侍衛馬步都虞候景延廣加特進同中書門下平章事充侍衛親軍都指揮使滑州義成軍節度使兼侍衛馬軍都指揮使李守貞相州彰德軍節度使侍衛步軍都指揮使郭謹並加檢校太傅仍增爵邑宰臣馮道等上表請依舊置樞密使略曰竊以樞密使創自前朝置諸近侍其來已久所便尤多頃歲樞密使劉處讓偶屬家艱爰拘喪制旣從罷免暫議改更不曾顯降勅文永停使額所願各歸職分豈敢苟避繁難伏請依舊置樞密使初高祖事後唐明宗覩樞密使安重誨秉政擅權賞罰由己常惡之及登極故斷意廢罷一委中書至是馮道等厭其事繁故復請置之庶分其權表凡三上不允乙巳徐州節度使李從溫宋州節度使安彥威並加兼中書令西都留守充襄州行營都部署高行周加兼侍中鳳翔節度使李從曮加守太保遣中使就中書賜宰臣馮道生辰器幣道以幼屬亂離早喪父母不記生日堅辭不受丙午以給事中羅周岳爲左散騎常侍以右諫議大夫符

蒙爲給事中以秘書少監兼廣晉少尹邊蔚爲右散騎常侍以廣晉少尹張煦爲右諫議大夫以廣晉府判官光祿少卿邊光範爲右諫議大夫丁未荆南節度使南平王高從誨加兼尚書令湖南節度使楚王馬希範加守太傅自是藩侯郡守皆第加官封示溥恩也是月州郡十七蝗八月壬子朔百官素服臨於天清殿乙卯以左散騎常侍羅周岳爲東京副留守庚申以山陵禮儀使太常卿崔梲爲太子賓客分司西都病故也壬戌晉昌軍節度使桑維翰加檢校太傅甲子宰臣馮道加守太尉趙瑩加中書令李崧加左僕射兼門下侍郎和凝

加右僕射契丹遣使致慰禮馬二十匹及羅絹等物是日襄州行營都部署高行周奏收復襄州安從進自焚而死生擒男弘贊斬之前河東節度使康福卒贈太師謚曰武安戊辰以太子太保兼尚書左僕射劉昫爲太子太傅詔賜襄州城內百官粟大戶二斛小戶一斛以久困重圍也己巳以太子賓客趙元輔權判太常卿事充山陵禮儀使庚午葬太皇太后于魏縣秦固村癸酉契丹使致祭于高祖賻禮御馬二匹羊千口絹千疋契丹主母亦遣使來慰詔免襄州城內人戶今年夏秋來屋稅其城外下營處與放二年租稅應被安從進脅從

者一切不問是月河中河東河西徐晉商汝等州蝗九月丁丑朔百官素服臨于天清殿己卯分遣朝臣詣寺觀祈雨辛巳兩浙節度使吳越國王錢弘佐福建節度使王延羲並加食邑仍改賜功臣名號癸未帝御乾明門觀襄州行營都部署高行周都監張從恩等獻俘馘有司宣露布訖以安從進男弘受等四十四人徇于市皆斬之曲赦京城禁四甲申宴班師將校于崇德殿賜物有差乙酉宰臣和凝上廻河頌賜鞍馬器帛丁亥以宋州歸德軍節度使安彥威爲西京留守兼河南尹以襄州行營都部署西京留守高行周爲宋州節度使加

檢校太師戊子降襄州爲防禦使額均房二州割屬鄧州升泌州爲團練使額己丑以東京留守兼開封尹李德玧爲廣晉尹以宣徽南院使襄州行營都監張從恩爲東京留守兼開封尹加檢校太尉以前同州節度使襄州行營副部署宋彥筠爲鄧州威勝軍節度使加檢校太尉山陵禮儀使撰高祖祔享太廟酌獻樂章上之庚寅詔今後除授留守宜降麻制癸巳樂平公主史氏進封魯國大長公主壽安長公主烏氏進封衛國大長公主鄭國長公主杜氏進封宋國大長公主荆南高從誨累表讓尚書令之命己亥追封故秦國長公主爲梁

國長公主故永壽長公主爲岐國大長公主故延慶長公主爲邠國大長公主辛丑以義成軍節度使兼侍衛馬軍都指揮使李守貞充大行皇帝山陵一行都部署壬寅以宣徽北院使判三司劉遂凊爲鄭州防禦使以亶州防禦使李承福爲宣徽北院使癸卯詔大行皇帝十一月十日山陵宜自十月一日至十一月二十日不坐放文武百官朝參甲辰上大行皇帝尊謚寶冊百官素服班于天清殿五代會要天福七年中書門下奏山陵禮儀使狀高祖尊謚號及廟號伏準故事將啟殯宮前擇日命太尉率百寮奉謚冊告天于圜丘畢奉謚冊跪讀于靈前此累朝之制蓋以天命尊極不可稽留今所上高祖聖文章武明德孝皇帝尊謚寶冊伏緣去洛京地遠寶冊難以往來當司詳酌伏

請祇差官往洛京奏告南郊太廟其日中書門下文武百官立班中書令侍中升靈座前讀寶冊行告謚之禮禮儀使撰進高祖祔享太廟酌獻樂章舞名請以咸和之舞爲名從之冬十月辛亥朔百官素服臨于天清殿襄州利市廟封爲順正王仍令本州修崇廟宇癸亥啟攢宮百官衣初喪服入臨甲子靈駕進發帝于朱鳳門外行遣奠之祭辭畢還宮丁丑太保盧質卒贈太子太師謚曰文忠己卯宰臣李崧母喪歸葬深州遣使弔祭之庚辰契丹遣使致祭於高祖賻馬三匹衣三襲十一月庚寅葬高祖皇帝于顯陵壬辰湖南奏前洪州節度使馬希振卒戊戌詔宰臣等分詣寺廟祈雪庚子祔高

祖神主于太廟辛丑以右金吾衛大將軍權判三司董遇爲三司使詔州郡稅鹽過稅斤七錢住稅斤十錢州府鹽院並省司差人勾當先是諸州府除蠶鹽外每年海鹽界分約收鹽價錢一千七萬貫高祖以所在法禁抵犯者衆遂開鹽禁許通商令州郡配徵人戶食鹽錢上戶千文下戶二百分爲五等時亦便之至是掌賦者欲增財利難于驟變前法乃重其關市之征蓋欲絕其興販歸利于官也其後鹽禁如故鹽錢亦征至今爲弊焉是日詔天地宗廟社稷及諸祠祭等訪聞所司承管多不精潔宜令三司預支一年禮料物色于太廟置庫

收貯差宗正丞主掌委監察使監當祭器祭服等未備者修置五代會要敕差宗正丞石載仁專主掌監察御史宋彥昇監庫兼差供奉官陳審璘往洛京于太廟內隱便處修蓋庫屋五間俟畢日催促所支物色監送入庫交付訖取收領文狀歸闕每有祠祭諸司各請禮料至時委監庫御史宋彥昇宗正丞石載仁旋行給付其大祠中祠兼令監察御史檢點小祠即令行事官檢點如致慢易本司準格科罪其祭器未有者修製已有者更仰整飭十二月辛酉以威武軍節度副使充福建管內諸軍都指揮使王延澄爲威武軍副大使知節度事詔諸道州府每遇大祭祀冬至寒食立春立夏雨雪未晴不得行極刑如有已斷下文案可取次日及雨雪定後施行乙丑以前鄧州節度使安審暉爲左羽林統軍以前延州節度使丁審琪爲

右羽林統軍以前金州節度使潘瓌爲左神武統軍以前華州節度使皇甫立爲左金吾衛上將軍以右龍武統軍劉遂凝爲左驍衛上將軍以前貝州節度使馬萬爲右驍衛上將軍以左龍武大將軍張彥澤爲右武衛上將軍丙寅宰臣馮道滑州節度使兼侍衛馬軍都指揮使李守貞河陽節度使皇甫遇西京留守安彥威廣晉尹李德珫並加爵邑以山陵充奉之勞也己巳迴鶻進奉使密里等各授懷化歸德大將軍郎將放還蕃庚午故洪州節度使馬希振追封齊國公辛未故中吳建武等軍節度使彭城郡王錢元璙追封廣陵郡王

丙子于闐迴鶻皆遣使貢方物
天福八年春正月辛巳盜發唐坤陵莊宗母曹太后之陵也河南府上言逃戶凡五千三百八十七餓死者兼之詔諸道以廩粟賑饑民民有積粟者均分借便以濟貧民時州郡蝗旱百姓流亡餓死者千萬計東都人士僧道請車駕復幸東京後唐莊宗德妃伊氏自契丹遣使貢馬庚寅沙州留後曹元深加檢校太傅充沙州歸義軍節度使癸巳發禁軍萬人並家口赴東京乙巳于闐迴鶻入朝使劉再成等並授懷化大將軍郎將放還蕃二月庚戌御札取今月十一日車駕還東京沿

路州府不用修飾行宮食宿頓遞並以官物供給文武臣寮除有公事合隨駕外並先次進發以侍衛親軍使景延廣充御營使癸丑以廣晉尹李德珫權鄴都留守己未車駕發鄴都曲赦都下禁囚甲子次封邱文武百官見于行宮乙丑至東京甲戌以東京留守張從恩爲權鄴都留守以皇弟檢校司徒重睿爲檢校太保開封尹年幼未出閤差左散騎常侍邊蔚知府事丁丑以前太僕卿薛仁謙爲衛尉卿河中逃戶凡七千七百五十九是時天下飢穀價翔踴人多餓殍右金吾衛上將軍劉處讓卒贈太尉三月己卯朔以中書令監修國史趙瑩爲晉昌軍節度使以晉昌軍節度使桑維翰爲侍中監修國史（通鑑作晉昌節度使兼侍中桑維翰爲侍中胡三省注云桑維翰始居藩鎭而兼侍中今入朝正爲門下省長官）辛巳以左散騎常侍盧重爲秘書監以東京副留守羅周岳爲右散騎常侍癸未青州節度使東平王楊光遠進封壽王北京留守劉知遠恆州節度使杜威並加兼中書令乙酉以鄜州節度使符彥卿爲河陽節度使以權鄴都留守前開封尹張從恩爲鄴都留守廣晉尹以右羽林統軍丁審琪爲鄜州節度使丁亥天策上將軍湖南節度使楚王馬希範加守尚書令兼中書令己丑桂州節度使馬希杲依前檢校太尉兼侍

中兼知朗州軍州事朗州武平軍節度使馬希萼加檢校太尉進封爵邑以武平軍節度副使岳州團練使馬希瞻爲檢校太尉領廬州昭信軍節度使以武安軍節度副使永州團練使馬希廣爲檢校太尉領洪州鎭南軍節度使皆楚王馬希範之弟也庚寅以宣徽北院使李承福爲右武衛大將軍充宣徽南院使以前鄭州防禦使劉繼勳爲左千牛衛大將軍充宣徽北院使國子祭酒兼戶部侍郎田敏以印本五經書上進賜帛五十段甲午有白烏棲作坊桐樹作坊使周務掠捕而進之辛丑引進使太府卿孟承誨使契丹詔京百司攝官親

公事及五年與授初官癸卯以左諫議大夫司徒詡爲給事中左司郎中王仁裕爲右諫議大夫前鴻臚卿王均爲少府監夏四月戊申朔日有蝕之庚戌以許州節度使趙在禮爲徐州節度使以徐州節度使李從溫爲許州節度使己巳中書門下奏請以六月二十七日降誕日爲啟聖節從之是月河南河北關西諸州旱蝗分命使臣捕之五月己卯追封皇故長姊爲吳國長公主癸未皇姪女永福縣主薨輟朝三日追封平昌郡主丁亥皇第二叔祖贈太師萬友追封秦王皇第三叔祖贈太尉萬銓案原本作詮今從歐陽史改贈太師追封趙王皇伯贈太

傅敬儒贈太師追封宋王皇叔贈太尉福王德贈太師追封如故皇叔贈太傅暉贈太師追封韓王皇叔贈太尉通王殷皇叔贈太尉廣王威皇兄贈太傅鄭王重裔並贈太師追封如故皇兄贈太師沂王重信追封楚王皇兄贈太傅虢王重乂皇兄贈太師夔王重進皇弟贈太尉陳王重杲等並贈太師追封如故仍令所司擇日冊命辛卯以御史中丞王易簡爲尚書左丞以禮部侍郎張允爲御史中丞以中書舍人吳承範爲禮部侍郎以吏部侍郎王延爲尚書右丞以尚書右丞王松爲吏部侍郎以兵部侍郎張昭遠爲吏部侍郎以戸部侍郎

呂琦爲兵部侍郎以刑部侍郎韋勳爲戸部侍郎以工部侍郎李詳爲刑部侍郎癸巳命宰臣等分詣寺觀禱雨己亥飛蝗自北翳天而南太子賓客李棁卒甲辰詔諸道州府見禁罪人除十惡五逆行刼殺人僞行印信合造毒藥官典犯贓各減一等外餘並放是時所在旱蝗故有是詔乙巳幸相國寺祈雨六月庚戌以螟蝗爲害詔侍衞馬步軍都指揮使李守貞爲皐門祭告仍遣諸司使梁進超等七人分往開封府界捕之乙卯以左羽林統軍安審暉爲潞州節度使宿州奏飛蝗抱草乾死丙辰貝州奏逃戸凡三千七百遣供奉官衞延韜詣

嵩山投龍祈雨戊午以西京留守馬從斌爲左監門衞上將軍開封府界飛蝗自死庚申河南府奏飛蝗大下遍滿山野草苗木葉食之皆盡人多餓死禮部侍郎吳承範卒丙寅以將冊皇太后遣尚書左丞王易簡奏告天地陜州奏飛蝗入界傷食禾稼及竹木之葉逃戸凡八千一百丁卯以給事中符蒙爲禮部侍郎以左諫議大夫裴坦爲給事中辛未遣內外臣寮二十八人分往諸道州府率借粟麥時使臣希旨立法甚峻民間碓磑泥封之隱其數者皆斃之由是人不聊生物情胥怨是月諸州郡大蝗所至草木皆盡永樂大典卷一萬五千六百四十九

舊五代史卷八十一終

舊五代史卷八十一攷證

晉少帝紀一命瑯琊王震　案歐陽史作博士王震

遣判四方館事朱崇節　案歐陽史作四方館使朱崇節

乙丑至東京　案歐陽史作丁未晉王至汴與是書異五代春秋歐陽史通鑑竝從是書

河南河北關西諸州旱蝗分命使臣捕之　案歐陽史作供奉官張福率威順軍捕蝗于陳州

仍遣諸司使梁進超等七人分往開封府界捕之　案歐陽史作癸亥供奉官七人帥奉國軍捕蝗于京畿與是書異

辛未遣內外臣僚二十八人分往諸道州府率借粟麥　案通鑑七月己丑詔以年饑國用不足遣使者六十餘人于諸道括民穀與是書異

舊五代史卷八十一攷證

舊五代史卷八十二

宋司空同中書門下平章事薛居正等撰

少帝紀第二　晉書八

天福八年秋七月丁丑朔京師雨水深三尺辛巳許州節度使李從溫來朝進封楚國公壬午以前河陽節度使皇甫遇爲右龍武統軍丁亥以宣徽南院使李承福爲同州節度使癸巳改陝州甘棠驛爲通津驛避廟諱也案東都事略陶穀傳穀本姓唐避晉祖諱改姓陶蓋當時避諱及偏旁字及同音字也甲午正衙命冊皇太后以宰臣李崧充使右散騎常侍李愼儀爲副丁酉幸南莊召從駕臣僚習射路左農人各賜布

衫麻屨八月戊申右衛上將軍楊思權卒贈太傅辛亥分命朝臣一十三人分檢諸州旱苗涇青磁鄴都共奏逃戶凡五千八百九十諸縣令佐以天災民餓攜牌印納者五癸酉以前昭義節度使李從敏爲左龍武統軍九月戊寅尊秦國夫人安氏爲皇太妃帝所生母也丁亥追冊故魏國夫人張氏爲皇后帝之元妃也丙子以金部郎中知制誥馮玉爲檢校尚書右僕射充潁州團練使戊子前潁州團練使田令方追奪在身官爵勒歸私第坐前任耀州日額外配民麴錢納歸私室故也延州奏綏州刺史李彝敏棄拋郡城與弟彝俊等五人將骨肉二百七十口來投當州押送赴闕稱與兄夏州節度使彝殷偶起猜嫌互相攻伐故也辛卯夏州奏差宥州刺史李仁立權知綏州癸巳故絳州刺史張從訓贈太尉追冊皇后之父也甲午夏州李彝殷奏衙內都指揮使拓拔崇斌等五人作亂當時收擒處斬訖相次殺州刺史李彝敏擅將兵士直抵城門尋差人掩殺彝敏知事不濟與弟五人將家南走詔李彝敏潛結凶黨顯恣逆謀骨月之間尚興屠害照臨之內難以含容送夏州處斬丙申幸大年莊遂幸侍衛使景延廣第延廣進金玉器玩賜延廣玉帶名馬母妻賓佐部曲僮僕錫賚

咸及之庚子以右諫議大夫邊光範爲給事中以吏部郎中劉知新爲右諫議大夫是月諸州郡括借到軍食以籍來上吏民有隱落者並處極法州郡二十七蝗餓死者數十萬冬十月戊申制以吳國夫人馮氏爲皇后仍令所司擇日備禮冊命庚戌封皇第十一妹爲嘉興長公主第十二妹爲永泰長公主是夕五更有彗見於東方在角旬日而滅壬子以權知延州軍州事前鳳州防禦使杜威爲延州留後甲寅以國子祭酒兼戶部侍郎田敏充弘文館學士判館事以吏部侍郎張昭遠充史館修撰判館事以給事中司徒詡充集賢殿學士判

院事西京奏百姓馬知饒殺男吳九不死以其侵母食也詔赦之甲子以前延州節度使何建爲涇州節度使丙寅以涇州節度使王周爲陝州節度使己巳以左散騎常侍權知開封府事邊蔚爲工部侍郎依前知府事壬寅以前兵部侍郎李玘爲吏部侍郎癸酉命使攝太尉右僕射平章事和凝使副攝司徒給事中邊光範追册故魏國夫人張氏爲皇后奉寶册至西莊影殿行禮鹵簿儀仗如式十一月丁丑以鄧州節度使宋彥筠爲晉州節度使以涇州節度使何建爲鄧州節度使己卯以前鄴都留守廣晉尹李德珫爲涇州節度使丙申所

司奏議故天下兵馬都元帥吳越國王錢元瓘謚曰莊穆詔改爲文穆戊戌遣前復州防禦吳巒權知貝州軍事詔節度使王令溫赴闕庚子單州軍事判官趙岳奏刺史楊承祚初夜開門出城稱爲母病往青州寧親子孔目官齊琪處留下牌印臣已行用權知州事辛丑高麗遣使朝貢昭化軍節度使瑞愼等州觀察使杜建徽進封鄖國公遣侍衞步軍都指揮使郭謹領兵赴鄆州十二月乙巳朔遣左領軍衞將軍蔡行遇押兵士屯于鄆州仍遣供奉官殿直二十六人自河陰至海口分擘地方巡檢以青州節度使楊光遠謀叛故也庚戌前

左御正齊國夫人吳氏已降二十一人並進封郡國夫人太后宮皇后宮知客夫人等亦如之太子太保致仕梁文矩卒贈太子太傅癸丑詔河陽節度使符彥卿宋州節度使高行周貝州節度使王令溫同州節度使李承福陳州梁漢璋亳州李彥懷州薛懷讓並赴闕分命使臣諸州郡巡檢以契丹入寇故也遣給事中邊光範前登州刺史郭彥威使于契丹行至恆州敵已犯境不能進留于公館數月不達其命而回（遼史天福八年二月乙卯晉遣使進先帝遺物辛酉晉遣使請居汴從之三月丁未晉主至汴遣使來謝五月己亥遣使如晉致生辰禮六月辛酉晉遣使貢金秋八月丁未朔晉復貢金己未如奉聖州晉遣其子延煦來朝）甲寅以鄆州刺

史楊承祚爲登州刺史從其便也華州陝府奏逃戶凡一萬二千三百乙丑臘車駕不出詔前陝州節度使石贇率諸節度使畋于近郊太子賓客聶延祚卒丁卯詔宣徽使劉繼勳就杜威園亭會節度使統軍等習射淄州奏青州節度使楊光遠反遣兵士取淄州刺史翟進宗入青州是冬大飢河南諸州餓死者二萬六千餘口開運元年春正月甲戌朔是夕陣雲掩北斗之魁星乙亥滄恆貝鄴馳告契丹前鋒趙延壽趙延昭引五萬騎入寇將及甘陵青州楊光遠召之也己卯契丹陷貝州知州吳巒死之庚辰以宋州節度使高行周爲北面行

營都部署以河陽節度使符彥卿爲馬軍左廂排陣使以右神武統軍皇甫遇爲馬軍右廂排陣使以陝州節度使王周爲步軍左廂排陣使以右羽林統軍潘環爲步軍右廂排陣使太原奏契丹入鴈門圍忻代二州恆滄邢三州上言契丹大至是歲天下餓死者數十萬人詔逐處長吏瘞之壬午詔取此月十三日車駕北征以前邠州節度使李周爲權東京留守乙酉車駕發東京丁亥敵騎至黎陽以侍衞馬軍都指揮使李守貞爲前軍都虞候河北危促諸州求救者入使相望戊子車駕至澶州以貝州節度使王令溫爲鄧州節度使時令溫

弟令崇自契丹至訴以舉族陷于甘陵故有是命辛卯鄴都留守張從恩遣人夜縋城間行奏契丹主以鐵騎三四萬建牙帳于元城以趙延壽爲魏博節度使改封魏王延壽日率騎軍摩壘而退案遼史太宗紀正月己丑次元城授延壽魏博等州節度使封魏王率所部屯南樂蓋遼人封延壽自在己丑晉人至辛卯始得奏聞也甲午以北京留守劉知遠爲幽州道行營招討使以恆州節度使杜威副之定州節度使馬全節爲都虞候其職員將校委招討使便宜署置乙未大霧中有白虹相偶占者曰斯爲海浧其下必將有戰詔率天下公私之馬以資騎軍丙申契丹攻黎陽遣右武衞上將軍張彥澤等率勁

騎三千以禦之己亥遣譯語官孟守忠致書於契丹主求修舊好守忠自敵帳廻契丹主復書曰已成之勢不可改也案遼史云辛丑晉遣使來修舊好詔割河北諸州及遣桑維翰景延廣來議與薛史微異辛丑太原奏與契丹戰于秀容斬首三千級生擒五百人獲敵將一十七人賊軍散入鵶鳴谷已進軍追襲二月甲辰朔遣石贇守麻家口何建守楊劉鎮白再榮守馬家渡安彥威守河陽鄆州奏博州刺史周儒以城降契丹又與楊光遠潛約光遠引契丹于馬家渡濟河時郭謹在汝陽遣左武衞將軍蔡行遇率數百騎赴之遇伏兵于葭葦中突然而出轉鬬數合部下皆遁行遇爲賊

所執鋒鏑重傷不能乘馬坐畚中昇至幕帳遣李守貞等水陸進兵而下以救汶陽丙午先鋒指揮使石公霸與契丹遇於戚城之北爲契丹所圍高行周符彥卿方息於林下聞賊至駭愕督軍而進契丹衆甚盛被圍數重遣人馳告景延廣請益師延廣遲留候帝進止行周等大譟瞋目奮擊賊衆傷死者甚多帝自御親兵救之方解宋史符彥卿傳契丹騎兵數萬圍高行周于鐵邱諸將莫敢當其鋒彥卿獨引數百騎擊之遼人遁去行周得免高懷德傳至戚城被圍數重援兵不至危甚懷德左右射縱橫馳突衆皆披靡挾父而出登戚城古臺置酒以勞三將咸咎延廣不遣兵赴難相對泣下戊申契丹築壘于馬家渡東岸以騎軍列于外以

禦王師李守貞以師搏之遂破其衆賊騎散走赴河溺死者數千遂拔其壘初西岸敵軍數萬鼓譟揚旗以助其勢及見東岸兵敗號哭而去獲馬八百匹生擒賊將七十八人部衆五百人送行在悉斬之辛亥夏州節度使李彝殷合蕃漢之兵四萬抵麟州濟河侵契丹之境以牽脅之壬子以彝殷爲契丹西南面招討使易州刺史安審約奏戰契丹於北平賊退保祈溝關斷其橋梁而還癸丑博州殘兵至自賊中周儒之降也賊執其軍士將獻于幕帳行次中途守者夜寢其中軍士一人自解桎梏爲諸兵釋縛取賊戈矛盡殺援者二百餘人南

走而歸至河無舟浮水而過溺死之餘所存者六十七人是日日有黃白暈二白虹夾日而行己未滄州奏賊衆三千人援送所掠人口寶貨等由長蘆入蕃以輕騎邀之斬獲千餘人人口輜重悉委之而走庚申宰臣馮道等再上表請聽樂皆不允時帝自期年之後于宮中間舉細聲女樂及親征以來日于左右召淺蕃軍校奏三絃胡琴和以羌笛擊鳴鼓更舞迭歌以爲娛樂常謂侍臣曰此非音樂也故馮道奏請舉樂詔旨未允而止壬戌楊光遠率兵圍棣州刺史李瓊以州兵擊之棄營而遁冀州奏敗賊軍于城下見舁棺者訊其降者咸城

之戰上將金頭王中流矢而死此其櫬也癸亥以前鄧州節度使何建爲東南面馬步軍都部署率師屯汶陽甲子蜀人寇我階州三月癸酉朔契丹主領兵十餘萬來戰時契丹僞棄元城寨已旬日矣伏精騎千頓丘故城以待王師通鑑鄴都留守張從恩屢奏敵已遁去大軍欲進追之會霖雨而止設伏累日人馬飢頓趙延壽謀曰晉軍悉在河上畏我鋒銳不敢前進不如徑造城下四面而進攻奪其橋梁天下定矣契丹主然之是日前軍高行周在戚城之南賊將趙延壽趙延昭以數萬騎出王師之西契丹主自擁精騎出王師之東兩軍接戰交相勝負至晡時契丹主以勁

兵中央出而來帝御親軍列爲後陣東西濟河爲偃月之勢旗幟鮮盛士馬嚴整契丹主望之謂左右曰楊光遠言晉朝兵馬半已餓死今日觀之何其壯耶敵騎往來馳突王師植立不動萬弩齊發飛矢蔽空賊軍稍却會有亡者告契丹主曰南軍東面人少沿河城柵不固可以攻之契丹乃率精騎以攻東邊王師敗走敵騎追之時有夾馬軍士千餘人在堤間治水寨旗幟之末出堰埭敵望見之以爲伏兵所起追兵乃止久之復戰王師又退李守超以數百騎短兵直進擊之敵稍却戰場之地人馬死者無算斷箭殘鏃橫厚數寸遇夜賊擊鉦

抽軍而退夜行三十里而舍焉護聖指揮使協霸案協霸二字上疑有脫文亡入賊中夷其族護聖第二軍都指揮使安重懷指揮使烏韓七監軍何彥超等臨陣畏怯手失兵仗悉斬之乙亥契丹主帳內小校竊其主所乘馬來奔云契丹已傳木書收軍北去案遼史三月壬午留趙德昭守貝州徙所俘戶于內地四月癸丑還次南京契丹國志云景延廣疑有詐閉壁不敢追遼帝北歸所過焚掠民物殆盡齊州奏青州賊軍寇明水鎮壬午禮部尚書盧詹卒贈太子少保甲申契丹軍帳已過貝州以趙延昭守貝州遼史三月壬午留趙延昭守貝州徙所俘戶于內地辛卯定州馬全節攻泰州拔之俘其兵士二千人穫畜戎仗稱是己亥北京留守兼中書令劉知遠封太原王餘如故是日詔天下抽點鄉兵凡七戶出一士六戶資之仍自具兵仗以武定爲號太常丞王緒棄市緒家于青州常致書于楊光遠緒有妾之兄慊緒不爲賙給遂告與光遠連謀密書述朝廷機事遂收捕斬之夏四月車駕在澶州滄州奏契丹陷德州刺史尹居璠爲敵所執甲辰鄴都留守張從恩來朝丁未加從恩平章事還鄴己酉詔取今月八日車駕還京令高行周王周留鎮澶淵近地兵馬委便宜制置甲寅至自澶州曲赦京城大辟以下罪人丁巳升冀州爲防禦使額同華奏人民相食己未以右武衛上將軍張彥澤爲

右神武統軍辛酉以鄆州節度使侍衛親軍都指揮使景延廣爲西京留守以宋州節度使高行周爲侍衛親軍都指揮使以侍衛親軍都虞候義成軍節度使李守貞爲兗州節度使典軍如故是日分命文武臣僚三十六人往諸道州府括率錢帛以資軍用癸亥以西京留守安彥威爲晉昌軍節度使以晉昌軍節度使趙瑩爲華州節度使以左龍武統軍皇甫遇爲滑州節度使是日置酒宮中召景延廣謂之曰卿有佐命之功保釐伊洛非酬勳之地也因解御衣寶帶以賜之丙寅隴州奏餓死者五萬六千口五月壬申朔太原劉知遠奏邊境未寧軍用甚廣所封王爵乞未行册命戊寅遣侍衛親軍都虞候李守貞率步騎二萬討楊光遠于青州丁亥以鄴都留守張從恩爲貝州行營都部署通鑑張從恩上言趙延昭雖據貝州麾下將士久客思歸宜速進軍攻詔以從恩爲貝州行營都部署以滑州節度使皇甫遇爲行營都虞候以左神武統軍潘環掌騎兵右神武統軍張彥澤掌步兵辛卯張從恩奏貝州賊將趙延昭縱火大掠棄城而遁通鑑延昭屯于瀛莫阻水自固以李守貞爲青州行營都部署以河陽節度使符彥卿副之戊戌以鄧州節度使何建爲貝州永清軍節度使是月澤潞上言餓死者凡五千餘人六月辛丑朔王師拔淄州斬楊

光遠僞署刺史劉翰辛卯以太尉兼侍中馮道爲檢校太師兼侍中充同州節度使丙午詔復置樞密院丁未以侍中桑維翰爲中書令充樞密使權開封府尹李周卒輟朝贈太師辛亥以邢州節度使安叔千爲晉州節度使加同平章事以晉州節度使宋彥筠爲陝州節度使以吏部郎中李穀充樞密直學士丙辰滑州河決漂注曹單濮鄆等州之境環梁山河于汶濟 宋史楊昭儉傳河決數郡大發丁夫以本部帥董其役既而塞之晉少主喜詔立碑紀其事昭儉表諫曰陛下刻石紀功不若降哀痛之詔摛翰頌美不若頒罪己之文言甚切至少主嗟賞之卒罷其事 戊午升府州爲團練使領庚申襄州獻白鵲甲子復置翰林學士乙丑宰臣

等三上表請聽樂詔允之戊辰以門下侍郎王松爲左丞以右丞王易簡爲吏部侍郎以右散騎常侍蕭愿爲祕書監以右諫議大夫王仁裕爲給事中以給事中李式爲左散騎常侍以金部郎中知制誥徐台符爲翰林學士以禮部郎中李澣本官知制誥充翰林學士以刑部郎中劉温叟改都官郎中充翰林學士以主客員外郎范質充翰林學士御史張宜改倉部員外郎知制誥庚午以前晉州節度使周密爲左龍武統軍以同州節度使李懷忠爲左羽林統軍 永樂大典卷一萬五千六百四十九

舊五代史卷八十二終

舊五代史卷八十二攷證

晉少帝紀二以青州節度使楊光遠謀叛故也 案楊光遠反五代春秋作十一月與是書作十二月異歐陽史從是書

乙亥滄恆貝鄴馳告契丹前鋒趙延壽趙延昭引五萬騎入寇將及甘陵 案歐陽史作甲戌朔契丹寇滄州據遼史云甲戌朔趙延壽延昭率前鋒五萬騎攻任邱與歐陽史合

太原奏契丹入鴈門圍忻代二州 案通鑑契丹入鴈門不書日遼史作丙子入鴈門圍忻代

乙酉車駕發東京丁亥敵騎至黎陽 案歐陽史作丙戌契丹寇黎陽

辛卯鄴都留守張從恩遣人夜縋城間行奏契丹主以鐵騎三四萬建牙帳于元城以趙延壽爲魏博節度使改封魏王 案遼史己丑次元城授延壽魏博節度使封魏王率所部屯南樂蓋遼人屯于元城自在己丑晉人至辛卯始得奏聞也歐陽史作辛卯契丹屯于元城趙延壽寇南樂殊誤

己亥遣譯語官孟守忠致書于契丹主求修舊好 案遼史云辛丑晉遣使來修舊好詔割河北諸州及遣

桑維翰景延廣來議與是書微異

鄆州奏博州刺史周儒以城降契丹　案博州刺史周儒降于契丹歐陽史通鑑契丹國志俱作正月是書及遼史作二月

舊五代史卷八十二攷證

舊五代史卷八十三

宋司空同中書門下平章事薛居正等撰

少帝紀第三　　晉書九

開運元年秋七月辛未朔帝御崇元殿大赦天下改天福九年爲開運元年河北諸州曾經契丹蹂踐處與免今年秋稅諸軍將士等第各賜優給諸州率借錢帛救書到日晝時罷征出一千貫以上者與免科徭一萬貫已上者與授本州上佐云是日宣赦未畢會大雷雨歘遽而罷時都下震死者數百人明德門內震落石龍之首識者以爲石乃國姓蓋不祥之甚也癸酉以定州節

度使馬全節爲鄴都留守加兼侍中以昭義節度使安審暉爲邢州節度使加檢校太師乙亥前陝州節度使王周加檢校太尉改定州節度使鄴都留守張從恩改鄆州節度使禮官奏天子三年喪畢祫享于太廟高祖聖文章武明德孝皇帝今年八月喪終畢合以十月行大祫之禮冬季祠祭改薦爲祫從之丁丑虞部員外郎知制誥陶穀改倉部郎中知制誥大理卿吳德謙改祕書監致仕辛巳以左龍武統軍李從敏爲潞州節度使天策府都護軍桂州節度使知朗州軍事馬希杲加檢校太師壬午降金州爲防禦州降萊州爲刺史州戶部侍郎田敏改兵部侍郎刑部侍郎李詳改尚書左丞以潁州團練使馮玉爲戶部侍郎充端明殿學士中書舍人趙上交改刑部侍郎己丑以樞密使中書令桑維翰充弘文館大學士太子太傅譙國公劉昫爲守司空兼門下侍郎平章事監修國史判三司宰臣李崧和凝進封爵邑庚寅宣徽北院使劉繼勳改宣徽南院使三司使董遇改宣徽北院使辛卯以前陝州節度使石贇爲鄧州節度使同州節度使李承福卒贈太傅八月辛丑命十五將以禦契丹（東都事略范質傳契丹入寇晉出帝命十五將出征是夕質宿直出帝命諸學士分草制質曰宮城已閉慮泄機事遂獨爲之）北京留守劉知遠充北面

行營都統鎭州節度使杜威充北面行營都招討使鄆州節度使張從恩充馬步軍都監西京留守景延廣充馬步軍都排陣使徐州節度使趙在禮充馬步軍都虞候晉州節度使安叔千充馬步軍左廂排陣使前兗州節度使安審信充馬步軍右廂排陣使河中節度使安審琦充馬步軍都指揮使河陽節度使符彥卿充馬軍左廂都指揮使滑州節度使皇甫遇充馬步軍左廂都指揮使右神武統軍張彥澤充馬軍排陣使滄州節度使王廷胤充步軍左廂都指揮使陝州節度使宋彥筠充馬軍右廂都指揮使前金州節度使田武充步軍左廂排

陣使左神武統軍濟瓖充步軍右廂排陣使壬寅閩王
王延羲爲其下連重遇朱文進所害衆推文進知留後
事稱天福年號間道以聞甲辰太子少傅盧文紀改太
子太傅太子少保李鏻改太子太保刑部尙書李懌改
戶部尙書給事中司徒詡改右散騎常侍以府州刺史
折從阮爲安北都護充振武節度使是夜熒惑入南斗
乙巳詔復置明經童子二科己酉以鄧州節度使王令
溫爲延州節度使癸丑以威武軍兵馬留後權知閩國
事朱文進爲檢校太傅福州威武軍節度使知閩國事
癸亥升澶州爲節鎮以鎭寧爲軍額割濮州爲屬郡甲

子以延州節度使史威爲澶州節度使九月庚午朔日
有蝕之乙酉戶部侍郎韋勳爲太子賓客以前棣州刺
史段希堯爲戶部侍郎以光祿卿張仁愿爲大理卿己
丑禮部侍郎符蒙卒壬辰太原奏代州刺史白文珂破
契丹于七里烽斬首千餘級生擒將校七十餘人癸巳
以前隴州防禦使翟光鄴爲宣徽北院使己亥以滄州
節度使王廷胤卒輟朝贈中書令冬十月壬寅兩浙節
度使吳越國王錢弘佐加守太尉庚戌以徐州節度使
北面行營馬步都虞候趙在禮爲北面行營副都統鄴
都留守馬全節爲北面行營副招討使甲寅以起居郎

知制誥賈緯爲戶部郎中知制誥戊午詔曰朕虔承顧
命獲嗣丕基常懼顚危不克負荷宵分日昃罔敢怠寧
夕惕晨興每懷祗畏但以恩信未至德教未孚理道不
明徵咎斯至向者頻年災沴稼穡不登萬姓饑荒道殣
相望上天垂譴涼德所招仍屬干戈尙興邊陲多事倉
廩不足則斂人之餱食帑藏不足則率人之資財兵士
不足則取人之丁中戰騎不足則假人之乘馬雖事不
獲已而理將若何訪聞差去使臣殘乖體認不能敦于
勉諭而乃臨以威刑自有所聞益深愧悼旋屬守臣叛
命敵騎入邊致使甲兵不暇休息軍旅有征戰之苦人

民有飛輓之勞疲瘵未蘇科徭尙急言念于茲寢食何
安得不省過興懷側身罪己載深減損思召和平所宜
去無用之資罷不急之務棄華取實惜費省功一則待
先帝慈儉之規慕前王朴素之德向者造作軍器破用
稍多但取堅剛不須華楚今後作坊製器械不得更用
金銀裝飾比于遊畋素非所好凡諸服御尤欲去奢應
天下府州不得以珍寶玩好及鷹犬爲貢在昔聖帝明
君無非惡衣菲食況于薄德所合恭行今後大官尙膳
減去多品衣服帷帳務去華飾在禦寒溫而已峻宇雕
牆昔人所誡玉杯象箸前代攸非今後凡有營繕之處

丹聖雕鏤不得過度宮闈之內有非理費用一切禁止於戲纘聖承祧握樞臨極昧于至道若履春冰屬以天災流行國步多梗因時致懼引咎推誠期于將來庶幾有補更賴王公將相貴戚豪宗各啟乃心率由茲道共臻富庶以致康寧凡百臣僚宜體朕意十一月壬申詔日蕃寇未平邊陲多事即日雖無侵軼亦須廣設堤防朕將親率虎貔躬擐甲冑候聞南牧即便北征不須先定日辰別行告諭所有供億宜令三司預行計度合隨從諸司職員並宜常備行計云己卯以陳州刺史梁漢璋充侍衛馬軍都指揮使壬午以貝州節度使何建爲澶州節度使兼北面行營馬軍右廂排陣使以澶州節度使史威爲貝州節度使丙戌以前金州節度使田武爲滄州節度使兼北面行營步軍右廂都指揮使以前相州節度使郭謹爲鄜州節度使十二月己亥朔幸皋門射中白兔癸丑福州節度使朱文進加同平章事封閩國王丁巳青州楊光遠降光遠子承勳等斬觀察判官邱濤牙將白延祚楊瞻杜延壽等首級送于招討使李守貞乃縱火大譟刼其父處于私第以城納款遣即墨縣令王德柔貢表待罪楊光遠亦遣節度判官楊麟奉表請死詔釋之閏月庚午以楊承信爲右羽林將軍

承祚爲右驍騎衛將軍皆光遠之子先詣闕請罪故特授是官癸酉李守貞奏楊光遠卒初光遠既上表送降帝以光遠頃歲太原歸命欲曲全之議者曰豈有反狀滔天而赦之也乃命守貞便宜處置守貞遣人拉殺之以病卒聞乙酉前登州刺史張萬迪削奪官爵處斬青州節度判官楊麟配流威州掌書記任邈配流原州支使徐晏配流武州縱逢恩赦不在放還之限並以楊光遠叛故也工部尚書權知貢舉竇貞固奏試進士諸科舉人入策舊例夜試以三條燭盡爲限天成二年改令書試今欲依舊夜試從之曲赦青州管內罪人立功將士各賜優給青州吏民爲楊光遠詿誤者一切不問青州行營招討使兗州節度使兼侍衛都虞候李守貞加同平章事副招討使河陽節度使符彥卿改許州節度使丙戌降青州爲防禦使額以萊州刺史楊承勳爲汝州防禦使己丑以工部尚書竇貞固爲禮部尚書太常卿王延爲工部尚書左丞王松爲太常卿以前尚書右丞龍敏爲尚書左丞癸巳以前安州防禦使李建業爲河陽兵馬留後以宣徽使翟光鄴爲青州防禦使以內客省使李彥韜爲宣徽北院使甲午以給事中邊光範爲左散騎常侍以樞密直學士吏部郎中李穀爲給事

中依前充職是月契丹耶律德光與趙延壽領全軍入寇圍恆州分兵陷鼓城藁城元氏高邑昭慶寧晉蒲澤欒城柏鄉等縣案遼史己卯圍恆州下其九縣歐陽史繫于乙酉之後疑誤前鋒至邢州河北諸州告急詔張從恩馬全節安審琦率師屯邢州趙在禮屯鄴都

開運二年春正月戊戌朔帝不受朝賀不豫故也己亥張從恩部領兵士自邢州退至相州人情震恐趙在禮還屯澶州馬全節歸鄴都遣右神武統軍張彥澤屯黎陽詔西京留守景延廣將兵守胡梁渡契丹寇邢州侍衞馬軍都指揮使梁漢璋改鄭州防禦使典軍如故以齊州防禦使劉在明爲相州留後癸卯以客省使孟承誨爲內客省使滑州奏今月二日至四日相州路烽火不至甲辰以前汝州防禦使宋光鄴爲左驍衞大將軍詔青州行營將校自副兵馬使以上各賜功臣名號乙巳帝復常膳以左威衞上將軍袁曦爲客省使上將軍如故詔滑州節度使皇甫遇率兵赴邢州馬全節赴相州契丹寇洺磁犯鄴都西北界所在告急壬子王師與契丹相拒于相州北安陽河上皇甫遇慕容彥超率前鋒與敵騎戰于榆林店遇馬中流矢僅而獲免案遼史云皇甫遇與濮州刺史慕容彥超將兵千騎來覘遼軍至鄴都遇遼軍數萬且戰且卻至榆林店遼軍繼至遇與彥超

力戰百餘合遇馬斃步戰安審琦引騎兵踰水以救遼軍乃還與薛史所載互有詳略是夜張從恩引兵退保黎陽唯留五百人守安陽河橋既而知州符彥倫與軍校謀曰此夜紛紜人無固志五百疲兵安能守橋卽抽入相州嬰城爲備至曙賊軍萬餘騎已陣于安陽河北彥倫令城上揚旗鼓譟賊不之測至辰時渡河而南悉陳甲騎于城下如攻城之狀彥倫曰此敵將走矣乃出甲士五百于城北張弓弩以待之契丹果引去當皇甫遇榆林戰時至晚敵衆自相驚曰晉軍悉至矣戎王在邯鄲聞之卽時北遁官軍亦南保黎陽甲寅以河陽留後李建崇爲邢州留後以鳳州防禦使案原本下有缺文爲河陽留後詔李守貞領兵屯滑州以宣徽北院使李彥韜權侍衞馬步都虞候改諸道武定軍爲天威軍己未以前許州節度使李從溫爲北面行營都招撫使以鄆州節度使張從恩權東京留守辛酉相州奏契丹抽退其鄉村避寇百姓已發遣各歸本家營種初帝以不豫初平未任親御軍旅既而張從恩馬全節相次奏賊軍充斥恆州杜威告事勢危急帝曰北賊未平固難安寢當悉衆一戰以救朔方生靈若晏安遲疑則大河以北淪爲寇壤矣卽日命諸將點閱以定行計辛酉下詔親征誅楊光遠部下指揮使張廻等五人以戎

事方興慮其扇搖故也癸亥以樞密直學士李穀爲三司副使判留司三司公事乙丑車駕發離京師是月京城北濠春冰之上有文若大樹花葉凡數十株宛若圖畫觀者如堵二月戊辰朔車駕次滑州己巳渡浮橋幸黎陽勞軍至晚還滑州以滄州節度使田武充東北面行營都部署甲戌幸澶州以景延廣爲隨駕馬步軍都鈐轄丙子大閱諸軍于戚城帝親臨之戊寅北面行營副招討使馬全節行營都監李守貞右神武統軍張彥澤等以前軍先發己卯以許州節度使符彥卿爲北面行營馬軍都指揮使以左神武統軍潘環爲北面行營

步軍都指揮使辛巳幸楊村故壘符彥卿皇甫遇李殷率諸軍進發以左散騎常侍邊光範爲樞密直學士詔河北諸州應蕃寇經由之地吏民遭殺害者委所在收瘞量事祭奠詔恆州杜威與馬全節等會合進軍丙戌幸鐵丘閱馬因幸趙在禮李從溫軍是日大雪戊子安審琦梁漢璋領兵北征府州防禦使折從阮奏部領兵士攻圍契丹勝州降之見進兵趨朔州甲午以河中節度使安審琦爲北面行營馬步軍都虞候許州節度使符彥卿充馬步軍左廂都指揮使滑州節度使皇甫遇充馬步軍左右廂都指揮使侍衛步軍都指揮使梁漢

璋充馬步軍左右廂都指揮使侍衛步軍都指揮使李殷充步軍左右廂都指揮使左神武統軍張彥澤充馬軍左右廂都排陣使右神武統軍潘環充步軍左右廂排陣使丙申以端明殿學士尚書戶部侍郎馮玉爲戶部尚書充樞密使三月戊戌契丹陷祁州刺史沈斌死之乙巳左補闕袁範先陷契丹自賊中逃歸杜威奏與李守貞馬全節安審琦皇甫遇部領大軍赴定州易州刺史安審約奏二月三夜差壯丁斫敵營殺賊千餘人是日以符彥卿爲北面行營馬步軍左右廂都排陣使以皇甫遇爲北面行營馬步軍左廂排陣使以王周爲

馬步軍右廂排陣使丁未畋于戚城還幸景延廣安審信軍庚戌王師攻泰州刺史晉庭謙以城降易州奏狼山寨將孫方簡破契丹千餘人斬蕃將轄里（舊作諸里今改正）相公擄其妻以獻甲寅杜威奏收復滿城獲首領默埒（舊作沒剌今改正）相公並蕃漢兵士二千人以前戶部尚書李懌爲兵部尚書乙卯杜威奏收復遂城丙辰奏大軍自遂城卻退至滿城時賊將趙延壽部曲來降言契丹主昨日古北口幽州走報漢軍大下收卻泰州尋下令諸部令輜重入寨輕騎卻廻戎王率五萬餘騎來勢極盛明日前鋒必至請爲之備杜威李守貞謀曰我師糧運

不繼深入賊疆而逢大敵亡之道也不如退還泰州觀其兵勢强弱而禦之軍士皆以爲然是日還滿城丁巳至泰州戊午契丹前鋒已至己未大軍發泰州而南契丹踵其後是日次陽城庚申賊騎如牆而來我步軍爲方陣以禦之選勁騎擊賊鬭二十餘合南行十餘里賊勢稍却渡白溝而去辛酉杜威召諸將議曰戎首自來實爲勍敵若不血戰吾輩何以求免諸將然之是日敵騎還遠官軍相去數里明日我軍成列而行蕃漢轉鬭殺聲震地纔行十餘里軍中人馬飢乏癸亥大軍至白團衞村下營人馬俱渴營中掘井汲水輒壞兵士取其

泥絞汁而飲敵衆圍繞漸束其營宋史藥元福傳晉師列方陣設拒馬爲行若契丹以奇兵出陣後斷糧道是日東北風猛揚塵折樹契丹主坐車中謂衆曰漢軍盡來秪有此耳今日並可生擒然後平定天下令下馬拔鹿角飛矢雨集軍士大呼曰招討使何不用軍而令軍士虛死諸將咸請擊之杜威曰俟風勢稍慢觀其進退守貞曰此風助我也彼衆我寡黑風之內莫測多少若俟風止我輩無噍類矣即呼諸將齊力擊賊張彥澤符彥卿皇甫遇等率騎奮擊風勢尤猛沙塵如夜敵遂大敗宋史符彥卿傳時晉師居下風將戰弓弩莫施彥卿謂張彥澤皇甫遇曰與其束手就擒曷若死戰然未必死彥澤然之遂潛兵尾其後順風擊之契丹大敗又藥元福傳守貞與元福謀曰軍中飢渴已甚若俟風反出戰吾屬爲擄矣彼謂我不能逆風以戰宜出其不意以擊之此兵家之奇也元福乃率麾下開拒馬出戰諸將繼至契丹大敗時步騎齊進追襲二十餘里至陽城東賊軍稍稍成列我騎復擊之乃渡河而去案晉師敗契丹于陽城在三月癸亥遼史與薛史同歐陽史作庚申誤守貞曰今日危急極矣幸諸君奮命吾事獲濟兩日以來人馬渴乏今喫水之後腳重難行速宜收軍定州保全而還上策也由是諸將整衆而還是時契丹主坐車中及敗走車行十餘里追兵既急獲一橐駝乘之而走乙丑杜威等大軍自定州班師入恒州夏四月丙子以車駕將還京差官往西京告天地宗廟社稷辛巳駕發澶州甲申至京師

曲赦在京禁囚丁亥詔鄴都依舊爲天雄軍庚寅河東節度使劉知遠封北平王恒州節度使杜威加守太傅徐州趙在禮移鎭兖州宋州節度使兼侍衛親軍馬步都指揮使高行周移鎭鄆州侍衛如故鄴都留守馬全節改天雄軍節度使兖州節度使兼侍御衛都虞候李守貞移鎭宋州加檢校太師兼侍衛親軍副指揮使河中節度使安審琦加兼侍中移鎭許州許州節度使符彥卿加同平章事移鎭徐州滑州節度使皇甫遇加同平章事壬辰西京留守景延廣加邑封改功臣秦州節度使侯益移鎭河中定州節度使王周加檢校太師永樂

大典卷一萬五千六百四十九

舊五代史卷八十三終

舊五代史卷八十三攷證

晉少帝紀三八月辛丑命十五將以禦契丹　案東都事略亦載出帝命十五將出征事歐陽史云劉知遠爲北面行營都統杜威爲都招討使蓋略之也

壬辰太原奏代州刺史白文珂破契丹于七里烽　案通鑑作丙子契丹寇遂城樂壽深州刺史康彥進擊却之與是書異歐陽史契丹國志竝與是書同

圍恒州分兵陷鼓城槀城元氏高邑昭慶寧晉蒲澤欒城柏鄉等縣　案遼史己卯圍恒州下其九縣歐陽史繫于乙酉之後疑誤

易州奏耶山塞將孫方簡破契丹千餘人　案孫方簡歐陽史作孫方諫

賊勢稍却渡白溝而去　案通鑑庚申契丹大至晉軍與戰逐北十餘里契丹踰白溝而去歐陽史庚申杜威及契丹戰于陽城敗之俱與是書同惟遼史云己未重威守貞引兵南遁追至陽城大敗之復以步卒爲方陣來拒與戰二十餘合是遼師未嘗言敗也蓋當時南北軍俱有掩飾故紀載不同如此

大軍至白團衛村下營　案歐陽史作衛村通鑑攷異引漢高祖實錄作白檀遼史從是書作白團衛村

嘉哩舊作諾里今改

舊五代史卷八十三攷證

舊五代史卷八十四

宋司空同中書門下平章事薛居正等撰

少帝紀第四　晉書十

開運二年夏五月丙申朔帝御崇元殿受朝大赦天下丁酉以右衛上將軍馬萬爲左金吾上將軍致仕戊戌陝州節度使宋彥筠移鎭鄭州澶州節度使何建移鎭河陽以左神武統軍潘瓌爲澶州節度使以宣徽北院使李彥韜遙領壽州節度使兼侍衛馬軍都指揮使以滄州節度使田武遙領夔州節度使兼侍衛步軍都指揮使辛亥白虹貫日壬子宰臣桑維翰劉昫李崧和凝

並加階爵禮部尚書竇貞固改刑部尚書太常寺卿王松改工部尚書以尚書左丞龍敏爲太常卿以翰林學士承旨兵部侍郎李慎儀爲尚書左丞以御史中丞張允爲兵部侍郎知制誥充翰林學士承旨以左諫議大夫顏衎爲御史中丞宋史顏衎傳喪亂之後朝綱不振衎執憲頗有風采嘗上言纔除御史者旋授外藩賓佐復有以私故細事求假外拜州郡無參謁之儀出入失風憲之體漸恐四方得以輕易百辟無所準繩請自今藩鎭幕僚勿得任臺官雖親王宰相出鎭亦不得奏充賓佐非奉制勘事勿得出京自餘不令釐雜務詔惟辟召入幕餘從其請以兵部侍郎弘文館學士判館事田敏爲國子祭酒以戶部侍郎段希堯爲兵部侍郎以工部侍郎邊蔚爲戶部侍郎依前權知開封府事以左散騎常侍李式爲工部侍郎以給事中王仁裕爲左散騎常侍甲寅以華州節度使趙瑩爲開封尹以皇弟開封尹重睿爲秦州節度使以宣徽南院使劉繼勳爲華州節度使以前鄆州節度使張從恩爲晉州節度使丙辰杜威來朝定州奏大風雹北嶽廟殿宇樹木悉摧拔之六月乙丑朔帝御崇元殿百官入閤監修國史劉昫史官張昭遠等以新修唐書紀志列傳幷目錄凡二百三卷上之賜器帛有差癸酉以恆州節度使杜威爲天雄軍節度使充鄴都留守以鄴都留守馬全節爲恆州節度使以翰林學士金部郎中知制誥徐台符爲中書

舍人以翰林學士禮部郎中知制誥李澣爲中書舍人翰林學士都官郎中劉溫叟加知制誥翰林學士主客員外郎范質改比部郎中知制誥並依舊充職祠部員外郎知制誥張沆本官充學士以太常少卿陶穀爲中書舍人宋史陶穀傳穀性急率嘗與兗帥安審信集會杯酒相失爲審信所奏時方姑息武臣穀坐責授太常少卿嘗上言頃蒞西臺每見臺司詳斷刑獄少有即時決者至于閭閻夫婦小有爭訟淹滯即時坊市死亡喪葬必候臺司判狀奴婢病亡亦須檢驗吏因緣爲姦而邀求不已經旬不獲埋瘞望中條約以革其弊從之俄拜中書舍人己亥以邠州節度使劉景巖爲陝州節度使己卯新授恆州節度使馬全節卒輟朝贈中書令壬午大理卿張仁愿卒贈秘書監遣刑部尚書竇貞固等分

葡寺觀禱雨己丑以定州節度使王周爲恆州節度使以前易州刺史安審約爲定州留後是月兩京及州郡十五並奏旱秋七月乙未朔以侍衛步軍都指揮使領夔州節度使田武爲昭義軍節度使甲寅左諫議大夫李元龜奏請禁止天下僧尼典買院舍從之丙辰前少府監李鍇貶坊州司戶坐冒請逃死吏人衣糧入已故也庚申以前齊州防禦使薛可言爲延州兵馬留後八月甲子朔日有食之中書舍人陶穀奏請權廢太常寺二舞郎從之丙寅宰臣和凝罷相守右僕射以樞密使馮玉爲中書侍郎平章事使如故乙亥詔諸御史今後

除準式請假外不得以細故小事請假離京除奏制命差推事及按察外不得以諸雜細務差出丙子以靈州節度使馮暉爲邠州節度使加檢校太尉以前鄜州節度使丁審琪爲左羽林統軍以前鄜州節度使郭謹爲左神武統軍西京留司御史臺奏新授鄧州節度使宋彥筠丁銀沙灘斬廳頭鄭温詔鞫之款云彥筠出身軍旅不知事體不合專擅行法詔釋其罪以工部尚書王松權知貢舉丁丑以前晉州節度使安叔千爲右金吾上將軍以三司副使給事中李穀爲磁州刺史充北面水陸轉運使分遣使臣於諸道率馬戊寅以左金吾上

將軍皇甫立爲左衛上將軍以右羽林統軍李懷忠爲左武衛上將軍庚辰新授潞州節度使田武卒輟朝贈太尉戊子朔湖南奏靜江軍節度使馬希杲卒九月丙申以西京留守北面馬步軍都排陣使景延廣爲北面行營副招討使丁酉以刑部侍郎趙遠爲戶部侍郎以工部侍郎李式爲刑部侍郎以中書舍人盧價爲工部侍郎價久於綸闈舊例合轉禮部侍郎或御史中丞宰臣馮玉擬此官桑維翰以爲資望淺不署狀無何維翰休沐數日玉獨奏行之維翰由是不樂與玉有間矣己亥幸繁臺觀馬遂幸李守貞第庚子以晉州節度使張

從恩爲潞州節度使吏部侍郎張昭遠加階爵酬修唐史之勞也（宋史張昭遠傳加金紫階進爵邑）戊申升曹州爲節鎮以威信軍爲軍額詔李守貞率兵屯澶州己酉月掩昴宿以宣徽北院使焦繼勳爲宣徽南院使以內客省使孟承誨爲宣徽北院使壬子以前太子詹事王居敏爲鴻臚卿李專美爲大理卿以太子賓客致仕馬裔孫爲太子詹事甲寅移泰州理所于滿城縣乙卯詔相州節度使張彥澤率兵屯恆州冬十月戊寅以河陽節度使何建爲涇州節度使以許州節度使李從溫爲河陽節度使以前鄭州節度使石贇爲曹州節度使庚午遣使太子

賓客羅周岳使副太子右庶子王延濟册兩浙節度使錢弘佐爲守太尉辛未右金吾衞上將軍楊彥詢卒贈太子太師丁丑高麗遣使貢方物庚辰以前延州節度使王令溫爲靈州節度使庚寅以邢州兵馬留後劉在明爲晉州兵馬留後以前河陽留後方太爲邢州留後癸巳升陳州爲節鎮以鎮安軍爲軍額十一月戊戌以邠州節度使馮暉兼侍衞步軍都指揮使充北面行營先鋒馬步軍都指揮使以權知高麗國事王武爲檢校太保使持節元莵州都督充大義軍使封高麗國王癸卯日南至帝御崇元殿受朝賀戊申兩浙奏順化軍節

度使錢鐸卒甲寅以壽州節度使侍衞馬軍都指揮使李彥韜爲陳州節度使典軍如故丙辰前商州刺史李俊除名坐受財枉法也十二月乙丑以兩浙節度使吳越國王錢弘佐兼東南面兵馬都元帥丙寅以吳越國金馬左廂都指揮使湖州刺史胡思進遙領虔州昭信軍節度使以吳越國金馬右廂都指揮使明州刺史闞璠遙領宣州寧國軍節度使並典軍如故左羽林統軍丁審琪卒贈太尉辛未以工部侍郎盧價爲禮部侍郎以右散騎常侍集賢殿學士判院事司徒詡爲工部侍郎依前充職以前中書舍人殷鵬爲給事中充樞密直

學士以給事中劉知新爲右散騎常侍乙亥陝府節度使劉景巖來朝丁丑狩于近郊獵也己卯光祿卿致仕陳元卒于太原庚辰命使册高麗國王王武癸未以前兗州節度使安審信爲華州節度使丁亥以樞密使中書令桑維翰爲開封尹以司空門下侍郎平章事劉昫判三司以左僕射門下侍郎平章事李崧爲守侍中充樞密使以開封尹趙瑩爲中書令弘文館大學士以宣徽南院使焦繼勳知陝州軍州事（宋史焦繼勳傳西人寇邊朝議發師致討繼勳抗疏請行拜秦州觀察使兼諸蕃水陸轉運使既至推恩信設方略招誘諸部相率奉玉帛牛酒乞盟邊境以安俄徙知陝州）己丑邠州節度使馮暉準詔來朝是歲帝每

遣四方進獻器皿多以銀于外府易金而入謂左右曰金者貴而且輕便于人力識者以爲北遷之兆也（宋史劉濤傳少帝奢侈常以銀易金廣其器皿李崧判三司令上庫金之數及崧以原簿校之少數千鎰崧責曰帑庫通式一日不受虛數毫釐則有重典濤曰帑司常有報不盡數以備宣索崧令有司劾濤濤事迫以情告樞密使桑維翰乃止罰一月俸）

開運三年春正月癸巳朔帝御崇元殿受朝賀仗衞如式詔改鑄天下合同印書詔印御前並以黃金爲之己亥貝州梁漢璋奏蕃寇屯聚將謀入寇詔符彥卿屯荆州口（宋史符彥卿傳再出河朔彥卿不與易其行伍配以羸師數千戍荆州口）癸卯以前華州節度使劉繼勳爲同州節度使以陝州節度使劉景

韜爲鄧州節度使丙午以宣徽南院使知陝州事焦繼勳爲陝州留後丁未刑部員外王涓賜私家自盡坐私用官錢經營求利故也右司郎中李知損貶均州司戶員外置驛發遣坐前任度支判官日與解縣榷鹽使王景遇交遊借貸故也己酉詔侍衛親軍副都指揮使李守貞率師巡撫北邊辛亥以皇弟秦州節度使重睿爲許州節度使以許州節度使安審琪爲兗州節度使以兗州節度使趙在禮爲晉昌軍節度使癸丑以涇州節度使何建爲秦州節度使以前貝州節度使史威爲涇州節度使乙卯定州奏契丹入寇己未二王後守太

僕少卿襲酅國公楊延壽除名配流威州終身勿齒延壽奉命于磁州檢苗受贓二百餘匹準律當絞有司以二王後入議故貸其死二月壬戌朔日有蝕之詔滄州皇甫遇率兵援糧入易定等州甲子以滄州留後王景爲本州節度使右僕射和凝逐月別給錢五萬傔糧蒭粟等優舊相也辛未魯國大長公主史氏薨輟朝三日丙子光祿卿致仕王弘贄卒贈太常卿廻鶻遣使貢方物升桂州全義縣爲溥州仍隸桂州其全義縣改爲德昌縣從湖南馬希範所請也壬午以前晉昌軍節度使安彥威充北面行營副都統以宣徽北院使兼太府卿

孟承誨爲右武衛大將軍充職是日幸南莊命臣寮泛舟飲酒因幸杜威園醉方歸內甲申河陽節度使李從溫卒輟朝贈太師三月壬辰朔以權知河西節度使張遵古爲河西留後乙未以御史中丞顏衎爲戶部侍郎以戶部侍郎趙遠爲御史中丞丙申以邠州節度使兼侍衛步軍都指揮使馮暉爲河陽節度使以前涇州節度使李德琉爲邠州節度使李守貞奏大軍至衡水己亥奏獲鄭州刺史趙思恭癸卯奏大軍廻至冀州戶部侍郎顏衎表上以母老乞解官就養從之戊申以皇子齊州防禦使延煦爲澶州節度使辛亥密州上言飢民

殍者一千五百庚申以瓜州刺史曹元忠爲沙州留後夏四月辛酉朔李守貞自北班師到闕太原奏吐渾白可久奔歸契丹諸侯咸有異志乙未宰臣詣寺觀禱雨曹州奏部民相次餓死凡三千人時河南河北大飢殍殣甚眾沂密兗鄆寇盜羣起所在屯聚剽劫縣邑吏不能禁兗州節度使安審琦出兵捕逐爲賊所敗戊寅幸相國寺禱雨皇子延煦與晉昌軍節度使趙在禮結婚命宗正卿石光贊主之五月庚寅朔以兵部郎中劉暐爲太府卿戊戌以前同州節度使馮道爲鄧州節度使定州奏部民相次摽殺流移約五千餘戶青州奏全家

殍死者一百一十二戶沂州奏淮南遣海州刺史領兵一千五百人應接賊頭常知及詔兗州安審琦領兵捕逐甲子以前太子賓客韋勳爲太子賓客兗州安審琦奏淮賊抽退賊頭常知及與其次首領武約等並乞歸命辛未幸大年莊遊船習射帝醉甚賜羣官器帛有差夜分方歸丙戌申以鄜州留後李殷爲定州節度使辛亥詔皇甫遇爲北面行營都部署張彥澤爲副李殷爲都監領兵赴易定等州尋止其行甲寅以貝州留後梁漢璋爲貝州節度使以左神武統軍郭謹爲鄜州節度使六月庚申朔登州奏文登縣部內有銅佛像四鋪佛

像十自地踴出狼山招收指揮使孫方簡叛據梁山歸契丹（案遼史五月庚戌晉易州戍將孫方簡請內附蓋方簡歸契丹自在五月至六月晉人始奏聞也歐陽史從薛史作六月）乙丑詔諸道不得橫薦官僚如本處幕府有闕即得奏薦丙寅以前昭義軍節度使李從敏爲河陽節度使以河陽節度使兼侍衞步軍都指揮使馮暉爲靈州節度使壬午以鄆州節度使兼侍衞親軍都指揮使高行周爲宋州節度使加兼中書令充北面行營副都統以宋州節度使侍衞親軍都指揮使（案以下原本有闕文）定州奏蕃寇壓境詔李守貞爲北面行營都部署滑州皇甫遇爲副相州張彥澤充馬軍都指揮使定州李殷充

步軍都指揮使七月壬辰以禮部尚書王延爲刑部尚書以工部尚書王松爲禮部尚書以太常卿龍敏爲工部尚書以左丞李愼儀爲太常卿以吏部侍郎張昭遠爲左丞以右丞李詳爲吏部侍郎以前義州刺史李玘爲右丞前晉昌軍節度使安彥威卒輟朝贈太師丙申兩浙節度使吳越國王錢弘佐加守太師北京留守河東節度使北平王劉知遠加守太尉滄州奏蕃寇攻饒安縣楊劉口河決而岸水闊四十里以前鄧州節度使劉景巖爲太子太師致仕辛亥宋州穀熟縣河水雨水一概東流漂沒秋稼丁巳大理卿李專美卒戊午詔僞

清泰朝經削奪官爵朱弘昭馮贇康義誠王思同藥彥稠等並復其官爵自夏初至是河南河北諸州郡餓死者數萬人羣盜蜂起剽掠縣鎭霖雨不止川澤汎漲損害秋稼八月己未朔以左諫議大夫裴羽爲給事中庚申李守貞皇甫遇駐軍定州辛酉幸南莊召從臣宴樂至暮還宮詔潞州運糧十三萬赴恆州癸亥以右散騎常侍張煦爲青州刺史李守貞奏大軍至望都縣相次至長城北遇敵千餘騎轉鬭四十里斬蕃將嘉哩（舊作解里今改正）相公丁卯詔班師庚午以前亳州防禦使邊蔚爲戶部侍郎以刑部侍郎李式爲戶部侍郎充三司副使

以禮部侍郎盧價爲刑部侍郎以樞密直學士左散騎常侍邊光範爲禮部侍郎充職宋史邊光範傳少帝以光範藩邸舊僚待遇尤厚因遊宴見光範位翰林學士下即日拜尙書禮部侍郎知制誥充翰林學士仍直樞密院辛未以右龍武統軍周密爲延州節度使癸酉河東節度使劉知遠奏誅吐渾大首領白承福白鐵匱赫連海龍等並夷其族凡四百口蓋利其孳畜財寶也人皆寃之甲戌以大理少卿劇可久爲大理卿棣州刺史慕容彥超削奪在身官爵房州安置坐前任濮州擅出省倉麥及私賣官麴準法處死太原節度使劉知遠上表救之故貸其死丙戌靈州馮暉奏與威州刺史藥元福于威州土

橋西一百里遇吐蕃七千餘人大破之斬首千餘級是月秦州雨兩旬不止鄴都雨水一丈洛京鄭州貝州大水鄴都夏津臨清兩縣餓死民凡三千三百溢入臨濮費縣秋九月壬辰鄆州節度使侍衞親軍都指揮使李守貞加兼侍中滑州節度使皇甫遇進封邠國公相州節度使張彥澤加檢校太尉甲午以權知威武軍節度使李弘達爲檢校太尉同平章事充福建節度使知閩國事乙未前商州刺史李俊賜自盡坐與親妹姦及行劒斫殺女使又殺部曲孫漢榮强姦其妻準法棄市詔賜死于家己亥張彥澤奏破蕃賊于定州界斬首二千

餘級追襲百餘里生擒蕃將四人擒得金耳環二副進呈癸卯太原奏破契丹楊武谷殺七千餘人甲辰以天策上將軍江南諸道都統楚王馬希範兼諸道兵馬都元帥詔開封府以霖雨不止應京城公私僦舍錢放一月乙巳詔安審琦率兵赴鄴都皇甫遇赴相州丙午以太子少保楊凝式爲太子少傅以刑部尙書王延爲太子少保前潁州團練使竇貞固爲刑部尙書是月河南河北關西諸州奏大水霖雨不止溝河泛溢水入城郭及損害秋稼是月契丹瀛州刺史案以下疑脫劉延祚三字詐爲書與樂壽軍監王巒願以本城歸順且言城中蕃軍不滿

千人請朝廷發兵襲取之已爲內應又云今秋苦雨川澤漲溢自瓦橋以北水勢無際戎王已歸本國若聞南夏有變地遠阻水雖欲奔命無能及也又巒繼有密奏苦言瀛鄚可取之狀先是前歲中軍駕駐于河上會遣邊將遺書于幽州趙延壽勸令歸國延壽尋有報命依違而已是歲三月復遣鄴都杜威致書于延壽且述朝旨啗以厚利仍遣洺州軍將趙行實齎書而往潛申款密行實曾事延壽故遣之七月行實自燕廻得延壽書且言久陷邊庭願歸中國乞發大軍應接即拔身南去敘致懇切詞旨綿密時朝廷欣然信之復遣趙行實計

會延壽大軍應接之所有瀛州大將遣所親賫蠟丸書至闕下告云欲謀翻變以本城歸命未幾會彼有告變者事不果就至是瀛州守將劉延祚受戎王之命詐輸誠款以誘我軍國家深以爲信遂有出師之議（永樂大典卷一萬五千六百四十九）

舊五代史卷八十四終

舊五代史卷八十四攷證

晉少帝紀四監修國史劉昫史官張昭遠等以新修唐書紀志列傳竝目錄凡二百三卷　案郡齋讀書志直齋書錄解題竝作二百卷五代會要作二百二卷目錄一卷

己亥幸繁臺觀馬　案歐陽史作閱馬于萬龍岡

皇子延煦與晉昌軍節度趙在禮結婚　案皇子延煦娶趙在禮女通鑑作三月庚申與是書作四月戊寅異

己亥張彥澤奏破蕃人于定州界　案歐陽史作辛丑

張彥澤及契丹戰于新興敗之

是月契丹瀛州刺史詐爲書與樂壽將軍王巒願以本城歸順　案瀛州刺史下疑脫劉延祚三字通鑑攷異云歐陽史作高牟翰案陷蕃記前云延祚詐輸誠款後云大軍至瀛州偵知蕃將高牟翰潛師而出蓋延祚爲刺史牟翰乃戍將耳

舊五代史卷八十五

宋司空同中書門下平章事薛居正等撰

少帝紀第五　晉書十一

開運三年冬十月甲子正衙命使册皇太妃安氏乙丑以樞密直學士禮部侍郎邊光範爲翰林學士以給事中邊歸讜爲左散騎常侍以翰林學士祠部員外郎知制誥張沆爲右諫議大夫辛未以鄴都留守杜威爲北面行營都招討使以侍衛親軍都指揮使鄆州節度使李守貞爲兵馬都監兗州安審琦爲左右廂都指揮使徐州符彥卿爲馬軍左廂都指揮使滑州皇甫遇爲馬

軍右廂都指揮使貝州梁漢璋爲馬軍都排陣使前鄧州案原本有闕文宋彥筠爲步軍左廂都指揮使奉國左廂都指揮使王饒爲步軍右廂都指揮使洺州團練使薛懷讓爲先鋒都指揮使案通鑑載當時敕牓曰先取瀛鄚安定關南次復幽燕盪平塞北蓋狃于陽城之役而驟驕也癸酉册吳國夫人馮氏爲皇后乙亥以侍衛馬軍都指揮使李彥韜權知侍衛司事丙戌鳳翔節度使秦王李從曮薨輟朝贈尚書令丁亥邠州節度使李德珫卒輟朝贈太尉十一月戊子朔以給事中盧撰爲右散騎常侍以尚書兵部郎中兼侍御史知雜事陳觀爲左諫議大夫觀以祖諱義乞改官尋授給事中庚

寅樞密使中書侍郎兼戶部尚書平章事馮玉加尚書右僕射以皇子鎮寧軍節度使延煦爲陝州節度使以陝州留後焦繼勳爲鳳翔留後以前定州留後安審琦爲邠州留後以右僕射和凝爲左僕射甲午兩浙節度使吳越國王錢弘佐起復舊任丁酉詔李守貞知幽州行府事戊申日南至御崇元殿受朝賀是月北面行營招討使杜威率諸將領大軍自鄴北征師次瀛州城下貝州節度使梁漢璋戰死杜威等以漢璋之敗遂收軍而退行次武強聞戎王入寇欲取直路自冀貝而南會張彥澤領騎自鎮定至且言契丹可破之狀于是大軍

西趨鎮州十二月丁巳朔案以下有闕文據通鑑云丁巳朔李穀自書密奏且言大軍危急之勢請車駕幸滑州遣高行周符彥卿扈從及發兵守澶州河陽以備敵之奔衝遣軍將關勳走馬上之己未杜威奏駐軍于中渡橋庚申以前司農卿儲延英爲太子賓客詔徐州符彥卿屯澶州辛酉詔澤潞鄴都邢洺河陽運糧赴中渡杜威遣人口奏軍前事宜勢迫故也壬戌又遣高行周屯澶州景延廣守河陽博野縣都監張鵬入奏蕃軍事勢丙寅定州李殷奏前月二十八日夜領捉生四百人往曲陽嘉山下逢賊軍車帳殺千餘人獲馬二百匹詔宋州高行周充北面行營都部署符彥卿充副邢州方太充都虞候領後軍駐于河

上以備敵騎之奔衝也時契丹遊騎步渉水而南至欒城縣自是中渡寨爲蕃軍隔絶探報不通朝廷大恐故委行周等繼領大師守扼津要且以張其勢也己巳邢州方太奏此月六日契丹與王師戰于中渡王師不利奉國都指揮使王清戰死庚午幸沙臺射兎壬申始聞杜威李守貞等以此月十日率諸軍降于契丹案遼史杜重威等降于遼在四月丙寅與薛史同歐陽史作壬戌疑誤歐陽史作壬戌攷歐紀壬戌之日自紀滹沱戰敗而杜威等之降上不係日觀杜重威傳明著十二月丙寅于薛史未嘗不合也遼史以其弟承信爲平盧軍節度使襲父爵是夜相州節度使張彥澤受契丹命率先鋒二千人自封丘門斬關而入癸酉旦張彥澤頓兵于明德門外京城大擾前曹州節度使石贇死帝之堂叔也時自中渡寨隔絶之後帝與大臣端坐憂危國之衞兵悉在北面計無所出十六日聞滹水之降是夜偵知張彥澤已至滑州召李崧馮玉李彥韜入內計事方議詔河東劉知遠起兵赴難至五鼓初張彥澤引蕃騎入京宮中相次火起帝自攜劍驅擁后妃已下十數人將同赴火爲親校薛超所持俄自寬仁門遞入契丹主與皇太后書帝乃止旋令撲滅煙火大內都點檢康福全在寬仁門宿衞登樓覘賊彥澤呼而下之癸酉帝奉表于戎主曰孫臣某言今月十七日寅時相州節度使張彥澤都

監富珠哩舊作傅住兒今改正部領大軍入京賫到翁皇帝賜太后書示于滹沱河降下杜重威一行馬步兵士見領蕃漢步騎來幸汴州者往者唐運告終中原失馭數窮否極天鈌地傾先人有田一成有衆一旅兵連禍結力屈勢孤翁皇帝救患摧剛興利除害躬擐甲冑深入寇場犯露蒙霜度雁門之險馳風擊電行中冀之誅黃鉞一麾天下大定勢凌宇宙義感神明功成不居遂興晉祚則翁皇帝有大造于石氏也旋屬天降鞠凶先君即世臣遵承遺旨纘紹前基諒陰之初荒迷失次凡有軍國重事皆委將相大臣至于擅繼宗祧既非稟命輕發文字輒敢抗尊自啟釁端果貽赫怒禍至神惑運盡天亡十萬師徒皆望風而束手億兆黎庶悉延頸以歸心臣負義包羞貪生忍恥自貽顚覆上累祖宗偷度朝昏苟存視息翁皇帝若惠顧疇昔稍霽雷霆未賜靈誅不絶先祀則百口荷更生之德一門銜無報之恩雖所願焉非敢望也臣與太后並妻馮氏及舉家戚屬見于郊野面縛俟罪次所有國寶一面金印三面今遣長子陝府節度使延煦次子曹州節度使延寶管押進納並奉表請罪陳謝以聞甲戌張彥澤遷帝與太后及諸屬于開封府遣控鶴指揮使李榮將兵監守是夜開封尹桑維

翰宣徽使孟承誨皆遇害帝以契丹主將至欲與太后出迎彥澤先表之稟契丹之旨報云比欲許爾朝覲上國臣僚奏言豈有兩個天子道路相見今賜所佩刀子以慰爾心己卯皇子延煦延寶自帳中廻得僞詔慰撫帝表謝之時契丹主以所送傳國寶製造非工與載籍所述者異使人來問帝進狀曰頃以僞主王從珂于洛京大內自焚之後其眞傳國寶不知所在必是當時焚之先帝受命旋製此寶在位臣僚備知其事臣至今日敢有隱藏云時移內庫至府帝使人取帛數段主者不與謂使者曰此非我所有也又使人詣李崧求酒崧曰

臣有酒非敢愛惜慮陛下杯酌之後憂躁所作別有不測之事臣以此不敢奉進丙戌晦百官宿封禪寺明年正月朔契丹主次東京城北百官列班遙辭帝于寺詣北郊以迎契丹主帝族出封丘門肩輿至野契丹主不與之見遣泊封禪寺文武百官素服紗帽迎謁契丹主於郊次俯伏俟罪契丹主命起之親自慰撫契丹主遂入大內至昏出宮是夜宿于赤岡僞詔應晉朝臣僚一切仍舊朝廷儀制並用漢禮戊子殺鄭州防禦使楊承勳責以背父之罪令左右臠割而死遼史以其弟承信為平盧軍節度使襲父爵己丑斬張彥澤于市以其剽劫京城恣行屠害也

遼史以張彥澤擅徙重貴開封殺桑維翰縱兵大掠不道斬于市庚寅洛京留守景延廣自扼吭而死辛卯契丹制降帝為光祿大夫檢校太尉封負義侯黃龍府安置其地在渤海國界癸巳遷帝于封禪寺遣蕃大將崔廷勳將兵守之癸卯帝與皇太后李氏皇太妃安氏皇后馮氏皇弟重睿皇子延煦延寶俱北行以宮嬪五十人內官三十人東西班五十人醫官一人控鶴官四人御廚七人茶酒三人儀鸞司三人軍健二十人從行宰臣趙瑩樞密使馮玉侍衞馬軍都指揮使李彥韜隨帝入蕃契丹主遣三百騎援送而去所經州郡長吏迎奉皆為契丹主阻絕有所供饋亦

不通宋史李穀傳少帝蒙塵而北舊臣無敢候謁者穀獨拜迎于路君臣相對泣穀曰臣無狀負陛下因傾囊以獻嘗一日帝與太后不能得食乃殺畜而啖之帝過中渡橋閱杜重威營寨之迹慨然憤歎謂左右曰我家何負為此賊所破天乎天乎于是號慟而去至幽州傾城士庶迎看于路見帝慘沮無不嗟歎宣政雜錄徽宗北狩經薊縣梁魚務有還鄉橋石少帝所命名也里人至今呼之駐留旬餘州將承契丹命犒帝于府署趙延壽母以食饌來獻自范陽行數十程過薊州平州至榆關沙塞之地略無供給每至宿頓無非路次一行乏食宮女從官俱採木實野蔬以救飢弊又行七八日至錦州契丹迫帝與妃后往拜案巴堅舊作阿保

機今改正遺像帝不勝屈辱泣曰薛超誤我不令我死以至今日也又行十數程渡遼水至黃龍府此卽戎王所命安置之地也六月契丹國母召帝一行往懷密州州在黃龍府西北千餘里行至遼陽皇后馮氏以帝陷蕃過受艱苦令內官潛求毒藥將自飲之並以進帝不果而止又行二百里會國母爲永康王所執永康王請帝却往遼陽城駐泊帝遣使奉表于永康且賀克捷自是帝一行稍得供給漢乾祐元年四月永康王至遼陽帝與太后並詣帳中帝御白衣紗帽永康止之以常服謁見帝伏地雨泣自陳過咎永康使左右扶帝上殿慰勞久之因命設樂行酒從容而罷永康帳下從官及教坊內人望見故主不勝悲咽內人皆以衣帛藥餌獻遺于帝及永康發離遼陽取內官十五人東北班十五人及皇子延煦並令隨帳上陘陘卽蕃王避暑之地也有綽諾錫里舊作禪奴舍利今改正者卽永康之妻兄也知帝有小公主在室詣帝求之帝辭以年幼不可又有東西班數輩善于歌唱綽諾又請之帝乃與之後數日永康王馳取帝幼女而去以賜綽諾至八月永康王下陘太后馳至霸州詣永康求于漢兒城寨側近賜養種之地永康許諾令太后于建州住泊漢乾祐二年二月帝自遼陽城發

赴建州行至中途太妃安氏得疾而薨乃焚之載其櫬骨而行帝自遼陽行十數日過儀州霸州遂至建州節度使趙延暉盡禮奉迎館帝于衙署中其後割寨地五十餘頃其地至建州數十里帝乃令一行人員于寨地內築室分耕給食于帝是歲舒嚕舊作述律今改正王子遣契丹數騎詣帝取內人趙氏聶氏疾馳而去趙聶者帝之寵姬也及其被奪不勝悲憤漢乾祐三年八月太后薨周顯德初有漢人自塞北而至者言帝與后及諸子俱無恙猶在建州其隨從職官役使人輩自蕃中亡歸物故者大半矣永樂大典卷一萬五千六百四十九郡齋讀書志云晉朝陷蕃記范質撰質石晉末在翰林爲出帝草降表知其事爲詳記少帝初還于黃龍府後居于建州凡十八年而卒案契丹丙午歲入汴順數至甲子歲爲十八年實太祖乾德二年也　五代史補少主之嗣位也契丹以不俟命而擅立又景延廣辱其使契丹怒舉國南侵以駙馬都尉杜重威等領驚下精兵甲禦之于中渡河橋既而契丹之眾已深入而重威等奏報未到朝廷時桑維翰罷相爲開封府尹謂僚佐曰事急矣非大臣鉗口之時乃叩內閤求見欲請車駕親征以固將士之心而少主方在後苑調鷹至暮竟不召維翰退而歎曰國家阽危如此草澤遁客亦宜下問況大臣求見而不召耶事亦可知矣未幾杜威之徒降于契丹少主遂北遷焉

史臣曰少帝以中人之才嗣將墜之業屬上天不祐仍歲大飢向或絕強敵之歡盟鄙輔臣之謀略奢淫自縱謂有泰山之安委託非人坐受平陽之辱族行萬里身老窮荒自古亡國之醜者無如帝之甚也千載之後其

如恥何傷哉〔永樂大典卷一萬五千六百四十九〕

舊五代史卷八十五終

舊五代史卷八十五攷證

晉少帝紀五己未杜威奏駐軍于中渡橋　案通鑑甲寅威等至中渡橋十二月己未帝始聞大軍屯中渡胡三省注云强寇深入諸軍孤危而驛報七日始達晉之爲兵可知矣歐陽史作己未杜威軍于中渡蓋以奏聞之日爲駐軍之日

降帝爲光祿大夫　光祿遼史避諱作崇祿

內官三十人　案遼史作內宦三人

軍健二十人　案遼史作健卒十人

舊五代史卷八十五攷證

舊五代史卷八十六

宋司空同中書門下平章事薛居正等撰

后妃列傳第一

案薛史晉后妃傳永樂大典已佚今取歐陽史晉家人傳與五代會要諸書互校則事多舛誤如李太后在長興中進封魏國公主清泰二年改封晉國長公主而歐陽史則云清泰二年封魏國長公主少帝册故妃張氏爲皇后而歐陽史不載其姓氏蓋歐陽史以文章自負祇取薛史原文任意删削未嘗考其事之本末也今采五代會要通鑑契丹國志文獻通考所載晉后妃事分註互綴以補薛史之闕且以備歐陽史之考證焉

晉書十二

高祖皇后李氏

案五代會要云高祖皇后李氏唐明宗第三女天成三年四月封永寧公主長興四年九月進封魏國公主清泰二年九月改封晉國長公主至天福六年十一月尊爲皇后七年六月尊爲皇太后開運四年三月與少帝同遷于契丹之黃龍府漢乾祐三年八月二十五日崩于蕃中之建州文獻通考云天福二年有司請立皇后帝以宗廟未立謙抑未遑帝崩出帝即位乃尊爲皇太后契丹國志載晉出帝降表云孫男臣重貴言頃者唐運告終中原失柄數否極天陷地傾先人有田一成有衆一旅兵連禍結力屈勢孤翁皇帝救難摧鋒興利除害躬擐甲冑深入場犯露蒙霜度雁門之險馳風掣電行中冀之誅黃鉞一麾天下大定勢凌宇宙義感神明功成不居遂興晉祚則翁皇帝大造于石氏也旋屬天降鞠凶先君即世臣承遺旨得紹前基諒闇之初荒迷失次凡有軍國重事皆委將相大臣至于擅繼宗祧既非稟命輕發文字輙敢抗尊自起釁端果貽赫怒禍至神惑運盡天亾十萬兵徒望風束手億兆黎庶延頸歸心臣負義包羞貪生忍恥自貽顚覆上累祖宗偷度晨昏苟存視息翁皇帝若恵顧疇昔稍霽雷霆未賜顯誅不絕先祀則百口荷更生之德一門銜罔報之恩雖所願焉非敢望也臣與太后妻馮氏于郊野面縛俟命皇太后降表云晉室皇太后媳婦李氏妾言張彥澤富珠哩等至伏蒙皇帝阿翁降書安撫者妾伏念先皇帝頃在并汾適逢屯難危同累卵急若倒懸智勇俱窮朝夕不保皇帝阿翁發自冀北親抵河東跋履山川踰越險阻立平巨孽遂定中原救石氏之覆亾立晉朝之社稷不幸先帝厭代嗣子承祧不能繼好息民而反虧恩辜義兵戈屢動駟馬難追戚寶自貽咎將誰執今穹蒼震怒中外攜離上將牽羊六師解甲妾舉宗負釁視景偷生惶惑之中撫問斯至明宜恩旨曲賜含容慰諭丁寧神爽飛越豈謂已垂之命忽業更生之恩省罪責躬九死未報今遣孫男延煦延寶奉表請罪陳情以聞又帝記云會同十一年正月朔出帝太后迎遼帝于封上門外帝辭不見館于封禪寺遣其將崔廷動以兵守之是時雨雪連旬外無供億上下凍餒太后使人謂寺僧曰吾嘗于此飯僧數萬今日豈不相憫耶僧辭以遼帝之意難測不敢獻食少帝陰祈守者乃稍得食降少帝爲光祿大夫檢校太尉封負義侯遷于黃龍府即慕容氏和龍城也帝使人謂太后曰吾聞爾子重貴不從母教而至于此可求自便勿與俱行太后答曰重貴事妾謹慎所失者違先君之志絕兩國之歡然重貴此去幸蒙大惠全身保家母不隨子欲何所歸乎于是太后與馮后皇弟重睿子延煦延寶舉族從晉侯而北天祿元年四月帝至遼陽晉侯白衣紗帽與太后皇后上謁于帳中五月帝上陘取晉侯所從宦者十五人東西班十五人及皇子延煦等而去八月帝下陘太后自馳至霸州謁帝求于漢建州城側賜地耕牧以爲生許之帝以人后自行十餘日遣與延煦俱還遼陽二年徙晉侯太后于建州二年秋八月晉李太后病無醫藥仰天號泣戟手罵杜重威李守貞曰吾死不置汝病亟謂晉侯曰吾死焚其骨送范陽佛寺無使吾爲邊地鬼也

太妃安氏

案文獻通考云安太妃代北人不知其世家生出帝帝立尊爲皇太妃契丹國志云天祿二年春二月徙晉侯太后于建州中遂安太妃卒遺命晉侯曰焚骨爲灰南向颺之庶幾遺魂得返中國也

少帝皇后張氏

案五代會要云天福八年十月追册考薛史少帝紀云追册故妃張氏爲皇后張知訓傳亦云高祖鎮太原爲少帝娶從訓長女爲妃是薛史當有張皇后傳歐陽史削而不書殊爲疏矣

皇后馮氏

案五代會要云開運三年十月册通鑑云天福八年冬十月戊申立吳國夫人馮氏爲皇后初高帝愛少帝重胤養以爲子及留守鄴都娶副留守馮濛女爲其婦重胤早卒馮夫人寡居有美色帝見而悅之高祖崩梓宮在殯帝遂納之羣臣皆賀帝謂馮道等曰皇太后之命與卿等不任大慶羣臣出帝與夫

人酣飲過梓宮前嚴而告曰皇太后之命與先帝不任大慶左右失笑帝亦自笑謂左右曰我今日作新婿何如夫人與左右皆大笑太后雖恚而無如之何既正位中宮頗預政事后兄玉時爲禮部郎中鹽鐵判官帝驟擢用至端明殿學士戶部侍郎與議政事文獻通考云契丹入京師后隨帝北遷不知所終　又案五代會要載晉內職云高祖潁川郡夫人蔡氏天福三年八月勅少帝寶省李氏封隴西郡夫人張氏封春宮夫人充皇后宮尚宮並天福八年十二月二日勅前左御正齊國夫人吳氏進封燕國夫人書省魏國夫人崔氏進封梁國夫人前右御正天水郡夫人趙氏封衛國夫人司簿孟氏封妍國夫人前司簿李氏封隴西郡夫人弟子院使齊氏大使郭氏副使賈氏並封本縣君太后宮尚宮陳留郡夫人何氏進封鄭國夫人河南郡夫人元氏進封齊國夫人知客出使夫人石氏封武威郡夫人春宮姚氏常氏焦氏王氏陶氏魏氏趙氏七人並超封郡夫人寶省婉美趙氏封天水郡夫人武氏以下十一人並授春宮天福八年十一月勅清河郡夫人張氏彭城郡夫人劉氏並充太后宮司寶南陽郡夫人路氏出使夫人趙氏白氏並充皇后宮司寶開運二年八月勅　又

按薛史不載外戚傳据五代會要云晉高祖長女長安公主降楊承祚天福二年五月封至六年五月卒追封秦國公主至七年九月又追封梁國長公主從長女高平縣主第二女新平縣主第三女千乘縣主孫女永慶縣主並天福七年五月封今附識于此

舊五代史卷八十六終

舊五代史卷八十六攷證

晉列傳一后妃傳高祖皇后李氏　案五代會要后在長興中進封魏國公主清泰二年改封晉國長公主歐陽史作清泰二年封魏國長公主誤

少帝皇后張氏　案是書少帝紀及五代會要俱云天福八年追册故妃張氏爲皇后歐陽史闕載

富珠哩舊作傅住兒今改

舊五代史卷八十六攷證

舊五代史卷八十七

宋司空同中書門下平章事薛居正等撰

宗室列傳第二 案晉宗室傳永樂大典僅存四篇餘多殘闕 晉書十三

廣王敬威字奉信高祖之從父弟也父萬詮贈太尉追封趙王敬威少善騎射事後唐莊宗以從戰有功累歷軍職明宗即位擢爲奉聖指揮使天成應順中凡十改軍額累官至檢校工部尚書賜忠順保義功臣淸泰中加兵部尚書彰聖都指揮使遙領常州刺史及高祖建義於太原敬威時在洛下知禍必及召所親謂曰夫人生而有死理之常也我兄方圖大舉余固不可偷生待

辱取笑一時乃自殺於私邸人甚壯之天福二年册贈太傅葬於河南縣六年追封廣王子訓嗣官至左武衛將軍敬威弟贇 永樂大典卷六千七百六十

韓王暉字德昭睿祖孝平皇帝之孫高祖之從兄也父萬友追封秦王暉生而麗厚剛毅雄直有器局行不由徑臨事多智故高祖於宗族之中獨厚遇之初張敬達之圍晉陽也高祖署暉爲突騎都將常引所部出敵之不意深入力戰雖夷傷流血矢鏃貫骨而辭氣益厲高祖壯之天福二年遙授濠州刺史充皇城都部署四年加檢校司徒授曹州防禦使加檢校太保其蒞任也廉愛恤下不營財利不好伎樂部人安之歲餘以疾終於官歸葬太原八年册贈太師追封韓王子曦嗣 永樂大典卷六千七百六十 宋史石曦傳天福中以曦爲右神武將軍歷漢至周爲右武衛左神武二將軍恭帝即位初爲左衛將軍會高麗王昭加恩命曦副左驍衛將軍戴交充使涖化四年卒

剡王重允 案剡王以下諸王傳永樂大典原闕歐陽史云重允高祖弟也亦不知其爲親疏然高祖愛之養以爲子故于名加重而下齒諸子通鑑齊王紀高帝少弟重允早卒

越王重英 案號王傳永樂大典原闕攷五代會要云重英高祖長子天福四年四月追封是書唐紀淸泰三年七月己丑誅右衛上將軍石重英

楚王重信字守孚高祖第二子後唐明宗之外孫也少敏悟有智思天成中始受銀青光祿大夫檢校左散騎

常侍俄加檢校刑部尚書守相州長史未幾遷金紫光祿大夫超拜檢校司徒守左金吾衛大將軍重信歷事唐明宗及閔帝末帝不恃貴戚能克己復禮恂恂如也甚爲時論所稱高祖即位出鎮孟津到任踰月去民病十餘事朝廷有詔褒之是歲范延光叛命于鄴詔遣前靈武節度使張從賓發河橋屯兵數千人東討延光旣而從賓與延光合謀爲亂遂害重信於理所時年二十遠近聞者爲之歎惜詔贈太尉時執事奏曰兩漢子弟生死無歷三公位者高祖曰此兒爲善被禍予甚愍之自我作古寧有例乎遂行册命以其年十月葬河南萬

安山天福七年追封沂王少帝嗣位改封楚王妃南陽白氏昭信軍節度使奉進之女也重信有子二人皆幼長於公宮及少帝北遷不知其所終（永樂大典卷六千七百六十）

壽王重乂字宏理高祖第三子也幼岐嶷好儒書亦通兵法高祖素所鍾愛及即位自北京皇城使拜左驍衛大將軍車駕幸浚郊加檢校司空權東都留守未幾鄴都范延光叛朝廷遣楊光遠討之詔前靈武節度使洛都巡檢使張從賓發盟津屯兵赴鄴下會從賓密通延光與婁繼英等先刼河橋攻亂洛邑因害重乂於河南府時年十九從賓敗高祖發哀於便殿輟視朝三日詔贈太傅是歲冬十月詔遣莊宅使張穎監護喪事葬于河南府萬安山天福中追封壽王妃李氏汾州刺史玘女也重乂無子妃後落髮爲尼開運中卒于京師（永樂大典卷六千七百六十　案晉宗室傳原本多闕佚今姑仍原文）

夔王重進（五代會要重進高祖第五子天福七年四月追封）

陳王重杲（歐陽史重杲小字馮六未名而卒贈太傅追封陳王賜名重杲）

重睿（案契丹國志高祖憂悒成疾一旦馮道獨對高祖命幼子重睿出拜之又令宦者抱置道懷中蓋欲馮道輔立之高祖崩道與侍衛馬步都虞候景延廣議以國家多難宜立長君乃奉齊王重貴爲嗣五代會要重睿高祖第七子許州節度使未封王歐陽史云從出帝北遷不知其所終）

延煦（五代會要延煦少帝長子遙領陝西節度使通鑑云趙在禮家貲爲諸帥之最帝利其富

爲皇子鎮寧節度使延煦娶其女在禮自費緡錢十萬縣官之費數倍過之）

延寶（五代會要延寶少帝次子遙領魯州節度使通鑑云延煦及弟延寶皆高祖諸孫帝養以爲子會要引實錄亦云皆帝之從子養以爲子歐陽史云延煦等從帝北遷後不知其所終）

舊五代史卷八十七終

舊五代史卷八十七攷證

晉列傳二宗室廣王敬威傳敬威弟贇　案歐陽史高祖有兄敬儒弟敬德敬殷是書不爲立傳疑有闕文又贇歐陽史作敬贇

韓王暉傳八年册贈太師　案暉歐陽史作敬暉贈太師歐陽史作贈太傅加贈太師

剡王重允　案歐陽史晉家人傳重允高祖弟也通鑑齊王紀同重允婦馮氏後爲少帝后歐陽史載契丹入京師暴少帝之惡于天下曰納叔母于宮中亂人倫之大典是重允實爲高祖弟也五代會要作高祖

第三子重允天福七年四月追封剡王攷剡王歐陽史作鄭王封爵亦異又案是書唐紀清泰三年誅皇城副使石重裔敬瑭之子也攷會要載高祖諸子無別名重裔者重裔疑卽重允史氏避宋太祖諱故作裔然通鑑高祖紀作敬瑭之子重允齊王紀又作高祖少弟重允早卒似兩紀實有兩人姑存之以備攷

虢王重英　案五代會要重英高祖長子通鑑攷異引廢帝實錄作姪男供奉官重英又廣本英作殷

楚王重信傳高祖第二子　案五代會要作第四子

壽王重乂傳高祖第三子　案五代會要作第二子通鑑攷異作姪男

陳王重杲　案重杲小字馮六歐陽史云高祖少子曰馮六舊說以重睿爲幼子非也今攷五代會要作高祖第六子重杲第七子重睿與歐陽史異

補前廣王敬威傳　敬威弟斌　斌字德和爲陝州節度使少帝卽位加同平章事斌性驕慢辱使者至必問曰小姑安否恣爲暴虐陝人苦之　是書少帝紀開運三年曹州節度使石贇死帝之堂叔也歐陽史作墮沙壕溺死

舊五代史卷八十七攷證

舊五代史卷八十八

宋司空同中書門下平章事薛居正等撰

列傳第三　　晉書十四

景延廣字航川陝州人也父建果贈太尉延廣少習射以挽強見稱梁開平中邵王朱友誨節制於陝召置麾下友誨坐謀亂延廣竄而獲免後事華州連帥尹皓皓引薦列校隸于汴軍從王彥章拒莊宗於河上及中都之敗彥章見擒而延廣被數創歸于汴唐天成中明宗幸夷門會朱守殷拒命尋平之延廣以軍校連坐將棄市高祖時爲六軍副使掌其事見而惜之乃密遣遁去

尋收爲客將及敬達之圍晉陽高祖付以戎事甚有干城之功高祖即位授侍衞步軍都指揮使檢校司徒遙領果州團練使轉檢校太保領夔州節度使四年出鎭滑臺五年加檢校太傅移鎭陝府六年召爲侍衞馬步都虞候移鎭河陽七年轉侍衞親軍都指揮使檢校太尉其年夏高祖晏駕延廣與宰臣馮道等承顧命以少帝爲嗣既發喪都人不得偶語百官赴臨未及內門皆令下馬由是有驕暴之失少帝既嗣位延廣獨以爲己功尋加同平章事彌有矜伐之色朝廷遣使哀告契丹無表致書去臣稱孫契丹怒遣使來讓延廣乃奏令契丹迴國使喬榮案歐陽史作喬營遼史同薛史契丹國志先是河陽牙將喬榮從趙延壽入遼遼帝以爲回國使置邸大梁至是景延廣說帝囚榮于獄凡遼國販易在晉境者皆殺之奪其貨大臣皆言遼國不可負乃釋榮慰賜而歸之告戎王曰先帝則北朝所立今上則中國自策爲鄰爲孫則可無臣之禮且言晉朝有十萬口橫磨劒翁若要戰則早來他日不禁孫子則取笑天下當成後悔矣由是與契丹立敵干戈日尋初高祖在位時宣借楊光遠騎兵數百延廣請下詔追還光遠由此忿延廣怨朝廷遣使汎海搆釁天福八年十二月契丹乃南牧九年正月陷甘陵河北儲蓄悉在其郡少帝大駭親率六師進駐澶淵延廣爲上將凡六師進退皆出

胸臆少帝亦不能制衆咸憚而忌之契丹既至城下使人宣言曰景延廣喚我來相殺何不急戰一日高行周與蕃軍相遇於近郊以衆寡不敵急請濟師延廣勒兵不出是日行周幸而獲免及契丹退延廣猶閉柵自固士大夫曰昔與契丹絕好言何勇也今契丹至若是氣何憊也時延廣在軍母凶問至自澶淵津北移於津南不信宿而復涖戎事會無戚容下俚之士亦聞而惡之時有太常丞王緒者因使德州迴與延廣有隙因誣奏與楊光遠通謀遣使繫於麾下鍛成其事判官盧億累勸解不從尋有詔棄市時甚寃之少帝還京嘗幸其第

進獻錫賚有加酬酢權寵恩遇爲一朝之冠俄與宰臣桑維翰不協少帝亦憚其難制遂罷兵權出爲洛都留守兼侍中由是鬱鬱不得志亦意契丹强盛國家不濟身將危矣但縱長夜飲無復以夾輔爲意宋史盧多遜傳父億景延廣鎮天平表億掌書記留守西洛又爲判官時國用窘乏取民財以助軍河南府計出二十萬緡延廣欲並緣以圖羨利增爲三十七萬緡億諫曰公位兼將相既富且貴今國帑空竭不得已而取貲于民公何忍利之乎延廣慚而止開運三年冬契丹渡滹水詔遣屯孟津將戒途由府署正門而出所乘馬騰立不進幾墜于地乃易乘而行時以爲不祥之甚及王師降契丹延廣狼狽而還時契丹主至安陽遣別部隊長率騎士數千與晉兵相

雜趨河橋入洛以取延廣戒曰如延廣奔吳走蜀便當追而致之時延廣顧慮其家未能引決契丹旣奄至乃與從事閻丕輕騎謁契丹主于封丘與丕俱見縶焉遼史將軍康祥執景延廣來獻延廣曰丕臣之從事也以職相隨何罪而亦爲縲因契丹釋之因責延廣曰致南北失歡良由爾也乃召喬榮質證前事凡有十焉始榮將入蕃時紿延廣云某恐忽忘所達之語請紀於翰墨延廣信之乃命吏備記其事榮亦憸巧善事人者也慮他日見詰則執之以取信因匿其文於衣中至是延廣始以他語抗對榮乃出其文以質之延廣頓爲所屈每服一事則受牙籌一莖此契丹法也延廣受至八莖但以面伏地契丹遂呰之命鏁延廣將送之北土是日至於陳橋民家草舍延廣懼。燔灼之害至夜分伺守者怠則引手自扼其吭尋卒焉雖事已窮頓人亦壯之時年五十六東都事畧昝居潤嘗爲樞密院小吏景延廣留守西京補爲右職契丹犯京師以兵圍延廣家故吏悉避去居潤爲全護其家時論稱之漢高祖登極詔贈中書令案歐陽史作贈侍中延廣少時嘗泛洞庭湖中流阻風帆裂檣折衆大恐頃之舟人指波中曰賢聖來護此必有貴人矣尋獲濟焉竟位至將相非偶然也永樂大典卷一萬八千一百三十一

李彥韜太原人也少事邢州節度使閻寶爲皁隸寶卒

高祖收於帳下及起義以少帝留守北京因留彥韜爲腹心歷客將牙門都校以纖巧故厚承委用及少帝嗣位授蔡州刺史入爲內客省使宣徽南院使未幾遙領壽州節度使充侍衞馬軍都指揮使檢校太保俄改陳州節度使典軍如故每在帝側升除將相但與宦官近臣締結致外情不通陷君於危亾之地嘗謂人曰朝廷設文官將何用也且欲澄汰而除廢之則可知其輔弼之道也及契丹犯闕遷少帝於開封府一日少帝遣人急召彥韜將與計事彥韜辭不赴命少帝怏恨久之其負國辜君也如是旣少帝北遷戎王遣彥韜從行洎至

蕃中隸於國母帳下永康王舉兵攻國母以偉王爲前鋒國母發兵拒之以彥韜爲排陣使彥韜降於偉王偉王置之帳下其後卒於幽州（永樂大典卷一萬三百八十九）

張希崇字德峰幽州薊縣人也父行簡假薊州玉田令希崇少通左氏春秋復癖於吟咏天祐中劉守光爲燕帥性慘酷不喜儒士希崇乃擲筆以自效守光納之漸升爲裨將俄而守光敗唐莊宗命周德威鎮其地希崇以舊籍列於麾下尋遣率偏師守平州案巴堅（舊作阿保機今改正）南攻陷其城掠希崇而去案巴堅詢希崇乃知其儒人也因授元帥府判官後遷盧龍行軍司馬繼改蕃漢

都提舉使天成初僞平州節度使盧文進南歸契丹以希崇繼其任遣腹心總邊騎三百以監之希崇涖事數歲契丹主漸加寵信一日登郡樓私自討曰昔班仲升西戍不敢擅還以承詔故也我今入關斷在胷臆何恬安於不測之地而自滯耶乃召漢人部曲之翹楚者謂曰我陷身此地飲酪被毛生不見其所親死爲窮荒之鬼南望山川度日如歲爾輩得無思鄉者乎部曲皆泣下沾衣且曰明公欲全部曲南去善則善矣如敵衆何（歐陽史作麾下皆言兵多不可俱亡因勸希崇獨去）希崇曰俟明日首領至牙帳則先擒之契丹無統領其黨必散且平州去王帳千餘里待報至徵兵踰旬方及此則我等已入漢界深矣何用以衆少爲病衆大喜是日希崇於郡齋之側坎隙地貯石灰明旦首領與犨從至希崇飲以醇酎數鍾既醉悉投於灰穽中斃焉其徒營於北郭遣人攻之皆潰圍奔去希崇遂以營內生口二萬餘南歸唐明宗嘉之授汝州防禦使希崇既之任遣人迎母赴郡母及境希崇親肩板輿行三十里觀者無不稱歎歷二年遷靈州兩使留後先是靈州戍兵歲軍糧經五百里有剽掠之患希崇乃告諭邊士廣務屯田歲餘軍食大濟璽書褒之因正授旄節清泰中希崇厭其雜俗頻表請覲詔許之

至闕未久朝廷以安邊有聞議內地處之改邠州節度使及高祖入洛與契丹方有要盟慮其爲所取乃復除靈武希崇歎曰我應老於邊城賦分無所逃也因鬱鬱不得志久而成疾卒于任時年五十二希崇自小校累官至開府儀同三司檢校太尉三歷方面封清河郡公食邑二千戶賜清邊奉國忠義功臣亦人生之榮盛者也（案歐陽史作贈太師）希崇素樸厚尤嗜書涖事之餘手不釋卷不好酒樂不畜姬僕祁寒盛暑必儼具衣冠厮養之輩未嘗聞褻慢之言事母至謹每食必侍立俟盥漱畢方退物議高之性雖仁恕或遇姦惡則嫉之若仇在邠州日

有民與郭氏爲義子自孩提以至成子因乖戾不受訓遣之郭氏夫婦相次俱死郭氏有嫡子已長時郭氏諸親與義子相約云是親子欲分其財物助而訟之前後數政不能理遂成疑獄希崇覽見訴判云父在已離母死不至止稱假子孤二十年撫養之恩倘曰親兒犯三千條悖逆之罪頗爲傷害名教安敢理認田園其生涯並付親子所訟人與朋姦者委法官以律定刑聞者服其明希崇亦善觀象在靈州日見月掩畢口大星經月復爾乃歎曰畢口大星邊將也月再掩之吾其終歟果卒於郡子仁謙爲嗣歷引進副使永樂大典卷六千三百五十一

王庭胤字紹基其先安人也案安字上有脫文歐陽史王處直傳作京兆萬年人疑是長安祖處存定州節度使父鄴晉州節度使庭胤唐莊宗之內表也性勇剽狡捷鷹瞬隼視喑嗚眦睚則挺劒而不顧少爲晉陽軍校以攻城野戰爲務暑不息嘉樹之陰寒不處密室之下與軍伍食不異味居不異室故莊宗於親族之中獨加禮遇莊宗明宗朝累歷貝忻密澶隰相六州刺史案歐陽史不載相州國初范延光據鄴稱亂高祖以庭胤累朝宿將詔爲魏府行營中軍使兼貝州防禦使城降賞勞授相州節度尋移鎮定州先是契丹欲以王處直之子威爲定州節度使處直則庭胤之叔祖也處直爲養子都所篡時威北走契丹契丹納之至是契丹遣使諭高祖云欲使王威襲先人土地如我蕃中之制高祖答以中國將校自刺史團練防禦使序遷方授旄節請遣威至此任用漸令升進乃合中土舊規戎王深怒其見拒使人復報曰爾自諸侯爲天子有何階級耶高祖畏其滋蔓則厚賂力拒其命契丹怒稍息遂連升庭胤俾鎮中山且欲塞其意也少帝嗣位改滄州節度使累官至檢校太尉開運元年秋卒於位年五十四贈中書令有子五人長曰昭敏仕至金吾將軍卒永樂大典卷一萬八千一百三十一

史匡翰字元輔鴈門人也父建瑭事莊宗爲先鋒將敵人畏之謂之史先鋒累立戰功唐書有傳匡翰起家襲九府都督歷代州遼州副使檢校太子賓客同光初爲嵐憲朔等州都遊奕使改天雄軍牢城都指揮使再加檢校戶部尚書領潯州刺史天成中授天雄軍步軍都指揮使歲餘遷侍衞彰聖馬軍都指揮使高祖有天下也授檢校司空懷州刺史其妻魯國長公主卽高祖之妹也尋轉控鶴都指揮使兼和州刺史駙馬都尉俄授檢校司徒鄭州防禦使未幾遷義成軍節度滑濮等州觀察處置管內河隄等等使丁母憂尋起復本鎮案陶穀撰

匡翰碑文云圖田待理漢殿掄才功臣旌佐國之名出守奉專城之寄蓋鄭州卽在義成軍管內匡翰雖遷不離本鎭也匡翰剛毅有謀略御軍嚴整接下以禮與部曲語未嘗稱名歷數郡皆有政聲案陶穀撰碑文云齋壇峻而金鼓嚴麻案宣而油幢出控梁苑之西郊殷乎威望撫圉僑之遺俗綽有政聲尤好春秋左氏傳每視政之暇延學者講說躬自執卷受業焉時發難問窮於隱奧流輩或戲爲史三傳旣自端謹不喜人醉幕客有闕徹者狂率酗醟一日使酒怒謂匡翰曰明公昔刺覃懷與徹主客隨至事無不可今領節鉞數不相容且書記趙礪險詖之人也脅肩諂笑黷貨無厭而明公待之甚厚徹今請死近聞張彥澤臠張式未聞史匡翰斬闞徹恐天下談者未有比匡翰不怒引滿自罰而慰勉之其寬厚如此天福六年白馬河決匡翰祭之見一犬有角浮於水心甚惡之後數月遘疾而卒于鎭年四十詔贈太保子彥容歷宮苑使濮單宿三州刺史永樂大典卷一萬一百八十三

梁漢顒太原人也少事後唐武皇初爲軍中小校善騎射勇於格戰莊宗之破劉仁恭王德明及與梁軍對壘於德勝皆預其戰累功至龍武指揮使檢校司空梁平授檢校司徒濮州刺史同光三年魏王繼岌統軍伐蜀以漢顒爲魏王中軍馬步都虞候天成初授許州兵馬留後檢校太保尋爲邠州節度使歲餘加檢校太傅充威勝軍節度唐鄧等州觀察處置等使在鎭二年移鎭許州長興四年夏以眼疾授太子少師致仕高祖素與漢顒有舊及卽位之初漢顒進謁再希任使除左威衛上將軍天福七年冬以疾卒于洛城年七十餘贈太子太保永樂大典卷六千六百十四

楊思權邠州新平人也梁乾化初爲軍校貞明二年轉弓箭指揮使檢校左僕射累遷控鶴右第一軍使唐莊宗平梁補右廂夾馬都指揮使天成初遷右威衛將軍加檢校司空會秦王從榮鎭太原明宗乃以馮贇爲副留守以思權爲北京步軍都指揮使以佐佑之從榮幼驕狠不親公務明宗乃遣紀綱一人素善從榮者與之遊處俾從容諷導之嘗私謂從榮曰河南相公恭謹好善親禮端士有老成之風相公處長更宜自勵勿致聲聞在河南之下從榮不悅因告思權曰朝廷人皆推從厚共非短我吾將廢棄矣思權曰請相公勿憂萬一有變但思權在處有兵甲足以濟事乃勸從榮招置部曲調弓礪矢陰爲之備思權又謂使者曰朝廷教君伴相公終日言弟賢兄弱何也吾輩苟在豈不能與相公爲主耶使者懼告馮贇乃密奏之明宗乃詔思權赴京師

以秦王之故亦弗之罪也長興末爲右羽林都指揮使遣戍興元閔帝嗣位奉詔從張虔釗討鳳翔洎至岐下思權首倡倒戈以攻虔釗尋領部下軍率先入城謂唐末帝曰臣既赤心奉殿下俟京城平定與臣一鎮勿置在防禦團練使內乃懷中出紙一幅謂末帝曰願殿下親書臣姓名以志之末帝命筆書可邠寧節度使及卽位授推誠奉國保乂功臣靜難軍節度邠寧慶衍等州觀察處置等使檢校太保淸泰三年入爲右龍武軍統軍高祖卽位除左衛上將軍進封開國公天福八年以疾卒年六十九贈太傅永樂大典卷六千五十二

尹暉魏州人也少以勇健事魏帥楊師厚爲軍士唐莊宗入魏擢爲小校從征河上每於馬前步鬬有功莊宗卽位連改諸軍指揮使天成長興中領數郡刺史累遷嚴衛都指揮使唐應順中王師討末帝于岐下暉與楊思權首歸末帝約以鄴都授之末帝卽位高祖入洛嘗遇暉於通衢暉馬上橫鞭以揖高祖高祖忿之後因謁謂末帝曰尹暉常才以歸命稱先陛下欲令出鎮名藩外論皆云不當末帝乃授暉應州節度使高祖卽位改右衛大將軍時范延光據鄴謀叛以暉失意密使人齎蠟彈以榮利啖之暉得延光文字懼而思竄欲沿汴水奔於淮南高祖聞之尋降詔喚未出王畿爲人所殺子勳事皇朝累歷軍職遷內外馬步都軍頭見爲鄆州防禦使永樂大典卷一萬八千一百三十一

李從璋字子良後唐明宗皇帝之猶子也少善騎射明宗歷戰河上有平梁之功唐同光末魏之亂軍迎明宗爲帝從璋時引軍自常山過邢邢人以從璋爲留後踰月明宗卽位受詔領捧聖左廂都指揮使時天成元年五月也八月改大內皇城使加檢校司徒彰國軍節度使賜竭忠建策興復功臣旋以韃靼諸部入寇從璋率麾下出討一鼓而破有詔褒之三年四月移鎮滑臺時

明宗駐蹕於大梁從璋嘗召幕客謀曰車駕省方藩臣咸有進獻吾爲臣爲子安得後焉欲取倉稟羨餘以助其用諸君以爲何如內有賓介白曰聖上寬而難犯行宮在近忽致上達則一幕俱罹其罪從璋怒翌日欲引弓射所言者朝廷知之改授右驍衛上將軍長興元年十月出鎮陝州二年五月還河中節度使三年就加檢校太傅賜忠勤靜理崇義功臣四年五月制封洋王是歲明宗厭代閔帝嗣位尋受命代潞王於岐下會潞王舉兵入洛事遂寢高祖卽位之元年十二月授威勝軍節度使降封隴西郡公二年九月終於任年五十一鄭

人爲之罷市思遺愛也詔贈太師從璋性貪黷懼明宗嚴正自滑帥入居環衞之後以除拜差跌心稍悛悟後歷數鎮與故時幕客不足者相遇無所憾焉蒲陝之日政有善譽改賜忠勤靜理之號亘有以也及高祖在位愈畏其法故歿於南陽人甚惜之亦明宗宗室之白眉也子重俊（永樂大典卷一萬八千一百二十）

重俊唐長興清泰中歷諸衞將軍高祖卽位遙領池州刺史少帝嗣位授虢州刺史性貪鄙常爲郡人所訟下御史臺抵贓至重太后以猶子之故救之乃歸罪于判官高獻止罷其郡未幾復居環列出典商州商民素貧

重俊臨之割剝殆盡復御家不法其奴僕若履湯蹈火忤其意或鞭之或刃之又殺從人孫漢榮掠其妻及受代歸洛漢榮母燕氏獲其子婦以訴於府尹景延廣牙將張守英謂燕曰重俊前朝枝葉今上中表河南尹其何以理不若邀其金帛私自和解策之上也燕從其言授三百緡而止後以青衣趨滿師因不勝楚毒踰垣訴景延廣云重俊與妹私姦及前後不法事延廣奏之詔遣刑部郎中王瑜鞫之盡得其實併以穢跡彰露而賜死於家（永樂大典卷一萬三百八十九）

李從溫字德基代州崞縣人後唐明宗之猶子也明宗微時從溫執僕御之役後養爲己子及歷諸藩署爲牙校命典廐庫唐同光中奏授銀青光祿大夫檢校右散騎常侍累加檢校司空充北京副留守明宗卽位授安國節度使檢校司徒長興元年四月入爲右武衞上將軍是歲復出鎮許田明年移北京留守加太傅四年正月改天平軍節度使五月制封兗王十一月移鎮定州兼北面行營副招討使尋又移鎮常山清泰中加同平章事改鎮彭門高祖卽位之明年就加侍中七年加兼中書令八年再爲許州節度使開府儀同三司封趙國公累加食邑一萬戶食實封一千二百戶開運二年改

河陽三城節度使三年二月卒于任年六十三贈太師追封隴西郡王從溫始以明宗本枝歷居藩翰無文武才畧資濟代之用凡臨民以貨利爲急在常山日視牙署池潭凡十餘頃皆立木爲岸而以修篁環之從溫曰此何用爲悉命伐竹取木鬻於列肆獲其直以實用帑焉高祖卽位從溫時在兗州多創乘輿器服爲宗族切戒從溫弗聽其妻關氏素耿介一日厲聲於牙門云李從溫欲爲亂擅造天子法物從溫敬謝悉命焚之家無敗累關氏之力也後以多蓄駝馬縱牧近郊民有訴其害稼者從溫曰若從爾之意則我產畜何歸乎其昏愚

多此類也高祖性至察知而不問少帝嗣位太后敎曰吾只有此兄愼勿縻之故愈加姑息以致年逾耳順終于牖下乃天幸也永樂大典卷一萬三百八十九

張萬進突厥南鄙人也祖拽斤父鼢萬進白晳美髯少而無賴事唐武皇以騎射著名攻城野戰奮不顧命嘗與梁軍對陣持鋭首短刀躍馬獨進旣兵刃旣刓則易以大鎚左右奮擊出沒進退無敢當者唐莊宗明宗素憐其雄勇復獎其戰功故累典大郡天成長興中歷威勝保大兩鎭節制高祖有天下命爲彰義軍節度使所至不治政由羣下洎至涇原日凶忞彌甚每日於公庭

列大鼎烹肥羜割胾方寸以噉賓佐皆流涙不能大嚼俟其他顧則致袂中又命巨觶行酒訴則辱之乃有持杯僞飲褱領褾而納之者旣沈湎無節唯婦言是用其妻與幕吏張光載干預公政納錢數萬補一豪民爲捕賊將領兵數百人入新平郡境邠帥以其事上奏有詔詰之光載坐流罪配于登州天福四年三月萬進疾篤月餘州兵將亂乃詔副使萬庭圭委其符印記室李昇素械庾虐知其將亡謂庭圭曰氣息將奄不保晨暮促移就第豈不宜乎庭圭從之萬進尋卒遂以籃轝祕屍而出卽馳騎而奏之詔命旣至而後發喪其妻素狠戾謂長子彥球曰萬庭圭逼迫危病驚擾而死不手戮之矣爲生也庭圭聞之不敢往弔萬進假殯於精舍之下至轜車東轅凡數月之間郡民數萬無一饋奠者爲不善者衆必棄之信矣夫永樂大典卷六千三百五十一

史臣曰延廣功扶二帝任掌六師亦可謂晉之勳臣矣然而昧經國之遠圖肆狂言於強敵卒使邦家蕩覆寓縣丘墟書所謂唯口起羞者其斯人之謂歟彥韜旣負且乘任重才微盜斯奪之固其宜矣希崇蔚有雄幹老於塞垣未盡其才良亦可惜楊尹二將因倒戈而仗鉞豈義士之所爲其餘蓋以勳以親咸分屛翰唯萬進之

醜德又何暇於譏焉永樂大典卷六千三百五十一

舊五代史卷八十八終

舊五代史卷八十八攷證

晉列傳三景延廣傳契丹迴國使喬榮　榮歐陽史作瑩迴國使通鑑作迴圖契丹國志仍從是書作迴圖

時延廣顧慮其家未能引決　案宋史稱居潤傳晉室將亡景延廣委其族自洛赴難與是書異

詔贈中書令　案歐陽史作贈侍中

張希崇傳守光敗唐莊宗命周德威鎭其地希崇以舊籍列于麾下尋遣率偏師守平州　案歐陽史作劉守光不喜儒士希崇因事軍中爲偏將將兵守平州是守光未敗卽守平州非爲德威所遣也與是書異

希崇遂以管內生口二萬餘南歸　案遼史天顯元年七月盧龍行軍司馬張崇叛奔唐疑希崇在遼祗名崇歸唐後始加希字也然希崇歸唐在遼太宗時而遼史繫于太祖紀又希崇本繼盧文勝而遼史書其降在盧國用歸唐之前年月皆舛誤

及高祖入洛與契丹方有要盟慮爲其所取乃復除靈武　案通鑑作帝與契丹修好慮其復取靈武

李從璋傳二年五月遷河中節度使三年就加檢校太傅　案從璋爲河中節度以代安重誨也五代史闕文從璋見重誨拜于庭下重誨驚曰太傅過禮據此傳從璋至三年始檢校太傅從鎭河中時不應先稱爲太傅

舊五代史卷八十八攷證

舊五代史卷八十九

宋司空同中書門下平章事薛居正等撰

列傳第四　晉書十五

桑維翰字國僑洛陽人也父拱事河南尹張全義爲客將維翰身短面廣殆非常人既壯每對鑑自歎曰七尺之身安如一尺之面由是慨然有公輔之望三楚新錄馬希範入覲塗經淮上時桑維翰旅遊楚泗間知其來遽謁之曰僕聞楚之爲國挾天子而令諸侯其勢不可謂卑也加以利盡南海公室大富足下之來也非傾府庫之半則不足以供芻粟之費今僕貧者敢以萬金爲請惟足下濟之希範輕薄公子覩維翰形短而腰長語魯而且醜不覺絕倒而笑既而與數百縑維翰大怒拂衣而去春渚記聞桑維翰試進士有司嫌其姓黜之或勸勿試維翰持鐵硯示人曰鐵硯穿乃改業著日出扶桑賦以見志性明惠善詞賦洛陽縉紳舊聞記桑魏公父拱爲河南府客將桑魏公將應舉父乘間告齊王張全義曰某男粗有文性今被同人相率欲取解俟王旨齊王曰有男應舉好可令秀才將卷軸來魏公之父趨下再拜既歸令子侵早投書啟獻文字數軸王請見魏公父教之趨階王曰不可既應舉便是貢士可歸一客司謂魏公父曰他道路不同莫管他終以客禮見王一見奇之禮遇頗厚是年王力言于當時儒臣由是擢上第唐同光中登進士第高祖領河陽辟爲掌書記歷數鎭皆從及建義太原首豫其謀復遣爲書求援於契丹果應之俄以趙德鈞發使聘契丹高祖懼其改謀命維翰詣幕帳述其始終利害之義其約乃定通鑑趙德鈞以金帛賂契丹主云若立己爲帝請即以見兵南平洛陽與契丹爲兄弟之國仍許石氏常鎭河東契丹主自以深入敵境晉安未下德鈞兵尚强范延光在其東又恐山北諸州邀其歸路欲許德鈞之請帝聞之大懼亟使維翰見契丹主說之曰大國舉義兵以救孤危一戰而唐兵瓦解退守一栅食盡力窮趙北平父子不忠不信畏大國之彊且素蓄異志案兵觀變非以死徇國之人何足可畏而信其誕妄之辭貪毫末之利棄垂成之功乎且使晉得天下將竭中國之財以奉大國豈此小利之比乎契丹主曰爾見捕鼠者乎不備之猶或齧傷其手況大敵乎對曰今大國已扼其喉安能齧人乎契丹主曰吾非有渝前約也但兵家權謀不得不爾對曰皇帝以信義救人之急四海之人俱屬耳目奈何二三其命使大義不終臣竊爲皇帝不取也跪于帳前自旦至暮涕泣爭之契丹乃從之指帳前石謂德鈞使者曰我已許石郎此石爛可改矣及高祖建號制授翰林學士禮部侍郎知樞密院事尋改中書侍郎平章事集賢殿大學士充樞密院使高祖幸夷門范延光據鄴叛張從賓復自河洛舉兵向闕人心恟恟時有人候於維翰者從容談論怡怡如也時皆服其度量及楊光遠平鄴朝廷慮兵驕難制維翰請速散其衆尋移光遠鎭洛陽光遠由是怏怏上疏論維翰去公狥私除改不當復營邸肆於兩都之下與民爭利高祖方姑息外將事不獲已因授維翰檢校司空兼侍中出爲相州節度使時天福四年七月也先是相州管內所獲盜賊皆籍沒其財產云是河朔舊例及維翰作鎭以律無明文具事以奏之詔曰桑維翰佐命功全臨戎寄重舉一方之往事合四海之通規況賊盜之徒律令具載比爲撫萬姓而安萬國豈忍罪一夫而破一家聞將相之善言成國家之美事既資王道實契人心今後凡有賊人準

格律定罪不得沒納家貲天下諸州皆准此處分自是刼賊之家皆免籍沒維翰之力也歲餘移鎭兗州時吐渾都督白承福爲契丹所迫舉衆內附高祖方通好於契丹拒而不納鎭州節度使安重榮患契丹之强欲謀攻襲戎師往返路出於眞定者皆潛害之密與吐渾深相結至是納焉而致于朝旣而安重榮抗表請討契丹且言吐渾之請是時安重榮握强兵據重鎭恃其驍勇有飛揚跋扈之志晉祖覽表猶豫未決維翰知重榮已畜奸謀且懼朝廷違其意乃密上疏曰竊以防未萌之禍亂立不拔之基上繫聖謀動符天意非臣淺陋所

可窺圖然臣逢世休明致位通顯無功報國省已愧心其或事繫安危理關家國苟猶緘默實負君親是以區區之心不能自已近者相次得進奏院狀報吐渾首領白承福已下舉衆內附鎭州節度使安重榮上表請討契丹臣方遙□朝闕未測端倪竊思陛下頃在幷汾初罹屯難師少糧匱援絕計窮勢若綴旒困同懸磬契丹控弦玉塞躍馬龍城直度陰山徑絕大漠萬里赴難一戰夷凶救陛下累卵之危成陛下覆盂之業皇朝受命於此六年彼此通歡亭障無事雖卑辭降節屈萬乘之尊而庇國息民實數世之利今者安重榮表契丹之罪

方恃勇以請行白承福畏契丹之强將假手以報怨恐非遠慮有惑聖聽方今契丹未可與爭者有其七焉契丹數年來最强盛侵伐鄰國吞滅諸蕃救援河東功成師克山後之名藩大郡盡入封疆中華之精甲利兵悉歸廬帳卽今土地廣而人民衆戎器備而戰馬多此未可與爭一也契丹自告捷之後鋒銳氣雄南軍因敗衄已來心沮膽怯況今秋夏雖稔而帑廩無餘黎庶雖安而貧敝益甚戈甲雖備而鍛礪未精士馬雖多而訓練未至此未可與爭者二也契丹與國家恩義非輕信誓甚篤雖多求取未至侵陵豈可先發釁端自爲戎首縱

使因茲大克則後患仍存其或偶失沈機則追悔何及兵者凶器也戰者危事也苟議輕舉安得萬全未可與爭者三也王者用兵觀釁而動是以漢宣帝得志於匈奴因單于之爭立唐太宗立功于突厥由頡利之不道方今契丹主抱雄武之量有戰伐之機部族輯睦蕃國畏伏土地無災孳畜繁庶蕃漢雜用國無釁隙此未可與爭者四也引弓之民遷徙鳥舉行逐水草軍無饋運居無竈幕住無營柵便苦澀任勞役不畏風霜不顧饑渴皆華人之所不能此未可與爭者五也戎人皆騎士利在坦途中國用徒兵喜于隘險趙魏之北燕薊之南

千里之間地平如砥步騎之便較然可知國家若與契丹相持則必屯兵邊上少則懼强敵之衆固須堅壁以自全多則患飛輓之勞必須逐寇而速返我歸而彼至我出而彼迴則禁衞之驍雄疲于奔命鎭定之封境畧無遺民此未可與爭者六也議者以陛下于契丹有所供億謂之耗蠹有所卑遜謂之屈辱微臣所見則曰不然且以漢祖英雄猶輸貨于冒頓神堯武畧尙稱臣于可汗此謂達于權變善于屈伸所損者微所利者大必若因茲交構遂成釁隙自此則歲歲徵發日日轉輸困天下之生靈空國家之府藏此謂耗蠹不亦甚乎兵戈

旣起將帥擅權武吏功臣過求姑息邊藩遠郡得以驕矜外剛內柔上淩下僭此爲屈辱又非多乎此未可與爭者七也願陛下思社稷之大計采將相之善謀勿聽樊噲之空言宜納婁敬之逆耳然後訓撫士卒養育黔黎積穀聚人勸農習戰以俟國有九年之積兵有十倍之强主無內憂民有餘力便可以觀彼之變待彼之衰用已之長攻彼之短舉無不克動必成功此計之上者也惟陛下熟思之又以鄴都襟帶山河表裏形勝原田沃衍戶賦殷繁乃河朔之名藩實國家之巨屛卽今主帥赴闕軍府無人臣竊思慢藏誨盜之言恐非勇夫重閉之意願迴深慮免起姦謀欲希陛下暫整和鑾略謀巡幸雖櫛風沐雨上勞于聖躬而杜漸防微實資于睿略省方展義今也其時臣受主恩深憂國情切智小謀大理淺詞繁俯伏惟懼于僭踰裨補或希于萬一謹冒死以聞疏奏留中不出高祖召使人于內寢傳密旨于維翰曰朕比以北面事之煩懣不快今省所奏釋然如醒朕計已決卿無可憂七年夏高祖駕在鄴都維翰自鎭來朝改授晉昌軍節度使少帝嗣位徵拜侍中監修國史頻上言請與契丹和爲上將景延廣所否明年楊光遠搆契丹有澶淵之役凡制敵下令皆出于延廣維

翰與諸相無所與之及契丹退維翰使親黨受寵于少帝者密致自薦曰陛下欲制北戎以安天下非維翰不可少帝乃出延廣守洛以維翰守中書令再爲樞密使弘文館大學士繼封魏國公事無巨細一以委之數月之間百度寖理然權位旣重而四方賂遺咸湊其門故仍歲之間積貨鉅萬由是澆競輩得以興謗未幾內客省使李彥韜端明殿學士馮玉皆以親舊用事與維翰不協間言稍入維翰漸見疏忌將加黜退賴宰相劉昫李崧奏云維翰元勳且無顯過不宜輕有進退少帝乃止尋以馮玉爲樞密使以分維翰之權後因少帝微有

不豫維翰曾密遣中使達意于太后請爲皇弟重睿擇
師傅以教道之少帝以此疑其有他俄而馮玉作相與
維翰同在中書會舍人盧價秩滿玉乃下筆除價爲工
部侍郎維翰曰詞臣除此官稍慢恐外有所議因不署
名屬維翰休暇玉竟除之自此維翰與玉尤不相協俄
因少帝以重睿擇師傅言于玉玉遂以詞激帝帝尋出
維翰爲開封府尹維翰稱足疾罕預朝謁不接賓客是
歲秋霖經月不歇一日維翰出府門由西街入內至國
子門馬忽驚逸御者不能制維翰落水久而方蘇或言
私邸亦多怪異親黨咸憂之及戎王至中渡橋維翰以

國家安危繫在朝夕迺詣執政異其議又求見帝復不得
對維翰退而謂所親曰若以社稷之靈天命未改非所
能知也若以人事言之晉氏將不血食矣開運三年十
二月十日王師旣降契丹十六日張彥澤以前鋒騎軍
陷都城戎王遣使遺太后書云可先使桑維翰景延廣
遠來相接甚是好事是日凌旦都下軍亂宮中火發維
翰時在府署左右勸使逃避維翰曰吾國家大臣何所
逃乎卽坐以俟命少帝已受戎王撫慰之命乃謀自全
之計因思維翰在相時累貢謀畫請與契丹和慮戎王
到京窮究其事則顯彰已過故欲殺維翰以滅其口因

令圖之張彥澤旣受少帝密旨復利維翰家財乃稱少
帝命召維翰維翰束帶乘馬行及天街與李崧相遇交
談之次有軍吏于馬前揖維翰赴侍衞司維翰知其不
可顧謂崧曰侍中當國今日國亡翻令維翰死之何也
崧甚有愧色是日彥澤遣兵守之十八日夜爲彥澤所
害時年四十九卽以衣帶加頸報戎王云維翰自經而
死戎王報曰我本無心害維翰維翰不合自到戎王至
闕使人驗其狀令殯于私第厚撫其家所有田園邸第
並令賜之及漢高祖登極詔贈尙書令維翰少時所居
恆有魑魅家人咸畏之維翰往往被竊其衣撮其巾櫛

而未嘗改容當兩朝秉政出上將楊光遠景延廣俱爲
洛川守又嘗一制除節將十五人各領軍職無不屈而
服之理安陽除民弊二十餘事兗海擒豪賊過千人亦
寇恂尹翁歸之流也開運中朝廷以長子坦爲屯田員
外郎次子埙爲祕書郎維翰謂同列曰漢代三公之子
爲郎廢已久矣近或行之甚諠外議乃抗表固讓不受
尋改坦爲大理司直埙爲祕書省正字識者美之初高
祖在位時詔廢翰林學士院由是併內外制皆歸閣下
命舍人直內廷數年之間尤重其選及維翰再居宥密
不信宿奏復置學士院凡署職者皆其親舊時議者以

維翰相業素高公望所屬雖除授或黨亦弗之咎也（永樂
大典卷七千三百三十九　五代史補桑維翰形貌甚
怪往往見之者失次張彥澤素以驍勇稱每謁候雖冬
月未嘗不雨汗及中渡變生彥澤引蕃部至欲逞其威
乃領衆突入開封府弓矢亂發且問桑維翰安在維翰
聞之乃厲聲曰吾爲大臣使國家如此其死宜矣張彥
澤安得無禮乃升廳安坐數之曰汝有何功帶使相已
臨方面當國家危急不能盡犬馬之力以爲報効一旦
背叛助契丹作威爲賊汝心安乎彥澤覩其詞氣慨然
股慄不敢仰視退曰吾不知桑維翰何人今日之下威
稜猶如此其再可見耶是夜令壯士就府縊殺之當維
翰之縊也猶瞋目直視三嘘氣每一嘘皆有火
出其光赫然三嘘之外火盡滅就視則奄然矣
趙瑩字元輝華陰人也曾祖溥江陵縣丞祖孺秘書正
字父居晦爲農瑩風儀美秀性復純謹梁龍德中始解
褐爲康延孝從事後唐同光中延孝鎮陝州會莊宗伐

蜀命延孝爲騎將將行留瑩修金天神祠功既集忽夢
神召于前亭以優禮謂瑩曰公富有前程所宜自愛因
遺一劒一笏覺而駭異明宗即位以高祖爲陝府兩使
留後瑩時在郡以前官謁之一見如舊相識即奏署管
記高祖歷諸鎮皆從之累使闕下官至御史大夫賜金
紫高祖再鎮幷州位至節度判官高祖建號授瑩翰林
學士承旨金紫光祿大夫戶部侍郎知太原府事尋遷
門下侍郎同平章事監修國史車駕入洛使持聘謝契
丹及還加光祿大夫兼吏部尚書判戶部初瑩爲從事
丁母憂高祖不許歸華下以羸縗隨幕人或短之及入
相以敦讓汲引爲務監修國史日以唐代故事殘缺署
能者居職纂補實錄及修正史二百卷行于時瑩首有
力焉少帝嗣位拜守中書令明年檢校太尉本官出爲
晉昌軍節度使是時天下大蝗境內捕蝗者獲蝗一斗
給粟一斗使飢者獲濟遠近嘉之未幾移鎮華州歲餘
入爲開封尹開運末馮玉李彥韜用事以桑維翰才望
素重而瑩柔而可制因共稱之乃出維翰復瑩相位加
弘文館大學士及李崧馮玉議出兵應接趙延壽而以
杜重威爲都督部署瑩私謂馮李曰杜中令國之懿親
所求未愜心恆怏怏安可更與兵權若有事邊陲只李

守貞將之可也及契丹陷京城契丹主遷少帝于北塞
瑩與馮玉李彥韜俱從契丹永康王代立授瑩太子太
保周廣順初遣尚書左丞田敏報命于契丹遇瑩于幽
州瑩得見華人悲悵不已謂田敏曰老身漂零寄于此
近聞室家喪逝弱子無恙蒙中朝皇帝倍加存恤東京
舊第本屬公家亦聞優恩特給善價老夫至死無以報
効于是南望稽首涕泗橫流先是漢高祖以入蕃將相
第宅徧賜隨駕大臣故以瑩第賜周太祖太祖時爲樞
密副使召瑩子前刑部郎中易則告之曰所賜第除素
屬版籍外如有別契券爲已所置者可歸本直即以千

餘緡遺易則易則惶恐辭讓周太祖堅與之方受故瑩言及之未幾瑩卒于幽州時年六十七瑩初被疾遣人祈告于契丹主願歸骨于南朝使羈魂幸復鄉里契丹主閔而許之及卒遣其子易從家人數輩護喪而還仍遣大將送至京師周太祖感歎久之詔贈太傅仍賜其子絹五百疋以備喪事令歸葬于華陰故里（永樂大典卷一萬六千九百九十一）

劉昫字耀遠涿州歸義人也祖乘幽府左司馬父因幽州巡官昫神彩秀拔文學優贍與兄暄弟皞俱有鄉曲之譽唐天祐中契丹陷其郡昫被俘至新州逃而獲免後居上國大寧山與呂夢奇張麟結庵共處以吟誦自娛會定州連帥王處直以其子都爲易州刺史署昫爲軍事衙推及都去任乞假還鄉都招昫至中山會其兄暄自本郡至郡薦于其父尋署爲節度衙推不踰歲命爲觀察推官歷二年都篡父位時都有客和少微素嫉暄搆而殺之昫越境而去寓居浮陽節度使李存審辟爲從事莊宗即位授太常博士尋擢爲翰林學士繼改膳部員外郎賜緋比部郎中賜紫丁母憂服闋授庫部郎中依舊充職明宗即位拜中書舍人歷戸部侍郎（案歐陽史作兵部侍郎）端明殿學士明宗重其風儀愛其溫厚長與

中拜中書侍郎兼刑部尚書平章事時昫入謝遇大祠明宗不御中興殿閤門白舊禮宰相謝恩須正殿通喚請候來日樞密使趙延壽曰命相之制下已數日中謝無宜後時因即奏之遂謝于端明殿昫自端明殿學士拜相而謝于本殿士子榮之清泰初兼判三司加吏部尚書門下侍郎監修國史時與同列李愚不協至忿爭時論非之未幾俱罷知政事昫守右僕射以張延朗代判三司初唐末帝自鳳翔至切于軍用時王玫判三司詔問錢穀玫具奏其數及命賞軍甚愆于素（通鑑帝問王玫以府庫之實對有數百萬在既而閱實金帛不過三萬兩匹）末帝怒用昫代玫昫乃搜索簿書命判官高延賞計窮詰勾及積年殘租或場務販負皆虛係帳籍條奏其事請可徵者急督之無以償官者蠲除之（通鑑清泰二年八月免諸道逋租三百三十八萬）吏民相與歌詠唯主典怨沮及罷相之日羣吏相賀昫歸無一人從之者蓋憎其太察故也天福初張從賓作亂于洛陽害皇子重乂詔爲東都留守判河南府事尋以本官判鹽鐵未幾奉使入契丹還遷太子太保兼左僕射封譙國公俄改太子太傅開運初授司空平章事監修國史復判三司契丹主至不改其職昫以眼疾乞休致契丹主降僞命授昫守太保契丹主北去留于東京其年夏以疾

卒年六十漢高祖登極贈太保初昫避難河朔匿于北山蘭若有賈少瑜者爲僧轂衾袍以溫燠之及昫官達致少瑜進士及第拜監察御史聞者義之（永樂大典卷九千九十八）

馮玉（案以下有闕文歐陽史云字景臣定州人）少帝嗣位納馮后于中宮后即玉之妹也玉既聯戚里恩寵彌厚自知制誥中書舍人出爲潁州團練使還端明殿學士戶部侍郎尋加右僕射軍國大政一以委之（永樂大典卷一萬三百三十　案以下有闕文通鑑云玉每善承迎帝意由是益有寵嘗有疾在家帝謂諸宰相曰自刺史以上俟馮玉出乃得除其倚任如此玉乘勢弄權四方賂遺輻輳其門由是朝政日壞）張彥澤陷京城軍士爭湊其第家財巨萬一夕罄空翌日玉假蓋而出猶繞指以詔彥澤且請令引送玉璽于契丹主將利其復用（永樂大典卷一萬三百三十）玉從少帝北遷契丹命爲太子少保至周太祖廣順二年其子傑自幽州不告父而亡歸玉懼譴責尋以憂恚卒于蕃中（永樂大典卷一萬七千一百九十五　五代史補馮玉嘗爲樞密使有朝使馬承翰素有口辯一旦持刺來謁玉玉覽刺輒戲曰馬既有汗宜卸下鞍承翰應聲曰明公姓馮可謂死囚逢獄玉自以失言遽延而謝之）

殷鵬字大舉大名人也以儁秀爲鄉曲所稱弱冠擢進士第唐閔帝之鎮魏州聞其名辟爲從事及即位命爲右拾遺歷左補闕考功員外郎充史館修撰遷刑部郎中鵬姿顏若婦人而性巧媚天福中擢拜中書舍人與馮玉同職玉本非代言之才所得除目多託鵬爲之玉嘗以姑息字問于人人則以辜負字教之玉乃然之嘗時以爲笑端鵬之才比玉雖優其纖佞過之後玉出郡借第以處之分祿食之及玉爲樞密使擢爲本院學士每有庶寮秉鞹謁玉故事宰臣以履見之鵬多在玉所見客亦然有丞郎王易簡退而有言鵬銜之及契丹入汴有人獲玉與鵬有籤記字皆朝廷上列有不得志欲左授者則易簡是其首焉玉既北行鵬亦尋以疾卒（永樂大典卷二千二百六）

史臣曰維翰之輔晉室也罄弼諧之志參締搆之功觀其効忠亦可謂社稷臣矣況和戎之策固非誤計及國之亡也彼以滅口爲謀此掇歿身之禍則畫策之難也豈期如是哉是以韓非慨慷而著說難者當爲此也悲夫趙瑩際會風雲優游藩輔雖易簀于絕域終歸柩于故國蓋仁信之行通于遐邇故也劉昫有貞相之才克全嘉譽馮玉乘君子之器終歿窮荒其優劣可知矣（永樂大典卷三千二百六）

舊五代史卷八十九終

舊五代史卷八十九攷證

晉列傳四桑維翰傳維翰使親黨受寵于少帝者密致自薦曰陛下欲制北方以安天下非維翰不可　案歐陽史作維翰陰使人説帝與是書同通鑑作或謂帝曰欲安天下非桑維翰不可與是書異

張彥澤既受少帝密旨　案通鑑攷異云彥澤既降契丹豈肯復受少帝之命當係彥澤自以私怨殺維翰非受命于少帝也

所有田園邸第竝令賜之　案歐陽史作貲財盡爲彥澤所掠

趙瑩傳授瑩太子太保　案遼史作太子太傅

劉昫傳歷戶部侍郎　案是書唐明宗紀作兵部侍郎與此傳異歐陽史從是書本紀

授昫守太保　案歐陽史作罷爲太保

舊五代史卷八十九攷證

舊五代史卷九十

宋司空同中書門下平章事薛居正等撰

列傳第五　晉書十六

趙在禮字幹臣涿州人也曾祖景裕祖士廉皆不仕父元德盧臺軍使在禮始事燕帥劉仁恭爲小校唐光化末仁恭遣其子守文逐浮陽節度使盧彦威據其城升在禮爲軍使以佐守文及守文死事其子延祚爲守光所害守光子繼威復爲部將張萬進所殺在禮遂事萬進萬進奔梁在禮乃與滄州留後毛璋歸太原同光末爲效節指揮使屯于貝州會軍士皇甫暉等作亂推指揮使楊晸爲帥（案歐陽史作楊仁晸）晸不從爲衆所殺擒晸首以

脅在禮在禮知其不可拒遂從之以四年二月六日引衆入鄴在禮自稱留後（宋史張錫傳趙在禮舉兵于鄴瀕河諸州多搆亂錫權知棣州事即出省錢賞軍皆大悅一郡獨全棣人賴之）唐莊宗遣明宗率師討之會城下軍亂在禮迎明宗入城事具唐書天成元年五月授滑州節度使檢校太保制下在禮密奏軍情未欲除移且乞更伺少頃尋就改天雄軍兵馬留後鄴都留守興唐尹既而在禮將皇甫暉趙進等相次除郡赴任（歐陽史皇甫暉傳明宗即位暉自軍卒擢拜陳州刺史九國志趙進傳天成初除貝州刺史鄴都衙內指揮使）在禮乃上表乞移旌節十二月授滄州節度使二年七月移鎮兗州長興元年入爲左驍衛上將軍俄改同州節度使會高祖受明宗命統大軍伐蜀以在禮充西川行營步軍都指揮使收劍州而還四年移鎮襄州清泰三年授宋州節度使加檢校太尉同平章事高祖登極移鎮鄆州加檢校太師兼侍中封衛國公天福六年七月授許州節度使八年四月移鎮徐州進封楚國公開運元年以契丹爲患少帝議北征八月詔降制命一十五將以在禮爲北面行營馬步都虞候十一月改行營副都統都虞候如故受詔屯澶州再除兗州節度使依前副都統三年正月授晉昌軍節度使時少帝爲其子延煦娶

在禮女爲妻禮會之日其儀甚盛京師以爲榮觀五月進封秦國公累食邑至一萬三千戶實封一千五百戶在禮歷十餘鎮善治生殖貨積財鉅萬兩京及所涖藩鎮皆邸店羅列在宋州日值天下飛蝗爲害在禮使比戶張幡幟鳴鼙鼓蝗皆越境而去人亦服其智焉凡聚斂所得唯以奉權豪崇釋氏而已及契丹入汴自鎮赴闕時契丹首領奚王伊喇（舊作拽剌今改正）等在洛下在禮望塵致敬首領等倨受其禮加之淩辱邀索貨財在禮不勝其憤行至鄭州泊于逆旅聞同州劉繼勳爲契丹所鏁大驚丁未歲正月二十五日夜以衣帶就馬櫪自絞

而卒年六十六案歐陽史作六十二漢高祖即位贈中書令在禮
見四子雖歷內職皆早卒孫延勳仕皇朝歷岳蜀二州
刺史永樂大典卷一萬八千一百三十　五代史補趙在禮之在宋州也所爲不法百姓苦之一旦下制移鎮永興百姓欣然相賀曰此人若去可爲眼中拔丁子何快哉在禮聞之怒欲報拔釘之誚遽上表更求宋州一年時朝廷姑息勳臣詔許之在禮于是命吏籍管內戶口不論主客每歲一千納之于家號曰拔釘錢莫不公行督責有不如約則加之鞭朴雖租賦之不若也是歲獲錢百萬

馬全節字大雅魏郡元城人也父文操本府軍校官至檢校尚書左僕射以全節之貴累贈太師全節少從軍旅同光末爲捉生指揮使趙在禮之據魏州也爲鄴都馬步軍都指揮使唐明宗即位授檢校司空歷博單二州刺史天成三年賜竭忠建策興復功臣移刺郢州長興初就加檢校司徒在郡有政聲俄授河西節度使時明宗命高祖伐蜀師次岐山全節赴任及之具軍容謁于轅門高祖以地理隔越乃奏還焉移沂州刺史清泰初爲金州防禦使會蜀軍攻其城州兵纔及千人兵馬都監陳知隱懼託以他事出城領三百人順流而逸賊既盛人情憂沮全節悉家財以給士復出奇拒戰以死繼之賊退朝廷嘉其功詔赴闕將議賞典時劉延朗爲樞密副使邀其厚賂全節無以賂之謂全節曰絳州闕人請事行計全節不樂告其同輩由是衆口諠然以爲

不當皇子重美爲河南尹聞而奏焉清泰帝召全節謂曰滄州乏帥欲命卿制置冀日授横海軍兩使留後高祖即位加檢校太保正授旄節天福五年授檢太傅移鎮安州時李金全據州叛引淮軍爲援因命全節將兵討平之以功加檢校太尉改昭義軍節度澤潞遼沁等州觀察處置等使六年秋移鎮邢州加同中書門下平章事安重榮之叛也授鎮州行營副招討兼排陣使與重榮戰于宗城大敗之鎮州平加開府儀同三司充義武軍節度易定祁等州觀察處置北平軍等使八年秋丁母憂尋起復焉屬契丹侵寇加之蝗旱國家有所徵發全節朝受命而夕行治生餘財必充貢奉開運元年秋授鄴都留守檢校太師兼侍中廣晉尹幽州道行營馬步軍都虞候尋加天雄軍北面行營副招討使陽城之戰甚有力焉全節始拜鄴都以元城是桑梓之邑具白襴詣縣庭謁拜縣令沈遘逡巡避之不敢當禮全節曰父母之鄉自合致敬勿讓之也州里榮之二年授順國軍節度使未赴鎮卒年五十五贈中書令全節事母王氏至孝位歷方鎮溫清面告畢盡其敬政事動與幕客謀議故鮮有敗事鎮中山日杜重威爲恆州奏括境內民家粟時軍吏引重威例堅請行之全節曰邊民遇

蝗旱而家食方困官司復擾之則不堪其命矣我爲廉察安忍效尤百姓稱其德先是全節自上黨攜歌妓一人之中山館於外舍有人以讒言中之全節害之乃詔除恆陽遇疾數見其妓厭之復來妓曰我已得請要公俱行全節具告家人數日而卒子令威歷隰陳懷三州刺史卒（永樂大典卷一萬八千一百三十）

張筠海州人也父傳古世爲郡之大商唐乾符末屬江淮俶擾遂徙家彭門時彭門連帥時溥爲東南面招討使據有數郡之地擢筠爲偏將累有軍功奏授宿州刺史後溥與梁祖不協梁人進攻宿州下之獲筠以歸梁

方圖霸業以筠言貌辯秀命爲四鎮客將久之轉長直軍使梁革唐命遷右龍武統軍歷客省使宣徽使出爲復商二州刺史復爲宣徽使梁室割相衞爲昭德軍（案梁割相澶衞三州爲昭德軍原本作相衞疑有脫誤）命筠爲兩使留後唐莊宗入魏筠委城南歸授右衞上將軍會雍州康懷英以病告詔筠往代之比至懷英已卒因除筠爲永平軍節度使大安尹懷英在長安日家財甚厚筠盡奪之復于大內掘地繼獲金玉時有涇陽鎮將侯莫威（案歐陽史作侯莫陳威）前與温韜同剽唐氏諸陵大貯瓌異之物筠乃殺威而籍其家遂蓄積巨萬然性好施每出遇貧民于路則給與口食衣物境內除省賦外未嘗聚斂遂致百姓不撓十年小康秦民懷惠呼爲佛子同光中從郭崇韜爲劍南安撫使蜀平歸洛權領河南尹俄鎮興元所治之地上下安之筠時有疾軍州官吏久不得見副使符彥琳等面請問疾筠又不諾彥琳等疑其已死慮左右有謀遂請權交牌印筠命左右收彥琳下獄以叛聞詔取彥琳等至洛釋而不問因授筠西京留守誘離興元及至長安守兵閉門不內筠東朝于洛詔遣歸第（案歐陽史作以爲左驍衞上將軍）筠前爲京兆尹奉詔殺僞蜀主王衍衍之妓樂寶貨悉私藏于家及罷歸之後第宅宏敞花竹深邃聲樂

飲饌恣其所欲十年之內人謂地仙天福二年上表乞歸長安俄而洛下張從賓之亂筠獨免其難人咸謂筠有五福之具美焉是歲卒于家贈太子太師（案歐陽史作贈少師）

弟籛（永樂大典卷六千三百五十）

籛字慕彭少嗜酒無節爲鄉里所鄙唐天復中兄筠爲大梁四鎮客將籛自海州省兄兄薦于兗州連帥王瓚用爲裨校籛性桀黠善事人累遷軍職後唐莊宗都洛筠鎮長安自衙內指揮使授檢校司空右千年衞將軍同正領饒州刺史西京管內三白渠營田制置使同光末筠隨魏王繼岌伐蜀奏籛權知西京留守事蜀平王衍

挈族人入朝至秦川驛莊宗遣中使向延嗣乘驛騎盡戮王衍之族所有奇貨盡歸于延嗣俄聞莊宗遇內難繼岌軍次興平籛乃斷咸陽浮橋繼岌浮渡至渭南死之一行金寶妓樂籛悉獲之俄而明宗使人誅延嗣延嗣暗遁（九國志明宗即位忿閹豎輩怙勢擅權先勒使四方及此遁不出者皆擒戮之死者殆盡）衍之行裝復為籛有因為富家積白金萬鎰藏于窟室明宗即位籛進王衍犀玉帶各二馬一百五十匹魏王打毬馬七十匹旋除沂州刺史入為西衛將軍高祖即位之明年加檢校太保出典密州未幾復居環衛時湖南馬希範與籛有舊奏朝廷請命籛為使允之籛密賫蜀

之奇貨往售又獲十餘萬緡以歸籛出入以庖者十餘人從行食皆水陸之珍鮮厚自奉養無與為比少帝嗣位詔遣往西蕃及迴以其馬劣為有司所糾復當路有不足者遂有詔徵其舊價籛上言請貨故京田業許之因憤惋成病而卒籛始在雍州因春景舒和出遊近郊憩于大塚之上忽有黃雀銜一銅錢置于前而去未幾復于衙院晝臥見二鸖相鬬畢各銜一錢落于籛首前後所獲三錢嘗秘于巾箱識者以為大富之徵其後家雖厚積性實鄙悋未嘗與士大夫遊處及令市馬利在私門不省咎以輸其直鬱鬱致死愚之甚耶（永樂大典卷六千三百五十）

華溫琪字德潤宋州下邑人也祖楚以農為業父敬思後以溫琪貴官至檢校尚書溫琪長七尺餘唐廣明中從黃巢為紀綱巢陷長安偽署溫琪為供奉都知巢敗奔至滑臺以形貌魁岸懼不自容乃投白馬河下流俄而浮至淺處會行人救免又登桑自經枝折墜地不死夜至胙縣界有田父見溫琪非常人遂匿于家經歲餘會梁將朱友裕為濮州刺史召募勇士溫琪往依之友裕署為小校漸升為馬軍都將從友裕擊秦宗權于曹南有功奏加檢校太子賓客梁祖擢為開道指揮使加

檢校工部尚書出屯鄜時會延州胡璋叛命來寇鄜境溫琪擊退之尋奉詔營長安以功遷絳州刺史歲餘刺棣州溫琪以州城每年為河水所壞居人不堪其苦表請移于便地朝廷許之板築既畢賜立紀功碑仍加檢校尚書左僕射繼遷齊州節度使溫琪在平陽日唐莊宗嘗引兵攻之踰月不下梁人賞之升晉州為定昌軍以溫琪為節度使加檢校太保既而溫琪臨民失政嘗掠人之妻為其夫所訴罷入為金吾大將軍時梁末帝方姑息諸侯重難其命改責詞云若便行峻典謂予不念功勳若全廢舊章謂我不安黎庶為人君者不亦難

乎温琪大有愧色俄轉右監門衛上將軍右龍武統軍會河中朱友謙叛權授温琪汝州防禦使河中行營排陣使尋爲耀州觀察留後莊宗入洛温琪來覲詔改耀州爲順義軍復以温琪鎭之加推忠向義功臣同光末西蜀既平命温琪爲秦州節度使明宗卽位因入朝願留闕明宗嘉而許之除左驍衛上將軍逐月別賜錢粟以豈其家踰歲明宗謂樞密使安重誨曰温琪舊人宜選一重鎭處之重誨奏以天下無闕他日又言之重誨素强愎對曰臣累奏未有有闕處可替者唯樞密使而已明宗曰可重誨不能答温琪聞其事懼爲權臣所怒

幾致成疾由是數月不出俄而拜華州節度使依前光祿大夫檢校太傅進封平原郡開國公累加食邑至三千戸温琪至任以己俸葺祠廟廨舍凡千餘間復于鄭亭創待客之具華而且固往來稱之清泰中上表乞骸骨歸永城制以太子少保致仕案歐陽史以太子太保致仕卒贈太子太傅天福元年十二月終于家年七十五詔贈太子太保

永樂大典卷一萬八千一百三十

安重阮字晉臣潞州上黨人也少倜儻有詞辯善騎射父文祐爲牙門將唐光啟中潞州軍校劉廣逐節度使高潯據其城僖宗詔文祐平之旣殺劉廣召赴行在授卭州刺史其後孟方立據邢洺率兵攻之上黨朝廷以文祐本潞州人也授昭義節度使令討方立自蜀至澤州與方立戰敗歿于陣昭宗朝宰臣崔魏公以文祐歿于王事薦崇阮于朝自是累任諸衛將軍梁氏革命以崇阮明辯遣使吳越迴以所獲橐裝悉充貢奉梁祖嘉之故每歲乘軺于江浙間及迴貢獻皆如初梁末帝嗣位授客省使知齊州事時梁軍與莊宗對壘于河上冀王友謙以河中叛末帝使段凝領軍經畧蒲晉詔崇阮監軍又知華雍軍府事朞年授青州兵馬留後入爲諸衛上將軍唐天成中授黔南節度使檢校太保尋移鎭

夔州以蜀寇侵逼棄城歸闕改晉州節度使復爲諸衛上將軍高祖登極之二年詔葬梁末帝以崇阮梁之舊臣令主葬事崇阮盡哀致禮以襄其事時人義之五年以老病請告授右衛上將軍致仕開運元年九月卒于西京贈太傅永樂大典卷一萬八千二百三十一

楊彥詢字成章河中寶鼎人父規累贈少師彥詢年十三事青帥王師範有書萬卷以彥詢聰悟使掌之及長益加親信常委監護郡兵及梁將楊師厚降下青州彥詢隨師範歸命洎師範見殺楊師厚領鄆召置麾下俾掌賓客唐莊宗入魏復事焉同光元年冬從平大梁升

爲引進副使將命西川及淮南稱旨累遷內職明宗時爲客省使檢校司徒使兩浙迴授德州刺史末帝卽位改羽林將軍時高祖鎭太原朝廷疑貳以彥詢沈厚擇充北京副留守案歐史作太原節度副使淸泰末以宋審虔爲北京留守高祖深懷不足以情告彥詢彥詢恐高祖失臣節乃曰不知太原兵甲芻粟幾何可敵大國否請明公反覆慮之蓋欲迴其意也高祖曰我不忿小人相代方寸決矣彥詢知其不可諫遂止左右欲害之高祖曰唯副使一人我自保明爾勿復言也及卽位授齊州防禦使檢校太保旋改宣徽使從高祖入洛加左驍衞上將軍

兼職天福二年秋出爲鄧州節度使歲餘入爲宣徽使四年使于契丹六年春授邢州節度使檢校太傅時鎭州安重榮有不臣之狀彥詢憂其窺伺會車駕幸鄴表求入覲高祖慮契丹怒安重榮之殺行人也移兵犯境復命彥詢使焉仍恐重榮要之由滄州路以入蕃戎王果怒重榮彥詢具言非高祖本意蓋如人家惡子無如之何尋聞重榮犯闕乃放還七年春授華州節度使檢校太尉在任二年屬部內蝗旱道殣相望彥詢以官粟假貸州民賴之存濟者甚衆開運初以風痺授右金吾衞上將軍俄卒于官年七十四贈太子太師永樂大典卷一萬八千一百三十

李承約字德儉薊州人也曾祖瓊薊州別駕贈工部尙書祖安仁檀州刺史贈太子太保父君操平州刺史贈太子少師承約性剛健篤實少習武事弱冠爲幽州牙門校遷山後八軍巡檢使屬劉守光囚殺父兄名儒宿將經事父兄者多無辜被戮自以握兵在外心不自安時屬唐武皇召募英豪方開霸業乃以所部二千歸于并州卽補匡霸都指揮使檢校右僕射兼領貝州刺史從破夾寨及與梁人戰于臨淸有功再遷洺汾二州莊宗卽位授檢校司空慈州刺史爲治平直移授潁州團

練使天成中以邠州節度使毛璋將圖不軌乃命爲涇州節度副使且承密旨往偵之既至以善言諭之璋乃受代明宗賞其能加檢校太保拜黔南節度使數年之間巴邛蠻蜑不敢犯境外勸農桑內興學校凶邪盡去民皆感之故父老數輩重趼詣闕言其政化又聽留周歲徵爲左衞上將軍自左龍武統軍加特進檢校太傅充昭義軍節度使賜推忠奉節翊戴功臣歲餘歸朝復爲左龍武統軍高祖御宇之二年授左驍衞上將軍進封開國公累上表請老尋以病卒時年七十五贈太子太師永樂大典卷二萬四百二十

陸思鐸潼州臨黃人父再端贈光祿卿思鐸有武幹梁太祖領四鎮隸于麾下及卽位授廣武都指揮使歷奚陣拱宸軍使積前後戰勳累官至檢校司徒拱宸左廂都指揮使遙領思州刺史初梁軍與莊宗對壘于河上思鐸以善射日預其戰嘗于箭笴之上自鐫其姓名一日射中莊宗之馬鞍莊宗拔箭視之覩思鐸姓名因而記之及莊宗平梁思鐸逐衆來降莊宗出箭以視之思鐸伏地待罪莊宗慰而釋之尋授龍武右廂都指揮使加檢校太保天成中爲深州刺史改雄捷右廂馬軍都指揮使會南伐荆門思鐸亦預其行時高季興以舟兵

拒王師思鐸每發矢中敵則洞胷達掖由是賊鋒稍挫不敢輕進諸軍咸壯之高祖革命拜陳州刺史秩滿歷左神武羽林二統軍出爲蔡州刺史遇代歸朝天福八年以疾卒時年五十四思鐸典陳郡日甚有惠政常戒諸子曰我死則藏骨于宛丘使我棲魂于所治之地及卒乃葬于陳從其志也（永樂大典卷一萬八千一百三十一）

安元信朔州馬邑人也少善騎射後唐莊宗爲晉王時元信詣軍門求自效尋隸明宗麾下累從明宗征討有功明宗卽位擢爲捧聖軍使加檢校兵部尚書淸泰三年遷雄義都指揮使受詔屯于代州太守張朗遇之甚厚元信亦以兄事之是歲五月高祖建義于太原俄聞契丹有約赴難元信入說朗曰張敬達雖圍太原而兵尙未合代郡當鴈門之衝敵至其何以禦僕觀石令公素長者舉必成事若使人道意歸款俟其兩端亦求全之上策也朗不納元信悔以誠言之反相猜忌尋聞安重榮安審信相次以騎兵赴太原元信遂率部曲以歸高祖（通鑑元信謀殺朗不克帥其衆奔審信審信遂帥麾下數百騎與元信掠百井奔晉陽）高祖見之喜謂元信曰爾覩何利害背強歸弱元信曰某非知星識氣唯以人事斷之夫帝王者出語行令示人以信嘗聞主上許令公河東一生今遽改之是自欺也且

令公國之密親親尙不能保肯保天下之心乎以斯而言見其亡也何得爲強也高祖知其誠因開懷納之委以戎事高祖卽位之元年授輝州團練使加檢校太保四年入爲右神武統軍其年八月復出牧洛州少帝嗣位尋遷宿州元年罷任來朝開運初授復州防禦使三年卒于任年六十三贈太傅（永樂大典卷一萬八千一百三十一）

張朗徐州蕭縣人父楚贈工部尚書朗年十八善射膂力過人鄉里敬憚之梁祖聞其名就補蕭縣鎮使充吾縣都（案吾縣二字疑有舛誤）遊奕使時朗年纔二十三歲餘補宣武軍內衙都將歷洛州步軍曹州開武汴州十內衙鄆

州都指揮使梁末從招討使段凝襲衞州下之遂授衞州刺史事梁僅三年凡有征討無不預之同光三年從魏王繼岌伐蜀爲先鋒橋道使明宗朝歷興忠登三州刺史淸泰初以契丹犯邊補西北面行營步軍都指揮使從高祖屯軍于代北俄兼代州刺史又改行營諸軍馬步都虞候高祖建義于太原遣使以書諭之朗曰爲人臣而有二心可乎乃斬其使（通鑑帝以晉安已降遣使諭諸州代州刺史張朗斬其使蓋晉祖初起安元信勸朗歸順不從至是復斬其使也）洎高祖入洛領全師朝覲授貝州防禦使在任數載天福五年除左羽林統軍六年授光祿大夫檢校太傅慶州刺史在官二年卒年七十四（永樂大典卷六千二百五十）

李德珫應州金城人祖晟父宗元皆爲邊將德珫少善騎射事後唐武皇爲偏校及從莊宗戰潞州柏鄉德勝渡繼有軍功累加檢校尚書左僕射遙食郡俸天成中檢校司空領蔚州刺史長興元年授雄武軍節度秦成階觀察處置等使加檢校司徒二年六月移鎭定州充北面副招討使高祖卽位改鎭涇原及受代歸闕會高祖幸鄴授東京留守加同平章事少帝嗣位移廣晉尹加檢校太師開運中再領深州以病卒于鎭德珫幼與明宗俱事武皇故後之諸將多兄事之時謂之李七哥所治之地雖無殊政然以寬恕及物家無濫積亦武將之廉者（永樂大典卷二萬四百二十）

田武字德偉大名元城人父簡累贈右僕射武少有拳勇初事莊宗爲小校歷遷勝節指揮使明宗登極轉帳前都指揮使領澶州刺史天成二年改左羽林都指揮使遙領宜州充襄州都巡檢使三年自汴州馬步軍都指揮使授曹州刺使長興初遷齊州防禦使又移洺州淸泰中歷成隴二州充西南面行軍副部署天福初授金州防禦使及金州建節鉞武丁母憂乃起復爲節度使開運元年移鎭滄州兼北面行營右廂都指揮使二

年授寧江軍節度使充侍衞步軍都指揮使歲內改昭義軍節度澤潞等州管內觀察處置等使潞州大都督府長史檢校太傅封鴈門郡開國公未赴任以疾卒武出身戎行恆鯁正御軍治民咸盡其善及卒朝廷惜之詔贈太尉輟視朝一日子仁朗（宋史仁朗以父任西頭供奉官）仁遇並歷內職（永樂大典卷四千八百六）

李承福字德華漢陽人少寒賤事元行欽掌阜棧之役後爲高祖家臣高祖登極歷皇城武德宣徽使左千牛將軍出爲澶州刺史遷齊州防禦使檢校太保承福性鄙狹無器局好察人微事多所詆訐雖小過不能恕工

商之業與隸之情官吏之幸皆善知之然自任所見無所準的故人多薄之少帝嗣位授同州節度使尋卒于鎮少帝以高祖佐命之臣聞之嘆息賻物加等輟視朝一日詔贈太傅（永樂大典卷一萬三百八十九）

相里金字奉金（案相里金墓碑作字國寶當得其實歐陽史雜傳多襲薛史原文與碑異）并州人也性勇悍果敢能折節下士唐景福初武皇始置五院兵金首預其選從莊宗攻下夾寨得補爲小校後與梁師戰于柏鄉及胡柳陂以功授黃甲指揮使同光中紏帳前軍拔中都賜忠勇拱衞功臣檢校刑部尚書二年自羽林都虞候出爲忻州刺史（案歐陽史作沂州）凡部曲

私屬皆不干預民事但優其贍給使分掌家事而已故郡民安之大有聲績應順元年爲隴州防禦使會唐末帝起兵于鳳翔傳檄于鄰道諸侯無應者唯金遣判官薛文遇往來計事末帝深德之及即位擢爲陝州節度使加檢校太保清泰三年夏高祖建義于太原唐末帝發兵來攻以金爲太原四面步軍都指揮使高祖即位移鎮晉州及受代歸闕累爲諸衞上將軍加開府儀同三司官至檢校太尉爵列開國公（案碑文云封西河郡開國侯薛史作開國公未知孰是歐陽史諸臣傳官爵多闕畧無可考証）勳登上柱國以久居散地優之故也天福五年夏卒于任贈太師（永樂大典卷一萬三百四十一　案碑文作贈太子太師與傳異考晉高祖紀五年八月相里金卒贈太師其贈與傳同而其卒在八月則傳中夏字疑誤）

史臣曰在禮之起甘陵也當鼎革之期會富貴來逼既因人成事亦何足自多及其仗鉞擁旄積財敗德貨之累可不誡乎全節之佐晉氏也平安陸之妖預宗城之戰功既茂矣貴亦宜然張筠歷事累朝享茲介福蓋近代之幸人也自温琪而下皆服冕乘軒苴茅蠹土垂名汗簡諒亦宜焉（永樂大典卷一萬三百四十一）

舊五代史卷九十終

舊五代史卷九十攷證

年六十六　案歐陽史作六十二

馬全節傳淸泰初爲金州防禦使　案歐陽史作明宗時歷金州防禦使與是書先後互異

州兵纔及千人　案歐陽史作州兵纔數百

張筠傳梁室割相衞爲昭德軍　案梁割相澶衞三州爲昭德軍原本作相衞疑有脫誤

筠東朝于洛詔遣歸第　案歐陽史作令爲左驍衞上將軍與是書本紀同

贈太子太師　太師歐陽史作少師

華温琪傳制以太子少保致仕天福元年十二月終于家年七十五詔贈太子太保　案歐陽史作以太子太保致仕卒贈太子太傅

張朗傳充吾縣都遊奕使　案吾縣二字疑有舛誤

相里金傳出爲忻州刺史　案歐陽史作沂州刺史

舊五代史卷九十攷證

宋司空同中書門下平章事薛居正等撰

列傳第六　晉書十七

房知温字伯玉兖州瑕丘人也少有勇力籍名于本軍爲亦甲都官健（玉堂閒話知温少年與外弟徐某爲盜于兖鄆之境）梁將葛從周鎭其地選賓麾下時部將牛存節屯于鎭好摴博每求辨采者知温以善博見推因得侍左右遂熟于存節及王師範遣劉鄩據兖州梁祖命存節將兵討之知温夕縋出奔存節喜而納焉明夜竊良馬一駟復入城鄩乃擢爲裨將鄩降隸于同州劉知俊知俊補爲克和軍使

知俊奔岐改隸魏州楊師厚以爲馬步軍校漸升至親隨指揮使繼加檢校司空莊宗入魏賜姓名紹英改天雄軍馬步都指揮使加檢校司徒澶州刺史行臺右千牛衛大將軍莊宗平梁歷曹貝州刺史權充東北面蕃漢馬步都虞候遣戍瓦橋關明宗自鄴入洛知温與王晏球首赴焉明宗自總管府署知温滑州兩使留後天成元年授兖州節度使明宗卽位詔充北面招討屯于盧臺軍以盧文進來歸加特進同平章事賞招討之功也後除烏震爲招討副使代知温歸鎭知温怒震遽至有怨言因縱博誘牙兵殺震于席上會次將安審通保騎軍隔河按甲不動知温懼不濟乃束身渡水復結審通逐其亂軍以奏時朝廷姑息知温下詔于鄴盡殺軍士家口老幼凡數萬淸漳爲之變色尋詔遣知温就便之鎭以安反側俄改徐州節度使加兼侍中會朝廷起兵伐高季興授荆南招討使知行府事尋丁母憂起復雲麾將軍墨縗卽戎竟無功而還長興中節制汶陽越二年除平盧軍節度使累官至開府儀同三司檢校太師兼中書令封東平王食邑五千戸食實封三百戸天福元年冬十二月辛巳卒于鎭贈太尉歸葬于瑕丘詔立神道碑知温性麤獷動罕由禮每迎侍王人不改戎

服寡言笑多縱左右排辱賓僚他日知誤亦無愧色始與唐末帝嘗失意于杯盤間以白刄相恐及末帝卽位知温憂甚末帝乃封王爵以寧之也（案歐陽史廢帝起鳳翔愍帝出奔知温乘間有窺覦之意司馬李沖請懷表而西以覘之及沖至京師廢帝已入立沖卽奉表稱賀還勸知温入朝此事薛史不載）知温徑赴洛陽申其宿過且感新恩末帝開懷以厚禮慰而遣之及還郡厚斂不已積貨數百萬洽第于南城出則以妓樂相隨任意所之曾不以政事爲務有幕客顏衎者正直之士也委曲陳其利病知温不能用焉及高祖建義入洛尙不卽進獻耀兵于牙帳之下衎正色謂曰淸泰富有天下多力善戰豈明公之比而

天運有歸坐成灰燼今青州遷延不貢何以求安千百武夫無足爲恃深爲大王之所憂也知温遂馳表稱賀青人乃安未幾以沈湎成疾而卒部曲將吏分其所聚例爲富室衍又勸其子彥儒進錢十萬貫以助國用朝廷除彥爲沂州刺史案歐陽史彥儒獻父錢三萬緡布三萬疋金百兩銀千兩茶千五百斤絲十萬兩拜沂州刺史不言其謀出于顔衍據宋史顔衍傳知温諸子不慧衍勸令以家財十萬餘上進晉祖嘉之歸功于衍知温子彥儒授沂州刺史衍拜殿中侍御史與薛史合蓋薛氏去石晉未遠猶得當時實事也其家幸獲保全皆衍之力也永樂大典卷一萬八千一百三十五代史補房知温爲青州節度封東平王所爲不法百姓苦之一旦有從事張澤者素好嗜鱠忽暴卒但心頭微煖家人未即歛經宿而活自云爲泰山所追行未幾過一公宇門庭甚壯旣見有人衣紫據案而坐自謂之府君叱澤曰何故食鱠過差耶言訖有執筆挾簿引羣鬼皆怪狀攜以鼎鑊刀匕之具至擒澤投于沸鼎中移時復用鐵叉撥出以刀支解去骨肉然後烹飪大抵亦如治鱠之狀旣熟諸鬼分啖凡出自鼎鑊至于支解又至于分啖其于慘毒苦痛之狀皆名狀之所不及如此者近數十度府君始恕之且問曰汝受諸苦如何爾其敢再犯乎答曰不敢于是遣去將行府君又于案上取一物封之甚固授澤曰爲吾將此物與房知温不法之事宜休矣澤領而寘于懷遂覺知温聞澤復活使人肩舁入府而問之澤備以所受之苦對仍于懷中探取封物付温即錦被角也知温大駭曰吾昨覺體寒如中瘧遂擁被就火忽聞足下無疾而卒遂驚起不虞一角之被爲火所燒此其是乎遽取被視之不差毫釐知温顛慄不知所措謂澤曰足下之過小可耳向如此老夫不知如何也自是知温稍稍近理

王建立遼州楡社人也曾祖秋祖嘉父弁累贈太保建立少鷙猛無檢明宗領代州刺史擢爲虞候將莊宗鎮

晉陽以諸陵在代郡遣女使饗祭其下有擾于民者建立必捕而笞之莊宗怒令收之爲明宗所護而免由是知名明宗歷遷藩鎮皆署爲牙門都校累奏加檢校司空及明宗爲魏軍所廹時皇后曹氏淑妃王氏在常山使建立殺其監護幷部下兵故明宗家屬因而保全及卽位以功授鎮州節度副使加檢校司徒旋爲留後未幾正授節旄繼加檢校太尉同平章事會王都據中山叛密使通弟兄之好通鑑王都陰與謀復河北故事建立陽許而密奏之安重誨素與建立不協知其事奏之明宗慮陷建立尋徵赴闕通鑑建立奏重誨專權求入朝面言其狀帝召之拜右僕射兼中書侍郎平章事判鹽鐵使部度支充集賢殿大學士天成四年出爲青州節度使五年移鎮上黨辭不赴任請退居邸園制以太子少保致仕建立自是鬱鬱不得志長興中嘗欲求見中旨不許皆重誨蔽之也淸泰初末帝召赴闕授天平軍節度使建立少歷軍校職當捕盜及位居方伯爲政嚴烈閭里有惡跡者必族而誅之其刑失于入者不可勝紀故當時人目之爲王垛疊言殺其人而積其屍也後聞末帝失勢殺副使李彥贇及從事一人報其私怨人甚鄙之高祖卽位再爲青州節度使累加檢校太尉兼中書令建立晚年歸心釋氏飯僧營寺戒殺愼

獄民稍安之天福二年封臨淄王明年封東平王五年入覲高祖曰三紀前老兄宜賜不拜仍許肩輿入朝上殿則使二宦者掖之論者榮之尋表乞休致高祖不允乃授潞州節度使割遼沁二州爲上黨屬郡加檢校太師進封韓王以光其故里至鎮踰月而疾作有大星墜于府署建立卽召賓介竺岳草遺章又謂其子守恩曰榆社之地桑梓存焉桑以養生梓以送死余生爲壽宮刻銘石室死當速葬葬必從儉違吾是言非孝也旋以病篤而卒年七十册贈尚書令建立先人之墳在于榆社其岡阜重複松檟藹然占者云後出公侯故建立自爲墓恐子孫易之也子守恩周書有傳永樂大典卷六千五百三十

康福蔚州人世爲本州軍校祖嗣蕃漢都知兵馬使累贈太子太師父公政歷職至平塞軍使累贈太傅福便弓馬少事後唐武皇累補軍職充承天軍都監莊宗嗣位嘗謂左右曰我本蕃人以羊馬爲活業彼康福者體貌豐厚宜領財貨可令總轄馬牧由是署爲馬坊使大有蕃息及明宗爲亂兵所廹將離魏縣會福牧小坊馬數千匹於相州乃驅而歸明宗卽位授飛龍使俄轉磁州刺史充襄州兵馬都監尋以江陵叛命朝廷舉兵伐之以福爲荊南行營兵馬都監俄以王師無功而還康福善諸蕃語明宗視政之暇每召入便殿諮訪時之利病福卽以蕃語奏之樞密使重誨惡焉常面戒之曰康福但亂奏事有日斬之福懼會靈武兵馬留後韓澊以人情不協慮爲所圖上表請帥制加福光祿大夫檢校司空行涼州刺史充朔方河西等軍節度靈威雄警甘肅等州觀察處置管內營田押蕃落鹽池榷稅等使福之是拜蓋重誨嫉而出之福泣而辭之明宗宣重誨別與商議重誨奏曰臣累奉聖旨令與康福一事今福驟升節鎮更欲何求況已有成命難于移改明宗不得已謂福曰重誨不肯非朕意也福辭明宗曰朕遣兵援助勿過憂也因令將軍牛知柔領兵送赴鎮行次青崗峽會

大雪令人登山望之見川下煙火吐蕃數千帳在焉寇不之覺因分軍三道以掩之蕃衆大駭棄帳幕而走殺之殆盡獲玉璞羊馬甚多到鎮歲餘西戎皆款附以賜福耀忠匡定保節功臣累加官爵福鎮靈武凡三歲每歲大稔倉儲盈羨有馬千駟因爲人所譖安重誨奏曰累據使臣所言康福大有寶貨必負朝廷明宗密遣人謂曰朕何負于卿而有異心耶福奏曰臣受國重恩有死無二豈願負于聖人此必讒人之言也因表乞入覲不允及再上章隨而赴闕移授彰義軍節度使又轉邠

州檢校太傅淸泰中移鎭秦州加特進開國侯充西面都部署高祖受命就加檢校太尉開國公未幾又加同平章事及移領河中加兼侍中以天和節入覲改賜輸忠守正翊亮功臣加開府儀同三司增食邑至五千戸實封五百戸久之受代歸闕天福七年秋卒于京師年五十八贈太師諡曰武安福無軍功屬明宗龍躍有際會之幸擢自小校暴爲貴人每食非羊之全髀不能飫腹與士大夫交言曹無所別在天水日嘗有疾幕客謁問福擁衾而坐客有退者謂同列曰錦衾爛兮福聞之遽召言者怒視曰吾雖生于塞下乃唐人也何得以爲

爛奚因此而出之由是諸客不敢措辭復有末客姓駱其先與後唐懿祖來自金山府因公讌福謂從事輩曰駱評事官則卑門族甚高眞沙陀也聞者竊笑焉子三人長曰延沼歷隨澤二州刺史次曰延澤延壽俱歷內職焉永樂大典卷一萬八千一百二十七

安彥威字國俊代州崞縣人少時以軍卒隸唐明宗麾下彥威善射頗知兵法明宗愛之及領諸鎭節鉞彥威常爲牙將以謹厚見信明宗入立皇子從榮鎭鄴彥威爲護聖指揮使以從榮判六軍彥威遷捧聖指揮使領寧國軍節度使及高祖入立尤倚彥威拜彥威北京留守加同平章事徙鎭歸德是時河決滑州命彥威塞之彥威出私錢募民治隄遷西京留守遭歲大饑彥威開倉廩賑饑民滑人賴之民有犯法皆寬貸之饑民愛之不忍去旋丁母憂哀毀過制少帝與契丹搆釁拜彥威北面行營副都統彥威悉以家財佐軍後開運中以疾卒于京師彥威與太妃同宗少帝事以爲舅彥威未嘗以爲言及卒太妃臨哭人始知其爲國戚當時益重其人焉永樂大典卷一萬八千一百二十七　通鑑彥威入朝上曰吾所重者信與義昔契丹以義救我我今以信報之聞其徵求不已公能屈節奉之深稱朕意對曰陛下以蒼生之故猶卑辭厚幣以事之臣何屈節之有上悅

李周字通理邢州內丘人也唐潞州節度使抱眞之後

曾祖融祖毅父矩皆不仕周年十六爲內丘捕賊將以任使自負時河朔羣盜充斥南北交兵行旅無援者不敢出郡邑有士人盧岳家于太原携妻子囊橐寓于逆旅進退無所保唯與所親相對流涕周憫之請援送以歸行經西山中有賊夜于林麓間俟之射盧岳中其馬周大呼曰爾爲誰耶賊聞其聲相謂曰李君至此矣卽時散走岳全其行裝至于家周將辭去岳謂周曰岳明歷象善知人子有奇表方頤隆準眉目疎朗身長七尺此乃將相之材也河東李氏將有天下子宜事之以求

富貴周辭以母老而歸既而梁將葛從周拔邢洺唐武皇麾兵南下築壘于青山口周向背莫決因思盧岳之言乃投青山寨將張污落武皇賞之補萬勝黃頭軍使武皇之平雲州莊宗之戰栢鄉周皆有功遷匡霸都指揮使莊宗入魏率兵屯臨河楊劉所至與士伍同甘苦周尤善守備一日奔母喪以他將代之既出則其城將陷莊宗卽遣追之使壘續從事會莊宗北征周與寺人焦彥賓守楊劉城梁將王彥章以數萬衆攻之（九國志焦彥賓傳彥賓字英服滄州清池人少聰敏多智略事武皇尤所委信及莊宗卽位遷左監門衞將軍充四方館使出護邢州軍）周日夜乘城躬當矢石使人馳告莊宗請百里趨程以紓其難莊宗曰李周在內朕何憂也遂日行二舍不廢畋獵既至士衆絕糧三日矣及攻圍既解莊宗謂周曰微卿九拒之勞諸公等爲梁人所虜矣同光中歷相蔡二州刺史及蜀平授西川節度副使天成二年春遷遂州兩使留後尋正授節旄未幾受代歸闕三年秋出爲邠州節度使會慶州刺史竇廷琬據城拒命周奉詔討平之長興清泰中歷徐安雍汴四鎮所至無苛政人皆樂之高祖有天下復鎮邠州累官至檢校太師兼侍中及罷鎮赴闕會少帝幸澶淵以周累朝耆德乃命爲東京留守車駕還京授開府尹及遘疾夢焚旌旗鎧

甲因自嗟歎上章請退尋卒于官時七十四詔贈太師陪葬于明宗徽陵之北（永樂大典卷一萬八千一百二十七）

張從訓字德恭本姑臧人其先迴鶻別派隨沙陀徙居雲中後從唐武皇家于太原從訓遂爲太原人祖君政雲州長史識蕃字通佛理父存信河東蕃漢馬步軍都指揮使武皇賜姓名眷同親嫡前史有傳天福中贈太師中書令追封趙國公從訓讀儒書精騎射初爲散員大將天祐中轄沙陀數百人屯壺關十餘歲節度使李嗣昭委遇之莊宗與梁人相拒于德勝口徵赴軍前補充先鋒游奕使俄轉雲捷指揮使檢校司空賜名繼鸞從諸子之行也明宗微時嘗在存信麾下爲都押牙與從訓有舊及卽位授石州刺史復舊姓名歷憲德二州刺史高祖之鎮太原也爲少帝娶從訓長女爲妃從訓清泰初授唐州刺史三年高祖舉義從訓奉唐末帝詔徵赴行在分領鄉兵次于團栢兵敗宵遁潛身民間高祖入洛有詔搜訪月餘乃出焉及見戚里之故深加軫惻尋授絳州刺史檢校太保在任數年天福中卒於官年五十二少帝以后父之故超贈太尉弟從恩仕皇朝爲右金吾衞上將軍卒（永樂大典卷五千三百七十）

李繼忠字化遠後唐昭義軍節度使兼中書令嗣昭之

第二子嗣昭唐書有傳繼忠少善騎射從父征討有功莊宗手制授檢校兵部尚書充威義馬軍指揮使改潞府司馬加檢校尚書右僕射充安義軍都巡檢使天成中自北京大內皇城使轉河東行軍司馬入爲右驍衛將軍未幾授成德軍司馬加檢校司徒高祖卽位二年三月授沂州刺史加檢校太保尋移棣州刺史繼忠舊苦風痺皆辭以地遠乃授單州刺史仍加輸忠奉國功臣三年入爲右神武統軍四年三月出領隰州七年八月移刺澤州開運元年復入爲右監門大將軍三年秋積以疾卒于東京年五十一始繼忠母楊氏善治產平

生積財鉅萬及高祖建義于太原楊已終繼忠舉族家于晉陽時以諸軍方困契丹援兵又至高祖乃使人就其第疏其複壁取其舊積所獲金銀紈素甚廣至于巾屨瑣屑之物無不取足高祖既濟大事感而奇之故車駕入洛繼忠雖有舊恙連領大郡皆楊氏之力也（永樂大典卷一萬二千八百八十九）

李頊陳州項城人卽河陽節度使兼侍中罕之子也罕之梁書有傳唐光啟中罕之與河南張全義爲仇交相攻擊罕之兵敗北投太原武皇以澤州處之罕之將赴任留頊爲質焉時莊宗未弱冠因與頊游處甚相昵狎光啟初罕之自澤州襲據潞州送款于梁武皇以頊父叛將殺之莊宗密與駿騎使逃出境頊遂奔河南梁祖以其父子歸已委遇甚厚天復中梁祖自鳳翔送唐昭宗歸長安留軍萬人命姪友倫與頊總之以宿衛爲名及梁祖逼禪屢掌禁兵尚爲肘腋庶人友珪立授頊檢校尚書右僕射右羽林統軍梁末帝之誅友珪頊預其謀尋歷隨州刺史復爲右羽林統軍同光初莊宗入汴召頊見之莊宗忻然授衛州刺史加光祿大夫檢校太保明宗朝授衍州刺史長興中檢校太傅右神武統軍高祖卽位之二年加特進檢校太尉右領軍衛上將軍

三年進封開國伯五年遷左領軍衛上將軍尋以病卒年七十制贈太師頊性溫雅不暴虐凡刺郡統衆頗有畏愛及卒人甚惜之子彥弼在太原日因頊走歸梁朝武皇怒下蠶室加熏腐之刑後籍于內侍省卒焉（永樂大典卷一萬八千一百三十一）

周光輔太原人後唐蕃漢馬步總管幽州節度使德威之長子也德威有傳在唐書光輔年甫十歲補幽州中軍兵馬使有成人之志德威以牙軍委之麾下咸取決焉及長體貌魁偉練于戎事父卒授嵐州刺史從莊宗平梁遷檢校尚書左僕射汝州防禦使仍賜協謀定亂

功臣天成初移汾州四年入爲右監門衛大將軍長興淸泰中歷陳懷磁三郡繼加檢校司徒高祖卽位授蔡州刺史歲餘卒于郡時年三十五贈太保光輔以功臣子歷數郡皆無濫政竟善終于官雖享年不永亦可嘉也光輔有弟數人光貞歷義乾二州刺史入爲諸衛將軍光遜繼爲蔡州刺史光贊任青州行軍司馬及楊光遠叛滅貶商州司馬會赦徵還尋卒于家（永樂大典卷五千四百一）

符彥饒唐莊宗朝蕃漢總管存審之第二子也存審唐書有傳彥饒少驍勇能騎射唐天佑十五年冬莊宗與梁大戰于胡柳陂彥饒與弟彥圖俱從其父血戰有功

莊宗壯之因用爲騎將同光中以功授曹州刺史明宗卽位改刺沂州天成中屯守梁園會起軍北戍塞下時有偏校以宣武乏帥廹彥饒爲之彥饒紿許其請明日殺爲惡者奏之時人嘉其方略長興中爲金州防禦使爲政甚有民譽其後累遷節鎭天福初爲滑州節度使累官至檢校太傅二年七月范延光據鄴都叛朝廷遣侍衛馬軍都指揮使白奉進率騎軍三千屯于州之開元寺一日彥饒與奉進因事忿爭于牙署事具奉進傳中是時奉進厲聲曰爾莫是與范延光同反耶拂衣而起彥饒不留帳下介士大譟擒奉進殺之奉進從騎散走傳呼于外時步軍都校馬萬次校盧順密聞奉進被害卽率其部衆攻滑之子城執彥饒以出遣裨校方太拘送闕下行及赤岡南高祖遣中使害于路左（永樂大典卷一萬八千一百三十二）

羅周敬字尙素鄴王紹威之第三子也紹威梁書有傳周敬幼聰敏八歲學爲詩往往傳于人口起家授檢校尙書禮部員外郎梁乾化中以兄周翰節制滑臺卒于官乃以周敬繼之命爲兩使留後尋正授旄鉞時年十歲未幾改授許州節度繼加檢校尙書左僕射踰三年徵授秘書監檢校司空駙馬都尉尙梁普安公主旋移

光祿卿莊宗卽位歷左右金吾大將軍初唐天佑中紹威嘗建第于洛陽福善里及莊宗入洛以梁租庸使趙巖宅賜明宗同光中明宗在洛以趙內稍遠乃召周敬議易其第周敬諾之後明宗卽位一日夢中見一人儀形瓌秀若素識者夢中問曰此得非前宅主羅氏子及寤訪其子孫左右對曰周敬見列朝廷召至果符夢中所見明宗謂侍臣曰朕不欲使大勳之後久無土地因授同州節度使加檢校太保長興中入爲左監門衛上將軍四遷諸衛上將軍天福二年卒時年三十二贈太傳（永樂大典卷五千六百七十八）

鄭琮太原人也始事唐武皇爲五院軍小校屢有軍功莊宗在河上爲馬步都虞候戎伍之事一覩不忘凡所詰問應答如流故所在知名唐同光末從明宗伐魏州時軍情有變明宗退守魏縣未知趨向安重誨將徵兵于四方琮在帳前歷數諸道屯軍及主將姓名附口傳檄相次而至明宗即位嘉其功授防州刺史秩滿父老請留三年八月授左羽林統軍唐長興二年二月出刺武州高祖即位復居環衛久之以俸薄家貧鬱鬱不得志天福中以疾終于官贈司徒（永樂大典卷一萬八千八百八十一）

舊五代史卷九十一終

舊五代史卷九十一攷證

晉列傳六房知溫傳及末帝即位知溫憂甚　案歐陽史作愍帝出奔知溫乘間有窺覦之意與是書微異

王建立傳以太子少保致仕　案通鑑作以太傅致仕歐陽史從是書

康福傳靈武兵馬留後韓澍　韓澍通鑑歐陽史俱作韓洙弟澄

福鎮靈武凡三歲每歲大稔倉儲盈羨有馬千駟因爲人所譖安重誨曰累據使臣所言康福大有寶貨必負朝廷　案靈武受代康福領節度在天成四年次年爲長興元年安重誨討蜀二年賜死是康福之在靈武甫匝歲而重誨已去朝再期而賜死矣此傳云福鎮靈武凡三歲每歲大稔重誨奏其必負朝廷疑有舛誤歐陽史仍是書之舊

安彥威傳彥威入司禁衛遥領鎮州節度使　案歐陽史作遷捧聖指揮使領寧國軍指揮使

李周傳　案是書莊宗紀作李周明宗紀作李敬周蓋本名敬周入晉後避諱去敬字是書雜采諸書未及改歸畫一通鑑與是書同

張從訓傳爲少帝娶從訓長女爲妃　案宋史張從恩

傳晉祖鎮河東爲少帝娶從恩女今攷五代會要及
是書本紀俱作從訓疑宋史係傳聞之訛

舊五代史卷九十一攷證

舊五代史卷九十二

宋司空同中書門下平章事薛居正等撰

列傳第七　　晉書十八

姚顗字伯真京兆萬年人曾祖希齊湖州司功參軍祖宏慶蘇州刺史父荆國子祭酒顗少惷敦厚寡事容貌任其自然流輩未之重唯兵部侍郎司空圖深器之以女妻焉顗性仁恕多爲僕妾所欺心雖察之而不能面折終身無喜怒不知錢百之爲陌黍百之爲銖凡家人市貨百物入增其倍出減其半不詰其由無擔石之儲心不隕穫唐末隨計入洛出遊嵩山有白衣大夫拜于路側請爲童僕顗辭不納乃曰鬼神享于德君子孚于信余則鬼也將以託賢者之德通化工之信幸無辭焉昔余掌事陰府承命攝人之魂氣名氏同而其人非且富有壽算復而歸之則筋骸已敗由是獲譴使不得爲陽生公中夏之相輔也今爲謁中天之祠若以某姓名求之神必許諾顗因爲之虔禱而還白衣迎于山下曰余免其苦矣拜謝而退顗來年擢進士第梁貞明中歷校書郎登封令右補闕禮部員外郎召入翰林累遷至中書舍人唐莊宗平梁以例貶復州司馬歲餘牽復授左散騎常侍歷兵吏部侍郎尚書左丞唐末帝即位講

求輔相乃書朝中清望官十餘人姓名置于瓶中清夜焚香而挾之既而得盧文紀與顗遂拜中書侍郎平章事制前一日嵩山白衣來謁謂顗曰公明日爲相其言無差寘數固先定矣（案歐陽史本傳云顗爲人仁恕不知錢陌銖兩之數御家無法在相位齪齪無所爲唐制吏部分爲三銓尚書一人侍郎二人曰中銓東銓每歲集以孟冬三旬而選盡季春之月天成中馮道爲相建言天下未一選人歲終數百而吏部三銓分注雖曰故事其實徒煩而無益始詔分銓合而爲一而尚書侍郎共行選事至顗與盧文紀爲相復奏分銓爲三而循資長定舊格歲久多舛因增損之選人多不便之往往邀遮宰相喧訴不遜顗等無如之何廢帝爲下詔書禁止）高祖登極罷相爲刑部尚書俄遷戶部尚書天福五年冬卒年七十五贈左僕射子惟和嗣顗疎于財而御家無術既死斂葬之資不備家人俟賻物及鬻第方能舉喪而去士大夫愛其廉而笑其拙（永樂大典卷五千三百八十三）

呂琦字輝山幽州安次人也祖壽瀛州景城主簿父兗滄州節度判官累至檢校右庶子（永樂大典卷一萬七百六十五）劉守光攻陷滄州琦父兗被擒族之琦時年十五爲吏追攝將就戮焉有趙玉者幽薊之義士也久游于兗之門下見琦臨危乃紿謂監者曰此子某之同氣也幸無濫焉監者信之卽引之俱去行一舍琦困于徒步以足病告玉負之而行逾數百里因變姓名乞食于路乃免其禍（永樂大典卷一萬四千五百八十一）年弱冠以家門遇禍邈無所依乃屬

志勤學多游于汾晉〔永樂大典卷一千八百七十一〕唐天祐中莊宗方開霸府翹佇賢士墨制授琦代州軍事判官秩滿歸太原監軍使張承業重琦器量禮遇尤厚天成初拜琦殿中侍御史遷駕部員外郎兼侍御史知雜事會河陽將吏竊財事發詔軍巡院鞫之時軍巡使尹訓怙勢納賂枉直相反俄有訴寃于闕下者詔琦按之旣驗其姦乃上言請治尹訓沮而不行琦連奏不已訓知其不免自殺于家其獄遂明蒙活者甚衆自是朝廷多琦之公直〔永樂大典卷二萬五百二十八〕高祖建義于太原唐末帝幸懷州趙德鈞駐軍于團柏谷末帝以琦嘗在德鈞幕下因令賫都

統使官告以賜之且犒其軍焉及覩軍于北陲館于忻州會晉祖降下晉安寨遣使告于近郡琦適遇其使郎斬之以聞尋率郡兵千人間道而歸高祖入洛亦弗之責止改授秘書監而已天福中預修唐書權掌選部皆有能名焉累遷禮部刑部戸部兵部侍郎階至金紫光祿大夫爵至開國子琦美丰儀有器槩雖以剛直聞于時而內實仁恕初高祖謀求輔相時宰臣李崧力薦琦于高祖云可大用高祖數召琦于便殿言及當世事甚奇之方將倚以爲相忽遇疾而逝人皆惜之〔永樂大典卷一萬七千六百六十五〕

梁文矩字德儀鄆州人父景秘書少監梁福王友璋好接賓客文矩少遊其門初試太子校書轉秘書郎友璋領鄆州奏爲項城令及移鎭徐方辟爲從事友璋卒改兗州觀察判官時莊宗遣明宗襲據鄆州文矩以父母在鄆一旦隔越不知存亡爲子之情懸望如灼遂間路歸鄆尋謁莊宗莊宗喜之授天平軍節度掌書記在明宗幕下明宗歷汴恆二鎭皆隨府遷職天成初授右諫議大夫知宣武軍軍州事歷御史中丞吏部侍郎禮部尙書西都副留守判京兆府事繼改兵部尙書文矩以嘗事霸府每懷公輔之望時高祖自外鎭入覲嘗薦于

明宗曰梁文矩早事陛下甚有勤勞未升相輔外論慊之明宗曰久忘此人吾之過也尋有旨降命會丁外憂而止淸泰初拜太常卿高祖卽位授吏部尙書改太子少師文矩喜淸靜之教聚道書數千卷企慕赤松留侯之事而尤盡其善後因風痺上章請退以太子太保致仕居洛陽久之天福八年以疾卒時年五十九贈太子太傅〔永樂大典卷六千六百十四〕

史圭常山人也其先與王武俊來于塞外因家石邑高祖曾歷鎭陽牙校父鈞假安平九門令圭好學工詩長于吏道唐光化中歷阜城饒陽尉改房子寧晉元氏欒

壽傅陸五邑令爲寧晉日擅給驛廩以賑饑民民甚感之及爲藥壽令里人爲之立碑同光中任圜爲眞定尹擢爲本府司錄不應命郭崇韜領其地辟爲從事及明宗代崇韜以舊職縻之明宗卽位入爲文昌正郎安重誨薦爲河南少尹判府事尋命爲樞密院直學士時圭以受知于重誨重誨奏令圭與同列閤至俱昇殿侍立以備顧問明宗可之尋自左諫議大夫拜尙書右丞有入相之望圭敏于吏事重誨本不知書爲事剛愎每于明宗前可否重務圭恬然終日不能剖正其事長興中重誨旣誅圭出爲貝州刺史未幾罷免退歸常山由是

閉門杜絕人事雖親戚故人造者不見其面每游別墅則乘婦人氈車以自蔽匿人莫知其心高祖登極徵爲刑部侍郎判鹽鐵副使皆宰臣馬道之奏請也始圭在明宗時爲右丞權判銓事道在中書嘗以堂判衡銓司所注官圭怒力爭之道亦微有不足之色至是圭首爲道所舉方愧其度量遠不及也旋改吏部侍郎分知銓事而圭素勵廉守節大著公平之譽圭前爲河南少尹日有嵩山衞士遺圭石藥如斗謂圭曰服之可以延壽然不可中輟輟則疾作矣圭從服之神爽力健深寶惜焉淸泰末圭在常山遇祕瓊之亂時貯于衣笥爲賊所刼不復得天福中疾生胸臆之間常如火灼圭知不濟求歸鄉里詔許之及涉河竟爲藥氣所蒸卒于路歸葬石邑時年六十八（永樂大典卷一萬一百八十三）

裴皡字司東原出中眷裴氏世居河東爲望族皡容止端秀性卞急剛直而無隱少而好學苦心文藝雖遭亂離手不釋卷唐光化三年擢進士第釋褐授校書郎（案以下有闕文）天福初起爲工部尙書復告老以右僕射致仕皡累知貢舉稱得士宰相馬裔孫桑維翰皆其所取進士也後裔孫知貢舉率新進士謁皡皡喜爲詩曰詞場最重是持衡天遣愚夫受盛名三主禮闈年八十門生門

下見門生當世榮之桑維翰嘗私見皡皡不爲迎送人問之皡曰我見桑公于中書庶寮也今見我于私第門生也人以爲允卒年八十五贈太子太保（永樂大典卷五千三百五）

吳承範字表微魏州人也父瓊右金吾衞將軍累贈太子少保承範少好學善屬文唐閔帝之鎭鄴都也聞其才名署爲賓職承範懇求隨計閔帝許之長興三年擢進士第及閔帝卽位授左拾遺淸泰二年以本官充史館修撰與張昭等共修明宗實錄轉右補闕依前充職高祖革命遷尙書屯田員外郎知制誥天福三年改樞密院直學士未幾自祠部郎中制誥召充翰林學士正

拜中書舍人賜金紫少帝嗣位遷禮部侍郎知貢舉尋遘疾而卒年四十二贈工部尚書承範溫厚寡言善希人旨桑維翰李崧尤重之嘗薦于高祖云可大用承範知之持重自養雖遇盛夏而猶服襦袴加之以純綿蓋慮有寒濕之患也然竟不獲其志其命也（永樂大典卷三千三百二十一）

盧導字熙化其先范陽人也祖伯卿唐殿中侍御史父知晦國子監丞贈戶部侍郎導少而儒雅美詞翰善談論唐天祐初登進士第釋褐除校書郎由均州鄖鄉縣令入為監察御史三遷職方員外郎充史館修撰改河

南縣令禮部郎中賜紫轉右司郎中兼侍御史知雜事以病免閒居于漢上久之天成中以本官徵還拜右諫議大夫長興末為中書舍人權知貢舉明年春潞王自鳳翔擁大軍赴闕唐閔帝奔于衛州宰相馮道李愚集百官于天宮寺將出迎潞王時軍眾離潰人情奔駭百官移時未有至者導與舍人張昭先至馮道請導草勸進牋導曰潞王入朝郊迎可也若勸進之事安可造次且潞王與主上皆太后之子或廢或立當從教令安得不稟策母后率爾而行馮道曰凡事要務實勸進其可已乎導曰今主上蒙塵在外遽以大位勸人若潞王守

道以忠義見責未審何詞以對不如率羣臣詣宮門取太后進止即去就善矣道未及對會京城巡檢安從進報曰潞王至矣安得百寮無班即紛然而去是日潞王未至馮道等止于上陽門外又令導草勸進牋導執之如初李愚曰舍人之言是也吾輩信罪人矣導之守正也如是晉天福中由禮部侍郎遷尚書右丞判吏部尚書銓事秩滿拜吏部侍郎六年秋卒于東京時年七十六（永樂大典卷二千二百十二）

鄭韜光字龍符洛京河清人也曾祖絪為唐宰相祖祗德國子監祭酒（新唐書宰相世系表祗德兵部尚書）贈太傅父顥河南尹

贈太師其先世居滎陽自隋唐三百餘年公卿輔相蟬聯一門韜光唐宣宗之外孫萬壽公主之所出也生三日賜一子出身銀章朱紱及長美容止神爽氣澈不妄喜怒秉執名節為甲族所稱自京兆府參軍歷秘書郎集賢校理太常博士虞部比部員外郎司門戶部郎中河南京兆少尹太常少卿諫議大夫給事中梁貞明中懇求休退上表漏名責授寧州司馬莊宗平梁還工禮刑部侍郎天成長興中歷尚書左丞國初以戶部尚書致仕自褫祿迨于懸車凡事十一君越七十載所仕無官謗無私過三持使節不辱君命士無賢不肖皆恭己

接納晚年背傴時人咸曰鄭傴不迕平生交友之中無怨隙親族之間無愛憎恬和自如性尙平簡及致仕歸洛甚愜終焉之志天福五年秋寢疾而卒年八十贈右僕射（永樂大典卷一萬八千八百八十一）

王權字秀山太原人積世衣冠曾祖起官至左僕射山南西道節度使册贈太尉諡曰文懿唐史有傳祖龜浙東觀察使父蕘右司員外郎權擧進士解褐授秘書省校書郎集賢校理歷左拾遺右補闕梁祖革命御史司憲崔沂表爲侍御史遷兼職方員外郎知雜事歲餘召入翰林爲學士在院加戶部郎中知制誥歷左諫議大

夫給事中充集賢殿學士判院事俄拜御史中丞唐莊宗平梁以例出爲隨州司馬會赦量移許州月餘入爲右庶子遷戶兵吏三侍郎尙書左丞禮部尙書判銓清泰中權知貢擧改戶部尙書華資美秩罕不由之高祖登極轉兵部尙書天福中命權使于契丹權以前世累爲將相未嘗有奉使而稱陪臣者謂人曰我雖不才年今耄矣豈能遠使于契丹乎違詔得罪亦所甘心由是停任先是宰相馮道使于契丹纔回權亦自鳳翔册禮使回故責詞略曰若以道路迢遙卽鸞閣之台臣亦往若以筋骸衰減卽鳳翔之册使纔回旣黷憲章須從殿黜云其實權不欲臣事契丹故堅辭之非避事以違命也踰歲授太子少傅致仕六年秋以疾卒年七十八贈左僕射（永樂大典卷六千八百五十一）

韓惲字子重太原晉陽人曾祖俊唐龍武大將軍祖士則石州司馬父遠代州刺史惲世仕太原昆仲爲軍職惟惲親狎儒士好爲歌詩聚書數千卷乾寧中後唐莊宗納其妹爲妃初爲嫡室故莊宗深禮其家而惲以文學署交城文水令入爲太原少尹莊宗平定趙魏爲魏州支使莊宗卽位授右散騎常侍從駕至洛陽轉尙書戶部侍郎天成初改秘書監俄而馮道爲丞相與惲有

同幕之舊以惲性謹厚尤左右之尋遷禮部尙書丁內憂服闋授戶部尙書明宗晏駕馮道爲山陵使引惲爲副使清泰初以充奉之勞授檢校尙書右僕射絳州刺史踰年入爲太子賓客高祖登極以惲先朝懿戚深加禮遇除授貝州刺史時范延光有跋扈之狀惲懼其見逼遲留不敢赴任高祖不悅復授太子賓客尋改兵部尙書天福七年夏車駕在鄴惲病脚氣卒于龍興寺時年六十餘（永樂大典卷三千六百七十五）

李懌京兆人也祖褒唐黔南觀察使父昭戶部尙書懌幼而能文進士擢第解褐爲校書郎集賢校理清河尉

入梁歷監察御史右補闕殿中侍御史起居舍人禮部員外郎知制誥換都官郎中賜緋召入翰林爲學士正拜舍人賜金紫仍舊內職莊宗平汴洛責授懷州司馬遇赦量移孟州入爲衛尉少卿天成初復拜中書舍人充翰林學士在職轉戸部侍郎右丞充承旨時常侍張文寶知貢舉中書奏落進士數人仍請詔翰林學士院作一詩一賦下禮部爲舉人格樣學士竇夢徵張礪輩撰格詩格賦各一送中書宰相未以爲允夢徵等請懌爲之懌笑而答曰李懌識字有數頃歲因人偶得及第敢與後生髦俊爲之標格假令今却稱進士就春官求試落第必矣格賦格詩不敢應詔君子多其識大體天福中自工部尚書轉太常卿歷禮部刑部二尚書以多病留司于洛下不交人事開運末遇契丹入洛家事罄空尋以疾卒年七十餘 永樂大典卷一萬三百九十

舊五代史卷九十二終

舊五代史卷九十二攷證

晉列傳七姚顗傳惟兵部侍郎司空圖深器之 案歐陽史作中條山處士司空圖一見奇之據新唐書卓行傳司空圖爲戸部侍郎以疾歸昭宗在華召爲兵部侍郎辭不赴是圖非處士也

呂琦傳琦年十五 案厚德錄作琦年十四

有趙玉者 趙玉厚德錄作李玉

尋率郡兵千人間道而歸 案通鑑作帥州兵趣鎮州

史圭傳卒于路 案歐陽史作卒于常山

盧導傳祖伯卿 案新唐書宰相世系表卿太原少尹伯初之子也疑原本衍伯字

父如晦 如晦新唐書世系表作知晦

郊迎可也 郊迎通鑑作班迎

是日潞王未至馮道等止于上陽門外又令導草勸進牋 案歐陽史作潞王止于上陽門外道又促導草牋與是書異通鑑作潞王未至三相息于上陽門外與是書同

鄭韜光傳父顥 案新唐書世系表顥字養正疑顥字是頤字之訛

王權傳先是宰相馮道使于契丹纔回權亦自鳳翔册

禮使回　案通鑑攷異引周世宗實錄馮道傳云契丹遣使加徽號于晉祖晉亦獻徽號于契丹始命兵部尚書王權銜其命權辭以老病晉祖謂馮道曰此行非卿不可道無難色據此傳馮道自契丹使回始命王權奉使道亦未嘗再使契丹也與周實錄異

舊五代史卷九十二攷證

舊五代史卷九十三

宋司空同中書門下平章事薛居正等撰

列傳第八　晉書十九

盧質字子徵河南人也曾祖偲唐太原府祁縣尉累贈右僕射祖衍唐刑部侍郎太子賓客累贈太保父望唐尚書司勳郎中累贈太子少傅質幼聰慧善屬文年十六陝帥王重盈奏授芮城令能以色養又爲同州澄城令從私便也秩滿改秘書郎丁母憂歸河南故里天祐三年北游太原時李襲吉在武皇幕府以女妻之武皇憐其才承制授檢校兵部郎中充河東節度掌書記賜緋魚袋武皇厭代其弟克寧握兵柄有嗣襲之望質與張承業等密謀同立莊宗爲嗣有翊贊之功及莊宗四征質皆從行十六年轉節度判官檢校禮部尚書十九年莊宗將即帝位命爲大禮使累加至銀青光祿大夫檢校右僕射二十年授行臺禮部尚書莊宗既登極欲相之質性疏逸不喜居高位固辭獲免尋以本官兼太原尹充北京留守事未赴任改戶部尚書知制誥充翰林學士承旨同光元年冬從平大梁權判租庸事踰月隨駕都洛旋有詔權知汴州軍府事時孔謙握利權志在聚斂累移文于汴配民放絲質堅論之事雖不行時

論賞之俄又改金紫光祿大夫兵部尚書知制誥翰林學士承旨仍賜論思匡佐功臣會覆試進士質以后從諫則聖爲賦題以堯舜禹湯傾心求過爲韻舊例賦韻四平四側質所出韻乃五平三側由是大爲識者所誚天成元年制授特進檢校司空同州節度使時宰相馮道以詩餞別其警句云視草北來唐學士擁旄西去漢將軍儒者榮之明年改賜耀忠匡定保節功臣就加檢校司徒三年入拜兵部尚書判太僕卿事四年進封開國公長興二年授檢校太保河陽節度使未幾移鎭滄州入爲右僕射及秦王得罪奉詔權知河南府事應順初遷檢校太傅正拜河南尹俄改太子少師淸泰末復爲右僕射高祖登極質以微恙分司洛宅少帝嗣位拜太子太保天福七年秋卒于洛陽年七十六累贈太子太師謚曰文忠（五代會要漢乾祐元年九月其子尚書兵部員外郎盧瓊上章請謚下太常議謚曰文忠）子十一人唯第六子瓊任至省郎餘歷州縣焉（永樂大典卷一千二百十二）

李專美字翊商京兆萬年人也曾祖隨光祿卿祖正範尚書庫部郎中專美少篤學又以父樞唐昭宗時常應進士舉爲覆試所落不許再入專美心愧之由是不遊文場僞梁貞明中河南尹張全義以專美名族之後奏

爲陸渾尉秩滿改舞陽令專美性廉謹大著政聲後唐天成中安邑榷鹽使李肅辟爲推官唐末帝鎭河中見其敦雅心重之末帝一日嘗召肅讌于衙署專美亦預坐末帝謂肅曰某夜來夢主上召去與宋王同剃却頭何也坐客都無對者專美屏人謂曰將來必爲嗣主由是愈重焉末帝留守長安奏爲從事及移鎭鳳翔還爲記室末帝卽位除尚書庫部郎中賜金紫充樞密院直學士初末帝起自鳳翔大許諸軍厚賞洎至洛陽閱內庫金帛不過二三萬尋又配率京城戶民雖行捶楚亦所獲無幾末帝憂之會專美宿于禁中末帝召而讓之

曰卿士人子弟常言有才術今致我至此不能度運以濟時事留才術何施也專美惶恐待罪良久奏曰臣才力駑劣屬當興運陛下猥垂錄任無以裨益聖朝然府藏空竭軍賞不給非臣之罪也臣思明宗棄代之際是時府庫濫賞已竭繼以鄂王臨朝紀綱大壞縱有無限之財賦不能滿驕軍谿壑之心所以陛下孤立岐陽而得天下臣以爲國之存亡不專在行賞須刑政立于上恥格行于下賞當功罰當罪則近于理道也若陛下不改覆車之轍以賞無賴之軍徒困蒸民存亡未可知也今宜取見在財賦以給之不必踐前言而希苟悅末帝然之及其行賞雖不愜于軍士然洛陽戶民獲免鞭笞之苦由專美之敷揚也尋轉給事中明年遷兵部侍郎端明殿學士未幾改檢校尚書右僕射守秘書監充宣徽北院使高祖入洛以例除名三年復授衞尉少卿繼遷鴻臚大理卿開運中以病卒時年六十二專美之遠祖本出姑臧大房與清河小房崔氏北祖第二房盧氏昭國鄭氏爲四望族皆不以才行相尚不以軒冕爲貴雖布衣徒步視公卿蔑如也男女婚嫁不雜他姓欲聘其族厚贈金帛始許焉唐太宗嘗降詔以戒其弊風終莫能改其間有未達者必曰姓崔盧李鄭了餘復何求耶

其達者則邈在天表矣若千里人罕造其門浮薄自大皆此類也唯專美未嘗以氏族形于口吻見寒素士大夫恆恂恂如也人以此多之專美職岐下嘗夢具裳簡立嵩山之頂及爲端明殿學士學士李崧同列而班在其上因以所夢告崧且言某非德非勳安可久居此位處吾子之首乎因懇求他官尋移宣徽使崧深德之及高祖臨朝崧爲樞密使與桑維翰同列維翰與專美亦有舊乃協力以奏之遂復朝序位至九卿專美嘗使閩中遇風水漂至兩浙踰歲無恙而還至是善終人以爲神道福謙之所至也　永樂大典卷一萬三百九十

盧詹字楚長京兆長安人也唐天祐中爲河中從事莊宗即位擢爲員外郎知制誥遷中書舍人天成中拜禮部侍郎知貢舉歷御史中丞兵部侍郎尙書左丞工部尙書詹性剛直議論不避權貴執政者常惡之天福初拜禮部尙書分司洛下與右僕射盧質散騎常侍盧重俱在西都數相過從三人俱嗜酒好遊山水塔廟林亭花竹之地無不同往酣飲爲樂人無間然洛中朝士目爲三盧會常委順性命不營財利開運初卒于洛陽詹家無長物喪具不給少帝聞之賜布帛百段粟麥百斛方能襄其葬事贈太子少保 永樂大典卷二千二百十二

崔梲字子文博陵安平人累世冠冕曾祖元受舉進士直史館祖銖安濮二州刺史父涿刑部郎中梲少好學梁貞明三年舉進士甲科爲開封尹王瓚從事梲性至孝父涿有疾謂親友曰死生有命無醫爲也梲侍之衣不解帶有賓至必拜泣告于門外請方便勸其進藥涿終莫之從及丁憂哀毀過制明宗朝授監察御史不應命踰年詔再下乃就列焉累遷都官郎中翰林學士天福初以戸部侍郎爲學士承旨嘗草制爲宰相桑維翰所改梲以唐故事學士草制有所改者當罷職乃引經據爭維翰不能詰命權知二年貢舉時有進士孔英者素有醜行爲當時所惡梲受命往見維翰維翰語素簡謂梲曰孔英來矣梲不諭其意以謂維翰以孔英爲言乃考英及第物議大以爲非遂罷學士拜尙書左丞遷太常卿後以風痺改太子賓客分司西京卒年六十八梲平生所著文章碑誄制誥甚多人有借本傳寫者則曰有前賢有來者奚用此爲凡受託而作者必親札致之卽焚其藁懼泄人之假手也梲笑不至矧怒不至詈接新進後生未嘗無誨焉羣居公會端坐寡言嘗云非止致人愛憎且或干人祖禰之諱指命僕役亦用禮節盛暑祁寒不使冒犯嘗自話于知友云某少時夢二人

前引路一人計地里曰一舍矣可以止一人曰此君當更進三十有八里復行如所言二人皆止之俄而驚覺梲常識是夢以爲定命之限故六十七請退明年果終焉兄棆有隱德好釋氏閑居滑州嘗欲訪人于白馬津北臨岸歎曰波勢洶湧如此安可濟乎乃止後徵拜左拾遺辭疾不赴 永樂大典卷二千七百四十

薛融汾州平遙人性純和以儒學爲業初從雲州帥李存璋爲幕職唐莊宗平河南歷鄆徐二鎭從事明宗初授華州節度判官長興四年入爲右補闕直弘文館歲餘改河東觀察判官會高祖鎭太原遂居于幕府清泰

末高祖將舉義延賓席而歷問之次及融對曰融本儒生祇曾讀三五卷書至于軍旅之事進退存亡之機未之學也座中聳然登極遷尚書吏部郎中兼侍御史知雜事天福二年自左諫議大夫遷中書舍人自以文學非優不敢拜命復爲諫議詔修西京大內融以鄴下用兵國用不足上疏復罷之通鑑薛融諫曰今宮室雖經焚毀猶侈于帝堯之茅茨所費雖寡猶多于漢文之露臺況魏城未下公私困窘誠非陛下修宮館之日俟海內平寧修之未晚優詔嘉許俄轉御史中丞秩滿改尚書右丞分司西都天福六年以疾卒年六十餘永樂大典卷二萬一千三百六十七

曹國珍字彥輔幽州固安人也曾祖藹祖蟾父絢代襲儒素國珍少值燕薊亂離因落髮被緇客于河西延州高萬興兄弟皆好文辟爲從事國珍常以文章自許求貢禮闈且掌書奏朞年入爲左拾遺累遷至尚書郎每與人交傾財無悋性頗剛僻經藝史學非其所長好自矜衒多上章疏文字差誤數數有之爲搢紳所誚高祖在藩時嘗通私謁以兄事之及即位國珍自比于嚴陵上表敘舊由是自吏部郎中拜左諫議大夫給事中歐陽史張彥澤傳國珍與御史中丞王易簡率三院御史詣閤門連疏論張彥澤不報又求爲御史中丞時宰怒不復爲請國珍銜之李崧之母薨遣諸弟護喪歸葬深州崧既起復乃出北郊路隅設奠公卿大夫皆送喪而出國珍固爭不行眾咸推其讜直高祖晏駕朝廷以宰臣馮道爲山陵使及靈輴既發國珍上疏言馮道既爲山陵使不得復入都城請除外佐以桑維翰入輔李崧請罷相位俾持喪制少帝覽奏以所言侵越出爲陝州行軍司馬至任悒怏遘疾而卒永樂大典卷四千五百十三

張仁愿字善政開封陳留人也祖最唐右武衛大將軍父存敬梁河中節度觀察留後累贈中書令梁書有傳仁愿梁貞明初以勳臣之子起家爲衛尉寺主簿改著作佐郎左贊善大夫賜緋魚袋唐同光初遷大理正天

成元年自將作少監轉大理少卿長興中歷昭武歸德兩鎮節度判官四年復入爲大理少卿清泰中除殿中監天福五年拜大理卿八年轉光祿卿仁愿性溫雅明法書累居詳刑之地議讞疑獄號爲稱職兄仁穎梁朝仕至諸衛將軍中年以風恙廢于家凡十餘年仁愿事之出告反面如嚴父焉士大夫推爲孝友仁穎善理家勤而且約婦女衣不曳地什物多歷年所如新市焉仁愿開運元年再爲大理卿時隰州刺史王澈犯贓朝廷以澈功臣之後欲宥之仁愿累執奏不移竟遣伏法議者賞之開運二年以疾卒年五十一贈秘書監永樂大典卷六

千三百五十一

趙熙字績臣唐宰相齊國公光遠之猶子也起家授秘書省校書郎唐天成中累遷至起居郎數上章言事以稱旨尋除南省正郎天福中承詔與張昭遠等修唐史竟集其功開運中自兵部郎中授右諫議大夫賞筆削之功也及契丹犯闕僞旨遣使于晉州率配豪民錢幣以實行橐始受命之日條制甚嚴熙出衣冠族性素輕急既畏契丹峻法乃窮理搜索人甚苦之及晉之三軍殺副使駱從朗通鑑契丹以節度使駱從朗知晉州事大將藥可儔殺從朗百姓相率持仗害熙于館舍識者傷之永樂大典卷一萬六千九百九十一

李遐兗州人也少爲儒有節操歷數鎮從事及升朝累遷尙書庫部員外郎高祖即位以皇子重乂保釐洛邑知遐强幹有守除爲西京留守判官使之佐理復重其廉勤兼委監西京左藏庫會張從賓作亂使人輦取緡帛以賞羣遂遐曰不奉詔書安敢承命遂爲其下所害高祖聞而歎惜賻贈加等仍贈右諫議大夫其母田氏封京兆郡太君仍給遐所食月俸終母餘年其子俟服闋與官後又遣兗州節度使李從温就其舊業賜牲幣綿帛等物以旌其忠也永樂大典卷一萬三百九十

尹玉羽京兆長安人□□尹玉羽京兆長安人唐天福中隨計京師甚有文稱會有苴杖喪累歲羸疾冬不釋苜履期不變倚廬制闋隱居杜門無仕宦之意梁貞明中劉鄩辟爲保大軍節度判官歷雍汴滑兗從事唐天復中隨計京師甚有文稱會有苴杖之喪累歲羸疾冬不釋苜履期不變倚廬制闋隱居杜門無仕宦之意永樂大典卷一萬六千九百九十一後唐清泰中爲光祿少卿退歸秦中以林泉詩酒自樂冊府元龜卷八百一十三自號自然先生永樂大典卷八千五百七十宰臣張延朗手書而召高卧不從謂人曰庶孽代宗不可仕也及高祖入雒即受詔而來以所著自然經五卷貢之且告其老即日璽書褒美頒其器幣授少府監致仕月給俸及冬春二時服冊府元龜卷八百九十九案尹玉羽傳原本止存二條今采冊府元龜以存大槩案以下有闕文宋黎持移石經記石經舊在

務本坊自天祐中韓建築新城而石經委棄于野至朱梁時劉鄩守長安從幕吏尹玉羽之請輦入城中置于此地即唐尙書省之西隅也

鄭雲叟本名遨雲叟其字也以唐明宗廟諱故世傳其字焉本南燕人也少好學耿介不屈唐昭宗朝嘗應進士舉不第因欲攜妻子隱于林壑其妻非之不肯行雲叟乃薄游諸郡獲數百緡以贈其家辭訣而去尋入少室山著擬峯詩三十六章以導其趣人多傳之後妻以書達意勸其還家雲叟未嘗一覽悉投于火其絕累如此俄聞西嶽有五粒松淪脂千年能去三尸因居于華陰與李道殷羅隱之友善時人目爲三高士道殷有釣

魚之衛鈎而不餌又能化易金石無所不至雲叟恆目覩其事信而不求雲叟與梁室權臣李振善振欲祿之拒而不諾及振南遷雲叟與千里徒步以省之識者高焉後妻兒繼謝每聞凶訃一哭而止時唯青衿二童子一琴一鶴從其游處好綦塞之戲遇同侶則以晝繼夜雖寒風大雪臨簷對局手足皴裂亦無倦焉唐天成中召拜右拾遺不起與羅隱之朝夕游處隱之以藥術取利雲叟以山田自給俱好酒能詩善長嘯有大瓢云可辟寒暑置酒于其中經時味不壞日攜就花木水石之間一酌一詠嘗因酒酣聯句鄭曰一壺天上有名物兩

箇世間無事人羅曰醉郄隱之雲叟外不知何處是天真高祖即位聞其名遣使賫書致禮徵爲右諫議大夫雲叟稱疾不起上表陳謝高祖覽表嘉之賜近臣傳觀尋賜號逍遙先生以諫議大夫致仕月給俸祿雲叟好酒嘗爲詠酒詩千二百言海內好名者書于縑緗以爲贈貺復有越千里之外使工潛寫其形容列爲屏障者焉其爲時望所重也如此天福末以壽終時年七十四有文集二十卷行于世（永樂大典卷一萬八千八百八十一）

史臣曰自古攀龍鱗附鳳翼坐達于雲衢者豈獨豐沛之士哉苟懷才抱器適會興王亦可以取貴于一時如盧質而下數君子是也至如國珍之謙直仁愿之友悌趙李二子沒于王事皆無忝于士林矣唯玉羽之貞退雲叟之肥遯足可以挽奔競之風激高尚之節也（永樂大典卷一萬八千八百八十一）

舊五代史卷九十三終

舊五代史卷九十三攷證

晉列傳八盧質傳判太僕卿事　案歐陽史作判太常卿事

李專美傳曾祖隨光祿卿　案新唐書宰相世系表作隨秘書監

除尚書庫部郎中　案歐陽史作比部郎中

崔棁傳曾祖元受舉進士直史館　案新唐書世系表元受直史館高陵尉

兄棆　棆新唐書世系表作棆

薛融傳年六十餘　案歐陽史作年六十

鄭雲叟傳本南燕人也　案歐陽史作滑州白馬人尋入少室山　案歐陽史作入少室爲道士

舊五代史卷九十三攷證

舊五代史卷九十四

宋司空同中書門下平章事薛居正等撰

列傳第九　　晉書二十

萇從簡陳州人也世以屠羊爲業力敵數人善用槊初事後唐莊宗爲小校每遇攻城召人爲梯頭從簡多應募焉莊宗爲其勇擢領帳前親衛兼步軍都指揮使一日莊宗領大軍與梁軍對陣登高丘而坐敵人有執大幟揚其武者莊宗指之謂左右曰猛士也從簡曰臣爲大王取之莊宗慮其不捷不許從簡退乃潛領十數騎挺身而入奪幟以歸萬衆鼓噪莊宗壯之錫賚甚厚又

中箭而鏃入于骨使醫工出之以刃鑿骨恐其痛也良入未能搖動從簡瞋目謂曰何不沈鑿洎出之左右無不惻然從簡顏色自若其勇壯皆此類也從簡所爲多不法莊宗以其戰鬬多捷常屈法赦之賜姓名曰紹瓊後加竭誠匡國功臣累官至金紫光祿大夫檢校太保景州刺史歷洛州團練使及梁平典蔡州同光四年授許州節度使會莊宗晏駕未及赴鎮而止明宗登極例復本姓歷麟汝汾金四州刺史（北夢瑣言云明宗尤惡貪貨面戒汝州刺史萇從簡爲其貪暴）應順初舉軍伐鳳翔從簡亦預其行會軍變乃東還道遇張廷蘊爲廷蘊所執送于末帝末帝數之曰人皆歸我爾何背我而去也從簡曰事主不敢二心今日死生惟命末帝釋之淸泰二年授潁州團練使高祖舉義末帝將議親征詔赴闕充副招討使隨駕至孟津除河陽節度使及趙延壽軍敗斷浮橋歸洛留從簡守河陽高祖自北而至從簡察軍情離散遂渡河迎謁高祖天福元年十二月授許州節度使改賜推忠佐運保國功臣二年秋移鎮徐州三年加開府儀同三司檢校太尉進封開國公食邑至一千五百戶受代歸闕授左金吾衛上將軍從簡性忌刻而多疑歷州鎮凡十餘所在豎棘于公署纔通人行左右稍違足而忤卽加鞭笞

或至殺害其意不可測吏人皆側行其煩苛暴虐爲武臣之最六年秋隨駕幸鄴都遇疾請告尋卒于鄉里年六十五贈太傅（永樂大典卷一萬八千一百三十一）

潘環字楚奇洛陽人也父景厚以環貴授左監門上將軍致仕環少以負販爲業始事梁梁邢州節度使閻寶爲帳中親校及莊宗定魏博移兵攻邢寶遣環間道馳奏于梁梁末帝用爲左堅銳夾馬都虞候累遷左雄威指揮使時梁人與莊宗對壘于河上環每預戰先登陷敵金瘡偏體（玉堂閒話云潘環常中流矢于面骨銜其鏃故負重傷醫療至經年其鏃自出其瘡成漏終身不痊）莊宗知其名及平梁命典禁軍同光中從明宗北

禦契丹鄴軍之亂從明宗入洛天成初授棣州刺史會定州王都反朝廷攻之以環爲行營右廂步軍都指揮使賊平改易州刺史北面沿邊都部署後移刺慶州受代歸闕明宗召對顧侍臣曰此人勇敢少能偕者尋除宿州團練使淸泰中移耀州天福中預平范延光授齊州防禦使四年升金州爲節鎭以環爲節度使入之入爲左神武統軍開運初契丹入寇王師北征以環爲北面行營步軍左廂排陣使預破契丹于陽城軍迴授澶州節度使累官至檢校太傅三年罷鎭歸闕俄受詔洛京廵檢其年冬戎王犯闕僞署劉晞爲西京留守環乞

罷廵警閑居洛陽遇河陽軍亂晞出奔未幾蕃將高牟翰以兵援晞入于洛慮環有變乃害之盡取其家財（通鑑云晞疑環搆其衆遂已使牟翰殺之）漢高祖至京贈太尉環歷六部兩鎭所至以聚斂爲務在宿州時有牙將因微過見怒環紿言笞之牙校因託一尼嘗熟于環者獻白金兩鋌尼詣環白牙校餉鏊脚兩枚求免其責環曰鏊本幾脚尼曰三脚環復曰今兩脚能成鏊乎尼則以三數致之當時號環爲潘鏊脚（永樂大典卷一萬八千二百三十一）

方太字伯宗青州千乘人也少隸本軍爲小校嘗戍登州刼海客事洩刺史宿于晏匿之遇赦免事定州節度使楊光遠光遠領兵赴晉陽本州軍亂太與馬萬盧順密等擒之使太縛送至闕尋從杜重威破張從賓于氾水以功除趙州刺使從楊光遠平范延光于鄴移刺萊州遷安州防禦使從少帝幸澶州與契丹戰于戚城中數創改鳳州防禦使行至中途遷河陽留後移邢州留後契丹犯闕僞命遥領洋州節度使充洛京廵檢與前洺州團練使李瓊俱至鄭州其屯駐兵士迎請太在城廵檢以備外盜號爲鄭王時有嵩山賊帥張遇領衆萬餘于僭衆得梁朝故嗣密王朱乙遂推爲天子取嵩山神冠冕之服以衣之張遇以其衆攻鄭州太與李瓊擊

之賊衆敗走瓊中流矢而死太乃括率郡中財物以賞軍士因誘之欲同西去其衆不從太乃潛奔于洛陽及劉晞南走許州（通鑑云戍兵旣失太反譖太于契丹云脅我爲亂太遣子師朗自訴于契丹契丹殺之）太殺晞牙校李暉入河南府行留守事旣而嵩山賊帥張遇殺嗣密王傳首于太懸于洛市又有伊闕賊帥自稱天子領衆萬餘將入洛城集郊壇之上太率兵數百人逆擊破之賊衆遂潰（通鑑攷異引實錄方太傳云劉禧走許田復有潁陽妖巫姓朱號嗣密王誓衆于洛南天壇號萬餘人太帥部曲與朝士輩虛張旗幟一舉而逐之洛師遂安）河陽武行德遣使召太詐言欲推之爲帥尋爲行德所害（永樂大典卷一萬八千一百三十一）

何建案九國志作何重建其先廻鶻人也代居雲朔間祖慶父懷福俱事後唐武皇爲小校建少以謹厚隸于高祖帳下以掌廐爲役及卽位累典禁軍案九國志云重建初事晉祖爲奉德馬軍都指揮使遥領驩睦二郡天福中自曹州刺史遷延州兵馬留後尋正授旄鉞案九國志云延州節度使丁審琪殘暴貪冒蕃部苦之重建以所部兵攻其城審琪遁去晉祖卽以重建權節度兵馬留後下車諭以威福邊民安堵就加彰武軍節度使數年之間歷涇鄧貝澶孟五鎭節度使案九國志云皆以廉儉簡易稱累官至檢校太傅開運三年移鎭秦州是冬契丹入汴戎王遣人齎詔以賜建建憤然謂將吏曰吾事石氏二主累擁戎旃人臣之榮亦已極矣今日不能率兵赴難豈可受制于契丹乎卽遣使齎表與其地送款于蜀孟昶待之甚厚僞加同平章事依前秦州節度使案九國志云時固鎭與鳳州未平重建悉衆略討平之歲餘移閬州保寧軍節度使案九國志云昶大舉兵北伐遣張虔釗出大散關以重建爲招討使出隴州路以進師無功而還加僞官至中書令後卒于蜀永樂大典卷五千六百三十二

張廷蘊字德樞開封襄邑人也祖立贈驍衛將軍父及贈光祿大夫廷蘊少勇捷始隸宣武軍爲伍長唐天復中奔太原武皇收于帳下爲小校及莊宗敍上黨戰栢鄉攻薊門下邢魏皆從之後戰于莘縣及胡柳陂繼爲流矢所中金瘡之痕盈于面首莊宗寵之統御營黃甲

軍常在左右累加檢校兵部尚書帳前步軍都虞候充諸軍濠寨使同光初從明宗收汶陽加檢校尚書右僕射充魏博三城廵檢使時皇后劉氏在鄴每縱其下擾人廷蘊多斬之聞者壯焉梁平承詔入覲改帳前都指揮使兼左右羽林都虞候會李繼傳故將楊立叛詔遣明宗爲招討使元行欽爲都部署廷蘊爲前鋒軍至上黨日已瞑矣憖軍方定廷蘊首率勁兵百餘輩踰塹坎城而上守陴者不能禦尋斬關延諸軍入焉明宗行欽達明而始至其城已下明宗甚慊之軍還改左右羽林都指揮使加檢校司空行申州刺史同光末從皇子魏王繼岌伐蜀授行營中軍都指揮使蜀平明宗嗣位遷懷州刺史賜竭忠建策興復功臣加檢校司徒旋移金州防禦使加檢校太保繼授穎州團練使沿淮招安使應順中轉隴州防禦使淸泰中進封淸河郡公高祖卽位入爲右龍武統軍遷絳州防禦使少帝嗣位領左軍衛上將軍加特進開運三年冬以老病求歸于宋城明年卒于家時年六十九廷蘊所識不過數字而性重文士下汝陽日首獲鄆帥戴思遠判官趙鳳訊之曰爾狀貌必儒人也勿隱其情鳳具言之尋引薦于明宗明宗令送赴行臺尋除鳳翰林學士及鳳入相頗與廷蘊相

洽數言于近臣安重誨重誨亦以廷藴苦戰出于諸將之右力保薦之明宗以廷藴取潞之日不能讓功于己故恆蓄宿忿至使廷藴位竟不至方鎮亦命矣夫廷藴歷七郡家無餘積老耄朞終于牖下良可嘉也長子光被歷通事舍人永樂大典卷一萬一百三十一

郭延魯字德興沁州綿上人也父饒後唐武皇時以軍功嘗爲本郡守凡九年有遺愛焉延魯少有勇善用槊莊宗以舊將之子擢爲保衞軍使頻戍塞下捍契丹有功及即位賜協謀定亂功臣加檢校兵部尚書右神武都指揮都知兵馬使天成中汴州朱守殷叛延魯從車

駕東幸至其地坎壘先登守殷平以功授汴州步軍都指揮使加檢校尚書右僕射長興中累加檢校司徒歷天雄軍北京馬步軍都校遷領梧州刺史淸泰中遷復州刺史正俸之外未嘗斂貸庶事就理一郡賴焉秩滿百姓上章舉留朝廷嘉之高祖即位遷單州刺史加檢校太保賜輸誠奉義忠烈功臣到任踰月以疾卒于理所時四十七詔贈太傅永樂大典卷二萬二千一百六十一

郭金海本突厥之族少侍昭義節度使李嗣昭常從征伐金海好酒所爲不法自潞州過山東入邢洺界爲封盜嗣昭雖知之然惜其拳勇每優容之天佑中累職至昭義親騎指揮使同光二年遷本道馬軍都指揮使天成初入爲捧聖指揮使長興二年改護聖都虞候天福二年從王師討范延光于魏州以功轉本軍都指揮使領黃州刺史高祖幸鄴金海領部兵巡檢東京其年十一月安從進謀犯闕金海爲襄州道行營先鋒都指揮使與李建崇等同于唐州湖陽遇從進軍萬餘人金海以一旅之衆奚擊大敗之策勳授檢校太保商州刺史俄移慶州秩滿歸闕途中遇疾而卒年六十一永樂大典卷二萬一千四百五十 洛陽搢紳舊聞記從進與金海相遇于花山金海蕃將善用槍時罕與敵拳勇過人喜戰鬭欲立奇功兩陣相去數里從進素管騎兵金海久在麾下從進亦待之素厚乃躍馬引數百騎乘高去金海

陣數百步厲聲呼郭金海金海獨鞭馬出于陣數十步免冑側身高聲自稱曰金海從進又前行數十步勞之曰金海安否我素待爾厚略不知恩今日敢來共我相殺金海應聲答曰官家好看大王負大王甚事大王今日反金海舊事大王乞與大王一箭地大王回去若不去與取金海槍言訖援槍鞭馬疾趨其陣從進懼躍馬而進師遂相接大爲金海焦繼勳摧敗奏到晉祖大喜賞賜有差從進自此喪氣嬰城自固王師爲連城重塹以守之月餘王師攻城城上矢下如雨王師被傷者衆是日金海爲飛矢集身扶傷歸營明日從進用計汙金海欲使朝廷疑之以金瓶貯酒金合盛藥以索懸之城上呼郭金海金海知之力疾扶創而往城上勞金海曰大王知爾中箭創甚賜爾金瓶金合酒與風藥金海目不知書惟利是貪取瓶與合歸營且不聞于元戎元戎等疑之乃馳驛奏晉祖以花山之功不加罪城下就除金州團練倂其兵于他部金海之任居常悒悒不樂至于捐館

劉處讓字德謙滄州人也祖信累贈太子少保父瑜累

贈太子少師梁貞明初張萬進帥兗州處讓事之爲親校萬進據城叛梁遣大將劉鄩討之時唐莊宗屯軍于麻口渡萬進密遣處讓乞師于莊宗莊宗未卽應之乃于軍門截耳曰主帥急難使我告援苟不得請死亦何避莊宗義之將舉兵渡河俄聞城陷乃止因以墨制授處讓行臺左驍衞將軍俄改客省副使梁平加檢校兵部尙書累將命稱旨天成初轉檢校尙書右僕射依前充職歲餘遷引進使長興三年轉檢校司空左威衞大將軍其職如故四年西川孟知祥跋扈不通朝貢朝廷方議懷柔乃遣處讓爲官告國信使復命轉檢校司徒應

順初授忻州刺史檢校太保充西北面都計度使備北寇也清泰二年入爲左驍衞大將軍三年夏魏博屯將張令昭逐其帥以城叛朝廷命范延光領兵討之以處讓爲河北都轉運使及高祖舉義于太原處讓從至洛陽乃授宣徽北院使天福二年轉左監門衞上將軍充宣徽南院使范延光之據鄴也高祖命宣武軍節度使楊光遠領兵討之時處讓奉詔與光遠同參議軍政會張從賓作亂于河陽處讓自黎陽分兵討襲從賓平復與楊光遠同攻鄴城四年冬范延光將謀納款尙或遲留處讓首入其城以禍福諭之延光乃降以功加檢校太傅先是桑維翰李崧兼充樞密使處讓以莊宗已來樞密使皆有宰臣兼者因萌心以覬其位及楊光遠討伐鄴城軍機大事高祖每命處讓宣達時光遠持軍權多有越體論奏高祖依違而已光遠慊之頻與處讓宴語及之處讓訴曰非聖旨也皆出維翰等意及楊光遠入朝遂于高祖前面言執政之失高祖知其故不得已乃罷維翰等以處讓爲樞密使時處讓每有敷奏高祖多不稱旨會處讓丁繼母憂高祖因議罷樞密使其本院庶事並委宰臣分判處讓居喪期年起復授彰德軍節度使潼衞等州觀察處置等使處讓勤于公務孜孜

求理馭吏民不至苛察人甚便之高祖幸鄴都處讓竭家財貢奉至于薪炭膏沐之細悉供億焉六年除右金吾衞上將軍處讓自以嘗經重任又歷方鎭謂其入朝必當要職一旦除授金吾有所不足少帝卽位之初處讓與宰臣言有協翼之論覃恩之際又未擢用一日至中書宰臣馮道趙瑩李崧和凝在列處讓因酒酣歷詆諸相道笑而不答月餘稱病八年從駕歸汴寄居于封禪寺遇疾而卒年六十三贈太尉再贈太師子保勳仕皇朝位至省郎（永樂大典卷九千九百九）

李瓊字隱光滄州饒安人也少籍本軍爲騎士莊宗平

河朔隸明宗麾下漸升爲小校同光二年明宗受詔以本部兵送糧入薊門時高祖從行至涿州與敵相遇高祖陷于圍中瓌顧諸軍已退密牽高祖鐵衣指東而遁至劉李河爲敵所襲瓌浮水先至南岸高祖至河中馬倒順流而下瓌以所執長矛援高祖出之又以所跨馬奉高祖瓌徒步護之奔十餘里乃入涿州高祖薦于明宗明宗賞之尋超授軍職同光末明宗討趙在禮于鄴鄴軍既變明宗退至魏縣遣高祖以騎士三百疾趨汴州時莊宗遣騎將西方鄴守其城高祖憂之使瓌以勁兵突封丘門而入高祖踵之鄴尋歸命洎郊遂定及高

祖領陝州奏補雲騎指揮使俄改侍衛牙隊指揮使長興中從高祖討東川至劍州使瓌以部下兵破賊軍數千身中重創軍還改龍武指揮使淸泰中屯雲州累擒獲契丹人馬以功改右捧聖軍指揮使唐末帝以瓌元事高祖乃自寨下移授單州馬步軍副指揮使高祖卽位補護聖都指揮使又念疇昔輟馬導護之力前後所賜金帛甚厚但未升爵位瓌亦鬱鬱然久之領橫州刺史五年出典中州微有政聲少帝嗣位入爲殿前散員都指揮使遥領雷州俄遷棣州刺史遇楊光遠以靑州叛自統本部兵攻其城且以書誘瓌瓌因拒之以書上進朝廷嘉之開運二年改洺州團練使累官至加檢校司空三年授護聖右廂都指揮使領岳州團練使時洺州吏民列狀保留朝廷不允及杜重威降敵改授瓌威州刺史行及鄭州遇羣盜攻郡與方太禦賊中流矢而卒年六十五永樂大典卷一萬三百四十

高漢筠字時英齊州歷山人也曾祖詣嘗爲是邑令故家焉漢筠少好書傳嘗詣長白山講肄會唐末齊魯交兵梁氏方霸乃擲筆謁焉尋納于軍門未幾出爲衛州牙校唐天祐中莊宗入魏分兵諭其屬郡時漢筠以利病說衛之牧守俾送款于莊宗以漢筠爲功尋移洺州

都校其後改常山爲北京以漢筠爲皇城使加檢校兵部尚書左驍衛將軍同正明宗卽位除成德軍節度副使俄以荆門用軍促詔漢筠移倅襄州權知軍州事長興中歷曹亳二州刺史秩滿加檢校司徒行左金吾衛大將軍淸泰末高祖建義于河東唐末帝遣晉昌節度使張敬達率師圍太原委漢筠巡撫其郡及敬達遇害節度副使田承肇率部兵攻漢筠于府署漢筠乃啟關延承肇謂曰僕與子俱承朝寄而相迫何甚承肇曰我欲扶公爲節度使漢筠曰老夫耄矣不敢首爲亂階死生繫子籌之承肇目左右令前諸軍投刃于地曰高金

吾果朝宿德不可枉殺承肇以衆意難拒遂謝云與公戲耳遂與連騎以還高祖入洛飛詔徵之過諸途乃入覲尋遷左驍衛大將軍內客省使天福三年正月遘疾終東京之私第時年六十六漢筠性寬厚儀容偉如也雖歷戎職未嘗有非法之言出于口吻多慕士大夫所爲復以淸白自負在襄陽有孼吏常課外獻白金二十鎰漢筠曰非多納麰麰則刻削闤闠吾有正俸此何用焉因戒其主者不復然其白金皆以狀上進有詔嘉之及莅濟陰部民安之四邑飯僧凡有萬八千人在亳州三年歲以已俸百千代納逋租斯亦近代之良二千石

也長子貞文仕皇朝爲開封少尹卒（永樂大典卷五千五百三十八）

孫彥韜字德光汴州浚儀人也少以勇力應募從軍梁祖之兼領四鎭擢彥韜于行間歷諸軍偏校及唐莊宗與梁軍對壘於河上彥韜知梁運將季乃間行渡河北歸莊宗莊宗嘉而納之授親從右廂指揮使及莊宗平梁出爲晉州長步都校加檢校兵部尚書天成初遷絳州刺史檢校尚書左僕射至郡踰年以考課見稱就加檢校司空長興淸泰中歷密沂濮三州刺史累官至檢校太保賜竭忠建策興復功臣高祖卽位復授密州刺史尋卒于任年六十四彥韜出于軍族植性和厚理絳州日甚著綏懷之譽故有賞典旌焉在濮陽屬淸泰末羣寇入郡郡人大擾彥韜率帳下百人一呼破之人皆感之但不能守廉養正以終令譽長興中罷密州赴闕苞苴甚厚起甲第于洛陽踰月而成華堂廣廡亞王公之家見者嗤之故淹翔五郡位不及廉察抑有由也（永樂大典卷一萬八千一百三十二）

王傅拯吳江人也父綰僞虞川節度使傅拯初事楊溥爲黑雲右廂都指揮使領本軍戍海州唐長興元年傅拯殺海州刺史陳宣焚州城以所部兵五千人來歸明宗喜而納之授金紫光祿大夫檢校司徒曹州刺史尋

移濮州淸泰中遷貝州防禦使秩滿有代會范延光叛以兵要傅拯入魏城疑而不用延光降高祖授傅拯諸衞將軍出爲寧州刺史境接蕃部以前弊政滋章民甚苦之傅拯自下車除去弊政數十件百姓便之不數月移刺虢州離寧州日衙門聚數千人拆橋遮道以留之及赴虢略爲理淸靜蒸民愛戴如寧州焉開運中歷武州刺史受代歸洛遇疾卒傅拯家本多財尤好賓客及歷數郡不事生産將卽世甚貧匱物論惜之（永樂大典卷六千五百二十）

秘瓊鎭州平山人也父遇以善射歷本軍偏校累官至

慶州刺史瓊亦有勇淸泰中董温琪爲鎭州節度使擢瓊爲衙內指揮倚以腹心及温琪陷蕃瓊乃害温琪之家載其屍都以一坎瘞之温琪在任貪暴積鏹巨萬瓊悉輦之以藏其家遂自稱留後高祖卽位遣安重榮代之授瓊齊州防禦使時重榮與蕃帥趙思温同行部曲甚眾瓊不敢拒命尋橐其奇貨由鄴中以赴任先是鄴帥范延光將謀叛遣牙將范鄴持書搆瓊瓊領書不答使者還具達其事延光深忿之及聞瓊過其境密使精騎殺瓊于夏津以滅其口一行金寶侍伎皆爲延光所有由是延光異志益露焉（永樂大典卷一萬二千八百六十六）

李彥珣邢州人也少爲郡之牙吏唐天祐中明宗鎭其地彥珣素無檢節因洽于左右明宗卽位以爲通事舍人嘗遣使東川行至其境其僕從爲董璋所收彥珣竄還以失敬故也朝廷攻璋詔授行營步軍都監彥珣素不孝于父母在鄉絕其供饋同列惡其鄙惡旋出爲外任淸泰中遷河陽行軍司馬遇張從賓爲亂因朋助之從賓敗奔于魏州范延光旣叛署爲步軍都監委以守陴招討使楊光遠以彥珣見用欲撓延光而誘彥珣乃遣人就邢臺訪得其母令于城下以招之彥珣識其母發矢以斃之見者傷之及隨延光出降授坊州刺史近臣以彥珣之惡逆奏于高祖高祖曰赦命已行不可改也遂令赴郡後不知其所終焉（永樂大典卷一萬三百八十九）案歐陽史彥珣後以坐贓誅

史臣曰昔從簡從莊宗戰于河上可謂勇矣及其爲末帝守于孟津豈得爲忠乎忠旣無聞勇何足貴潘環方太雖咸負雄幹而俱歿亂世蓋方略不足以衞其身故也何建舉秦隴之封附巴邛之俗守方之寄其若是乎其餘皆僭珪析爵之流也亦可以垂名於是矣秘瓊旣覆董氏之族旋爲鄴帥所屠何報應之速也惟彥珣忍射其親殆非人類晉祖宥之不戮蓋失刑之甚也（永樂大典卷一萬三百八十九）

舊五代史卷九十四終

晉列傳九萇從簡傳贈太傅　案歐陽史作贈太師

何建傳　何建九國志作何重建

方太傅及劉晞南走許州　劉晞通鑑攷異作劉禧

張廷蘊傳會潞州李繼儔故將楊立嬰城叛詔遣明宗爲招討使元行欽爲都部署廷蘊爲前鋒　案歐陽史云李繼韜叛于潞州莊宗遣明宗爲招討使元行欽爲部署廷蘊爲馬步軍都指揮使將兵爲前鋒吳縝纂誤據梁本紀及元行欽李繼韜傳云竝無明宗元行欽張廷蘊攻潞州之事今攷是書本言廷蘊平潞州楊立之叛歐陽史以爲平李繼韜殊誤通鑑從是書

舊五代史卷九十四攷證

舊五代史卷九十五

宋司空同中書門下平章事薛居正等撰

列傳第十　晉書二十一

皇甫遇常山人也父武流寓太原嘗爲遮虜軍使遇少好勇及壯虬髯善騎射唐明宗在藩時隸於麾下累從戰有功明宗卽位遷龍武都指揮使遙領嚴州刺史出討東川爲行營左軍都指揮使應順淸泰中累歷團練防禦使尋遷鄧州節度使所至苛暴以誅斂爲務其幕客多私去以避其累高祖入洛移領中山俄聞與鎮州安重榮爲婚家乃移鎮上黨又改平陽咸以撿人執事

政事隳紊及鎮河陽部內創別業開畎水泉以通漑灌所經墳墓悉毀之部民以朝廷方姑息郡帥莫之敢訴少帝卽位罷歸闕下二年契丹南寇從至澶州戰於鄴州北津契丹衆大敗溺死者數千人以功拜滑州節度使三年契丹率衆屯邯鄲遇與安審琦慕容彥超等禦之遇將渡漳河契丹前鋒大至遇引退轉鬭二十里至鄴南榆林店遇謂審琦等曰彼衆我寡走無生路不如血戰遂自辰及未戰百餘合所傷甚衆遇所乘馬中鏑而斃遇有紀綱杜知敏以馬授遇遇得馬復戰久之稍解杜知敏已爲所獲遇謂彥超曰知敏蒼黃之中以馬授我義也安可使陷於賊中遂與彥超躍馬取知敏而還敵騎壯之俄而生軍復合遇不能解時審琦已至安陽河謂首將張從恩曰皇甫遇等未至必爲敵騎所圍若不急救則成擒矣從恩曰敵甚盛無以枝梧將軍獨往何益審琦曰成敗命也設若不濟則與之俱死假令失此二將將何面目以見天子遂率鐵騎北渡赴之契丹見塵起謂救軍併至乃引去遇與彥超中數創得還時諸軍歎曰此三人皆猛將也遇累官至檢校太師同中書門下平章事四年契丹復至從杜重威營滹水重威送款於契丹遇不預其議及降心不平之時戎王欲

遣遇先入汴遇辭之因私謂人曰我身荷國恩位兼將相旣不能死於軍陣何顏以見舊主更受命圖之所不忍也明日行及趙郡泊其縣舍顧從者曰我已信宿不食疾甚矣主辱臣死無復南行因絕吭而殞遠近聞而義之漢高祖登極詔贈中書令周廣順三年正月遇妻宋國夫人霍氏上言請度爲尼周太祖許之仍賜紫衣號貞範大師法名惠圓又賜夏臘十（永樂大典卷一萬八千三十一）

王淸字去瑕洺州曲周人也父度世爲農淸少以勇力端厚稱於鄉里後唐明宗領行臺置步直軍淸預其募漸升爲小校同光初從戰於河上有功賜忠烈功臣明

宗卽位自天成至清泰末歷嚴衛寧衛指揮使加檢校右散騎常侍天福元年高祖建義入洛加檢校刑部尚書改賜扈蹕忠孝功臣三年從楊光遠平范延光於鄴改奉國軍都虞候六年襄州安從進叛從高行周討之踰年不下一日清請先登諸軍繼其後會有內應者遂拔其城清以中重創有詔褒慰七年改賜推忠保運功臣加金紫光祿大夫領溪州刺史八年詔遣以所部兵屯於鄴九年春契丹南牧圍其城清與張從恩守之少帝飛蠟詔勉諭賜之第宅契丹退以千城功繼遷軍額開運二年春三月從杜重威北征解陽城之圍加檢校

司徒是歲秋七月詔遣與皇甫遇援糧入易州十一月從杜重威收瀛州聞契丹大至重威率諸軍沿滹水而西將保常山及至中渡橋契丹已屯於北岸自其月二十七日至十二月五日軍不能解時戎王至留騎之精者以禦我分其弱者自故靈都城緣其山足涉滹沱之淺處引衆而南至趙郡凡百餘里斷我飛輓且扼歸路清知勢蹙謂重威曰軍去常山五百里守株於此營孤食盡將若之何請以步兵二千爲前鋒奪橋開路公可率諸軍繼之期入常山必濟矣重威可之遣宋彥筠俱行清一擊獲其橋契丹爲之小却重威猶豫不進密己

貳於國矣彥筠退走清列陣北岸嚴戒部曲日暮酣戰不息契丹以生軍繼至我軍無寸刃益之清與其下殁焉時年五十三通鑑清謂其衆曰上將握兵坐觀吾輩困急而不救此必有異志吾輩當以死報國耳衆感其言莫有退者至暮戰不息契丹以新兵繼之清及衆士盡死由是諸軍皆奪氣契丹尋於所戰之地築一京觀及漢高祖卽位使人平之贈清太傅是歲清子守鈞於本邑義化別業招魂以葬之也

永樂大典卷六千二百五十一

梁漢璋字國寶應州人也少以勇力事唐明宗歷突騎奉德指揮使高祖卽位之二年遙領欽州刺史三年加檢校司空改護聖都指揮使七年遷檢校司徒遙領閬

州團練使八年授陳州防禦使從少帝澶州還改檢校太保鄭州防禦使充侍衛馬軍都指揮使旋除永清軍兵馬留後俄正授節度是歲詔領千騎戍冀州尋以杜重威北討詔以漢璋充北面馬軍都排陣使遣收淤口關與契丹騎五千相遇於浮陽之北界苦戰竟日以衆寡不侔爲流矢所中殁於陣卽是歲十一月也時年四十九漢章熟於戎馬累有軍功及爲藩郡所至好聚歛無善政可紀及鎭甘陵甚有平契丹之志但以所領偏師驟逢勍敵故有是衂焉是月其子海榮進漢璋所乘鞍馬及器仗帝傷之乃贈太尉漢璋有弟漢瑭亦以善

用槊有名於時天成中爲魏府効節軍使攻定州王都漢瑭督所部一軍首入其城獲王都及蕃將塔納（舊作禿餒今改正）名馬數駟時范延光鎮常山欲其駿者漢瑭不諾後漢瑭屯兵趙郡因事奏而殺之時人寃之（永樂大典卷六千六百十四）

白奉進字德昇雲州淸塞軍人也父曰達子世居朔野以弋獵爲事奉進少善騎射後唐武皇鎮太原奉進謁於軍門以求自効武皇納於麾下莊宗之破夾寨也奉進挺身首犯賊鋒莊宗覩而壯之後從戰山東河上繼以功遷龍武指揮使同光中魏王繼岌伐蜀擢爲親軍

指揮使天成長興中統上軍加檢校右散騎常侍應順中轉捧聖右廂都指揮使檢校刑部尙書賜忠順保義功臣遥領封州刺史淸泰中加檢校右僕射唐州刺史治郡踰年甚有政績高祖即位徵赴闕超加檢校司徒充護聖左廂都指揮使遥領欽州刺史始奉進有女嫁於皇子重信故高祖尤所倚愛二年改護聖左右廂都指揮使是歲車駕幸夷門五月領昭信軍節度充侍衛馬軍都指揮使六月范延光據鄴爲亂詔遣率騎軍三千北屯滑臺時符彥饒爲滑州節度使一夕有軍士夜掠居人奉進捕之凡獲五盜三在奉進本營二在彥饒麾下尋命俱斬之彥饒怒其不先告深銜之明日奉進左右勸奉進面謝奉進然之以從騎數人候彥饒於牙城既入且述其過彥饒曰軍中法令各有部分何得將滑州兵士一例處斬殊無主客之義乎奉進曰軍士抵法寧有彼我今僕以咎自陳而公怒不息莫是與范延光同反也因拂衣而起彥饒不留其帳下介士大譟擒奉進殺之是日步軍都校馬萬次校盧順密聞奉進遇害率其步衆攻滑之子城執彥饒送於京師戮於班荆館北高祖以奉進倉卒遇禍歎惜久之詔贈太傅（永樂大典卷一萬八千一百三十一）

盧順密汶陽人也初事梁將戴思遠爲步校思遠爲鄆州節度使領兵屯德勝渡留順密守其城順密覩北軍日盛遂遁歸莊宗且言鄆城方虛可以襲而取之莊宗信之尋遣明宗率衆趨鄆果拔之由順密之始謀也莊宗尋以順密列於帳下累遷爲軍校明宗即位歷數郡刺史順密性篤厚臨諸軍撫百姓皆有仁愛之譽及高祖車駕幸夷門范延光據鄴城叛高祖命諸將相次領軍討之順密亦預其行時騎將白奉進屯於滑州尋爲滑帥符彥饒所殺軍衆大亂爭荷戈拔刃喧譟於外時馬萬爲步軍都校不爲遏之（通鑑云馬萬惶惑不知所爲率步兵欲從亂）順

密未明其心乃率部曲數百趨謂諸軍及萬曰滑臺去行闕二百里我等家屬在闕下爾輩如此不思血族乎奉進見殺過在彥饒擒送天子必立大功順我者賞之不順我者殺之萬曰善諸軍遂不敢動（通鑑云萬所部兵尙有呼躍者順密殺數人衆莫敢動）乃引軍北攻牙城執彥饒於樓上使裨將方太押送赴闕滑城遂定朝廷卽以馬萬爲滑州節度使時飛奏皆以萬爲首故也後數日高祖知功由順密尋以順密爲涇州留後至鎮未幾而卒高祖甚悼之贈驍衞上將軍（永樂大典卷二千二百十二）

周瓌晉陽人也少端厚善書計自高祖時歷鎮藩翰用

爲心腹累職至牙門都校凡帑廩出納咸以委瓌經十餘年未嘗以微累見譴高祖甚重之及卽位命權判三司事未幾辭曰臣才輕任重懼終不濟苟以避事冒寵獲罪願陛下哀其疲駑優以散秩臣之幸也高祖可之尋命權總河陽三城事數月改授安州節度使臨民有惠御軍甚嚴一境安之先是威和指揮使王暉領部下兵屯於安陸瓌至鎮待甚厚俄聞范延光叛於魏博張延賓寇於汜水暉以瓌高祖之元臣也幸國朝方危遂害瓌於理所自總州事以爲延光勝則附之敗則渡江而遁斯其計也既而襄陽安從進遣行軍司馬張朏會復州兵於要路以徼之李金全承詔繼至暉遂掠城中財帛士女欲奔江南尋爲其下所殺金全至盡誅其黨高祖聞瓌遇害歎息久之詔贈太傅（永樂大典卷九千九百十）

沈贇字安時徐州下邳人少有膽氣初事梁太祖爲小校天祐三年補同州左崇勇馬軍指揮使入典衞兵歷龍驤拱宸都指揮使累有戰功及莊宗平梁隨段凝等降不改其職同光三年從魏王繼岌平蜀屬康延孝叛魏王署贇爲一行馬步都虞候領兵從任圜襲擊延孝於漢州擒之以獻未及策勳會明宗登極天成初授檢校司空虢州刺史其後歷壁隨石衞威衍忻趙八州刺

史累官至檢校太保賜輸忠宣力功臣開運元年爲祁州刺史其年冬契丹入寇自恆州回以羸兵驅牛羊過其城下贇乃出州兵以擊之契丹以精騎剗其門邀之州兵陷賊趙延壽知其無備與蕃賊急攻之仍呼謂贇曰沈使君我故人也擇禍莫若輕早以城降無自辱也贇登城呼曰侍中父子誤計陷於契丹忍以氈幕之衆殘害父母之邦不自羞慚反有德色沈贇寧爲國家死必不效汝所爲也翌日城陷贇自剄而卒家屬爲賊所擄（永樂大典卷一萬八千一百三十一）

吳巒字寶川汶陽盧縣人也少好學以經業從鄉試下

第唐長興初爲沙彥珣從事累遷大同軍節度判官高祖建號契丹之援太原也彥珣據雲中二三顧望及契丹還塞彥珣出城迎謁尋爲所擄時巒在城中謂其衆曰豈有禮義之人而臣於異姓乎即與雲州將吏闔門拒守契丹大怒攻之半歲不能下高祖致書於契丹乃解圍而去召巒歸闕授徐州節度使再遷右諫議大夫爲復州防禦使數年罷歸初國家以甘陵水陸要衝之地慮契丹南侵乃飛輓芻粟以實其郡爲大軍累年之備王令溫之爲帥也有軍校邵珂者性兇率悖慢令溫因事使人代之不復齒用閑居城中其子殺人以重賂

償之其事方解尋爲州吏所恐又悉財以彌其口自是尤蓄怨恨因使無賴者亡入契丹言州有積粟內無勁兵圍而攻之克之必矣及令溫入朝執政者以巒雲中之難有善守之功遂令乘軺而往權知貝州軍州事既至會大寒軍士無衣者悉衣之平生廉儉囊無資用以至壞帳幕以賙之其推心撫士如此邵珂一見因求自效即聽而任之巒素爲書生旁無爪牙珂慷慨自陳願效死左右巒遣督義兵守城之南門天福九年正月契丹大至其一日大譟環其城明日陳攻具於四墉三日契丹主躬率步奚及渤海夷等四面進攻巒衆投薪於

夾城中繼以炬火賊之梯衝焚爇殆盡是日賊復合圍郡中丁壯皆登城守陴俄而珂自南門引賊騎同入巒守東門未知其事左右告曰邵珂背矣巒顧城中已亂即馳馬還公館投井而死契丹遂屠其城朝野士庶聞者咸歎惜之（永樂大典卷二千三百二十一）

翟璋未詳何許人也好勇多力時目爲大蟲即癡虎之稱也後唐天成初自鄴都馬步軍都指揮使領平州刺史尋改復州防禦使三年三月還新州威塞軍兩使留後四年五月正授旄節長興元年二月加檢校太保入爲右領軍衛上將軍轉左羽林統軍清泰中復領新州

高祖建義割新州屬契丹時契丹大軍歸國遣璋於管內配率犒宴之資須及十萬緡山後地貧民不堪命始戎王以軟語撫璋璋謂必得南歸及委璋平叛奚圍雲州皆有功故留之不遣璋鬱鬱不得志遇疾尋卒焉（永樂大典卷二萬二千三百四十）

程福贇未詳何許人也性沉厚有勇力累爲軍校天福七年冬杜重威討鎮州與安重榮大戰於宋城以功遷洺州團練使檢校太保未幾入爲奉國左廂都指揮使九年春少帝將幸澶淵福贇部下有軍士文榮等八人潛謀作亂於本營縱火福贇尋領腹心之士撲滅之福

贇亦有所傷福贇性本純厚又以車駕頻動秘而不奏同列李殷居福贇下無名欲危福贇以自升遂密陳其事云福贇若不爲亂何得無言少帝至封丘出福贇爲商州刺史尋下獄鞫之福贇終不自明以至見殺人甚寃之（永樂大典卷一萬八千一百二十七）

郭璘邢州人也初事後唐明宗漸升爲軍校天福中爲奉國指揮使歷數郡刺史開運中移領易州契丹攻其郡璘率厲士衆同其甘苦敵不能克復以州兵擊賊數獲其利朝廷喜之就加檢校太保契丹主嘗謂左右曰吾不畏一天下乃爲此人抑挫重威降契丹使通事耿

崇美誘其民衆璘不能制既降爲崇美所害漢高祖即位詔贈太傅（永樂大典卷二萬二千一百六十一）

史臣曰觀前代人臣之事跡多矣若乃世道方泰則席寵恃祿者實繁世運既屯則效死輸忠者無幾如皇甫遇憤激而沒王清以血戰而亡近世以來幾人而已其或臨難捐軀或守方遇害比夫惑妖豔以喪其命因醇酎以亡其身者相去之遠矣唯順密遏滑臺之羣亂救晉室之臨危亦可謂之忠矣（永樂大典卷二萬二千一百六十一）

舊五代史卷九十五終

舊五代史卷九十五攷證

晉列傳十皇甫遇傳常山人也　案歐陽史作常山眞定人

假令失此二將將何面目以見天子　案通鑑作坐失皇甫太師吾屬何顏以見天子胡三省注云皇甫遇未必加官至太師也而安審琦以太師稱之蓋五季之亂官賞無章當時相稱謂不論其品秩就人臣極品而稱之據是書遇累官至檢校太師審琦蓋稱其檢校之官也胡注似未詳攷

梁漢璋傳與契丹騎五千相遇于浮陽之北界苦戰竟

日以衆寡不侔爲流矢所中歿于陣　案遼史高模翰傳云晉以魏府節度使杜重威領兵三十萬來拒模翰以麾下三百人逆戰殺其先鋒梁漢璋餘兵敗走與是書異攷通鑑云杜重威等至瀛州聞契丹將高模翰已引兵潛出重威遣梁漢璋將二千騎追之遇契丹于南陽務敗死蓋漢璋以二千騎當敵騎五千衆寡不侔以致敗績遼史恐不足據

周瓌傳暉遂掠城中財帛士女欲奔江南尋爲其下所殺　案歐陽史作王暉南走爲從進兵所殺與是書異通鑑作暉時奔吳部將胡進殺之與是書同

沈贇傳契丹以精騎剗其門邀之州兵陷賊　案歐陽史作斌兵多死通鑑作契丹以精騎奪其城門州兵不得還

吳巒傳卽與雲州將吏闔門拒守契丹大怒攻之半載不能下高祖致書于契丹乃解圍而去　案遼史太宗紀云唐大同軍節度判官吳巒嬰城拒命遣崔廷勳圍其城庚申上親征至城下諭之巒降與是書異通鑑從是書

舊五代史卷九十五攷證

宋司空同中書門下平章事薛居正等撰

列傳第十一　晉書二十二

孔崇弼，唐僖宗宰相緯之子也。初仕後唐，自吏部郎中授給事中。時族兄昭序爲給事中，改左常侍，兄弟同居門下，時論榮之。（冊府元龜卷七百八十二）崇弼天福中遷左散騎常侍，（永樂大典卷一萬三千三百三十九）無他才，但能談笑戲玩人物，揚眉抵掌，取悅於人。（冊府元龜卷九百四十四）五年，詔令泛海使於杭越。先是浙中贈賄，每每恆及萬緡，時議者曰：孔常侍命奇薄，何消盈數，有命卽無財，有財卽無命。明年使還，果海中船壞，空手而歸。（永樂大典卷一萬三千三百三十九　案此傳原本殘闕）

陳保極，閩中人也。好學，善屬文。後唐天成中，擢進士第。秦王從榮聞其名，辟爲從事。從榮素急暴，後怒保極不告出遊宰相門，以馬箠鞭之，尋出爲定州推官。從榮敗，執政知其屈，擢居三署，歷禮部倉部員外郎。初，桑維翰登第之歲，保極時在秦王幕下，因戲謂同輩曰：近知今歲有三箇半人及第。蓋其年收四人，保極以維翰短陋，故謂之半人也。天福中，維翰既居相位，保極時在曹郎，慮除官差跌，心不自安，乃乞假南遊，將謀退跡。既而襄鄧長吏以行止入奏，維翰乃奏於高祖曰：保極閩人，多狡，恐逃入淮海。郡以詔追赴闕，將下臺鞫成其事，同列李崧極言以解之，因令所司就所居鞫之，貶爲衛尉寺丞，仍奪金紫。尋復爲倉部員外郎，竟以銜憤而卒。保極無時才，有傲人之名，而性復鄙恡，所得利祿，未嘗奉身，但蔬食而已。每與人奕棊，敗則以手亂其局，蓋拒所賭金錢不欲償也。及卒，室無妻兒，唯囊中貯白金十錠，爲他人所有，時甚嗤之。（永樂大典卷一萬三千一百三十九）

王瑜，其先范陽人也。父欽祚，仕至殿中監，爲義州刺史。瑜性兇狡，然儁辯驍果，騎射刀筆之長，亦稱于當代。起家累爲從事。天福中，授左贊善大夫。會濮郡秋稼豐衍，

稅籍不均，命乘使車按察大計。既至郡，謂校簿吏胡蘊惠鶚曰：余食貧久矣，室無增貲，爲我致意縣宰，且求假貸。由是濮之部內五邑令長共斂錢五十萬，私獻于瑜。瑜卽以書上奏，高祖覽章嘆曰：廉直淸愼，有如此者，誠良臣也。於是二吏五宰卽時停黜，擢瑜爲太府少卿。杜重威之鎭東平也，瑜父欽祚爲節度副將。及重威移鎭常山，瑜乃詭計於重威，使奏已爲恆州節度副使，竟代其父位。歲餘，入爲刑部郎中。丙午歲，父欽祚刺舉義州，瑜歸寧至郡，會契丹據有中夏，何建以秦州歸蜀，瑜說欽祚曰：若不西走，當屬契丹矣。厲色數諫，其父怒而不

從因其臥疾涉旬瑜仗劍而脅之曰老懦無謀欲趨炮烙不即爲計則死於刃下父不得已而聽之時隴東屯兵扼其川路將北趨蕃部假途而與郡酋首長趙嶶歃血爲約以兄事之謂嶶曰西至成都余身爲相余父爲將爾當領一大郡能遂行乎嶶曰諾瑜慮爲所賣先致其妻孥館于郡中行有期矣嶶潛召其黨伺于郊外子夜瑜舉族行輜重絡繹十有餘里嶶之所親循溝澮而逝至馬峽路隅舉燧相應其黨起于伏莽斷欽祚之首貫諸長矛平生聚蓄金幣萬計皆爲賊所掠少長百口殺之殆盡瑜尚獨戰千人矢不虛發手無射具捍指流血及暮乃夜竄山谷落髮爲僧月餘爲樵人所獲縶送岐州爲侯益所殺時年三十九始瑜有姑寡居來歸其家以前夫遺腹有子經數年不產每因事預告人吉凶無不驗者時契丹來犯闕前月餘謂瑜曰暴兵將至宜速去之苟不去亂必及矣後瑜果死此謂天作孽猶可違自作孽不可逭也（永樂大典卷六千八百五十一）

張繼祚故齊王全義之子也始爲河南府衙內指揮使全義卒除金吾將軍旋授蔡州刺史累官至檢校太保明宗郊天充供頓使復除西衛上將軍唐清泰末丁母憂天福初喪制未闋會張從賓作亂發兵廹脅取赴河

陽令知留守事從賓敗與二子詔戮於市始繼祚與范延光有舊嘗遣人以馬遺之屬朝廷起兵將討鄴城爲邏兵所獲奏之高祖深怒之及敗宰臣桑維翰以父珙早事齊王奏欲雪之高祖不允（通鑑史館修撰李濤上言張全義有再造洛邑之功乞免其族遂止誅繼祚妻子）遂止罪繼祚一房不累其族（永樂大典卷六千三百五十）

鄭阮洺州人也少爲本郡牙將莊宗畧地山東以阮首歸義旗繼遷軍職阮有子自幼事明宗中門使安重誨重誨以其桀黠愛之既明宗即位擢阮至鳳翔節度副使會唐末帝鎭其地阮稍狎之末帝嗣位以阮爲趙州刺史而阮性貪濁民間細務皆密察而紀之令納賂以贖罪有屬邑令因科醵拒命密以束素募人陰求其過後竟停其職人甚非之又嘗以郡符取部內凶肆中人隸其籍者遣于青州舁喪至洺郡人憚其遠願輸直百緡以免其行阮本無喪即受直放還識者曰此非吉兆也未幾改曹州刺史爲政愈弊高祖建義入洛爲本州指揮使石重立所殺舉族無子遺（永樂大典卷一萬八千八百八十一）

胡饒大梁人也少事本鎭連帥爲都吏歷馬步都虞候會唐明宗鎭其地與部將王建立相善明宗即位建立領常山奏饒爲眞定少尹饒本儉人既在府幕無士君

子之風嘗因事趙郡有平棘令張鵬者獻策請建立於內每縣所管鄉置鄉直一人令月書縣令出入行止饒乃導而薦焉建立行之彌年詞訟蜂起四郡大擾天成末王都構亂陰使結建立爲兄弟之國時饒又嘗薦梁時右庶子張澄爲判官建立亦狎之澄素不知書每座則以陰符鬼谷爲已任建立時咨以王都之盟告之澄與饒俱贊成其事會王師圍中山其事遂寢凡饒之兇戾如此清泰初馮道出鎮同州饒時爲副使道以重臣稀于接洽饒忿之每乘酒于牙門詬道道必延入待以酒餚致敬而退道謂左右曰此人爲不善自當有報吾何怒焉饒後閑居河陽天福二年夏會張從賓作亂饒謁于麾下請預其行從賓敗饒以王建立方鎮平盧走投之建立延入城斬之以聞聞者快焉（永樂大典卷二千二百四十一）

劉遂清字得一青州北海人梁開封尹鄩之猶子也父琪以鴻臚卿致仕遂清少敏惠初事梁爲保鑾軍使歷內諸司使莊宗入汴不改其職明宗卽位加檢校尚書僕射委以西都監守踰歲以中山王都有不臣之跡除遂清爲易州刺史俾遏其寇衝既至郡大有禦侮之略境內賴焉王都平加檢校司空遷棣州刺史天成長興中歷典淄興登三郡咸有善政（通鑑潞王紀帝之起鳳翔也召興州刺史劉遂清遲疑不至聞帝入洛乃悉集三泉西縣金林桑共戍兵以歸自散關以南城鎮悉棄之皆爲蜀人所有入朝帝欲治罪以其能自歸乃赦之）高祖卽位之二年授鳳州防禦使加檢校司徒會丁母憂起復授內客省使右監門衛大將軍六年駕幸鄴都轉宣徽北院使兼判三司加檢校太保七年少帝嗣位加右軍領衛上將軍仍賜竭誠翊戴保節功臣八年出領鄭州加檢校太傅開運二年遷安州防禦使未幾上表稱疾詔許就便廻至上蔡終於郵舍時三年四月也遂清性至孝牧淄川日自北海迎其母赴郡母既及境遂清奔馳路側控轡行數十里父老觀者如堵當時榮之遂清素不知書但多計畫判三司日

每給百官俸料與判官議曰斯輩非盡有才能多世祿之家宜澄其汚而留其清者或對曰昔唐朝渾郭顏段每一赦出以一子出身率爲常制且延賞垂裕爲國美譚未有因月給而欲沙汰恐未當也羣論由此減之（永樂大典卷九千九十八）

房暠京兆長安人也少爲唐宰臣崔魏公家臣後因亂客於蒲州天成中唐末帝出鎮河中暠於路左迎謁求事軍門末帝愛之使治賓客及末帝登極歷南北院宣徽使暠與趙延壽同爲樞密使時薛文遇劉延朗之徒居中用事暠雖出密地其聽用之言不得三四但隨勢

可否不爲事先每朝廷有大事昺與端明學士等環坐會議多于衆中俛首而睡其避事也如此高祖卽位以昺濡足閏朝不專與奪故特恩原之爲左驍衛大將軍留於西京開運元年春卒于洛陽（永樂大典卷六千一百四十九）

孟承誨大名人也始爲本府牙校遇高祖臨其地升爲客將後奏爲宗城令秩滿以百姓舉留於常山藁城令皆有善政高祖有天下擢爲閤門副使累遷宣徽使官至檢校司空太府卿右武衛大將軍及少帝嗣位以稙性纖巧善於希旨復與權臣宦官密相表裏凡朝廷恩澤美使必承誨爲之一歲之中數四不已由是居地華

敞財帛累積及契丹入汴張彥澤引兵逼宮城少帝召承誨計之承誨匿身不赴少帝既出宮寓於開封府舍具以承誨背恩之事告彥澤令捕而殺之其妻女並配部族漢高祖卽位詔贈太保（永樂大典卷一萬一千一百十二）

劉繼勳衛州人也唐天成中高祖鎭鄴都繼勳時爲客將高祖愛其端謹籍其名于帳下從歷數鎭及卽位擢爲閤門使出爲淄州刺史遷澶州防禦使俄改鄭州自宣徽北院使拜華州刺史歲餘鎭同州始少帝與契丹絕好繼勳亦與其謀及契丹主至闕繼勳自鎭來朝契丹責之時馮道在側繼勳事急指道曰少帝在鄴道爲首相與景延廣謀議遂致南北失歡臣位至卑未嘗措言今請問道道細知之契丹主曰此老子不是好鬧人無相牽引皆爾輩爲之繼勳不敢復對繼勳時有疾契丹因令人候其疾狀云有風痺契丹主曰北方地涼居之此疾可愈乃命鏁繼勳舁解之以疾終於家（通鑑契丹主聞趙在禮死乃釋繼勳繼勳憂憤而卒）漢高祖入汴贈太尉（永樂大典卷九千九十九）

鄭受益（新唐書宰相世系表字謙光）唐宰相餘慶之曾孫也餘慶生幹幹生從讜兩爲太原節度使再登相位從讜兄處誨爲汴州節度使家襲清儉深有士風中朝禮法以鄭氏爲甲處誨生受益受益亦以文學致身累歷臺閣自尙

書郞遷右諫議大夫天福七年夏以張彥澤數爲不道上章請行國典旬日不報又貢表切言訐直無所忌執政稍惡之俄而以病請告歸長安高祖晏駕以不赴國哀停任會赦拜京兆少尹宰相趙瑩出鎭咸秦以受益朝班舊寮眷待甚至屬天下率借金穀乃謂瑩曰京兆戶籍登耗民力虛實某備知之矣品而定之可使平允瑩信之因使與王人同掌其事受益既經廢棄薄于仕宦遂阿法射利冀爲生生之資又素恃門望陵轢同幕內奸外直羣情無相洽者及贓汚事發騰于衆口瑩不得已遂按之其直百萬八年冬賜死於家受益數世公

臺一朝自棄士君子皆惜之（永樂大典卷一萬八千八百八十八）

程遜字浮休壽春人（案此下有缺文）召入翰林充學士自兵部侍郎承旨授太常卿天福二年秋命使吳越（十國春秋云禮部尚書程遜爲加恩使）母羸老雙瞽遜未嘗白執政以辭之將行母以手捫其面號泣以送之（永樂大典卷一萬六千七百七十七）仲秋之夕陰暝如晦遜嘗爲詩曰幽室有時聞鴈叫空庭無路見蟾光同僚見之訝其詩語稍異及使迴遭風水而溺焉（册府元龜卷九百五十一）

李郁字文緯唐之宗屬也少歷宗寺官天成長興中累遷爲宗正卿性平允所歷無愛憎毀譽高祖登極授光

祿卿一日晝寢夢食巨棗覺而有疾謂其親友曰嘗聞棗字重來呼魂之象也余神氣逼抑將不免乎天福五年夏卒贈太子太保（永樂大典卷一萬二百九十一）

鄭玄素京兆人避地鶴鳴峯下萃古書千卷採薇蕨而弦誦自若善談名理或問水旺冬而冬涸泛盛乃在夏何也玄素曰論五行者以氣不以形木旺春以其氣溫火旺夏以其氣熱金旺秋以其氣清水旺冬以其氣冷若以形言則萬物皆萌於春盛于夏衰於秋藏於冬不獨水然也人以爲明理後益入盧山靑牛谷高卧四十年初玄素好收書而所收鍾王法帖墨蹟如新人莫知所從得有與厚者問之乃知玄素爲溫韜甥韜常發昭陵盡得之韜死書歸玄素焉今有書堂基存（永樂大典卷一萬八千八百八十一）

馬重績字洞微少學數術明太一五紀八象三統大歷居於太原仕晉拜太子右贊善大夫遷司天監天福三年重績上言歷象王者所以正一氣之元宣萬邦之命而古今所記考審多差宣明氣朔正而星度不驗崇玄五星得而歲差一日以宣明之氣朔合崇玄之五星二歷相參然後符合自前世諸歷皆起天正十一月爲歲首用太古甲子爲上元積歲愈多差闊愈甚臣輒合二

歷創爲新法以唐天寶十四載乙未爲上元雨水正月中氣首詔下司天監趙仁琦張文皓等考覈得失仁琦等言明年庚子正月朔用重績歷考之皆合無舛乃下詔班行之號調元歷行之數歲輒差遂不用重績又言漏刻之法以中星考晝夜爲一百刻八刻六十分刻之二十爲一時時以四刻十分爲正此自古所用也今失其傳以午正爲時始下侵未四刻十分而爲午由是晝夜昏曉皆失其正請依古改正從之重績卒年六十四（永樂大典卷一萬一千二百四十）

陳玄京兆人也家世爲醫初事河中王重榮乾符中後

唐武皇自太原率師攻王行瑜路出於蒲中時玄侍湯藥武皇甚重之及還太原日侍左右武皇性剛暴樂殺人無敢言者玄深測其情每有暴怒則從容啟諫免禍者不一以是晉人深德之勲貴賂遺盈門性好酒樂施隨得而無私積明宗朝爲太原少尹入爲太府卿長興中集平生所驗方七十五首并修合藥法百件號曰要術刊石置于太原府衙門之左以示於衆病者賴焉天福中以耄期上表求退以光祿卿致仕卒于晉陽年八十餘（永樂大典卷二千一百三十五）

史臣曰夫彰善癉惡麟史之爲義也瑜不掩瑕虹玉之爲德也故自崇弼而下善者既書之其不善者亦書之庶使後之君子見善如不及見惡如探湯也至如重績之曆法陳玄之醫道亦不可漏其名而弗紀也（永樂大典卷二千一百三十五）

舊五代史卷九十六終

舊五代史卷九十六攷證

晉列傳十一孔崇弼傳　案新唐書世系表作昌弼字佐化是書作崇弼蓋避後唐廟諱改

時族兄昭序　案新唐書世系表作昌序字昭舉是書作昭序疑亦因避諱而改也

程遜傳天福三年秋命使吳越及使回遭風水而溺焉　案通鑑攷異晉實錄天福二年十一月加錢元瓘副元帥國王程遜等爲加恩使四年十月丙午以程遜没于海廢朝贈官程遜傳云天福三年秋使吳越使回溺死元瓘傳云天福三年封吳越國王蓋二年冬制下遜等以三年至杭州不知溺死在何年而晉朝以四年十月始聞之也

馬重績傳八象三統　三統原本作三紀今從歐陽史改正

舊五代史卷九十七

宋司空同中書門下平章事薛居正等撰

列傳第十二　晉書二十三

范延光字子瓌鄴郡臨漳人也少隸于郡牙唐明宗牧相州收為親校同光中明宗下鄆州梁兵屯楊劉口以扼之先鋒將康延孝潛使人送款于明宗明宗欲使人達機事於莊宗方難其選延光請行遂以蠟書授之延光卽至莊宗曰楊劉渡控扼已定未可圖也請築壘馬家口以通汶陽之路莊宗從之復遣歸鄆州俄而梁將王彥章攻馬家口所築新壘明宗恐城中不備又遣間行告莊宗請益兵中夜至河上為梁兵所獲送夷門下獄榜笞數百威以白刃終不洩其事復為獄吏所護在獄半年不復理問及莊宗將至汴城獄吏卽去其桎梏拜謝而出之乃見於路側莊宗喜授銀青光祿大夫檢校工部尚書明宗登極擢為宣徽使與霍彥威平青州王公儼遷檢校司徒明宗之幸夷門也至滎陽聞朱守殷拒命延光曰若不急攻賊堅矣請騎兵五百臣先赴之則人心必駭明宗從其請延光自酉時至夜央馳二百餘里奄至城下與賊交鬬翌日守陴者望見乘輿乃相率開門延光乃入與賊巷戰至厚載門盡殲其黨明

宗喜之明年遷樞密使權知鎮州軍府事尋正授節旄加檢校太保長興中以安重誨得罪再入為樞密使加同平章事（按明宗紀長興二年九月辛丑樞密使檢校太傅刑部尚書范延光加同平章事四年九月戊寅樞密使范延光加兼侍中是延光為同平章事時已由檢校太保進加太傅後傳加侍中令泰安縣有長興四年九月宣福院牒石刻所列延光官銜仍作太傅蓋賜牒時尚未加侍中也傳中不載係史家前後省文）既而以秦王從榮不軌恐及其禍屢請外任明宗久之方許遂出鎮常山清泰中復召為樞密使未幾出為汴州節度使會魏府屯將張令昭逐其帥劉延皓據城以叛唐末帝命延光討而平之遂授鄴都留守加檢校太師兼中書令門下有術士張生者自云妙通術數當延光微時言將來必為將相延光既貴酷信其言歷數鎮嘗館於上舍延光謂之曰余夢大蛇自臍入腹半而掣去之是何祥也張生曰蛇者龍也入腹為帝王之兆明矣延光自是稍萌僭竊之意及高祖建義于太原唐末帝遣延光以本部二萬屯遼州與趙延壽掎角合勢既延壽兵敗延光促還故心不自安高祖入洛尋封臨清王以寬其反側後延光擅殺齊州防禦使秘瓊而聚兵部下復收部內刺史入城高祖甚疑之乃東幸夷門時延光有牙校孫銳者與延光有鄉曲之舊軍機民政一以委焉故魏博六州之賦無半錢上供符奏之間有

不如意者銳即對延光毀之其兇戾也如此初朝廷遣使封延光爲臨淸王因會賓屬延光暴得疾伏枕經旬銳乃密惑羣小召澶州刺史馮暉等以不臣之謀逼於延光延光亦惑於術者因而聽之天福二年夏六月遣銳與暉將步騎二萬南抵黎陽（通鑑云延光以馮暉爲都部署以孫銳爲兵馬都監）時銳以女妓十餘輩從之擁蓋操扇必歌吹而後食將士煩熱覩之解體尋爲王師所敗賊衆退還鄴城高祖繼遣楊光遠討之延光知事不濟乃殺孫銳以歸其罪發人齎表待罪且邀姑息高祖不許及經歲受圍城中饑窘高祖以師老民勞思解其役遣謁者入謂之曰

卿既危蹙破在旦夕能返掌轉規改節歸我我當以大藩處之如降而殺之則何以享國明明白日可質是言因賜鐵券改封高平郡王（按歐陽史作東平郡王）移鎮天平延光謂門人李式曰（案歐陽作副使李式）主上敦信明義言無不踐許以不死則不死矣因撤守備（通鑑延光猶遷延未決宣徽南院使劉處讓復入諭之延光意乃決）素服請降及赴汝上踰月入覲尋表請罷免高祖再三答諭方允制以延光爲太子太師致仕居闕下期歲高祖每召賜飲宴待之與羣臣無間一日從容上奏願就河陽私邸以便頤養高祖許之延光攜妻子輦奇貨從焉每過郡邑多爲關吏所糺時楊光遠居守洛下兼領孟懷既利其財復漸測朝廷密旨遂奏云延光國之奸臣若不羈縻必北走胡南入吳請召令西都居止高祖允之光遠使其子承勳以兵還其第逼令自裁延光曰明天子在上賜金書許我不死爾之父子何得脅制如此明旦則以白刃驅之令上馬之浮橋排于水中光遠紿奏云延光投河自溺而死水運軍使曹千獲其屍郡東繆家灘高祖聞之輟朝二日詔許歸葬于鄴仍贈太師（案歐陽史云歸葬相州已葬墓輒崩破其棺槨頭顱皆碎）延光初爲近臣及領重鎭禮賢接士動皆由禮故甚獲當時之譽洎鎭常山日以部將梁漢唐獲王都名馬入罪而取之在魏

州日齊州防禦使秘瓊獲董溫琪珠金妓妾及經其境害而奪之物議由是減之及懼罪以謀叛復忍恥以偷生不能引決遂至强死何非天之甚也（永樂大典卷一萬六千五百一十七）

張從賓未詳何許人也始事唐莊宗爲小校從戰有功唐天成中自捧聖指揮使領澄州刺史遷左右羽林都校從藥彥稠討楊彥温于河中平之長興中領壽州忠正軍節度使加檢校太保侍衛步軍都指揮使從賓素便佞每進言明宗多納之有供奉官丁延徽者性貪狡時奉詔監廩以犯贓下獄權貴多爲救解明宗怒不許

從賓因奏他事言及延徽明宗曰非但爾言蘇秦說予亦不得也延徽竟就戮長興末從賓出鎮靈武加檢校太傅高祖卽位受代入覲會駕東幸留從賓警巡洛下一日逢留司御史於天津橋從兵百人不分路而過排御史于水中從賓給奏其酒醉其兇傲如此及范延光據鄴城叛詔從賓爲副部署使從楊光遠同討延光會延光使人誘從賓從賓時在河陽乃起兵以應之先害皇子重信及入洛又害皇子重乂取內庫金帛以給部伍因東據氾水關且欲觀望軍埶高祖命杜重威侯益分兵討之從賓大敗乘馬入河溺水而死焉（永樂大典卷六千三百五十一）

張延播者汝陽人也始爲郡之牙將唐同光初明宗下其城因隸收左右天成中累授檢校司空兩河發運營田使柳州刺史長興元年出牧蔡州加檢校司徒入爲左領軍衛大將軍充客省使伐蜀之役命爲馬軍都監三年遷鳳州防禦使西面水路轉運使高祖卽位除東都副留守車駕幸汴遣兼洛京巡檢使張從賓作亂命延播知河南府事從賓敗伏誅（永樂大典卷六千三百五十一）

楊光遠小字阿檀及長止名檀唐天成中以明宗改御名亶以偏傍字犯之始改名光遠字德明其先沙陀部人也父阿噔啜後改名瑊事唐武皇爲隊長光遠事莊宗爲騎將唐天祐中莊宗遣振武節度使周德威討劉守光於幽州因令光遠隸於德威麾下後與德威拒契丹於新州一軍以深入致敗傷其臂遂廢罷於家莊宗卽位思其戰功命爲幽州馬步軍使指揮使檢校尚書右僕射戍瓦橋關久之明宗朝歷嬀瀛易冀四州刺史光遠雖不識字然有口辯通於吏理在郡有政聲明宗頗重之長興中契丹有中山之敗生禽其將李和等數十人送於闕下其後契丹旣通和遣使乞歸之明宗與大臣謀議特放還蕃一日召光遠於便殿言其事光遠

曰李和等北土之善戰者彼失之如喪手足又在此累年備諳中國事若放還非便明宗曰蕃人重盟誓旣通歡好必不相負光遠曰臣恐後悔不及也明宗遂止深嘉其抗直後自振武節度使移鎮中山累加檢校太傅將兵戍蔚州高祖舉義于太原唐末帝遣光遠與張敬達屯兵於城中俄而契丹大至爲其所敗圍其寨久之軍中糧盡光遠乃與次將安審琦等殺敬達擁衆歸命從高祖入洛加檢校太尉充宣武軍節度使同平章事判六軍諸衛事是時光遠每對高祖常悒然不樂高祖慮有不足密遣近臣訊之光遠附奏曰臣貴爲將相非

有不足徂以張生鐵死得其所臣弗如也衷心內愧是以不樂生鐵蓋敬達之小字也高祖聞其言以光遠爲忠純之最者也其實光遠故爲其言以邀高祖之重信也明年范延光據鄴城叛高祖命光遠率師討之濟河會滑州軍亂時軍衆欲推光遠爲主光遠曰自古有折臂天子乎且天子豈公輩販弄之物晉陽之降乃勢所窮廹今若爲之直反賊也由是其下惕然無復言者高祖聞之尤加寵重光遠旣圍延光尋授魏博行府節度使兵柄在手以爲高祖懼已稍干預朝政或抗有所奏高祖亦曲從之復下詔以其子承祚尚長安公主次子

承信皆授美官恩渥殊等爲當時之冠桑維翰爲樞密使往往彈射其事光遠心銜之及延光降光遠入朝面奏維翰擅權高祖以光遠方有功于國乃出維翰鎭相州光遠爲西京留守兼鎭河陽因罷其兵權光遠由此怨望潛貯異志多以珍玩奉契丹訴已之屈又私養部曲千餘人撓法犯禁河洛之人恒如備盜尋册拜太尉兼中書令時范延光致仕輦囊裝妓妾居於河陽光遠利其奇貨且慮爲子孫之讎因奏延光不家汴洛出舍外藩非南走淮夷則北走契丹宜早除之高祖以許之不死鐵劵存焉持疑未允光遠乃遣子承勳以甲士圍其第逼令自裁延光曰天子在上安得如此乃遣使者乞移居洛下行及河橋擠於流而溺殺之矯奏云延光自投河朝廷以適會其意弗之理後踰歲入覲高祖爲置曲宴教坊伶人以光遠暴斂重賦因陳戲譏之光遠殊無慙色高祖謂光遠曰元城之役卿左右皆立功未曾旌賞今各與一郡俾蹔任以榮之因命爲刺史者凡數人時王建立自青州移鎭上黨乃以光遠爲平盧軍節度使封東平王光遠面奏請與長子同行尋授承勳萊州防禦使及赴任僕從妓妾至千餘騎滿盈僭侈爲方岳之最下車之後唯以刻剝爲事少帝嗣位册拜太

師封壽王（宋史馬仁鎬傳晉天福中青州楊光遠將圖不軌以仁鎬爲節度副使伺其動靜歷二年或譖仁鎬于朝改護國軍行軍司馬仁鎬至河中數月光遠反書聞）後因景延廣上言請取光遠麾下所借官馬三百疋光遠怒曰此馬先帝賜我何以復取是疑我也遂遣人潛召次子承祚自單州奔歸朝廷乃就除淄州刺史以從其便光遠益驕因此搆契丹述少帝違好之短且言大饑之後國用空虛此時一舉可以平定開運元年正月契丹南牧陷我博陵少帝幸澶淵三月契丹退命李守貞符彥卿率師東討光遠素無兵衆唯嬰城自守守貞以長連城圍之冬十一月承勳與弟承信承祚見城中人民相食將盡知事

不濟勸光遠乞降冀免於赤族光遠不納曰我在代北時嘗以紙錢駝馬祭天池皆沉沒人言合有天子分宜且待時勿輕言降也承勳慮禍在旦夕與諸弟同謀殺節度判官丘濤親校杜延壽楊贍白延祚等梟其級首遣承祚送於守貞因縱火大譟刼其父幽于私第以城納款遣郎墨縣令王德柔頁表待罪光遠亦上章自首少帝以頃歲太原歸命欲曲全之執政曰豈有逆狀滔天而赦之也乃命守貞便宜處置守貞遣人拉殺之以病卒聞歐陽史守貞遣客省副使何延祚殺之于其家漢高祖即位詔贈尚書令追封齊王仍令立碑未幾其碑石無故自折可知其陰責也永樂大典卷六千五十二五代史補楊光遠滅范延光之後朝廷以其功高授青州節度封東平王奄有登萊沂密數郡既而自負強盛舉兵反朝廷以宋州節度李守貞嘗與光遠有隙乃命李討之李受詔欣然志在必取莫不身先矢石光遠見而懼之度不能禦遂降初光遠反書至中外大震時百官起居次忽有朝士揚言于衆曰楊光遠欲謀大事吾不信也光遠素患禿瘡其妻又跛自古豈有禿頭天子跛脚皇后耶於是人心頓安未幾果光遠果降

承勳光遠之長子也始名承貴避少帝改名焉以父蔭歷光濮州刺史光遠兼鎮河陽命制置三城事光遠移鎮青州授萊州防禦使在郡亦頗理當憤父側之奸黨欲殺之每省父父爲匿焉及光遠搆釁嬰城以叛承勳赴之敵退爲王師所圍踰歲糧盡與其弟承祚背父之

命出降王師朝廷授汝州防禦使尋改鄭州宋史楊承信傳光遠死承信與弟承祚詣闕請死詔釋之以承信爲右羽林將軍承祚爲右驍衛將軍放歸服喪私第尋安置鄭州及戎王入汴遣騎士自圍田召至責其害父背已使鬻其肉而殺之以其弟承信爲青州節度使永樂大典卷六千五十二

盧文進案遼史文進字大用范陽人也身長七尺飲啖過人望之偉如也少事劉守光爲騎將唐莊宗攻燕以文進首降遙授壽州刺史初莊宗得山後八軍以愛弟存矩爲新州團練使以總領之莊宗與劉鄩對壘於莘縣命存矩於山後召募勁兵又令山北居民出戰馬器仗每鬻牛十頭易馬一匹人心怨咨時存矩團結五百騎令文進將之與存矩俱行至祁溝關軍士聚謀曰我輩邊人棄父母妻子爲他血戰千里送死固不能也衆曰擁盧將軍却還新州據城自守奈我何因大呼揮戈趨傳舍害存矩于榻下文進撫膺曰奴輩累我矣因環尸而泣曰奴輩既害郎君我何面目見王案遼史存矩娶文進女爲側室文進心常內愧因與亂軍殺存矩與薛史異因爲亂軍所擁反攻新州不克馬令南唐書文進攻新州不克夜走墜塹一躍而出明日視之乃郡之黑龍潭也絕岸數丈深不可測又嘗有大蛇徑至座間引首及膝文進取食飼之而去由是自負又攻武州又不利周德威命將追討文進遂奔契丹僞命爲幽州兵馬留後部分漢軍常別爲營寨未幾文進引契丹寇新州自是戎師歲至驅

據數州士女教其織紝工作中國所爲者悉備契丹所以强盛者得文進之故也案遼史云文進引契丹軍攻新州刺史安金全不能守棄城去周德威援之進攻新州契丹衆數萬德威不勝大敗奔歸文進與契丹進攻幽州且二百日城中危困晉王親將兵救之方始解去契丹以文進爲幽州節度使又以爲盧龍節度使與薛史所載官階微異同光之世爲患尤深文進在平州率奚族勁騎鳥擊獸搏倏來忽往燕趙諸州荆榛滿目軍屯涿州每歲運糧自瓦橋至幽州勁兵猛將援遞糧車然猶爲寇所鈔奔命不暇皆文進導之也及明宗卽位之明年文進自平州率所部十餘萬衆來奔行及幽州先遣使上表曰頃以新州團練使李存矩提衡搴邑掌握恩威虐黎庶則毒甚

於豺狼聚賦斂則貪盈於溝壑人不堪命士各離心臣卽抛父母之邦入朔漠之地幾年鴈塞徒向日以傾心一望家山每銷魂而斷目李子卿之河畔空有怨辭石季倫之樂中莫陳歸引近聞皇帝陛下皇天眷命淸明在躬握紀乘乾鼎新革故始知大幸有路朝宗便貯歸心祗伺良會臣十月十日決計殺在城契丹取十一日離州押七八千車乘領十五萬生靈十四日已達幽州云洎至洛陽明宗寵待彌厚授滑州節度使檢校太尉歲餘移鎭鄧州累加同平章事入爲上將軍長興中復出鎭潞州擒奸擿隱甚獲當時之譽淸泰中改安州節度使及高祖卽位與契丹敦好文進以嘗背契丹居不自安馬令南唐書文進居數鎭頗有善政兵民愛之其將行也從騎至營中別其裨將李藏機告以避契丹之意將士皆拜爲訣天福元年十二月乃殺行軍司馬馮知兆節度副使杜重貴等率其部衆渡淮奔于金陵李昪待之尤重馬令南唐書云烈祖以文進爲天雄統軍僞命爲宣州節度使後卒于江南永樂大典卷二千二百十二　案金陵志文進自潤州召還以左衞上將軍兼中書令范陽郡王奉朝請

李金全本唐明宗之小豎也其先出於吐谷渾金全驍勇善騎射少從明宗征伐以力戰有功明宗卽位連典大郡天成中授涇州節度使在鎭數年以掊斂爲務長

興中受代歸闕始進馬數十匹不數日又進之明宗召而謂之曰卿患馬多耶何進貢之數也又謂曰卿在涇州日爲理如何無乃以馬爲事否金全慙謝而退案歐陽史從鎭橫海久之罷爲右衞上將軍四年夏授滄州節度使累官至檢校太傅淸泰中罷鎭歸闕久留于京師高祖卽位之明年安州屯將王暉殺節度使周瓌詔遣金全以騎兵千人鎭撫其地未及境暉爲部下所殺金全至亂軍數百人皆不自安金全說遣赴闕密伏兵於野盡殺之又擒其軍校武彦和等數十人斬之案歐陽史作武克和通鑑彦和且死呼曰王暉首惡天子猶赦之我輩脅從何罪乎初金全之將行也高祖戒之曰王暉

之亂罪莫大焉但慮封守不寧則民受其弊因折矢飛詔約以不戮一人仍許以暉爲唐州刺史又謂金全曰卿之此行無失吾信及金全至聞彦和等當爲亂之日刼掠郡城所獲財貨悉在其第遂殺而奪之高祖聞之以姑息金全故不究其事尋授以旄節金全有親吏胡漢筠者（案歐陽史作胡漢榮）勇譎嗇褊貪詐殘忍軍府之政一以委之高祖聞其事遣吏賈仁沼往代其職且召漢筠漢筠內疚惶怖金全乃列狀稱疾以聞及仁沼至漢筠鴆而殺之（馬令南唐書胡漢榮所爲多不法晉高祖患之不欲因漢榮以累功臣爲選廉吏賈仁沼代之且召漢榮漢榮教金全留已而不遣金全客龐令圖諫曰仁沼昔事王晏球有大功晏球欲厚賞之仁沼退而不言此天下之忠臣也及頒賜所俘物仁沼悉以分故人親戚之貧者此天下之廉士也宜納仁沼而遣漢榮漢榮聞之夜使人殺令圖而鴆仁沼）天福五年夏高祖命馬全節爲安州節度使以代金全漢筠自以昔嘗拒命復聞仁沼二子將訴寃毒之事居不自安乃紿謂金全曰邸吏劉珂使健步倍道兼行客傳其意云受代之後朝廷將以仁沼之事詰公之罪金全大駭命從事張緯函表送款於淮夷淮人遣僞將李承裕以代金全金全卽日南竄其妓樂車馬珍奇帑藏皆爲承裕所奪與其黨數百人束身夜出曉至汉川引領北望泣下而去及至金陵李昪授以節鎭（馬令南唐書云烈祖以金全爲天威統軍遷潤州節度使）後卒于江南（永樂大典卷一萬三百九十）

史臣曰延光昔爲唐臣緯有令譽洎逢晉祚顯恣狂謀洎力屈以來降尚靦顏而惜死孟津之殁乃取笑于千載也從賓而下俱怙亂以滅身亦何足與議也文進權强敵之威金全爲輿臺所賣事雖弗類叛則攸同咸附島夷皆可醜也（永樂大典卷一萬三百九十）

舊五代史卷九十七終

舊五代史卷九十七攷證

晉列傳十二范延光傳改封高平郡王　案歐陽史作

東平郡王

延光謂門人李式曰　歐陽史作謀于副使李式

楊光遠傳唐天成中以明宗改御名爲亶以偏傍字犯

之始改光遠　案是書唐紀淸泰二年楊檀始改名

光遠非天成中卽改名也

光遠入朝面奏維翰擅權高祖以光遠方有功于國乃

出維翰鎭相州光遠爲西京留守　案通鑑攷異云

晉高祖實錄天福三年壬辰維翰岦罷樞密使庚子

光遠始入朝對于便殿十一月戊申光遠爲西京留

守天福四年閏七月壬申維翰出爲相州節度使與

此傳先後互異

其碑石無故自折　案歐陽史作碑石既立天大雷電

擊折之

盧文進傳文進字國用　案遼史太祖紀神册元年晉

幽州節度盧國用來降二年晉新州裨將盧文進殺

節度使李文矩來降則國用與文進顯係二人然天

顯元年又書盧龍軍節度使盧國用叛奔于唐卽文

進歸唐之事也疑文進入遼以後遂以字行修遼史

者雜采諸書誤作兩人耳

行軍司馬馮知兆　馮知兆南唐書作姚知兆歐陽史

與是書同

李金全傳軍校武彥和　案歐陽史南唐書俱作武克

和通鑑從是書

親吏胡漢筠　胡漢筠歐陽史及南唐書俱作胡漢榮

通鑑從是書

遣使賈仁紹　案仁紹通鑑作仁沼攷異云薛史作仁

紹今從實錄歐陽史南唐書與通鑑同

扎拉舊作則刺今改

舊五代史卷九十七攷證

舊五代史卷九十八

宋司空同中書門下平章事薛居正等撰

列傳第十三　晉書二十四

安重榮朔州人祖從義利州刺史父全勝州刺史振武蕃漢馬步軍都指揮使重榮有膂力善騎射唐長興中爲振武道廵邊指揮使犯罪下獄時高行周爲帥欲殺之其母赴闕申告樞密使安重誨陰護之奏于明宗有詔釋焉張敬達之圍晉陽也高祖聞重榮在代北使人誘之重榮乃召邊士得千騎赴焉高祖大喜誓以土地及卽位授成德軍節度使累加至使相自梁唐以來藩

侯郡牧多以勲授不明治道例爲左右羣小惑亂賣官鬻獄割剝蒸民率有貪猥之名其實賄賂半歸于下惟重榮自能鈎距凡有爭訟多廷辯之至于倉庫耗利百姓科徭悉入于已諸司不敢窺覬嘗有夫婦共訟其子不孝者重榮面加詰責抽劍令自殺之其父泣曰不忍也其母詬詈仗劍逐之重榮疑而問之乃其繼母也因叱出自後射之一箭而斃聞者莫不快意由此境內以爲强明大得民情重榮起于軍伍暴獲富貴復覩累朝自節鎮遽升大位每謂人曰天子兵强馬壯者當爲之寧有種耶又以奏請過當爲權臣所否心常憤憤遂畜聚亡命收市戰馬有飛揚跋扈之志（通鑑帝之遣重榮伐秘瓊也戒之曰瓊不受代當別除汝一鎭勿以力取恐爲忠滋深重榮由是以帝爲怯謂人曰秘瓊匹夫耳天子尙畏之況我以將相之重士民之衆乎）嘗因暴怒殺部校賈章以謀叛聞章有女一人時欲捨之女曰我家三十口繼經兵亂死者二十八口今父就刑存此身何爲再三請死亦殺之鎭人由是惡重榮之酷而嘉賈女之烈焉天福中朝廷姑息契丹務安邊塞重榮每見蕃使必以箕踞慢駡會有美稜（舊作梅里今改正）數十騎由其境內交言不遜因盡殺之契丹主大怒責讓朝廷朝廷隱忍未卽加罪重榮乃密搆吐渾等諸族以爲援助上表論之其畧曰臣昨據熟吐渾

節度使白承福赫連公德等各領本部三萬餘帳自應州地界奔歸王化續準生吐渾并渾契苾西突厥三部落南北將沙陀安慶九府等各領部族老小并牛羊車帳甲馬七八路慕化歸奔俱至五臺及當府地界已來安泊累據告勞具說被契丹殘害平取生口率畧羊馬凌害至甚又自今年二月後來須令點檢强壯置辦人馬衣甲告報上秋向南行營諸蕃部等寔恐上天不祐殺敗後隨例不存家族所以預先歸順兼隨府族各量點檢强壯人馬約十萬衆又準沿河黨項及山前山後逸利越利諸族部落等首領幷差人各將契丹所授官

告職牒旗號來送納例皆號泣告勞稱被契丹凌虐憤
惋不已情願點集甲馬會合殺戮續又朔州節度副使
趙崇與本城將校殺僞節度使劉山尋已安撫軍城乞
歸朝廷臣相次具奏聞昨奉宣頭及累傳聖旨令臣凡
有往復契丹更須承奉當候彼生頭角不欲自起釁端
貴守初終不愆信誓仰認睿旨深惟匿瑕其如天道人
心至務勝殘去虐須知機不可失時不再來竊以諸蕃
不招呼而自至朔郡不攻伐以自歸蓋係人情盡由天
意更念諸陷蕃節度使等本自勳勞早居富貴沒身邊
塞遭酷虐以異常企足朝廷冀傾輸而不已如聞傳檄

盡願倒戈如臣者雖是愚蒙粗知可否不思忌諱罄寫
丹衷細具敷陳冀申萬一其表數千言大抵指斥高祖
稱臣奉表罄中國珍異貢獻契丹凌虐漢人竟無厭足
又以此意爲書遺諸朝貴及藩鎭諸侯高祖憂其變也
遂幸鄴都以詔諭之凡有十焉其畧曰爾身爲大臣家
有老母忿不思難棄君與親吾因契丹而興基業爾因
吾而致富貴吾不敢忘爾可忘耶且前代和親只爲安
邊今吾以天下臣之爾欲以一鎭抗之大小不等無自
辱焉重榮愈恣縱不悛雖有此奏亦密令人與契丹幽
州帥劉晞結託蓋重榮有內顧之心契丹幸我多事復

欲侵吞中國契丹之怒重榮亦非本志也時重榮嘗與
北來蕃使並轡而行指飛鳥射之應弦而落觀者萬衆
無不快抃蕃使因輟所乘馬以慶之由是名振北方自
謂天下可以一箭而定也又重榮素與襄州安從進連
結及聞從進將議起兵其奸謀乃決天福六年冬大集
境內饑民衆至數萬揚旌向闕聲言入覲朝廷遣杜重
威帥師禦之遇于宗城軍纔成列有賊將趙彥之臨陣
捲旗來奔重榮方戰聞彥之背已大恐退於輜重中王
師因而擊之一鼓而潰重榮與十餘騎北走其下部衆
屬嚴冬寒冽殺戮及凍死者二萬餘人重榮至鎭取牛

馬革旋爲甲使郡人分守夾城以待王師（宋史解暉傳安重榮反鎭州因舉兵向闕至宗城晉師逆戰大破之暉募軍中壯士百餘人夜擣賊壘殺獲甚衆暉頰中流矢而督戰自若顏色不撓以功遷列校）杜重威至有部將自西郭水門引官軍入
焉殺守陴百姓萬餘人重威尋害導者自收其功重榮
擁吐渾數百匿於牙城重威使人襲而得之斬首以進
高祖御樓閱其俘馘宣露布訖遣漆其頭顱函送契丹
（永樂大典卷一萬八千一百三十二　五代史補安重榮出鎭常懷不軌之計久矣但未發居無何廐中產朱鬃白馬黑鴉生五色雛以爲鳳乃欣然謂天命在已遂舉兵反指揮令取宗嶺路以向闕時父老聞之往往竊議曰事不諧矣且王姓安氏日鞍得背而穩何不取路貝州若由宗嶺是安及于鬃得無危乎未幾與王師先鋒遇一戰而敗）

安從進案歐陽史從進其先索葛部人也初事莊宗爲護駕馬軍都指揮使領貴州刺史明宗時爲保義彰武軍節度使愍帝即位從領順化清泰中徙鎮山南東道晉高祖即位加同中書門下平章事天福六年高祖幸鄴討安重榮少帝以鄴王留守京師時和凝請于高祖曰陛下北征臣料安從進必反何以制之高祖曰卿意將奈何凝曰臣聞之兵法先人者奪人願陛下爲空名宣勅十通授鄭王有急則命將往從進聞高祖往北遂反少帝以空名授李建崇郭金海討之從進引兵攻鄧州不克進至湖陽遇建崇等大駭以爲神速復爲野火所燒遂大敗從進自焚永樂大典卷二萬四百七十案薛史安從進傳殘闕所存一條與歐陽史大畧相同

張彥澤其先出於突厥後爲太原人也祖父世爲陰山府裨將彥澤少有勇力目睛黃而夜有光色顧視若鷙獸焉以騎射事後唐莊宗明宗以從戰有功繼領郡守高祖即位擢爲曹州刺史從楊光遠圍范延光于鄴以功授華州節度使尋移鎮涇州累官至檢校太保有從事張式者以宗人之分受其知遇時彥澤有子爲內職素不叶父意數行笞撻懼其楚毒逃竄外地齊州捕送到闕敕旨釋罪放歸父所彥澤上章請行朝典式以有傷名教屢諫止之彥澤怒引弓欲射之式僅而獲免尋令人逐式出衙式自爲賓從彥澤委以庶務左右羣小惡之久矣因此譏搆互來廹脅云書記若不便出斷定必遭屠害式乃告病尋醫攜其妻子將奔衍州彥澤遣指揮使李興領二十騎追之戒曰張式如不從命即斬取頭來式懇告刺史遂差人援送到汾州節度使李周驛騎以聞朝廷以姑息彥澤之故有敕流式於商州彥澤遣行軍司馬鄭元昭詣闕論請面奏云彥澤若不得張式恐致不測高祖不得已而從之既至決口割心斷手足而死之式父鐸詣闕訴寃朝廷命王周代之周至任奏彥澤在郡惡跡二十六條逃散五千餘戶彥澤既赴闕刑法官李濤等上章請理其罪高祖下制止令削

奪一階一爵而已時以爲失刑少帝即位桑維翰復舉之尋出鎮安陽既至折節于士大夫境內稱理旋命領軍北屯恆定時易州地孤漕運不繼制令邢魏相衛飛輓以輸之百姓荷擔纍纍於路彥澤每援之以行見羸困者使其部眾代而助之洎至北邊不令百姓深入即遣騎士以馬負糧而去往來既速且無邀奪之患聞者嘉之陽城之戰彥澤之功出於諸將之右其後與敵接戰頻獻捷於闕下咸謂其感高祖不殺之恩補昔年之過也開運三年冬契丹既南牧杜重威兵次瀛州彥澤爲契丹所啖啗已變矣乃通款于戎王請爲前導因促

騎說重威引軍沿滹沱西援常山旣而與重威通謀及王師降於中渡契丹主遣彥澤統二千騎趨京師以制少帝且示公卿兆民以存撫之意彥澤以是歲十二月十六日夜自封丘門斬關而入以兵圍宮城翌日遷帝於開封府舍凡內帑奇貨悉輦歸私邸仍縱軍大掠兩日方止（東都事畧李處耘傳云居京師遇張彥澤之時暴處耘善射獨當里門殺數十人里中賴之）桑維翰爲開封尹彥澤召至麾下待之不以禮維翰責曰去年拔公于罪人之中復領大鎭授以兵權何負恩一至此耶彥澤無以對是夜殺維翰盡取其家財彥澤自謂有功于契丹晝夜以酒樂自娛當在京巡檢之時

出入騎從常數百人旗幟之上題曰赤心爲主觀者無不竊笑又所居第財貨山積楚國夫人丁氏卽少帝弟曹州節度使延煦之母也有容色彥澤使人取之太后遲廻未與彥澤立遣人載之而去其負國欺君也如是數日之內恣行殺害或軍士擒獲罪人至前彥澤不問所犯但瞋目出一手豎三指而已軍士承其意卽出外斷其要領焉彥澤與僞閤門使高勳不協因乘醉至其門害其仲父季弟暴屍于門外及契丹帳泊於北郊勳訴寃于戎王時戎王已怒彥澤剽掠京城遂令鎖之仍以彥澤罪惡宣示百官及京城士庶且云彥澤之罪合

誅與否百官連狀具言罪在不赦市肆百姓亦爭投狀疏彥澤之罪戎王知其衆怒遂令棄市仍令高勳監決斷腕出鎖然後刑之勳使人剖其心以祭死者市人爭其肉而食之（永樂大典卷六千三百五十　五代史補李濤常忿張彥澤殺邠州幕吏張式而取其妻濤率同列上疏請誅彥澤以謝西土高祖方姑息武夫竟不從未幾契丹南侵至中渡橋彥澤首降戎主喜命以本軍統蕃部控弦之士先入京師彥澤自以功不世出乃挾宿憾殺開封尹桑維翰濤聞之謂親知曰吾曾上疏請誅彥澤今國家失守彥澤所爲如此吾之首領庸可保乎然無可奈何誰能伏藏溝瀆而取辱耶於是自寫門狀求見彥澤其狀云上疏請殺太尉人李濤謹隨狀納命彥澤覽之欣然降階迎之然濤猶未安復曰太尉果然相恕乎彥澤曰覽公門狀見納命二字使人怒氣頓息又何憂哉濤素滑稽知其必免又戲爲伶人詞曰太尉旣相恕何不將壓驚綃來彥澤大笑卒善待之）

趙德鈞本名行實幽州人也少以騎射事滄州連帥劉守文守文爲弟守光所害遂事守光署爲幽州軍校及唐莊宗伐幽州德鈞知其必敗乃遁歸莊宗莊宗善待之賜姓名曰紹斌累歷郡守從平梁遷滄州節度使同光三年移鎭幽州明宗卽位遂歸本姓始改名德鈞其子延壽尙明宗女興平公主故德鈞尤承倚重天成中定州王都反契丹遣特哩袞（舊作惕隱今改正）領精騎五千來援都至唐河爲招討使王晏球所敗會霖雨相繼所在泥濘敗兵北走人馬饑疲德鈞於要路邀之盡獲餘衆擒特哩袞已下首領數十人獻於京師明年王都平加

兼侍中頃之加東北面招討使德鈞奏發河北數鎮丁夫開王馬口至游口以通水運凡二百里又於閻溝築壘以戍兵守之因名良鄉縣以備鈔寇又於幽州東築三河城北接薊州頗爲形勝之要部民由是稍得樵牧德鈞鎮幽州凡十餘年甚有善政累官至檢校太師兼中書令封北平王（遼史天贊六年遣人以詔賜盧龍軍節度使趙德鈞七年趙德鈞遣人進時果蓋德鈞久在邊境嘗與契丹通好也）清泰三年夏晉高祖起義于晉陽九月契丹敗張敬達之軍於太原城下唐末帝詔德鈞以本軍由飛狐路出賊後邀之時德鈞子延壽爲樞密使唐末帝命帥軍屯上黨德鈞乃以所部銀鞍契丹直

三千騎至鎮州率節度使華温琪同赴征行自吳兒峪路趨昭義與延壽會于西唐店十一月以德鈞爲諸道行營都統以延壽爲太原南面招討使遣端明殿學士呂琦齎賜官告兼令犒軍琦從容言天子委任之意德鈞曰既以兵相委焉敢惜死時范延光領兵二萬軍於遼州德鈞欲併其軍奏請與延光會合唐末帝諭延光疑其姦謀不從德鈞延壽自潞州引軍至團栢谷德鈞累奏乞授延壽鎮州節度末帝不悅謂左右曰趙德鈞父子堅要鎮州苟能逐退蕃戎要代予位亦所甘心若翫寇要君但恐犬兔俱斃朝廷繼馳書詔促令進軍德

鈞持疑不果乃遣使於契丹厚齎金幣求立以爲帝仍許晉祖長鎮太原契丹主不之許及楊光遠以晉安寨降於契丹德鈞父子自團栢谷南走潞州一行兵士投戈棄甲自相騰踐死者萬計時德鈞有愛將時賽率輕騎東還漁陽其部曲倘千餘人與散亡之卒俱集於潞州是日潞州節度使高行周亦自北還及至府門見德鈞父子在城闉上行周謂曰某與大王鄉人宜以忠言相告城中無斗粟可食請大王速迎車駕自圖安計無取後悔焉德鈞遂與延壽出降契丹高祖至德鈞父子迎謁于馬前高祖不禮之時契丹主問德鈞曰汝在幽

州日所置銀鞍契丹直何在德鈞指示之契丹盡殺于潞之西郊遂鏁德鈞父子入蕃及見國母舒嚕（舊作述律今改）氏盡以一行財寶及幽州田宅籍而獻之國母謂之曰汝父子自覓天子何耶德鈞俛首不能對（通鑑太后問曰汝近者何爲在太原德鈞曰奉唐主之命太后曰汝從吾兒求爲天子何妄語耶又自指其心曰此不可欺也又曰吾兒將行吾戒之云趙大王若引兵北向榆關亟須引歸太原不可救也汝欲爲天子何不先擊退吾兒徐圖亦未晚汝爲人臣既負其主不能擊敵又欲乘亂邀利所爲如此復面目求生乎德鈞俛首不能對）又問田宅何在曰俱在幽州國母曰屬我矣又何獻也至天福二年夏德鈞卒於契丹（永樂大典卷一萬八千一百三十　契丹國志德鈞鬱鬱不多食踰年而死德鈞既卒國主釋延壽而用之）

延壽本姓劉氏父曰邟常山人也常任蓨令梁開平初滄州節度使劉守文陷其邑時德鈞爲偏將獲延壽并其母种氏遂養之爲子延壽姿貌妍柔稍涉書史尤好賓客亦能詩太平廣記引趙延壽傳云延壽幼習武略即戎之暇時復以篇什爲意嘗在北庭賦詩曰占得高原肥草地夜深生火拆林稍南人聞者傳之及長尚明宗女興平公主初爲汴州司馬明宗即位授汝州刺史歷河陽宋州節度使入爲上將軍充宣徽使遷樞密使兼鎮徐州及高祖起義於晉陽唐末帝幸懷州委延壽北伐後高祖至潞州延壽與父德鈞俱陷北庭未幾契丹主以延壽爲幽州節度使封燕王尋爲樞密使兼政事令天福末契

丹既與少帝絕好契丹主委延壽以圖南之事許以中原帝之延壽乃導誘蕃戎蠶食河朔晉軍既降於中渡戎王命延壽就寨安撫諸軍仍賜龍鳳赭袍使衣之而往謂之曰漢兒兵士皆爾有之爾宜親自慰撫延壽至營杜重威李守貞已下皆迎謁於馬前及戎王入汴時南北降軍數萬皆野次於陳橋戎王慮其有變欲盡殺之延壽聞之遽請見於戎王曰臣伏見今日已前皇帝百戰千征始收得晉國不知皇帝自要治之乎爲他人取之乎戎王變色曰爾何言之過也朕以晉人負義舉國南征五年相殺方得中原豈不自要爲主而爲他人耶卿有何說速奏朕來延壽曰皇帝嘗知吳蜀與晉朝相殺否曰知延壽曰今中原南自安申西及秦鳳沿邊數千里並是西界守戍之所將來皇帝歸國時又漸及炎蒸若吳蜀二寇交侵中國未知如許大世界教甚兵馬禦捍苟失隄防豈非爲他人取也戎王曰我勿知也爲之奈何延壽曰臣知上國之兵當炎暑之時沿吳蜀之境難爲用也未若以陳橋所聚降軍團併別作軍額以備邊防戎王曰我念在壺關失斷陽城時亦曾言議未獲區分致五年相殺此時入手如何更不剪除延壽曰晉軍見在之數如今還似從前盡在河南誠爲不可臣請遷其軍并其家口於鎮定雲朔間以處之每歲差

伊分番於河外沿邊防戍斯上策也戎王忻然曰一取大王商量由是陳橋之衆獲免長平之禍焉延壽在汴久之知戎王無踐言之意乃遣李崧達語於戎王求立以爲太子崧不得已而言之戎王曰我於燕王無所愛惜但我皮肉堪與燕王使用亦可割也何況他事我聞皇太子天子之子合作燕王豈得爲之也因命與燕王加恩時北來翰林學士承旨張礪擬延壽爲中京留守大丞相錄尚書事都督中外諸軍事樞密使燕王如故戎王覽擬狀索筆圍却錄尚書事都督中外諸軍事之

字乃付翰林院草制焉又以其子匡贊為河中節度使延壽在汴州復娶明宗小女為繼室先是延州節度使周密為其子廣娶焉已納財畢親迎有日矣至是延壽奪取之契丹主自汴迴至邢州命升延壽坐在契丹左右相之上契丹主死延壽下教於諸道稱權知南朝軍國事是歲六月一日為永康王鄂約（舊作兀欲今改正）所鎖籍其家財分給諸部壽以延壽入國竟卒於契丹（案遼史世宗紀天祿二年十月壬午南京留守魏王趙延壽薨薛史漢高祖紀天福十二年起復其子贊蓋傳聞之誤）匡贊歷漢周兩朝累授節鎮及統軍使仕皇朝歷廬延邠鄜等四鎮焉（永樂大典卷一萬六千九百九十一）

張礪字夢臣幼嗜學有文藻唐同光初擢進士第尋拜左拾遺直史館會郭崇韜伐蜀奏請礪掌軍書蜀平崇韜為魏王繼岌所誅時崇韜左右親信皆懼禍奔逃惟礪詣魏王府第慟哭久之時人服其高義（永樂大典卷一萬二千九百十三）天成初明宗知其名授翰林學士用丁父母憂服闋皆復入為學士歷禮部兵部員外郎知制誥充職未幾父之妾卒初妾在世礪以久侍先人頗亦敬奉諸幼子亦以祖母呼之及卒礪疑其事詢於同僚未有以對礪即托故歸於滏陽閑居三年不行其服論情制宜識者韙之（永樂大典卷一萬七百九十八）（案以下有闕文）礪為戎王翰林學士

開運末與契丹居南松之丙軒轡交織多纖燭接洽無厭倦色因密言曰此人用法如此豈能久處京師及北去道路有觴酒豆肉必遺故客屬續之日囊裹惟酒食器皿而已識者無不高之（冊府元龜卷七百九十六）

張礪字夢臣磁州滏陽人也祖慶父寶世為農礪幼嗜學有文藻在布衣時或覩民間爭競必為親詣公府辨其曲直其負氣也如此唐同光初擢進士第尋拜左拾遺直史館會郭崇韜伐蜀奏請礪掌軍書蜀平崇韜為魏王繼岌所誅時崇韜左右親信皆懼禍奔逃惟礪詣魏王府第慟哭久之時人皆服其高義

及魏王班師礪從副招討使任圜東歸至利州會康延孝叛迴據漢州圜奉魏王命廻軍西討延孝時礪獻謀于圜請伏精兵于後先以羸師誘之圜深以為然延孝本驍將也任圜乃儒生也延孝聞圜至又覩其羸師殊不介意及戰酣圜發精兵以擊之延孝果敗遂擒之以歸是歲四月五日至鳳翔內官向延嗣奉莊宗命令誅延孝監軍李延襲已聞洛中有變故留延孝且害任圜之功故也圜未決礪謂圜曰此賊構亂遂致凱旋差晚且明公血戰擒賊安得違詔養禍是破檻放虎自貽其咎也公若不决余自殺此賊

任圜不得已遂誅延孝天成初明宗知其名召爲翰林學士再丁父母憂服闋皆復入爲學士歷禮部兵部員外郎知制誥充職未幾父之妾卒初妾在世礪以久侍先人頗亦敬奉諸幼子亦以祖母呼之及卒礪疑其事詢于同寮未有以對礪即託故歸于滏陽閒居三年不行其服論情制宜識者韙之淸泰中復授尚書比部郞中知制誥依前充學士高祖起晉陽唐末帝命趙延壽進討又命翰林學士和凝與延壽偕行礪素輕凝慮不能集事因自請行唐末帝慰而許之及唐軍敗于團柏谷與延壽俱陷于契丹契丹

以舊職縻之累官至吏部尚書契丹入汴授右僕射平章事集賢殿大學士隨至鎭州會契丹主卒永康王北去蕭翰自東京過常山乃引鐵騎圍其第時礪有疾方伏枕翰見礪責之曰爾言于先帝云不得任蕃人作節度使如此則社稷不永矣又先帝來時令我于汴州大內安下爾言不可又我爲汴州節度使爾在中書何故行帖與我礪抗聲而對辭氣不屈翰遂鎖礪而去（遼史礪抗聲曰此國家大體安危所繫吾實言之欲殺卽殺奚以鎖爲）鎭州節度使滿達勒尋解其鎖是夜以疾卒家人燼其骨歸葬于滏陽礪素耿直嗜酒無檢始陷契丹時曾背契丹南歸爲追騎所獲契丹主怒曰爾何捨我而去礪曰礪漢人也衣服飲食與此不同生不如死請速就刃契丹主顧通事高唐英曰我常戒爾輩善待此人致其逃去過在爾輩因笞唐英一百其爲契丹主善待也如此礪平生抱義憐才急于獎拔聞人之善必擕袂以稱之見人之貧亦傾篋以濟之故死之之日中朝士大夫亦皆嘆惜焉（案此一則無出處卽照原批低格列後）

蕭翰者契丹諸部之酋長也父曰阿巴（舊作阿鉢今改正）劉仁恭鎭幽州阿巴會引衆寇平州仁恭遣饒將劉鴈郎與其子守光率五百騎先守其州阿巴不知爲郡人所紿

因赴牛酒之會爲守光所擒契丹請贖之仁恭許其請尋歸其妹爲案巴堅（舊作阿保機今改正）妻則德光之母也翰有妹亦嫁於德光故國人謂翰爲國舅契丹入東京以翰爲宣武軍節度使契丹比無姓氏翰將有節度之命乃以蕭爲姓翰爲名自是翰之一族皆稱姓蕭契丹主北去留翰以鎭河南時漢高祖已建號於太原翰懼將北歸慮京師無主則衆皆爲亂乃遣蕃騎至洛京迎唐明宗幼子許王從益知南朝軍國事從益至翰率蕃將拜於殿上翌日翰乃輦其寶貨鞍轡而北漢人以許王既立不復爲亂果中其狡計翰行至鎭州遇張礪翰以舊

事致忿就第數其失而鎖之翰歸本國爲永康王鄂約所鎖尋卒於本土（永樂大典卷五千二百二十五）

劉晞者涿州人也父濟雍累爲本郡諸邑令長晞少以儒學稱於鄉里嘗爲唐將周德威從事後陷於契丹契丹以漢職縻之天福中契丹命晞爲燕京留守嘗於契丹三知貢舉歷官至同平章事兼侍中隨契丹入汴授洛京留守會河陽軍亂晞走許州又奔東京蕭翰遣兵送晞至洛下契丹主死晞自洛復至東京蕭翰北歸遂留鎭州漢初與滿達勒（舊作麻荅今改正）同奔定州後卒於北蕃（永樂大典卷九千九十九　契丹國志劉珂晞之子也尙世宗妹燕國公主）

崔廷勳不知何許人也（通鑑注引宋白曰廷勳本河內人）形貌魁偉美鬚髯幼陷契丹歷僞命雲州節度使官至侍中契丹入汴遷少帝於封禪寺遣廷勳以兵防守尋授河陽節度使甚得民情契丹北行武行德率軍趨河陽廷勳爲行德所逐乃與奚王伊喇（舊作拽剌今改正）保懷州尋以兵反攻行德行德出戰爲廷勳所敗及契丹主死遂歸鎭州漢初與滿達勒同奔定州後沒於北蕃（永樂大典卷二千七百四十）

史臣曰帝王之尊必由天命雖韓信彭越之勇吳濞淮南之勢猶不可以妄冀而況二安之庸昧相輔爲亂固宜其自取滅亡也後之擁強兵莅重鎭者得不以爲鑒平彥澤狼子野心盈貫而死晚矣德鈞諸人與晉事相終始故附見于茲焉

舊五代史卷九十八終

舊五代史卷九十八攷證

晉列傳十三安重榮傳高祖聞重榮在北使人誘之

案歐陽史作使張頴陰招重榮

趙延壽傳未幾契丹主以延壽爲幽州節度使封燕王

案遼史云德鈞卒以延壽爲幽州節度使封燕王與是書同契丹國志會同六年以延壽爲盧龍節度使八年南征以延壽爲魏博節度使封燕王與是書異

尋爲樞密使兼政事令　案遼史天顯末以延壽妻在晉詔取之以歸自是益激昂圖報會同初帝幸其第加政事令不言延壽爲樞密使攷契丹國志云會同改元參用蕃漢以延壽爲樞密使兼政事令與是書同

燕王如故　案遼史會同七年正月己丑授延壽魏博等州節度使封魏王延壽本傳亦言其先封燕王改封魏王是延壽入汴時已爲魏王也是書始終稱爲燕王與遼史異

蕭翰傳尋卒于本土　案遼史翰後以謀反伏誅與是書異

舊五代史卷九十八攷證

舊五代史卷九十九

宋司空同中書門下平章事薛居正等撰

高祖紀上　漢書一

高祖睿文聖武昭肅孝皇帝姓劉氏諱暠本名知遠及即位改今諱其先本沙陀部人也四代祖諱湍帝有天下追尊爲明元皇帝廟號文祖陵曰懿陵案五代會要湍爲東漢顯宗第八子淮陽王昞之後高祖母隴西李氏追謚明貞皇后曾祖諱昂晉贈太保追尊爲恭僖皇帝廟號德祖陵曰沛陵案五代要會懿陵沛陵皆無陵所遙申朝拜曾祖母號國太夫人楊氏追謚恭惠皇后祖諱僎晉贈太傅追尊爲昭獻皇帝廟號翼祖陵曰威陵祖母魯國太夫人李氏追謚爲昭穆皇后皇考諱琠事後唐武皇帝爲列校晉贈太師追謚爲章聖皇帝廟號顯祖陵曰肅陵皇妣吳國太夫人安氏追謚章懿皇后后以唐乾寧二年歲在乙卯二月四日生帝於太原帝弱不好弄嚴重寡言及長面紫色目睛多白初事唐明宗列於麾下明宗與梁人對柵於德勝時晉高祖爲梁人所襲馬甲連革斷帝輟騎以授之取斷革者自跨之徐殿其後晉高祖感而壯之明宗踐阼晉高祖爲北京留守以帝前有護援之力奏移麾下署爲牙門都校應順初晉高祖鎮常山唐明宗召赴闕會閔帝

出奔與晉高祖相遇於途遂俱入衛州泊於郵舍閔帝左右謀害晉高祖帝密遣御士石敢袖鎚立於晉高祖後及有變敢擁晉高祖入一室以巨木塞門敢尋死焉帝率衆盡殺閔帝左右遂免晉高祖於難通鑑攷異引漢高祖實錄云是夜偵知少帝伏甲欲與從臣謀害晉高祖詐屏人對語方坐庭廡帝密遣御士石敢袖鎚立于後俄頃伏甲者起敢有勇力擁晉高祖入一室以巨木塞門敢力當其鋒死之帝解佩刀遇夜晦以在地葦炬未然者奮擊之衆謂短兵也遂散走帝乃匿身長垣下聞帝親將李洪信謂人曰石太尉死矣帝隔垣呼洪信曰太尉無恙乃踰垣出就洪信兵共護晉高祖殺建謀者以少主授王宏贄清泰元年晉高祖復鎮河東三年夏移鎮汶陽帝勸晉高祖舉義贊成密計經綸之始中外賴之晉高祖以帝爲北京馬步軍都指揮使及契丹以全軍赴難大破張敬達之衆於晉陽城下有降軍千餘人晉高祖將置之於親衛帝盡殺之晉國初建加檢校司空充侍衛馬步都指揮使權點檢隨駕六軍諸衛事尋改陝州節度使充侍衛親軍馬步都虞候契丹主送晉高祖至上黨指帝謂高祖曰此都軍甚操剌無大故不可棄之晉高祖入洛委帝巡警都邑肅然無敢犯令天福二年夏四月加檢校太保八月改許州節度使典軍如故三年夏四月加檢校太傅冬十月授侍衛親軍馬步軍都指揮使十一月移授宋州加檢校太尉十二月加同平章事時帝與杜重威同制加

恩帝憤然不樂懇讓不受杜門不出者數日通鑑知遠自謂有佐命功重威起于外戚無大功恥與之同制制下數日杜門四表辭不受晉高祖怒召宰相趙瑩等議落帝兵權任歸私第瑩等以爲不可乃遣端明殿學士和凝就第宣諭帝乃承命五年三月改鄴都留守兼侍衛親軍馬步軍都指揮使九月奉詔赴闕晉高祖幸其第六年七月授北京留守河東節度使七年正月加侍中時天下大蝗惟不入河東界六月晉高祖崩於鄴宮少帝卽位加帝檢校太師八年三月進位中書令開運元年正月契丹南下契丹主以大軍直抵澶州遣蕃將偉王率兵入鴈門朝廷以帝爲幽州道行營

招討使帝大破偉王於忻口尋奉詔起兵至土門軍至樂平會契丹退乃還三月封太原王七月兼北面行營都統二年四月封北平王三年五月加守太尉是月帝誅吐渾白承福等五族凡四百人以別部王義宗統其餘衆九月案以下疑有脫文犯塞帝親率牙兵至朔州南陽武谷大破之東都事畧郭進傳契丹屠安陽高祖遣進拒戰契丹敗走以功除刺史十一月契丹主率蕃漢大軍由易定抵鎭州杜重威等駐軍於中渡橋以禦之十二月十日杜重威等以全軍降於契丹十七日相州節度使張彥澤受契丹命陷京城遷少帝於開封府帝聞之大駭分兵守境以備寇患天福十二年春正月丁亥朔契丹主入東京癸巳晉少帝蒙塵於封禪寺癸卯少帝北遷二月丁巳朔契丹主具漢法服御崇元殿受朝制改晉國爲大遼國大赦天下號會同十年是月帝遣牙將王峻奉表於契丹契丹主賜詔褒美呼帝爲兒又賜木柺一蕃法貴重大臣方得此賜亦猶漢儀賜几杖之比也王峻持柺而歸契丹望之皆避路及峻至太原帝知契丹政亂乃議建號焉是月秦州節度使何建以其地入於蜀戊辰河東行軍司馬張彥威與文武將吏等以中原無主帝威望日隆羣情所屬上牋勸進帝謙讓不允自是羣官三上牋諸軍將吏

緇黃耆耋相次廹請敎答允之庚午陝府屯駐奉國指揮使趙暉侯章都頭王晏殺契丹監軍及副使劉愿暉自稱留後契丹因授暉陝州兵馬留後侯章爲本州馬步軍都指揮使王晏爲副都指揮使暉等不受僞命宋史王晏傳開運末與本軍都校趙暉侯章等戍陝州會契丹至汴遣其將劉愿據陝恣行暴虐晏與暉等謀曰今契丹南侵天下洶洶英雄豪傑固當乘時自奮且聞太原劉公威德遠被人心歸服若殺愿送欵河東爲天下唱首則取富貴如反掌耳暉等然之晏乃率敢死士數人夜踰城入府署切庫兵給其徒遲明斬愿首懸府門外衆請暉爲帥章爲本城副指揮使內外巡檢使兼都虞候乃遣其子漢倫奉表晉陽辛未帝於太原宮受冊卽皇帝位制改晉開運四年爲天福十二年契丹國志云漢主仍稱天福年號曰予未忍忘晉也甲戌帝以晉帝舉族

北遷憤惋久之是日率親兵趨土門路邀迎晉帝至壽陽聞其已過乃還契丹聞帝建號僞制削奪帝官爵以通事耿崇美爲潞州節度使高唐英爲相州節度使崔廷勳爲河陽節度使以扼要害之地丁丑磁州賊帥梁暉據相州已卯帝遣都將史弘肇率兵討代州平之初代州刺史王暉叛歸契丹弘肇一鼓而拔之斬暉以徇庚辰權晉州兵馬留後張晏洪奏軍亂殺知州副使駱從朗及括錢使諫議大夫趙熙以城歸順時晉州留後劉在明赴東京朝於契丹從朗知軍州事帝方遣使張晏洪辛處明等告諭登樞從朗囚之本城大將藥可儔

殺從朗於理所州民相率害趙熙三軍請晏洪爲留後處明爲都監辛已權陝州留後趙暉權潞州留後王守恩並上表歸順癸未澶州賊帥王瓊與其衆斷本州浮橋瓊敗死之時契丹以族人朗悟（舊作郎五今改正）爲澶州節度使契丹性貪虐吏民苦之瓊爲水運什長乃搆夏津賊帥張乙得千餘人沿河而上中夜竊發自南城殺守將絕浮航入北城朗悟據牙城以拒之數日會契丹救至瓊敗死焉契丹主聞其變也懼甚由是大河之南無久留之意尋遣天雄軍節度使杜重威歸鎭三月丙戌朔詔河東管內自前稅外雜色徵配一切除放是日契丹主坐崇元殿行入閤之禮契丹主以舅蕭翰爲宣武軍節度使辛卯權延州留後高允權遣判官李彬奏本道節度使周密爲三軍所逐以允權知留後事上表歸順未幾帝召密赴行在壬辰丹州都指揮使高彥珣殺僞命刺史據城歸命壬寅契丹主發自東京還本國（案遼史太宗紀作四月丙辰朔發自汴州與薛史異歐陽史及通鑑俱從薛史作壬寅）是日宿於赤岡至晡有大聲如雷起於敵帳之下契丹自黎陽濟河遂趨相州（案通鑑作丙午契丹自白馬渡河遼史作乙丑濟黎陽渡與通鑑異）庚戌帝以北京馬步軍都指揮使泗州防禦使檢校太保劉崇爲太原尹檢校太尉以北京馬步軍都虞候郭從義爲鄭

州防禦使檢校太保以北京興捷左廂都指揮使李洪信爲陳州刺史檢校司徒以興捷右廂都指揮使尙洪遷爲單州刺史檢校司徒以北京武節左廂都指揮使蓋萬爲蔡州刺史以武節右廂都指揮使周暉爲濮州刺史以保寧都指揮使朱奉千爲隨州刺史辛亥吐渾節度使王義宗加檢校太尉以前忻州刺史秦習爲耀州團練使癸丑以北京副留守檢校司徒白文珂爲河中節度使檢校太尉夏四月已未以北京馬軍都指揮使集州刺史劉信爲滑州節度使充侍衛馬軍都指揮使檢校太傅以北京隨使右都押衙楊邠爲權樞密使檢

校太保以北京武節都指揮使雷州刺史史弘肇爲許州節度使充侍衛步軍都指揮使檢校太傅以北京牢城都指揮壁州刺史常思爲鄧州節度使檢校太傅兼權北京馬步軍都指揮使三城巡檢使以河東行軍司馬張彥威爲同州節度使檢校太保以蕃漢兵馬都孔目官郭威爲權樞密使檢校司徒以河東左都押衙扈彥珂爲宣徽南院使檢校司徒以右都押衙王浩爲宣徽北院使檢校司徒以兩使都孔目官王章爲權三司使檢校太保是日契丹王取相州殺留後梁暉宋史李穀傳潛遣河朔酋豪梁暉入據安陽契丹主患之卽謀北旋會有告契丹以城中虛弱者契丹還攻安陽陷其城暉

磁州滏陽人少爲盜會契丹入汴暉收集徒黨先入磁州無所侵犯遣使送款於帝暉偵知相州頗集兵仗且無守備遂於三月二十一日夜與其徒踰垣而入殺契丹數十人奪器甲數萬計遂據其城契丹主先遣僞命相州節度使高唐英率兵討之未幾契丹主至城下是月四日攻拔之遂屠其城翌日契丹主北去命高唐英鎭之唐英閱城遺民得男女七百人而已乾祐中王繼弘鎭相州奏於城中得髑髏十餘萬殺人之數從可知也庚申以石州刺史易全章爲茗州團練使以前遼州刺史安眞爲宿州團練使以嵐州刺史孟行超爲穎州團練使以汾州刺史武彥弘爲曹州防禦使以前憲州刺史慕容信爲齊州防禦使薛瓊爲亳州防禦使以沁州刺史李漢韶爲汝州防禦使癸亥册魏國夫人李氏爲皇后甲子以皇長子承訓爲左衛上將軍第二子承祐爲左衛大將軍第三子承勳爲右衛大將軍皇女彭城郡君宋氏封永寧公主皇姪承贇爲右衛上將軍以河東節度判官蘇逢吉爲中書侍郎同平章事集賢殿大學士以河東觀察判官蘇禹珪爲中書侍郎同平章事升府州爲節鎭加永安軍額以振武節度使府州團練使折從阮爲永安軍節度使行府州刺

史檢校太尉以北京隨使左都押衙劉銖爲河陽節度使以河東支使韓祚爲左諫議大夫充樞密直學士乙丑遣史弘肇率兵一萬人趨潞州丙寅以權知潞州軍州事左驍衛大將軍王守恩爲潞州節度使檢校太保以權點檢延州軍州事高允權爲延州節度使檢校太保以岢嵐軍使鄭謙爲忻州刺史遥領應州節度使充忻代二州義軍都部署丁卯以河東都巡舖驛沿河巡檢使閻萬進爲嵐州刺史領朔州節度使充嵐憲二州義軍都制置戊辰權河陽留後武行德以城來歸初契丹主將發東京船載武庫兵仗自汴浮河欲置之於北

地遣奉國都虞候武行德部送與軍士千餘人幷家屬俱行至河陰軍亂奪兵仗殺契丹監吏眾推行德爲帥與河陰屯駐軍士合乃自氾水抵河陽河陽僞命節度使崔廷勳率兵拒之兵敗行德等追躡之廷勳棄城而遁行德因據其城隆平集武行德傳行德陷于契丹僞請自効因遣送將校數十人護所取尙方鎧甲還契丹至河陰行德謂眾曰我與若等能爲邊地鬼耶眾素伏其威名皆曰惟命遂攻孟州走其節度使崔廷勳悉以府庫分諸校而權領州事集又云遣其弟行友詣太原勸進僞命西京留守劉晞棄洛城南走許州遂奔東京洛京巡檢使方太自署知留守事未幾太爲武行德所害是月蕃將耿崇美屯澤州史弘肇遣先鋒將馬誨率兵擊之崇美退保懷州崔廷勳以契丹眾攻武行德於河陽行德出戰爲廷勳所敗汴州蕭翰遣蕃將高牟翰將兵援送劉晞復歸於洛牟翰至殺前澶州節度使潘環於洛陽辛未以河陽都部署武行德爲河陽節度使檢校太尉充一行馬部軍都部署甲戌潞州節度使王守恩加檢校太尉以前棣州刺史慕容彥超爲澶州節度使檢校太保丙子契丹主耶律德光卒於鎭之欒城案遼史太宗紀四月丁丑崩於欒城與薛史異歐陽史及通鑑俱從薛史作丙子趙延壽於鎭州自稱權知國事辛己陝州節度使趙暉加檢校太尉華州節度使兼陝州馬步軍都指揮使侯章加檢校太傅以陝府馬步軍副

都指揮使兼絳州防禦使王晏爲晉州節度使檢校太傅以丹州都指揮使權知軍州事高彥珣爲丹州刺史永樂大典卷一萬六千九十八　隆平集王晏傳云漢祖威名未振而晏等歸之甚喜卽授以節度使

舊五代史卷九十九終

舊五代史卷九十九攷證

漢高祖紀上帝大破偉王于忻口　案漢祖破偉王是書作開運元年正月歐陽史漢本紀作三年五月晉本紀又載開運元年正月辛丑劉知遠及契丹偉王戰于秀容敗之兩紀年月互異應以是書爲據

三年五月加守太尉是月帝誅吐渾白承福等五族　案歐陽史作八月殺吐渾白承福等族

殺契丹數十人　案契丹國志作殺遼兵數百

丙子契丹主耶律德光卒于鎭之欒城　案遼史太宗紀四月丁丑崩于欒城與是書異歐陽史及通鑑俱從是書作丙子

舊五代史卷九十九攷證

舊五代史卷一百

宋司空同中書門下平章事薛居正等撰

高祖紀下　漢書二

天福十二年夏五月乙酉朔契丹所署大丞相政事令東京留守燕王趙延壽爲永康王鄂約（舊作兀欲今改正）所縶既而鄂約召蕃漢臣寮於鎭州牙署戎王遺詔命鄂約嗣位於是發哀成服辛卯詔取五月十二日車駕南幸甲午以判太原府事劉崇爲北京留守命皇子承訓武德使李暉大內巡檢丙申帝發河東取陰地關路幸東京時星官言太歲在午不利南巡故路出陰地丁酉史弘肇奏澤州刺史翟令奇以郡來降（宋史李萬超傳史宏肇路徑澤州刺史翟令奇堅壁拒命萬超馳至城下諭之曰今契丹北遁天下無主并州劉公仗大義定中土所向風靡後服者族早盡圖之令奇乃開門迎納宏肇即留萬超權州事）是日契丹所署汴州節度使蕭翰迎郇國公李從益至東京請從益知南朝軍國事己亥蕭翰發離東京北去乙巳契丹永康王鄂約自鎭州還蕃行次定州以定州節度副使耶律忠爲定州節度使孫方簡爲雲州節度使方簡不受命遂歸狼山戊申車駕至絳州本州刺史李從朗以郡降初契丹遣偏校成霸卿曹可璠等守其郡帝建義之始不時歸命及車駕至帝耀兵於城下不令攻擊從朗等遂降六月

乙卯契丹河中節度使趙贊起復河中節度使（按通鑑起復趙匡贊在七月甲午以後與薛史異又匡贊薛史作趙贊考贊即延壽之子仕宋歷廬延邠鄜四州蓋入宋後避諱去匡字也今仍其舊）是日契丹右僕射兼中書侍郎平章事張礪卒於鎭州丙辰車駕至洛兩京文武百寮自新安相次逢迎郇國公李從益唐明宗淑妃王氏皆賜死於東京甲子車駕至東京丙寅以漢州就糧歸捷指揮使張建爲濮州刺史以金州守禦指揮使康彥環爲金州防禦使建雄彥環皆因亂害本州刺史自知州事故有是命以北京知進奏王從璋爲內客省使戊辰制大赦天下應天福十二年六月十五日昧爽以前天下見禁罪人已結正未結正已發覺未發覺除十惡五逆外罪無輕重咸赦除之諸州去年殘稅並放東西京一百里外放今年夏稅一百里內及京城今年屋稅並放一半契丹所授職任不宜改更諸貶降官未量移與量移已量移者與敘錄徒流人並放還應係欠省省錢家業抵當外並放宜以國號爲大漢年號依舊稱天福云（案歐陽史六月戊辰改國號漢是戊辰以前猶未改國號也遼史太宗紀二月辛未河南節度使北平王劉知遠自立爲帝國號漢蓋因其自立而牽連書之疑未詳考）己巳詔青州襄州安州復爲節鎭曹陳二州依舊爲郡壬申北京留守劉崇加同平章事以中書舍人劉繼儒爲宗正卿翰林學士承旨尚書兵

部侍郎張允落職守本官以尚書左丞張昭爲吏部侍郎以左散騎常侍邊歸讜爲禮部侍郎以左散騎常侍王仁裕爲戶部侍郎充翰林學士承旨以右諫議大夫張沆爲左散騎常侍充翰林學士以戶部侍郎李式爲光祿卿以翰林學士尚書禮部侍郎邊光範爲衛尉卿甲戌詔文武臣僚每遇內殿起居輪次上封事丁丑以湖南節度使馬希範卒輟視朝三日是月契丹所命相州節度使高唐英爲屯駐指揮使王繼弘楚暉所殺秋七月己丑以御史中丞趙上交爲太僕卿以戶部侍郎邊蔚爲御史中丞甲午武安軍節度副使水陸諸軍副

都指揮使判內外諸司江南西道觀察等使檢校太尉馬希廣可檢校太師兼中書令行潭州大都督天策上將軍充武安軍節度湖南管內觀察使江南諸道都統封楚王丙申以鄴都留守天雄軍節度使檢校太師守太傅兼中書令衛國公杜重威爲宋州節度使加守太尉以宋州節度使檢校太師兼中書令高行周爲鄴都留守加守太傅以鄆州節度使檢校太師兼侍中李守貞爲河中節度使加兼中書令以河中節度使檢校太尉趙贊爲晉昌軍節度使宋史趙贊傳贊懼漢疑己潛遣親吏趙僊奉表歸蜀判官李恕者趙延壽賓佐深所委賴至家事亦參之及贊出鎮從爲上介至是恕語贊曰燕王入遼非所願也漢方建國必務懷柔公若泥首歸朝必保富貴狙入蜀理難萬全儻若不容後悔無及公能聽納請先入朝爲公中理贊卽遣恕詣闕漢祖見恕問贊何以附蜀恕曰贊家在燕薊身受契丹之命自懷憂恐謂陛下終不能容招引西軍蓋圖苟免臣意國家甫定務安臣民所以令臣乞哀求覲漢祖曰贊之父子亦吾人也事契丹出于不幸今聞延壽落于陷穽吾忍不容贊耶恕未還贊已離鎮入朝卽命爲左驍衛將軍以晉昌軍節度使張彥超爲鄜州節度使加檢校太師庚子以徐州節度使檢校太師同平章事岐國公符彥卿爲兗州節度使加兼侍中以鄧州節度使檢校太師王周爲徐州節度使加同平章事以許州節度使檢校太保劉重進爲鄧州節度使加檢校太傅以兗州節度使檢校太師兼侍中安審琦爲襄州節度使檢校太師莒國公李

從敏爲西京留守加同平章事以鳳翔節度使檢校太師同平章事侯益依前鳳翔節度使加兼侍中辛丑故守司空兼門下侍郎平章事譙國公劉昫贈太保甲辰華州節度使侯章同州節度使張彥威涇州節度使史威並加檢校太尉以晉昌軍節度使檢校太保劉銖爲青州節度使加檢校太尉同平章事以河中節度使檢校太尉白文珂爲鄆州節度使加同平章事以青州節度使楊承信爲安州節度加檢校太傅滑州節度使兼侍衛馬軍都指揮使劉信許州節度使兼侍衛步軍都指揮使史弘肇並加檢校太尉庚戌以司天監任延浩

爲殿中監以司天少監杜昇爲司天監是月契丹永康王鄂約囙祖母舒嚕（舊作述律今改正）氏於木葉山閏月辛酉以左衛上將軍皇甫立爲太子太師致仕乙丑禁造契丹樣鞍轡器械服裝故開封尹桑維翰贈尚書令故西京留守景延廣贈中書令以前衛尉卿薛仁讓爲司農卿丙寅唐故樞密使郭崇韜贈中書令故河中節度使安重誨贈尚書令故華州節度使毛璋贈侍中故汴州節度使朱守殷贈中書令丁卯故青州節度楊光遠贈尚書令追封齊王仍令所司追謚立碑唐故河中節度使西平王朱友謙追封魏王故樞密使馮贇贈中書令故河陽節度使判六軍康義誠贈中書令故西京留守京兆尹王思同故邠州節度使藥彥稠故襄州節度使安重進故鎮州節度使安重榮並贈侍中庚午以前延州留後薛可言爲宣徽北院使以監察御史王度爲樞密直學士新授宋州節度使杜重威據鄴都叛詔削奪重威官爵貶爲庶人以高行周爲行營都部署率兵進討辛未以權樞密使楊邠爲樞密使加檢校太傅以權樞密副使郭威爲副樞密使加檢校太保以權三司使王章爲三司使加檢校太傅壬申故晉昌軍節度使趙在禮贈中書令故曹州節度使石贇贈侍中故滑州節

度使皇甫遇贈中書令故同州節度使劉繼勳故貝州節度使梁漢璋皆贈太尉故宣徽使孟承誨贈太保丁丑有彗出於張旬日而滅己卯陝州節度使趙暉加階爵晉州節度使王晏加檢校太尉河陽節度使武行德加階爵延州節度使高允權加檢校太尉鄧州節度使常思加檢校太尉移鎮潞州庚辰追尊六廟以太祖高皇帝世祖光武皇帝爲不祧之廟高曾以下四廟追尊謚號已載於前矣是日權太常卿張昭上六廟樂章舞名太祖高皇帝室酌獻請依舊奏武德之舞世祖光武皇帝室酌獻請依舊奏大武之舞文祖明元皇帝室酌獻請奏靈長之舞德祖恭僖皇帝室酌獻請奏積善之舞翼祖昭獻皇帝室酌獻請奏顯仁之舞顯祖章聖皇帝室酌獻請奏章慶之舞其六廟歌詞文多不錄八月壬午朔鎮州駐屯護聖左廂都指揮使白再榮等逐契丹所命節度使滿達勒（舊作麻荅今改正）復其城滿達勒與河陽節度使崔廷勳洛京留守劉晞並奔定州馳驛以聞庚寅以洺州團練使薛懷讓爲邢州節度使辛卯詔恆州復爲鎮州順國軍復爲成德軍乙未以護聖左廂都指揮使恩州團練使白再榮爲鎮州留後丙申詔天下凡關賊盜不計贓物多少案驗不虛並處死以兩浙節

度使守太師兼中書令吳越國王錢弘佐薨廢朝三日
丙午以吐渾府節度使檢校太尉王義宗爲沁州刺史
依前吐渾節度使己酉以刑部尙書竇貞固爲吏部尙
書是日薛懷讓奏收復邢州殺僞命節度副使知州事
劉鐸初懷讓爲洺州防禦使契丹滿達勒發健步督洺
州糧運懷讓殺之以聞帝遣郭從義與懷讓攻取邢州
蕃將楊袞來援鐸懷讓拒之不勝退保洺州敵騎掠其
部民大被其苦會鎭州逐滿達勒楊袞收兵而退鐸乃
上表請命懷讓乘其無備遣人紿鐸云奉詔襲契丹請
置頓於郡鐸開門迎之卽爲懷讓所害時人寃之鐸初

受契丹命爲邢州都指揮使及永康王以高奉明爲節
度使滿達勒署鐸爲邢州副使兼都指揮使帝至東京
奉明歸鎭州令鐸知邢州事至是遇害庚戌文武百寮
上表請以二月四日降誕日爲聖壽節從之前晉昌軍
節度副使李肅加左驍衛上將軍致仕是月遣使諸道
和市戰馬九月甲子宰臣蘇逢吉兼戶部尙書蘇禹珪
兼刑部尙書丁卯以吏部侍郎權判太常卿事張昭爲
太常卿戊辰故易州刺史郭璘贈太傅甲戌宰臣蘇逢
吉加左僕射監修國史蘇禹珪加右僕射集賢殿大學
士以吏部尙書竇貞固爲守司空兼門下侍郎平章事

弘文館大學士宋史竇貞固傳初帝與貞固同事晉祖甚相得時蘇逢吉蘇禹珪自霸府僚佐
驟居相位思得舊臣冠首以貞固持重寡言有時望乃拜司空門下侍郎平章事以翰林學士
行中書舍人李濤爲中書侍郎兼戶部尙書平章事宋史
李濤傳杜重威據鄴叛高祖命高行周慕容彥超討之二帥不協濤密疏親征高祖覽奏以濤堪任宰輔卽拜
中書侍郎兼戶部侍郎平章事是日權太常卿張昭上疏奏改一代樂
名戊寅詔以杜重威叛命取今月二十九日暫幸澶魏
己卯以前樞密使李崧爲太子太傅以前左僕射和凝
爲太子太保庚辰車駕發京師冬十月癸未以太子太
保李鏻爲司徒以太子太傅盧文紀爲太子太師以前
磁州刺史李穀爲左散騎常侍宋史李穀傳舊制罷外郡歸本官至是進秩奬

之也甲申車駕次韋城詔河北諸州見禁罪人自十月五
日昧爽以前常赦所不原者咸赦除之壬辰日有黑子
如雞卵丙申以相州留後王繼弘爲相州節度使加檢
校太傅至鄴都城下丙午詔都部署高行周督衆攻城
帝登高阜以觀之時衆議未欲攻擊副部署慕容彥超
堅請攻之是日王師傷夷者萬餘人不克而退十一月
壬子雨木冰癸丑日南至從官稱賀於行宮己未湖南奏
荆南節度使高從誨叛辛酉雨木冰壬申杜重威上表
請命癸酉雨木冰丁丑杜重威素服出降待罪於宮門
詔釋其罪鄴都留守天雄軍節度使高行周加守太尉

封臨淸王以杜重威爲檢校太師守太傅兼中書令楚國公己卯以許州節度使兼侍衛步軍都指揮使史弘肇爲宋州節度使同平章事充侍衛親軍馬步軍都指揮使以滑州節度使兼侍衛馬軍都指揮使劉信爲許州節度使同平章事充侍衛親軍馬步軍副都指揮使以瀘州節度使慕容彥超爲鄆州節度使同平章事以前定州節度使李殷爲貝州節度使以鄭州防禦使郭從義爲瀘州節度使十二月辛巳朔以護聖左廂都指揮使岳州防禦使李洪信爲遂州節度使充侍衛步軍都指揮使以護聖右廂都指揮使永州防禦使尙洪遷

爲夔州節度使充侍衛步軍都指揮使丙戌車駕發鄴都歸京癸巳至自鄴都甲午以皇子開封尹承訓薨廢朝三日追封魏王丁酉帝舉哀於太平宮庚子司徒李鏻薨辛丑以前鄜州節度使郭謹爲滑州節度使加檢校太尉戊申宿州奏部民餓死者八百六十有七人乾祐元年正月辛亥朔帝不受朝賀乙卯制大赦天下改天福十三年爲乾祐元年自正月五日昧爽已前犯罪人除十惡五逆外罪無輕重咸赦除之己未改御名爲暠辛酉詔諸道行軍副使兩使判官並不得奏薦帶使相節度使許奏掌書記支使節度推官不帶使相節度使只許奏掌書記節度推官其防禦團練判官軍事判官等聽奏所薦州縣官帶使相節度使許薦三人不帶使相二人防禦團練刺史一人云以前鄧州節度使燕國公馮道爲守太師進封齊國公甲子帝不豫庚午以前宗正卿石光贊爲太子賓客以太僕卿趙上交爲秘書監丁丑故尙書左丞韓惲贈司徒二十七日丁丑帝崩於萬歲殿時年五十四秘不發喪庚辰太傅杜重威伏誅契丹國志云漢主召蘇逢吉楊邠史宏肇入受顧命曰承祐幼弱後事託在卿輩又曰善防杜重威是日殂逢吉等秘不發喪下詔稱重威父子因朕小疾謗議搖衆皆斬之磔死于市市人爭啖其肉二月辛巳朔內降遺制皇子周王承祐可於柩前卽皇帝位是

日發哀其年三月太常卿張昭上謚曰睿文聖武昭肅孝皇帝廟號高祖十一月壬申葬於睿陵宰臣蘇禹珪撰謚冊哀冊文云永樂大典卷一萬六千九百十八五代史補高祖嘗在晉祖麾下晉祖既起太原因高祖遂有天下先是豫章有僧號上藍者精於術數自唐末著讖云石榴花發石榴開議者以石榴則晉漢之謂也再言石榴者明享祚俱不過二世矣

史臣曰在昔皇天降禍諸夏無君漢高祖肇起幷汾遄臨汴洛乘虛而取神器因亂而有帝圖雖曰人謀諒由天啓然帝昔莅戎藩素虧物望洎登宸極未厭人心徒矜拯溺之功莫契來蘇之望良以急於止殺不暇崇仁燕薊降師旣連營而受戮鄴臺叛帥因閉壘以偷生蓋

撫御以乖方俾征伐之不息及回鑾輅尋墮烏號故雖有應運之名而未覩爲君之德也（永樂大典卷一萬六千九十八）

舊五代史卷一百終

舊五代史卷一百攷證

漢高祖紀下矯其主遺詔命烏裕嗣位　案遼史世宗紀作四月戊寅即皇帝位歐陽史通鑑契丹國志俱從是書作五月與遼史異

乙巳契丹永康王烏裕自鎮州還蕃行次定州　案遼史作甲申次定州與是書異

契丹河中節度使趙贊起復河中節度使　案遼史世宗紀天祿二年十月壬午南京留守魏王趙延壽薨攷遼天祿二年即漢乾祐二年此時天福十二年延壽尙未死也此必因延壽爲永康王所鎖而漢人傳其已死遂起復其子贊以絶其北向之心耳

新授宋州節度使杜重威據鄴都叛詔削奪重威官爵貶爲庶人　案通鑑杜重威之叛在七月至閏月庚午乃削奪官爵五代春秋歐陽史作閏七月杜重威拒命與通鑑異

懷讓遣人給鐸云奉詔襲契丹請置頓于郡　案宋史薛懷讓傳懷讓遣人紿鐸云我奉詔爲邢州帥據是書則懷讓實紿鐸奉詔襲契丹以庚寅授邢州節度使非紿之也特託言置頓于郡耳

丙申至鄴都城下　案通鑑作戊戌至鄴都城下與是

書異

甲午以皇子開封尹承訓薨廢朝三日追封魏王　案通鑑辛卯皇子開封尹承訓卒乙未追立爲魏王與是書紀日互異

烏裕舊作兀欲今改　舒嚕舊作述律今改　滿達勒舊作麻荅今改

舊五代史卷一百攷證

宋司空同中書門下平章事薛居正等撰

隱帝紀上 漢書三

隱皇帝諱承祐高祖第二子也母曰李太后以唐長興二年歲在辛卯三月七日生帝于鄴都之舊第高祖鎮太原署節院使累官至檢校尚書右僕射國初授左衛大將軍檢校司空遷大內都點檢檢校太保乾祐元年正月二十七日高祖崩秘不發喪二月辛巳授特進檢校太尉同平章事封周王宣制畢有頃召文武百僚赴萬歲殿內降大行皇帝遺制云周王承祐可于柩前即

皇帝位服紀日月一依舊制是日內外發哀成服初高祖欲改年號中書門下進擬乾和二字高祖改為乾祐至是與御名相符甲申羣臣上表請聽政詔荅不允凡四上表從之丁亥帝于萬歲殿門東廡下見羣臣尊母后為皇太后己丑徐州節度使王周卒庚寅以前晉州留後劉在明為鎮州留後幽州馬步軍都部署加檢校太尉是日工部尚書龍敏卒壬辰右衛大將軍王景崇奏于大散關大敗蜀軍俘斬三千人初契丹犯京師侯益趙贊皆受其命節度岐蒲聞高祖入洛頗懷反仄朝廷移贊于京兆侯益與贊皆求援于蜀蜀遣何建率軍出大散關以應之至是景崇糾合岐雍邠涇之師以破之癸巳制大赦天下自乾祐元年二月十三日昧爽已前所犯罪人已結正未結正已發覺未發覺常赦所不原者咸赦除之中外文武臣僚並與加恩馬步將士各賜優給唐晉兩朝求訪子孫立為二王後云丙午鳳翔巡檢使王景崇遣人送所獲偽蜀將校軍士四百三十人至闕下詔釋之仍各賜衣服以兵部侍郎張允為吏部侍郎以工部侍郎司徒詡為禮部侍郎丁未以光祿卿李式為尚書右丞以禮部侍郎邊歸讜為刑部侍郎以刑部侍郎盧價為兵部侍郎三月甲寅帝始御廣

政殿羣臣起居殿中少監胡崧上言請禁斫伐桑棗為薪城門所由專加捉搦從之丙辰鄴都留守太尉中書令臨清王高行周進封鄴王北京留守檢校太尉同平章事劉崇加宋州節度使兼侍衛親軍馬步軍都指揮使檢校太尉同平章事史弘肇並加檢校太師兼侍中前邢州節度使安叔千以太子太師致仕戊午以右諫議大夫于德辰為兵部侍郎庚申河中節度使檢校太師兼中書令李守貞加守太傅進封魯國公襄州節度使檢校太師兼中書令魏國公安審琦加守太保進封齊國公兗州節度使檢校太師兼侍中岐國公符彥卿

加兼中書令進封魏國公許州節度兼侍衛親軍副都指揮使檢校太尉同平章事劉信加檢校　壬戌以宰臣竇貞固爲山陵使吏部侍郎段希堯爲副使太常卿張昭爲禮儀使兵部侍郎盧價爲鹵簿使御史中丞邊蔚爲儀仗使丙寅以前鳳翔節度使兼西南面兵馬都署檢校太師兼侍中侯益爲開封尹加兼中書令宋史侯益傳益率數十騎奔入朝隱帝遣侍臣問益連結蜀軍之由益對曰臣欲誘之出關掩殺之耳隱帝笑之益厚賂史弘肇輩言王景崇之橫恣諸權貴深庇護之乃授以開封尹兼中書令西京留守檢校太師平章事莒國公李從敏夏州節度使檢校太師同平章事李彝殷並加兼侍中青州節度使檢校太尉同

平章事劉銖鄆州節度使檢校太尉同平章事慕容彥超並加檢校太師詔改廣晉府爲大名府晉昌軍爲永興軍戊辰靈州節度使檢校太師同平章事馮暉加兼侍中河陽節度使武行德滄州節度使王景華州節度使侯章晉州節度使王晏並依前檢校太尉加同平章事庚午涇州節度使史懿潞州節度使常思同州節度使張彥威延州節度使高允權並依前檢校太尉加同平章事澶州節度使郭從義邢州節度使薛懷讓並自檢校太傅加檢校太尉以前奉國右廂都指揮使王饒爲鄜州留後甲戌以邠州節度使檢校太尉同平章事

王守恩爲永興軍節度使加檢校太師以滑州節度使檢校太尉郭謹爲邠州節度使以前鎮州留後檢校太傅白再榮爲滑州節度使加檢校太尉以陝州節度使檢校太尉同平章事趙暉爲鳳翔節度使以前河中節度使檢校太尉同平章事白文珂爲陝州節度使殿監任延浩配流鄜州坐爲劉崇所奏故也丙子鄧州節度使劉重進相州節度使王繼弘安州節度使楊信並自檢校太傅加檢校太尉以鎮州留後兼幽州一行馬步軍都部署檢校太傅劉在明爲鎮州節度使加檢校太師部署如故貝州節度使檢校太傅李殷加檢校太尉

定州節度使檢校太尉孫方簡府州節度使檢校太傅折從阮並加檢校太師丁丑中書侍郎兼戶部尚書平章事李濤罷免勒歸私第時蘇逢吉等在中書樞密使楊邠副樞密使郭威等權勢甚盛中書每有除授多爲邠等所抑濤不平之因上疏請出邠等以藩鎮授之樞密之務宜委逢吉禹珪疏入邠等知之乃見太后泣訴其事太后怒濤由是獲譴先是中書廚釜鳴者數四未幾濤罷免西道諸州奏河中李守貞謀叛發兵據潼關夏四月辛巳陝州兵馬監押王玉奏收復潼關定州孫方簡奏三月二十七日契丹棄定州遁去壬午以樞密

使楊邠爲中書侍郎兼吏部尚書平章事使如故以副樞密使郭威爲樞密加檢校太尉三司使王章加檢校太尉同平章事鄧州刺史尹實奏荊南起兵在境上欲攻城是日以澶州節度使郭從義爲永興軍一行兵馬都部署時供奉官時知化王益自鳳翔部署前永興節度使趙贊部下牙兵趙思綰等三百餘人赴闕三月二十四日行次永興思綰等作亂突入府城據城以叛故命從義帥師以討之案歐陽史云四月壬午永興軍將趙思綰叛附于李守貞案薛史趙思綰據城自在三月非四月事又思綰先據城叛後附于李守貞歐陽史先書李守貞反後書思綰叛亦誤也通鑑從薛史甲申王景崇奏趙思綰叛見起兵攻討丁亥幸

道宮佛寺禱雨戊子東南面兵馬都元帥兩浙節度使檢校太師兼中書令吳越國王錢弘倧加諸道兵馬都元帥天策上將軍湖南節度使檢校太師兼中書令楚王馬希廣加守中書令以陝州節度使白文珂爲河中府城下一行都部署庚寅宰臣竇貞固蘇逢吉蘇禹珪並進封開國公辛卯削奪李守貞在身官爵甲午以翰林學士承旨戶部侍郎王仁裕爲戶部尚書以翰林學士左散騎常侍張沆爲工部尚書以翰林學士中書舍人范質爲戶部侍郎以樞密直學士尚書比部員外郎王度爲祠部郎中並依前充職以侍衛步軍都指揮使

尚洪遷充西南面行營都虞候以客省使王峻爲西南面行營兵馬都監戊戌以宣徽南院使扈彥珂爲左金吾上將軍庚子以左金吾大將軍充兩街使檢校太傅劉承贇爲徐州節度使甲辰以宣徽北院使薛可言爲右金吾大將軍以皇城使李暉爲宣徽南院使乙巳定州節度使孫方簡奏復入于本州初方簡爲狼山寨主叛晉歸契丹及契丹降中渡之師乃以方簡爲定州節度使契丹主死永康王嗣位卽以蕃將耶律忠代之移方簡爲雲州節度使方簡不受命遂歸狼山高祖至闕方簡歸款復以中山命之是歲三月二十七日契丹棄

定州隳城壁焚室廬盡驅人民入蕃惟餘空城瓦礫而已至是方簡自狼山回保定州是月河決原武縣河北諸州旱徐州餓死民九百三十有七五月己酉朔國子監奏周禮儀禮公羊穀梁四經未有印板欲集學官考校雕造從之己未回鶻遣使朝貢丁卯前翰林學士徐台符自幽州逃歸乙亥河決滑州魚池六月戊寅朔日有食之庚辰以內客省使王峻爲宣徽北院使依前永興城下兵馬都監以冀州牢城指揮使張廷翰爲冀州刺史時廷翰殺本州刺史何行通自知州事故有是命甲申以皇弟右衛大將軍承勳爲興元節度使檢校太

尉同平章事豐州節度使郭勳加檢校太師辛卯永興兵馬都部署郭從義奏得王景崇報有兵自隴州來欲投河中追襲至鄜城荆南節度使高從誨上表歸命從誨嘗拒朝命至是方遣牙將劉扶詣闕請罪丙申鎮州奏節度使劉在明卒戊戌以河陽節度使武行德爲鎮州節度使以宣徽南院使李暉爲河陽節度使以相州節度使王繼弘爲貝州節度使壬寅荆南高從誨貢奉謝恩釋罪丙午以前永興軍節度使王守恩爲西京留守是月河北旱青州蝗秋七月戊申朔相州節度使王繼弘殺節度判官張易以訛言聞是時法尙深刻藩郡

凡奏刑殺不究其實卽順其請故當時從事鮮賓客之禮重足累跡而事之猶不能免其禍焉壬子以工部侍郎李穀充西南面行營都轉運使乙卯禮儀使張昭上高祖廟尊號獻舞名并歌辭舞曲請以觀德爲名歌辭不錄丙辰以久旱幸道宮佛寺禱雨是日大澍開封府言陽武雍丘襄邑三縣蝗爲鸜鵒聚食詔禁捕鸜鵒庚申樞密使郭威加同平章事辛酉滄州上言自今年七月後幽州界投來人口凡五千一百四十七北土飢故也乙丑以宣徽北院使王峻爲宣徽南院使以內客省使吳虔裕爲宣徽北院使戊辰以遂州節度使兼侍衞

親軍馬軍都指揮使李洪信爲澶州節度使以澶州節度使郭從義爲永興軍節度使兼行營都部署庚午故兵部尙書李懌贈尙書左僕射鎮州奏準詔處斬節度副使張鵬訖鵬以一言之失爲鄴帥高行周所奏故命誅之乙亥新授鳳翔節度使趙暉奏與八作使王繼濤領部下兵同赴鳳翔時王景崇拒命故也八月己卯以華州節度使侯章爲邠州節度使以左金吾上將軍扈彥珂爲華州節度使壬午命樞密使郭威赴河中府軍前詔河中府永興鳳翔行營諸軍一稟威節制時李守貞王景崇趙思綰連衡作叛朝廷雖命白文珂常思攻

討河中物議以二帥非守貞之敵中外憂之及是命之降人情大愜（案通鑑云自河東永興鳳翔三鎭拒命以來朝廷繼遣諸將討之昭義節度使常思屯潼關白文珂屯同州趙暉屯咸陽惟郭崇義王峻置柵近長安而二人相惡如水火自春徂秋皆相持莫肯攻戰帝患之欲遣重臣臨督壬午以郭威爲軍前招慰安撫使諸軍皆受威節度與薛史所載詳畧互異）癸己以奉國左廂都指揮使閻州防禦使劉詞爲襄州節度使充侍衞步軍都指揮使兼河中行營都虞候以護聖左廂都指揮使岳州防禦使李洪義爲遂州節度使充侍衞馬軍都指揮使乙未兩浙節度使檢校太尉兼侍中吳越國王錢弘俶加檢校太師兼中書令東南面兵馬都元帥弘俶故吳越王元瓘之子也先是其兄弘

倧襲父位尋爲部下所廢以弘俶代之故特加是命焉新授鳳翔節度使趙暉奏部署兵士赴鳳翔城下癸卯郭威奏今月二十三日大軍已抵河府賊城至二十六日開長連塹畢築長連城次九月戊申侯益部曲王守筠自鳳翔來奔言益家屬盡爲王景崇所害壬子郭威奏破河府賊軍于城下甲寅故夔州節度使兼侍衞步軍都指揮使尚洪遷贈太尉乙丑雪書不時也戊辰鳳翔都部署趙暉奏大破川軍于大散關殺三千餘人其餘棄甲而遁（隆平集藥元福從趙暉進討兵衆寡數倍他將皆爲卻元福擁數百騎獨出令曰敢回頭者斬衆効死以戰遂有成功）壬申郭威奏得郭崇義報今月十四日鳳翔王景崇兵士離本城尋遣監軍李彥從率兵襲至法門寺西殺戮二千餘人詔升河中府解縣爲解州冬十月丙子朔山陵使竇貞固上大行皇帝陵名曰睿陵從之丁丑夕歲星入太微戊寅趙暉奏破王景崇賊軍于鳳翔城下甲申吐蕃遣使獻方物丙戌右羽林軍張播停任坐檢田受請託也丁亥中書舍人張誼責授房州司戶兵部郎中馬承翰責授慶州司戶並員外置所在馳驛發遣先是誼與承翰俱銜命于兩浙覩其驕僭之失形于譏誚兼乘醉有輕肆之言錢弘俶恥之摭其過以奏之朝廷以方務懷柔故有是命甲辰延州奏

夏州李彝殷先出兵臨州境欲應接李守貞今却抽退十一月甲寅誅太子太傅李崧及其弟司封員外郎嶼國子博士義夷其族爲部曲誣告故也詔曰稔惡圖危難逃天網虧忠負義必速神誅李崧頃在前朝最居重位略無裨益遂至滅亡及事契丹又爲親密士民俱憤險佞可知先皇帝含垢掩瑕推恩念舊擢居一品俾列三師不謂潛有苞藏謀危社稷散差人使潛結奸兇俯近山陵擬爲叛亂按其所告咸已伏辜宜正典章用懲奸逆其李崧李嶼李義一家骨肉及同謀作亂人並從極法云庚申大行皇帝靈駕進發辛酉荆南奏節度使高從誨卒壬申葬高祖皇帝于睿陵十二月丁丑荆南節度使檢校太傅行峽州刺史高保融起復授荆南節度使檢校太尉同平章事渤海郡侯壬午帝被袞冕御崇元殿授六廟寶册正使宰臣蘇禹珪及副使大府卿劉皞赴西京行禮兗州奏淮賊先于沂州界立栅前月十七日已歸海州爲李守貞牽制也（南唐書嗣主六年李守貞遣從事朱元李平奉表來乞師以潤州李金全爲西面行營招撫使壽州劉彥貞爲副諫議大夫查文徽爲監軍使兵部侍郎魏岑爲沿淮巡撫使聞河中平遽班師又李金全傳云出師沭陽諸將銳于進取金全獨以爲遠不相及乃止）庚寅奉高祖神主于西京太廟淮南僞主李璟奉書于帝云先因河府李守貞求援又聞大國沿淮屯軍當

國亦干境上防備昨聞大朝收軍當國尋已徹備其商旅請依舊日通行朝廷不報辛卯羣臣上表請以三月九日誕聖日爲嘉慶節從之延州節度使高允權奏得都頭李彥李遇等告太子太師致仕劉景巖與鄉軍指揮使高志結集草寇欲取臘辰竊圖州城尋請使臣與指揮使李勳聊將兵士巡檢偵邏劉景巖果出兵鬭敵時卽殺敗其劉景巖尋獲斬之詔曰劉景巖年已衰暮身處退閒曾無止足之心輒肆包藏之毒結集徒黨窺伺藩垣所賴上將輸忠三軍協力盡除醜類克殄渠魁其劉景巖次男前德州刺史行琮已行極法長男渭州刺史行謙孫男邢州馬軍指揮使崇勳特放是冬多昏霧日晏方解永樂大典卷一萬六千二百二

舊五代史卷一百一終

舊五代史卷一百一攷證

八月壬午命樞密使郭威赴河中府軍前　案是書周太祖紀云七月西面師徒大集未果進取其月十三日制授帝同平章事卽遣西征據此紀則周太祖以七月庚申加同平章事八月壬午命赴河中府軍前非一時事也二紀前後自相矛盾歐陽史漢周本紀亦各仍是書之舊未能參攷畫一通鑑定從是書漢紀

舊五代史卷一百二

宋司空同中書門下平章事薛居正等撰

隱帝紀中　漢書四

乾祐二年春正月乙巳朔制曰朕以眇躬獲纘洪緒念守器承祧之重懷臨深履薄之憂屬以天道猶艱王室多故天降重戾國有大喪奸臣樂禍以圖危孽寇幸災而伺隙力役未息兵革方殷朕所以嘗膽履冰廢寢輟寐雖居億兆之上不以九五爲尊漸冀承平永安遐邇內則稟太后之慈訓外則仗多士之忠勳股肱叶謀爪牙宣力西摧三叛撫其背而扼其喉北挫諸蕃斷其臂而折其脊次則巴邛嘯聚淮海猖狂幾聞矢接鋒交已見山摧岸沮寇雖少息師徒無虧兼以修奉園陵崇建宗廟右賢左戚同寅協恭多事之中大禮無闕負荷斯重哀感良深今以三陽布和四序更始宜申兌澤允答天休郵獄緩刑赦過宥罪當萬物之孳甲開三面之網羅順彼發生以召和氣應乾祐二年正月一日昧爽已前天下見禁罪人除十惡五逆官典犯贓合造毒藥劫家殺人正身外其餘並放河府李守貞鳳翔王景崇永興趙思綰等比與國家素無讎釁偶因疑懼遂至叛違然以彼之生靈朕之赤子久陷孤壘可念非辜易子析

骸塡溝委壑爲人父母寧不軫傷但以屈己愛人先王厚德包垢含辱列聖美談宜推濟物之恩用廣好生之道其李守貞等宜令逐處都部署分明曉諭若能翻然歸順朕卽待之如初當保始終享其富貴明申信誓固無改移其或不順推誠堅欲拒命便可應時攻擊剋日蕩平候收復城池罪止元惡其餘詿誤一切不問重念征討已來勞役滋甚兵猶在野民未息肩急賦繁徵財殫力匱矜憐之澤未被于疲羸愁歎之聲幾盈于道路卽候邊鋒少弭國難漸除當議優饒冀獲蘇息諸道藩侯郡守等咸分寄在共體憂勞更宜念彼瘡痍倍加勤卹究鄉閭之疾苦去州縣之煩苛勸課耕桑省察冤濫共恢庶政用副憂勞凡百臣寮當體朕意壬子賜前昭義軍節度使張從恩衣一襲金帶鞍馬綵帛等時有投無名文字誣告從恩者故特有是賜以安其心乙卯河府軍前奏今月四日夜賊軍偷斫河西寨捕斬七百餘級時蜀軍自大散關來援王景崇郭威自將兵赴岐下將行戒白文珂劉詞等曰賊之驍勇並在城西愼爲儆備既行至華州聞川軍散退且憂文珂等爲賊奔突遂兼程而廻賊城內偵知郭威西行于正月四日夜遣賊將王三鐵等案通鑑作王繼勳宋史王繼勳傳繼勳武勇在軍常用鐵鞭鐵槊鐵檛軍中目爲王

鐵率驍勇千餘人沿流南行坎岸而登爲三道來攻賊軍巳入王師砦中劉詞極力拒之短兵旣接遂敗之二月丙子詔諸道州府所征乾祐元年夏秋苗畝上紐征白米稈草巳納外並放是日旦黑霧四塞丁丑夕大風乙酉以前房州刺史李鈞夫爲鴻臚卿戊子前右監門將軍喬達及其兄契丹僞命客省使榮等皆棄市達李守貞之姊壻也故皆誅之庚寅徐州巡檢使成德欽奏至峒峿鎭遇淮賊破之殺五百人生擒一百二十八人戊戌大雨霖庚子詔左諫議大夫賈緯等修撰高祖實錄三月丙辰以北京衙內指揮使劉鈞爲汾州防禦使夏

四月丙子以荆南節度行軍司馬武泰軍節度留後王保義爲檢校太尉領武泰軍節度使行軍如故丁丑禎州獻紫兔白兔是月幽定滄貝深冀等州地震辛巳太白經天辛丑幸道宮禱雨五月甲辰朔故湖南節度使檢校太尉兼中書令扶風郡公贈太師馬希聲追封衡陽王戊申以前邠州節度使安審約爲左神武統軍以前洛京副留守袁義爲右神武統軍乙卯河府軍前奏今月九日河中節度副使周光遜棄賊河西寨與將士一千一百三十人來奔己未右監門大將軍許遷上言奉使至博州博平縣界覩蝝生彌亘數里一夕並化爲

蝶飛去辛酉兖鄆齊三州奏蝝生乙丑永興趙思綰遣牙將劉成詣闕乞降制授趙思綰華州節度留後檢校太保以永興城內都指揮使常彦卿爲虢州刺史丁卯宋州奏蝗抱草而死己巳湖南奏蠻寇賀州遣大將軍徐進率兵援之戰于風陽山下大敗蠻獠斬首五千級六月癸酉朔日有食之兖州奏捕蝗二萬斛魏博宿三州蝗抱草而死乙亥潁州獻白鹿戊寅安州節度使楊信奏亡父光遠嘗賜神道碑鐫勒畢無故中斷詔別令斲石鐫勒己卯滑濮澶曹兖淄青齊宿懷相衞博陳等州奏蝗分命中使致祭于所在川澤山林之神開封府

滑曹等州蝗甚遣使捕之（宋史段思恭傳隱帝蝗詔徧祈山川思恭上言赦過宥罪議獄緩刑苟獄訟平允則災害不生望令諸州速決重刑無致淹濫必召和平從之）壬午月犯心星辛卯回鶻遣使貢方物丙申改商州乾元縣爲乾祐縣隸京兆府是月邠寧澤潞涇延鄜坊晉絳等州旱秋七月辛亥湖南奏析長沙縣東界爲龍喜縣從之丙辰樞密使郭威奏收復河府羅城李守貞退保子城丁巳永興都部署郭從義奏新除華州留後趙思綰自今月三日授華州留後準詔赴任三移行期仍要鎧甲以給牙兵及與之竟不遵路至九日夕有部曲曹彦進告思綰欲于十一日夜與同惡五百人奔南山入蜀是日詰

且再促上路云俟夜進途臣尋與王峻入城分兵守四門其趙思綰部下軍各已執帶遂至牙署令趙思綰至則執之與一行徒黨並處置訖甲子樞密使郭威奏收復河中府逆賊李守貞自燔而死丙寅以權涼州留後折逋嘉施爲河西軍節度留後兗州奏捕蝗三萬斛丁卯前洺州團練使武漢球卒戊辰永興軍節度使兼兵馬都部署郭從義加同平章事以華州節度使郭從義奏處斬前巡檢喬守温供奉官王益時知化任繼勳等守温受高祖命巡檢京兆會王益時自鳳翔押送趙思綰等赴闕行至京兆守温迎益于郊外思綰等突然作亂遂據其城及郭從義率兵攻討令守温部署役夫守温有愛姬陷在賊城爲思綰所錄及收城從義盡得思綰之婢僕守温求其愛姬從義雖與之意有所慊遂發前罪密啟于郭威請除之與王益等併誅焉兗州奏捕蝗四萬斛壬午西京留臺侍御史趙礪彈奏太子太保王延太子洗馬張季凝等自去年五月後來每稱請假俱是不任拜起詔延等宜以本官致仕甲申以陝州節度使充河中一行兵馬都部署白文珂爲西京留守加兼侍中潞州節度使充河中一行副都部署常思加檢校太師以右散騎常侍盧撰爲戸部侍郎致仕辛卯右

拾遺高守瓊上言仕官年未三十請不除授縣令詔起今後諸色選人年及七十者宜注優散官年少未歷資考者不得注擬縣令癸巳以翰林學士工部尙書張沆爲禮部尙書沆卜葬先人以內署無例乞假乃上章請解職以赴葬事遂落職以遣之乙未宣徽南院使永興行營兵馬都監王峻宣徽北院使河府行營兵馬都監吳虔裕並加檢校太傅九月乙巳樞密使郭威檢校太師兼侍中宋州節度使兼侍衛親軍都指揮使史弘肇加兼中書令初郭威平河中回朝廷議加恩威奏曰臣出兵已來輦轂之下無犬吠之憂俾臣得專一其事軍旅所聚貲糧不乏此皆居中大臣鎮撫謀畫之功也臣安敢獨擅其美乎帝然之于是弘肇與宰相樞密使三司使次第加恩既而諸大臣以恩之所被皆朝廷親近之臣而宗室劉信及青州劉銖等皆國家元勳必有不平之意且外慮諸侯以朝廷有私于親近也于是議及四方侯伯普加恩焉丙午西京留守判官時彥澄推官姜蟾少尹崔淑並免居官坐不隨府罷職爲留臺侍御史趙礪所彈也己酉以右千牛上將軍孫漢貸爲絳州刺史禮部尙書判吏部尙書銓事王松停見任坐子仁寶爲李守貞從事也尋卒于其第辛亥宰臣竇貞固加

守司徒蘇逢吉加守司空蘇禹珪加左僕射楊邠加右僕射依前兼樞密使太子太師致仕皇甫立卒癸丑三司使王章加邑封乙卯鄴都高行周加守太師襄州安審琦加守太傅兗州符彥卿加守太保北京劉崇加兼中書令丁巳澶州李洪信移鎮陝州以侍衞馬軍都指揮使遂州節度使李洪義爲澶州節度使己未許州劉信加兼侍中開封尹侯益進封魯國公鄆州慕容彥超青州劉銖並加兼侍中湖南馬希廣奏于八月十八日大破朗州馬希萼之衆辛酉靈州馮暉夏州李彝殷並加兼中書令右武衞將軍石懿左武衞將軍石訓並停任懿等以八月中秋享晉五廟命娼婦宿于齋宮鴻臚寺劾之故有是責癸亥鎮州武行德鳳翔趙暉並加檢校太師鄴都磁相邢洺等奏霖雨害稼西京奏洛水溢岸乙丑晉州王晏同州張彥贇邠州侯章涇州史懿滄州王景延州王允權並加檢校太師冬十月庚午朔契丹入寇是日定州孫方簡徐州劉贇並加同平章事以利州節度使宋延渥爲滑州節度使甲戌皇弟興元節度使承勳加檢校太師丙子相州郭謹貝州王繼弘邢州薛懷讓並加檢校太尉庚辰安州楊信鄧州劉重進加檢校太師河陽李暉加檢校太傅壬午兩浙錢弘俶

加守尙書令湖南馬希廣加守太尉癸未監修國史蘇逢吉史官賈緯以所撰高祖實錄二十卷上之丙戌荊南高保融加檢校太師兼侍中以殿前都部署江州防禦使李建爲遂州節度使充侍衞馬軍都指揮使以奉國左廂都指揮使永州防禦使王殷爲夔州節度使充侍衞步軍都指揮使契丹陷貝州高老鎭南至鄴都北境又西北至南宮堂陽殺掠吏民數州之地大被其苦藩郡守將閉關自固遣樞密使郭威率師巡邊仍令宣徽使王峻參預軍事庚寅府州折從阮進封岐國公豐州郭勳進封虢國公十一月壬寅鄜州留後王饒加檢校太傅癸丑以吳越國王錢弘俶母吳氏爲順德太夫人時議者曰封贈之制婦人有國邑之號死乃有謚后妃公主亦然唐則天主女自我作古乃生有則天之號韋庶人有順聖之號知禮者非之近代梁氏賜張宗奭妻號曰賢懿又改爲莊惠今以吳氏爲順德皆非古之道也乙卯以大府卿劉皞爲宗正卿十二月庚午朔湖南奏靜江軍節度使馬希瞻以今年十月十八日卒廢朝二日辛未日暈三重戊寅司徒門下侍郎平章事竇貞固奏請修晉朝實錄詔史官賈緯竇儼王伸等修撰以禮部尙書張沆復爲翰林學士壬午皇帝二十一姊

永寧公主進封秦國長公主潁州奏破淮賊于安陽 永樂大典卷一萬六千二百二

舊五代史卷一百二終

舊五代史卷一百二攷證

漢隱帝紀中安州節度使楊信 案楊信本名承信在隱帝時避御名去承字是書仍當時實錄之舊

丁巳永興都部署郭從義奏新除華州留後趙思綰與一行徒黨並處置訖 案歐陽史作郭威殺華州留後趙思綰于京兆蓋威命從義圖之耳

甲子樞密使郭威奏收復河中府逆賊李守貞自燔而死 案通鑑壬戌李守貞自焚死歐陽史作甲子克河中祇以奏聞之日爲據也五代春秋繫于六月殊誤

辛亥宰臣竇貞固加守司徒 案宋史竇貞固傳作隱帝即位加司徒攷貞固加司徒在乾祐二年宋史作即位所加蓋未詳攷

以利州節度使宋延渥爲滑州節度使 案延渥爲利州節度使于前未見王禹偁宋公神道碑云少帝嗣統授檢校太尉使持節利州諸軍事行利州刺史蓋延渥于元年出鎮利州二年復改鎮也是書未及詳載

舊五代史卷一百二攷證

宋司空同中書門下平章事薛居正等撰

隱帝紀下　漢書五

乾祐三年春正月己亥朔帝不受朝賀鳳翔行營都部署趙暉奏前月二十四日收復鳳翔逆賊王景崇舉族自燔而死（案歐陽史作正月西南行營都部署趙暉克鳳翔據薛史則收復鳳翔自在二年十二月非三年春事也歐陽史蓋誤以告捷之月爲收復之月耳五代春秋作十二月趙暉克鳳翔誅王景崇爲得實）丁未鳳翔節度使充西南行營都部署趙暉加兼侍中戊申密州刺史王萬敢奏奉詔領兵入海州界至荻水鎮俘掠焚蕩更請益兵詔前沂州刺史郭瓊率禁軍赴之庚戌前永興軍節度副使安友規除名流登州沙門島先是友規權知永興軍府事及趙思綰之奔衝友規失守城池至是乃正其罪焉癸亥以前邠州節度使宋彥筠爲太子太師致仕丙辰分命使臣赴永興鳳翔河中收葬用兵已來所在骸骨時已有僧聚髑髏二十萬矣前沂州刺史郭瓊奏部署兵士深入海州賊界是月有狐登明德樓主者獲之狐毛長而腹下別有二足二月辛巳青州奏郭瓊部署兵士自海州廻至當道甲申樞密使郭威巡邊廻丁亥汝州防禦使劉審交卒乙未以前安州節度使劉遂凝爲左武衛上將軍以鄜州節

度使焦繼勳爲右武衛上將軍以前永興軍節度使趙贊爲左驍衛上將軍三月己亥徐州部送所獲淮南都將李暉等三十三人徇于市給衫幞放還本土是月鄴都留守高行周兗州符彥卿鄆州慕容彥超西京留守白文珂鎮州武行德安州楊信潞州常思府州折從阮皆自鎮來朝嘉慶節故也戊午宴羣臣于永福殿帝初舉樂壬戌鄴都高行周移鎮鄆州兗州符彥卿移鎮青州並加邑封甲子西京留守白文珂潞州常思鎮州武行德並進邑封鄆州慕容彥超移鎮兗州夏四月戊辰朔邢州薛懷讓移鎮同州相州郭謹河陽李暉並進邑封庚午府州折從阮移鎮鄧州辛未故深州刺史史萬山（案遼史世宗紀殺深州刺史史萬山在天祿三年即漢乾祐二年）贈太傅先是契丹入邊萬山城守郭威遣索萬進率騎七百屯深州一日契丹數千騎廹州東門萬山父子率兵百餘人襲之僞退十餘里而伏兵發萬山血戰急請救于萬進萬進勒兵不出萬山死之契丹亦解去時論以萬進爲罪故加萬山贈典焉壬申華州劉詞移鎮邢州安州楊信移鎮鄜州貝州王令温移鎮安州並加邑封以鄜州留後王饒爲華州節度使以其來朝故也丁丑尚食奉御王紹隱除名流沙門島坐匿軍營女口也辛巳以宣徽北院

使吳虔裕爲鄭州防禦使時樞密使楊邠上章乞解樞機帝命中使諭之曰樞機之職捨卿用誰忽有此章莫有人離間否虔裕在傍颺言曰樞密重地難以久處俾後來者迭居相公辭讓是也中使還具奏帝不悅故有是命壬午以樞密使郭威爲鄴都留守依前樞密使詔河北諸州應兵甲錢帛糧草一稟郭威處分癸未府州永安軍額宜停命降爲團練州戊子翰林學士承旨戶部尚書王仁裕罷職守兵部尚書左千牛上將軍張瓘卒庚寅以西南面水陸轉運使尚書工部侍郎李穀爲陳州刺史左金吾上將軍致仕馬萬卒甲午以前華州節

度使安審信爲左衞上將軍以前潞州節度使張從恩爲右衞上將軍五月戊戌朔帝御崇元殿受朝丙午以皇弟興元節度使承勳爲開封尹加兼中書令未出閤甲子詔諸道州府差置散從官大府五百人上州三百人下州二百人勒本處團集管係立節級檢校教習以警備州城閏月癸巳京師大風雨壞營舍吹鄭門扉起十數步而墮拔大木數十震死者六七人水平地尺餘池隍皆溢是月宮中有怪物投瓦石擊窗撼扉人不能制六月庚子以國子祭酒田敏爲尚書右丞癸卯太僕卿致仕謝攀卒輟視朝一日鄭州奏河決原武縣界乙

卯司天臺上言鎭星逆行至太微左掖門外自戊申年八月十二日入太微西垣犯上將屏星執法勾已往來至己酉年十一月十二日夜方出左掖門順行自今年正月十日夜復逆行入東垣至左掖門秋七月庚午河陽奏河漲三丈五尺乙亥滄州奏積雨約一丈二尺安州奏溝河泛溢州城內水深七尺丙子帝御崇元殿授皇太后册命宰臣蘇逢吉行禮辛巳三司使奏州縣令錄佐官請據戶籍多少量定俸戶縣三千戶已上令月十千主簿八千二千戶已上令月八千主簿五千二千戶以下令月六千主簿四千每戶月出錢五百並以管

內中等戶充錄事參軍判司俸錢視州界令佐取其多者給之其俸戶與免縣司差役從之八月辛亥以蒙州城隍神爲靈感王從湖南請也時海賊攻州城州人禱于神城得不陷故有是請辛酉給事中陶穀上言請停五日內殿轉對從之壬戌以兵部侍郎于德辰爲御史中丞邊蔚爲兵部侍郎九月辛巳朗州節度司馬希萼奏請于京師別置邸院不允是時希萼與其弟湖南節度使希廣方搆鬩牆之怨故有是請帝以湖南已有邸務不可更置由是不允仍命降詔和解焉冬十月己亥帝狩于近郊丙午湖南馬希廣遣使上章且言荊南淮

南廣南三道結搆欲分割湖湘乙卯發兵師以爲援助時朝廷方議起軍會內難不果行丁未兩浙錢弘俶加諸道兵馬元帥戊申彰德軍節度使郭謹卒癸丑以前同州節度使張彥贇爲相州節度使辛酉月犯心大星十一月甲子朔日有蝕之乙丑永州唐將軍祠贈太保從湖南請也己巳日南至帝御崇元殿受朝賀仗衛如式辛未詔侍衛步軍都指揮使王殷將兵屯澶州丙子誅樞密使楊邠侍衛都指揮使史弘肇三司使王章夷其族是日平旦甲士數十人由廣政殿出至東廡下害邠等于閤內皆死于亂刃之下又誅弘肇弟小底軍都

虞候弘朗如京使甄彥奇內常侍辛從審楊邠子比部員外郎廷侃左衞將軍廷偉左贊善大夫廷倚王章姪右領衞將軍旻子壻戶部員外郎張貽肅樞密院副承宣郭顒控鶴都虞候高進侍衞都承局荆南金三司都勾官柴訓等分兵收捕邠等家屬及部曲傔從盡戮之少頃樞密承旨聶文進急召宰臣百寮班于崇元殿庭宣楊邠史弘肇王章等同謀叛逆欲危宗社並斬之與卿等同慶班退召諸軍將校至萬歲殿帝親諭史弘肇等欲謀逆亂之狀且言弘肇等欺朕年幼事權擅命使汝輩常懷憂恐自此朕自與汝等爲主必無橫憂也諸

軍將校拜謝而退召前任節度使刺史統軍等上殿諭之帝遣軍士守捉宮城諸門比近日旰朝臣步出宮門而去是日晴霽無雲而昏霧濛濛有如微雨人情惴恐日將午載楊邠等十餘尸分暴于南北市是日帝遣腹心賫密詔往澶州鄴都令澶州節度使李洪義誅侍衞步軍都指揮使王殷令鄴都屯駐護聖左廂都指揮使郭崇奉國左廂都指揮使曹英害樞密使郭威及宣徽使王峻急詔鄆州高行周青州符彥卿永興郭從義兗州慕容彥超同州薛懷讓鄭州吳虔裕陳州李穀等赴闕以宰臣蘇逢吉權知樞密院事前青州劉銖權知開封

府事侍衞馬軍都指揮使李洪建判侍衛司事內客省使閻晉卿權侍衞馬軍都指揮使丁丑澶州節度使李洪義受得密詔知事不克乃引使人見王殷殷與洪義遣本州副使陳光穗賫所受詔馳至鄴都（宋史少帝遣供奉官孟業賫密詔令洪義殺王殷洪義素怯懦慮殷覺遷延不敢發遽引業見殷殷乃錮業送密詔于周祖）郭威得之即召王峻郭崇曹英及諸軍將校至牙署視詔兼告楊史諸公寃枉之狀且曰汝等當奉行詔旨斷予首以報天子自取功名郭崇等與諸將校前曰此事必非聖意即是李業等竊發假如此輩便握權柄國家安乎事可陳論何須自棄致千載之下被此惡名崇等願從

公入朝面自洗雪于是將校等請威入朝以除君側之惡共安天下東都事略漢隱帝遣使害太祖魏仁浦曰公有大功于朝廷握強兵臨重鎮以讒見疑豈可坐而待斃教以易其語云誅將士以激怒衆心太祖納其言翌日郭威以衆南行戊寅鄴兵至澶州庚辰至滑州節度使宋延渥開門迎降案歐陽史庚辰義成軍節度使宋延渥叛附于郭威與薛氏同通鑑作辛巳與薛史異是日詔前開封尹侯益前鄜州節度使張彥超權侍衛馬軍都指揮使閻晉卿鄭州防禦使吳虔裕等率禁軍赴澶州守捉辛巳帝之小豎鸗脫自北廻先是帝遣鸗脫偵鄴軍所至爲游騎所獲郭威即遣廻因令附奏赴闕之意仍以密奏置鸗脫衣領中帝覽奏即召李業示之聶文進郭允明在旁懼形于色初議車駕幸澶州及聞鄴兵已至河上乃止帝大懼私謂宰臣竇貞固等曰昨來之事太草草耳李業等請帝傾府庫以給諸軍宰相蘇禹珪以爲未可業拜禹珪于帝前曰相公且爲官家莫惜府庫遂下令侍衛軍人給二十緡下軍各給十緡其北來將士亦準此仍遣北來將士在營子弟各賫家問向北諭之壬午鄴軍至封丘慕容彥超自鎭馳至帝遂以軍旅之事委之宋史侯益傳云周太祖起兵隱帝議出師禦之益獻計曰王者無敵于天下兵不宜輕出況大名戍卒家屬盡在京城不如閉關以挫其銳遣其母妻發降以招之可不戰而定慕容彥超以爲益衰老作懦夫計沮之彥超謂帝曰陛下勿憂臣當生致其魁首

彥超退見聶文進詢北來兵數及將校名氏文進告之彥超懼曰大是劇賊不宜輕耳又遣袁𧦬劉重進王知則等出師以繼前軍慕容彥超以大軍駐于七里郊掘塹以自衞都下率坊市出酒食以餉軍癸未車駕勞軍即日還宮翌日慕容彥超揚言曰官家宮中無事明日再出觀臣破賊甲申車駕復出幸七里店軍營王師陣于劉子陂與鄴軍相望太后以帝至晚在外遣中使謂聶文進曰賊軍在近大須用意文進曰有臣在必不失策縱有一百箇郭威亦當生擒之耳彥超輕脫先擊北軍郭威命何福進王彥超李筠等大合騎以乘之彥超退却死者百餘人于是諸軍奪氣稍稍奔于北軍吳虔裕張彥超等相繼而去慕容彥超以部下十數騎奔兗州是夜帝與宰臣從官宿于野次侯益焦繼勳潛奔鄴軍乙酉旦帝策馬至玄化門劉銖在門上問帝左右兵馬何在乃射左右帝迴與蘇逢吉郭允明詣西北村舍郭允明知事不濟乃剚刃于帝而崩時年二十蘇逢吉郭允明皆自殺案通鑑考異引劉恕曰允明帝所親信何由弒逆蓋郭威兵殺帝事成之日諱之因允明自殺而歸罪耳今考劉恕所辨祇以揣度言之亦無實據薛史蓋據當時實錄也是日周太祖自迎春門入諸軍大掠烟火四發翌日至晡方定前滑州節度使白再榮爲亂兵所害吏部侍郎張允墜

屍而死周太祖既入京城命有司遷帝梓宮于太平宮或曰可依魏高貴鄉公故事以公禮葬之周祖曰予顚沛之中不能護衛至尊以至于此若又貶降人謂我何于是詔擇日舉哀命前宗正卿劉皡主喪丙戌太后詔曰高祖皇帝翦亂除兇變家爲國救生靈于塗炭創王業于艱難甫定寰區遽遺弓劍樞密使郭威楊邠侍衛使史弘肇三司使王章親承顧命輔立少君協力同心安邦定國旋屬四方多事三叛連衡吳蜀內侵契丹啟釁蒸黎恟懼宗社阽危郭威受任專征提戈進討躬當矢石盡掃烟塵外寇蕩平中原寧謐復以强敵未殄邊

塞多艱允賴寶臣往臨大鎭疆埸有藩籬之固朝廷寬宵旰之憂不謂兇豎連謀羣小得志密藏鋒刃竊發殿庭已殺害其忠良方奏聞于少主無辜受戮有口稱冤而又潛差使臣矯賫宣命謀害樞密使郭威宣徽使王峻侍衛步軍都指揮使王殷等人知無罪天不助奸今者郭威王峻澶州節度使李洪義前曹州防禦何福進前復州防禦使王彥超前博州刺史李筠北面行營馬步都指揮使郭崇步軍都指揮使曹英護聖都指揮使白重贊索萬進田景咸樊愛能李萬全史彥超奉國都指揮使張鐸王暉胡立弩手指揮使何贇等徑領兵師

來安社稷逆黨皇城使李業內客省使閻晉卿樞密都承旨聶文進飛龍使後贊翰林茶酒使郭允明等脅君于大內出戰于近郊及至力窮遂行弒逆冤憤之極今古未聞今則兇黨既除羣情共悅神器不可以無主萬機不可以久曠宜擇賢君以安天下河東節度使崇許州節度使信皆高祖之弟徐州節度使贇開封尹承勳高祖之男俱列磐維皆居屏翰宜令文武百辟議擇嗣君以承大統云樞密使郭威以蕭牆變起宗祏無奉率羣臣候太后請定所立且言開封尹承勳高祖皇帝之愛子也請立爲嗣太后告以承勳羸病日久不能自舉

周太祖與諸將請覘承勳起居及覘之方信遂議立高祖從子徐州節度使贇爲嗣乙丑太后誥曰天未悔禍喪亂孔多嗣主幼沖羣兇蔽惑構奸謀于造次縱毒蠆于斯須將相大臣連頸受戮股肱良佐無罪見屠行路咨嗟羣心扼腕則高祖之洪烈將墜于地賴大臣郭威等激揚忠義拯濟顚危除惡蔓以無遺俾綴旒之不絕宗祧事重纘繼才難既聞將相之謀復考蓍龜之兆天人協贊社稷是依徐州節度使贇稟上聖之資抱中和之德先皇如子鍾愛特深固可以子育兆民君臨萬國宜令所司擇日備法駕奉迎卽皇帝位於戲神器至重

天步方艱致理保邦不可以不敬貽謀聽政不可以不勤允執厥中祇膺景命是日遣前太師馮道等往徐奉迎周太祖以嗣君未至萬機不可暫曠率羣臣請太后臨朝誥答曰昨以奸邪搆釁亂我邦家勳德効忠翦除兇慝俯從人欲已立嗣君宗社危而再安紀綱壞而復振皇帝法駕未至庶事方殷百辟上言請予莅政宜允輿議權總萬機止于浹旬即復明辟按前代故太上皇稱誥太皇太后皇太后曰令今云誥有司誣也以宣徽南院使王峻爲樞密使右神武統軍袁巑爲宣徽南院使陳州刺史李穀權判三司步軍都指揮使王殷爲侍

衛親軍馬步都指揮使護聖左廂都指揮使郭崇爲侍衛馬軍都指揮使奉國左廂都指揮使曹英爲侍衛步軍都指揮使鎭州邢州馳奏契丹寇洺州陷內丘縣時契丹永康王鄂約舊作兀欲今改正率部族兩道入邊內丘城小而固契丹攻之五日不下敵人傷者甚衆時有官軍五百在城防戍戍攻急官軍降于敵屠其城而去案遼史世宗紀十月自將南伐下安平內丘束鹿等城大穫而還與薛史所載互有詳畧庚寅樞密使郭威奏左軍巡檢得飛龍使後贊款伏與蘇逢吉李業閻晉卿聶文進郭允明等同謀令散員都虞候貢德等下手殺害史弘肇等權開封尹劉銖具伏朋附李業爲亂

屠害將相家屬其劉銖等準誥旨處置訖並蘇逢吉郭允明閻晉卿聶文進首級並梟于南北市其骨肉放棄辛卯河北諸州馳報契丹深入太后誥曰王室多故邊境未寧內難雖平外寇仍熾據北面奏報强敵奔衝繼發兵師未聞平殄須勞上將暫自臨戎宜令樞密使郭威部署大軍早謀掩擊其軍國庶事權委宰臣竇貞固蘇禹珪樞密使王峻等商量施行在京馬步兵士委王殷都大提舉十二月甲午朔郭威領大軍北征丁酉以翰林學士尚書戸部侍郎知制誥范質爲樞密副使東都事略周太祖征李守貞每朝廷遣使齎詔處分軍事皆中機會太祖問誰爲此辭使者以范質對太祖曰宰相器也太祖起兵入京師遽令草太后誥及議迎湘陰公儀注乃白太后以質爲兵部侍郎樞密副使陝州

李洪信奏馬步都指揮使聶召奉國指揮使楊德護聖指揮使康審澄等與節度使判官路濤掌書記張洞都押衙楊紹勍等同情謀叛並殺之惟康審澄夜中放火斬關奔歸京師初朝議以諸道方鎭皆是勳臣不諳政理其都押衙孔目令三司軍將內選才補之藩帥不悅故洪信因朝廷多故誣奏加害焉壬寅湖南上言朗州馬希萼引五谿蠻及淮南洪州軍來攻當道望量差兵士于淮境牽引乙巳遣前淄州刺史陳思讓領軍入淮南界以便宜進取辛亥遣宰相蘇禹珪及朝臣十員往

宋州迎奉嗣君壬子樞密使郭威次澶州何福進已下及諸軍將士扶擁威請為天子即日南還威上章于太后言為諸軍所廹班師庚申威至北郊駐軍于皐門村許州廵檢前申州刺史馬鐸奏節度使劉信自殺壬戌奉太后誥命樞密使侍中郭威監國中外庶事並取監國處分先時樞密使王峻以湘陰公已在宋州慮聞澶州之事左右變生遣侍衛馬軍指揮使郭崇率七百騎往衛之東都事略郭崇傳王峻遣崇率七百騎迎贇遇于睢陽崇曰澶州兵變遣崇來衛乘輿非有他也具言軍情有屬天命已定贇執崇手而泣崇即送贇就館己未太后誥曰比者樞密使郭威志在社稷議立長君以徐州節度使贇高祖

近親立為漢嗣爰自藩鎮徵赴京師雖誥命尋行而軍情不附天道在北人心靡東適當改卜之初俾膺分土之命贇可降授開府儀同三司檢校太師上柱國封湘陰公食邑三千戶食實封五百戶明年正月丁卯太后誥奉符寶于監國可即皇帝位周太祖踐阼奏太后為母遷于西宮上尊號曰昭聖太后是月十五日周太祖與百寮詣帝殯宮成服親奠不視朝七日又詔太常定謚曰隱以其年八月二日復遣前宗正卿劉皥護靈輀備儀仗葬于許州陽翟縣之潁陵祔神主于高祖之寢宮帝姿貌白晳眉目疎朗未即位時目多瞤掣嗌涙不止即位之始遽無此態及內難將作復如故帝自關西平定之後稍生驕易然畏憚大臣未至縱恣嘗因乾象差忒宮中或有怪異召司天監趙延乂訊其休咎延乂對以修德即無患既退遣中使就問延乂曰何者為德延乂勸讀貞觀政要邇後與聶文進郭允明後贊狎習信其邪說以至于敗高祖之征鄴城也一日帝語太祖曰我夜來夢爾為驢背我升天既捨爾俄變為龍捨我南去是何祥也周太祖撫掌而笑冥符肸蠁豈偶然哉永樂大典卷一萬六千二百二

史臣曰隱帝以冲幼之年嗣新造之業受命之主德非

禹湯輔政之臣復非伊呂將欲保延洪之運守不拔之基固不可得也然西摧三叛雖僅滅于欃槍而內稔羣兇俄自取于狼狽自古覆宗絕祀之速者未有如帝之甚也噫蓋人謀之弗臧非天命之遽奪也永樂大典卷一萬六千二百二

舊五代史卷一百三終

舊五代史卷一百三攷證

漢隱帝紀下鳳翔行營都部署趙暉奏前月二十四日收復鳳翔　案歐陽史作正月趙暉克鳳翔據是書則收復鳳翔在二年十二月非三年春事也歐陽史蓋誤以告捷之月爲收復之月耳五代春秋作十二月收復鳳翔誅王景崇爲得其實

澶州刺史李洪義　案宋史洪義本名洪威避周太祖諱改

護聖左廂都指揮使郭崇　案東都事略郭崇初名崇威避周太祖諱止稱崇

巳丑太后誥曰　案原本作乙丑與五代春秋同今從通鑑改作巳丑

舊五代史卷一百三攷證

舊五代史卷一百四

宋司空同中書門下平章事薛居正等撰

后妃列傳第一　漢書六

高祖皇后李氏晉陽人也高祖微時嘗牧馬于晉陽別墅因夜入其家刼而取之及高祖領藩鎮累封魏國夫人高祖建義于太原欲行頒賚于軍士以公帑不足議率井邑助成其事后聞而諫曰自晉高祖建義及國家興運雖出于天意亦土地人民福力同致耳未能惠其衆而欲奪其財非新天子卹隱之理也今後宮所積宜悉以散之設使不厚人無怨言高祖改容曰敬聞命矣

遂停斂貸之議后傾內府以助之中外聞者無不感悅天福十二年册為皇后隱帝即位尊為皇太后（永樂大典卷一萬六千三百九十　案以下疑有闕文據通鑑云隱帝與李業等謀誅楊邠等議既定入白太后太后曰茲事何可輕發更宜與宰相議之業時在旁曰先帝嘗言朝廷大事不可謀及書生懦怯誤人太后復以為言帝忿曰國家之事非閨門所知拂衣而出又曰南北遇于劉子陂帝欲自出勞軍太后曰郭威吾家故舊非死亡切身何以至此但按兵守城飛詔諭之觀其志趣必有詞理則君臣之禮尙全愼勿輕出帝不從薛史載于李業傳當係史家前後省文）周太祖入京凡軍國大事皆請后發教令以行之是歲議立徐州節度使贇為帝以迎奉未至周太祖乃率羣臣拜章請后權臨朝聽政后于是稱誥焉及周太祖為六軍推戴上章具述其事且言願事后為慈母后下誥答曰侍中功烈崇高德聲昭著剪除禍亂安定乾坤謳歌有歸曆數攸屬所以軍民推戴億兆同歡老身未終殘年屬茲多難惟以衰朽託于始終載省來牋如母見待感念深意涕泗橫流云仍出戎衣玉帶以賜周太祖周太祖即位上尊號曰德聖皇太后居于太平宮周顯德元年春薨（永樂大典卷一萬七千三百一十二　案隱帝未立皇后據薛史張彥成傳云隱帝娶彥成女楊邠傳云隱帝所愛耿夫人欲立為后邠以為太速夫人卒隱帝欲以后禮葬邠又止之蓋隱帝在位三年崩時年二十故未及册立皇后也又五代會要載漢高祖長女永寧公主降宋延渥天福十二年四月封至乾祐二年十二月追封秦國長公主通鑑以永寧公主為晉高祖女蓋誤）

舊五代史卷一百四終

舊五代史卷一百五

宋司空同中書門下平章事薛居正等撰

宗室列傳第二　漢書七

魏王承訓字德輝高祖之長子也少温厚美姿儀高祖尤鍾愛在晉累官至檢校司空國初授左衛上將軍高祖將赴洛命承訓北京大內巡檢未幾詔赴闕授開封尹檢校太尉同平章事以天福十二年十二月十一日薨于府署年二十六高祖發哀于太平宮哭之大慟以至于不豫是月追封魏王歸葬于太原（永樂大典卷六千七百六十）

陳王承勳亦高祖之幼子也國初授右衛大將軍隱帝

嗣位加檢校太尉同平章事遙領興元尹俄代侯益爲開封尹進位檢校太師兼侍中乾祐三年冬十一月蕭牆之亂隱帝崩軍情欲立勳爲嗣時勳已病大臣及諸將請候勳起居太后令左右以卧榻舁之以見諸將就視知勳之不能興故議立劉贇周廣順元年春卒周太祖下詔封陳王（永樂大典卷六千七百六十）

蔡王信高祖之從弟也少從軍漸至龍武小校高祖鎮并州爲興捷軍都將領龔州刺史檢校太保國初爲侍衛馬軍都指揮使檢校太傅兼義成軍節度使尋移鎮許州加太尉同平章事高祖寢疾大漸楊邠受密旨遣信赴鎮信卽時戒路不得奉辭雨泣而去隱帝卽位加檢校太師關輔賊平就加侍中信性昏懦黷貨無厭喜行酷法掌禁軍時左右有犯罪者召其妻子對之臠割令自食其肉或從足支解至首血流盈前而命樂對酒無仁愍之色未嘗接延賓客在鎮日聚斂無度會高祖山陵梓宮經由境上信率掠吏民以備迎奉百姓苦之初聞殺楊邠史弘肇遽啓宴席集寮佐賓幕令相致賀曰我謂天無眼令我三年不能適意主上孤立幾落賊手諸公勸我一杯可也俄蕭牆之變憂不能食尋有太后令言立湘陰公卽令其子往徐州奉迎數日陳思讓

率馬軍經過城西但令供頓不敢出城未幾澶州軍變王峻遣前申州刺史馬鐸領軍赴州巡檢鐸引軍入城信惶惑自殺廣順初追封蔡王（永樂大典卷六千七百六十）

湘陰公贇爲徐州節度使乾祐元年八月中有雲見五色（册府元龜卷九百五十一）明年冬杪有鳥翔集于鮮碧堂庭樹黃質朱喙金目青翼紺趾玄尾有類于鳳有賓佐歎曰野鳥入室主人將去旬日而不知所之（永樂大典卷一萬一千四百八十五）

乾祐三年冬十一月周太祖駐軍于京師議立嗣君奉太后詔立贇爲嗣傳詔之際馮道笏墜于地左右惡之（永樂大典卷一萬七千三百一十一）馮道至贇出郊迎常所乘馬比甚馴

服至是馬蹄嚙奔逸人不可制乃以他馬代之時以爲不祥（永樂大典卷一萬一千六百五十五）將離彭城嘗一日天有白光一道自西來照城中如晝有聲如雷時人謂之天裂又有巨星墜于徐野殷然有聲或謂之天狗後贇果廢死（册府元龜卷九百五十一）

案湘陰公傳原本殘闕今采册府元龜補之以存大概

五代史補郭忠恕七歲童子及第富有文學尤工篆隷常有人于龍山得鳥跡篆忠恕一見輒誦如宿習乾祐中湘陰鎮徐州辟爲推官周祖之入京師也少主崩于北岡周主命宰相馮道迎湘陰公將立之至宋州高祖已爲三軍推戴忠恕知事變乃正色責道曰令公累朝大臣誠信著于天下四方談士無賢不肖皆以爲長者今一旦返作脫空漢前功業並棄令公之心安乎道無言對忠恕因勸湘陰公殺道以奔河東公猶豫未決遂及于禍忠恕竄迹久之晚年尤好輕忽卒以此敗坐除名配流焉

十國春秋湘陰公傳云湘陰公贇世祖子也高祖愛之以爲己子乾祐

元年拜武寧軍節度使二年加同平章事郭威既敗慕容彥超于北郊隱帝遇弒威入京師謂諸大臣密相推戴及見宰相馮道等道殊無意威不得已見道下拜而道猶受拜如平時徐勞之曰公行良苦威意色皆沮以爲大臣未有推己意又難于自立因與王峻入白太后推擇漢嗣羣臣乃具奏曰武寧節度使贇高祖愛以爲子宜立爲嗣乃遣太師馮道率百官往迎道揣威意不在贇直前問曰公此舉由衷乎威指天爲誓道既行語左右曰吾生平不作謬語人今謬語矣道見贇傳太后意召之贇行至宋州威已自澶州爲兵士擁還京師王峻慮贇左右生變遣侍衛馬軍指揮使郭崇威以兵七百騎衛贇崇威至宋州贇登樓問崇威所以來之意崇威曰澶州軍變懼未察之遣崇威護衛非惡意也贇召崇威崇威不敢進馮道出與崇威語崇威乃登樓見贇時護聖指揮使張令超帥步兵爲贇宿衛判官董裔說贇曰觀崇威瞻視舉措必有異謀道路皆言郭威已爲天子而陛下深入不止禍其至哉請急召令超諭以禍福使夜以兵刼崇威所屬士卒明日掠睢陽金帛募士卒北走太原彼新定京邑未暇追我此策之上也贇猶豫未決是夕崇威密誘令超歸郭氏盡奪贇部下兵郭威以書召道道先歸留其副趙上交王度奉贇入朝太后道乃辭贇先還贇謂道曰寡人此來所恃者以公三十年舊相是以不疑道默然贇客將賈貞等數目道欲圖之贇曰勿草草事豈出于公耶道已去崇威乃幽贇于外館殺賈貞董裔及牙內都虞候劉福孔目官夏昭度等郭威已監國太后乃下誥曰比者樞密使威志安宗社議立長君以徐州節度使贇高祖親近立爲漢嗣乃自藩鎮召赴京師雖誥命已行而軍情不附天道在北人心靡東適當改卜之初俾應分土之命贇可降授開封府儀同三司檢校太師上柱國封湘陰公贇卒以殺死

舊五代史卷一百五終

舊五代史卷一百五攷證

漢宗室列傳二陳王承勳傳軍情欲立勳爲嗣　案立勳爲嗣疑脫承字冊府元龜引是書亦同蓋承勳在隱帝時避御名故去承字也是書仍當時實錄之舊未及改歸畫一今姑仍其舊

舊五代史卷一百五攷證

宋司空同中書門下平章事薛居正等撰

列傳第三　漢書八

王周，魏州人，少勇健，從軍事唐莊宗、明宗，稍遷裨校，以戰功累歷郡守。晉天福初，范延光叛于魏州，周從楊光遠攻降之。安重榮以鎮州叛，從杜威討平之，以功授貝州節度使，歲餘，移鎮涇州。先是，前帥張彥澤在任苛虐，部民逃者五千餘戶，及下車，革前弊二十餘事，逃民歸復，賜詔褒美。後歷鄧、陝二鎮。陽城之役，周時爲定州節度使，大軍往來，供饋無闕。未幾，遷鎮州節度使。周稟性

寬惠，人庶便之。開運末，杜重威降于契丹，引契丹主臨城諭之，周泣曰：「受國重恩，不能死戰，而以兵降，何面南行見人主與士大夫乎！」乃痛飲欲引決，家人止之。事不獲已，見契丹主，授鄧州節度使、檢校太師。高祖定天下，移鎮徐州，加同平章事。乾祐元年二月，以疾卒于鎮，輟視朝二日，贈中書令。周性寬恕，不忤物情。初刺信都，州城西橋敗，覆民租車，周曰：「橋梁不飭，刺史之過也。」乃還其所沉粟，出私財以修之，民庶悅焉。〔永樂大典卷一萬八千一百三十二〕

劉審交，字求益，幽州文安人也。祖海，父師遂。審交少讀書，尤精吏道，起家署北平主簿，轉與唐令，本府召補牙職。劉守光之僭號，僞署兵部尚書。燕亡，歸于太原，莊宗知之，用爲諸府從事。同光初，趙德鈞鎮幽州，朝廷以內官馬紹宏爲北面轉運使，辟審交爲判官。王都據定州叛，朝廷命王晏球進討，以審交爲轉運供軍使。王都平，以勞授遼州刺史。明年，復爲北面供軍轉運使，改磁州刺史，以母年高，去官就養。及丁內艱，毀瘠過禮，服闋，不出累年。晉高祖踐阼，范延光以魏州叛，命楊光遠以總兵討之，復召審交爲供饋使。鄴中平，命審交爲三司使，授右衛大將軍。六年夏，出爲陳州防禦使，歲餘，移襄州防禦使。審交治襄，撫綏有術，民庶懷之。青州楊光遠平，

降平盧軍爲防禦州，復用審交爲防禦使，累官至檢校太傅。時用軍之後，審交矜恤撫理，凋弊復蘇。契丹破晉，審交以代歸。蕭翰在都，復用爲三司使。翰歸蕃，李從益在汴州，召高行周、武行德，將委以軍事，皆不受命。尋聞高祖起義于太原，史弘肇在澤潞，都人大懼。時有燕軍千人守捉諸門，李從益母王淑妃詢于文武臣寮曰：「予子母在洛，孤危自處，一旦爲蕭翰所逼，致令及此，但遣人迎請太原，勿以予子母爲事。」或曰：「收拾諸處守營兵士與燕軍，足以把城以俟河北救應，可也。」妃曰：「非謀也。我子母亡國之餘，安敢與人爭天下！」眾議籍籍，猶以把

城爲祠審交曰余燕人也今城有燕軍固合爲燕謀然事機有所不可此城經敵軍破除之後民力空匱餘衆幸存若更謀之不臧閉門拒守一月之內無復遺類諸君勿言宜從太妃處分由是從益遣使往太原貢奉高祖至汴罷使歸班隱帝嗣位用爲汝州防禦使汝爲近輔號爲難治審交盡去煩弊無擾于民百姓歌之乾祐二年春卒年七十四郡人聚哭柩前所列狀乞留葬本州界立碑起祠以時致祭本州以聞詔曰朝廷之制皆有舊章牧守之官比無贈典其或政能殊異惠及蒸黎生有令名歿留遺愛襃賢獎善豈限彝章可特贈太尉

吏民所請宜依故相國太師秦國公馮道聞之曰予嘗爲劉汝州僚佐知其爲人廉平慈善無害之良吏也刺遼磁治陳襄靑皆稱平允不顯殊尤其理汝也又安有異哉民之租賦不能減也徭役不能息也寒者不能衣也餒者不能食也百姓自汲汲而使君何有於我哉然身死之日致黎民懷感如此者誠以不行鞭扑不行刻剝不因公而徇私不害物以利己確然行良吏之事薄罰宥過謹身節用安俸祿守禮分而已凡從事于斯者孰不能乎但前之守土者不能如是是以汝民咨嗟愛慕今天下戎馬之後四方兇盜之餘杼軸空而賦斂繁人民稀而倉廩匱謂之康泰未易輕言侯伯牧宰若能哀矜之不至聚斂不殺無辜之民民爲邦本政爲民本和平寬易卽劉君之政安足稱耶復何患不至于令名哉道仍爲著哀詞六章鐫于墓碑之陰焉（永樂大典卷九千九十九）

武漢球澤州人也少拳勇潞帥李嗣昭倚爲親信事唐莊宗明宗繼爲禁軍裨校淸泰中會晉高祖引契丹爲援與朝廷隔絕遂歸晉祖天福初授趙州刺史入爲奉國軍都指揮使出刺曹州開運初遷耀州團練使高祖至東京授洺州刺史漢球以目疾年高辭郡帝曰廣平小郡卿卧理有餘無以疾辭至郡未期復以目疾請代

而免乾祐二年秋卒于京師漢球雖出自行伍然長于撫理常以掊斂爲戒民懷其惠身死之日家無餘財有管迥者漢球守郡日辟爲判官及漢球卒于汴迥在洺州未之知一日忽謂所親曰太保遣人召我遂沐浴新衣冠無疾瞑目而終家人不知其故後數日方聞漢球卒（永樂大典卷一萬八千一百三十二）

張瓘同州車渡村人故太原監軍使承業之猶子也承業唐書有傳唐天祐中承業佐唐武皇莊宗有功甚見委遇瓘聞之與昆仲五人自故里奔于太原莊宗皆任用之瓘天祐十三年補麟州刺史承業治家嚴毅小過

無所容恕一姪爲磁州副使以其殺河西賣羊客承業立捕斬之常誡璀等曰汝車渡村百姓劉開道下賊慣作非爲今須改行若故態不除死無日矣故璀所至不敢誅求晉天福中爲密州刺史秩滿入居環衞乾祐三年夏卒于官輟視朝一日（永樂大典卷六千三百五十）

李殷薊州人也自後唐莊宗明宗晉高祖朝以偏校遞遷歷官至檢校司徒累爲郡守性沉厚所莅無苛暴之名晉少帝禦契丹于澶淵殷典禁旅屬還授鄜州留後俄加檢校太保開運中授定州節度使將行啓少帝曰臣之此行破敵必矣衆皆壯其言及至郡威略無聞敵

再至首納降款後隨契丹至常山其將嘉哩（舊作解里今改）遣殷與契丹首領楊安同拒我師于洺水俄而安退殷以橐裝驅馬遺安安既北走殷匿于丘墓獲免馳以歸我高祖嘉其首赴朝闕及魏州平以甘陵之師乃命殷爲貝州節度使加檢校太傅乾祐初卒于鎭詔贈太師（永樂大典卷一萬三百九十）

劉在明幽州人少有膽氣本州節度使劉守光用爲親信出爲平塞軍使守光敗歸于太原唐莊宗收爲列校明宗時爲捧聖左廂都指揮使領和州刺史從幸汴州至滎陽聞朱守殷叛用爲前鋒至汴城率先登城賊平授汴州馬步軍都指揮使應順初爲貝州刺史明年移趙州兼北面行營馬軍都指揮使以軍戍易州清泰末幽州節度使趙德鈞引軍赴團栢谷路由易州取在明軍從及德鈞兵敗在明奔歸懷州唐末帝令與萇從簡同守河陽晉祖至乃迎之京都事定出爲單州刺史天福中李金全以安州叛在明從李守貞攻之大破淮賊以功授安州防禦史明年移絳州楊光遠據青州叛召爲行營馬步軍都指揮使領齊州防禦使青州平遷相州留後歷邢州晉州留後（通鑑契丹入汴建雄留後劉在明朝于契丹以節度副使駱知朗知州事）高祖踐阼授幽州道行營都部署時契丹守中

山在明出師經畧契丹乃棄城而去遂授鎭州留後乾祐元年五月正授鎭州節度使六月以疾卒于鎭贈侍中（永樂大典卷九千九十九）

馬萬澶州人也少從軍善水游唐莊宗與梁軍對壘于河上莊宗于德勝渡夾河立南北寨會梁軍急攻南寨于中流聯戰艦以絕援路晝夜攻城者三日寨將氏延賞告急于莊宗莊宗隔河望敵無如之何乃召人能水游破賊者時萬兄弟皆應募遂潛行入南寨往來者三又助燒船艦汴軍遂退由此升爲水軍小校漸典禁軍遙領刺史累遷奉國左廂都指揮使泗州防禦使晉天

福二年夏范延光叛于鄴牙將孫銳率兵至黎陽朝廷遣侍衞馬軍都指揮使白奉進領兵渡滑州萬亦預其行時滑州節度使符彥饒潛通鄴下殺白奉進于牙署萬領本軍兵士將助亂會奉國右廂都指揮使盧順密亦以兵至諭以逆順萬不得已與順密急趨公府執彥饒生送闕下朝廷卽以萬爲滑州節度使而盧順密酬之甚淺居無何晉高祖稍知其事卽以順密爲涇州兵馬留後漸薄于萬萬鎭鄧州未幾罷鎭授上將軍以目疾致仕乾祐三年四月卒輟視朝一日永樂大典卷一萬八千一百三十二

李彥從字士元汾州孝義人父德麟州司馬彥從少習武藝出行伍間高祖典禁軍以鄉里之舊任爲親信國初用爲左飛龍使檢校司空鎭州逐敵之際請兵于朝廷高祖令彥從率軍赴之乾祐初領恩州刺史趙暉討王景崇于岐下彥從爲兵馬都監破川軍有功賊平授濮州刺史治有政能百姓悅之乾祐三年冬卒于郡永樂大典卷一萬二百九十

郭謹字守節太原晉陽人謹少從軍能騎射歷河中教練使晉天福中遷奉國右廂都指揮使領禹州刺史三年轉奉國左廂都指揮泗州防禦使歲餘授侍衞步軍都指揮使兼寧江軍節度使六年從幸鄴七年晉祖崩少帝卽位授彰德軍節度使領軍如故開運初出授鄜州二年入爲左神武統軍三年復鎭鄜州高祖踐阼以鄉國舊臣加檢校太尉移鎭滑臺乾祐初復授彰德軍節度使二年就加檢校太師三年入朝加食邑是歲冬十月卒于位年六十輟視朝二日贈侍中永樂大典卷二萬二千一百六十一

皇甫立代北人也唐明宗之刺代州署爲牙校從歷藩鎭性純謹明宗深委信之王建立安重誨策名委質皆在立後明宗踐阼以立爲忻州刺史長興末轉洺州團

練使應順初遷鄜州節度使檢校太保淸泰三年春移鎭潞州未幾改華州晉天福中授左神武統軍少帝卽位歷左金吾衞上將軍累官至檢校太尉高祖定天下授特進太子太師致仕乾祐二年秋卒永樂大典卷一萬九百七十一

白再榮本蕃部人也少從軍累遷護聖左廂指揮使晉末契丹犯闕明年契丹主北去再榮從部帳至眞定其年閏七月晦李筠何福進相率殺契丹帥滿達勒舊作麻荅今改正據甲仗庫敵勢未退筠等使人召再榮再榮端坐本營遲疑久之爲軍吏所廹乃行翊日逐出滿達勒諸軍以再榮名次在諸校之右乃請權知留後事東都事略李筠

傳筠請馬道領節度道曰予主奏事而已留後事當議功臣爲之以諸將之甲者爲留後再榮貪昧無決舉止多疑出入騎從露刃注矢諸校不相統攝互有猜貳奉國廂主王饒懼爲再榮所并乃據東門樓以兵自衛僞稱足疾不敢見再榮司天監趙延乂俱與之善乃來往解釋遂無相忌之意再榮以李崧和凝擲家在彼令軍士數百人環廹崧凝以求賞給崧凝各出家財與之再榮欲害崧以利其財前磁州刺史李穀謂再榮曰公與諸將爲契丹所虜凌辱萬端旦夕憂死今日衆力逐出蕃戎鎭民死者不下三千人豈特公等之功纔得生路便擬殺一宰相他日到闕倘有所問何以爲

辭再榮默然再榮又欲括率在城居民家財以給軍士李穀又譬解之乃止其漢人曾事滿達勒者盡拘之以取其財高祖以再榮爲鎭州留後爲政貪虐難狀鎭人呼爲白滿達勒未幾移授滑州節度使箕斂誅求民不聊生乃徵還京師周太祖入京城軍士攻再榮之第廹脅再榮盡取財貨既軍士前啟曰某等軍健常趨事麾下一旦無禮至此今後何顏謁見即奮刃擊之挈其首而去後家人以帛贖葬之（永樂大典卷一萬八千一百三十三）

張鵬鎭州鼓城人幼爲僧知書有口辯喜大言後歸俗唐末帝爲潞王時鵬往依焉及即位用爲供奉官累監軍旅晉開運中契丹廹澶州鵬爲前鋒監押奮身擊敵被創而還其後累于邊城戍守士伍服其勇乾祐初授鎭州副使過鄴高行周接之甚歡鵬因言及晉朝傾亡之事少帝任用失人藩輔之臣唯務積財富家不以國家爲意以至宗社泯滅非獨帝王之咎也行周性寬和不以鵬言爲過鵬既退行周左右謂行周曰張副使之言蓋譏令公也行周因發怒遂奏鵬怨國訕言故朝廷降詔就誅于常山時乾祐元年七月也（永樂大典卷六千三百五十一）

史臣曰晉漢之際有以懋軍功勤王事取旌旄符竹者多矣其間有及民之惠者無幾焉如王周之閱政審交

之民譽蓋其優者也漢球張瓘抑又次焉是宜紀之篇以示來者其餘皆不足觀也已張鵬以一言之失遽滅其身亦足戒後代多言橫議之徒歟（永樂大典卷六千三百五十一）

舊五代史卷一百六終

舊五代史卷一百六考證

漢列傳三劉審交傳服闋不出累年　案歐陽史作不調累年

時有燕軍千人守捉諸門　千人杜重威傳作千五百人

劉在明傳高祖踐阼授幽州道行營都部署　案通鑑在明先爲成德軍留後繼授幽州道馬步都部署與是書前後互異

馬萬傳時滑州節度使符彥饒潛通鄴下殺白奉進于牙署　案是書晉列傳符彥饒以忿爭殺白奉進非潛通鄴下也此傳蓋沿實錄傳聞之誤通鑑從晉列傳

白再榮傳本蕃部人也　案歐陽史作不知其世家何人也

舊五代史卷一百六考證

舊五代史卷一百七

宋司空同中書門下平章事薛居正等撰

列傳第四　漢書九

史弘肇字化元鄭州滎澤人也父潘本田家弘肇少游俠無行拳勇健步日行二百里走及奔馬梁末每七戶出一兵弘肇在籍中後隸本州開道都選入禁軍嘗在晉祖麾下遂留爲親從及踐阼用爲控鶴小校高祖鎮太原奏請從行升爲牙校後置武節左右指揮以弘肇爲都將遙領雷州刺史高祖建號之初代州王暉叛以城歸契丹弘肇征之一鼓而拔尋授許州節度使充侍

衛步軍都指揮使會王守恩以上黨附契丹主命大將耿崇美率眾登太行欲取上黨高祖命弘肇以軍應援軍至潞州契丹退去翟令奇以澤州迎降會河陽武行德遣人迎弘肇遂率眾南下與行德合故高祖由蒲陝赴洛如歸弘肇前鋒之功也弘肇嚴毅寡言部轄軍眾有過無舍兵士所至秋毫不犯部下有指揮使嘗因指使少不從命弘肇立撾殺之將吏股慄以至平定兩京無敢干忤從駕征鄴廻加同平章事充侍衛親軍都指揮使兼鎮宋州高祖大漸與樞密使楊邠周太祖蘇逢吉等同受顧命隱帝嗣位加檢校太師兼侍中居無何

河中永興鳳翔連橫謀叛關輔大擾朝廷日有徵發羣情憂懼亦有不逞之徒妄搆虛語流布京師弘肇都轄禁軍警衛都邑專行刑殺畧無顧避無賴之輩望風匿迹路有遺棄人不敢取然而不問罪之輕重理之所在但云有犯便處極刑枉濫之家莫敢上訴巡司軍吏因緣爲姦嫁禍脅人不可勝紀（宋史邊歸讜傳史弘肇怙權專殺閭里告訐成風歸讜言曰邇來有匿名書及言風聞事搆害良善有傷風化遂使貪吏得以報復私怨讒夫得以肆其虛誕請明行條制禁遏誣罔凡顯有披論具陳姓名其匿名書及風聞事者並見止絕論者韙之）時太白晝見民有仰觀者爲坊正所拘立斷其腰領又有醉民抵忤一軍士則誣以訛言棄市其他斷舌決口斮筋折足

者僅無虛日故相李崧爲部曲誣告族戮于市取其幼女爲婢自是仕宦之家畜僕隸者皆以姑息爲意而舊勳故將失勢之後爲厮養輩之所脅制者往往有之軍司孔目吏解暉性狡而酷凡有推劾隨意鍛鍊人有抵軍禁者被其苦楚無不自誣以求死所都人遇之莫敢仰視有燕人何福殷者以商販爲業嘗以十四萬市得玉枕遣家僮及商人李進賣于淮南易茗而廻家僮無行隱福殷貨財數十萬福殷責其償不伏遂杖之未幾家僮詣弘肇上變言契丹主之入汴也趙延壽遣福殷齎玉枕陰遺淮南以致誠意弘肇即日遣捕福殷等繫

之解暉希旨榜掠備至福殷自誣連罪者數輩並棄市妻女爲弘肇帳下分取之其家財籍沒弘肇不喜賓客嘗言文人難耐輕我輩謂我輩爲卒可恨可恨弘肇所領睢陽其屬府公利委親吏楊乙就府檢校貪戾兇橫負勢生事吏民畏之副戎已下望風展敬聚斂刻剝無所不至月率萬緡以輸弘肇一境之內嫉之如讎東都事略薛居正傳史弘肇領侍衛親軍威震人主殘忍自恣人莫敢忤其意其部下民告民犯鹽禁法當死居正疑其不實召詰之乃其吏以私憾而誣之也逮捕吏鞫之具伏以吏抵法宏肇雖怒甚竟亦無以屈也周太祖平河中班師推功于衆以弘肇有翊衛鎮重之功言之于隱帝卽授兼中書令隱帝自關西賊平之後昵近

小人太后親族頗行干託弘肇與楊邠甚不平之太后有故人子求補軍職弘肇怒而斬之帝始聽樂賜教坊使玉帶諸伶官錦袍往謝弘肇弘肇讓之曰健兒爲國戍邊忍寒冒暑未能偏有霑賜爾輩何功敢當此賜盡取袍帶還官其兇戾如此周太祖有鎮鄴之命弘肇欲其兼領機密之任蘇逢吉異其議弘肇忿之翌日因竇貞固飲會貴臣悉集弘肇厲色舉爵屬周太祖曰昨晨廷論一何同異今日與弟飲此楊邠蘇逢吉亦舉大爵曰此國家之事也何足介意俱飲釂弘肇又厲聲言曰安朝廷定禍亂直須長槍大劍至如毛錐子焉足用哉

三司使王章曰雖有長槍大劍若無毛錐子贍軍財賦自何而集弘肇默然少頃而罷未幾三司使王章于其第張酒樂時弘肇與宰相樞密使及內客省使閻晉卿等俱會酒酣爲手勢令弘肇不熟其事而閻晉卿坐次弘肇屢教之蘇逢吉戲弘肇曰近坐有姓閻人何憂罰爵弘肇妻閻氏本酒妓也弘肇謂逢吉譏之大怒以醜語詬逢吉逢吉不校弘肇欲毆逢吉逢吉策馬而去弘肇遽起索劍意欲追逢吉楊邠曰蘇公是宰相公若害之致天子何地公細思之邠泣下弘肇索馬急馳而去邠慮有非常連鑣而進送至第而還自是將相不協如水火

矣隱帝遣王峻將酒樂于公子亭以和之竟不能解其後李業郭允明後贊聶文進居中用事不悅執政又見隱帝年漸長厭爲大臣所制嘗有恐言業等乃乘間譖弘肇等隱帝稍以爲信業等乃言弘肇等專權震主終必爲亂隱帝益恐嘗一夕聞作坊鍛甲之聲疑外有兵仗卒至達旦不寐自是與業等密謀禁中欲誅弘肇等議定入白太后太后曰此事豈可輕發耶更問宰臣等李業在側曰先皇帝言朝廷大事莫共措大商量太后又言之隱帝怒曰閨門之內焉知國家之事拂衣而出內客省使閻晉卿潛知其事乃詣弘肇私第將欲告之

弘肇以他事拒之不見乾祐三年冬十一月十三日弘肇入朝與樞密使楊邠三司使王章同坐于廣政殿東廡下俄有甲士數十人自內而出害弘肇等于閤夷其族先是弘肇第數有異嘗一日于階砌隙中有烟氣蓬勃而出禍前二日昧爽有星落于弘肇前三數步如迸火而散俄而被誅周太祖踐阼追封鄭王以禮葬官爲立碑弘肇子德珫乾祐中授檢校司空領忠州刺史相讀書親儒者常不悅父之所爲貢院嘗錄一學科于省門叫譟申中書門下宰相蘇逢吉令送侍衛司請痛笞刺面德珫聞之白父曰書生無禮有府縣御史臺非軍

務治也公卿如此蓋欲彰大人之過弘肇深以爲然即破械放之後之識者尤嘉德珫之爲人焉弘肇弟福比在滎陽別墅聞禍匿于民間周太祖即位累遷閑廐使仕皇朝歷諸衛將軍 永樂大典卷一萬一百八十三 宋史李崇矩傳史弘肇爲先鋒都校聞崇矩名召署親吏乾祐初宏肇總禁兵兼京城廵檢多殘殺軍民左右稍稍引去惟崇矩事之益謹及弘肇誅獨得免周祖與弘肇素厚善即位訪求弘肇親舊得崇矩謂之曰我與史公受漢厚恩戮力同心共奬王室爲奸邪所搆史公卒罹大禍我亦僅免汝史家故吏也爲我求其近屬我將恤之崇矩上其母弟福崇矩素主其家盡籍財產以付福周祖嘉之

楊邠魏州冠氏人也少以吏給事使府後唐租庸使孔謙即其妻之世父也兼領度支補勾押官歷孟華鄆三州糧料使高祖爲鄴都留守用爲左都押衙高祖鎮太原益加親委漢國建遷檢校太保權樞密使汴洛平正拜樞密使檢校太傅及高祖大漸與蘇逢吉史弘肇等同受顧命輔立嗣君隱帝即位宰臣李濤上章請出邠與周太祖爲藩鎮邠等泣訴于太后由是罷濤而相邠加中書侍郎兼吏部尚書同平章事仍兼樞密使時中書除吏太多訛謬者衆及邠居相位帝一以委之凡南衙奏事中書除命先委邠斟酌如不出邠意至于一簿一掾亦不聽從邠雖長于吏事不識大體常言爲國家者但得帑藏豐盈甲兵強盛至于文章禮樂並是虛事

何足介意也平河中並加右僕射邠既專國綱事苛細條理煩碎前資官不得于外方居止自京師至諸州府行人往來並須給公憑所由司求請公憑者朝夕塡咽旬日之間民情大擾行路擁塞邠乃止其事時史弘肇恣行慘酷殺戮日衆都人士庶相目于路邠但稱弘肇之善太后弟武德使李業求爲宣徽使隱帝與太后重違之私訪于邠邠以朝廷內使遷拜有序不可超居遂止隱帝所愛耿夫人欲立爲后邠亦以爲太速夫人卒隱帝欲以后禮葬邠又止之隱帝意不悅左右有承間進甘言者隱帝益怒之 案此下當有缺文 邠籍甲兵實帑廩俾

國用不闕邊鄙粗寧亦其功也（永樂大典卷六千五十二）宣和書譜云邠末年留意縉紳延客門下知經史有用乃課吏傳寫

王章大名南樂人也少爲吏給事使府同光初隸樞密院後歸本郡累職至都孔目後唐清泰末屯駐捧聖都虞候張令昭作亂逐節度使劉延皓自稱留後章以本職爲令昭役使末帝遣范延光討平之搜索叛黨甚急章之妻卽白文珂之女也文珂與副招討李敬周善以章爲托及攻下逆城敬周匿之載于槖駞褚中竄至洛下匿于敬周之私第及末帝敗章爲省職歷河陽糧料使高祖典侍衛親軍詔爲都孔目官從至河東專委錢

穀國初授三司使檢校太傅從征杜重威于鄴下明年高祖崩隱帝卽位加檢校太尉同平章事居無何蒲雍岐三鎭叛是時契丹犯闕之後國家新造物力未充章與周太祖史弘肇楊邠等盡心王室知無不爲罷不急之務惜無用之費收聚財賦專事西征軍旅所資供饋無乏及三鎭叛平賜與之外國有餘積然以專于權利剥下過當歛怨歸上物論非之舊制秋夏苗租民稅一斛別輸二升謂之雀鼠耗乾祐中輸一斛者別令輸二斗目之謂省耗百姓苦之又官庫出納緡錢皆以八十爲陌至是民輸者如舊官給者以七十七爲陌遂爲常式（歸田錄用錢之法自五代以來以七十七爲百謂之省陌令市井交易又尅其五謂之依除）民有訴田者雖無十數戶章必命全州覆視幸其廣有苗額以增邦賦曾未數年民力大困章與楊邠不喜儒士郡官所請月俸皆取不堪資軍者給之謂之閑雜物命所司高估其價估定更添謂之擡估章亦不滿其意隨事更添估章急于財賦峻于刑法民有犯鹽礬酒麴之令雖絲毫滴瀝盡處極刑吏緣爲姦民不堪命章與楊邠同郡尤相親愛其奬用進拔者莫非鄉舊常輕視文臣曰此等若與一把算子未知顚倒何益于事後因私第開宴席召賓客史弘肇蘇逢吉乘醉詣詬而罷章自

是怱怱不樂潛求外任邠與弘肇深阻其意而私第數有怪異章愈懷憂恐乾祐三年冬與史弘肇楊邠等遇害夷其族妻白氏禍前數月而卒無子惟一女適戶部員外郎張貽肅羸疾踰年扶病就戮（永樂大典卷六千八百五十）

李洪建太后母弟也事高祖爲牙將高祖卽位累歷軍校遂領防禦使史弘肇等被誅以弘建爲權侍衛馬步軍都虞候及鄴兵南渡命洪建誅王殷之族洪建不卽行之但遣人監守其家仍令給餼竟免屠戮周太祖入京城洪建被執王殷感洪建之恩累祈周太祖乞免其死不從遂殺之洪建弟業（永樂大典卷一萬二百九十）

業昆仲凡六人業處其季故太后尤憐之高祖置之麾下及卽位累遷武德使出入禁中業恃太后之親稍至驕縱隱帝嗣位尤深倚愛兼掌內帑四方進貢二宮費委之出納業喜趨權利無所顧避執政大臣不敢禁詰會宣徽使闕業意欲之太后亦令人微露風旨于執政時楊邠史弘肇等難之業由是積怨蕭墻之變自此而作楊史既誅業權領侍衛步軍都指揮使北郊兵敗業自取金寶懷之策馬西奔行至陝郊其節度使洪信卽其長兄也不敢匿于家業將奔太原至絳州境爲盜所殺盡奪而去永樂大典卷一萬三百九十

閻晉卿者忻州人也家世富豪少仕并門歷職至客將高祖在鎭頗見信用乾祐中歷閤門使判四方館未幾關西亂郭崇義討趙思綰于京兆晉卿以偏師攻賊壘宋史李韜傳周祖征三叛韜從白文珂攻河中兵傳其城文珂夜詣周祖議幬軍留韜城下時營柵未備李守貞乘虛來襲營中忽見火發知賊驟至惶怖失據客省使閻晉卿率左右數十人遇韜于月城側謂韜曰事急矣城中人悉被黃紙甲爲火光所照色俱白此殊易辨柰軍士無鬭志何韜憤怒曰豈有食君祿而不爲國致死耶卽援矟而進軍中死士十餘輩隨韜犯賊鋒蒲有猛將躍馬持戈擬韜韜刺之洞胸而墜又連殺數十人蒲軍遂潰因擊大破之賊平爲內客省使丁父憂起復前職時宣徽使闕晉卿以職次事望合當其任既而久稽拜命晉卿頗怨執政會李業等謀殺楊史詔晉卿謀之晉卿退詣弘肇將告其事弘肇不見晉卿憂事不果夜懸高祖御容于中堂泣禱于前遲明戎服入朝內難既作以晉卿權侍衛馬軍都指揮使北郊兵敗晉卿乃自殺于家永樂大典卷一萬八千一百三十一

聶文進并州人少給事于高祖帳下高祖鎭太原甚見委用職至兵馬押司官高祖入汴授樞密院承旨歷領軍屯衛大將軍遷領衛大將軍仍領舊職冊府元龜卷七百六十六遇周太祖出征稍至驕橫久未遷改深所怨望李業輩搆成變亂史弘肇等遇害之前夕文進與同黨預作宣詔制置朝廷之事凡關文字並出文進之手明日難作

文進點閱兵籍徵發軍衆指揮取舍以爲己任內外咨禀前後嗔咽太祖在鄴被搆初謂文進不預其事驗其事迹方知文進亂階之首也大詬詈之太祖過封丘帝次于北郊文進告太后曰臣在此請宮中勿憂兵散之後文進召同黨痛飲歌笑自若遲明帝遇禍文進奔竄爲軍士所追梟其首冊府元龜卷九百三十五

後贊爲飛龍使贊母本倡家也與父同郡往來其家生贊從職四方父未嘗離郡贊既長疑其所生及爲內職不欲父之來寓書以致其意父自郡至京師直抵其第贊不得已而奉之永樂大典卷一萬七千一百九十五乾祐末宰相楊邠

侍衞親軍使史弘肇執權贇以久次未遷頗懷怨望乃與樞密承旨聶文進等搆變既難作贇與同黨更侍帝側剖判戎事且防間言北郊兵敗贇竄歸兖州慕容彥超執之以獻有司鞫贇伏罪周太祖命誅之冊府元龜卷九百五十二

郭允明者小名寶十河東人也幼隸河東制置使范徽柔被誅允明遂爲高祖廝養服勤既久頗得高祖之歡心高祖鎭太原稍歷牙職及卽位累遷至翰林茶酒使兼鞍轡使隱帝嗣位尤見親狎每恃寵驕縱畧無禮敬與相州節度使郭謹以同宗之故頗交結謹在鎭允明

常齎御酒以遺之不以僭上犯禁爲意其他輕率悉皆類此執政大臣頗姑息之嘗奉使荆南車服導從有同節度使將州縣郵驛奔馳畏懾節度使高保融承迎不暇允明潛使人步度城壁之高卑池隍之廣隘以動荆人冀得重賂乾祐末兼飛龍使未幾與李業輩搆變楊邠等諸子允明親刃之于朝堂西廡下王章女壻戶部員外郎張貽肅血流逆注聞者哀之及北郊之敗允明廹帝就民舍手行弒逆尋亦自殺永樂大典卷二萬二千一百六十一

劉銖陝州人也少事梁邵王朱友誨爲牙將晉天福中高祖爲侍衞親軍都指揮使與銖有舊乃表爲內職高祖出鎭并門用爲左都押牙銖性慘毒好殺高祖以爲勇斷類己深委遇之國初授永興節度度使從定汴洛移鎭青州加同平章事隱帝卽位加檢校太師兼侍中銖立法深峻令行禁止吏民有過不問輕重未嘗貸免每親事小有忤旨卽令倒曳而出至數百步外方止膚體無完者每杖人遣雙杖對下謂之合歡杖或杖人如其歲數謂之隨年杖在任擅行賦斂每秋苗一畝率錢三千夏苗一畝錢二千以備公用部內畏之脅肩重迹乾祐中淄青大蝗銖下令捕蝗畧無遺漏田苗無害先是濱海郡邑皆有兩浙迴易務厚取民利自置刑禁追

攝王民前後長吏利其厚賂不能禁止銖卽告所部不得與吳越徵負擅行追攝浙人惕息莫敢干命朝廷懼銖之剛戾難制因前沂州刺史郭瓊自海州用兵還過青州遂留之卽以符彥卿代銖銖卽時受代隆平集郭瓊傳云劉銖守平盧稱疾不朝隱帝疑其叛詔瓊領兵屯青州銖將害之張宴伏兵幕下瓊無懼色銖亦不敢發瓊爲言去就禍福銖趨召離鎭之日有私鹽數屋雜以糞穢塞諸井以土平之彥卿發其事以聞銖奉朝請久之每潛戟手于史弘肇楊邠第會李業輩同誅弘肇等銖喜謂業輩曰君等可謂僂儸兒矣尋以銖知開封府事周太祖親族及王峻家並爲銖所害周太祖入京城執之下獄銖謂

妻曰我則死矣君應與人爲婢耳妻曰明公所爲如是雅合爲之周太祖遣人讓銖曰昔日與公常同事漢室寧無故人之情家屬屠滅公雖奉君命加之酷毒一何忍哉公家亦有妻子還顧念否銖但稱死罪遂啟太后并一子誅之而釋其妻周太祖踐阼詔賜銖妻陝州莊宅各一區永樂大典卷六千三百五十 五代史闕文漢隱帝朝銖爲開封尹周祖自鄴起兵銖盡誅周祖之家子孫婦女十數人極其慘毒及隱帝遇害周祖以漢太后令收銖下獄使人責之銖對曰某爲漢家戮叛族耳不知其他周祖怒遂殺之臣謹按周室宗朝史官修漢隱帝實錄銖之忠言諱而不載

史臣曰臣觀漢之亡也豈繫于天命哉蓋委用不得其人聽斷不符于理故也且如弘肇之濫刑楊邠之秕政李業晉卿之設計文進允明之狂且雖使成王爲君周公作相亦不能保宗社之安延歲月之命況隱帝逢吉之徒其能免乎易曰大君有命開國承家小人勿用必亂邦也當乾祐之末也何斯言之驗歟惟劉銖之忍酷又安能逭於一死乎永樂大典卷二萬二千一百六十一

舊五代史卷一百七終

舊五代史卷一百七攷證

漢列傳四史宏肇傳有燕人何福殷者 案歐陽史作何福進疑訛

乾祐三年冬十一月十三日宏肇入朝 十一月歐陽史漢臣傳作十月吳縝纂誤云漢隱帝紀周太祖紀俱作十一月傳誤也

楊邠傳用爲左都押衙 左都歐陽史作右都

李業附傳業昆仲凡六人 案昭聖太后弟六人洪信洪義宋史有傳歐陽史作昆弟七人

閻晉卿傳賊平爲內客省使 案宋史李韜傳載晉卿討賊時已爲客省使是書作賊平之後始授此職與宋史異

舊五代史卷一百七攷證

宋司空同中書門下平章事薛居正等撰

列傳第五　漢書十

李崧深州饒陽人父舜卿本州録事參軍崧幼而聰敏十餘歲爲文家人奇之弱冠本府署爲參軍其父嘗謂宗人李鏻曰大醜生處形奇氣異前途應不居徒勞之地賴吾兄誨激之大醜即崧之小字也同光初魏王繼岌爲興聖宮使兼領鎭州節鉞崧以參軍從事時推官李蕘掌書崧見其起草不工密謂掌事呂柔曰令公皇子天下瞻望至于尺牘往來章表論列稍須文理合宜李侍御起草未能盡善呂曰公試代爲之呂得崧所作示盧質馮道皆稱之繇是擢爲興聖宮巡官獨掌奏記莊宗入洛授太常寺協律郎王師伐蜀繼岌爲都統以崧掌書記蜀平樞密使郭崇韜爲宦官誣搆繼岌遂殺崇韜父子外尚未知崧白繼岌曰王何爲作危事至于不容崇韜至洛誅之未晚今懸軍五千里無咫尺書詔便殺重臣非謀也繼岌曰吾亦悔之崧召書吏三四人登樓去梯取黃紙矯寫詔書倒使都統印發之翌日告諸軍軍情稍定及自蜀還（案歐陽史師還繼岌死于道崧至京師）明宗革命任圜以宰相判三司用崧爲鹽鐵推官賜緋丁內艱歸

鄉里服闋鎭帥范延光奏署掌書記延光爲樞密使拜拾遺直樞密院遷補闕起居郎尚書郎充職如故長興末改翰林學士清泰初拜端明殿學士戶部侍郎先是長興三年冬契丹入雲中朝廷欲命重將鎭太原時晉祖爲六軍副使以秦王從榮不軌懇求外任深有北門之望而大臣以晉高祖方權兵柄難以議之一日明宗怒其未奏范延光趙延壽等無對退歸本院共議其事方欲以康義誠爲之時崧最在下位聳立請曰朝廷重兵多在北邊須以重臣爲帥以某所見非石太尉不可也會明宗令中使促之衆乃從其議翌日晉祖既受太原之命使心腹達意于崧云累浮圖須與合卻尖蓋感之深也及淸泰末晉祖入洛崧與呂琦俱竄匿于伊闕民家旬日晉高祖召爲戶部侍郎判戶部踰月拜中書侍郎同平章事與桑維翰並兼樞密使維翰鎭相州未幾廢樞密院事歸中書加尚書右僕射從幸鄴丁外艱恩制起復崧上章數四懇辭其命優詔不允復上章不報崧不得已而視事晉少帝嗣位復用桑維翰爲樞密使命崧兼判三司未幾代維翰爲樞密使與馮玉對掌機密開運末崧玉信契丹之詐經畧瀛鄚中渡之敗落其姦謀契丹入京師趙延壽張礪素稱崧之才契丹主

善遇之以崧為太子太師充樞密院使契丹嘗謂左右曰我破南朝祇得李崧一人而已從契丹北行留于鎮州高祖平汴洛乃以崧之居第賜蘇逢吉第中宿藏之物皆為逢吉所有其年秋鎮州逐滿達勒（舊作麻荅今改正）崧與馮道和凝十數人歸闕授太子太傅崧對朝之權右謙挹承顏未嘗忤旨嘗以宅券獻蘇逢吉不說崧二弟嶼嶬酣酒無識與楊邠蘇逢吉子弟杯酒之間時言及奪我居第逢吉知之（宋史陶穀傳李崧以宅券獻逢吉逢吉不悅而崧子弟數出怨言崧懼移疾不出崧族子昉嘗往候崧崧語昉曰邇來朝廷于我有何議昉曰無他聞唯陶給事往往于稠人中厚誣叔父崧嘆曰穀自單州判官吾取為集賢校理不數年擢掌詔命吾何負于陶氏子哉及崧遇禍昉嘗因公事詣穀穀問昉識李侍中否昉斂衽應曰遠從叔耳穀曰李氏之禍穀出力焉昉聞之汗出）有部曲葛延遇者逋李嶼船傭嶼撻之督其所負遇有同輩李澄亦事逢吉葛延遇夜寄宿于澄家以嶼見督情告（案歐陽史是時高祖將葬睿陵河中李守貞反澄乃教延遇告變言崧與其甥王凝謀因山陵放火禁京師又以臘丸書通守貞）遂一夕通謀告變逢吉覽狀示史弘肇其日逢吉遣使召崧至第從容語及葛延遇告變之事崧以幼女為托逢吉遣吏送于侍衛獄既行（案歐陽史乘馬從者去無一人）崧恚曰自古未有不亡之國不死之人及為吏所鞫乃自誣伏罪舉家遇害少長悉尸于市人士寃之（東都事略王溥傳世宗嘗問漢相李崧蠟彈書結契丹有記其詞者否溥曰崧有此肯示人耶蘇逢吉輩陷之耳世宗遂優贈崧官）

崧與徐台符同學相善乾祐三年秋台符夢崧謂曰予之寃橫得請於帝矣及蘇史之誅並梟首于市當崧所誅之地未幾葛延遇李澄亦以戮死（永樂大典卷一萬三百九十宋史李昉傳晉侍中崧與昉同宗且同里時人謂崧為東李家昉為西李漢末崧被誅至宋其子璨自蘇州常熟縣令赴調昉為訟其父寃且言周太祖已為昭雪贈官還其田宅錄璨而官之然璨幾五十尚淹州縣之職詔授璨著作佐郎後官至資善大夫）

蘇逢吉長安人父悅逢吉母早喪而悅鰥居旁無侍者性嗜酒雖所飲不多然漱醪終日佗人供膳皆不稱旨俟逢吉庖炙方肯下筯悅初仕蜀官升朝列逢吉初學為文嘗代父染翰悅嘗為高祖從事甚見禮遇因從容薦逢吉曰老夫耄矣才器無取男逢吉粗學援毫性復恭恪如公不以豚犬之微願令事左右高祖召見以神精爽惠甚憐之有頃擢為賓佐凡有謀議立侍其側高祖素嚴毅及鎮太原位望崇重從事稀得謁見惟逢吉日侍左右兩使文簿堆案盈几左右不敢輒通逢吉置于懷袖俟其悅色則諮之多見其可高祖建號于太原逢吉自節度判官拜同平章事集賢殿大學士車駕至汴朝廷百司庶務逢吉以為已任參決處置並出胸臆雖有當有否而事無留滯會翰林學士李濤從容侍帝言及霸府二相官秩未崇逢吉旋加吏部尚書未幾轉

左僕射監修國史從征杜重威于鄴下數乘醉抵辱周太祖及高祖大漸與楊邠史弘肇等卧內同受顧命李濤與逢吉論甥舅之契相得甚歡濤之入相逢吉甚有力焉會濤上章請出兩樞密爲方鎮帝怒罷濤相勒歸私第時論疑濤承逢吉之風旨先是高祖踐阼之後逢吉與蘇禹珪俱在中書有所除拜多違舊制用捨升降率意任情至有自白丁而升宦路由流外而除令錄者不可勝數物論紛然高祖方倚信二相莫敢言者逢吉尤貪財貨無所顧避求進之士稍有物力者即遣人微露風旨許以美秩及楊邠爲相稍奪二蘇之權自是盡

斂手而已邠每懲二蘇之失艱于除拜至于諸司補吏與門胄出身一切停罷時論以邠之蔽固亦由逢吉禹珪本不能至公于物之所致也初高祖至汴以故相馮道李崧爲契丹所俘並于眞定乃以崧第賜逢吉道第賜禹珪崧于西洛有別業亦爲逢吉所有及眞定逐契丹崧道歸朝崧弟嶼以逢吉占據其第時出怨言未幾崧以西京宅券獻于逢吉不悅會崧有僕夫欲誣告謀反逢吉誘致其狀即告史弘肇令逮捕其家逢吉遣直省吏召崧至第即令監至侍衞獄翌日所司以獄辭上其李嶼款招云與兄崧弟嶬與家僮二十人商議比至

山陵發引之時同放火謀亂其告是實蓋自誣之辭也逢吉仍以筆添注二十人字爲五十封下有司盡誅崧家時人寃之歸咎于逢吉逢吉深文好殺從高祖在太原時嘗因事高祖命逢吉靜獄以祈福祐逢吉盡殺禁囚以報及執朝政尤愛刑戮朝廷患諸處盜賊遣使捕逐逢吉自草詔意云應有賊盜其本家及四鄰同保人並仰所在全族處斬或謂逢吉曰爲盜者族誅猶非王法隣保同罪不亦甚乎逢吉堅以爲是僅去全族二字時有鄆州捕賊使臣張令柔盡殺平陰縣十七村民良由此也逢吉性侈靡好鮮衣美食中書公膳鄙而不食

私庖供饌極盡甘珍嘗于私第大張酒樂以召權貴所費千餘緡其妻武氏卒葬送甚盛班行官及外州節制有與逢吉相款洽者皆令齎送綾羅絹帛以備縞素失禮違度一至如此又性不拘名教繼母死不行服妻死未周其子並授官秩有庶兄自外至不白逢吉便見諸子逢吉怒且懼他日凌弱其子息乃密白高祖誣以他事杖殺之乾祐二年秋加守司空周太祖之將鎭鄴也逢吉奏請落樞密使隱帝曰有前例否逢吉奏曰樞密之任方鎭帶之非便史弘肇曰兼帶樞密所冀諸軍禀畏竟從弘肇之議弘肇怒逢吉之異已逢吉曰此國家

之事也且以內制外則順以外制內豈得便耶事雖不從物議多之居無何王章張飲會逢吉與史弘肇有謔言大爲弘肇所詬逢吉不校幾至毆擊逢吉馳馬而歸自是將相失歡逢吉欲希外任以紓弘肇之怒既而中輟人問其故逢吉曰苟領一方鎭秖消得史公一處分則爲虀粉矣李業輩惡弘肇楊邠等逢吉知之每見業等卽微以言激怒之及弘肇等被害逢吉不預其謀聞變驚駭卽受宣徽權知樞密院事尋令草制正授制入聞鄴兵至澶州乃止事急逢吉謂人曰蕭墻之變太覺匆遽主若有一言見問必不至是矣數夕宿于金祥殿

之東謂天官正王處訥曰夜來就枕未瞑已見李崧在傍生人與死人相接無吉事也及周太祖自鄴至汴官軍敗于劉子陂是夕逢吉宿于七里郊與同舍痛飲酔將自刎左右止之至曙與隱帝同抵民舍遂自殺周太祖定京城與聶文進等同梟于北市釋其家族其梟首之所適當李崧冤死之地廣順初詔就西京賜其子莊宅各一區

永樂大典二千三百九十二　五代史補高祖在河東幕府闕書記朝廷除前進士丘廷敏爲之以高祖有異志恐爲所累辭疾不赴遂改蘇逢吉未幾契丹南侵高祖仗順而起兵不血刃而天下定逢吉以佐命功自掌書記拜中書侍郎平章事逾年廷敏始選鳳翔麟遊縣令過堂之日逢吉戲之且撫所坐椅子曰合是長官坐何故讓與鄙夫耶廷敏遂慚悚而退

李鏻唐宗屬也父洎韶州刺史伯父湯咸通中爲給事中懿宗除乳母楚國夫人聟爲夏州刺史湯封還制書詔曰朕少失所親若非楚國夫人鞠養則無朕此身雖非朝典望卿放下仍今後不得援以爲例湯乃奉詔其諒直如此鏻少舉進士累舉不第客遊河朔稱淸海軍掌書記謁定州王處直不見禮鏻卽脫綠被緋入常山謁要人李弘規以宗姓請兄事之由是得進案歐陽史云鏻爲人利口敢言趙王鎔辟爲從事鎔卒復爲王德明賓客德明使鏻聘于唐莊宗鏻密疏德明之罪且言可圖之狀莊宗嘉之及常山平以鏻爲霸府支使嘗從容請于莊宗曰

鏻有四子請誅之莊宗問其故對曰此輩生于常山禀悖亂之氣不可留也莊宗笑而止同光初授宗正卿俄兼工部侍郎常山有唐啟運陵鏻受富民李守恭賂署爲陵臺令守恭暴橫爲長吏所訴按之以聞鏻左授司農少卿削金紫未幾出爲河中府副使明宗卽位歷兵部戸部侍郎工部戸部尚書長興中以與明宗有舊常貯入相之意從容謂時相曰唐祚中興宜敦敘宗室才高者合居相位僕雖不才曾事莊宗霸府見今上于藩邸時家代重侯累相靖安李氏不在諸族之下論才較藝何讓衆人久寘僕于朝行諸君安乎馮道趙鳳每怒

其僭有項鏻因淮南細人言事乃謂樞密使安重誨曰僞吳欲歸國久矣若朝廷先遣使諭之則旋踵而至矣重誨然之以玉帶與細人令往淮南爲信久而不反由是出鏻爲兗州行軍司馬得代歸闕復爲戶部尚書尋轉兵部尚書有項兼判太常卿事嘗權典選部銓綜失序物論非之晉天福中守太子少保開運中遷太子太保高祖至闕授受司徒數月而卒年八十八詔贈太傅

永樂大典卷一萬三百九十

龍敏字欲訥幽州永清人少學爲儒仕鄉里爲假掾劉守光不道敏避地浮陽會戴思遠渡河而南乃從之鄉人周知裕仕梁爲裨將敏往依焉知裕屢薦不調敏丏遊都邑累年唐莊宗定魏博敏聞故人馮道爲霸府記室乃客于河中歲歸太原館于馮道之家監軍使張承業帥署敏爲巡官與監軍奏記莊宗平河洛徵爲司門員外郎以家貧乏養求爲興唐少尹踰年丁母喪退居鄴下會趙在禮據鄴城以敏鄉人強起令署事又爲亂軍所迫敏不敢拒明年在禮鎮浮陽敏復居喪制服闋除戶部郎中改諫議大夫御史中丞時敏父咸式年七十咸式之父年九十餘供養二尊朝夕無懈咸式以敏貴得秘書監致仕敏爲兵部侍郎奉使幽州鄉里者舊

留宴盡歡馮贇爲北京留守奏敏爲副贇入掌樞機敏爲吏部侍郎敏學術不甚長然外柔而內剛愛決斷大計清泰末從唐末帝在懷州時趙德鈞父子有異圖晉安砦且夕憂陷末帝計無從出問計于從臣敏奏曰臣有一計請以援兵從東丹王李贊華取幽州路趨西樓契丹主必有北顧之患末帝然之而不能用敏又謂末帝親將李懿曰君連姻帝戚社稷之危不俟翹足安得默默苟全耶懿因籌德鈞必破蕃軍之狀敏曰僕燕人也諳趙德鈞之爲人膽小謀拙所長者守城砦嬰壕塹篤厲健兒耳若見大敵奮不顧身摧堅陷陣必不能矣況名位震主姦以謀身乎僕有狂策不知濟否苟能必行亦救寨之一術也懿請言之曰如聞駕前馬僅有五千匹請于其間選擇壯馬精甲健夫千人僕願得與郎萬金二人（通鑑郎萬金爲陳州刺史胡三省云萬金當時勇將也）由介休路出山夜冒敵騎循山入大砦千騎之內得其半濟則砦無虞矣張敬達等幽閉不知朝廷援兵近遠若知大軍在團柏谷中有鐵障亦可衝踏況敵騎乎末帝聞之曰龍敏之心猛壯用之晚矣人亦以爲大言然其慷慨感激皆此類也晉祖受命敏以本官判戶部遷尚書左丞丁父憂服闋復本官遷太常卿開運中奉命使越先是朝臣

將命必拜起于浙帥皎至抗揖而已識者多之使還改工部尚書乾祐元年春疽發于背聞高祖晏駕乃扶病于私第縞素而臨後旬日卒于家時年六十三隱帝嗣位詔贈右僕射（永樂大典卷五百三十二）

劉鼎字公度徐州蕭縣人祖泰蕭縣令父崇梁太祖微時常傭力崇家及即位召崇用之歷殿中監商州刺史崇之母撫梁祖有恩梁氏號爲國婆徐宋之民謂崇家爲豢龍劉家鼎起家爲大理評事歷尚書博士殿中侍御史起居郎清泰中自吏部員外郎出爲渾州廉判入爲刑部郎中充鹽鐵判官改吏部郎中兼侍御史知雜事乾祐初拜諫議大夫卒年五十五鼎善交遊能談笑居家仁孝事繼母趙氏甚謹異母昆仲凡七人撫之如一性若寬易而典選曹按吏有風稜人稱爲能子袞登進士第文彩遒傳仕周爲左拾遺直史館早卒（永樂大典卷九千九十九）

張允鎮州束鹿人父徵允幼學爲儒本州爲參軍張文禮之據州叛莊宗致討允隨文禮子處瑾請降于鄴不許與處瑾並繫于獄鎮冀平宥之留于鄴署本府功曹趙在禮嬰城叛署節度判官從歷滄兗二鎮書記入爲監察御史歷右補闕起居舍人充弘文館直學士水部員外郎知制誥清泰初皇子重美爲河南尹典六軍諸衛事時朝廷選擇參佐以允剛介改給事中充六軍判官尋罷職轉左散騎常侍晉天福初允以國朝頻有肆赦乃進駮赦論曰管子云凡赦者小利而大害久而不勝其禍無赦者小害而大利久而不勝其福又漢紀云吳漢病篤帝問所欲言對曰唯願陛下無爲赦耳如是者何蓋行赦不以爲恩不行赦亦不以爲無恩爲罰有罪故也竊覩自古帝王皆以水旱則降德音而宥過開狴牢以放囚冀感天心以救其災者非也假有二人訟一有罪一無罪若有罪見赦則無罪者銜冤銜冤者彼

何疎見捨者此何親乎如此則是致災之道非救之術也自此小民遇天災則喜皆相勸爲惡曰國家好行赦必赦我以救災如此即是國家敎民爲惡也且天道福善禍淫若以赦爲惡之人而更變災爲福則又是天助其惡民也細而究之必不然矣儻或天降之災蓋欲警誡人主節嗜欲務勤儉恤鰥寡正刑罰不濫捨有罪不僭殺無辜使美化行于下聖德聞于上則雖有水旱亦不爲沴矣豈以濫赦有罪而反能救其災乎彰其德乎是知赦之不可行也明哉帝覽而嘉之降詔獎飾仍付史館五年遷禮部侍郎凡三典貢舉改御史中丞轉兵

部侍郎知制誥充翰林學士承旨契丹入京城落職守本官（案東都事畧劉溫叟傳契丹入京師溫叟懼隨契丹北徙與承旨張允求去職契丹主怒欲黜爲縣令趙延壽曰學士不稱而求解者罷之可也得不黜）乾祐初授吏部侍郎自誅史弘肇後京城士庶連甍恐悚允每朝退即宿于相國寺僧舍及北軍入京師允匿于佛殿藻井之上墜屋而卒時年六十五子鸞仕皇朝爲太常少卿（永樂大典卷六千三百五十一）

任延皓并州人也業術數風雲之事晉高祖在太原重圖時高祖最爲親要延皓以本業請見高祖甚加禮遇晉天福初延皓授太原掾尋改交城文水令皆高祖慰薦之力也高祖鎮太原延皓多言外事出入無間高祖左右皆憚之在文水聚斂財賄民欲陳訴延皓知之一日先誣告縣吏結集百姓欲刧縣庫高祖怒遣騎軍併擒縣民十數族誅之寃枉之聲聞于行路高祖即位累官至殿中監恃寵使氣人望而畏之雖宰輔之重延皓視之蔑如也劉崇在河東日常切齒及魏王承訓薨歸葬太原令延皓擇葬地時有山岡僧謂劉崇曰魏王葬地不吉恐有重喪未幾高祖崩崇以僧言奏之乃配流延皓于麟州路由文水市民擲瓦毆罵甚衆吏人救之僅免既至貶所劉崇令人殺之籍沒其家（永樂大典卷九千三百五十一）

史臣曰李崧仕唐晉之兩朝聳伊樂之重望考其器業無忝台衡會多僻之朝被慘夷之戮人之不幸天亦難忱逢吉秉虵虺之心竊夔龍之位殺人不忌與國俱亡李崧之寃血未消逢吉之梟首斯至冥報之事安可忽諸自李鏻而下凡數君子者皆踐履朝行彰施帝載國華邦直斯焉在哉延皓之醜行宜乎不得其死矣（永樂大典卷九千三百五十一）

舊五代史卷一百八終

舊五代史卷一百八攷證

漢列傳五龍敏傳末帝親將李懿　案通鑑作前鄭州防禦使李懿

改工部尚書　案歐陽史作遷工部侍郎

舊五代史卷一百八攷證

舊五代史卷一百九

宋司空同中書門下平章事薛居正等撰

列傳第六　　漢書十一

杜重威其先朔州人近世徙家于太原祖興振武牙將父堆金事唐武皇爲先鋒使重威少事明宗自護聖軍校領防州刺史其妻卽高祖妹也累封宋國大長公主天福初命重威典禁軍遙授舒州刺史二年張從賓構亂據汜水晉高祖遣重威與侯益率衆破之以功授潞州節度使與楊光遠降范延光于鄴城改許州節度使兼侍衞親軍馬步軍副指揮使尋加同平章事未幾移鎮鄆州遷侍衞親軍馬步軍都指揮使（通鑑馮道李崧屢薦重威之能以爲都指揮使充隨駕御營使）及鎮州安重榮稱兵向闕命重威禦之敗重榮于宗城重榮奔據常山重威尋拔其城斬重榮首傳于闕下授成德軍節度使所得重榮家財及常山公帑悉歸于己晉高祖知而不問至鎮復斂于民稅外加賦境內苦之（通鑑重威所至黷貨民多逃亡嘗出過市謂左右曰人言我驅盡百姓何市人之多也）少帝嗣位與契丹絕好契丹主連年伐晉重威但閉壁自守部內城邑相繼破陷一境生靈受屠戮重威任居方面未嘗以一士一騎救之每敵騎數十驅漢人千萬過城下如入無人之境重威但登陴注目略無邀

取之意開運元年秋加北面行營招討使二年領大軍下泰州滿城遂城契丹主古北口迴軍追躡王師重威等狼狽而旋至陽城爲契丹所困會大風狂猛軍情憤激符彥卿張彥澤等引軍四出敵衆大潰諸將欲追之重威曰逢賊得命更望褁乎遂收軍馳歸常山先是重威于州內括借錢帛吏民大被其苦人情咸怨重以境內凋弊十室九空重威遂無留意連上表乞歸朝不俟報卽時上路朝廷以邊上重鎭主帥擅離苟有奔衝慮失禦備然亦無如之何卽以馬全節代之重威尋授鄴都留守會鎭州軍食不繼遣殿中監王欽祚就本州和市重威私第有粟十餘萬斛遂錄之以聞朝廷給絹數萬匹償其粟直重威大忿曰我非反逆安得籍沒耶三年冬晉少帝詔重威與李守貞等率師經畧瀛鄚師至瀛州城下晉騎將梁漢璋進與契丹接戰漢璋死焉重威卽時命迴軍次武強聞契丹主南下乃西趨鎭州至中渡橋與契丹夾滹水而營十二月八日宋彥筠王清等率數千人渡滹沱陣于北岸爲敵所破時契丹游軍已至欒城道路隔絕人情危蹙重威密遣人詣敵帳潛布腹心契丹主大悅許以中原帝之重威庸暗深以爲信一日伏甲于內召諸將會告以降敵之意諸將愕然

以上將既變乃俛首聽命遂連署降表令中門使高勳齎送敵帳軍士解甲舉聲慟哭是日有大霧起于降軍之上契丹主使重威衣赭袍以示諸軍尋僞加守太傅鄴都留守如故契丹南行命重威部轄晉軍以從既至東京駐晉軍于陳橋士伍飢凍不勝其苦重威每出入衢路爲市民所詬俛首而已契丹下令括率京城錢帛將相公私雷同率配重威與守貞各萬緡乃告契丹主曰臣等以十萬漢軍降于皇帝不免配借臣所不甘契丹主笑而免之尋羣盜斷澶州浮梁契丹乃遣重威歸藩明年三月契丹主北去至相州城下重威與妻石氏

詣牙帳貢獻而迴高祖車駕至闕以重威爲宋州節度使加守太尉重威懼閉城據命詔高行周率兵攻討重威遣其子弘遂等告急于鎭州滿達勒（舊作麻荅今改正）乞師救援且以弘遂爲質滿達勒遣蕃將楊袞赴之未幾鎭州諸軍逐滿達勒楊袞至洛州而廻十月高祖親征車駕至鄴城之下遣給事中陳觀等齎詔入城許其歸命重威不納數日高祖親率諸軍攻其壘不克王師傷夷者萬餘人（宋史杜漢徽傳云從高行周討杜重威于鄴城屢爲流矢所中身被重創猶力戰觀者壯之）高祖駐軍數旬城中糧盡屑麴餅以給軍士吏民踰壘而出者甚衆皆無人色至是重威牙將詣行宮請降

復遣節度判官王敏奉表請罪賜優詔敦免許其如初重威卽遣其子弘遂妻石氏出候高祖重威繼踵出降素服俟罪復其衣冠賜見卽日制授檢校太師守太傅兼中書令鄴城士庶殍踣者十之六七先是契丹遣幽州指揮使張璉以部下軍二千餘人屯鄴時亦有燕軍一千五百人在京師會高祖至闕有上變者言燕軍謀亂盡誅于繁臺之下咸稱其冤有逃命于鄴者備言其事故張璉等懼死與重威膠固守城略無叛志高祖亦悔其前失累令宣諭許以不死璉等于城上揚言曰繁臺之誅燕軍何罪既無生理以死爲期璉一軍在圍中

重威推食解衣盡力姑息燕軍驕悍凴陵吏民子女金帛公行豪奪及重威請命璉等邀朝廷信誓詔許璉等却歸本土及出降盡誅璉等將數十人其什長已下放歸幽州將出漢境剽畧而去高祖遣三司使王章樞密副使郭威錄重威部下將吏盡誅之籍其財產與重威私帑分給將士車駕還宮高祖不豫既而大漸顧命之際謂近臣將佐曰善防重威帝崩遂收重威重威子弘章弘璉弘璨誅之詔曰杜重威猶貯禍心未悛逆節梟音不改虺性難馴昨朕少不安罷朝數日而重威父子潛肆兇言怨謗大朝扇惑小輩今則顯有陳告備驗姦

期旣負深恩須寘極法其重威父子並處斬所有晉朝公主及外親族一切如常仍與供給重威父子已誅陳尸于通衢都人聚觀者詬罵蹴擊軍吏不能禁屍首狼籍斯須而盡弘璉重威之子也累官至陳州刺史永樂大典卷一萬四千七百三十　隆平集黨進幼爲天雄軍節度使杜重威奴重威愛其湻謹雖長猶令與婢妾雜侍重威敗周祖得之以爲鐵騎都虞候重威之後寒餓進常分俸以給士大夫或媿馬

李守貞河陽人也少桀黠落魄事本郡爲牙將晉高祖鎭河陽用爲典客後移數鎭皆從之及卽位累遷至客省使天福中李金全以安州叛淮夷入寇晉高祖命馬全節討之守貞監護其軍賊平以守貞爲宣徽使少帝

卽位授滑州節度兼侍衞馬軍都指揮使未幾改侍衞都虞候開運元年春契丹犯澶魏少帝幸澶州契丹遣將滿達勒以奇兵由鄆州馬家口濟河立柵于東岸守貞率師自澶州馳逐之契丹大敗溺死者數千人獲馬數百匹偏裨七十餘人有頃敵退晉少帝還京以守貞爲兗州節度使依前侍衞都虞候五月以守貞爲青州行營都部署率兵二萬東討楊光遠命符彥卿爲副十一月光遠子承勳等乞降守貞入城害光遠于別第光遠有孔目官吏宋顏者盡以光遠財寶名姬善馬告于守貞得之置于帳下近例官軍克復城隍必降德音洗滌瑕穢時樞密使桑維翰以光遠同惡數十輩潛竄未出搜索甚急故制書閣不下或有告宋顏匿于守貞處者朝廷取而殺之守貞由是怨維翰時行營將士所給賞賜守貞盡以黷茶染木薑藥之類分給之軍中大怨乃以帛包所得物如人首級目之爲守貞頭懸于樹以詛之守貞班師加同平章事以楊光遠東京第賜之守貞因取連宅軍營以廣其第大興土木治之歲餘爲京師之甲行幸賜晏恩禮無比開運二年春契丹以全軍南下前鋒至相州湯陰縣詔守貞屯滑州少帝再幸澶州守貞爲北面行營都監與招討使杜重威北伐洎獲

陽城之捷遂收軍而還四月車駕還京以守貞爲侍衞副都指揮使移鎭宋州加檢校太師三年春詔守貞率師巡邊至衡水獲鄭州刺史趙思英而還居無何代高行周爲侍衞親軍都指揮使移鎭鄆州意頗觖望會宰臣李崧加侍中守貞請樞密使直學士殷鵬曰樞密何功便加正相先是桑維翰以元勳舊德爲樞密使守貞位望素處其下每憚之與李彥韜馮玉輩協力排斥維翰竟罷樞務李崧勢分疏遠守貞得以淩蔑其年夏契丹寇邊以守貞爲北面行營都部署少帝開曲宴于內殿以寵其行教坊伶人獻語云天子不須憂北寇守貞

面上管幽州既罷守貞有自負之色以其言誇詫于外旣而率兵至定州北與契丹偏師遇斬其將嘉哩（舊作解里今改正）而還九月加兼侍中會契丹遣瀛州刺史僞降于少帝請發大軍應接朝廷信之十月詔杜重威爲北面行營招討使以守貞爲兵馬都監知幽州行府事先是守貞領兵再由鄴都杜重威厚加賄遺曲意承迎守貞悅之每于帝前稱舉請委征討之柄至是守貞重威等會兵于鄴遂趨瀛州瀛州不應貝州節度使梁漢璋爲番將高牟翰所敗死之王師遂還師至深州聞契丹大至乃西趨鎮州至滹沲之中渡與敵相遇官軍營于滹

水之南未幾敵騎潛渡至欒城斷我糧路尋則王清戰死重威遂與守貞歸命契丹授守貞司徒依前鄆州節度使從契丹至汴時京輦之下契丹充斥都人士庶若在塗炭二帥出入揚揚市人詬之晷無慙色有頃河北及京東草冦大起澶州浮橋爲羣賊所斷契丹主甚恐乃命諸帥各歸本鎭守貞遂赴汶陽高祖入汴守貞懼而來朝授守貞太保移鎭河中居無何高祖晏駕杜重威被誅守貞愈不自安乃潛畜異計乾祐元年三月先致書于權臣布求保證而完城郭繕甲兵晝夜不息守貞以漢室新造嗣君幾立自謂舉無遺策又有僧總倫

者以占術干守貞謂守貞有人君之位（通鑑浚儀人趙修己素善術數自守貞鎭滑州署司戶參軍累從移鎭爲守貞言時命不可妄動前後切諫非一守貞不聽乃稱疾歸里）未幾趙思綰以京兆叛遣使奉表送御衣于守貞守貞自謂天時人事合符于己乃潛結草賊合所在竊發遣兵據潼關（宋史王繼勳傳李守貞之叛令繼勳據潼關爲郭從義所破）朝廷命白文珂常思等領兵問罪復遣樞密使郭威西征守貞軍初至守貞以諸軍多嘗隷于麾下自謂素得軍情坐俟叩城迎已及軍士詬譟大失所望（宋史馬全義傳李守貞鎭河中召置帳下及守貞叛周主討之全義每率敢死士夜出攻周祖壘多所殺傷守貞貪而無謀性多忌刻全義累爲畫策皆不能用）俄而王景崇據岐下與趙思綰遣使推奉守貞乃自號

秦王思綰景崇皆受守貞署置又遣人齎蠟彈于吳蜀契丹以求應援（馬令南唐書朱元傳守貞以河中反漢乞師未復命周太祖討之元與李平奉守貞表來而守貞敗）既而城中糧盡殺人爲食召摠倫詰其休咎摠倫至曰王自有天分人不能奪然分野災變俟磨滅將盡存留一人一騎即王鵲起之際也守貞深以爲信洎攻城守貞欲發石以據外軍礮竿子不可得無何上游汎一筏至其木悉可爲礮竿守貞以爲神助又嘗因宴會將佐守貞執弧矢遙指一虎舐掌圖曰我若有非常之事當中虎舌引弓一發中之左右拜賀守貞亦自負焉（宋史吳虔裕傳周祖討三叛以虔裕爲河中行營都監率護聖諸軍五千以往李守貞出兵五千餘）

設梯橋分五路于長連城西北以禦周祖周祖令虔裕率大軍橫擊之蒲人敗守奪其梯橋殺傷大半及周光遜以西砦降其勢益窘人情離散官軍攻城愈急守貞乃潛于衙署多積薪芻爲自焚之計二月七日城陷舉家蹈火而死王師入城于烟中獲其屍斷其首函之并獲數子二女與其黨俱獻于闕下隱帝御明德樓受俘馘宣露布百寮稱賀禮畢以俘馘徇于都城守貞首級梟于南市諸子并賊黨孫愿劉芮張延嗣劉仁裕僧揔倫靖珍張球王延秀焦文傑安在欽等並磔于西市餘皆斬之永樂大典卷一萬三百九十　五代史闕文符后先適河中節度使李守貞之子崇訓守貞嘗得術士善聽聲知人貴賤守貞舉族悉令術聽之獨言后大富貴當母儀天下守貞信之因曰吾婦尚爲皇后吾可知也遂謀叛及城陷后獨免周祖爲世宗娶之顯德中册爲后臣以謂術士之言蓋亦有時而中人君之位安可無望而求公侯其誡之

趙思綰魏府人也唐同光末趙在禮之據魏城也思綰隷于帳下累從之在禮卒趙延壽籍其部曲盡付于其長子贊思綰即其首領也高祖定河洛趙贊自河中移京兆尹趙贊以久事契丹常慮國家終不能容乃與鳳翔侯益謀引蜀兵爲援又令判官李恕入朝請覲趙贊不待報赴闕留思綰等數百人在京兆會高祖遣王景崇等西赴鳳翔行次京兆時思綰等數百人在焉思綰等比是趙在禮御士本不剌面景崇齊藏珍既至京兆欲令文面以防逋逸景崇微露風旨思綰厲聲先請自剌以率其下景崇壯之藏珍竊言曰思綰粗暴難制不如殺之景崇不聽但率之同赴鳳翔朝廷聞之遣供奉官王益部署思綰等赴闕思綰既發行至途中謂其黨常彥卿曰小太尉已入佗手吾輩至則並死矣小太尉蓋謂趙贊也彥卿曰臨機制變子勿復言既行至永興副使安友規巡檢使喬守温出迎于郊外離亭置酒思綰前曰部下軍士已在城東安下緣家屬在城欲各將家令夜便宿城東守温等然之思綰等辭去部下並無兵仗纔入西門有州校坐門側思綰遽奪其佩劍即斬

之其眾持白挺殺守門軍士十餘人分眾守捉諸門思綰刼庫兵以授之遂據其城時乾祐元年三月二十四日也翌日集城中丁壯得四千餘人濬池隍修樓櫓浹旬之間戰守皆備尋遣人送款于河中李守貞遣使齎僞詔授思綰晉昌軍節度使檢校太尉朝廷聞之命郭從義王峻帥師伐之及攻其城王師傷者甚眾乃以長塹圍之經年糧盡遂殺人充食思綰嘗對眾取人膽以酒吞之告眾曰吞此至一千即膽氣無敵矣太平廣記賊臣趙思綰自倡亂至敗凡食人肝六十六無不面剖而膾之二年夏食既盡思綰計無從出時左驍衛上將軍致仕李肅寓居城中因與判官程

讓能同言于思綰曰太尉比與國家無嫌但負罪懼誅遂爲急計今朝廷三處用兵一城未下太尉若翻然效順率先歸命以功補過庶幾無患若坐守窮城端然待斃則何貴于智也洛陽搢紳舊聞記趙思綰主藍田副鎮有罪已發李公肅時爲環衛將兼雍耀三白渠使雍耀莊宅使節度副使權軍府事護而駝之來謁于李公公歸宅張夫人詰之曰趙思綰庸賤人公何以免其過既來謝又何必見之乎曰某比不言夫人問須言之思綰者雖賤類審觀其狀貌眞亂臣賊子恨位下未有朕跡不然除去之可也夫人曰既不能除去何妨以小惠啖之無使銜怨自後夫人密遣人令思綰之妻來參夫人厚以衣物賜之前後與錢物甚多及漢朝公以上將軍告老歸雍未久思綰過雍遂閉門據雍城叛衣冠之族遭塗炭者衆公全家免禍終以計勸思綰納款遂拔雍城思綰然之即令讓能爲章表遣牙將劉成琦入朝制授思綰華州留後

檢校太保以常彥卿爲虢州刺史遣內臣齎官告國信賜之既受命遲留未發郭從義王峻等籌之曰狼子野心終不可用留之必遺後悔耳既而從義王峻等緩轡入城陳列步騎至牙署遣人召思綰曰太保登途不暇出祖對飲一杯便申仳別思綰至則執之遂斬于市并族其家東都事略郭從義傳云思綰困甚從義遣人誘之許以華州節鉞思綰信之遂開門送款從義入城思綰謁見即遣武士執之思綰臨刑市人爭投瓦石以擊之軍吏不能禁是日并部下叛黨新授虢州刺史常彥卿等五百餘人並誅之籍思綰家財得二十餘萬貫入于官案歐陽史思綰遲留不行陰遣人入蜀郭威命從義圖之從義因入城召思綰趨之上道至則擒之思綰問曰何以用刑告者曰立釘也思綰厲聲曰爲吾告郭公吾死未足塞責然釘磔之醜壯夫所恥幸少假之從義許之父子俱斬于市始思綰入城丁口僅十餘萬及開城惟餘萬人而已其餓斃之數可知矣永樂大典卷一萬六千九百九十一

舊五代史卷一百九終

舊五代史卷一百九攷證

漢列傳五杜重威傳遣給事中陳觀等　陳觀歐陽史避私諱作陳同

趙思綰傳卽令讓能爲表章遣牙將劉成琦入朝　案宋史郭從義傳作從義繫書矢上射入城中說思綰令降與是書異

并部下叛黨新授鐵州刺史常彥卿等五百餘人　案宋史郭從義傳作三百餘人

滿達勒舊作麻答今改　嘉哩舊作解里今改

舊五代史卷一百九攷證

宋司空同中書門下平章事薛居正等撰

太祖紀第一　周書一

太祖聖神恭肅文武孝皇帝姓郭氏諱威字文仲邢州堯山人也或云本常氏之子幼隨母適郭氏故冒其姓焉（案五代會要周號叔之後）高祖諱璟廣順初追尊爲睿和皇帝廟號信祖陵曰溫陵高祖妣張氏追謚睿恭皇后曾祖諱諶漢贈太保追尊爲明憲皇帝廟號僖祖陵曰齊陵曾祖妣鄭國夫人申氏追謚明孝皇后祖諱蘊漢贈太傅追尊爲翼順皇帝廟號義祖陵曰節陵（案五代會要溫陵齊陵節陵皆

無陵所遙申朝拜）祖妣陳國夫人韓氏追謚翼敬皇后皇考諱簡漢贈太師追尊爲章肅皇帝廟號慶祖陵曰欽陵皇妣燕國夫人皇氏追謚爲章德皇后后以唐天祐元年甲子歲七月二十八日生帝于堯山之舊宅載誕之夕赤光照室有聲如爐炭之裂星火四迸帝生三歲家徙太原居無何皇考爲燕軍所陷歿于王事帝未及齠齔章德太后蚤世姨母楚國夫人韓氏提攜鞠養及長形神魁壯趣向奇崛愛兵好勇不事田產天祐末潞州節度使李嗣昭常山戰歿子繼韜自稱留後南結梁朝據城阻命乃散金以募豪傑帝時年十八避吏故關依故人常氏遂往應募帝負氣用剛好鬥多力繼韜奇之或踰法犯禁亦多假借焉常遊上黨市有市屠壯健衆所畏憚帝以氣凌之因醉命屠割肉小不如意叱之屠者怒坦腹謂帝曰爾敢刺我否帝即刺其腹市人執之屬吏繼韜惜而逸之其年莊宗平梁繼韜伏誅麾下牙兵配從馬直帝在籍中時年二十一帝性聰敏喜筆劄及從軍旅多閱簿書軍志戎政深窮綮肯人皆服其敏嘗省昭義李瓊瓊方讀閫外春秋即取視之曰論兵也兄其教我即授之深通義理（宋史李瓊傳唐莊宗募勇士即應募與周祖等十人約爲兄弟一日會飲瓊熟視周祖知非常人因舉酒祝曰凡我十人龍蛇混合異日富貴無相忘苟渝此言神降之

罰皆刺臂出血爲誓周祖與瓊情好尤密嘗造瓊見其危坐讀書因問所讀何書瓊曰此閫外春秋所謂以正守國以奇用兵較存亡治亂記賢愚成敗皆在此也周祖令讀之謂瓊曰兄當教我自是周祖出入常袖以自隨遇暇輒讀每問難瓊謂瓊爲師）天成初明宗幸浚郊時朱守殷嬰城拒命帝從晉高祖一軍率先登城晉祖領副侍衛以帝長于書計召置麾下令掌軍籍前後將臣無不倚愛初聖穆皇后嬪于帝帝方匱乏而后多資從（案東都事略柴后資周太祖以金帛使事漢高祖）常晝寢有小虺五色出入顴鼻之間后遽見愕然在太原時有神尼與帝同姓見帝與李瓊曰我宗天上大仙頂上有肉角當爲世界主清泰末晉祖起于河東時河陽節度使張彥琪爲侍衛步軍都指揮使奉

命北伐帝從之營于晉祠是時屋壞同處數人俱斃唯帝獨無所傷漢高祖爲侍衛馬步都虞候召置左右所居官舍之鄰吳氏有靑衣隹娠者爲山魈所魅鬼能人言投瓦石鄰伍無敢過吳氏之舍者帝過之其鬼寂然帝去如故如是者再或謂鬼曰爾旣神向者客來何寂寂然鬼曰彼大人者繇是軍中異之范延光叛于魏命楊光遠討之帝當行意不願從或謂帝曰楊公當朝重勳子不欲從何也帝曰楊公素無英雄氣得我何用能用我其劉公乎漢祖累鎭藩闉皆從之及鎭并門尤深待遇出入帷幄受心腹之寄帝亦悉心竭力知無不爲

及吐渾白可久叛入契丹帝勸漢祖誅白承福等五族得良馬數千匹財貨百萬計以資軍開運末契丹犯闕晉帝北遷帝與蘇逢吉楊邠史弘肇等勸漢祖建號以副人望漢高祖卽位晉陽時百度草創四方猶梗經綸締構帝有力焉授權樞密副使檢校司徒漢高祖至汴正授樞密副使檢校太保乾祐元年春漢高祖不豫及大漸與蘇逢吉等同受顧命隱帝嗣位拜樞密使加檢校太尉舊制樞密使未加使相者不宣麻制至是宣之自帝始也東都事略魏仁浦傳仁浦少爲刀筆吏隸樞密院太祖問以卒乘數仁浦對曰帶甲者六萬太祖喜曰天下事不足憂也有頃河中李守貞據城反朝廷憂之諸

大臣共議進取之計史弘肇曰守貞河陽一客司耳竟何能爲帝曰守貞雖不習戎行然善接英豪得人死力亦勍敵宜審料之乃命白文珂常思率兵攻取師未至而趙思綰竊據永興王景崇反狀亦露朝廷遣郭從義王峻討趙思綰七月西面師徒大集未果進取其月十三日制授帝同平章事卽遣西征以安慰招撫爲名詔西面諸軍並取帝節度時論以白文珂常思非守貞之敵聞帝西行羣情大愜宋史李穀傳周祖討河中穀掌轉運時周祖已有人望潛貯異志屢以諷穀穀但對以人臣當盡節奉上而已八月六日帝發離京師二十日師至河中宋史扈彥珂傳周祖爲樞密使總兵出征時議多以先討景崇思綰爲便周祖意未決彥珂曰三叛連衡推守貞爲主宜先擊河中河中平則永興鳳翔失勢矣今捨近圖遠若景崇思綰逆戰于前守貞兵其後腹背受敵爲之奈何周祖從其言命白文珂營于河西帝營于河

東不數日周設長塹復築長連城以逼之帝在軍居常接賓客與大將讌語卽褒衣博帶或遇巡城壘對陣敵幅巾短後與衆無殊臨矢石冒鋒刃必以身先與士伍分甘共苦稍立功效者厚其賜與微有傷痍者親爲循撫士無賢不肖有所陳啓温顏以接俾盡其情人之過忤未常介意故君子小人皆思効用守貞聞之深以爲憂十二月帝以蜀軍屯大散關卽親率牙兵往鳳翔永興相度將發謂白文珂劉詞曰困獸猶鬥當謹備之帝

至華州聞蜀軍退敗遂還二年正月五日夜李守貞遣將王三鐵領千餘人夜突河西砦果爲劉詞等力戰敗之先是軍中禁酒帝有愛將李審犯令斬之以狥五月九日攻河西砦賊將周光遜以砦及部衆千餘人來降十七日下令攻城會西北大風揚沙晦冥帝令禱河伯祠奠訖而風止自是晝夜攻之七月十三日李三砦將士奪賊羅城二十一日城陷守貞舉家自焚而死帝前夢河神告曰七月下旬上帝當滅守貞之族至是收復賊壘城中人言見帝營上有紫氣如樓閣華蓋之狀東都事略王溥傳周太祖將兵討三叛以溥爲從事三叛既平朝士及藩鎮嘗以書往來詞意涉于悖逆者太祖籍其名欲案之溥諫曰魑魅伺夜而出日月既照則氛沴消矣請焚之以安反側太祖從之二年八月五日帝自河中班師其月二十七日入朝漢帝命升階撫勞酌御酒以賜之錫賚優厚翌日漢帝議勳欲兼方鎮帝辭之乃止帝以出征時廳子都七十三人具籍獻之九月五日制加檢校太師兼侍中十月契丹入冦前鋒至邢洺貝魏河北告急帝受詔率師赴北邊以宣徽南院使王峻爲監軍其月十九日帝至邢州遣王峻前軍趨鎮定時契丹已退帝大閱欲臨冦境詔止之三年二月班師三月十七日制授鄴都留守樞密使如故時漢帝以北戎爲患委帝以河朔之任宰相蘇逢吉等議

藩臣無兼樞密使例史弘肇以帝受任之重苟不兼密務則難以便宜從事竟從弘肇之議詔河北諸州凡事一稟帝節度帝將北行啟漢帝曰陛下富有春秋萬幾之事宜審于聽斷文武大臣乃心王室凡事諮詢卽無敗失漢帝斂容謝之帝至鄴盡去煩弊之事不數月閫政有序一方晏然詔書褒美一夕在山亭院齋中忽有黃氣起于前上際于天帝于黃氣中見星文紫微文昌爛然在目既而告之星者曰子于屋中見天象不其異乎對曰坐見天衢物不能隔至貴之祥也翌日牙署中有紫氣起于幡竿龍首凡三日十一月十四日澶州節度使李洪義侍衞步軍都指揮使王殷遣澶州副使陳光穗至鄴都報京師有變是月十三日旦羣小等害史弘肇等前一夕李鄴等遣心腹齎密詔至澶州令洪義殺王殷又令護聖左廂都指揮使郭崇等害帝于鄴城十三日洪義受得密詔恐事不濟乃以密詔示王殷殷與洪義卽遣陳光穗馳報于帝十四日帝方與宣徽使王峻坐議邊事忽得洪義文字遽歸牙署峻亦未知其事帝初知楊史諸公被誅神情憫然又見移過及已伸訴無所卽集三軍將校諭之曰子從微至著輔佐國家先皇登遐親受顧託與楊史諸公彈壓經謀忘寢與食

一旦無狀盡已誅夷今有詔來取予首級爾等宜奉行
詔旨斷予首以報天子各圖功業且不累諸君也崇等
與諸將校泣于前言曰此事必非聖意即是左右小人
誣罔竊發假令此輩握重柄國得安乎宜得披論以判
忠佞何事信單車之使而自棄千載之下空受惡名崇
等願從明公入朝面自洗雪除君側之惡共安天下衆
然之遂請帝南行帝即嚴駕首途十六日至澶州王殷
迎謁慟哭時隱帝遣小豎鸗脫偵鄴軍所在爲游騎所
執帝即遣迴令附奏隱帝赴闕之由仍以密奏置鸗脫
衣領中奏曰臣發迹寒賤遭遇聖明既富且貴實過平

生之望唯思報國敢有他圖今奉詔命忽令郭崇等殺
臣即時俟死而諸軍不肯行刑逼臣赴闕令臣請罪上
前仍言致有此事必是陛下左右譖臣耳今鸗脫至此
天假其便得伸臣心三五日當及闕朝陛下若以臣有
欺天之罪臣豈敢惜死若實有譖臣者乞陛下縛送軍
前以快三軍之意則臣雖死無恨今託鸗脫附奏以聞
十七日帝至滑州節度使宋延渥開門迎納帝將發滑
臺召將士謂之曰主上爲讒邪所惑誅殺勳臣吾之此
來事不獲已然以臣拒君寧論曲直汝等家在京師不
如奉行前詔我以一死謝天地寔無所恨將校前啟曰

國家負公公不負國請公速行無滯久安邦雪怨正在
此時既王峻論軍曰我得公處分俟平定京城許爾等
旬日剽掠衆皆踊躍十九日隱帝遣左神武統軍袁義
前鄧州節度使劉重進率禁卒來拒與前開封尹侯益
等屯赤岡是夜俱退二十日隱帝整陣于劉子陂二十
一日兩陣俱列慕容彥超率軍奮擊帝遣何福進王彥
超李筠等大合騎以乘之慕容彥超退卻死者百餘人
于是南軍奪氣稍稍奔于北軍慕容彥超與數十騎東
奔兗州吳虔裕張彥超等相繼來見帝是夜侯益焦繼
勳潛至帝營帝慰勞遣還二十二日旦郭允明弒漢隱

帝于北郊初官軍之敗帝謂宋延渥曰爾國親可速往
衛主上兼附奏請陛下得便速奔臣軍免爲左右所圖
及延渥至亂兵雲合即惶駭而還是旦帝望見天子旌
旗于高陂之上謂隱帝在其下即免胄釋馬而前左右
慮有不測請帝止帝泣曰吾君在此又何憂焉及至前
隱帝已去矣帝歔欷久之俄聞隱帝遇弒號慟不已帝
至玄化門劉銖雨射城外帝迴車自迎春門入諸軍大
掠烟火四發帝止于舊第何福進以部下兵守明德門
翌日王殷郭崇言曰若不止剽掠比夜化爲空城耳由
是諸將部分斬其剽者至晡乃定帝與王峻詣太后宮

起居請立嗣君乃以高祖姪徐州節度使贇入繼大統語在漢紀二十七日帝以嗣君未至請太后臨朝會鎮定州馳奏契丹入寇河北諸州告急太后命帝北征十二月一日帝發離京師四日至滑州駐馬數日會湘陰公遣使慰勞諸將受宣之際相顧不拜皆竊言曰我輩陷京師各各負罪若劉氏復立則無種矣或有以言告帝者帝愕然即時進途十六日至澶州是日旭旦日邊有紫氣來當帝之馬首十九日下令諸軍盡發二十日諸軍將士大譟趨驛如墻而進帝閉門拒之軍士登墻越屋而入請帝為天子亂軍山積登階匝陛扶抱擁廹或有裂黃旗以被帝體以代赭袍山呼震地帝在萬衆之中聲氣沮喪悶絕數四左右親衛星散竄匿帝即登城樓稍得安息諸軍遂擁帝南行時河氷初解浮梁未搆是夜北風凜烈比旦氷堅可渡諸軍遂濟衆謂之凌橋濟竟氷泮時人異之時湘陰公已駐宋州樞密使王峻在京聞澶州之變遣侍衛馬軍指揮使郭崇率七百騎赴宋州以衞湘陰公二十五日帝至七里店羣臣謁見遂營于皐門村二十七日漢太后令曰樞密使侍中郭威以英武之才兼內外之任剪除禍亂弘濟艱難功業格天人望冠世今則軍民愛戴朝野推崇宜總萬幾

以允羣議可監國中外庶事並取監國處分二十八日監國教曰寡人出自軍戎本無德望因緣際會叨竊寵靈高祖皇帝甫在經綸待之心腹洎登大位尋付重權當顧命之時受忍死之寄與諸勳舊輔立嗣君旋屬三叛連衡四郊多壘謬膺朝旨委以專征兼守重藩俾當勍敵敢不橫身戮力竭節盡心冀肅靜于疆埸用保安于宗社不謂姦邪搆亂將相連誅偶脫鋒鋩克平患難志安劉氏願報漢恩推擇長君以紹丕搆遂奏太后請立徐州相公奉迎已在于道途行李未及于都輦尋以北面事急敵騎深侵遂領師徒徑往掩襲行次近鎮以渡洪河十二月二十日將發澶州軍情忽變旌旗倒指喊叫連天引袂牽襟廹請為主環繞而逃避無所紛紜而逼脅愈堅頃刻之間安危莫保事不獲已須至徇從于是馬步諸軍擁至京闕今奉太后詔旨以時運艱危機務難曠俾令監國遜避無由僶俛遵承夙夜憂愧云時文武百官內外將帥藩臣郡守等相繼上表勸進三十日夜御營西北隅步軍將校因醉揚言昨澶州馬軍扶策步軍今欲扶策尋令虞候詰其姓名昧旦擒而斬之其一軍仍納甲仗遣中監送就粮所

廣順元年春正月丁卯漢太后詔曰逡古以來受命相

繼是不一姓傳諸百王莫不人心順之則興天命去之則廢昭然事迹著在典書予否運所丁遭家不造姦邪搆亂朋黨橫行大臣寃枉以被誅少主倉卒而及禍人自作孽天道寧論監國威深念漢恩切安劉氏既平亂略復正頹綱思固護于基扃擇繼嗣于宗室而獄訟盡歸于西伯謳謠不在于丹朱六師竭推戴之誠萬國仰欽明之德鼎革斯契圖籙有歸予作佳賓固以爲幸今奉符寶授監國可卽皇帝位於戲天祿在躬神器自至允集大命永綏兆民敬之哉是日帝自臯門入大內御崇元殿卽皇帝位制曰自古受命之君興邦建統莫不

上符天意下順人心是以夏德既衰爰啟有商之祚炎風不競肇開皇魏之基朕早事前朝久居重位受遺輔政敢忘伊霍之忠仗鉞臨戎復委韓彭之任匪躬盡瘁焦思勞心討叛渙于河潼張聲援于岐雍竟平大憝粗立微勞纔旋旆于關西尋統兵于河朔訓齊師旅固護邊陲只將身許國家不以賊遺君父外憂少息內患俄生羣小連謀大臣遇害棟梁既壞社稷將傾朕方在藩維以遭讒搆逃一生于萬死徑赴闕庭梟四罪于九衢幸安區宇將延漢祚擇立劉宗徵命已行軍情忽變以衆庶所逼逃避無由扶擁至京尊戴爲主重以外中勸

進方岳推崇僶俛雖順于羣心臨御實慚于涼德改元建號祇率于舊章革故鼎新旋覃于霈澤朕本姬室之遠裔虢叔之後昆積慶累功格天光表盛德既延于百世大命復集于朕躬今建國宜以大周爲號可改漢乾祐四年爲廣順元年自正月五日昧爽已前應天下罪人常赦所不原者咸赦除之故樞密使楊邠侍衛都指揮使史弘肇三司使王章等以勞定國盡節致君千載逢時一旦同命悲感行路憤結重泉雖尋雪于沈寃宜更伸于渥澤並可加等追贈備禮歸葬葬事官給仍訪子孫敘用其餘同遭枉害者亦與追贈馬步諸軍將士

等戮力叶誠輸忠効義先則平時難後乃推戴朕躬言念勳勞所宜旌賞其原屬將士等各與等第超加恩命仍賜功臣名號已帶功臣者別與改賜應左降官未量移者與量移已量移者與復資已復資者量加敘錄亡官失爵之人宜與齒用配流徒役人並許放還諸處有犯罪逃亡之人及山林草寇等一切不問如赦到後一月不歸本業者復罪如初內外前任見任文武官寮致仕官各與加恩應在朝文武臣寮內臣諸司使諸道行軍副使藩方馬步都揮使如父母在未有恩澤者卽與恩澤已施者更與恩澤如亡歿未曾追封贈者亦與封

贈已封贈者更與封贈應天下州縣所欠乾祐元年二年已前夏秋殘稅及沿徵物色并三年夏稅諸色殘欠並與除放澶州已來官路兩邊共二十里內并乾祐三年殘稅欠稅並與除放應河北沿邊州縣自去年九月後來曾經契丹蹂踐處其人戶應欠乾祐三年終已前積年殘欠諸色稅物並與除放應係三司主持錢穀敗闕場院官取乾祐元年終已前徵納外灼然無抵當者委三司分析聞奏天下倉場庫務已令節度使專切鈐轄掌納官吏一依省條指揮不得別納斛餘秤耗舊來所進羨餘物色今後一切停罷應乘輿服御之物不得

過爲華飾宮闈器用務從朴素大官常膳一切減損諸道所有進奉以助軍國之費其珍巧纖華及奇禽異獸鷹犬之類不得輒有獻貢諸無用之物不急之物並宜停罷帝王之道德化爲先崇飾虛名朕所不取苟致治之未洽雖多瑞以奚爲今後諸道所有祥瑞不得輒有奏獻古者用刑本期止辟今茲作法義切禁非蓋承弊之時非猛則姦宄難制及知勸之後在寬則典憲得宜相時而行庶臻中道今後應犯竊盜賊贓及和姦者並依晉天福元年已前條制施行應諸犯罪人等除反逆罪外其罪並不得籍沒家產誅及骨肉一依格令處分

天下諸侯皆有親戚自可慎擇委任必當克効參裨朝廷選差理或未當宜矯前失庶叶通規其先于在京諸司差軍將充諸州郡元從都押衙孔目官內知客等並可停廢仍勒却還舊處職役近代帝王陵寢合禁樵採唐莊宗明宗晉高祖各置守陵十戶以近陵人戶充漢高祖皇帝陵署職員及守宮人時日薦饗并守陵人戶等一切如故仍以晉漢之胄爲二王後委中書門下處分云司天上言今國家建號以木德代水准經法國以姓墓爲臘請以未日爲臘從之時議者曰昔武王勝殷歲集于房國家受命金木集于房文王厄羑里而卦遇

明夷帝脫于鄴大衍之數復得明夷則周爲國號符于文武矣先是丁未年夏六月土金木火四星聚于張占者云當有帝王興于周者故漢國建由平陽陝服趨洛陽以應之及隱帝將嗣位封周王以符其事而帝以姬虢之胄復繼宗周而天人之契炳然矣昔武王以木德王天下宇文周亦承木德而三朝皆以木代水不其異乎戊辰前曹州防禦使何福進受宣權許州節度使前復州防禦使王彥超受宣權徐州節度使前澶州節度使李洪義受宣權宋州節度使己巳上漢太后尊號曰昭聖皇太后是日詔有司擇日爲故主發哀（五代會要載原敕云

漢高祖爲義帝發喪魏明帝正禪陵尊號一時達禮千
古所稱況朕久事前朝常參大政雖遇虞事夏見奪于
羣情而四海九州咸知予夙志宜令所
司擇日爲故主舉哀仍備山陵葬禮辛未有司上言
皇帝爲故主舉哀日服縞素直領深衣腰經等成服畢
祭奠不視朝七日坊市禁音樂文武內外臣寮成服後
每日赴太平宮臨三日止七日釋服至山陵啟攢塗日
服初服䌸車出城班辭釋服從之壬申前博州刺史李
筠受宣權滑州節度使癸酉樞密使檢校太傅王峻加
同平章事以前澶州節度使李洪義爲宋州節度使加
同平章事以滑州節度副使陳觀爲左散騎常侍鄴都
留守判官王溥爲左諫議大夫並充樞密院直學士以

元從都押牙鄭仁誨爲客省使知客押牙向訓爲宮院
使北京留守劉崇遣押牙鞏廷美致書求劉贇歸藩帝
報曰朕在澶州之時軍情推戴之際先差來直省李光
美備見必想具言而況遐邇所聞在後盡當知悉湘陰
公比在宋州駐泊見令殷取赴京但勿憂疑必令得所
惟公在彼固請安心若能同力扶持別無顧慮卽當便
封王爵永鎮北門鐵券丹書必無愛惜其諸情素並令
來人口宣遣千牛衛軍將朱憲充入契丹使先是去年
契丹永康王鄂約舊作兀欲今改正冦邢趙陷內丘及迴鄂約
遣使與漢隱帝書通鑑契丹之攻內邱也死傷頗多又值月食軍中多妖異契丹主不敢深
入引兵還遣使請和于漢使至境上會朝廷有蕭墻之變帝定京城
迴至澶州遇蕃使至遂與入朝至是遣朱憲伴送來使
歸蕃兼致書敘革命之由仍以金酒器一副玉帶一遣
鄂約晉州節度使王晏殺行軍司馬徐建以通河東聞
乙亥鄆州節度使守太師兼中書令齊王高行周進位
尚書令襄州節度使檢校太師守太傅兼中書令齊國
公安審琦進封南陽王青州節度使檢校太師守太保
兼中書令魏國公符彥卿進封淮陽王夔州節度使侍
衛親軍馬步軍都指揮使檢校太傅王殷加同平章事
充鄴都留守典軍如故丙子帝赴太平宮爲漢隱帝發

喪百官陪位如儀是日湘陰公元從古都押牙鞏廷美
教練使楊溫等據徐州以拒命帝遣新授節度使王彥
超率兵馳赴之仍賜廷美等勑書通鑑帝復遺劉贇書曰爰念斯人盡心于主足
以賞其忠義何由責以悔尤俟新節度入城當各除刺史公可更以委曲示之丁丑荊南高保
融奏去年十一月郎州節度使馬希萼破潭州十二月
十八日縊殺馬希廣至十九日希萼自稱天策上將軍
武平靜江寧遠等軍節度使嗣楚王戊寅湘陰公殂己
卯以前太師齊國公馮道爲中書令弘文館大學士以
司徒兼門下侍郎同平章事弘文館大學士竇貞固爲
侍中監修國史以左僕射平章事集賢殿大學士蘇禹

珪爲守司空平章事夏州節度使李彝興進封隴西郡王荆南高保融進封渤海郡王靈武馮暉進封陳留郡王西京白文珂兖州慕容彥超鳳翔趙暉並加兼中書令詔王彥超率兵攻徐州庚辰故樞密使左僕射平章事楊邠追封恒農郡王故宋州節度使兼侍衞親軍都指揮使史弘肇追封鄭王故三司使檢校太尉平章事王章追封瑯琊郡王是日詔曰朕以渺末之身託于王公之上懼德弗類撫躬靡遑豈可化未及人而過自奉養道未方古而不知節量與其耗費以勞人曷若檢約而克己昨者所頒赦令已述至懷宮闈服御之所須悉

從減損珍巧纖奇之厥貢並使寢停尙有未該再宜條舉應天下州府舊貢滋味食饌之物所宜除減其兩浙進細酒海味薑瓜湖南枕子茶乳糖白沙糖橄欖子鎭州高公米水梨易定栗子河東白社梨米粉菉豆粉玉屑粃子麪永興御田紅秔米新大麥麪興平蘇栗子華州麝香羚羊角熊膽獺肝朱柿熊白河中樹紅棗五味子輕餳同州石鏾餅晉絳葡萄黃消梨陝府鳳栖梨襄州紫薑新筍橘子安州折粳米糟味靑州水梨河陽諸雜果子許州御李子鄭州新筍鵝梨懷州寒食杏仁申州蘘荷亳州萆薢沿淮州郡淮白魚如聞此等之物雖

皆出于土產亦有出於民家未免勞煩率皆麋費加之力役負荷馳驅道途積于有司之中甚爲無用之物今後並不須進奉諸州府更有舊例所進食味其未該者宜奏取進止又在朝文武臣寮各上封事凡有益國利民之事速具以聞（通鑑詔曰朕生長軍旅不親學問未知治天下之道文武官有益國利民之術各具封事以聞咸宜直書其事勿事辭藻）辛巳鎭州武行德晉州王晏相州張彥成潞州常思邢州侯章並加兼侍中以侍衞馬軍都指揮使果州防禦使檢校太保郭崇爲洋州節度使檢校太傅典軍如故以侍衞步軍都指揮使岳州防禦使曹英爲利州節度使檢校太傅典軍如故癸未

涇州史懿延州高允權滄州王景永興郭從義定州孫方簡並加兼侍中鄜州楊信同州薛懷讓貝州王繼弘並加同平章事乙酉華州王饒河中扈彥珂鄧州折從阮邢州劉詞並加同平章事丙戌幸西莊潞州奏得石會關使王延美報河東劉崇于正月十六日僭號丁亥以前澶州節度使李洪義爲宋州節度使加同平章事以曹州防禦使北面行營馬步都排陣使何福進爲許州節度使加檢校太傅以博州刺史北面行營右廂排陣使李筠爲潞州節度使加檢校太保戊子有司上言准赦書以晉漢之胄爲二王後其唐五廟仲祀合廢從

之庚寅宗正寺奏請依晉漢故事遷漢七廟神主入昇平宮行仲享之禮以漢宗子爲三獻從之永樂大典卷八千九百八十

舊五代史卷一百十終

舊五代史卷一百十攷證

周太祖紀一八月六日帝發離京師二十日師至河中　案五代春秋作七月郭威率師圍河中據此紀則周太祖以八月六日始發京師非七月即圍河中也是書漢隱帝紀與此紀互異攷證見漢紀

城陷守貞舉家自焚而死　案歐陽史周本紀云守貞與妻子自焚死思綰景崇相次降今攷是書漢紀五月乙丑趙思綰乞降七月甲子郭威奏收復河中守貞自燔死是思綰之降在守貞自焚之前也又云三年正月趙暉奏收復鳳翔王景崇自燔死是景崇未嘗降也歐陽史漢本紀亦先載趙思綰降後書克河中王景崇傳亦作景崇自燔死紀傳前後自相矛盾當以是書爲得其實

戊寅湘陰公殂　案歐陽史作十二月王峻遣郭崇以騎兵七百逆劉贇于宋州殺之通鑑作月戊寅殺湘陰公于宋州

舊五代史卷一百十一

宋司空同中書門下平章事薛居正等撰

太祖紀第二　周書二

廣順元年春二月癸巳朔以樞密副使尚書戶部侍郎范質爲兵部侍郎依前充職以陳州刺史判三司李穀爲戶部侍郎判三司以右金吾大將軍充街使翟光鄴爲左千牛衛上將軍充宣徽北院使以宣徽北院使袁義爲左武衛上將軍充宣徽南院使以左右金吾大將軍充街使符彥琳爲右監門上將軍丁酉以皇子天雄軍牙內都指揮使檢校右僕射貴州刺史榮起復爲澶州節度使檢校太保以右金吾上將軍薛可言爲右龍武統軍以左神武統軍安審約爲左羽林統軍以左驍衛上將軍趙贊爲右羽林統軍以太子太師致仕宋彥筠爲左衛上將軍詔移生吐渾族帳于潞州長子縣江猪嶺己亥左武衛上將軍劉遂凝爲左神武統軍以左衛上將軍焦繼勳爲右神武統軍以左領軍衛上將軍史佺爲右衛上將軍庚子故吳國夫人張氏追贈貴妃故皇第三女追封樂安公主故第二子靑哥贈太保賜名侗第三子意哥贈司空賜名信故長婦劉氏追封彭城郡夫人皇姪三人守筠贈左領軍將軍改名愿奉超

贈左監門將軍定哥贈左千牛衛將軍賜名遜故皇孫三人宜哥贈左驍衛大將軍賜名誼喜哥贈武衛大將軍賜名誠三哥贈左領衛大將軍賜名諴辛丑西州回鶻遣使貢方物前開封尹魯國公侯益進封楚國公前西京留守莒國公李從敏進封秦國公前西京留守王守恩進封莒國公癸卯以前中書侍郎兼戶部尙書平章事李濤爲太子賓客詔宣徽南院使袁義權知開封府事以太子太保和凝爲太子太傅丙午晉州王晏奏河東劉崇遣僞招討使劉鈞副招討使白截海率步騎萬餘人來攻州城以今月五日五道齊攻率州兵拒之賊軍傷死甚眾（宋史王晏傳劉崇侵晉州晏閉關不出設伏城上幷人以爲怯競攀堞而登晏麾伏兵擊之顚死者甚眾遂焚橋遁晏遣子漢倫追北數十里斬首百餘級）內出寶玉器及金銀結縷寶裝牀几飲食之具數十碎之于殿廷帝謂侍臣曰凡爲帝王安用此仍詔所司凡珍華悅目之物不得入宮先是回鶻間歲入貢禁民不得與蕃人市易寶貨至是一聽私便交易官不詰丁未左千牛將軍朱憲使契丹迴契丹主鄂約（舊作兀欲今改正）遣使人來獻良馬一駟賀登極戊申詔曰朕祗膺景命奄有中區每思順物之情從眾之欲將使照臨之下多寄食儆舍之徒歲月之間動懷土念家之思宜循大體用革前規應諸道

州府有前資朝官居住如未赴京不得發遣其行軍副使已下幕職州縣官等得替求官自有月限年月未滿一聽外居如非時詔徵不在此限己酉有司議立四親廟從之辛亥以太子少傅楊凝式爲太子少師以太常卿張昭爲戸部尚書以尚書左丞王易爲禮部尚書以兵部侍郎邊蔚爲太常卿以翰林學士中書舍人魚崇諒爲工部侍郎充職以戸部侍郎韋勳爲兵部侍郎以刑部侍郎邊歸讜爲戸部侍郎以禮部侍郎司徒詡爲刑部侍郎以秘書監趙上交爲禮部侍郎以兵部尚書王仁裕爲太子少保以翰林學士禮部尚書張沆爲刑部尚書充職以尚書右丞田敏爲左丞以吏部侍郎段希堯爲工部尚書以太子詹事馬裔孫爲太子賓客前鄜州節度使劉重進前滑州節度使宋延渥並加食邑吐渾府留後王全德加檢校太保充憲州刺史隰州刺史許遷奏河東賊軍劉鈞自晉州領兵來攻州城尋以州兵拒之賊軍傷死者五百人信宿遁去丁巳以尚書左丞田敏充契丹國信使回鶻遣使貢方物己未天德軍節度使虢國公郭勳加同平章事以前宗正卿劉皡爲衛尉卿辛酉以衛尉卿邊光範爲秘書監以前吏部侍郎李詳爲吏部侍郎以前戸部侍郎顏衎爲尚書右

丞三月壬戌朔前西京留守李從敏卒戊辰以前左武衛上將軍李懷忠爲太子太傅致仕以前邢州節度使安審暉爲太子太師致仕辛未幸南莊壬申詔曰諸州府先差散從親事官等前朝創置蓋出權宜苟便一時本非舊貫近者遍詢羣議兼採封章且言前件抽差于理不甚允當一則礙州縣之色役一則妨春夏之耕耘貧乏者困於供須豪富者幸於影庇既爲煩擾須至改更况當東作之時宜罷不急之務其諸州所差散從親事官等並宜放散詔下公私便之徐州行營都部署王彥超馳奏收復徐州城內逆首楊溫及親近徒黨並處斬其餘無名目人及本城軍都將校職掌吏民等雖被脅從本非同惡並釋放兼知自前楊溫招喚草賊同力把守朕以村墅小民偶被煽誘念其庸賤特與含容其招入城草賊並放歸農仍倍加安撫湘陰公夫人并骨肉在彼仰差人安撫守護勿令驚恐以右散騎常侍張煦給事中王延藹並爲左散騎常侍以前大名府少尹李瓊爲將作監以前彰武軍節度使周密爲太子太師致仕以衛尉卿劉皡充漢隱帝山陵都部署丙子以太子少保致仕王延爲太子少傅以戸部尚書致仕盧損左驍衛上將軍致仕李肅並爲太子少保兵部尚書致

仕韓昭裔爲尙書右僕射太子太師致仕盧文紀爲司空自延而下竝依前致仕故散騎常侍裴羽贈戶部尙書故太子賓客蕭愿贈禮部尙書以司農卿致仕薛仁謙爲鴻臚卿以將作監致仕烏昭爲太府卿以太常少卿致仕王禧爲少府監以秘書少監致仕段顒爲將作監自仁謙而下竝依前致仕詔沿淮州縣軍鎭今後自守疆土不得縱一人一騎擅入淮南地分己卯潞州奏涉縣所擒河東將士二百餘人部送赴闕詔給衫袴巾屨放歸本土甲申鎭州武行德移鎭許州何福進移鎭州丙戌以襄州節度副使郭令圖爲宗正卿詔曰故蘇

逢吉劉銖頃在漢朝與朕同事朕自平禍亂不念仇讎尋示優弘與全家屬尙以幼稚無託衣食是艱將行矜卹之恩俾獲生存之路報怨以德非我負人賜逢吉骨肉洛京莊宅各一賜劉銖骨月陝州莊宅各一已丑幸南莊庚寅唐故鄎國公李從益追封許王唐明宗淑妃王氏追贈賢妃辛卯詔諸道節度副使行軍司馬兩京少尹留守判官竝許差定堂直人力不得過十五人諸府少尹書記支使防禦團練副使不得過十人節度推官防禦團練軍事判官不得過七人逐處係帳收管此外如敢額外影占人戶其本官當行朝典先是漢隱帝

時有人上言州府從事令錄皆請料錢自合雇人驅使不合差遣百姓丁戶秉政者然之乃下詔州府從事令錄本處先差職役竝放歸農自是官吏有獨行趨府縣者帝頗知之故有是命夏四月壬辰朔詔沿淮州縣許淮南人就淮北糴易餱糧時淮南飢故也甲午以夫人董氏爲德妃仍令所司備禮册命己亥改侍衞馬步軍額馬軍舊稱護聖今改爲龍捷步軍舊稱奉國今改爲虎捷壬寅詔唐莊宗明宗晉高祖三處陵寢各有守陵宮人竝放逐便如願在陵所者依舊供給甲辰相州張彥成移鎭鄧州折從阮移鎭滑州李筠移鎭相州丙午

亳州防禦使王重裔卒戊申幸南莊庚戌皇第四女封壽安公主辛亥故許州節度使劉信追封蔡王丙辰詔曰牧守之任委遇非輕分憂之務既同制祿之數宜等自前有富庶之郡請給則優或邊遠之州俸料素薄以至遷除之際擬議亦難既論資叙之高低又患祿秩之升降所宜分多益寡均利同恩冀無黨偏以勸勤效今定諸防禦使料錢二百貫祿粟一百石食鹽五石馬十匹草粟元隨三十人衣粮團練使一百五十貫祿粟七十石鹽五石馬十匹元隨三十人刺史一百貫祿粟五十石鹽五石馬五匹元隨二十人云丁巳尙書左丞田

敏使契丹迴契丹主鄂約遣使努瑚舊作耨姑今改正報命幷獻碧玉金塗銀裹鞍勒各一副弓矢器仗貂裘等土產馬三十四土產漢馬十四庚申帝爲故貴妃張氏舉哀於舊宅輟視朝三日辛酉司空致仕盧文紀卒五月壬戌朔帝不視朝以漢隱帝梓宮在殯故也戊辰皇子澶州節度使榮起復依前澶州節度使故貴妃張氏去歲薨至是發哀故也己巳遣左金吾衞將軍姚漢英前右神武將軍華光裔使于契丹辛未太常卿邊蔚上追尊四廟謚議是夜有大星如五升器流于東北有聲如雷丙子太常卿邊蔚上太廟四室奠獻舞名丁丑詔京兆

鳳翔府應諸色犯事人第宅莊園店磑已經籍沒者並給付罪人骨月壬午幸南莊甲申考城縣巡檢供奉官馬彥勍棄市坐匿赦書殺獄囚也丙戌宰臣馮道爲四廟册禮使六月辛卯朔不視朝以漢隱帝梓宮在殯故也甲午百寮上表請以七月二十八日皇帝降聖日爲永壽節從之邢州大雨霖己亥太常少卿劉悅上漢少帝謚曰隱皇帝陵曰潁陵從之辛卯以樞密使王峻爲尙書左僕射兼門下侍郎同平章事監修國史充樞密使以樞密副使尙書兵部侍郎范質爲中書侍郎同平章事充集賢殿大學士以戶部侍郎判三司李穀爲中

書侍郎同平章事判三司司徒兼侍中監修國史竇貞固司空兼中書侍郎同平章事集賢殿大學士蘇禹珪並罷相守本官壬子幸西莊癸丑詔宰臣范質參知樞密院事鄚都洺滄貝等州大雨霖丙辰西京奏新授宗正卿郭令圖卒丁巳以尙書左丞顏衎爲兵部侍郎充端明殿學士以宣徽北院使翟光鄴兼樞密副使秋七月辛酉朔帝被袞冕御崇明殿授太廟四室寶册於中書令馮道等赴西京行禮癸亥尙書左丞田敏兼判國子監事戊辰以御史中丞于德辰爲尙書右丞以秘書監邊光範爲太子賓客以戶部尙書張昭爲太子賓客

以其子秉爲陽翟簿犯法抵罪昭詣閤待罪詔釋之乃左授此官壬申史官賈緯等以所撰晉高祖實錄三十卷少帝實錄二十卷上之丙子幸宰臣王峻第己丑鎭州奏破河東賊軍于平山縣西斬首五百級是日太常卿邊蔚奏議改郊廟舞名事具樂志八月辛卯漢隱帝梓宮發引帝詣太平宮臨奠詔羣臣出祖于西郊是歲幽州飢流人散入滄州界詔流人至者口給斗粟仍給無主土田令取便種蒔放免差稅癸巳虎入西京修行寺傷人市民殺之乙未幸班荊館壬寅契丹遣幽州牙將曹繼筠來歸故晉中書令趙瑩之喪詔贈太傅仍賜

其子絹五百匹以備喪事歸葬于華陰故里乙巳幸西莊壬子晉州王晏移鎮徐州滄州王景移鎮河中定州孫方簡移鎮華州永興郭從義移鎮許州貝州王繼弘移鎮河陽李暉移鎮滄州以許州節度使武行德為西京留守滑州折從阮移鎮陝州河中扈彥珂移鎮滑州陝州李洪信移鎮永興華州王饒移鎮貝州徐州王彥超移鎮晉州丙辰尚食李氏等宮官八人並封縣君司記劉氏等六人並封郡夫人尚宮皇甫氏等三人並封國夫人唐制有內官宮官各有司存更不加郡國之號近代加之非舊典也以易州刺史孫行友為定州留後

戊午故夫人柴氏追立為皇后仍令所司定謚備禮冊命九月庚申朔帝詣太平宮起居漢太后辛酉故夫人楊氏追贈淑妃仍令所司擇日備禮冊命故皇第五女追封永寧公主癸亥定州奏契丹永康王鄂約為部下所殺（案遼史世宗以九月癸亥遇弒不應定州即能于癸亥入奏疑原文有舛誤）以前耀州團練使武廷翰為太子少保致仕丙子諸道兵馬都元帥兩浙節度使檢校太師尚書令中書令吳越國王錢俶可天下兵馬都元帥丁丑中書舍人劉濤責授少府少監分司西京坐遣男頊代草制詞也監察御史劉頊責授復州司戶坐代父草制也中書舍人楊昭儉解官放逐私便以多在假告不視其職也（永樂大典卷八千九百八十）

舊五代史卷一百十一終

舊五代史卷一百十一攷證

周太祖紀二相州張彥成　張彥成原本作彥威今據列傳改正

丙子幸宰臣王峻第　案丙子歐陽史作戊寅

舊五代史卷一百十一攷證

舊五代史卷一百十二

宋司空同中書門下平章事薛居正等撰

太祖紀第三　周書三

廣順元年冬十月己丑朔宰臣王峻獻唐張藴古大寶箴謝偃帷皇誡德賦二圖詔報曰朕生長軍戎勤勞南北雖用心於鈐匱且無暇于詩書世務時艱粗經閱歷前言往行未甚討尋卿有佐命立國之勳居代天調鼎之任恆慮恥德未及古人於是採掇箴規彌諧寡昧披文閱理懌意怡神究爲君治國之源審修己御人之要帝王之道盡在于茲辭翰俱高珠寶何貴再三省覽深

用愧嘉其所進圖已令于行坐處張懸所冀出入看讀用爲鑒戒壬辰潞州奏巡檢使陳思讓監軍向訓破河東軍于虒亭案通鑑陳思讓敗北漢兵在十月辛卯蓋辛卯得捷次日始奏聞也又虒亭原本作褫亭今從通鑑及宋史改正癸巳以刑部侍郎司徒詡爲戶部侍郎以左散騎常侍張煦爲刑部侍郎以給事中呂咸休爲左散騎常侍甲午絳州防禦使孫漢英卒辛丑荊南奏湖南亂大將軍陸孟俊執僞節度使馬希萼遷於衡州立希萼弟希崇爲留後將吏二千餘人遇害者半牙署庫藏焚燒殆盡乙巳詔幷吏部三銓爲一銓委本司長官通判丙午晉州巡檢王萬敢奏河東劉崇入寇營於

州北辛亥潞州奏河東賊軍寇境乙卯荊南奏淮南遣鄂州節度使劉仁贍以戰船二百艘于今月二十五日入岳州丙辰詔樞密使王峻率兵援晉州丁巳以左衛將軍申師厚爲河西軍節度使檢校太保師厚素與王峻善及峻貴師厚羈旅無依日於峻馬前望塵而拜會西涼請帥帝令擇之無欲去者峻乃以師厚奏之師厚亦欣然求往尋自前鎭將授左衛將軍檢校工部尚書翌日乃有涼州之命賜旌節駝馬繒帛以遣之十一月己未朔荊南奏淮南大將邊鎬率兵三萬自袁州路趨潭州馬希崇遣從事送牌印納器仗鎬入城稱武安軍

節度使馬氏諸族及將吏千餘人皆徙於金陵甲子夜東南白虹亘天以新晉州節度使王彥超爲晉絳行營馬軍都虞候乙丑命王峻出征晉州帝幸西莊以餞之甲戌日南至羣臣拜表稱賀甲申葬故貴妃張氏丁亥詔唐朝五廟舊在至德宮安置應屬徽陵莊田園舍宜令新除右監門將軍李重玉爲主其緣陵緣廟法物除合留外所有金銀器物充遷葬故淑妃王氏及許王從益外其餘並給與重玉及尼惠英惠燈惠能惠嚴等令重玉以時祀陵廟務在豐潔重玉故皇城使李從燦之子明宗之孫惠英等亦明宗親屬也故帝授重玉官秩

令主先祀郇王者之後也十二月戊子朔詔以劉崇入寇取當月三日暫幸西京庚寅詔巡幸宜停時王峻駐軍陜府聞帝西巡遣使馳奏不勞車駕順動帝乃止乙未幸西莊兗州慕容彥超上言乞朝覲詔允之尋稱部內草寇起不敢離鎮戊申鄆州奏慕容彥超據城反己酉王峻奏劉崇逃遁王師已入晉州宋史陳思讓傳王峻援晉州以思讓與康延昭分爲左右廂排陣使令率軍自烏嶺路至絳州與大軍合崇燒營遁去思讓又與藥元福襲破之廣順二年春正月戊午朔不受朝賀以宿兵在外故也庚申王峻奏起近鎮丁夫二萬城晉州壬戌修東京羅城凡役丁夫五萬五千兩旬而罷甲子以侍衞步軍都指揮使曹英爲兗州行營都部署以齊州防禦使史延韜爲副都部署以皇城使向訓爲兵馬都監陳州防禦使藥元福爲馬步都虞候率兵討慕容彥超隆平集慕容彥超盜據兗海周祖命曹英爲帥向訓副之參用藥元福以兵從謂元福曰已勅英訓勿以軍禮見汝及元福至英訓皆父事焉諸軍入兗州界不得下路停止村舍犯者以軍法從事丙申徐州巡檢供給官張令彬奏破淮賊于沭陽斬首千餘級擒賊將燕敬權時慕容彥超求援於淮南淮南僞主李景發兵援之師于下邳聞官軍至退趨沭陽遂破之庚午高麗權知國事王昭遣使貢方物壬申鎮州何福進差人部送先擒獲到河東賊軍二百餘人至

闕下詔給巾履衫袴以釋之戊寅徐州部送沭陽所獲賊將燕敬權等四人至闕下詔賜衣服金帛放歸本土敬權等感泣謝罪帝召見謂之曰夫惡凶邪奬忠順天下一也我之賊臣撓亂國法嬰城作逆殃及生靈不意吳人助茲凶孽非良筭也爾歸當言之於爾君初漢末遣三司軍將路昌祚于湖南市茶屬淮南將邊鎬陷長沙昌祚被賊送金陵及敬權自大朝歸具以帝言告于李景景乃召昌祚延坐從容久之且稱美大朝皇帝聖德廣被恩沾鄰土深有依附國家之意及罷遣僞宰相宋齊丘宴昌祚于別館又令訪昌祚在湖南遺失綱運之數命依數償之給茗荈萬八千斤遣水運至江夏仍厚給行裝遣之歸闕二月庚寅府州防禦使折德扆奏河東賊軍寇境率州兵破之斬首二千級辛卯太白經天癸巳以權知高麗國王昭爲高麗國王庚子府州防禦使折德扆奏收河東界岢嵐軍癸巳詔先獲河東鄉軍一百餘人各給錢鞋放歸鄉里壬寅太子太師致仕安審暉卒三月庚申幸南莊令從臣習射戊辰以樞密院直學士左諫議大夫王溥爲中書舍人充翰林學士以內客省使恩州團練使鄭仁誨爲樞密副使詔宣徽北院使翟光鄴權知永興軍甲戌迴鶻遣使

貢方物庚辰詔西京莊宅司內侍省宮苑司內園等四司所管諸巡繫稅戸二千五百並還府縣其廣德昇平二宮並停廢應行從諸莊園林亭殿房屋什物課利宜令逐司依舊收管夏四月丙戌朔日有食之帝避正殿百官守司丁亥詔停蔡州鄉軍戊子以京師旱分命羣臣禱雨癸巳制削奪慕容彥超在身官爵甲午高麗國冊使衞尉卿劉皞卒乙卯詔取來月五日車駕赴兗州城下慰勞將士以樞密副使鄭仁誨爲右衞大將軍依前充職兼權大內都點檢以中書侍郎平章事判三司李穀爲權東京留守兼判開封府事五月丙辰朔帝御崇元殿受朝仗衞如儀庚申車駕發京師（案五代春秋作庚辰帝東征歐陽史從薛史作庚申）戊辰至兗州城下乙亥收復兗州斬慕容彥超夷其族詔端明殿學士顏衎權知兗州軍州事壬午曲赦兗州管內罪人取五月二十七日已前所犯罪大辟已下咸赦除之慕容彥超徒黨有逃避潛竄者及城內將吏等並放罪自慕容彥超違背以來鄉城內有捺便爲非者一切不問諸軍將士沒于王事者各與賻贈都頭已上與贈官兗州城內及官軍下寨四面去州五里內今年所徵夏秋及沿徵錢物並放十里內只放一州管界今夏苗子三分放一分城內百姓遭毀拆舍

屋及遭燒爇者給賜木材諸處差到人夫內有遭矢石死者各給絹三匹仍放戸下三年徭役二云癸未詔兗州降爲防禦州仍爲望州六月乙酉朔帝幸曲阜縣謁孔子祠既奠將致拜左右曰仲尼人臣也無致拜帝曰文宣王百代帝王師也得不敬乎即拜奠於祠前其所奠酒器銀鑪並留於祠所遂幸孔林拜孔子墓帝謂近臣曰仲尼亞聖之後今有何人對曰前曲阜令襲文宣公孔仁玉是仲尼四十三代孫有鄉貢三禮顏涉是顏淵之後即召見仁玉賜緋口授曲阜令顏涉授主簿便令親事仍勅兗州修葺孔子祠宇墓側禁樵採丙戌車駕還京初帝以五月十三日至兗州賊尚拒守至十七日晝夢道士一人進書卷首云車駕來月二日還京其下文字絕多不能盡記既寤以夢告宰臣又四日而城拔帝至軍凡駐蹕九日而賊平果以六月二日發離城下近代親征克捷無如此之速也是日大雨城下行宮水深數尺其日晚至中都縣帝笑謂侍臣曰今日若不離城下則當爲潦所溺矣戊戌車駕至自兗州（案歐陽史作庚子至自兗州五代春秋從薛史作戊戌）辛丑以靈武節度使馮暉卒輟朝一日壬寅前翰林學士李澣自契丹中上表陳奏機事且言僞幽州節度使蕭海眞欲謀向化帝甚嘉之（宋史李澣傳海

貞與瀚相善瀚乘間諷海貞以南歸之計海貞納之周廣順二年瀚因定州孫方諫密表言契丹衰微之勢周祖嘉焉遣諜者田重霸賚詔慰撫仍命瀚通信瀚復表述契丹主幼弱多寵好擊鞠大臣離貳若出師討伐因與通好乃其時也屬中原多故不能用其言癸巳德妃董氏薨乙巳詔宣徽南院使袁義判開封府事辛亥以朔方軍衙內都虞候馮繼業起復為朔方軍兵馬留後甲寅幸舊宅為德妃舉哀故也秋七月丙辰詔內外臣寮每遇永壽節舊設齋供今後中書門下與文武百官共設一齋侍衛親軍都指揮使已下共設一齋樞密使內諸司使已下共設一齋其餘前任職員及諸司職掌更不得開設道場及設齋是日大風雨破屋拔樹尚書省都堂有龍穿屋壞獸角而去西壁有爪迹存焉襄州大水丁卯詔復升陳州曹州為節鎮以侍衛馬軍都指揮使洋州節度使郭崇為陳州節度使以侍衛步軍都指揮使曹英為曹州節度使並典軍如故以陳州防禦使藥元福為晉州節度使辛未詔相州節度使李筠權知潞州軍州事丙子以小底都指揮使漢州刺史李重進為大內都點檢兼馬步都軍頭領恩州團練使以內殿直都知駙馬都尉張永德領和州刺史充小底第一軍都指揮使八月甲申朔翰林學士刑部尚書張沆落職守本官以中書舍人史館修撰判館事徐台符為禮部尚書充翰林學士

承旨以兵部侍郎韋勳為尚書右丞以尚書右丞于德辰為吏部侍郎以戶部侍郎邊歸讜為兵部侍郎以禮部侍郎趙上交為戶部侍郎以樞密直學士左散騎常侍陳觀為工部侍郎依前充職以刑部侍郎景範為左司郎中充樞密直學士乙酉樞密使王峻上章請解樞衡凡三上章詔不允庚寅潁州奏先于淮南俘獲孳畜已準詔送還本土甲午詔止絕吏民詣闕舉請刺史縣令賜宰臣李穀白藤肩輿時穀以今年七月因步履傷臂請告數旬詔穀扶持三司刻名印署事仍放朝參庚子潞州節度使常思移鎮宋州相州節度使李筠移鎮潞州壬寅鄆州節度使高行周薨癸丑詔改鹽麴法鹽麴犯五斤已上處死煎鹻鹽者犯一斤已上處死先是漢法不計斤兩多少並處極刑至是始革之九月庚午以大理卿劇可久為太僕卿以左庶子張仁瑑為大理卿以司天監趙延乂為太府卿兼判司天監事詔北面沿邊州鎮自守疆土不得入北界俘掠乙亥鎮州奏契丹寇深冀州遣龍捷都指揮使劉誨牙內都指揮使何繼筠等率兵拒之而退時契丹聞官軍至掠冀部丁壯數百隨行狼狽而北冀部被擄者望見官軍鼓譟不已官軍不敢進其丁壯盡為蕃軍所殺而去丁丑以鄆州

防禦使白重贇爲相州留後戊寅樂壽都監杜延熙奏于瀛州南殺敗契丹斬首三百級獲馬四十七匹癸未帝姨母韓氏追封楚國夫人故第四姊追封福慶長公主癸未易州奏契丹武州刺史石越來奔冬十月丙戌以前晉州節度使王彥超爲河陽節度使庚寅詔諸州罷任或朝覲並不以器械進貢先是諸道州府各有作院每月課造軍器逐季搬送京師進納其逐州每年占留繫省錢帛不少謂之甲料仍更于部內廣配土產物徵斂數倍民甚苦之除上供軍器外節度使刺史又私造器甲以進貢爲名功費又倍悉取之于民帝以諸州

器甲造作不精兼占留屬省物用過當乃令罷之仍選擇諸道作工赴京作坊以備役使乙未永興軍奏宣徽北院使知軍府事翟光鄴卒丁酉葬德妃廢朝戊戌以宣徽南院使翟袁義權知永興軍府事以樞密直學士工部侍郎陳觀權知開封府事己亥升鉅野縣爲濟州以樞密院副使鄭仁誨爲宣徽北院使兼樞密副使庚子幸樞密院王峻請之也甲辰宰臣李穀以臂傷未愈上表辭位凡三上章詔報不允丁未滄州奏自十月已前蕃歸漢戶萬九千八百戶是時北境饑饉人民轉徙襁負而歸中土者散居河北州縣凡數十萬口十一月

丙辰荊南奏朗州大將劉言以今年十月三日領兵趨長沙十五日至潭州淮南所署湖南節度使邊鎬岳州刺史宋德權並棄城遁去庚申以前少府監馬從斌爲殿中監壬戌樞密使王峻亡妻崔氏追封趙國夫人非故事也乙丑刑部尚書張沆卒辛未陝州折從阮移鎮邠州以前宋州節度使李洪義爲安州節度使癸酉青州符彥卿移鎮鄆州甲戌詔曰累朝已來用兵不息至于繕治甲冑未免配役生靈多取于民助成軍器就中皮革尤峻科刑稍犯嚴條皆抵極典鄉縣以之生事奸猾得以侵漁宜立所規用革前弊應天下所納牛皮今

將逐所納數三分減二分其一分於人戶苗畝上配定每秋夏苗共十頃納連角皮一張其黃牛納乾筋四兩水牛半斤犢子皮不在納限牛馬驢騾皮筋角今後官中更不禁斷只不得將出化外敵境州縣先置巡檢牛皮節級並停丙子詔曰應內外文武官寮幕職州縣官舉選人等今後有父母祖父母亡歿未經遷葬者其主家之長不得輒求仕進所由司亦不得申舉解送如是卑幼在下者不在此限己卯日南至帝御崇元殿受朝賀仗衛如儀十二月丙戌權武平軍留後劉言遣牙將張崇嗣入奏于十月十三日與節度副使王進逵行軍

司馬何敬貞指揮使周行逢等同共部領戰棹攻收朗南僞節度使邊鎬當夜出奔王進逵等已入潭州九國志王逵傳逵朗州武陵人或名進逵邊鎬爲武安軍節度使召劉言入覲言不行謀于逵曰江南召我不往必加兵于我矣爲之奈何逵曰鎬之此來以制置潭朗爲名公如速行正入其算武陵負江湖之阻帶甲百萬乃欲拱手臣異姓乎鎬新至長沙經略未定乘人心憤怒引兵攻鎬可一鼓而擒也言然之乃遣與何景眞等同起兵于武陵號十指揮使以攻邊鎬逵率舟師南上至長沙邊鎬大駭以所部奔歸江南諸州屯守皆罷之盡復湖外之地癸巳太子太師致仕安叔千卒甲午詔今後諸侯入朝不得進奉買宴丁酉皇子澶州節度使榮落起復加同平章事戊戌太子太傅致仕王延卒壬寅幸西莊乙巳以端明殿學士顏衎權知開封府事御史臺奏請

改左右威衛復爲左右屯衛從之避御名也是冬無雪

廣順三年春正月壬子朔帝御崇元殿受朝賀仗衛如儀幸太平宮起居漢太后甲寅賜羣臣射于內鞠場乙卯武平軍兵馬留後劉言奏潭州兵戈之後焚燒殆盡乞移使府于武陵從之詔升朗州爲大都督府在潭州之上丙辰以武平節度使留後檢校太尉劉言爲檢校太師同平章事行朗州大都督充武平軍節度兼三司水陸轉運等使制置武安靜江等軍事進封彭城郡公武平軍節度副使權知潭州軍州事檢校太傅王進逵爲檢校太尉行潭州刺史充武安軍節度使以武安軍行軍司馬兼衙內步軍都指揮使檢校太傅何敬眞爲檢校太尉行桂州刺史充靜江軍節度使以張倣領眉州刺史充武平軍節度副使以朱元琇領黃州刺史充靜江軍節度副使以周行逢領集州刺史充武安軍節度行軍司馬自進逵而下皆劉言將校也邠州奏慶州界蕃部野雞族略奪商旅侵擾州界詔遣寧州刺史張建武等率兵掩襲仍先賜勅書安撫如不從命卽進軍問罪辛酉詔賜朗州劉言應兩京及諸道舊屬湖南樓店邸第乙丑詔諸道州府繫屬戶部營田及租稅課利等除京兆府莊宅務贍國軍榷鹽務兩京行從莊外其

餘並割屬州縣所徵租稅課利官中只管舊額其職員節級一切停廢應有客戶元佃繫省莊田桑土舍宇便賜逐戶充爲永業仍仰縣司給與憑由應諸處元屬營田戶部院及繫縣人戶所納租中課利起今年後並與除放所有見牛犢並賜本戶官中永不收繫云帝在民間素知營田之弊至是以天下繫官莊田僅萬計悉以分賜見佃戶充永業是歲出戶三萬餘百姓既得爲己業比戶欣然於是葺屋植樹敢致功力又東南郡邑各有租牛課戶往因梁太祖渡淮軍士掠民牛以千萬計梁太祖盡給與諸州民輸租課自是六十餘載時移代

畋牛租猶在百姓苦之至是特與除放未幾京兆府莊宅務及榷鹽務亦歸州縣依例處分或有上言以天下繫官莊田甚有可惜者若遣貨之當得三十萬緡亦可資國用帝曰苟利于民與資國何異丁卯戶部侍郎權知貢舉趙上交奏諸科舉人欲等第各加封義場數進士除詩賦外別試雜文一場從之兩浙弔祭使左諫議大夫李知損責授登州司馬員外置仍令所在馳驛放遣知損銜命江浙所經藩郡皆强貸於侯伯爲青州知州張凝所奏故有是命已巳幸南莊臨水亭見雙鳧戲於池上帝引弓射之一發疊貫從臣稱賀庚午以前邠

州節度使侯章爲鄧州節度使前萊州刺史葉仁魯賜死坐爲民所訟故也辛未詔樞密使王峻巡視河堤峻請行故從之辛巳幸南莊閏月甲申朗州劉言潭州王進逵奏廣賊占據桂管深入永州界俘刼遣朗州行軍司馬何敬貞與指揮使朱全琇陳順等率水陸軍五萬進擊丙戌迴鶻遣使貢方物詔故梁租庸使趙巖姪崇勳見居陳州壘賜繫官店宅從王峻之請也辛卯定州奏契丹攻義豐軍出勁兵夜斫蕃營斬首六十級契丹遁去甲午鎭州奏契丹冦境遣兵追襲至無極而還丙申皇子澶州節度使榮來朝壬寅以樞密使尚書左僕

射同平章事監修國史王峻兼青州節度使餘如故延州衙內指揮使高紹基奏言父允權患脚膝令臣權知軍州事癸卯陳州奏吏民請與前刺史李穀立祠堂從之時穀爲宰相閤郡人陳請遜讓數四乃止甲辰鄴都留守王殷加檢校太尉依前同平章事丙午鎭州節度使何福進河陽節度使王彥超竝加檢校太尉潞州節度使李筠加檢校太傅丁未延州節度使高允權卒已酉開封府奏都城內錄到無名額僧尼寺院五十八所詔廢之二月辛亥朔以前西京留守白文珂爲太子太師致仕進封韓國公癸丑安州節度使李洪義侍衞馬

軍都指揮使郭崇侍衞步軍都指揮使曹英竝加檢校太尉唐州方城縣令陳守愚棄市坐剋留戶民蠶鹽一千五百斤入己也內制國寶兩座詔中書令馮道書寶文其一以皇帝承天受命之寶爲文其一以皇帝神寶爲文按傳國寶始自秦始皇令李斯篆之歷代傳授事具前史至唐末帝自燔之際以寶隨身遂俱焚焉晉高祖受命特制寶一座開運末北戎犯闕少帝遣其子延煦送於戎王戎王訝其非眞少帝上表具訴其事及戎王北歸齎以入蕃漢朝二帝未暇別製至是始創爲之庚申遣將作監李瓊知陝州軍州事甲子樞密使平盧

軍節度使尙書左僕射平章事監修國史王峻責授商州司馬員外置所在馳驛發遣戊辰左監門上將軍李建崇卒延州牙內都指揮使高紹基奏交割軍府與副使張圖己巳朗州劉言奏當道先遣行軍司馬何敬貞率兵掩擊廣賊行及潭州部衆奔潰湖南王進逵以敬貞失律已梟首訖以樞密直學士工部侍郎陳觀爲秘書監壬申鳳翔少尹桑能責授鄧州長史能晉相維翰之庶弟也坐據維翰別第爲人所訟故也癸酉以戶部侍郎知貢舉趙上交爲太子詹事是歲新進士中有李觀者不當策名物議諠然中書門下以觀所試詩賦失韻勾落姓名故上交移官丁丑幸南莊賜從官射命客省使向訓權知延州軍州事　永樂大典卷八千九百八十

舊五代史卷一百十二終

舊五代史卷一百十二攷證

周太祖紀三庚申車駕發京師　案五代春秋作庚辰帝東征歐陽史從是書作庚申

戊戌車駕至自兖州　案歐陽史作庚子至自兖州五代春秋從是書作戊戌

節度副使王進逵　王進逵原本作進達後又作王逵攷九國志王逵或名進逵今攷歸畫一

官中只管舊職　官中訛宮中今據下文攷正

遣兵追襲至無極而還　案契丹國志作無極山是書無山字當係史家省文今姑仍其舊

舊五代史卷一百十三

宋司空同中書門下平章事薛居正等撰

太祖紀第四　周書四

廣順三年春三月庚辰朔以相州留後白重贊爲滑州節度使以鄭州防禦使王進爲相州節度使以前兗州防禦使索萬進爲延州節度使以亳州防禦使張鐸爲同州節度使甲申以皇子澶州節度使榮爲開封尹兼功德使封晉王仍令所司擇日備禮册命丙戌以宣徽北院使兼樞密副使鄭仁誨爲澶州節度使以殿前都指揮使李重進領泗州防禦使以客省使向訓爲內客

省使己丑以棣州團練使王仁鎬爲右衛大將軍充宣徽北院使兼樞密副使庚寅端明殿學士尚書兵部侍郎顏衎落職守本官案宋史顏衎傳云衎權知開封府王峻敗衎罷職守兵部侍郎蓋當時以晉王爲開封尹故衎罷職與薛史異以翰林學士中書舍人王溥爲戶部侍郎充職以左司郎中充樞密直學士景範爲左諫議大夫充職秘書監陳觀責授左贊善大夫留司西京坐王峻黨也癸巳大風雨土戊申幸南莊夏四月甲寅禁沿邊民鬻兵仗與蕃人戊辰河中節度使王景移鎮鳳翔宋州節度使常思進移鎮青州鳳翔節度使趙暉移鎮宋州河陽節度使王彥超移鎮河中賜邛州劉言

絹三百疋以兵革之後匱乏故也詔在京諸軍將士持支救援五月己卯朔帝御崇元殿受朝仗衛如儀辛巳前慶州刺史郭彥欽勒歸私第國初以彥欽再刺慶州兼掌榷鹽彥欽擅加榷錢民吏流怨州北十五里寡婦山有番部曰野雞族彥欽作法援之蕃情獷猂好爲不法彥欽乃奏野雞族掠奪綱商帝遣使齎詔撫諭望其牽化蕃人既苦彥欽貪政不時報命朝廷乃詔邠州節度使折從阮寧州刺史張建武進兵攻之建武勇於立功徑取野雞族帳擊殺數百人又殺牛族素與野雞族有憾且聞官軍討伐相聚餉饋欣然迎奉官軍利其財

貨孳畜遂劫奪之翻爲族所誘至包山負險之地官軍不利爲蕃人廹逐投崖墜澗而死者數百人從阮等以兵自保不相救應帝怒彥欽及建武俱罷其任及彥欽至京師故有是命丁亥新授青州節度使常思進在宋州日出斂得絲四萬一千四百兩請徵入官詔宋州給還人戶契劵其絲不徵甲午中書侍郎同平章事集賢殿大學士權判門下省事范質可權監修國史六月壬子滄州奏契丹幽州榷鹽制置使兼坊州刺史知盧臺軍事張藏英以本軍兵士及職員戶人孳畜七千頭口歸化癸丑以前開封尹楚國公侯益爲太子太師以前

西京留守莒國公王守恩爲左衛上將軍以前永興軍節度使李洪信爲左武衛上將軍甲寅以左衛上將軍宋彥筠爲太子少師以太子少師楊凝式爲尚書右僕射致仕癸亥前河陽節度使王繼弘卒己巳太子太傅李懷忠卒是月河南河北諸州大水霖雨不止川陂漲溢襄州漢水溢入城深一丈五尺居民皆乘筏登樹羣烏集潞州河南無烏秋七月戊寅朔徐州言龍出豐縣村民井中郎時澍雨漂沒城邑癸未太子賓客馬裔孫卒甲申鄴都王殷奏乞朝覲凡三上章允之尋以北邊奏契丹事機詔止其行以左金吾上將軍安審信爲太

子太師致仕丁亥以右金吾上將軍張從恩爲左金吾上將軍以前鄧州節度使張彥成爲右金吾上將軍己丑以虎捷左廂都指揮使永州防禦使韓通爲陝州留後庚寅太府卿判司天監趙延乂卒辛卯以前西京副留守盧價爲太子賓客乙未以御史中丞邊光範爲禮部侍郎以刑部侍郎張煦爲御史中丞以翰林學士承旨尚書禮部侍郎徐台符爲刑部侍郎充職丙申太子太師致仕安審信卒丁酉詔曰京兆鳳翔府同華邠延鄜耀等州所管州縣軍鎮頃因唐末藩鎮殊風久歷歲時未能釐革政途不一何以教民其婚田爭訟賦稅丁

徭合是令佐之職其擒姦捕盜庇護部民合是軍鎮警察之職今後各守職分專切提撕如所職疎違各行按責其州府不得差監徵軍將下縣戊戌衛尉少卿李溫美責授房州司戶參軍溫美奉使祭海便道歸家家在壽光縣爲縣吏馮勳所訟故黜之供奉官武懷贊棄市坐盜馬價入已也壬寅以鴻臚少卿趙修已爲司天監八月乙酉幸南莊丙辰內衣庫使齊藏珍除名配沙門島藏珍奉詔修河不於役所部轄私至近縣止宿及報隄防危急安寢不動遂致橫流故有是責庚申邢州節度使劉詞移鎮河陽辛酉以龍捷左廂都指揮使閻州

防禦使田景咸爲邢州留後丁卯河決河陰京師霖雨不止給賜諸軍將士薪芻有差癸酉以翰林學士戶部侍郎王溥爲端明殿學士甲戌潭州王逵奏朗州劉言與淮賊通連差指揮使鄭玫部領兵士欲併當道鄭玫爲軍衆所執奔入武陵劉言尋爲諸軍所廢臣已至朗州安撫訖詔劉言勒歸私第委王逵取便安置是月所在州郡奏霖雨連綿漂沒田稼損壞城郭廬舍九月己卯太子少保盧損卒丁酉深州上言樂壽縣兵馬都監杜延熙爲戍兵所害先是齊州保寧都兵士屯於樂壽都頭劉彥章等殺延熙爲亂時鄭州開道指揮使張萬

友亦屯於欒壽然不與之同朝廷急遣供奉官馬謨省其事謨乃與萬友擒彥章等十三人斬之餘眾奔齊州是月多陰曀木再華冬十月戊申朔詔以來年正月一日有事于南郊諸道州府不得以進奉南郊爲名輒有率斂己酉右金吾上將軍張彥成卒庚戌以前同州節度使薛懷讓爲左屯衛上將軍以尚書左丞兼國子監田敏權判太常卿以禮部尚書王易權兵部尚書太常奏郊廟社稷壇位制度請下所司修奉從之以中書令馮道爲南郊大禮使以開封尹晉王榮爲頓遞使權兵部尚書王易爲鹵簿使御史中丞張煦爲儀仗使權判

太常卿田敏爲禮儀使以前潁州防禦使郭瓊爲權宗正卿甲寅以前光祿卿丁知浚復爲光祿卿丙辰幸南莊西莊己未前寧州刺史張建武責授右司禦副率以野雞族失利故也以前翰林學士工部侍郎魚崇諒爲禮部侍郎充翰林學士時崇諒解職於陝州就養至是再除禁職仍賜詔召之令本州給行裝鞍馬侍親歸朝以太子賓客張昭爲戶部尚書以太子賓客李濤爲刑部尚書詔中書令馮道赴西京迎奉太廟神主甲子中書令馮道率百官上尊號曰聖明文武仁德皇帝答詔不允凡三上章允之仍俟郊禮畢施行壬申鄴都邢洺

等州皆上言地震鄴都尤甚十一月辛巳廢共城稻田務任人佃蒔乙酉日南至帝不受朝賀庚寅鎮州節度使何福進奏乞朝覲三奏允之詔侍衛步軍都指揮使曹英權知鎮州軍府事癸巳以將作監李瓊爲濟州刺史壬寅詔重定天下縣邑除畿赤外其餘三千戶已上爲望縣二千戶已上爲緊縣一千戶已上爲上縣五百戶以上爲中縣不滿五百戶爲中下縣十二月戊申雨木氷是日四廟神主至西郊帝郊迎奠饗奉神主入於太廟設奠安神而退壬子前單州刺史趙鳳賜死坐爲民所訟故也甲寅詔諸道州府縣鎮城內人戶舊請蠶

鹽徵價起今後並停甲子鎮州節度使何福進來朝乙丑鄴都留守王殷來朝丙寅禮儀使奏皇帝郊廟行事請以晉王榮爲亞獻通攝終獻行事從之己巳左補闕王伸停任坐檢田於亳州虛憑紐配故也辛未鄴都留守侍衛親軍都指揮使王殷削奪在身官爵長流登州尋賜死於北郊其家人骨肉並不問罪癸酉帝宿齋于崇元殿爲來年正月一日親祀南郊也時帝已不豫甲申宿於太廟乙亥質明帝親饗太廟自齋宮乘步輦至廟廷被袞冕令近臣翌侍陞階止及一室行禮俛首而退餘命晉王率有司終其禮是日車駕赴郊宮

顯德元年春正月丙子朔帝親祀圜丘禮畢詣郊宮受賀車駕還宮御明德樓宣制大赦天下改廣順四年爲顯德元年自正月一日昧爽已前應犯罪人常赦所不原者咸赦除之內外將士各優給文武職官並與加恩內外命婦並與進封寺監攝官七周年已上者同明經出身今後諸寺監不得以白身署攝升朝官兩任已上著緑十五周年與賜緋著緋十五年與賜紫州縣官曾經五度參選雖未及十六考與授朝散大夫階年七十已上授優散官賜緋應奉郊廟職掌人員並與恩澤今後不得以梁朝及清泰朝爲僞主天下帝王陵廟及名

臣墳墓無後官爲檢校云宣赦畢帝御崇元殿受册尊號禮畢羣臣稱賀時帝郊祀御樓受册有司多略其禮以帝不豫故也先是有占者言鎮星在氐房乃鄭宋之分當京師之地兼氐宿主帝王路寢若散財以致福遷幸以避災庶幾可以驅禳矣帝以遷幸煩費不可輕議散財可矣故有郊禋之命洎歲暮帝疾增劇郊廟之禮蓋勉而行之耳戊寅詔廢鄴都依舊爲天雄軍大名府在京兆府之下庚辰制皇子開封尹晉王榮可開府儀同三司檢校太尉兼侍中行開封尹功德使判內外兵馬事襄州安審琦進封陳王鄆州符彥卿進封衛王移

鎮天雄軍荆南高保融進封南平王夏州李彝興進封西平王甲申宋州趙暉進封韓國公青州常思進封萊國公徐州王晏進封滕國公鄧州侯章進封申國公西京武行德進封譙國公許州郭從義加檢校太師鳳翔王景進封褒國公華州孫方諫進封蕭國公自趙暉已下並加開府儀同三司乙酉分命朝臣往諸州開倉減價出糶以濟饑民詔潭州依舊爲大都督府在朗州桂州之上丙戌以澶州節度使鄭仁誨爲樞密使加同平章事鄜州楊信加開府儀同三司進封杞國公邠州折從阮加開府儀同三司改封鄭國公滄州李暉加檢校

太尉安州李洪義加檢校太師貝州王饒加檢校太尉以陳州節度使兼侍衛馬軍都指揮使郭崇爲澶州節度使加同平章事以曹州節度使兼侍衛步軍都指揮使曹英爲鎮州節度使加同平章事潭州王逵加特進兼侍中河陽劉詞加檢校太尉河中王彥超加同平章事以鎮州節度使何福進爲鄆州節度使加同平章事潞州李筠加同平章事戊子晉州藥元福滑州白重贊相州王進同州張鐸並加檢校太傅以延州節度使袁萬進爲曹州節度使加檢校太傅定州留後孫行友邢州留後田景咸陝州留後韓通靈武留後馮繼業並正

授節度使庚寅夜東北有大星墜其聲如雷壬辰宰臣馮道加守太師范質加尚書左僕射監修國史李穀加右僕射集賢殿大學士以端明殿學士尚書戶部侍郎王溥爲中書侍郎平章事東都事略太祖將大漸促召學士草制以溥爲中書侍郎同中書門下平章事已宣制太祖日吾無恨矣司徒竇貞固進封汧國公司空蘇禹珪進封莒國公並加開府儀同三司以宣徽南院使知永興軍府事袁𥹋爲延州節度使以宣徽北院使兼樞密副使王仁鎬爲永興軍節度使以前安州節度使王令溫爲陳州節度使以殿前都指揮使泗州防禦使李重進爲武信軍節度使檢校太保典軍如故以龍捷

左廂都指揮使睦州防禦使樊愛能爲侍衞馬軍都指揮使洋州節度使加檢校太保以虎捷左廂都指揮使果州防禦使何徽爲侍衞步軍都指揮使利州節度使加檢校太保以樞密承旨魏仁浦爲樞密副使是日己酉帝崩於滋德殿聖壽五十一秘不發喪乙未遷神柩于萬壽殿召文武百官班于殿廷宣遺制晉王榮可于柩前卽皇帝位服紀月日一如舊制云是歲自正月朔日後景色昏晦日月多暈及嗣君卽位之日天氣晴朗中外翕然帝自郊禋後其疾乍瘳乍劇晉王省侍不離左右東都事略李重進周太祖之甥母卽福慶長公主重進年長于世宗及太祖寢疾召重進受顧命令拜世宗以定君臣之分累論晉王曰我若不起此疾汝卽速治山陵不得久留殿內陵所務從儉素應緣山陵役力人匠並須和雇不計近遠不得差配百姓陵寢不須用石柱費人功只以甎代之用瓦棺紙衣臨入陵之時召近稅戶三十家爲陵戶下事前揭開瓦棺遍視過陵內切不得傷他人命勿修下宮不要守陵宮人亦不得用石人石獸只此一石記子鐫字云大周天子臨晏駕與嗣帝約緣平生好儉素只令著瓦棺紙衣葬若違此言陰靈不相助又言朕攻收河府時見李家十八帝陵園廣費錢物人力並遭開發汝不聞漢文帝儉素葬在霸陵原

至今見在如每年寒食無事時卽仰量事差人洒掃如無人去只遙祭兼仰於河府魏府各葬一副劍甲澶州葬通天冠絳紗袍東京葬一副平天冠袞龍服千萬千萬莫忘朕言二月甲子太常卿田敏上尊諡曰聖神恭肅文武孝皇帝廟號太祖四月乙巳葬于嵩陵宰臣李穀撰諡册文王溥撰哀册文云永樂大典卷八千九百八十　五代史補高祖之爲樞密使也每出入常恍然不覩人前導狀若臺省人吏其服色一緋一綠高祖以爲不祥深憂之及河中鳳翔永興等處反詔命高祖征之一舉而三鎮瓦解自是權傾天下論者以爲功高不賞郭氏其危乎高祖聞而恐懼居無何忽覩前導者服緋者改紫綠者改緋高祖心始安日彼二人者但見其升不見其降吉兆也未幾遂爲三軍所推戴高祖之入京師也三軍紛擾殺人爭物者不可勝數時有趙童子者知書善射至防禦使

襯其紛擾竊憤之乃大呼于眾中曰樞密太尉志在除君側以安國所謂兵以義舉鼠輩敢爾乃賊也豈太尉意耶于是持弓矢于所居巷口據牀坐凡軍人之來侵犯者皆殺之由是居人賴以保全僅數千家其間亦有致金帛于門下用爲報答已堆集如丘陵焉童子見而笑曰吾豈求利者耶于是盡歸其主高祖聞而異之陰謂世宗曰吾聞人間讖云趙氏合當爲天子觀此人才略度量近之矣不早除去吾與汝其可保乎使人誣告收付御史府劾而誅之洎高祖厭世未十年而皇宋有天下趙氏之讖乃應于斯知王者不死信矣哉高祖征李守貞軍次河上高祖慮其爭濟臨岸而諭之未及坐忽有羣鴉集于上高祖退十餘步引弓將射之矢未及發而岸崩其壘裂之勢在高祖足下高祖棄弓不顧羣鴉而笑曰得非天使汝驚動吾耶 如此則李守貞不足破矣于是三軍欣然各懷闕志矣 五代史闕文周太祖在漢隱帝朝爲樞密使將兵伐河中李守貞時馮道守太師不與朝政以情告周祖謁道于私第問伐蒲策道辭以不在其位不敢議國事周祖固問之道不得已謂周祖曰相公頗知博乎周祖微時好蒲博屢以此抵罪疑道讖已勃然變色道曰是行亦猶博也夫博財多者

氣豪而勝財寡者心怯而輸守貞嘗累典禁兵自謂軍情附已遂謀反耳今相公誠能不惜官錢廣施惠愛明其賞罰使軍心許國則守貞不足慮也周祖曰恭聞命矣故伐蒲之役周祖以便宜從事卒成大功然亦軍旅歸心終移漢祚又周祖自鄴起兵赴闕漢隱帝兵敗遇害于劉子陂周祖入京師百官謁周祖見道猶設拜意道便行推戴道受拜如平時徐曰侍中此行不易周祖氣沮故禪代之謀稍緩及請道詣徐州冊湘陰公爲漢嗣道曰侍中由衷乎周祖設誓道曰莫教老夫爲謬語令爲謬語人臣謹案周世宗勅詔御史臣修周祖寔錄故道之事所宜諱矣

史臣曰周太祖昔在初潛未聞多譽洎西平蒲阪北鎮鄴臺有統御之勞顯英偉之量旋屬漢道斯季天命有歸縱虎旅以盪神京不無慚德攬龍圖而登帝位遂闡皇風期月而弊政皆除逾歲而羣情大服何遷善之如是蓋應變以無窮者也所以魯國兗徒望風而散井門遺孽引日偷生及鼎駕之將昇命瓦棺而薄葬勤儉之美終始可稱雖享國之非長亦開基之有裕矣然而二王之誅議者譏其不能駕馭權豪傷于猜忌卜年斯促抑有由焉永樂大典卷八千九百八十

舊五代史卷一百十三終

舊五代史卷一百十三攷證

周太祖紀四又殺牛族素與野雞族有憾　殺牛族原本作殺牛于族攷通鑑五代會要宋史東都事略俱作殺牛族知原本于字衍今删

六月壬子滄州奏契丹幽州榷鹽制置使兼防州刺史知盧臺軍事張藏英以本軍歸化　案歐陽史作秋七月張藏英來奔

以前西京留守莒國公王守恩爲左衞上將軍　王守恩原本作守思今據通鑑改正

舊五代史卷一百十三攷證

舊五代史卷一百十四

宋司空同中書門下平章事薛居正等撰

世宗紀第一　周書五

世宗睿武孝文皇帝諱榮太祖之養子蓋聖穆皇后之姪也本姓柴氏父守禮太子少保致仕隆平集云柴翁者常獨居室人以爲司寘事一日笑不止妻問其故不答翁嗜飲妻醉之以酒乃曰上帝有命郭郎爲天子攷柴翁卽守禮之父史佚其名帝以唐天祐十八年歲在辛巳九月二十四日丙午生于邢州之別墅年未童冠因侍聖穆皇后在太祖左右時太祖無子家道淪落然以帝謹厚故以庶事委之帝悉心經度貲用獲濟太祖甚憐之乃養爲已子

漢初太祖以佐命功爲樞密副使帝始授左監門衛將軍圖老談苑云周世宗在漢爲諸衛將軍嘗遊畿甸謁縣令忘其姓名令方聚邑客蒲博弗得見世宗頗銜之及卽位令因部夫犯贓數百疋宰相范質以具獄上奏世宗曰親民之官贓狀狼籍法當處死質奏曰受所監臨財物有罪上贓雖多法不至死世宗怒厲聲曰法者自古帝王之所制本以防姦朕立法殺贓吏非酷刑也質曰陛下殺之則可若付有司臣不敢署勅遂貸其命二年太祖鎭鄴改天雄軍牙內都指揮使領貴州刺史檢校右僕射三年冬太祖入平內難留帝守鄴城廣順元年正月太祖踐阼帝懇求入覲忽夢至河而不得渡尋授澶州節度使檢校太保封太原郡侯帝在鎭爲政清肅盜不犯境先是澶之里衡湫隘公署毀圮帝卽廣其街肆增其廨宇吏民賴之宋史王贊傳周世宗鎭澶淵每旬決囚贊引律令辨析中理問之知其嘗事學問卽署右職二年正月兗州慕容彥超反帝累表請征行太祖嘉之及曹英等東討數月無功太祖欲親征召羣臣議其事宰臣馮道奏以方當盛夏車駕不宜衝冒太祖曰寇不可翫如朕不可行當使澶州兒子擊賊方辦吾事時樞密王峻意不欲帝將兵故太祖親征六月兗州平十二月加檢校太傅同平章事三年正月帝入覲三月授開封尹兼功德使封晉王顯德元年正月庚辰加開府儀同三司檢校太尉兼侍中依前開封尹兼功德使判內外兵馬事時太祖寢疾彌甚士庶憂沮及聞帝總內外兵柄咸以爲愜隆平集曹翰隸世宗幕下世宗鎭澶淵以爲牙校及尹開封翰猶在澶淵聞周祖寢疾不俟召來見世宗密言曰王爲冢嗣不侍醫藥何以副天下望世宗悟入侍禁中以府事命翰總決壬辰

太祖崩秘不發喪丙申內出太祖遺制晉王榮可于柩前卽位羣臣奉帝卽皇帝位庚子宰臣馮道率百寮上表請聽政凡三上壬寅帝見羣臣于萬歲殿門之東廡下二月庚戌潞州奏河東劉崇與契丹大將軍楊袞舉兵南指壬戌宰臣馮道率百寮上表請御殿凡三上允之丁卯以中書令馮道充山陵使太常卿田敏充禮儀使兵部尚書張昭充鹵簿使御史中丞張煦充儀仗使開封少尹權判府事王敏充橋道使河東賊將張暉率

前鋒自團柏谷入寇帝召羣臣議親征宰臣馮道等奏以劉崇自平陽奔遁之後勢弱氣奪未有復振之理竊慮聲言自來以誤于我陛下纂嗣之初先帝山陵有日人心易搖不宜輕舉命將禦寇深以爲便帝曰劉崇幸我大喪聞我新立自謂良便必發狂謀謂天下可取謂神器可圖此際必來斷無疑耳馮道等以帝銳於親征因固諍之帝曰昔唐太宗之刱業靡不親征朕何憚焉道曰陛下未可便學太宗帝又曰劉崇烏合之衆苟遇王師必如山壓卵耳道曰不知陛下作得山否帝不悅而罷詔諸道募山林亡命之徒有勇力者送於闕下仍

目之爲强人帝以趫捷勇猛之士多出於羣盜中故令所在招納有應命者即貸其罪以禁衞處之至有朝行殺奪暮升軍籍讎人遇之不敢仰視帝意亦患之其後頗有不獲宥者三月丁丑潞州奏河東劉崇入寇兵馬監押穆令均部下兵士爲賊軍所襲官軍不利天雄軍節度使符彥卿領兵自磁州固鎭路赴潞州以澶州節度使郭崇副之詔河中節度使王彥超領兵取晉州路東向邀擊以陝府節度使韓通爲副命宣徽使向訓馬軍都指揮使樊愛能步軍都指揮使何徽滑州節度使白重贊鄭州防禦使史彥超前耀州團練使符彥能等

領兵先赴澤州辛巳制大赦天下常赦所不原者咸赦除之諸貶降責授官量與升陟敘用應配流徒役人並放逐便諸道州府所欠去年夏秋租稅並放內外見任文武職官並與加恩父母在者並與恩澤亡沒者與封贈其母妻未敘者特與敘封云前涇州節度使史懿卒癸未詔以劉崇入寇車駕取今月十一日親征甲申以樞密使鄭仁誨爲東京留守乙酉車駕發京師壬辰至澤州癸巳王師與河東劉崇契丹楊袞大戰于高平賊軍大敗初車駕行次河陽聞劉崇自潞而南即倍程而進是月十八日至澤州既晡帝御戎服觀兵于東北郊

距州十五里夜宿于村舍十九日前鋒與賊軍相遇賊陣于高平縣南之高原有賊中來者云劉崇自將騎三萬并契丹萬餘騎嚴陣以待官軍帝促兵以擊之崇東西列陣頗亦嚴整乃令侍衞馬步軍都虞候李重進滑州節度使白重贊將左居陣之西廂侍衞馬軍都指揮使樊愛能步軍都指揮使何徽將右居陣之東廂宣徽使向訓鄭州防禦使史彥超以精騎當其中殿前都指揮使張永德以禁兵衞蹕帝介馬觀戰兩軍交鋒未幾樊愛能何徽望賊而遁東廂騎軍亂步軍解甲投賊帝乃自率親騎臨陣督戰（隆平集馬仁瑀傳從世宗親征劉崇王師不利仁瑀謂衆曰主

辱臣死因躍馬大呼引弓連斃將卒數十士氣始振今上馳騎于陣前先犯其鋒戰士皆奮命爭先賊人大敗日暮賊萬餘人阻澗而陣會劉詞領兵至與大軍追之賊軍又潰臨陣斬賊大將張暉及僞樞密使王延嗣諸將分兵追襲殭尸棄甲塡滿山谷初夜官軍至高平降賊軍數千人所獲輜重兵器駝馬僞乘輿器服等不可勝紀其夕殺降軍二千餘人我軍之降敵者亦皆就戮初兩軍之未整也風自東北起不便於我及與賊軍相遇風勢陡迴人情相悅戰之前少有大星如日流行數丈墜于賊營之上及戰北人望見官軍之上有雲氣如龍虎之狀則天之助順亶其然乎是日危急之勢頃刻莫保賴帝英武果敢親臨寇敵不然則社稷幾若綴旒矣是夕帝宿于野次甲午次高平縣詔賜河東降軍二千餘人各絹二匹并給其衣裝鄉兵各給絹一匹放還本部是日大雨戊戌車駕至潞州案歐陽史作丁酉幸潞州與薛史異通鑑從歐陽史五代春秋作丙寅誤河南府上言前青州節度使常思卒已亥侍衞馬軍都指揮使夔州節度使樊愛能侍衞步軍都指揮使壽州節度使何徽等并諸將校七十餘人並伏誅高平之役兩軍既成列賊騎來挑戰愛能望風而退何徽以徒兵陣於後爲奔騎所突即時潰亂二將南走帝遣近臣宣諭止遏莫

肯從命皆揚言曰官軍大敗餘衆已解甲矣至暮以官軍克捷方稍稍而迴帝至潞州錄其奔遁者自軍使以上及監押使臣並斬之由是驕將墮兵無不知懼帝以何徽有平陽守禦之功欲貸其罪竟不可與愛能俱殺之皆給槥車歸葬東都事略世宗謂張永德曰樊愛能及偏裨七十餘人吾欲盡按軍法何如對曰必欲開拓疆宇威加四海安可已也世宗善其言悉誅愛能等以徇軍聲始振庚子以侍衞馬步都虞候李重進爲許州節度使以宣徽南院使向訓爲滑州節度使以殿前都指揮使張永德爲武信軍節度使職並如故以滑州節度使白重贊爲鄜州節度使以鄭州防禦使史彥超爲華州節度使賞高平之功也以晉州節度使藥元福爲同州節度使以宣徽北院使楊廷璋爲晉州節度使以同州節度使張鐸爲彰義軍節度使以客省使吳延祚爲宣徽北院使以龍捷左廂都指揮使李千爲蔡州防禦使以龍捷右廂都指揮使田中爲密州防禦使以虎捷右廂都指揮使張順爲登州防禦使以龍捷左第二軍都指揮使孫延進爲鄭州防禦使以前耀州團練使符彥能爲澤州防禦使以散員都指揮使李繼勳爲殿前都虞候以殿前都虞候韓令坤爲龍捷左廂都指揮使以鐵騎第一軍都指揮使趙弘殷案原本註宣祖廟諱四字今据宋史改作弘殷爲龍捷右廂都指

揮使以散員都指揮使慕容延釗爲虎捷左廂都指揮使以控鶴第一軍都指揮使趙鼎爲虎捷右廂都指揮使並遙授團練使其餘改轉有差壬寅以天雄軍節度使衞王符彥卿爲河東行營都部署知太原行府事以澶州節度使郭崇爲行營副部署以宣徽南院使向訓爲行營兵馬都監以侍衞都虞候李重進爲行營都虞候以華州節度使史彥超爲先鋒都指揮使領步騎二萬進討河東詔河中節度使王彥超陝府節度使韓通率兵自陰地關討賊以河陽節度使劉詞爲隨駕副部署以鄜州節度使白重贊爲隨駕副部署夏四月乙巳

太祖靈駕發東京乙卯葬于嵩陵河中節度使王彥超奏僞汾州防禦使董希顏以城歸順 宋史王彥超傳彥超自陰地關與符彥卿會兵圍汾州諸將請急攻彥超曰城已危矣旦暮將降我士卒精銳驅以先登必死傷者衆少待之翼日州將董希顏果降 丙辰僞遼州刺史張漢超以城歸順丁巳幸栢谷寺遣右僕射平章事判三司李穀赴河東城下計度軍儲詔河東城下諸將招撫戶口禁止侵掠只令徵納當年租稅及募民入粟五百斛草五百圍者賜出身千斛千圍者授州縣官辛酉符彥卿奏嵐憲二州歸順壬戌制立衞國夫人符氏爲皇后仍令有司擇日備禮冊命王彥超奏收下石州獲僞刺史安彥進 宋史王彥超傳引兵趣石州彥超親鼓士乘城躬冒矢石數日下之擒其守將安彥進獻行在 癸亥僞沁州刺史李廷誨以城歸順甲子皇妹壽安公主張氏進封晉國長公主乙丑東京奏太師中書令馮道薨丙寅太祖皇帝神主祔於太廟庚午曲赦潞州見禁罪人除死罪外並釋放是日車駕發潞州親征劉崇癸酉忻州僞監軍李勍殺刺史趙臯及契丹大將楊務瑚 舊作耨姑今改正 以城歸順詔授李勍忻州刺史五月乙亥以尚書右丞邊歸讜守本官充樞密直學士以尚書戶部侍郎陶穀守本官充翰林學士 宋史陶穀傳從征太原時魚崇諒迎母後至穀乘間言曰崇諒宿留不來有顧望意世宗頗疑之崇諒又表陳母病詔許歸陝州就養以穀爲翰林學士 丙子車駕至太原

城下是日僞代州防禦使鄭處謙以城歸順 案遼史穆宗紀四年五月乙亥忻代二州叛据薛史則忻州歸順在四月代州歸順在五月丙子與遼史月日互異 丁丑觀兵于太原城下帝親自慰勉錫賚有差升代州爲節鎮以靜塞軍爲額以鄭處謙爲節度使戊寅斬僞命石州刺史安彥進于太原城下以其拒王師也庚辰以前忠武軍節度使郭從義爲天平軍節度使遣符彥卿郭從義向訓白重贊史彥超等率步騎萬餘赴忻州 宋史符彥卿傳彥卿之行也世宗以并人雖敗朝廷饋運不繼未議攻擊且令觀兵城下徐圖進取及周師入境汾晉吏民望風款接皆以久罹虐政願輸軍需以資兵力世宗從之而連下數州彥卿等皆以芻糧未備欲旋軍世宗不之省乃調山東近郡輓軍食濟之 是夜大風發屋拔樹壬午以宰臣李穀

判太原行府事辛丑升府州爲節鎮以永安軍爲軍額以本州防禦使折德扆爲節度使六月癸卯朔詔班師車駕發離太原時大集兵賦及徵山東懷孟蒲陝丁夫數萬急攻其城旦夕之間期于必取會大雨時行軍士勞苦復以忻口之師不振帝遂決旋師之意指麾之間頗傷匆遽部伍紛亂無復嚴整不逞之徒訛言相恐隨軍資用頗有遺失者賊城之下糧𥺌數十萬悉焚棄之（通鑑攷異引晉陽見聞錄六月旦周師南轅返旆惟數百騎間之以步卒千人長槍赤甲銜趫捷跳梁于城隅晡晩殺行而抽退宋史藥元福傳詔令班師元福上言日進軍甚易退軍甚難世宗曰一以委卿遂部分卒伍爲方陣而南元福以麾下爲後殿崇果出兵來追元福擊走之）乙巳車駕至潞州癸丑帝發潞州己丑幸新鄭縣丙寅帝親拜嵩陵祭奠而退賜守陵將吏及近陵戶帛有差（五代會要顯德元年二月車駕征太原回親拜嵩陵望陵號慟至陵所俯伏哀泣感于左右再拜訖祭奠而退）庚午帝至自河東秋七月癸酉朔前河西軍節度使申師厚責授右監門衛率府副率師厚在涼州歲餘以所部艱食蕃情反覆奏乞入朝尋留其子爲留後不俟詔離任故責之乙亥天雄軍節度使衛王符彥卿進位守太傅改封魏王鄆州郭從義加兼中書令河陽劉詞移鎮永興軍加兼侍中潞州李筠加兼侍中河中王彥超移鎮許州加兼侍中許州節度使衛都虞候李重進移鎮宋州加同平章事兼

侍親軍都指揮使以武信軍節度使兼殿前都指揮使張永德爲滑州節度使檢校太傅典軍如故同州藥元福移鎮陝州加檢校太尉鄜州白重贊移鎮河陽加檢校太尉陝州韓通移鎮曹州加檢校太傅帝即位之初覃慶于諸將且賞從征之功也丙子以前禮部侍郎邊光範爲刑部侍郎權判開封府事丁丑天下兵馬元帥吳越國王錢俶加天下兵馬都元帥襄州節度使陳王安審琦加守太尉戊寅右散騎常侍張可復卒以前亳州防禦使李萬金爲鄜州留後庚辰幸南莊辛巳荊南節度使南平王高保融加守中書令夏州節度使西平王李彝興加守太保西京留守武行德徐州王晏鄧州侯章並加兼中書令癸未湖南王進逵加兼中書令天德軍節度使郭勳邠州折從阮安州李洪義並加兼侍中以前華州節度使孫方諫爲同州節度使加兼中書令以前永興軍節度使王仁鎬爲河中節度使加檢校太尉乙酉滄州李暉貝州王饒鎮州曹英並加兼侍中涇州張鐸相州王進延州袁義並加檢校太尉壬辰百寮上表請以九月二十四日誕聖日爲天清節從之癸巳以左僕射兼門下侍郎平章事監修國史范質爲守司徒兼門下侍郎平章事弘文館大學士（國老談苑云周太祖嘗令）

世宗詣范質時爲親王軒車高大門不能容世宗即下馬步入及嗣位從容語質曰卿所居舊宅耶門樓一何小哉因爲治第以左僕射兼中書侍郎平章事集賢殿大學士
判三司李穀爲守司徒兼門下侍郎平章事監修國史
以中書侍郎平章事王溥爲中書侍郎兼禮部尚書平
章事集賢殿大學士以樞密院學士工部侍郎景範爲
中書侍郎平章事判三司樞密使檢校太保同平章事
鄭仁誨加兼侍中靈武馮繼業定州孫行友邢州田景
咸並加檢校太傅晉州楊廷璋加檢校太保以太子詹
事趙上交爲太子賓客乙未以樞密副使右監門衛大
將軍魏仁溥爲樞密使檢校太保東都事略云議者以仁浦不由科第進世宗曰顧才何如耳遂用之丙申以中書舍人史館修撰判館事劉溫
叟爲禮部侍郎判館如故丁酉相州節度使王進卒八
月壬寅朔以宣徽北院使吳延祚爲右監門衛大將軍
充職以樞密院直學士尚書右丞邊歸讜爲尚書左丞
充職甲辰幸南莊賜從臣射乙巳以吏部侍郎顏衎爲
工部尚書致仕丙午同州節度使孫方諫卒己酉前澤
州刺史李彥崇責授右司禦副率高平之役帝與賊軍
相遇即令彥崇領兵守江猪嶺以遏寇之歸路彥崇初
見王師已却即時而退及劉崇兵敗果由茲嶺而遁故
有是責壬子以金州防禦使王暉爲同州留後癸丑以

吳越國內外都指揮使吳延福爲寧國軍節度使檢校
太尉從錢俶之請也以太子少師宋彥筠爲太子太師
致仕甲寅以兵部郎中兼太常博士尹拙爲國子祭酒
丙辰皇姑故福慶長公主追封燕國大長公主李從進
之母也丁巳以戶部郎中致仕景初爲太僕卿致仕宰
臣範之父也己巳華州鎮國軍宜停依舊爲郡庚午以
給事中劉悅康澄並爲右散騎常侍辛未以左散騎常
侍裴選爲御史中丞以御史中丞張煦爲兵部侍郎集
賢殿學士判院事司徒詡爲吏部侍郎以左散騎常侍
薛沖乂爲工部侍郎九月壬申朔以東京舊宅爲皇建
禪院甲戌以武安軍節度副使知潭州軍府事周行逢
爲鄂州節度知潭州軍府事加檢校太尉丙戌右屯衛
將軍薛訓除名流沙門島坐監雍兵倉縱吏卒掊斂也
己亥以右僕射致仕韓昭裔左僕射致仕楊凝式並爲
太子太保致仕以太子太傅致仕李肅爲太子太師致
仕辛丑斬宋州巡檢供奉官副都知竹奉璘于寧陵縣
坐盜掠商船不捕獲也冬十月甲辰左羽林大將軍孟
漢卿賜死坐監納厚取耗餘也丙午以安州節度使李
洪義爲青州節度使以貝州節度使王饒爲相州節度
使以徐州節度使王晏爲西京留守以西京留守武行

德爲徐州節度使戊申以龍捷左廂都指揮使泗州防禦使韓令坤爲洋州節度使充侍衛馬軍都指揮使以虎捷右廂都指揮使永州防禦使李繼勳爲利州節度使充侍衛步軍都指揮使己酉太子太保致仕楊凝式卒詔安貝二州依舊爲防禦州其軍額並停壬子以今上爲永州防禦使依前殿前都虞候戊午監修國史李穀等上言曰竊以自古王者咸建史官君臣獻替之謀皆須備載家國安危之道得以直書歷代以來其名不一人君言動則起居注創于累朝輔相經綸則時政記興于前代然後採其事實編作史書蓋緣聞見之間須

有來處記錄之際得以審詳今之左右起居郎即古之左右史也唐文宗朝命其官執筆立于殿階螭頭之下以紀政事後則明宗朝命端明殿及樞密直學士皆輪修日歷旋送史官以備纂修及近朝此事皆廢史官唯憑百司報狀館司但取兩省制書此外雖有訪聞例非端的伏自先皇帝創開昌運及皇帝陛下纘嗣丕基其聖德武功神謀睿略皆係萬幾宥密丹禁深嚴非外臣之所知豈庶僚之可訪此後欲望以諮詢之事裁制之規別命近臣旋具抄錄每當修撰日歷即令封付史臣庶國事無漏略之文職業免疏遺之咎從之因命樞密直學士起今後于樞密使處逐月抄錄事件送付史館己未供奉官郝光庭棄市坐在葉縣巡檢日挾私斷殺平人也是日大閱帝親臨之帝自高平之役覩諸軍未甚嚴整遂有退却至是命今上一概簡閱選武藝超絕者署爲殿前諸班因是有散員散指揮使內殿直散都頭鐵騎控鶴之號復命總戎者自龍捷虎捷以降一一選之老弱羸小者去之諸軍士伍無不精當由是兵甲之盛近代無比且減冗食之費焉（五代會要顯德元年上謂侍臣曰侍衛兵士老少相半強懦不分蓋徇人情不能選練今春朕在高平與劉崇及蕃軍相遇臨敵有指使不前者苟非朕親當堅陣幾至喪敗況百戶農夫未能贍一甲士且兵在精不在衆宜令一一點選精銳者升在上軍怯懦者

任從安便庶期可用又不虛費先是上按于高平觀其退縮懍然有懲革之志又以驍勇之士多爲外諸侯所占如是召募天下豪傑不以草澤爲阻在于闕下躬親試閱選武藝超絕及有身首者分署爲殿前諸班）十一月戊寅以太子賓客石光贊爲兵部尙書致仕壬午鎭州節度使曹英卒乙酉以澶州節度使郭崇爲鎭州節度使乙未以荆南節度副使歸州刺史高保勗爲寧江軍節度使檢校太尉充荆南節度行軍司馬戊戌詔宰臣李穀監築河隄先是鄆州界河決數州之地洪流爲患故命穀治之役丁夫六萬人三十日而罷十二月己酉太子太師侯益以本官致仕（永樂大典卷八千九百八十四）

舊五代史卷一百十四終

舊五代史卷一百十四攷證

周世宗紀一賊軍又潰臨陣斬賊大將張暉　案九國志作張元徽乘勝復入馬倒爲周師所擒殺之與是書異通鑑從是書

戊戌車駕至潞州　案歐陽史作丁酉幸潞州與是書異通鑑從歐陽史五代春秋作丙戌誤

舊五代史卷一百十四攷證

宋司空同中書門下平章事薛居正等撰

世宗紀第二　周書六

顯德二年春正月辛未朔帝不受朝賀辛卯詔在朝文班各舉堪爲令錄者一人雖姻族近親亦無妨嫌授官之日各署舉主姓名若在官貪濁不任懦弱不理並量事狀重輕連坐舉主乙未詔應逃戶莊田並許人請射承佃供納稅租如三周年內本戶來歸者其莊田不計荒熟並交還一半五周年內歸業者三分交還一分五周年外歸業者其莊田除本戶墳塋外不在交付之限

其近北地諸州應有陷蕃人戶自蕃界來歸業者五周年內來者三分交還二分十周年內來者交還一半十五周年來者三分交還一分十五周年外來者不在交還之限二月戊申遣使赴西京賜太子太師致仕侯益白文珂宋彥筠等茶藥錢帛各有差仍降詔存問壬戌詔曰善操理者不能有全功善處身者不能無過失雖堯舜禹湯之上聖文武成康之至明尚猶思逆耳之言求苦口之藥何況後人之不逮哉朕承先帝之靈居至尊之位涉道猶淺經事未深常懼昏蒙不克負荷自臨宸極已過周星至于刑政取舍之間國家措置之事豈能盡是須有未周朕猶自知人豈不察而在位者未有一人指朕躬之過失食祿者曾無一言論時政之是非豈朕之寡昧不足與言耶豈人之循默未肯盡心耶豈左右前後有所畏忌耶豈高卑疏近自生間別耶古人云君子大言受大祿小言受小祿又云官箴王闕則是士大夫之有祿位無不言之人然則爲人上者不能感其心而致其言此朕之過也得不求骨鯁之詞詢正直之議共申裨益庶洽治平朕于卿大夫才不能盡知面不能盡識若不採其言而觀其行審其意而察其忠則何以見器略之淺深知任用之當否若言之不入罪實

在予苟求之不言咎將誰執應內外文武臣寮今後或有所見所聞並許上章論諫若朕躬之有闕失得以盡言時政之有瑕疵勿宜有隱方求名實豈尚虛華苟或素不工文但可直書其事辭有謬誤者固當舍短言涉傷忤者必與留中所冀盡情免至多慮諸有司局公事者各宜舉職事有不便者革之可也理有可行者舉之可也勿務因循漸成訛謬臣寮有出使在外迴者苟或知黎庶之利病聞官吏之優劣當具敷奏以廣聽聞班行職位之中遷除改轉之際即當考陳力之輕重較言事之臧否奉公切直者當議甄升臨時畜縮者須期抑

退翰林學士兩省官職居侍從乃論思諫諍之司御史臺官任處憲綱是擊搏糺彈之地論其職分尤異羣臣如逐任官內所獻替啟發彈舉者至月限滿合遷轉時宜令中書門下先奏取進止三月辛未以李晏口爲靜安軍其軍南距冀州百里北距深州三十里夾胡盧河爲壘通鑑浚胡盧河在正月至三月始建軍額先是貝冀之境密邇戎疆居常敵騎涉河而南馳突往來洞無阻礙北鄙之地民不安居帝乃按圖定策遣許州節度使王彥超曹州節度使韓通等領兵他徙築壘于李晏口以兵戍守功未畢契丹衆尋至彥超等擊退之及壘成頗扼要害自是敵騎雖至不敢涉河邊民稍得耕牧焉壬辰尚書禮部貢院進新及第進士李覃等一十六人所試詩賦文論策文等詔曰國家設貢舉之司求英俊之士務詢文行方中科名比聞近年以來多有濫進或以年勞而得第或因媒勢以出身今歲所放舉人試令看驗果見紕繆須至去留其李覃何曮楊徽之趙鄰幾等四人宜放及第其嚴說武允成王汾閻丘舜卿任惟吉周度張愼徽王翥馬文劉選程浩然李震等一十二人藝學未精竝宜勾落且令苦學以俟再來禮部侍郎劉溫叟失于選士頗屬因循據其過尤合行譴讁尚視寬恕特與矜容劉

溫叟放罪其將來貢舉公事仍令所司別具條理以聞夏四月庚戌以內客省使李彥頵爲延州留後辛亥詔應自外新除御史未經朝謝行過州府不得受館驛供給及所在公禮乙卯詔于京城四面別築羅城期以來春興役戊午以翰林學士給事中竇儼爲禮部侍郎依前充職以禮部侍郎劉溫叟爲太子詹事癸亥以翰林學士中書舍人楊昭儉爲御史中丞是月詔翰林學士承旨徐台符已下二十餘人各撰爲君難爲臣不易論平邊策各一首帝親覽之宋史陶穀傳世宗謂宰相曰朕觀歷代君臣治平之道誠爲不易又念唐晉失德之後亂臣黠將僭竊者多今中原甫定吳蜀幽并尚未平附聲教未能遠被宜令近臣各爲論策宣導經濟之畧乃命承旨徐台符已下二十餘人各撰爲君難爲臣不易論平邊策以進其畧率以修文德來遠人爲意惟穀與竇儀楊昭儉王朴以封疆密邇江淮當用師取之世宗自克高平常訓兵講武思混一天下及覽其策欣然聽納由是平南之意益堅矣五月辛未廻鶻遣使貢方物鳳翔節度使王景上言奉詔攻收秦鳳二州已於今月一日領軍由大散關路進軍次先是晉末契丹入晉秦州節度使何建以秦成階三州入蜀蜀人又取鳳州至是秦鳳人戶怨蜀之苛政相次詣闕乞舉兵收復舊地乃詔景與宣徽南院向訓率師以赴焉東都事略王溥傳世宗將討秦鳳溥薦向拱遂平之世宗因宴酌巵酒賜之曰成吾邊功卿擇帥之力也甲戌詔曰釋氏貞宗聖人妙道助世勸善其利甚優前代以來累有條

貫近年以降頗紊規繩近覽諸州奏聞繼有緇徒犯法蓋無科禁遂至尤違私度僧尼日增猥雜𠞊修寺院漸至繁多鄉村之中其弊轉甚漏網背軍之輩苟剃削以逃刑行奸爲盜之徒託住持而隱惡將隆教法須辨臧否宜舉舊章用革前弊諸道州府縣鎮村坊應有勅額寺院一切仍舊其無勅額者並仰停廢所有功德佛像及僧尼並騰倂于合留寺院內安置天下諸縣城郭內若無勅額寺院祇于合停廢寺院內選功德屋宇最多者或寺院僧尼各留一所若無尼住祇留僧寺院一所諸軍鎮坊郭及二百戸已上者亦依諸縣例指揮如邊

遠州郡無勅額寺院處于停廢寺院內僧尼各留兩所今後並不得𠞊造寺院蘭若公王戚里諸道節刺已下今後不得奏請𠞊造寺院及請開置戒壇男子女子如有志願出家者並取父母祖父母處分已孤者取同居伯叔兄處分候聽許方得出家男年十五以上念得經文一百紙或讀得經文五百紙女年十三以上念得經文七十紙或讀得經文三百紙者經本府陳狀乞剃頭委錄事參軍本判官試驗經文其未剃頭間須留髮髻如有私剃頭者却勒還俗其本師主決重杖勒還俗仍配役三年兩京大名府京兆府青州各處置戒壇候受

戒時兩京委祠部差官引試其大名府等三處祇委本判官錄事參軍引試如有私受戒者其本人師主臨壇三綱知事僧尼並同私剃頭例科罪應合剃頭受戒人等逐處奏聞候勅下委祠部給付憑由方得剃頭受戒應男女有父母祖父母在別無兒息侍養不聽出家曾有罪犯遭官司刑責之人及棄背父母逃亡奴婢奸人細作惡逆徒黨山林亡命未獲賊徒負罪潛竄人等並不得出家剃頭如有寺院輙容受者其本人及師主三綱知事僧尼鄰房同住僧並仰收捉禁勘申奏取裁僧尼俗士自前多有舍身燒臂鍊指釘截手足帶鈴掛燈

諸般毀壞身體戲弄道具符禁左道妄稱變現還魂坐化聖水聖燈妖幻之類皆是聚衆眩惑流俗今後一切止絕如有此色人仰所在嚴斷遞配邊遠仍勒歸俗其所犯罪重者準格律處分每年造僧帳兩本其一本奏聞一本申祠部逐年四月十五日後勒諸縣取索管界寺院僧尼數目申州州司攢帳至五月終以前文帳到京僧尼籍帳內無名者並勒還俗其巡禮行脚出入往來一切取便是歲諸道供到帳籍所存寺院凡二千六百九十四所廢寺院凡三萬三百三十六僧尼係籍者六萬一千二百人戊寅以刑部侍郎邊光範爲戶部侍

郎以前御史中丞裴巽爲刑部侍郎己卯刑部員外郎陳渥賜死坐檢齊州臨邑縣民田失實也渥爲人清苦臨事有守以微累而當極刑時論惜之戊子以沙州留後曹元忠爲沙州節度使檢校太尉同平章事丙申禮部侍郎竇儀奏請廢童子明經二科及條貫考試次第從之六月己酉以曹州節度使韓通充西南面行營都虞候丙辰以亳州防禦使陳思讓爲邢州留後庚申兩京及諸道府州不得奏薦留守判官兩使判官少尹防禦團練軍事判官如是隨幕已曾任此職者聽奏防禦團練刺史州各置推官一員辛酉廢景州爲定遠軍癸

丑以前延州節度使袁義爲滄州節度使以前邢州節度使田景咸爲鄧州節度使秋七月丁卯朔以鳳翔節度使王景兼西南面行營都招討使以宣徽南院使鎮安軍節度使向訓兼西南面行營都監戊辰太子太傅魯國公和凝卒八月癸卯兵部尚書張昭太常卿田敏等奏議減祠祭所用犧牲之數由是圜丘方澤及太廟卽用太牢餘皆以羊代之丁未中書侍郎平章事判三司景範罷判三司加銀青光祿大夫依前中書侍郎平章事進封開國伯以樞密院承旨張美權判三司辛亥詔今後應有病患老弱馬並送同州沙苑監衞州牧馬

監就彼水草以盡飲齕之性庚子太子太師致仕趙暉卒乙丑詔曰今後諸處祠祭應牲牢香幣饌料供具等仰委本司官吏躬親檢校務在精至行事儀式依附禮經大祠祭合用樂者仍須祀前教習凡關祀事宜令太常博士及監察御史用心點檢稍或因循必行朝典九月丙寅朔詔禁天下銅器始議立監鑄錢癸未以太子賓客趙上交爲吏部侍郎以吏部侍郎于德辰司徒詡並爲太子賓客乙酉詔文武百寮今後遇天清節依近臣例各賜衣服辛卯西南面招討使王景部送所獲西川軍校美暉已下三百人至闕甲午潞州部送先擒到

河東兵馬監押程支等二百人至闕詔所獲西川河東軍校已下並釋之各賜錢帛有差閏月壬子西南面招討使王景奏大破西川賊軍於黃花谷擒僞命都監王巒孫韜等一千五百餘人案九國志李廷珪傳周師攻秦鳳以廷珪爲北路行營都統高彥儔呂彥珂爲招討廷珪遣先鋒指揮使李進以兵據馬嶺分兵出斜谷營于白澗將腹背以攻周師又遣染院使王巒領兵出唐倉與周師遇蜀師敗走王巒死之而馬嶺斜谷之兵聞之皆退奔高彥儔與諸將謀退守青泥嶺由是秦鳳階成之地皆陷于周矣癸丑秦州僞命觀察判官趙玭以本城降詔以玭爲郢州刺史宋史趙玭傳高彥儔出師救援未至聞軍敗因潰歸玭閉門不納召官屬諭之曰今中朝兵甲無敵於天下自用師西征戰無不勝蜀中所遣將皆武勇者卒皆驍健者然殺戮遁逃之外幾無孑遺我輩安忍坐受其禍去危就安當在今日衆皆俯伏聽命玭遂以城歸

順世宗欲命以藩鎮宰相范質不可乃授鄧州刺史先是帝以西師久次艱于根
運命今上乘馹赴軍前以觀攻戰之勢及廻具以事勢
上奏帝甚悅至是果成功焉甲子秘書少監許遜責授
蔡州別駕坐先假竇氏圖書隱而不還也冬十月庚午
召近臣射于苑中賜金器鞍馬有差辛未成州歸順癸
酉以給事中王敏為工部郎戊寅高麗國遣使朝貢丁
丑右散騎常侍康澄責授環州別駕左司郎中史又玄
責授商州長史左驍衛大將軍元霸責授均州別駕右
驍衛將軍林延禔責授登州長史澄等奉使浙中廻日
以私便停留逾時復命故有是責右諫議大夫李知損

配流沙門島坐妄貢章疏斥譏貴近及求使兩浙故也
己丑前太常卿邊蔚卒是月始議南征十一月乙未朔
以宰臣李穀為淮南道前軍行營都部署知廬壽州行
府事以許州節度使王彥超為行營副部署命侍衛馬
軍都指揮使韓令坤等一十二將各帶征行之號以從
焉己亥諭淮南州縣詔曰朕自纘承基構統御寰瀛方
當躬己臨朝誕修文德豈欲興兵動眾專耀武功顧茲
昏亂之邦須舉弔伐之義蠢爾淮甸敢拒大邦因唐室
之陵遲接黃寇之紛亂飛揚跋扈垂六十年盜據一方
僭稱偽號幸數朝之多事與北境以交通厚啟戎心誘

為邊患晉漢之代寰海未寧而乃招納叛亡朋助凶慝
李金全之據安陸李守貞之叛河中大起師徒來為應
援攻侵高密殺掠吏民迫奪閩越之封疆塗炭湘潭之
士庶以至我朝啟運東魯不庭發兵而應接叛臣觀釁
而憑陵徐部沭陽之役曲直可知尚示包荒猶稽問罪
邇後維揚一境連歲阻飢我國家念彼災荒大許糴易
前後擒獲將士皆遣放還自來禁戢邊兵不令侵撓我
無所負彼實多奸勾誘契丹至今未已結連并寇與我
為讎罪惡難名人神共憤今則推輪命將鳴鼓出師徵
浙右之樓船下朗陵之戈甲東西合勢水陸齊攻吳孫

皓之計窮自當歸命陳叔寶之數盡何處偷生應淮南
將士軍人百姓等久隔朝廷莫聞聲教雖從偽俗應樂
華風必須善擇安危早圖去就如能投戈獻款舉郡來
降具牛酒以犒師納圭符而請命車服玉帛豈恡旌酬
土地山河誠無愛惜刑賞之令信若丹青苟或執迷寧
免後悔王師所至軍政甚明不犯秋毫有如時雨百姓
父老各務安居剽擄焚燒必令禁止云云高麗國王王昭
加開府儀同三司檢校太尉依前使持節玄菟州都督
大義軍使王如故辛亥以前滄州節度使李暉為邠州
節度使壬子潞州奏破河東賊軍于祁縣癸丑西南面

行營都部署王景奏收復鳳州獲僞命節度使王環乙卯曲赦秦鳳階成等州管內罪人自顯德二年十一月已前凡有罪犯無問輕重一切釋放丁已前邢州節度使折從阮卒巳未邢州奏河東劉崇死案通鑑作顯德元年十一月北漢主殂遣使告于契丹考異引王保衡見聞要錄劉繼顒神道碑爲据疑薛史作二年爲誤今考遼史穆宗紀應歷五年十一月漢主崇殂應歷五年卽周廣順二年也與薛史合蓋薛史遼史皆以實錄爲据也五代春秋亦作二年王戌淮南前軍都部署李穀奏先鋒都指揮使白延遇破淮賊於來遠鎮十二月丙寅以左金吾大將軍蓋萬爲右監門上將軍丁卯淄州奏前中書侍郎同平章事景範卒庚午右金吾衛上將軍王守恩卒辛未安州奏盜殺防禦使張顥是日翰林學士承旨徐台符卒甲戌李穀奏破淮賊二千人于壽州城下丙子以左諫議大夫權知開封府事王朴爲左散騎常侍充端明殿學士依前權知開封府事永興軍奏節度使劉詞卒己卯李穀奏破淮賊千餘人于山口鎮丙戌樞密使鄭仁誨卒辛卯西南面行營都部署王景差人部送所獲僞鳳翔節度使王環至闕詔釋之仍賜鞍馬衣服尋授右驍衛案原本闕一字將軍是冬命起居郎陶文舉徵殘租于宋州舉本酷吏也宋民被其刑者凡數千寃號之聲聞于道路有悼耄之輩不勝其刑而死者數人物議以爲不

允永樂大典卷八千九百八十四

舊五代史卷一百十五終

舊五代史卷一百十五攷證

周世宗紀二癸丑西南面行營都部署王景奏收復鳳州　案癸丑歐陽史作戊申

舊五代史卷一百十五攷證

宋司空同中書門下平章事薛居正等撰

世宗紀卷三　周書七

顯德三年春正月乙未朔帝不受朝賀前司空蘇禹珪卒丁酉李穀奏破淮賊於上窰戊戌發丁夫十萬城京師羅城庚子詔取此月八日幸淮南殿中監馬從贇免所居官坐乾没外孫女霍氏之貲產爲人所訟故也辛丑以宣徽南院使向訓爲權東京留守以端明殿學士王朴爲副留守壬寅車駕發京師丁未李穀奏自壽州引軍退守正陽辛亥李重進奏大破淮賊於正陽斬首

二萬餘級伏尸三十里臨陣斬賊大將劉彥貞生擒偏將咸師朗已下獲戎甲三十萬事馬五百匹先是李穀駐軍于壽春城下以攻其城既而淮南援軍大至乃與將佐謀曰賊軍舟棹將及正陽我師無水戰之備萬一橋梁不守則大軍隔絕矣不如全師退守正陽浮橋以俟鑾輅諸將皆以爲然遂燔其糧草而退軍迴之際無復嚴整公私之閒頗多亡失淮北役夫亦有陷于賊境者帝聞之急詔侍衛都指揮使李重進率師赴之時淮賊乘李穀退軍之勢發戰棹數百艘沿淮而上且張斷橋之勢彥貞以大軍列陣而進李重進既至正陽聞淮

軍在近率諸將渡橋而進與賊軍遇重進等合勢擊之一鼓而敗之馬令南唐書世宗親征行至圍鎭聞穀軍却意唐兵必追之遣李重進急趨正陽日唐兵且至宜急擊之彥貞等聞穀退軍皆以爲怯裨將咸師朗曰追之可大獲劉仁贍使人喻之曰君來赴援未交戰而敵人退不可測也愼勿追逐君爲大將安危以之脫有不利大事去矣前軍張全約亦曰不可追彥貞曰軍容在我汝輩何知沮吾事者斬比至正陽而重進先至未及食而戰彥貞施利刃于拒馬又刻木爲獸號捷馬牌以皮囊布鐵蒺藜于地周兵見而知其怯一鼓敗之彥貞死于陣殺獲之外降者三千餘人皆爲我將趙晁所殺甲寅車駕至正陽以侍衛都指揮使李重進爲淮南道行營都招討使命宰臣李穀判壽州行府事乙卯車駕渡淮丙辰至壽州城下營于州西北淝水之陽詔移正陽浮橋于下蔡庚申耀

兵于城下春明退朝錄云家有范魯公雜錄記世宗親征忠正駐蹕城下中夜有白虹自淝水起亘數丈下貫城中數刻方沒壬戌今上奏破淮賊萬餘衆于渦口斬僞兵馬都監何延錫等獲戰船五十艘二月丙寅幸下蔡斬前濟州馬軍都指揮使康儼于路左坐橋道不謹也朗州節度使王進逵奏領兵入淮南界戊辰廬壽巡檢使司超奏破淮賊三千于盛唐獲都監僞吉州刺史高弼以獻詔釋之兵部尚書張昭奏準詔撰集兵法分爲十卷凡四十二門目之爲制旨兵法上之優詔褒美仍以器幣賜之壬申今上奏破淮賊萬五千人于清流山乘勝攻下滁州擒僞命江州節度使充行營應援使皇

甫暉常州團練使充應援都監姚鳳以獻王銍默記李景聞世宗親
至淮上而滁州其控扼且援壽州命大將皇甫暉監軍姚鳳提兵十萬扼其地太祖以周師數千與暉遇于淸
流關隘路周師大敗暉整全師入甜滁州城下會翊日再出太祖兵聚關下且虞暉兵再至問諸村人云有鎭
州趙學究在村中教學多智計村民有爭訟者多請以決曲直太祖往訪之學究曰我有奇計所謂因敗爲勝
轉禍爲福今關下有徑路人無行者雖牌軍亦不知之乃山之背也可以直抵城下方值西澗水大漲之時彼
必謂我旣敗之後無敢躡其後者誠能由山背小路率兵浮西澗水至城下斬關而人可以得志太祖大喜且
命學究以指其路學究亦不辭而遣人前導卽下令誓師夜從小路行三軍跨馬浮西澗以迫城暉果不爲備
奪門以入暉始聞之率親兵擐甲與太祖巷戰三縱而三擒之遂下滁州甲戌江南國主李
景遣泗州牙將王知朗齎書一函至滁州本州以聞書
稱唐皇帝奉書于大周皇帝其畧云願陳兄事永奉鄰

歡設或俯鑒遠圖下交小國悉班卒乘俾乂蒼黔慶雞
犬之相聞奉瓌琛以爲好必當歲陳山澤之利少助軍
旅之須虔俟報章以聽高命道塗朝坦禮幣夕行云書
奏不答乙亥令上繫送所獲江南二將皇甫暉姚鳳至
行在詔釋之壬午江南國主李景遣其臣僞翰林學士
戶部侍郞鍾謨僞工部侍郞文理院學士李德明等奉
表來上敘願依大國稱臣納貢之意仍進金器千兩銀
綺綾羅二千匹及御衣犀帶茶茗藥物等又進犒軍牛
五百頭酒二千石是日賜謨等錦綺綾羅二百匹銀器
一百兩襲衣金帶鞍馬等丙戌侍衞馬軍指揮韓令坤

奏收下揚州東都事略韓令坤傳率兵襲揚州將吏開門以迎之令坤整衆而入市不易肆人甚
悅丁亥壽州城內左神衞軍使徐象等一十八人來奔
庚寅朗州節度使王進逵上言領兵入鄂州界攻長山
砦殺賊軍三千餘衆辛卯令上表僞命天長軍制置使
耿謙以本軍降獲糧草二千餘萬侍衞馬軍都指揮使
韓令坤上言泰州降癸巳荊南上言朗州節度使王進
逵爲部將潘叔嗣所殺九國志王逵傳領衆逼宜春道出長沙耀兵金波亭有蜜蜂集
繖蓋中占者以爲不利遂留長沙令行營副使毛立領兵南下以潘叔嗣張文表爲前鋒叔嗣怒至澧陵擁衆
而還逵聞兵叛乃乘輕舸奔歸武陵叔嗣追殺之于朗州城外遣人詣潭州請周行逢
爲帥行逢至朗州斬叔嗣于市三月丙申行光州刺史

何超奏光州僞命都監張承翰以城歸順尋授承翰集
州刺史庚子文武百僚再上表請聽樂詔允之行舒州
刺史郭令圖奏收下舒州隆平集王審琦傳世宗征淮舒州堅壁不下以郭令圖爲
刺史命審琦司超將兵攻城一夕拔之令圖入復見逐于郡人審琦方進軍援黃州聞令圖被逐乃選驍衞枚
襲城夜敗其衆而復納之江南國主李景表送先陷過朝廷兵士一
百五十人至行在其軍卽蜀軍也秦鳳之役爲王師所
擒配隸諸軍及渡淮輒復南逸帝怒其奔竄盡戮之丙
午江南國主李景遣其臣僞司空孫晟僞禮部尚書王
崇質等奉表來上仍進金一千兩銀十萬兩羅綺二千
匹又進賞給將士茶絹金銀羅帛等庚戌兩浙奏遣大

將率兵攻常州延州留後李彥頵奏蕃眾與部民為亂尋與兵司都監閻綰掩殺獲其首帥高閙兒等十八磔于市彥頵本賈人也貪而好利蕃漢之民怨其侵刻故至于是辛亥賜江南李景書曰頃自有唐失御天步方艱巢蔡喪亂之餘朱李戰爭之後中夏多故六紀于茲海縣瓜分英豪鼎峙自為聲教各擅烝黎連衡而交結四夷乘釁而憑陵上國華風不競否運所鍾凡百有心孰不興憤朕猥承先訓恭荷永圖德不迨于前王道不方于往古然而擅一百州之富庶握三十萬之甲兵且農戰交修士卒樂用思欲報累朝之宿怨刷萬姓之包

羞是以踐位以來懷安不暇破幽并之巨寇收秦鳳之全封兵不告疲民有餘力一昨迴軍隴上問罪江干我實有辭告將誰執朕親提金鼓尋渡淮淝上順天心下符人欲前鋒所向彼眾無遺棄甲僵尸動盈川谷收城徇地已過滁陽豈有落其爪牙折其羽翼潰其心腹扼其吭喉而不亡者哉蚤者泗州主將遞送到書一函尋又使人鍾謨李德明至齎所上表及貢奉衣服腰帶金銀器幣茶藥牛酒等今又使人孫晟等並到行朝覲其降身聽命引咎告窮所謂君子見機不俟終日苟非達識孰能若斯但以奮武興戎所以討不服惇信明義所

以懷遠人五帝三王盛德大業恆用此道以正萬邦朕今躬統戎師龔行討伐告于郊廟社稷詢于將相公卿天誘其衷國無異論苟不能恢復內地申畫邊疆便議班旋眞同戲劇則何以光祖宗之烈厭士庶之心匪獨違天兼且咈眾但以淮南部內已定六州廬壽濠黃大軍悉集指期剋日拉朽焚枯其餘數城非足介意必若盡淮甸之土地為大國之提封猶是遠圖豈同迷復如此則江南吏卒悉遣放還江北軍民並當留住免違物類之性俾安鄉土之情至于削去尊稱願輸臣禮非無故事實有前規蕭詧奉周不失附庸之道孫權事魏自

同藩國之儀古也雖然今則不取但存帝號何爽歲寒儻堅事大之心終不迫人于險事資眞懇辭匪枝游俟諸郡之悉來即大軍之立罷質于天地信若丹青我無彼欺爾無我詐言盡于此更不繁云苟曰未然請自茲絕切以陽春在候庶務縈思願無廢于節宣更自期于愛重音塵非遠風壤猶殊翹想所深勞于寤寐又賜其將佐書曰朕自類禡出師麾旆問罪絕長淮而電擊指建業以鷹揚旦夕之間克捷相繼至若兵興之所自釁起之所來勝負之端倪戎甲之次第不勞盡諭必想具知近者金陵使人繼來行闕追悔前事委質來朝非無

詔答之辭亦有罷軍之請但以南邦之土地本中夏之封疆苟失克復之期大率朝野之望已輿是役固不徒還必若自淮以南畫江爲界盡歸中國猶是遠圖所云願爲外臣乞比湖浙彼旣服義朕豈忍人必當別議封崇待以殊禮凡爾將佐各盡乃心善爲家國之謀勉擇恆久之利初李景遣鍾謨李德明奉表至行闕使人面奏云本國主願割壽濠泗楚光海六州之地歸于大朝帝志在盡取江北諸郡不允其請使人見王師急攻壽陽李德明奏曰願陛下寬臣數日之誅容臣自往江南取本國表盡獻江北之地帝許之乃令李德明王崇質

齎此書以賜李景夏四月甲子以徐州節度使武行德爲濠州城下行營都部署以前鄧州節度使侯章爲壽州城下水砦都部署己巳車駕發壽春循淮而東辛未揚州奏江南大破兩浙軍于常州初兩浙錢俶承詔遣部將率兵攻常州爲江南大將陸孟俊所敗將佐陷没者甚衆李景亦以表聞乙亥駐蹕于濠州城下丁丑揚州韓令坤破江南賊軍于州之東境獲大將陸孟俊今上表大破江南軍于六合斬首五千級時李景乘常州之捷遣陸孟俊領兵迫泰州王師不守韓令坤欲棄揚州而迴帝怒急遣殿前都指揮使張永德率親兵往援

之又命今上領步騎二千人屯于六合俄而陸孟俊領其徒自海陵抵揚州令坤迎擊敗之生擒孟俊李景遣其弟齊王達率大衆由瓜步濟江距六合一舍而設柵居數日乃棄柵來迫官軍今上麾兵以擊之賊軍大敗餘衆赴江溺死者不可勝紀己卯韓令坤奏敗楚州賊將馬在貴萬餘衆于灣頭堰獲漣州刺史秦進崇丙戌以宣徽南院使向訓爲權淮南節度使充沿江招討使以侍衛馬軍都指揮使韓令坤充沿江副招討使（宋史向拱傳揚州初平南唐令境上出師謀收復韓令坤有棄城之意卽驛召拱赴行在拜淮南節度使依前宣徽使兼沿江招討使以令坤爲副時周師久駐淮陽都將趙晁白延遇等驕恣橫暴不相稟從惟務貪濫至有刼人婦

女者及拱至戮其不法者數輩軍中肅然）丁亥車駕發濠州幸渦口己丑以前湖南節度使馬希崇爲左羽林統軍五月壬辰朔以渦口爲鎭淮軍戊戌車駕還京發渦口（馬令南唐書天子駐于渦口猶欲再幸揚州宰相范質以師老泣諫乃班師）乙卯上至自淮南詔赦都下見禁罪人丁巳陳州節度使王令温卒戊午以江南僞命東都副留守工部侍郎馮延魯爲太府卿己未太子賓客于德辰卒辛酉詔天下公私織造布帛及諸色匹段幅尺斤兩並須依向來制度不得輕弱假僞犯者擒捉送官六月甲子以鳳翔節度使王景爲秦州節度使兼西面沿邊都部署以宣徽南院使陳州節度使向訓爲

淮南節度使依前南院宣徽使加檢校太尉以曹州節度使韓通爲許州節度使加檢校太尉以亳州防禦使王全斌爲隴州防禦使遥領利州昭武軍兩使留後丙寅許州王彦超移鎮永興軍鄧州田景咸移鎮鄜州御史中丞楊昭儉知雜侍御史趙礪侍御史張糺並停任坐鞫獄失實也丁卯以翰林學士戶部侍郎陶穀爲兵部侍郎充翰林學士承旨以水部員外郎知制誥扈載度支員外郎王著並本官充翰林學士以給事中高防爲右散騎常侍以前都官郎中知制誥薛居正爲左諫議大夫充昭文館學士判館事壬申曲赦淮南道諸州

見禁罪人自今年六月十一日已前凡有違犯無問輕重並不窮問先屬江南之時應有非理科徭無名配率一切停罷云戊寅以右衞上將軍扈彦珂爲太子太師致仕庚辰以西京留守王晏爲鳳翔節度使戊子升贍國軍爲濱州淮南道招討使李重進奏壽州賊軍攻南砦王師不利先是詔步軍都指揮使李繼勳營于壽州之南攻賊壘是日賊軍出城來攻我軍破柵而入其攻城之具並爲賊所焚將士死者數百人李重進在東砦亦不能救時城堅未下師老于外加之暑毒糧運不繼李繼勳喪失之後軍無固志諸將議欲退軍頼今上自

六合領兵歸闕過其城下因爲駐留旬日王師復振秋七月辛卯朔以武清軍節度使知潭州軍府事周行逢爲朗州大都督充武平軍節度使加檢校太尉兼侍中丁酉以太子賓客盧價爲禮部尙書致仕以給事中李明爲大理卿庚子廬州行營都部署劉重進奏破淮賊千餘人於州界丁未濠州行營都部署武行德奏敗淮賊二千人於州界庚戌太子太保王仁裕卒辛亥皇后符氏薨淮南節度使向訓自揚州班師廻駐壽春時王師攻壽春經年未下江淮盜賊充斥舒蘄和泰等州復爲吳人所據故棄揚州併力於壽春焉〔馬令南唐書向訓請棄揚州併

力以攻壽春乃封府庫付主者遣淮南舊將按巡城中秋毫不犯而去淮人大悦皆負糗糧以送周師〕八月壬戌河陽白重贊移鎮涇州張鐸移鎮河中甲子以前鄧州節度使侯章復爲鄧州節度使以侍衞步軍都指揮使彰信軍節度使李繼勳爲河陽節度使乙丑太僕卿劇可久停任坐爲舉官累也戊辰端明殿學士王朴撰成新歷上之命曰顯德欽天歷上親爲製序仍付司天監行用殿前都指揮使張永德奏破淮賊于下蔡先是江南李景以王師猶在壽州遣其將林仁肇郭廷謂率水陸軍至下蔡欲奪浮梁以舟寔薪芻乘風縱火永德禦之有頃風勢倒指賊衆稍卻因爲官軍所敗已

卿工部侍郎王敏停任坐薦子壻陳南金爲河陽記室也九月丙午以端明殿學士左散騎常侍權知開封府事王朴爲尚書戶部侍郎充樞密副使以右羽林統軍焦繼勳爲左屯衞上將軍以左衞上將軍楊承信爲右羽林統軍以左監門上將軍宋延渥爲右神武統軍冬十月辛酉葬宣懿皇后于懿陵癸亥以右神武統軍宋延渥爲廬州行營副部署乙丑舒州刺史郭令圖責授虢州教練使坐棄郡逃歸也丙寅詔曰諸司職員皆係奏補當執役之際悉藉公勤及聽選之時尤資幹敏苟非愼擇漸致因循應諸司寺監今後收補役人並須人

材俊利身言可採書札堪中自前行止委無訛濫勒本司闕送吏部引驗人材考校筆札其中選者連所試書跡及正身引過中書餘從前後格勑處分仍每年祇得一度奏補丁卯宣懿皇后神主入廟時有司請爲后立別廟禮也己巳詔漳河已北郡縣並許鹽貨通商逐處有鹹鹵之地一任人戶煎鍊壬申以武平軍節度副使知潭州軍府事宇文瓊爲武淸軍節度使知潭州軍府事癸酉淮南招討使李重進奏破淮賊於盛唐斬二千級太子賓客致仕薛仁謙卒丙子襄州節度使守太尉兼中書令陳王安審琦加守太師審琦鎭漢上十餘年

至是來朝故以命寵之癸未右拾遺趙守微杖一百配沙門島守微本村民也形貌樸野粗學爲文前年徒步上書帝以急于取士授右拾遺聞者駭其事至是爲妻父所訟彰其醜行故逐之（東都事略張昭傳云世宗好拔奇取俊有自布衣上書下位言事者多不次進用昭諫日昔唐初劉洎馬周起徒步太宗擢用爲相其後朱朴柳璨在下僚昭宗亦以大用然則太宗用之于前而國興昭宗用于後而國亡士之難知也如此臣願陛下存舊法而用人以劉馬爲鑒朱柳爲戒則善矣）甲申宣授今上同州節度使兼殿前都指揮使宣授內外馬步軍都軍頭袁彥爲曹州節度使兼侍衞步軍都指揮使戊子右神武統軍張彥超卒十一月己丑朔詔廢天下無名祠廟庚子日南至帝不受朝賀

以宣懿皇后遷祔日近也乙巳江南進奉使孫晟下獄死江南進奉使鍾謨責授耀州司馬戊申放華山隱者陳摶歸山帝素聞摶有道術徵之赴闕月餘放還舊隱庚戌殿前都指揮使張永德奏敗濠州送糧軍二千人於下蔡奪米船十餘艘宰臣李穀以風痺請告十旬三上表求解所任不允十二月己未朔以給事中張鑄爲光祿卿訴以官名與祖諱同尋改秘書監判光祿寺事辛酉以許州節度使韓通兼侍衞馬步軍都虞候壬戌以右領軍大將軍權判三司張美領三司使壬申以滑州節度使兼殿前都指揮使駙馬都尉張永德爲殿前

都點檢發陳蔡宋亳潁曹單等州丁夫城下蔡辛已故襄邑令劉居方贈右補闕男士衡賜學究出身獎廉吏也癸亥詔兵部尚書張昭纂修太祖實錄及梁均王唐清泰帝兩朝實錄五代會要云同修撰官委張昭定名奏請至四年正月張昭奏請國子祭酒尹拙太子詹事劉温叟同編修又詔曰史館所少書籍宜令本館諸處求訪補塡如有收得書籍之家並許進書人據部帙多少等第各與恩澤如是卷帙少者量給資帛如館內已有之書不在進納之限仍委中書門下于朝官內選差三十人據見在書籍各求眞本校勘署校官姓名逐月具功課申報中書門下戊子淮南道招討使李重進奏破淮賊二千人塲山北永樂大典卷八千九百八十四

舊五代史卷一百十六終

舊五代史卷一百十六攷證

周世宗紀三王申今上奏破淮賊萬五千人于淸流山　宋歐陽修豐樂亭記太祖以周師破李景兵十五萬于淸流關下與是書作萬五千人異攷國老談苑云太祖提周師甚寡當李景兵十五萬于淸流山下臨陣親斬驍將皇甫暉疑豐樂亭記即本于此第皇甫暉以傷重被擒而談苑云臨陣親斬小說家多傳會之詞恐不足信

舊五代史卷一百十六攷證

舊五代史卷一百十七

宋司空同中書門下平章事薛居正等撰

周書八

世宗紀第四

顯德四年春正月己丑朔帝御崇元殿受朝賀仗衛如儀詔天下見禁罪人除大辟外一切釋放壬寅兵部尚書張昭上言奉詔編修太祖實錄及梁唐二末主實錄伏以撰漢書者先爲項籍編蜀記者首序劉璋貴神器之傳授有因歷數之推遷得序伏緣漢隱帝君臨在太祖之前歷試之績並在隱帝朝內請先修隱帝實錄以全太祖之事功又以唐末主前有閔帝在位四月出奔於衛亦未編紀請修閔帝實錄其清泰帝實錄請書爲廢帝實錄從之案自唐末主以上原文疑有脫誤據五代會要云梁末主之上有郢王友珪簒弒居位未有紀錄請依宋書劉劭例書爲元凶友珪其末主請依古義書曰後梁實錄又唐末主之前有應順帝在位四月出奔亦未編紀請書爲前廢帝清泰主爲後廢帝其書並爲實錄丁未淮南道招討使李景遣其弟僞齊王達率全軍來援壽州達留駐濠州遣其將許文縝邊鎬朱元領兵數萬泝淮而上至紫金山設十餘砦與城內烽火相應又築夾道數里將抵壽春爲運糧之路至是爲重進所敗戊申詔取來月幸淮南宋史李穀傳師老無功時請罷兵爲便世宗令范質王溥就穀謀之穀手疏請親征有必勝之利者三世宗大悅用其策

二月庚申以前工部侍郎王敏爲司農卿辛酉詔每遇入閤日賜百官廊下食從舊制也淮南道行營都監向訓奏破淮賊二千于黃蓍砦甲戌以樞密副使王朴爲權東京留守兼判開封府以三司使張美爲大內都巡檢乙亥車駕發京師乙酉次下蔡三月庚寅旦帝率諸軍駐于紫金山下命今上率親軍登山擊賊連破數砦斬獲數千斷其來路賊軍首尾不相救是夜賊將朱元朱仁裕孫璘各舉砦來降降其衆萬餘人翌日盡陷諸砦收獲甚衆擒賊大將建州節度使許文縝前湖南節度使邊鎬其餘黨沿流東奔帝自率親騎沿淮北岸追賊及晡馳二百餘里至鎭淮軍殺獲數千人奪戰艦糧船數百艘錢帛器仗不可勝數甲午詔發近縣丁夫城鎭淮軍仍搆浮梁于淮上廬州都部署劉重進奏殺賊三千人於壽州東山口皆紫金山之潰兵也戊戌授宣徽南院使淮南節度使向訓爲徐州節度使充淮南道行營都監郎命屯鎭淮上己亥帝自鎭淮軍復幸下蔡壬寅賜淮南降軍許文縝邊鎬已下萬五百人衣服錢帛有差丙午壽州劉仁贍上表乞降帝遣閤門使張保續入城慰撫翌日仁贍復令子崇讓上表請罪戊申幸壽州城北劉仁贍與將佐已下及兵士萬餘人出降案通

鑑考異云仁贍降書蓋其副使孫羽等爲之歐陽史本傳亦言孫羽詐爲仁贍書以城降與是書所載俱異帝慰勞久之恩賜有差庚戌詔移壽州于下蔡以故壽州爲壽春縣是日曲赦壽州管內見禁人犯自今月二十一日已前凡有過犯並從釋放應歸順職員並與加恩壽州管界去城五十里內放今年秋夏租稅自來百姓有曾受江南文字聚集山林者並不問罪如有曾相傷害者今後不得更有相讐及經官論訴自用兵已來被擄骨肉者不計遠近並許本家識認官中給物收贖曾經陣敵處所暴露骸骨並仰收拾埋瘞自前政令有不便于民者委本州條例聞奏當行釐革辛亥以僞命清淮軍節度使檢校太尉兼侍中劉仁贍爲特進檢校兼中書令鄆州節度使以右羽林統軍楊信爲壽州節度使是日劉仁贍卒壬子以江南僞命西北面行營都監使舒州團練使朱元爲蔡州防禦使以江南僞命文德殿使壽州監軍使周延構爲衞尉卿以江南僞命壽州營田副使孫羽爲太僕卿以壽州節度判官鄭牧爲鴻臚卿賞歸順也癸丑追奪前許州行軍司馬韓倫在身官爵配流沙門島倫侍衞馬軍都指揮使令坤之父也令坤領陳州倫在州干預郡政掊斂之暴公私患之爲項城民武都等所訟帝命殿中侍御史率汀就按

之倫詐報汀云準詔赴闕汀即奏之帝愈怒遽令追劾盡得其實故有是命宋史韓令坤傳云倫法當棄市令坤泣請于世宗遂免死遣左諫議大夫尹日就于壽州開倉賑飢民丙辰車駕發下蔡還京夏四月己巳車駕至自下蔡辛未以江南僞命西北面行營應援使前永安軍節度使檢校太尉許文稹爲左監門衞上將軍檢校太尉以僞命西北面行營應援都軍使前武安軍節度使邊鎬爲左千牛衞上將軍檢校太尉丙子宰臣李穀以風痺經年上章請退凡三上章不允宋史李穀傳穀扶疾入見便殿詔令不拜命坐御坐側以抱疾久請辭相位世宗怡然勉之謂曰譬如家有四子一人有疾棄而不養非父之道也朕君臨萬方卿處輔相之位君臣之間分義斯在奈何以祿奉爲言穀愧謝而退丁丑斬內供奉官孫延希于都市御廚使董延勳副使張皓武德副使盧繼昇並停職時重修永福殿命延希督役上見役夫有就瓦中啗飯以梯爲匕者大怒斬延希而罷延勳等壬午故彭城郡夫人劉氏追冊爲皇后癸未故皇子贈左驍衞大將軍誼再贈太尉追封越王故皇子贈左武衞大將軍誠再贈太傅追封吳王故皇子贈左屯衞大將軍諴再贈太傅追封韓王故皇弟贈太保侗再贈太傅追封郯王故皇弟贈司空信再贈司徒追封杞王第三妹樂安公主追封莒國長公主故皇第五妹永寧公主追冊梁國長公主

故皇從弟贈左領軍大將軍守愿再贈左衞大將軍故皇從弟贈左監門將軍奉詔再贈右衞大將軍故皇從弟贈左千牛衞將軍悉再贈右武衞大將軍甲申以先降到江南兵士團結爲三十指揮號懷德軍五月丁亥朔帝御崇元殿受朝仗衞如式己丑以新修永福殿改爲廣政殿辛卯以端午賜文武百寮衣服書始也癸巳侍衞親軍都指揮使宋州節度使充淮南道行營都招討李重進加檢校太傅兼侍中以宣徽南院使淮南節度使向訓爲徐州節度使加檢校太尉同平章事丙申蘄密州防禦副使侯希進于本郡時太常博士張糺檢

視本州夏苗移牒希進分檢希進以不奉朝旨不從糺具事以聞帝怒遣使斬之丁酉以滑州節度使兼殿前都點檢駙馬都尉張永德爲澶州節度使加檢校太尉以今上爲滑州節度使加檢校太保依前殿前都指揮使今上以三年十月宣授同州節度使未於正衙宣制至是移鎭滑臺故自永州防禦使授焉以侍衞馬軍都指揮使洋州節度使韓令坤爲陳州節度使加檢校太傅以權侍衞步軍都指揮使岳州防禦使袁彥爲曹州節度使加檢校太保並典軍如故己亥以左神武統軍劉重進爲鄧州節度使以虎捷左廂都指揮使閬州防禦使趙晁爲河陽節度使以兗州防禦使白延遇爲同州節度使辛丑宰臣范質李穀王溥並加爵邑改功臣樞密使魏仁浦加檢校太傅進封開國公辛亥知廬州行府事劉重進奏相次殺敗賊獲戰船三十艘壬子以宣徽北院使吳延祚爲宣徽南院使權西京留守判河南府事是月詔中書門下差官詳定格律中書門下奏差侍御史知雜事張湜等十人詳定候畢日委御史臺尚書省四品已上兩省五品已上官參詳可否送中書門下議定奏取進止從之六月丁巳前濠州刺史齊藏珍以罪棄市己未以責授耀州司馬鍾謨爲衞尉少卿賜

紫帝既誅孫晟尋寬謨爲耀州既而悔之故有是命辛酉西京奏伊陽山谷中有金屑民淘取之詔勿禁乙酉詔在朝文武官再舉堪爲令錄從事者各一人秋七月丁亥以前徐州節度使檢校太師兼中書令武行德爲左衞上將軍先是詔行德分兵屯定遠縣既爲淮寇所襲王師死者數百人帝懲其僨軍之咎故以環衞處之以前河陽節度使李繼勳爲右衞大將軍責壽春南砦之敗也壬辰以刑部尙書王易爲太子少保致仕以右監門衞上將軍蓋萬爲左衞上將軍致仕己酉司農卿王敏卒甲辰詔曰準令諸論田宅婚姻起十一月一日

至三月三十日止者州縣爭論舊有釐革每至農月貴塞訟端近聞官吏因循由此成弊凡有訴競故作逗遛至時而不與盡辭入務而卽便停罷强猾者因茲得計孤弱者無以自申起今後應有人論訴陳辭狀至二月三十日權停若是交相侵奪情理妨害不可停滯者不拘此限八月乙卯朔兵部尚書張昭上䟽望準唐朝故事置制舉以羣英才帝覽而善之因命昭具制舉合行事件條奏以聞丙辰以太常卿田敏爲工部尚書以太子賓客司徒詡爲太常卿辛未詔在朝武班各舉武勇膽力堪爲軍職者一人甲戌賜左監門上將軍許文縝

右千牛上將軍邊鎬右衞大將軍王環衞尉卿周廷構太府卿馮延魯太僕卿鄭牧鴻臚卿孫羽衞尉少卿鍾謨工部郎中何幼冲各冬服絹二百匹綿五百兩文縝已下皆吳蜀之士也乙亥宰臣李穀罷相守司空加食邑實封穀抱疾周歲累上表求退至是方允其請以樞密副使戶部侍郎王朴爲樞密使檢校太保癸未前濮州刺史胡立自僞蜀廻蜀主孟昶寓書于帝其末云昶昔在齠齔卽離并都亦承皇帝鳳起晉陽龍興汾水合敘鄉關之分以陳玉帛之歡倘蒙惠以嘉音佇望專馳信使謹因胡立行次聊陳感謝披述云初王師之伐秦

鳳也以立爲排陣使旣而爲蜀所擒及秦鳳平得降軍數千人其後帝念其懷土悉放歸蜀至是蜀人知感故歸立于我昶本生于太原故其書意願與帝推鄉里之分帝怒其抗禮不答九月甲申朔宰臣王溥樞密使王朴皆丁內艱並起復舊位以侍衞馬步軍都指揮宋州節度使李重進爲鄆州節度使典軍如故己丑以前翰林學士禮部侍郎竇儀爲端明殿學士依前禮部侍郎冬十月丙辰賜京城內新修四寺額以天清天壽顯靜顯寧爲名壬戌左藏庫使符令光棄市時帝再議南征先期勅令光廣造軍士袍襦不卽辦集帝怒命斬之時

宰臣等至庭救解帝起入宮遂戮于都市令光出勳閥之後歷職內庭以清慎自守累揔繁劇甚有廉幹之譽帝素重其爲人每加委用至是以小過見誅人皆冤之戊午詔懸制科凡三其一曰賢良方正能直言極諫科其二曰經學優深可爲師法科其三曰詳閑吏理達于教化科不限前資見任職官黃衣草澤並許應詔時兵部尚書張昭條奏請興制舉故有是命癸亥河東僞命麟州刺史楊重訓以城歸順授重訓本州防禦使檢校太傅戊辰詔取月內車駕暫幸淮上己巳以樞密使王朴爲權東京留守以三司使張美爲大內都點檢壬辰

駕發京師壬午以前鄆州節度使郭從義爲徐州節度使以徐州節度使向訓爲宋州節度使十一月癸未朔以內客省使昝居潤爲宣徽北院使權東京留守丙戌車駕至濠州城下戊子親破十八里灘砦在濠州東北淮水之中四面阻水上令甲士數百人跨駝以濟今上以騎軍浮水而渡遂破其砦擄其戰艦而迴癸巳帝親率諸軍攻濠州奪關城破水砦賊衆大敗焚戰艦七千餘艘斬首二千級進軍攻羊馬城丙申夜僞濠州團練使郭廷謂上表陳情且言家在江南欲遣人稟命于李景從之辛丑帝自濠州率大軍水陸齊進循淮而下命

今上率精騎爲前鋒癸卯大破淮賊于渦口斬首五千級收降卒二千餘人奪賊船三百艘遂鼓行而東以追奔寇晝夜不息沿淮城柵所至皆下乙巳至泗州今上乘勢麾軍焚郭門奪月城帝親冒矢石以攻其壘丙午日南至從臣拜賀于月城之上十二月乙卯泗州守將范再遇以其城降授再遇宿州團練戊午帝自泗州率衆東下命今上領兵行于南岸與帝夾淮而進己未至清口追及淮賊軍行鼓譟之聲聞數十里辛酉至楚州西北大破賊衆水陸俱奔有賊船數艘順流而逸帝率驍騎與今上追之數十里今上擒賊大將僞保義軍節度使江北都應援使陳承昭以獻收獲舟船除焚盪外得三百餘艘將士除殺溺外得七千餘人初帝之渡淮也比無水戰之備每遇賊之戰棹無如之何敵人亦以此自恃有輕我之意帝卽于京師大集工徒修成樓艦踰歲得數百艘兼得江淮舟船遂令所獲南軍教北人習水戰出沒之勢未幾舟師大備至是水陸皆捷故江南大震壬戌僞命濠州團練使郭廷謂以城歸順乙丑雄武軍使崔萬廸以漣水歸順丙寅以郭廷謂爲亳州防禦使（隆平集廷謂望金陵大慟再拜然後以城降世宗曰江南諸將惟卿斷渦口橋破定遠寨足以報李景矣濠上使李景自守亦何能爲乃授以亳州防禦使）以僞命濠州兵馬都監

陳還爲沂州團練使以僞命保義軍節度使陳承昭爲右監門上將軍江南李景遣兵驅擄揚州士庶渡江焚其州郭而去丙子故同州節度使白延遇贈太尉故濠州刺史唐景思贈武清軍節度使丁丑泰州平（永樂大典卷八千九百八十四）

舊五代史卷一百十七終

舊五代史卷一百十七攷證

周世宗紀四是夜賊將朱元朱仁裕孫璘各舉砦來降

案通鑑云辛卯夜朱元與先鋒壕寨使朱仁裕等舉寨萬餘人降據是書則朱元等之降卽在庚寅與通鑑異

壬午彭城郡夫人劉氏追冊爲皇后　案歐陽史作癸未追冊與是書異

壬申駕發京師　案壬申原本作壬辰攷五代春秋作十月壬辰帝南征與是書同歐陽史作壬申南征通鑑作壬申帝發大梁與是書異據下文有壬午則十月不應有壬辰疑原本係傳寫之誤今從歐陽史通鑑改正

以內客省使昝居潤爲宣徽北院使權東京留守　案上文以王朴爲權東京留守不應復以命昝居潤據東都事略昝居潤傳世宗幸淮上命爲副留守疑原本脫副字

壬戌僞命濠州團練使郭廷謂以城歸順　案郭廷謂以城降歐陽史作庚申通鑑作辛酉與是書異

舊五代史卷一百十七攷證

舊五代史卷一百十八

宋司空同中書門下平章事薛居正等撰

世宗紀第五　周書九

顯德五年春正月癸未朔帝在楚州城下從臣詣行宮稱賀隆平集馬仁瑀傳世宗征淮南登楚州水寨飛樓距城百步城卒詬罵左右射莫能及召仁瑀至應弦而斃乙酉降同州爲郡右驍衛將軍王環卒丙戌右龍武將軍王漢璋奏攻海州戊子詔諸道幕職州縣官並以三周年爲考限閏月不在其內州府不得差攝官替正官云己丑詔侍衛馬軍都指揮使韓令坤權知揚州軍府事庚寅發楚州管內丁壯開鸛河以通運路乙巳

帝親攻楚州時今上在楚州城北晝夜不解甲冑親冒矢石麾兵以登城丙午拔之斬僞守將張彥卿等六軍大掠城內軍民死者萬餘人廬舍焚之殆盡陸游南唐書張彥卿傳云保大末周世宗南侵彥卿爲楚州防禦使周師鋭甚旬日間海泰州靜海軍皆破元宗亦命焚東都官寺民廬徙其民渡江世宗親御旗鼓攻楚州自城以外皆巳下發州民濬老鸛河遣齊雲戰艦數百自淮入江勢如震霆烈焰彥卿獨不爲動及梯衝臨城鑿城爲窟室實城而焚之城皆摧圮遂陷彥卿猶結陣城內誓死奮擊謂之巷鬭日暮轉至州廨長短兵皆盡彥卿猶取繩牀搏戰及兵馬都監鄭昭業等千餘人皆死之無一人生降者周兵死傷亦甚衆世宗怒盡屠城中居民焚其室廬然得彥卿子光祐不殺也又趙鼎臣竹隱畸士集云當城中之危也彥卿方與諸將立城上因泣諫以周唐强弱勢不足以相支又城危甚而外無一人援恐旦夕徙死無益勸彥卿趣降彥卿領之因顧諸將指日覗彼諸將方回顧彥卿則抽劍斷其子首擲諸地慷慨泣謂諸將曰此彥卿子勸彥卿降周彥卿受李家厚恩誼不降此城吾死所也諸軍欲降任降第勿勸我勸我者同此子矣于是諸將愕眙亦泣莫敢言降二月甲寅僞命天長軍使易贇以城歸順戊午車駕發楚州南巡丁卯駐蹕于廣陵詔發揚州部內丁夫萬餘人城揚州帝以揚州焚盪之後居民南渡遂于故城內就東南別築新壘戊辰遣使祭故淮南節度使楊行密故昇府節度使徐溫等墓癸酉幸揚子渡觀大江乙亥黃州刺史司超奏破淮賊三千人擒僞舒州刺史施仁望丙子隰州奏河東賊軍逃遁時劉鈞聞帝南征發兵圍隰州巡檢使李謙溥以州兵拒之而退東都事略楊廷璋傳隰州闕守乃請監軍李謙溥攝州事謙溥至隰并人來圍其城或請速救

之廷璋曰賊遽至必未攻城乃募死士百餘人潛諭謙溥相應夜銜枚擊之并人大潰逐北數十里又李謙溥傳云隰州闕守謙溥攝州事至則濬城隍嚴兵備未旬日而并人至方盛暑謙溥服絺綌揮羽扇引二小吏登城徐步并人望之勒兵不敢動三月壬午朔幸泰州丁亥復幸廣陵辛卯幸迎鑾江口遣右武衛大將軍李繼勳率舟師至江島以觀寇癸巳帝臨江望見賊船數十艘命今上帥戰棹以追之賊軍退去今上直抵南岸焚其營柵而迴甲午以右武衛大將軍李繼勳爲左領軍上將軍乙未殿前都虞候慕容延釗奏大破賊軍于東泗州丙申江南李景遣其臣兵部侍郎陳覺奉表陳情兼貢羅縠紬絹三千匹乳茶三千斤及香藥犀象等覺至行在覲樓船

戰棹已泊于江岸以爲自天而降愕然大駭丁酉荆南高保融奏本道舟師已至鄂州戊戌兩浙錢俶奏差發戰棹四百艘水軍一萬七千人已泊江岸請師期已亥今上率水軍破賊船百餘隻于瓜步是日李景遣其臣劉承遇奉表以廬舒蘄黃等四州來獻且請以江爲界帝報曰皇帝恭問江南國主使人至省奉請分割舒廬蘄黃等州畫江爲界者頃逢多事莫通玉帛之歡適自近年遂搆干戈之役兩地之交兵未息蒸民之受弊斯多一昨再辱使人重尋前意將敦久要須盡縷陳今者承遇爰來封函復至請割州郡仍定封疆猥形信誓之

辭備認始終之意旣能如是又復何求邊陲頓靜于烟塵師旅便還于京闕永言欣慰深切誠懷其常潤一路及沿江兵棹今已指揮抽退兼兩浙荆南湖南水陸兵士各令罷兵其廬黃蘄三路將士亦遣抽拔近內候彼中起揭逐處將員及軍都家口丁畢祇請差人勾喚在彼將校交割州城云淮南平凡得州十四縣六十戶三十二萬六千五百七十四先是李景以江南危蹙謀欲傳位于世子使附庸于我故遣陳覺上表陳敘至是帝以旣許其通好乃降書以答之曰別覩來章備形縟旨叙此日傳讓之意述向來高尙之懷仍以數歲已還交

兵不息備論追悔之事無非克責之辭雖古人有引咎責躬因災致懼亦無以過此也况君血氣方剛春秋甚富爲一方之英主得百姓之歡心卽今南北才通疆埸甫定是玉帛交馳之始乃干戈戢之初豈可高謝君臨輕辭世務與其慕希夷之道曷若行康濟之心重念天災流行分野常事前代賢哲所不能逃苟盛德之日新則景福之彌遠勉修政理勿倦經綸保高義于初終垂遠圖于家國流芳貽慶不亦美乎庚子詔曰比者以近年貢舉頗事因循頻詔有司精加試練所冀去留無濫優劣昭然昨據貢院奏今年新及第進士等所試

文字或有臧否爰命辭臣再令考覆庶涇渭之不雜免玉石之相參其劉坦戰貽慶李頌徐緯張觀等詩賦稍優宜放及第王汾據其文辭亦未精當念以頃曾剥落將與成名熊若谷陳保衡皆是遠人深可嗟念亦放及第郭峻趙保雍楊丹安玄度張昉董咸則杜思道等未甚苦辛並從退黜更宜修進以俟將來知貢舉右諫議大夫劉濤選士不當有失用心責授右贊善大夫俾令省過以戒當官先是濤于東京放膀後引新及第進士劉坦已下十五人赴行在帝命翰林學士李昉覆試故有是命壬寅復幸揚州改廬州軍額爲保信軍甲辰以

右龍武統軍趙贊爲盧州節度使以殿前都虞候慕容延釗爲淮南節度使兼殿前副指揮使遣鹽城監使申屠諤齎書及御馬一十匹金銀銜全散馬四十匹羊千口賜江南李景諤先爲王師所俘故遣之丙午江南李景遣所署宰相馮延巳獻犒軍銀十萬兩絹十萬匹錢十萬貫茶五十萬觔米麥二十萬石庚戌詔故淮南節度使楊行密故昇府節度使徐温各給守冢戸應江南臣寮有先代墳墓在江北者委所在長吏差人檢校辛亥李景遣所署臨汝郡公徐遼進買宴錢二百萬并遣伶官五十人與遼俱來獻壽觴夏四月癸丑宴從臣及

江南進奉使馮延巳等于行宮徐遼代李景捧壽觴以獻進金酒器御衣犀帶金銀錦綺鞍馬等乙卯車駕發揚州還京丙辰太常博士權知宿州軍州使趙礪除名坐推劾弛慢也先是翰林醫官馬道玄進狀訴壽州界被賊殺却男獲正賊見在宿州本州不爲勘斷帝大怒遣端明殿學士竇儀乘馹往按之及獄成坐族死者二十四人儀奉辭之日帝旨甚峻故儀之用刑傷于深刻戊午以前延州留後李延穎爲滄州留後庚申新太廟成遷五廟神主入于其室壬申至自淮南癸酉命宣徽北院使昝居潤判開封府事甲戌澶州節度使張永德

準詔赴北邊以契丹犯境故也丁丑兩浙奏四月十九日杭州火盧舍府署延燒殆盡五月辛己朔上御崇元殿受朝仗衞如式詔侍衞諸軍及諸道將士各賜等第優給應行營將士歿于王事者各與贈官親的子孫並量才錄用傷痍殘廢者別賜救接淮南諸州及徐宿宋亳陳潁許蔡等州所欠去年秋夏稅物並與除放云丙戌命端明殿學士竇儀判河南府兼知西京留守事辛卯以襄州節度使安審琦爲青州節度使以許州節度使韓通爲宋州節度使依前兼侍衞馬步都虞候以宋州節度使向訓爲襄州節度使以今上爲忠武軍節度

使依前殿前都指揮使淮南之役今上之功居最及是命之降雖云酬勳止于移鎭而已賞典太輕物議不以爲允癸巳以左武衞上將軍武行德爲鄜州節度使以右神武統軍宋延渥爲滑州節度使小畜集宋延渥神道碑云五月授義成軍節度使其制略曰長驅下瀨之師若涉無人之境除凶戡難爾既立夫殊庸礪岳盟河予豈忘于豐報南燕舊邦北闕伊邇河壖作翰遙臨白馬之津穰下統戎即鎭卧龍之地以前同州留後王饒爲相州留後乙未立東京羅城諸門名額東二門曰寅賓延春南三門曰朱明景風畏景西二門曰迎秋肅政北三門曰元德長景愛景辛丑幸懷信驛乙巳詔在朝文武官各再舉堪爲幕職令錄一人戊申以襄州節

度使向訓兼西南面水陸發運招討使己酉以太府卿
馮延魯充江南國信使以衛尉少卿鍾謨爲副賜李景
御衣玉帶錦綺羅穀帛共十萬匹金器千兩銀器萬兩
御馬五匹金玉鞍轡全散馬百匹羊三百匹賜江南世
子李弘冀器幣鞍馬等別賜李景書曰皇帝恭問江南
國主煑海之利在彼海濱屬疆壤之初分慮供食之有
闕江左諸郡素號繁饒然于川澤之間舊無斥鹵之地
曾承素旨常在所懷願均收積之餘以助軍旅之用已
下三司逐年支撥供軍食鹽三十萬石又賜李景今年
歷日一軸六月庚午命中書舍人竇儼參定雅樂辛未

放先俘獲江南兵士四千七百人歸本國壬申有司奏
御膳料上批曰朕之常膳今後減半餘人依舊癸酉禘
于太廟乙亥兵部尚書張昭等撰太祖實錄三十卷成
上之賜器帛有差丁丑以中書舍人張正爲工部侍郎
充江北諸州水陸轉運使戊寅詔諫議大夫宜依舊爲
正五品上仍班在給事中之下秋七月癸未以右散騎
常侍高防爲戶部侍郎以驍衛上將軍李洪信爲右龍
武統軍以左領軍上將軍李繼勳爲右羽林統軍以
工部尚書田敏爲太子少保以刑部侍郎裴巽爲尚書
左丞以左武衛上將軍薛懷讓爲太子太師以右羽林

大將軍李萼爲右千牛衛上將軍自敏已下皆致仕丙
戌中書門下新進册定大周刑統奉勑班行天下丁亥
賜諸道節度使刺史均田圖各一面唐同州刺史元稹
在郡日奏均戶民租賦帝因覽其文集而善之乃寫其
辭爲圖以賜藩郡時帝將均定天下賦稅故先以此圖
徧賜之五代會要載原詔云朕以寰宇雖安蒸民未泰當乙夜觀書之際較前賢阜俗之方近覽元稹
長慶集見在同州時所上均田表較當時之利病曲盡其情俾一境之生靈咸受其賜傳于方册可得披尋因
令製素成圖直書其事庶王公觀覽觸目驚心利國便民無亂條制背經合道盡蘗變通但要適宜所冀濟務
繫乃勛舊共庇黎元今賜元稹所奏均田圖一面至可領也閏月壬子廢衍州爲定
平縣廢武州爲潘原縣壬戌河決河陰縣溺死者四十
二人辛丑幸新授青州節度使安審琦第癸酉邢州留

後陳思讓奏破河東賊軍千餘人于西山下斬首五百
級八月庚辰延州奏溠溪水漲壞州城溺死者百餘人
己丑太子太師致仕宋彥筠卒辛丑江南李景上表乞
降詔書不允九月丁巳以太府卿馮延魯爲刑部侍郎
以衛尉少卿鍾謨爲給事中並放歸江南時延魯鍾謨
自江南復命李景復奏欲傳位于其世子弘冀帝亦以
書答之甲子賜江南羊萬口馬二百匹槖駞三百頭賜
兩浙錢俶羊五千口馬二百匹槖駞二十頭乙丑賜宰
臣樞密使及近臣宴于玉津園己巳占城國王釋利因

德漫遣使貢方物壬申天清節羣臣詣廣德殿上壽江南進奉使商崇儀代李景捧壽觴以獻（宋類苑云湯悅父殷畢唐末有才名本名崇義建隆初避宣宗諱改姓湯初在吳爲舍人受詔撰揚州孝先寺碑世宗親往駐蹕此寺讀其文賞歎及書江議定後主遣悅入貢世宗爲之加禮自淮上用兵凡書詔多悅之作特爲典贍切于事情世宗每覽江南文字形于嗟嘆當時沈遇馬士元皆不稱職復用陶穀李昉于舍人其後用扈載率由此也）冬十月己卯以戶部侍郎高防爲西南面水陸轉運使將用師于巴邛故也（宋史高防傳世宗謀伐蜀以防爲西南面水陸轉運制置使屢發芻糧赴鳳州爲征討之備）丙戌邠州李暉移鎮鳳翔戊子幸迎春苑己丑太常卿司徒詡以本官致仕壬辰帝狩于近郊癸巳前相州節度使王饒卒甲午左監門上將軍許文縝右千

牛上將軍邊鎬衞尉卿周延構並歸江南乙未詔淮南諸州鄉軍並放歸農丁酉遣左散騎常侍艾穎等均定河南六十州稅賦（五代會要載賜諸道均田詔曰朕以干戈既弭寰海漸寧言念地征罕臻藝極須並行均定所冀永適重輕卿受任方隅深窮治本必須副寡昧平分之意察鄉閭治弊之原明示條章用分寄任竝令集事允屬推公今差使臣往彼檢括餘從別敕）十一月丁未朔詔翰林學士竇儼集文學之士撰集大周通禮大周正樂從儼之奏也辛亥日南至帝御崇元殿受朝賀仗衞如式己未昭義李筠奏破遼州長清砦獲僞命磁州刺史李再興甲子帝狩于近郊十二月丁丑朔朗州奏醴陵縣玉仙觀山門中舊有田二萬頃久爲山石閉塞今年七月

十七日夜暴雷劈開其路復通己卯楚州兵馬都監武懷恩棄市坐擅殺降軍四人也丙戌詔重定諸道州府幕職令錄佐官料錢其州縣官俸戶宜停己丑楚州防禦使張順賜死坐在任隱落榷稅錢五十萬官絲綿二千兩也壬辰詔兩京及五府少尹司參軍各省一員六曹判司內祗直戶法二曹餘及諸州觀察支使兩蕃判官並省甲子帝狩于近郊乙未鄧州劉重進移鎮邠州滑州宋延渥移鎮鄧州以前河中節度使王仁鎬爲邢州節度使以邢州留後陳思讓爲滑州留後己亥詔翰林學士今後逐日起居當直者仍赴晚朝是月江南李

景殺其臣僞太傅中書令宋齊丘僞兵部侍郎陳覺僞鎮南軍節度副使李徵古等初帝之南征也吳人大懼覺與徵古皆齊丘門人因進說于景請委國事于齊丘景繇是銜之及吳人遣鍾謨李德明奉表至行在帝尋遣德明復命于金陵德明因說李景請割江北之地求和于我而陳覺李徵古等以德明爲賣國請戮之景遂殺德明及江南內附帝放鍾謨南歸謨本德明之黨也因譖齊丘等故齊丘等得罪放齊丘歸九華山覺等貶官尋並害之景既誅齊丘等令鍾謨到闕具言其事故書（永樂大典卷八千九百八十四）

舊五代史卷一百十八終

舊五代史卷一百十八攷證

周世宗紀五丙戌右龍武將軍王漢璋奏攻海州　案通鑑作丁亥王漢璋奏克海州歐陽史亦作丁亥取海州是書祇載丙戌攻海州而不載取城之日疑有闕文

丙午拔之　案歐陽史通鑑俱作丁未克楚州與是書異五代春秋從是書作丙午

天長軍使易贇　易贇通鑑作易文贇

乙未殿前都虞候慕容延釗奏大破賊軍于東沛州　案通鑑作甲午延釗奏大破唐兵于東沛州與是書

異日

放先俘獲江南兵士四千七百人歸本國　案歐陽史作四千六百人

十一月丁未朔詔翰林學士竇儼集文學之士撰集大周通禮大周正樂　案歐陽史作十一月庚戌

舊五代史卷一百十八攷證

舊五代史卷一百十九

宋司空同中書門下平章事薛居正等撰

周書十

世宗紀第六

顯德六年春正月丁未朔帝御崇元殿受朝賀仗衞如式壬子高麗國王王昭遣使貢方物己卯以翰林學士中書舍人申文炳爲左散騎常侍辛酉女直國遣使貢獻壬戌青州奏節度使陳王安審琦爲部曲所殺乙丑賜諸將射于內鞠場戊辰幸迎春苑甲戌詔每年新及第進士及諸科聞喜宴宜令宣徽院指揮排比乙亥詔禮部貢院今後及第舉人依逐科等第定人數姓名並所試文字奏聞候勅下放榜云是月樞密使王朴詳定雅樂十二律旋相爲宮之法并造律準上之詔尚書省集百官詳議亦以爲可語在樂志二月庚辰發徐宿宋單等州丁夫數萬濬汴河甲申發滑亳二州丁夫濬五丈河東流于定陶入于濟以通青鄆水運之路又疏導蔡河以通陳潁水運之路乙酉詔諸道應差攝官各支半俸丙戌以翰林學士承旨尚書兵部侍郎陶穀爲尚書吏部侍郎充職詔升湖州爲節鎭以宣德軍爲軍額以湖州刺史錢偡爲本州節度使從兩浙錢俶之請也辛丑幸迎春苑甲辰右補闕王德成責授右贊善大夫

坐舉官不當也詔賜諸道州府供用糧草有差三月庚申樞密使王朴卒甲子詔以北虜未復取此月內幸滄州以宣徽南苑使吳延祚爲權東京留守判開封府事以宣徽北院使昝居潤爲副使以三司使張美爲大內都部署（東都事略張美傳世宗北征以美爲大內都點檢）命諸將各領馬步諸軍及戰棹赴滄州己巳濠州奏鍾離縣飢民死者五百九十有四癸酉詔廢諸州銅魚（五代會要顯德六年勅諸道牧守每遇除移特降制書何假符契其請納銅魚宜廢之）甲戌車駕發京師夏四月辛卯車駕次滄州以前左諫議大夫薛居正爲刑部侍郎是日帝率諸軍北征壬辰至乾寧軍僞寧州刺史王洪以城降丁酉駕御龍舟率舟師順流而北首尾數十里辛丑至益津關（通鑑至益津關契丹守將終廷暉以城降）自此以西水路漸隘舟師難進乃捨舟登陸壬寅宿于野次時帝先期而至大軍未集隨駕之士不及一旅賴今上率材官騎士以衞乘輿癸卯今上先至瓦橋關僞守將姚內斌以城降（隆平集姚內斌平州人也世宗北征將兵至瓦橋關內斌爲關使開門請降世宗以爲汝州刺史）甲辰鄚州刺史劉楚信以州來降（案鄚州之降通鑑從薛史作四月遼史作五月疑誤）五月乙巳朔帝駐蹕于瓦橋關侍衞親軍都指揮使李重進及諸將相繼至行在瀛州刺史高彥暉以本城歸順關南平凡得州三縣十七戶一萬八千三百六十是役

也王師數萬不亡一矢邊界城邑皆望風而下丙午帝
與諸將議攻幽州諸將皆以爲未可帝不聽是夜帝不
豫乃止戊申定州節度使孫行友奏攻下易州擒僞命
刺史李在欽來獻斬于軍市乙酉以瓦橋關爲雄州宋史
陳思讓傳得瓦橋關爲雄州命思讓爲都部署率兵戍守以益津關爲霸州宋史韓令坤傳
爲霸州都部署率所部兵戍之是日先鋒都指揮使張藏英破契丹數
百騎于瓦橋關北攻下固安縣詔發濱棣二州丁夫城
霸州庚戌遣侍衛都指揮使李重進率兵出土門入東
城界壬子車駕發雄州案遼史作五月辛未周師退與薛史異通鑑從薛史作壬子
還京泉州節度使留從効遣別駕王禹錫奉貢于行在

帝以泉州比臣江南李景方歸奉國家不欲奪其所屬
但賜詔褒美而已丁卯西京奏太常卿致仕司徒詡卒
己巳侍衛都指揮使李重進奏破河東賊軍于百井斬
首二千級甲戌上至自雄州却掃編周世宗既定三關遇疾而退至澶淵遲留不
行雖宰輔近臣問疾者皆莫得見中外恂懼時張永德爲澶州節度使永德尙周太祖之女以親故獨得至臥
內于是羣臣因永德言曰天下未定根本空虛四方諸侯惟幸京師之有變今澶汴相去甚邇不速歸以安人
情顧憚旦夕之勞而遲回于此如有不可諱奈宗廟何永德然之承間爲世宗言如羣臣旨世宗問誰使汝爲
此言永德對以羣臣之意皆願爲此世宗熟思久之歎日吾固知汝必爲人所教獨不喻吾意哉然觀汝之窮
薄惡足當此卽日趣駕歸京師六月乙亥朔潞州李筠奏攻下遼州獲
僞刺史張丕旦案通鑑作張丕丙子以皇女薨輟朝三日戊寅

鳳翔奏節度使李暉卒鄭州奏河決原武詔宣徽南院
使吳延祚發近縣丁夫二萬人以塞之庚辰命宣徽北
院使昝居潤判開封府事晉州節度使楊廷璋奏率兵
入河東界招降堡砦一十三所癸未立魏王符彥卿女
爲皇后仍令所司擇日備禮册命以王長子宗訓爲特
進左衛上將軍封梁王以第二子宗讓爲左驍衛上將
軍封燕國公賜江南進奉使李從善錢二萬貫絹二萬
匹銀一萬兩賜兩浙進奉使吳延福錢三千貫絹五千
匹銀器三千兩丁亥以前青州節度使李洪義爲永興
節度使永興軍節度使王彥超移鎭鳳翔戊子潞州部

送所獲遼州刺史張丕旦等二百四十五人以獻詔釋
之己丑宰臣范質王溥並參知樞密院事以樞密使魏
仁浦爲中書侍郎平章事集賢殿大學士依前充樞密
使以宣徽南院使吳延祚爲樞密使行左驍衛上將軍
以宋州節度使侍衛都虞候韓通爲侍衛親軍副都指
揮使加檢校太尉同平章事澶州節度使兼殿前都點
檢駙馬都尉張永德落軍職加檢校太尉同平章事以
今上爲殿前都點檢加檢校太傅依前忠武軍節度使
帝之北征也凡供軍之物皆令自京遞送行在一日忽
于地中得一木長二三尺如人之揭物者其上封全題

云點檢做觀者莫測何物也至是今上始受檢點之命明年春果自此職以副人望則點檢做之言乃神符也

辛卯以宣徽北院使判開封事昝居潤爲左領軍上將軍充宣徽南院使以三司使左領衛大將軍張美爲左監門衛上將軍充宣徽北院使判三司東都事略張美傳美少爲三司小吏澶州糧料使世宗鎮澶州每有求取美悉力應之及即位連歲征討糧餽無乏美之力也然每思澶州所爲終不以公忠待之癸巳帝崩于萬歲殿聖壽三十九甲午宣遺制梁王于柩前即皇帝位服紀月日一依舊制是日羣臣奉梁王即位于殿東楹中外發哀其年八月翰林學士判太常寺事竇儼上諡曰睿武孝文皇帝廟號世宗

十二月壬寅朔葬于慶陵宰臣魏仁浦撰謚册文王溥撰哀册文云永樂大典卷八千九百八十四五代史補世宗在民間嘗與鄴中大商頡跌氏忘其名姓江陵販賣茶貨至江陵見有卜者王處士其術如神世宗因頡跌氏同往問焉方布卦忽有一著躍出卓然而立卜者大驚曰吾家筮法十餘世矣嘗記曾祖以來遺言凡卜筮而著自躍而出者其人貴不可言況又卓立不倒得非爲天下之主乎遽起再拜世宗雖佯爲詰責而私心甚喜于逆旅中夜置酒與頡跌氏半酣戲曰王處士以我當爲天子若一旦到此足下要何官請言之頡跌氏曰某三十年作估來未有不由京洛者每見稅官坐而獲利一日所獲可以敵商賈數月私心羨之若大官爲天子某一願得京洛稅院足矣世宗笑曰何望之卑耶及承郭氏之後踐阼頡跌猶在召見竟如初言以與之 世宗之征東也駐蹕于高平劉崇契丹之衆來迎戰時師多持兩端而王師不利親軍帥樊愛能等各退衄世宗赫然躍馬入陳引五十人直衝崇之牙帳崇方張樂飲酒以示閑暇及其奄至莫不驚駭失次世宗因以奮擊遂敗之追奔于城下凱旋駐蹕潞州且出其不意以誅退衄者乃置酒高會指樊愛能等數人責之曰汝輩皆累朝宿將非不能用兵者也然退衄者無他誠欲將寡人作物貨賣于劉崇爾不然何寡人親戰而劉崇始敗耶如此則卿等雖萬死不足以謝天下宜其曲膝引頸以待斧誅言訖命行刑壯士擒出斬之于是立功之士以次行賞自行伍拔于軍廂者甚衆其恩威並著皆此類也初劉崇求援于契丹得騎數千及覩世宗兵少悔之曰吾觀周師易與爾契丹之衆宜勿用但以我軍攻戰自當萬全如此則不惟破敵亦足使契丹見而心服一舉而有兩利兵之機也諸將以爲然乃使人謂契丹主將曰柴氏與吾主客之勢不煩足下徐刃敢請勤兵登高觀之可契丹不知其謀從之洎世宗之陣也三軍皆貫勇爭進無不一當百契丹望而異之故不救而崇敗論者曰世宗患諸將之難制也久矣思欲誅之未有其釁高平之役可謂天假故其斬決而無貸焉自是姑息之政不行朝廷始尊大自非英主其孰能爲之哉 世宗既下江北駐蹕于建安以書召僞主僞主惶恐命鍾謨李德明爲使以見世宗德明素有詞辨以利害說世宗使罷兵世宗具知之乃盛陳兵師排旗幟戈戟爲門頊道以湊御然後引德明等入見

世宗謂之曰汝江南自以爲唐之後衣冠禮樂舉世無比何故與寡人隔一帶水更不發一使奉書相問惟泛海以通契丹舍華事夷禮將安在今又聞汝以辭說寡人罷兵是將寡人比六國時一羣癡漢何不知人之甚也汝愼勿言當速歸報汝主令徑來謁寡人兩拜則無事矣不然則寡人須看金陵城借府庫以犒軍汝等得無悔乎于是德明等戰懼不能措一詞即日告歸及見僞主具陳世宗英烈之狀恐非四方所能敵僞主計無出遂上表服罪且乞保江南之地以奉宗廟修職貢其詞甚哀世宗許之因曰叛則征服則懷寡人之心也于是遣使者賚書安之然後凱還論者以世宗加兵于江南不獨臨之以威抑亦諭之以禮可謂得大君之體矣 陳摶陝西人能爲詩數舉不第慨然有塵外之趣隱居華山自是其名大振世宗之在位也以四方未服思欲牢籠英傑且以摶曾踐場屋不得志而隱必有奇才遠畧于是召到闕下拜左拾遺摶不就堅乞歸山世宗許之未幾賜之詔敕陳摶以汝高謝人寰棲心物外養太浩自然之氣應少微處士之星既不屈于王侯遂高隱于岩壑樂我中和之化慶乎下武之期而能遠涉山途暫來城闕浹旬延遇弘益居多白雲舊駐于帝鄉好

舊難廉于逢士昔唐堯之至聖有巢許爲外臣朕雖寡薄庶遵前鑒恐山中所闕已令華州刺史每事供須作反故山嚴茲春序緬懷高尚當適所宜故茲撫問想宜知悉卽陶穀之詞也初摶之被召嘗爲詩一章云草澤吾皇詔圖南摶姓陳二峯十年客四海一閑人世態從來薄詩情自得眞超然居世外何必使爲臣好事者欣然誦之答詔詩世宗以張昭遠好古直甚重之因問曰朕欲一賢相卿試爲言朝廷誰可昭遠對曰以臣所見莫若李濤世宗常薄濤之爲人聞昭遠之舉甚驚曰李濤本非重厚朕以爲無大體卿首舉之何也昭遠曰陛下所聞止名行曾不聞才畧如何耳且濤事晉高祖曾上䟽論汾州節度使張彥澤蓄無君心宜早圖之不然則爲國患晉祖不納其後契丹南侵彥澤果有中渡之變晉社稷焉先帝潛龍時亦上䟽請解其兵權以備非常之變少主不納未幾先帝遂有天下以國家安危未兆間濤已先見非賢而何臣首舉之者正爲此也世宗曰今卿言甚公然此人終不可于中書安置居無何濤亦卒濤爲人不拘禮法與弟澣雖甚雍睦然聚語之際不典之言往往間作澣娶禮部尚書竇寧固之女年甲稍長成婚之夕竇氏出參濤趣望塵下拜澣驚曰大哥風狂耶新婦參阿伯豈有答禮儀濤應曰我不風只將謂是親家母澣且慙且怒旣坐竇氏復拜濤又叉手當胸作歌後語曰慙無竇建繆作梁山喏喏喏時聞者莫不絕倒凡濤于閨門之內不存禮法也如此世宗以爲無大臣體不復任用宜哉　世宗志在四方常恐運祚速而功業不就以王朴精究術數一旦從容問之曰朕當得幾年對曰陛下用心以蒼生爲念天高聽卑自當蒙福臣固陋輙以所學推之三十年後非所知也世宗喜曰若如卿言寡人當以十年開拓天下十年養百姓十年致太平足矣其後自瓦橋關回戈未到闕而晏駕計在位止及五年餘六箇月五六乃三十之成數也蓋朴婉而言之　世宗末年大舉以取幽州契丹聞其親征君臣恐懼沿邊城壘皆望風而下凡蕃部之在幽州者亦連宵遁去車駕至瓦橋關探邏是實甚喜以爲大勳必集登高阜因以觀六師頃之有父老百餘輩持牛酒以獻世宗問此地何名對曰歷世相傳謂之病龍臺默然遽上馬馳去是夜聖體不豫翌日病急有詔回戈未到闕而晏駕先是世宗之在民間已常夢神人以大傘見遺色如鬱金加道經一卷其後遂有天下及瓦橋不豫之際復夢向之神人來索傘與經夢中還之而驚

起謂近侍曰吾夢不祥豈非天命將去耶遂召大臣戒以後事初幽州聞車駕將至父老或有竊議曰此不足憂且天子姓柴幽者爲燕燕者亦煙火之謂也此柴入火不利之兆安得成功卒如其言

史臣曰世宗頃在仄微尤務韜晦及天命有屬嗣守鴻業不日破高平之陣逾年復秦鳳之封江北燕南取之如拾芥神武雄畧乃一代之英主也加以留心政事朝夕不倦摘伏辯姦多得其理臣下有過必面折之常言太祖養成二王之惡以致君臣之義不保其終故帝駕馭豪傑失則明言之功則厚賞之文武參用莫不服其明而懷其恩也所以仙去之日遠近號慕然禀性傷于太察用刑失于太峻及事行之後亦多自追悔逮至末年漸用寬典知用兵之頻併憫黎民之勞苦蓋有意于康濟矣而降年不永美志不就悲夫永樂大典卷八千九百八十四

舊五代史卷一百十九終

舊五代史卷一百十九攷證

周世宗紀六甲辰鄭州刺史劉楚信以州來降○案鄭州之降通鑑從是書作四月遼史作五月疑誤

壬子車駕發雄州還京　案遼史作五月辛未周師退與是書異通鑑從是書作壬子

皇長子宗訓　案恭帝宗訓通鑑注作第四子歐陽史漢家人傳世宗子七人長曰宜哥次二皆未名次曰恭皇帝是亦以宗訓爲第四子也是紀作皇長子蓋宜哥與其二皆爲漢誅指其現存者而長之耳

第二子宗讓　宗讓歐陽史作宗誼

獲僞刺史張丕旦　張丕旦通鑑作張丕

以宣徽南院使吳延祚爲樞密使行左驍衞上將軍　案歐陽史三月吳延祚爲左驍衞上將軍樞密使與是書異通鑑從是書作六月

癸巳帝崩于萬歲殿　案歐陽史作滋德殿與是書異五代會要五代春秋俱作萬歲殿與是書同

舊五代史卷一百十九攷證

宋司空同中書門下平章事薛居正等撰

恭帝紀　周書十一

恭帝諱宗訓世宗子也廣順三年歲在癸丑八月四日生于澶州之府第顯德六年六月癸未制授特進左衛上將軍封梁王食邑三千戶實封五百戶癸巳世宗崩甲午內出遺制命帝柩前卽皇帝位是日羣臣奉帝卽位而退丁酉北面兵馬都部署韓令坤奏敗契丹五百騎于霸州北戊戌文武百寮宰臣范質等上表請聽政表三上允之壬寅文武臣寮上表請以八月四日爲天

壽節從之癸卯以司徒平章事范質爲山陵使以翰林學士判太常寺事竇儼爲禮儀使以兵部尚書張昭爲鹵簿使以御史中丞邊歸讜爲儀仗使以宣徽南院使判開封事昝居潤爲橋道頓遞使是月州郡十六奏大雨連旬不止秋七月丁未以戶部尚書李濤爲山陵副使以度支郎中盧億爲山陵判官辛亥左散騎常侍申文炳卒乙卯右拾遺徐雄奪三任官坐誣奏雷澤縣令盧破戶也丁巳百寮釋服尚輦奉御金彥英本東夷人也奉使高麗稱臣于夷王故及于罪庚申以邢州節度使王彥鎬爲襄州節度使進封開國公以侍衛步軍都指揮使曹州節度使檢校太保袁彥爲陝州節度使加檢校太傅以右羽林統軍權知邢州事檢校太保李繼勳爲邢州節度使加檢校太傅以滑州留後檢校太保陳思讓爲滄州節度使以侍衛馬軍都指揮使陳州節度使檢校太傅韓令坤爲侍衛馬步軍都虞候依前陳州節度使加檢校太尉以虎捷左廂都指揮使岳州防禦使檢校司徒高懷德爲夔州節度使充侍衛馬軍指揮使檢校太保以虎捷左廂都指揮使常州防禦使檢校司空張鐸爲遂州節度使充侍衛步軍都指揮使檢校太保仍改名令鐸（宋史張令鐸傳云本名鐸以與河中張鐸同姓名故賜今名）壬

戌以鄆州節度使充侍衛馬步軍都指揮使檢校太傅兼侍中李重進爲淮南節度使檢校太尉兼侍中依前侍衛馬步軍都指揮使以襄州節度使檢校太尉同平章事向拱爲河南尹充西京留守加檢校太師兼侍中（通鑑向拱卽向訓也避恭帝名改焉）以宋州節度使充侍衛馬步軍副都指揮太尉同平章事韓通爲鄆州節度使依前侍衛親軍馬步軍副都指揮使以澶州節度使檢校太尉同平章事駙馬都尉張永德爲許州節度使進封開國公以今上爲宋州節度使依前檢校太尉殿前都點檢進封開國侯以淮南節度使兼殿前副都點檢檢校太保慕

容延釗爲澶州節度使檢校太傅依前殿前副都點檢進封開國伯以殿前都指揮使江州防禦使檢校司空石守信爲滑州節度使檢校太保依前殿前都指揮使丙寅制大赦天下庚午翰林學士判太常寺竇儼撰進大行皇帝太室酌獻歌辭舞曰定功之舞歌辭不錄是月諸道相繼奏大雨所在川渠漲溢漂溺廬舍損害苗稼八月甲戌朔以光祿卿致仕柴守禮爲太子太保致仕乙亥翰林學士兼判太常寺竇儼撰進大行皇帝尊謚曰睿武孝文皇帝廟號世宗從之庚辰天下兵馬都元帥守尚書令兼中書令吳越國王錢俶加食邑一千

戶實封四百戶改賜功臣天雄軍節度使檢校太師守太傅兼中書令魏王符彥卿加守太尉夏州節度使檢校太師守太保兼中書令西平王李彝興加守太傅荆南節度使檢校太師守中書令南平王高保融加守太保壬午山陵使范質撰進大行皇帝陵名曰慶陵從之秦州節度使西面沿邊都部署檢校太師守中書令褒國公王景進封涼國公徐州節度使檢校兼中書令郭從義加開府儀同三司鄜州節度使檢校太師兼中書令邢國公武行德進封宋國公永興軍節度使檢校太師兼侍中李洪義加開府儀同三司鳳翔節度使檢校

太尉兼侍中郭崇加檢校太師潞州節度使檢校太傅兼侍中李筠加檢校太尉朗州節度使檢校太尉兼侍中周行逢加檢校太師甲申壽州節度使檢校太師同平章事韓國公楊信封魯國公邠州節度使檢校太師劉重進廬州節度使檢校太尉趙贊鄧州節度使檢校太尉宋延渥並加開府儀同三司涇州節度使檢校太尉白重贊河中節度檢校太尉張鐸並加階爵丙戌易定節度使孫行友靈州節度使馮繼勳府州節度使折德扆並自檢校太尉加檢校太傅進階爵以延州留後檢校太傅李萬全爲延州節度使進封開國公庚寅皇

弟特進檢校太保左驍衛上將軍燕國公食邑三千戶宗讓加檢校太傅進封曹王改名熙讓熙謹可光祿大夫檢校太保右武衛大將軍封紀王食邑三千戶皇弟熙誨可金紫光祿大夫檢校司徒左領衛大將軍封蘄王食邑三千戶制下卽令所司擇日備禮册命以晉國長公主張氏爲晉國大長公主以前陝州節度使檢校太尉藥元福爲曹州節度使進階爵甲午守司徒同平章事弘文館大學士參知樞密院事范質加開府儀同三司進封蕭國公門下侍郎兼禮部尚書同平章事監修國史參知樞密院事王溥加右僕射進封開國公樞

密使中書侍郎同平章事集賢殿大學士魏仁浦加兼刑部尚書依前樞密使檢校太傅右驍衛上將軍吳延祚依前樞密使進封慶國公以左武衛上將軍史佺爲左金吾上將軍致仕乙未以隴州防禦使王全斌爲相州留後戊戌宣徽南院使判開封府事昝居潤宣徽北院使判三司張美並加檢校太傅己亥前司空李穀加開府儀同三司趙國公以前太傅少卿宋渭爲太僕卿致仕辛丑左金吾上將軍致仕史佺卒壬寅高麗國遣使朝貢兼進別序孝經一卷越王孝經新義一卷皇靈孝經一卷孝經雌圖三卷文昌雜錄云別序者記孔子所生及弟子從學之事新義者以越王爲問目釋疏文之義皇靈者止說延年避灾之事及符文乃道書也雌圖者止說日之環暈星之彗孛亦非奇書九月壬子前滄州留後李彥穎卒乙卯高麗王王昭加檢校太師食邑三千戶丙辰以三司副使王贊爲內客省使兼北面諸州水陸轉運使癸亥前開封縣令路延規除名流沙門島先是延規有過停任有司召延規宣勅拒命爲憲司所案故有是命甲子以端明殿學士禮部侍郎竇儀爲兵部侍郎充職以尚書戶部員外郎直樞密院杜華爲司門郎中充樞密直學士賜紫以翰林學士尚書度支員外郎王著爲金部郎中知制誥充職仍賜金紫是日翰林學士尚書屯田郎中知制

誥李昉都官郎中知制誥扈蒙水部郎中知制誥趙逢並加柱國賜金紫乙丑兵部尚書張昭進封舒國公戶部尚書李濤進封莒國公以太子詹事劉溫叟爲工部侍郎判國子祭酒事是月京師及諸州郡霖雨踰旬所在水潦爲患川渠泛溢冬十月癸酉朔以司農卿致仕李錯爲太僕卿致仕太常少卿致仕姚遂爲將作監致仕丁亥太子太師薛懷讓封杞國公壬辰翰林學士判太常寺事竇儼撰進貞惠皇后廟歌辭丁酉世宗皇帝靈駕發引戊戌以前相州留後王暉爲右神武統軍辛丑江南國主李景來告世子弘冀卒遣御廚使張延範充弔祭使十一月壬寅朔葬世宗皇帝于慶陵以貞惠皇后劉氏祔焉戊申西京奏太子太師致仕白文珂卒丙辰日南至百寮奉表稱賀戊午廢兗州廣利軍依舊爲萊蕪監壬戌升鳳州固鎮爲雄勝軍丙寅左羽林統軍馬希崇案原本有脫誤十二月壬申朔史館奏請差官修撰世宗實錄從之甲戌改萬歲殿爲紫宸殿甲午西京奏左屯衛上將軍致仕李萼卒乙未大霖晝昏凡四日而止分命使臣賑給諸州遭水人戶

顯德七年春正月辛丑朔文武百寮進名奉賀鎮定二州馳奏契丹入寇河東賊軍自土門東下與蕃寇合勢

詔今上率兵北征癸卯發京師是夕宿于陳橋驛未曙軍變將士大譟呼萬歲擐甲將刃推戴今上升大位扶策升馬擁廹南行是曰詔曰天生蒸民樹之司牧二帝推公而禪位三王乘時以革命其極一也予末小子遭家不造人心已去國命有歸咨爾歸德軍節度使殿前都點檢趙（案原空二字）稟上聖之姿有神武之畧佐我高祖格于皇天逮事世宗功存納麓東征西怨厥績懋焉天地鬼神享于有德謳謡獄訟附于至仁應天順民法堯禪舜如釋重負予其作賓嗚呼欽哉祇畏天命今上于是詣崇元殿受命百官朝賀而退制封周帝爲鄭王以

奉周祀正朔服色一如舊制奉皇太后爲周太后（續通鑑長編建隆三年周鄭王出居房州）皇朝開寶六年春崩于房陵今上聞之震慟發哀成服于便殿百寮進名奉慰尋遣中使監護其喪（續通鑑長編開寶六年三月乙卯房州言周鄭王殂上素服發哀輟視朝十日）以其年十月歸葬于世宗慶陵之側詔有司定謚曰恭皇帝陵曰順陵（永樂大典卷八千九百八十九續通鑑長編仁宗嘉祐四年詔有司取柴氏譜系于諸房中推最長一人令歲時奉周祀）

史臣曰夫四序之氣寒往則暑來五行之數金銷則火盛故堯舜之揖讓漢魏之傳禪皆知其數而順乎人也況恭帝當紈綺之沖年會笙鏞之變響聽謳歌之所屬知命歷之有在能遜其位不亦善乎終謚爲恭固其宜矣（永樂大典卷八千九百八十九）

舊五代史卷一百二十終

舊五代史卷一百二十攷證

周恭帝紀恭帝諱宗訓世宗子也　案五代會要云世宗後宮所生歐陽史作不知其母爲誰氏今附識于此

孝經雌圖三卷　三卷歐陽史作一卷

舊五代史卷一百二十攷證

宋司空同中書門下平章事薛居正等撰

后妃列傳第一　周書十二

太祖聖穆皇后柴氏邢州龍岡人世家豪右太祖微時在洛陽聞后賢淑遂聘之（案東都事畧張永德傳云周太祖柴后本唐莊宗之嬪御也莊宗沒明宗遣歸其家行至河上父母迓之會大風雨止於逆旅數日有一丈夫走過其門衣敝不能自庇后見之驚曰此何人耶逆旅主人曰此馬步軍使郭雀兒者也后異其人欲嫁之請于父母父母恚曰汝帝左右人歸當嫁節度使奈何欲嫁此人后曰此貴人也不可失也囊中裝分半與父母我取其半父母知不可奪遂成婚于逆旅中所謂郭雀兒即周太祖也此事薛史不載蓋當時爲之諱言）太祖壯年喜飲博好任俠不拘細行后規其太過每有內助之力焉世宗皇帝即后之姪也幼而謹愿后甚憐之故太祖養之爲己子太祖嘗寢后見五色小蛇入顙鼻間心異之知其必貴敬奉愈厚洎及貴而厭代太祖即位乃下制曰義之深無先于作配禮之重莫大于追崇朕當宁載思撫存懷舊河洲令德猶傳荇菜之詩嬀汭大名不及珩璜之貴俾盛副笄之禮以伸求劍之情故夫人柴氏代籍貽芳湘靈集慶體柔儀而陳闕翟芬若椒蘭持貞操以選中璫譽光圖史懿範尙留于閨閫昌言有助于箴規深惟望氣之艱彌歎藏舟之速將開寶祚俄謝璧台宜正號于軒宮俾耀潛于坤象可追命爲皇后仍令所

司定謚備禮册命既而有司上謚曰聖穆顯德初太祖神主入廟以后祔于其室（永樂大典卷八千九百八十九）

淑妃楊氏鎭州眞定人父弘裕眞定少尹（案東都事畧楊廷璋傳云父弘裕少漁貂裘陂有以二石雁授之者其翼一揜左一揜右曰吾北嶽使也言訖不知所之是年生周室淑妃明年生廷璋）當河朔全盛之時所屬封疆制之于守帥故鄗顏美媛皆被選于王宮妃幼以良家子中選事趙王王鎔張文禮之亂妃離流于外唐明宗在藩錄其遺逸安重誨保庇妃家致其仕進父母即以妃嫁于鄉人石光輔不數年嫠居太祖佐漢之初屬聖穆皇后棄世聞妃之賢遂以禮聘之（宋史楊廷璋傳有姊寡居京師周祖微時欲聘之姊不從令媒氏傳言恐逼姊以告廷璋廷璋往見周祖歸謂姊曰此人姿貌異常不可拒姊乃從之）妃睦族撫孤宜家內助甚有力焉晉天福末卒于太原因留葬于晉郊廣順元年九月追册爲淑妃太祖凡一后三妃及嵩陵就掩皆議陪祔時以妃喪在賊境未及遷窆世宗乃詔有司于嵩陵之側預營一冢以虛之俟賊平即議襄事顯德元年夏世宗征河東果成素志焉妃兄廷璋早事太祖即位累歷內職出爲晉州節度使皇朝撫運移鎭邢州又改鄜州受代歸闕卒于私第（永樂大典卷一千二百六十六）

貴妃張氏恆州眞定人也祖記成德軍節度判官檢校兵部尙書父同芝本州諮呈官檢校工部尙書事趙王

王鎔歷職中要天祐末趙將張文禮殺王鎔以鎮州歸梁莊宗命將符存審討平之時妃年尚幼有幽州偏將武從諫者駐旆於家見妃韶令乃爲其子聘之武氏家在太原太祖從漢祖鎮并門屬楊夫人以疾終無何武氏子卒太祖素聞妃之賢遂納爲繼室太祖貴累封至吳國夫人漢隱帝末蕭牆變起屠害大臣太祖在鄴都被讒妃與諸皇屬同日遇害于東京舊第太祖踐阼追册爲貴妃發哀故世宗有起復之命世宗嗣位以太祖舊宅即妃遇禍之地因施爲僧院以皇建爲名焉（永樂大典卷八千九百八十九）

德妃董氏常山靈壽人也祖文廣唐深州錄事參軍父光嗣趙州昭慶尉妃孩提穎悟始能言聽按絲管而能辨其聲年七歲遇鎮州之亂親黨羈離與妃相失潞州牙將得之匿于褚中其妻以息女不育得妃憐之過于所生姆教師箴功容克備妃家悲念其兄璠諸處求訪垂六七年後潞將入官于朝妃之鄉親頗有知者璠見潞將欣歸之時年十三妃歸踰年嫁爲里人劉進超之妻進超爲內職及契丹破晉之歲陷蕃歿焉妃嫠居洛陽太祖楊淑妃與妃鄉親平居恒言妃德太祖從漢祖幸洛因憶淑妃之言尋以禮納之鼎命初建張貴妃遇

禍中宮虛位乃册爲德妃太祖自聖穆皇后早世以來屢失邦媛中幃內助唯妃存焉加以結珮脫簪率由合範廣順三年夏遇疾醫藥之際屬太祖兖海之征車駕將行妃奏曰正當暑毒勞陛下省巡明發宵征須人供待司簿已下典事者各已處分從行太祖曰妃疾未平數令診視此行在近無煩內人及太祖駐蹕魯中妃志欲令內人進侍發中使往來言之太祖手勅鄭仁誨曰切慮德妃以朕至兖州行營津置內人承侍緣諸軍在野不可自安令鄭仁誨專心體候如德妃津置內人東來便須上聞約住或取索鞍馬不得供應如意堅確即以手勑示之既而平定兖州車駕還京妃疾無減俄卒于大內時年三十九輟朝三日妃長兄璠以左贊善大夫致仕仲兄玄之季兄自明皆累歷郡守（永樂大典卷八千九百八十九）

世宗貞惠皇后劉氏將家女也幼歸于世宗漢乾祐中世宗在西班后始封彭城縣君世宗隨太祖在鄴后留居邸第漢末李業等作亂后與貴妃張氏及諸皇族同日遇禍國初追封彭城郡夫人顯德四年夏四月追册爲皇后諡曰貞惠陵曰惠陵（永樂大典卷八千九百八十九）

宣懿皇后符氏祖存審事後唐武皇莊宗位極將相追

封秦王父彥卿天雄軍節度使封魏王后初適李守貞之子崇訓漢乾祐中守貞叛于河中太祖以兵攻之及城陷崇訓自刃其弟妹次將及后后時匿于屏處以帷箔自蔽崇訓倉皇求后不及遂自刎后因獲免太祖入河中令人訪而得之卽遣女使送于其父自是后常感太祖大惠拜太祖爲養父世宗鎭澶淵日太祖爲世宗聘之后性和惠善候世宗之旨世宗或暴怒于下后必從容救解世宗甚重之及卽位册爲皇后世宗將南征后常諫止之言甚切直世宗亦爲之動容洎車駕駐于淮甸久冒炎暑后因憂恚成疾顯德三年七月二十一日崩于滋德殿時年二十有六世宗甚悼之旣而有司上諡曰宣懿葬于新鄭陵曰懿陵永樂大典卷八千九百八十九案世宗後符后卽宣懿之女弟也薛史不爲立傳未免缺畧五代史補世宗皇后符氏卽魏王彥卿之女時有相工視之大驚密告魏王曰此女貴不可言李守貞素有異志因與子崇訓娶之禮畢守貞甚有喜色其後據河中叛高祖爲樞密使受命出征后知高祖與其父有舊城破之際據堂門而坐叱諸軍曰我符魏王女也魏王與樞密太尉兄弟之不若汝等愼勿無禮于是諸軍聳然引退頃之高祖至喜曰此女于白刃紛拏之際保全可謂非常人也乃歸之魏王至世宗卽位納爲皇后旣免河中之難其母欲使出家資其福壽后不悅曰死生有命誰能髡首跣足以求苟活也母度不可逼遂止世宗素以后賢又聞命不以出家爲念愈賢之所以爲天下母也

史臣曰周室后妃凡六人而追册者四故中闈內則罕

得而聞唯董妃符后之懿範亦無愧于彤管矣永樂大典卷八千九百八十九案是書無外戚傳攷五代會要云周太祖第三女樂安公主爲漢室所害廣順元年二月追封至顯德四年四月又追封莒國長公主第四女壽安公主降張永德廣順元年四月封至顯德元年封晉國長公主第五女永寧公主廣順元年九月追封至顯德四年四月又追封梁國長公主

舊五代史卷一百二十一終

舊五代史卷一百二十一攷證

周列傳一 太祖聖穆皇后柴氏傳邢州龍岡人 案龍川別志作魏成安人

淑妃楊氏傳妃兄廷璋 案東都事畧廷璋係淑妃之弟續通鑑長編亦云廷璋有姊爲周太祖妃俱與是書異

舊五代史卷一百二十一攷證

舊五代史卷一百二十二

宋司空同中書門下平章事薛居正等撰

宗室列傳第二　周書十三

鄭王侗太祖子初名青哥漢末遇害太祖即位詔贈太尉賜名侗顯德四年追封（永樂大典卷一千二百六十六）

杞王信太祖子初名意哥漢末遇害太祖即位詔贈司空賜名信顯德四年追封（永樂大典卷一千二百六十六）案太祖諸子早歲遇害本無事蹟永樂大典所錄薛史過于簡畧疑有删節今無可考據歐陽史家人傳云帝舉兵于魏漢以兵圍帝第時張貴妃與諸子青哥意哥姪守筠奉超定哥皆被誅青哥意哥不知其母誰氏太祖即位詔故第二子青哥贈太尉賜名侗第三子意哥贈司空賜名信皇姪守筠贈左領軍衛將軍以筠聲近榮為世宗避諱更名守愿奉超贈左監門衛將軍定哥贈左千牛將軍賜名遜世宗顯德四年夏四月癸未詔曰禮以緣情恩以悼往矧在友于之列尤鍾惻愴之情故皇弟贈太保侗贈司空信景運初啟天年不登俾予終鮮實慟于懷侗可贈太傅追封鄭王信司徒杞王又詔曰故皇從弟贈左領軍衛將軍守愿贈右監門衛將軍奉超贈左千牛衛將軍遜等頃因季世不享遐齡每念非辜難忘有慟守愿可贈左衛大將軍奉超右衛大將軍遜右武衛大將軍案歐陽史所載詔辭薛史已見本紀今仍附錄于此以備參攷

越王宗誼世宗子漢末遇害顯德四年追封（永樂大典卷一萬六千六百二十八）

曹王宗讓世宗子顯德六年封（永樂大典卷一萬六千六百二十八）

紀王熙謹世宗子顯德六年封皇朝乾德二年卒（永樂大典卷一萬六千六百二十八）

蘄王熙誨世宗子顯德六年封（永樂大典卷一萬六千六百二十八）案歐陽史家人傳云世宗子七人長曰宜哥次二皆未名次曰恭皇帝次曰熙讓次曰熙謹次曰熙誨皆不知其母為誰氏宜哥與其二皆為漢誅太祖即位詔賜皇孫名誼贈左驍衛大將軍誠左武衛大將軍誠左屯衛大將軍顯德三年羣臣請封宗室世宗以謂為國日淺恩信未及于人須功德大成慶流于世而後議之可也明年夏四月癸巳先封太祖諸子又詔曰父子之道聖賢不忘再思天闕之端愈動悲傷之抱故皇子左驍衛大將軍誼左武衛大將軍誠左屯衛大將軍誠等載唯往事有足傷懷宜增一字之封仍贈三台之秩誼可贈太尉追封越王誠太傅吳王誠太保韓王而皇子在者皆不封六年北復三關遇疾還京師六月癸未皇子宗訓特進左衛上將軍封梁王而宗讓亦拜左驍衛上將軍封燕國公後十日而世宗崩梁王即位是為恭皇帝其年八月宗讓更名熙讓封曹王熙謹熙誨皆前未封爵遂拜熙謹右武衛大將軍封紀王熙誨右領軍衛大將軍封蘄王　乾德二年十月熙謹卒熙讓熙誨不知其所終　案薛史不載吳王誠韓王誠疑有缺文

舊五代史卷一百二十二終

舊五代史卷一百二十二攷證

周列傳二宗室傳　案歐陽史周家人傳世宗子七人第四子嗣位卽恭皇帝其應入列傳者尙有六子是書不載吳王誠韓王諴當是脫簡

舊五代史卷一百二十二攷證

舊五代史卷一百二十三

宋司空同中書門下平章事薛居正等撰

列傳第三　　周書十四

高行周字尚質幽州人也生于嬀州懷戎軍之鵰窠里曾祖順厲世戍懷戎父思繼昆仲三人俱雄豪有武幹聲馳朔方唐武皇之平幽州也表劉仁恭爲帥仍留兵以戍之以思繼兄爲先鋒都將嬀州刺史思繼爲中軍都將順州刺史思繼弟爲後軍都將昆仲分掌燕兵部下士伍皆山北之豪也仁恭深憚之武皇將歸私謂仁恭曰高先鋒兄弟勢傾州府爲燕患者必此族也宜善

籌之久之太原戍軍恣橫思繼兄弟制之以法所殺者多太祖怒誚讓仁恭乃訴以高氏兄弟遂併遇害仁恭因以先鋒子行珪爲牙將諸子並列帳下厚撫之以慰其心時行周十餘歲亦補職在仁恭左右行珪別有傳在唐書及莊宗收燕以行周隸明宗帳下常與唐末帝分率牙兵明宗征燕率兵匱行鄉人趙德鈞謂明宗曰行周心甚謹厚必享貴位梁將劉鄩之據莘也與太原軍對壘旦夕轉鬬嘗一日兩軍成列元行欽爲敵軍追蹙劍中其面血戰未解行周以麾下精騎突陣解之行欽獲免莊宗方寵行欽召行周撫諭賞勞而欲置之帳下又令于明宗帳下已奪行欽更取行周恐傷其意密令人以利祿誘之行周辭曰總管用人亦爲國家事總管猶事王也余家昆仲脫難再生承總管之厚恩忍背之乎及兩軍屯于河上覘知梁軍自汴入楊村寨明宗晨至斗門設伏將邀之衆寡不敵反爲所乘時矛矟叢萃勢甚危蹶行周聞之出騎橫擊梁軍遂得解去明宗之襲鄆州也行周爲先鋒會夜分澍雨人無進志行周曰此天贊也彼必無備是夜涉河入東城比曙平之莊宗平河南屢加檢校太保領端州刺史同光末出守絳州明宗卽位特深委遇天成中從王晏球圍定州敗王

都擒塔納（舊作禿餒今改正）皆有功賊平遷潁州團練使長興初以北邊隣契丹用爲振武節度使明年以河西用軍移鎭延安清泰初改潞州節度使晉祖建義于太原唐末帝命張敬達征之行周與符彥卿爲左右排軍使契丹主入援太原也行周彥卿引騎拒之尋爲契丹所敗遂與敬達保晉安砦累月救軍不至楊光遠欲圖敬達行周知之引壯士護之敬達性戇不知其營護謂人曰行周每踵余後其意何也由是不復敢然敬達遂爲光遠所害晉祖入洛令行周還藩加同平章事晉祖都汴以行周爲西京留守未幾移鄴都晉祖幸鄴會安從進

叛命行周爲襄州行營都部署明年秋平定漢南晉少帝嗣位加兼侍中移鎭睢陽開運初從幸澶淵拒敵於河上車駕還京代景延廣爲侍衞親軍都指揮使移鄆州節度使時李彥韜爲侍衞都虞候可否在己行周雖典禁兵每心遊事外退朝歸第門宇僻然賓友過從但引滿而已尋改歸德軍節度使以李守貞代掌兵柄許行周歸藩晉軍降于中渡也少帝命行周與符彥卿同守澶州戎王入汴召赴京師會草寇攻宋州急遣行周歸鎭（宋史高懷德傳杜重威降契丹京東諸州羣盜大起懷德堅壁清野敵不能入行周率兵歸鎭敵遂解去）及契丹主死于欒城契丹將蕭翰立許王李從益知南朝軍國事遣死士召行周辭之以疾退謂人曰衰世難輔況兒戲乎漢高祖入汴加守太傅兼中書令代李守貞爲天平節度使杜重威據鄴叛漢祖以行周爲招討使總兵討之鄴平授鄴都留守加守太尉進爵臨清王乾祐中入覲加守太師進封鄴王復授天平節鉞改封齊王太祖踐祚加守尙書令增食邑至一萬七千戶太祖以行周耆年宿將賜詔不名但呼王位而已慕容彥超據兖叛太祖親征奉迎輿駕傾家載贄奉觴進俎率以身先太祖待之逾厚廣順二年秋以疾薨于位享年六十八贈賻加等册贈尙書令追封秦王謚曰武懿

子懷德皇朝駙馬都尉宋州節度使（永樂大典卷一萬八千一百三十二）

安審琦字國瑞其先沙陀部人也祖山盛朔州牢城都校贈太傅父金全安北都護振武軍節度使累贈太師唐書有傳審琦性驍果善騎射幼以良家子事莊宗爲義直軍使遷本軍指揮使天成初唐末帝由潞邸出鎭河中奏審琦爲牙兵都校未幾入爲歸化指揮使王師伐蜀充行營馬軍都指揮使及凱旋改龍武右廂都校領富州刺史淸泰初爲奉聖指揮使領順化軍節度使其年鎭邢州兼北面行營排陣使從張敬達圍太原及楊光遠舉晉安寨降于晉祖審琦亦預焉晉祖踐阼加檢校太傅同平章事充天平軍節度使兼侍衞馬步軍都指揮使旋以母喪起復天福三年就加檢校太尉尋改晉昌軍節度使京兆尹七年移鎭河中晉少帝嗣位加檢校太師開運末朝廷以北戎入寇以審琦爲北面行營馬軍左右廂都指揮使與諸將會兵於洺州俄而敵騎大至時皇甫遇慕容彥超亦預其行乃率所部兵與敵戰于安陽河上時遇馬爲流矢所中勢已危蹙諸將相顧莫有敢救者審琦謂首將張從恩曰皇甫遇等未至必爲敵騎所圍若不急救則爲擒矣從恩曰敵勢甚盛無以枝梧將軍獨往何益審琦曰成敗命也若不

濟與之俱死假令失此二將何面目以見天子遂率鐵騎北渡敵見塵起謂救兵至乃引去遂救遇與彥超而還晉少帝嘉之加兼侍中移鎮許州未幾移鎮兗海漢有天下授襄州節度使兼中書令屬荊人叛命潛遣舟師數千屠襄郢審琦禦之而遁朝廷賞功就加守太保進封齊國公歲餘又加守太傅國初封南陽王顯德初進封陳王世宗嗣位加守太尉三年拜章請覲優詔許之加守太師增食邑至一萬五千戶食實封二千三百戶審琦鎮襄沔僅一紀嚴而不殘威而不暴故南邦之民甚懷其惠五年移平盧軍節度使承詔赴鎮因朝于

京師世宗以國之元老禮遇甚厚車駕親幸其第以寵之六年正月七日夜為其隸人安友進安萬合所害時年六十三初友進與審琦之愛妾私通有年數矣其妾常慮事泄見誅因與友進謀害審琦友進甚有難色其妾曰爾若不從我當反告友進乃許之至是夕審琦沈醉寢于帳中其妾乃取審琦所枕劍與友進友進猶惶駭不敢剚刃遽召其黨安萬合使殺審琦既而慮事泄乃引其帳下數妓盡殺以滅其跡不數日友進等竟敗悉為子守忠臠而戮之世宗聞之震悼輟朝三日詔贈尚書令追封齊王守忠仕皇朝累為郡守永樂大典卷一萬八千一百三十二

五代史補安審琦素惡釋氏凡居方鎮僧凡有過不問輕重殺之及鎮青州也一旦方大宴忽有紫衣僧持錫杖直上廳事審琦赫怒遽叱是僧安然不顧縱步而向內室至中門審琦仗劍逐之將及而滅但聞錫杖聲鏗然入在臥所審琦驚懼之際有小蒼頭報日國夫人生子得非紫衣錫杖者乎因命之曰僧哥即安守忠也自是審琦稍稍信重

安審暉字明遠審琦之兄也起家自長直軍使轉外衙左相軍使從莊宗平幽薊戰山東定河南皆預其功同光中授蔚州刺史天成初改汝州防禦副使歷鳳翔徐州節度副使河東行軍司馬晉高祖龍飛以霸府上寮授振武兵馬留後遷河陽節度使不踰月移鎮鄜州丁內艱起復視事五年李金全據安州叛詔馬全節為都

部署領兵討之以審暉為副安陸平移鎮鄧州進位檢校太傅六年冬襄州安從進叛舉漢南之眾北攻南陽南陽素無城壁唯守衙城賊傅城下審暉登陴召賊帥以讓之從進不克而退襄州平就加檢校太尉少帝嗣位加檢校太師罷鎮授右羽林統軍歲餘出鎮上黨屬契丹內侵授邢州節度使居無何日疾暴作上章求代歸于京歸養疾累年太祖即位召于內殿從容顧問尤所歎重將以祿起之審暉辭以暮齒願就頤養拜太子太師致仕封魯國公累食邑五千戶實封四百戶廣順二年春卒年六十三廢朝二日詔贈侍中諡曰靜子守

鏻仕皇朝爲贊善大夫（永樂大典卷一萬八千一百四十四）

安審信字行光審琦之從父兄也父金祐世爲沙陀部偏將名聞邊塞審信習騎射世父金全天成初爲振武節度使補爲牙將俄而兄審通爲滄州節度使用爲衙內都虞候歷同陝許三州馬步軍都指揮使晉祖起義于太原唐末帝命張敬達以兵攻之而審信率先以部下兵遁入并州晉祖以其故人得之甚悅其妻與二子在京師皆爲唐末帝所戮但貸其老母而已契丹既降晉安砦晉高祖以審信爲汾州刺史檢校太保充馬步軍副部署晉祖入洛授河中節度使檢校太尉同平章

事審信性既翻覆卒多疑忌在蒲中時每王人告諭騎從稍多必潛設備以防其圖己尋歷許兗州鎮所至以聚斂爲務民甚苦之會朝廷謀大舉北伐凡藩侯皆預將帥以審信爲馬步軍右廂都排陣使俄改華州節度使漢初移鎮同州入爲左衞上將軍國初轉右金吾上將軍三年夏四月太祖御乾元殿入閤審信不赴班位爲御史所彈詔釋之時審信久病神情恍惚聞臺司奏劾揚言曰趨朝偶晚未是大過何用彈舉我終進奏二萬緡盡逐此乞索兒輩未幾以病請退授太子太師致仕是歲秋卒年六十贈侍中謚曰成穆（永樂大典卷一萬八千一百四十四）

李從敏字叔達唐明宗之猶子也沉厚寡言善騎射多計數初莊宗召見試弓馬用爲衙內馬軍指揮使從平汴洛補帳前都指揮使遷捧聖都將明宗移鎮眞定表爲成德軍馬步軍都指揮使從明宗入洛補皇城使出爲陝府節度使王都據定州叛命王晏球爲招討使率師討之以從敏爲副領滄州節度使王都平移授定州尋代范延光爲成德軍節度使加檢校太尉封涇王鎮州有市人劉方遇家富於財方遇卒無子妻弟田令遵者幼爲方遇治財善殖貨劉族乃共推令遵爲方遇子

親族共立券書以爲誓信累年後方遇二女取貲于令遵不如意乃訟令遵冒姓奪父家財從敏令判官陸浣鞫其獄而殺令遵（北夢瑣言云鎮州市人劉方遇家財數十萬方遇妻田氏蚤卒田之妹爲尼常出入方遇家方遇使尼長髮爲繼室有田令遵者方遇之妻弟也善貨殖方遇以所積財令令遵興殖焉方遇有子年幼二女皆嫁方遇疾卒子幼不能督家業方遇妻及二女以家財素爲令遵興殖乃聚族合謀請以令遵姓劉爲方遇繼嗣即令鬻券人安美爲親族請嗣券書既定乃遣令遵服斬衰居喪而二女初立令遵時先邀每月供財二萬及後求取無厭而石李二女夫使二女詣本府論訴云令遵冒姓奪父家財令遵下獄石李二夫族與本府要吏親黨上至府帥判官行軍司馬隨使都押衙各受方遇二女賂錢數千緡而以令遵與姊及書券安美同情共盜俱棄市人知其冤）令遵父詣臺訴冤詔本州節度副使符蒙掌書記徐台符鞫之備明姦狀及詰二女伏

行賂于節度使趙環代判高知柔觀察判官陸浣並捕下獄具服贓罪事連從敏甚懼乃令其妻赴洛陽入宮告王淑妃明宗知之怒曰朕用從敏爲節度使而枉法殺人我羞見百官又令新婦奔赴不須見吾面時王淑妃頗庇護之趙環等三人竟棄市從敏罪止于罰俸而已（北夢瑣言從敏初欲劊官中宮哀祈竟罰一年俸）長興初移鎭宋州唐末帝起兵于鳳翔其子重吉爲亳州防禦使從敏承朝廷害之清泰中從敏與洋王從璋竝罷歸第待之甚薄嘗宮中同飲既醉末帝謂從璋從敏曰爾等何物處雄藩大鎭二人大懼頓首太后見之叱曰官家醉爾輩速出去

方得解晉祖革命降封莒國公再領陝州尋移鎭上黨入爲右龍武統軍出爲河陽節度使漢祖入汴移授西京留守累官檢校太師同平章事隱帝即位就加兼侍中改封秦國公歲餘以王守恩代還廣順元年春以疾卒年五十四詔贈中書令諡曰恭惠（永樂大典卷一萬三百九十）

鄭仁誨字日新晉陽人父霸累贈太子太師仁誨幼事唐驍將陳紹光恃勇使酒嘗乘醉抽佩劍將剚刃于仁誨左右無不奔避唯仁誨端立以俟略無懼色紹光因擲劍于地謂仁誨曰汝有此器度必當享人間富貴及紹光典郡仁誨累爲右職後退歸鄉里以色養稱漢高祖之鎭河東也太祖累就其第與之燕語每有質問無不以正理爲答太祖深器之漢有天下太祖初領樞務即召爲從職及太祖西征嘗密贊軍機西師凱旋累遷至檢校吏部尚書太祖踐阼旌佐命功授檢校司空客省使兼大內都點檢恩州團練使尋爲樞密副使踰年轉宣徽北院使右衛大將軍出鎭澶淵轉檢校太保入爲樞密使加同平章事世宗之北征也以仁誨爲東京留守調發軍須供億無所闕駕迴加兼侍中尋丁內艱未幾起復顯德二年冬疾亟世宗幸其第親加撫問歔欷久之及卒世宗親臨其喪哭踰數舉是時世宗將行

近臣奏云歲道非便不宜臨喪弗聽然而先之以桃茢之事時以爲得禮仁誨爲人端厚謙遜造次必由于禮及居樞務雖權位崇重而能孜孜接物無自矜之色及終故朝廷咸惜之詔贈中書令追封韓國公諡曰忠正旣葬命翰林學士陶穀撰神道碑文官爲建立表特恩也子勳累歷內職早卒絶嗣初廣順末王殷受詔赴闕太祖遣仁誨赴鄴都巡檢及殷得罪仁誨不奉詔即殺其子蓋利其家財妓樂也及仁誨卒而無後人以爲陰責焉（永樂大典卷一萬八千八百八十）

張彥成（案通鑑考異彥成本名彥威避周祖諱故改名）潞州潞城人也曾祖靜

汾州刺史祖遮澤州刺史父彌昭義行軍司馬彥成初爲并門牙將天成中自秦州鹽鐵務官改鄆州都押牙漢祖鎭北門表爲行軍司馬以隱帝要其女特見親愛從平汴洛累加特進檢校太尉同州節度使隱帝即位就加同平章事太祖之伐河中彥成有饋輓之勞河中平加檢校太師乾祐三年冬移鎭相州廣順初就加兼侍中尋移鎭南陽三年秋代歸授右金吾衞上將軍其年秋以疾卒年六十贈侍中（永樂大典卷六千三百五十一 宋史楊克讓傳乾祐中同州節度張彥成表授掌書記周廣順初彥成移鎭安陽穰下克讓以舊職從行彥成入爲執金吾病篤奏稱其材可用克讓以彥成死未葬不忍就辭退居別墅俟張氏子外除時論稱之）

安叔千沙陁三部落之種也父懷盛事唐武皇以驍勇聞叔千習騎射從莊宗定河南爲奉安部將天成初王師伐定州命爲先鋒都指揮使王都平授秦州刺史連判涿易二郡清泰初契丹寇雁門叔千從晉祖迎戰敗之進位檢校太保振武節度使晉祖踐阼就加同平章事天福中歷邠滄邢晉四鎭節度使叔千鄙野而無文當時謂之安沒字言若碑碣之無篆籀但虛有其表耳開運初朝廷將大舉北伐授行營都排陣使俄改左金吾衞上將軍契丹入汴百寮迎見于赤岡契丹主登高岡駐馬而撫諭漢官叔千出班效國語契丹主曰爾是安沒字否卿比在邢州日遣輸誠款我至此汝管取一與飯處叔千拜謝而退俄授鎭國軍節度使（案遼史太宗紀安叔千出班獨立上曰汝邢州之請朕所不忘乃加鎭國軍節度使與薛史微異）漢初遇代歸京自以嘗附幕庭居常愧惕久之授太子太師致仕尋請告歸洛廣順二年冬卒年七十二詔贈侍中（永樂大典卷一萬八千一百四十四）

宋彥筠雍丘人也初隸滑州軍梁氏與莊宗夾河之戰彥筠時爲戰棹都指揮使以勞遷開封府牙校莊宗有天下擢領禁軍伐蜀之役率所部從康延孝爲前鋒蜀平歷維渝二州刺史明宗在位連典數郡晉初自汝州防禦使討安從進于襄陽以功拜鄧州節度使累官至檢校太尉未幾歷晉陝二鎭晉少帝嗣位再領鄧州尋移鎭河中漢初授太子太師致仕國初拜左衞上將軍世宗嗣位復爲太子太師致仕顯德四年冬卒于西京之私第輟朝一日詔贈侍中初彥筠入成都據一甲第第中資貨鉅萬妓女數十輩盡爲其所有一旦與其主母微忿遽擊殺之自後常有所覩彥筠心不自安乃修浮屠法以禳之因而溺志于釋氏其後每歲至金仙入湼之日常衣斬縗號慟于其像前其佞佛也如是家有侍婢數十人皆令削髮披緇以侍左右大爲當時所誚

又性好殖貨能圖什一之利亘田甲第相望于郡國將終以伊洛之間莊田十數區上進並籍于官焉（永樂大典卷一萬三千四十四）

史臣曰近代領戎藩列王爵祿厚而君子不議望重而人主不疑能自晦于飲酎之間保功名于始終之際如行周之比者幾何人哉奕世藩翰固亦宜然審琦有分閫之勞乏御家之道峯摧玉折蓋不幸也其餘雖擁戎旃未聞閫政固不足與文邵龔黃爲比也（永樂大典卷一萬三千四十四）

舊五代史卷一百二十三終

舊五代史卷一百二十三攷證

周列傳三高行周傳　行周通鑑攷異引莊宗實錄作行温是書唐紀尙仍實錄之舊

鄭仁誨傳太祖踐阼旌佐命功授檢校司空客省使　案歐陽史云漢興周太祖爲樞密使乃召仁誨用之累官至内客省使太祖入立以仁誨爲大内都巡檢據此傳仁誨仕周始爲客省使與歐陽史異

張彥成傳　案通鑑攷異彥成本名彥威避周祖諱故改

托諸舊作秃餒今改

舊五代史卷一百二十三攷證

舊五代史卷一百二十四

宋司空同中書門下平章事薛居正等撰

列傳第四　周書十五

王殷瀛州人（案歐陽史作大名人）曾祖昌裔本州別駕祖光滄州教練使因家焉唐末幽滄大亂殷父咸珪避地南遷因投于魏軍殷自言生于魏州之開元寺既長從軍漸爲偏將唐同光末爲華州馬步軍副使因家于華下天成中移授靈武都指揮使久之代還淸泰中張令昭據鄴叛殷從范延光討之首冒矢石率先登城以功授祁州刺史尋改原州殷性謙謹好禮事母以孝聞每與人結

交遊從皆先稟于母母命不從殷必不往雖在軍旅交遊不雜及爲刺史政事少有不佳母察之立殷于庭詰責而杖之（案歐陽史云爲刺史政事有少失母責之殷即取杖授婢僕自笞于母前與薛史微異）晉天福中丁內艱尋有詔起復授憲州刺史殷上章辭曰臣爲末將出處無損益于國家臣本燕人值鄉國離亂少罹偏罰因母鞠養訓導方得成人不忍遽釋苴蔴遠離廬墓伏願許臣終母喪紀晉高祖嘉而許之晉少帝嗣位會殷服闋召典禁軍累遷奉國右廂都指揮使漢祖受命從討杜重威于鄴下殷與劉詞皆率先力戰矢中于首久之出折鏃于口中以是漢祖嘉之乾祐末

遷侍衛步軍都指揮使領夔州節度使會契丹寇邊遣殷領兵屯澶州及李業等作亂漢隱帝密詔澶帥李洪義遣圖殷洪義懼不克反以變告殷殷與洪義同遣人至鄴請太祖赴內難殷從平京師授侍衛親軍都指揮使太祖卽位授天雄軍節度使加同平章事典軍如故殷赴鎭以侍衛司局從凡河北征鎭有戎兵處咸稟殷節度又于民間多方聚斂太祖聞而惡之因使宣諭曰朕離鄴時帑廩所儲不少卿與國家同體隨要取給何患無財三年夏太祖征兗還殷迎謁于路宴賜而去及王峻得罪太祖遣其子飛龍使承誨往諭令口諭峻之

過惡以慰其心三年春以永壽節上表請覲太祖雖允其請且慮殷之不誠尋遣使止之何福進在鎭州素惡殷之太橫福進入朝摭其陰事以奏之太祖遂疑之是年冬以郊禋有日殷自鎭入覲太祖令依舊內外巡警殷出入部從不下數百人又以儀形魁偉觀者無不聳然一日遽入奏曰郊禮在近兵民大集臣城外防警請量給甲仗以備非常太祖難之時中外以太祖嬰疾步履稍難多不視朝傍逼郊禋殷有震主之勢頗憂之太祖乃力疾坐于滋德殿殷入起居卽命執之尋降制流竄及出郡城遽殺之衆情乃安是歲春末鄴城寺寺鐘

懸絕而落又火光出幡竿之上殷之入覲也鄴人餞于離亭上馬失鐙翻墜于地人訝其不祥果及于禍太祖尋命澶帥鄭仁誨赴鄴殷次子爲衙內指揮使不候詔仁誨誅之遷其家屬于登州永樂大典卷六千八百五十一

何福進字善長太原人父神劍累贈左驍衛大將軍福進少從軍以驍勇聞唐同光末郭從謙以兵圍莊宗于大內福進時爲宿衛軍校奮出死力拒戰于內後明宗知而嘉之擢爲捧聖軍校出爲磁州刺史充北面行營先鋒都校清泰中自彰聖都虞候率本軍從范延光平鄴以功歷鄭隴二州防禦使開運中由潁州團練使入

拜左驍衛大將軍屬契丹陷中原契丹中朝文武臣寮凡數十人令隨帳北歸時福進預其行行次鎮州聞戎王已斃其黨尚據鎮陽遂與李筠白再榮之儔合謀力戰盡逐契丹據有鎮陽時漢祖已建號于河東詔以福進爲北面行營馬步都虞候尋拜曹州防禦使檢校太保太祖出鎮于鄴將謀北伐奏以福進自隨及太祖入平內難以輔佐功拜忠武軍節度使不數月移領鎮州數年之間北鄙無事及聞太祖將有事于南郊拜章入覲改天平軍節度使加同平章事未及之任卒于東京之私第年六十有六時顯德元年正月也累贈中書令

子繼筠仕皇朝領建武軍節度使卒永樂大典卷一萬八千一百三十二

劉詞字好謙元城人梁貞明中事故鄴帥楊師厚以勇悍聞唐莊宗入魏亦列于麾下兩河之戰無不預焉同光初爲効節軍使轉劍直指揮使案歐陽史作長劍指揮使尋以忤于權臣出爲汝州小校凡留滯十餘年清泰初詔諸道選驍果以實禁衞由是得入典禁軍晉初從侯益收汜水關佐楊光遠平鄴都累遷奉國第一軍都虞候後從馬全節伐安陸敗淮賊萬餘衆晉祖嘉之授奉國都校累加檢校司空又從杜重威敗安重榮于宗城及圍鎮陽詞自登雲梯身先士伍以功加檢校司徒沁州刺史

時王師方討襄陽尋命詞兼行營都虞候襄陽平遷本州團練使在郡歲餘臨事之暇必披甲枕戈而臥人或問之辭曰我以勇敢而登貴仕不可一日而忘本也若信其溫飽則筋力有怠將來何以報國也及漢有天下復爲奉國右廂都校遙領閬州防禦使從太祖平鄴加檢校太保乾祐初李守貞叛于河中太祖征之朝廷以爲侍衛步軍都指揮使遙領寧江軍節度使充行營馬步都虞候命分屯于河西二年正月守貞遣敢死之士數千夜入其營皆怖懼不知所爲唯詞神氣自若令于軍中曰此小盜耳不足驚也遂免冑橫戈叱短兵以擊

之賊衆大敗而退自是守貞喪胆不復有奔突之意河中平太祖嘉之表其功爲華州節度使歲餘移鎮邢臺太祖受命加同平章事三年秋改鎮河陽顯德初世宗親征劉崇詞奉命領所部兵隨駕行及高平南遇樊愛能等自北退迴且言官軍已敗止詞不行詞不聽疾驅而北世宗聞而嘉之尋命爲隨駕都部署又授河東道行營副部署其年夏車駕還京授永興軍節度使加兼侍中行京兆尹二年冬以疾卒于鎮年六十有五贈中書令（案歐陽史作贈侍中據薛史則詞以兼侍中贈中書令非贈侍中也疑歐陽史誤）謚曰忠惠詞發身軍校亟歷戎事常以忠勇自負洎領藩鎮能靖恭爲治無苛政以撓民謚以忠惠議者韙之子延執仕皇朝爲控鶴廂主（永樂大典卷九千九十九）

王進幽州良鄉人少落魄不事生業爲人勇悍走及奔馬嘗聚黨爲盜封境患之符彥超爲河朔郡守以賂誘寘之左右長興初彥超鎮安州屬部曲王希全搆亂軍州令進齎變狀聞于朝廷明宗賞其捷足詔隸于軍中洎契丹內寇戰于滹口進獨追擒六十七人時漢祖總侍衞親軍知其驍果擢爲馬前親校漢祖鎮河東或邊上警急令進齎封章達于闕下自并至汴不六七日復焉繇是恩撫頗厚繼任戎職累遷至奉國軍都指揮使

從太祖入平內難以功遷虎捷右廂都指揮使歷汝鄭防禦使亦有政聲俄授相州節度使爲政之道頓減于前議者惜之顯德元年秋以疾卒于任贈檢校太師（永樂大典卷六千三百二十）

史彥超雲州人也性驍獷有膽氣累功至龍捷都指揮使太祖之赴內難彥超以本軍從國初與虎捷都指揮使何徽戍晉州（案歐陽史彥超遷虎捷都指揮使與薛史異）會劉崇與契丹入寇攻圍州城月餘是時本州無帥知州王萬敢不協物情彥超與何徽協力固拒累挫賊鋒攻擊日急禦悍有備軍政甚嚴居人無擾及朝廷遣樞密使王峻總兵爲援戎寇宵遁太祖嘉其善守之功賞賜甚厚未幾授龍捷右廂都指揮使尋授鄭州防禦使劉崇之寇潞州也車駕親征以彥超爲先鋒都指揮使高平之戰先登陷陣以功授華州節度使先鋒如故大軍至河東城下契丹營于忻代之間遙應賊勢詔天雄軍節度使符彥卿率諸將屯忻州以拒之彥卿襲契丹于忻口彥超以先鋒軍追蕃寇離大軍稍遠賊兵伏發爲賊所陷世宗痛惜久之詔贈太師示加等也仍命優恤其家焉（永樂大典卷一萬一百八十三）

史懿字繼美代郡人也本名犯太祖廟諱故改焉考建

瑭事唐莊宗爲先鋒都校唐書有傳莊宗之伐鎭陽時建瑭爲流矢所中而卒懿時年甫弱冠莊宗以其父歿於王事召拜昭德軍使俄遷先鋒左右廂都校俾嗣其家聲天成中爲涿州刺史晉初由趙州刺史遷洺州團練使尋歷亳鳳二州防禦使晉祖以其弟翰尚晉國長公主故尤所注意天福中授彰武軍節度觀察留後開運初歷澶貝二鎭節度使三年移鎭涇原未幾契丹入中原時四方征鎭爲戎王所召者靡不麏至唯懿堅壁拒命仍送款于漢祖漢有天下就拜檢校太尉同平章事及賜功臣名號廣順初加檢校太師兼侍中進封邠

國公顯德元年春以抱病歸朝東都事略楊廷璋傳周太祖常諭廷璋圖涇帥史懿廷璋屏左右示以詔書懿受代入朝遂免禍途經洛卒于其第年六十二贈中書令永樂大典卷一萬一百八十三

王令溫字順之瀛州河間人也父迪德州刺史累贈太子太師令溫少以武勇稱初隸唐莊宗麾下稍遷廳直軍校明宗之爲統帥嘗與契丹戰于上谷明宗臨陣馬逸爲敵所迫令溫乃以所乘馬授明宗而自力戰飛矢連發敵兵爲之稍卻及明宗卽位歷遷神武彰聖都校晉初自淄州刺史遷洺州團練使及安重榮稱兵于鎭州晉祖以令溫爲行營馬軍都指揮使與都帥杜重威敗賊于宗城以功授亳州防禦使尋拜永清軍節度使屬契丹來寇時令溫奉詔入朝契丹遂陷貝州其家屬因沒于契丹晉少帝憫之授武勝軍節度使未幾移鎭延州又遷靈武漢有天下復爲永清軍節度使尋改安州國初加檢校太尉同平章事世宗嗣位遷鎭安軍節度使罷鎭歸闕顯德三年夏以疾卒時年六十有二詔贈侍中永樂大典卷一萬八千一百三十三

周密字德峯應州神武川人也初事後唐武皇爲軍職莊宗之平常山明宗之襲汶陽密皆從征有功莊宗平梁授鎭州馬軍都指揮使明宗卽位累遷河東馬步軍

副都指揮使天福初除冀州刺史累官至檢校司徒入爲右羽林統軍檢校太保四年秋授保大軍節度使檢校太傅屬部民作亂密討平之尋移鎭晉州知檢校太尉開運中入拜右龍武統軍三年秋出鎭延州其年冬契丹陷中原延州軍亂立高允權爲帥時密據東城允權據西城相拒久之會漢高祖建義于太原遣使安撫密乃棄其城奔于太原隨漢祖歸汴久居于闕下廣順初授太子太師致仕顯德元年春卒時年七十五長子鋭仕皇朝爲內職次子廣歷諸衞大將軍永樂大典卷一萬八千一百三十三

李懷忠字光孝太原晉陽人父海本府軍校懷忠形質魁壯初事唐莊宗隸于保衛軍夾城之役懷忠率先登城以功補本軍副兵馬使莊宗平定山東累遷保衛軍使天成中歷陜府許州滄州都指揮使遙領辰州刺史清泰初以河西蕃部寇鈔命懷忠屯方渠晉祖受命以懷忠故人召典禁兵三遷護聖左右廂都指揮使遙領壽州節度使檢校太保未幾爲同州節度使檢校太傅少帝嗣位入爲右羽林統軍改左武衛上將軍廣順中以太子太傅致仕三年夏卒年六十六詔贈太子太師

永樂大典卷一萬三百九十

白文珂字德溫太原人也曾祖辯父君成遼州刺史文珂初事後唐武皇補河東牙將改遼州副使莊宗嗣位轉振武都指揮使天成中鎭州節度使王建立表爲本州馬步軍都指揮使遙授舒州刺史檢校司空歷青州魏府都指揮使歷瀛蔚忻代四州刺史領代州日兼蕃漢馬步都部署漢高祖鎭并門表爲副留守檢校太保漢高初建授河中節度使西南面招討使檢校太傅漢祖定兩京改天平軍節度使加同平章事未幾鎭陜州檢校太師會河中李守貞叛詔充河中府行營都部署時文珂已老朝議恐非守貞之敵乃命太祖西征河中平文珂授西京留守河南尹太祖踐阼加兼中書令顯之以太子太師致仕世宗卽位封晉國公顯德二年卒于西京年七十九輟朝一日子廷誨仕皇朝歷諸衛將軍卒

永樂大典卷二萬二千二百十六

白延遇字希望太原人也幼畜于晉之公宮年十三從晉祖伐蜀以趫悍見稱晉有天下歷典禁軍累遷至檢校司空天福中晉祖在鄴安重榮叛于鎭州帥衆數萬詣闕而來晉祖命杜重威統諸將以禦之時延遇不預其行乃泣告晉祖願以身先許之及陣于宗城延遇率其屬先犯之斬級數十戰旣酣而劍亦折諸將由是推

伏晉祖聞之卽命中使以寶劍良馬賜之常山平以功授檢校司徒充馬軍左廂都校後出爲汾州刺史遷復州防禦使國初加檢校太保尋授代歸闕屬太祖親征兗海以延遇爲先鋒都校兗州平授齊州防禦使歲餘改兗州防禦使在兗二年爲政有聞人甚安之州民數百詣闕乞立德政碑以頌其美顯德二年冬世宗命宰臣李穀爲淮南道軍都部署乃詔延遇爲先鋒都校三年春帥其所部與韓令坤先入揚州軍聲甚振尋命以別部屯于盛唐前後敗淮賊萬餘衆四年夏世宗還自壽春制以延遇爲同州節度使未赴任復命帥衆南征

是年冬以疾卒于濠州城下詔贈太尉（永樂大典卷二萬二千二百十六）

唐景思秦州人也幼以屠狗爲業善角觝戲初事僞蜀爲軍校唐同光中莊宗命魏王繼岌帥師伐蜀時景思以所部戍于固鎮首以其城降于繼岌乃授興州刺史爲貝州行軍司馬屬契丹攻其城因陷于幕庭趙延壽素知其名令隷于帳下署爲所部壕砦使開運末契丹據中原以景思爲亳州防禦使領事之日會草寇數萬攻圍其城景思悉力以拒之後數日城陷景思挺身而出使人告于鄰郡得援軍數百逐其草寇復有其城亳

民賴是以濟漢初改授鄧州行軍司馬常鬱鬱不得志後受代歸闕乾祐中命景思爲沿淮巡檢使屢挫淮賊時史弘肇淫刑黷貨多織羅南北富商殺之奪其財大開告密之門景思部下有僕夫希求無厭雖委曲待之不滿其心一日拂衣而去見弘肇言景思受淮南厚賂私貯器械欲爲內應弘肇卽令親吏殿三十騎往收之告者謂收吏曰景思多力十夫之敵也見便殺之不然則無及矣收騎至景思迎接有欲擒之者景思以兩手抱之大呼曰寃哉景思何罪設若有罪死亦非晚何不容披雪公等皆丈夫安忍如此都將命釋之引告者面證景思言受淮南賂景思曰我從人家人並在此若有十緡貯積亦是受賂言我貯甲仗除官賜外有一事亦是私貯使者搜索其家唯衣一笥軍籍糧簿而已乃寬之景思白使但械繫送我入京先是景思別有紀綱王知權者在京聞景思被誣乃見史弘肇曰唐景思赤心爲國某服事三十年孝于父母義于朋友被此誣妄何以伸陳某請先下獄願公追劾景思免至寃橫弘肇感之令在獄日與酒食景思旣桎梏就路賴亳之人隨至京師眾保證之弘肇乃令鞫告事者具伏誣陷卽斬之遂奏釋景思顯德初河東劉崇帥眾來寇世宗親總六

師以禦之及陣于高平景思于世宗馬前距躍數四且曰願賜臣堅甲一聯以觀臣之効用世宗由是知其名因以高平陣所得降軍數千人署爲効順指揮命景思董之使于淮上三年春世宗親征淮甸景思繼有戰功乃命遙領饒州刺史未幾改授濠州行刺史令帥眾攻圍濠州四年冬因力戰爲賊鋒所傷數日而卒世宗甚憫之詔贈武清軍節度使（永樂大典卷六千三百七十一）

史臣曰自古爲人臣者望重則必危功崇則難保自非賢者疇能免之况王郭帥昧明哲之規周太祖乃雄猜之主欲無及禍其可得乎自褊進而下皆將帥之英也

擁旌作翰諒亦宜然唯彥超以捍寇而沒可不謂忠乎

永樂大典卷六千三百七十一

舊五代史卷一百二十四終

舊五代史卷一百二十四攷證

史懿傳本名犯太祖廟諱故改焉　案本名二句疑爲後人竄入攷懿名匡懿避宋太祖御名故去匡字薛史成于開寶六年不應豫稱爲太祖或係宋人讀是書者附注于後遂混入正文也

舊五代史卷一百二十四攷證

宋司空同中書門下平章事薛居正等撰

列傳第五　周書十六

趙暉字重光澶州人也弱冠以驍果應募始隸于莊宗帳前與大梁兵經百餘戰以功遷馬直軍使同光中從魏王破蜀命暉分統所部南戍蠻陬明宗卽位徵還授禁軍指揮使晉有天下參掌衞兵從馬全節圍安陸佐杜重威戰宗城皆有功改奉國指揮使開運末以部兵屯于陝屬契丹入汴慨然有憤激之意及聞漢祖建義于并門乃與部將王晏侯章戮力叶謀逐契丹所命官屬據有陝州卽時馳騎聞于漢祖（案通鑑契丹主賜趙暉詔卽以爲保義留後暉斬契丹使者焚其詔遣支使河間趙矩奉表晉陽較薛史爲詳）漢祖乃命暉爲保義軍節度陝虢等州觀察處置等使漢祖之幸東京路出于陝暉戎服朝于路左手控六飛達于行宮君臣之義如舊結焉旋加檢校太尉乾祐初移鎭鳳翔加同平章事屬王景崇叛據岐山及期不受代朝廷卽命暉爲西南面行營都部署統兵以討之時李守貞叛于蒲趙思綰據于雍與景崇皆遞相爲援又引蜀軍出自大散關勢不可遏暉領兵數千數戰而勝然後塹而圍之暉屢使人挑戰賊終不出乃潛使千餘人于城南一舍之外

擐甲執兵僞爲蜀兵旗幟循南山而下詐令諸軍聲言川軍至矣須臾西南塵起城中以爲信乃令數千潰圍而出以爲應援暉設伏而待一鼓而盡殪之自是景崇膽破不復敢出明年春拔之加檢校太保兼侍中國初就加兼中書令三年春拜章請覲詔從之入朝授歸德軍節度使顯德元年受代歸闕以疾告老授太子太師致仕進封秦國公尋卒于其第年六十七制贈尚書令（永樂大典卷一萬六千九百九十一）

王守恩字保信太原人父建立潞州節度使封韓王晉書有傳守恩以門蔭幼爲內職遷懷衞二州刺史後歷諸衞將軍開運末契丹陷中原守恩時因假告歸于潞時潞州節度使張從恩懼契丹之盛將朝于戎王以守恩婚家甚倚信之乃移牒守恩請權爲巡檢使從恩既去守恩以潞城歸于漢祖仍盡取從恩之家財（通鑑云從恩以副使趙行遷知留後牒守恩權巡檢使與高防佐之高防與守恩謀遣指揮使李萬超白晝率衆大譟斬趙行遷推守恩權知昭義留後守恩殺契丹使者舉鎭來降宋史李萬超傳云張從恩將棄城歸契丹會前驍衞將軍王守恩服喪私第從恩卽委以後事遁去及契丹使至專領郡務守恩遂無所預萬超奮然謂其部下曰我輩垂餌虎口苟延旦夕之命今欲殺使保其城非止逃生亦足建勳業汝曹能乎衆皆踴躍然喜曰敢不唯命遂率所部大譟入府署殺其使推守恩爲帥列狀以聞漢祖從其請乃命史宏肇統兵先渡河至潞見萬超語之曰收復此州公之力也吾欲殺守恩以公爲帥可乎萬超對曰殺契丹使以推守恩蓋爲社稷計耳今若賊害

于人自取其利非宿心也宏肇大奇之漢祖卽以守恩爲昭義軍節度使
漢有天下移鎭邠寧加同平章事乾祐初遷永興軍節
度使時趙思綰已據長安乃改授西京留守守恩性貪
鄙委任羣小以掊斂爲務雖病廢殘瘵者亦不免其稅
率人甚苦之洛都嘗有豪士爲二姓之會守恩乃與伶
人數輩夜造自爲賀客因獲金百數笏而退太祖迴自
河中駐軍于洛陽詔以白文珂代之守恩甚懼而洛人有
曾爲守恩非理割剝者皆就其第徵其舊物守恩一一
償之及赴闕止奉朝請而已乾祐末旣殺史弘肇等漢
少帝召羣臣上殿以諭之時守恩赴班而颺言曰陛下

令日始睡覺矣其出言鄙俚如此國初授左衞上將軍
顯德初改右金吾衞上將軍封許國公二年冬昇疾歸
洛而卒永樂大典卷六千八百五十一　五代史補周高祖爲樞密鳳翔永興河中三鎭反高祖帶職出討之迴戈路由京洛時王守恩爲留守以使相自專乘檐子迎高祖于郊外高祖遙見大怒且疾驅入于公館久之使人傳旨託以方浴守恩不知其怒但安坐俟久時白文珂在高祖麾下召而謂曰王守恩乘檐子候吾誠無禮也安可久爲留守汝宜亟去代之文珂不敢違于是卽時禮上頃之吏馳去報守恩曰白侍中受樞密命爲留守訖守恩大驚奔馬而歸但見家屬數百口皆被逐于通衢中百姓莫不聚觀其亦有乘便號叫索取貨錢物者高祖使吏籍其數立命償之家財爲之一空朝廷悚然不甚爲理
孔知濬字秀川徐州滕縣人太子太師致仕勍之猶子
也父延緘左武衞大將軍致仕年九十餘卒知濬仕梁

為天興軍使同光末勍鎭昭義時莊宗用唐朝故事以
黃門爲監軍皆恃恩暴橫節將不能制明宗鄴城之變
諸鎭多殺監軍時監潞者懼誅欲誘鎭兵謀變知濬伏
甲于室凌晨監軍來謁執而殺之軍城遂寧明宗嘉之
洎勍罷鎭以知濬爲澤州刺史入爲左驍衞大將軍長
興淸泰中歷唐復成三郡刺史晉高祖卽位用爲奉國
右廂都指揮使領舒州刺史從征范延光于鄴遷宿州
團練使俄改隴州防禦使開運中移刺鳳州畀官至檢
校太傅河池據關防之密邇卭蜀兵少勢孤知濬撫士
得宜人皆盡力故西疆無牧圉之失契丹主稱制署滑

州節度使漢祖受命自鎭入朝隱帝嗣位授密州防禦
使踰歲以疾受代歸朝廣順三年冬卒于京師永樂大典卷一萬八千一百三十三
王繼弘冀州南宮人少嘗爲盜攻剽閭里爲吏所拘械
繫于鎭州獄會赦免死配隸本軍時明宗作鎭致之麾
下晉高祖爲明宗將署爲帳中小校天福中爲六軍副
使性負氣不遜禁中與同列忿爭出配義州軍歲餘爲
奉國指揮使從契丹主至相州遂令以本軍戍守契丹
主留高唐英爲相州節度使唐英善待繼弘每候其第
則升堂拜繼弘之母贈遺甚厚倚若親戚又給以兵仗

畧無猜忌會契丹主死漢祖趨洛唐英遣使歸款漢祖大悅將厚待唐英使未迴繼弘與指揮使樊暉等共殺唐英繼弘自稱留後令判官張易奉表于漢祖人或責以見利忘義繼弘曰吾儕小人也若不因利乘便以求富貴畢世以來未可得志也及漢主征杜重威至德清軍繼弘來朝乃正授節旄是歲授加檢校太傅節度判官張易每見繼弘不法必切言之繼弘以爲輕己乾祐中因事誣奏殺之時又害觀察推官張制漢末移鎭貝州就加檢校太尉廣順初加同平章事三月六日移鎭河陽會永壽節入覲遇疾卒于京師詔贈侍中子永昌仕皇朝歷內諸司使永樂大典卷六千八百五十一

馮暉魏州人也始爲効節軍士拳勇騎射行伍憚之初事楊師厚爲隊長唐莊宗入魏以銀槍効節爲親軍與梁人對壘河上暉以犒給稍薄因竄入南軍梁將王彥章寘之麾下莊宗平河南暉首罪赦之從明宗征潞州誅楊立有功又從魏王繼岌伐蜀蜀平授夔州刺史時荊州高季興叛以兵攻其城暉拒之屢敗荊軍長興中爲興州刺史以乾渠爲治所會兩川叛蜀人來侵暉以衆寡不敵奔歸鳳翔朝廷怒其失守詔于同州衙職安置未幾從晉高祖討蜀蜀人守劍門領部下兵踰越險阻從地道出于劍門之左掩擊之殺守兵殆盡會晉祖班師朝廷以暉爲澶州刺史晉天福初范延光據鄴叛以暉爲馬步都將孫銳爲監軍自六明鎭渡河將襲滑臺壽爲官軍所敗暉退歸鄴爲延光城守明年秋暉因出戰而降授滑州節度使檢校太傅鄴平移鎭靈武初張希崇鎭靈州以久在北蕃頗究邊事數年之間侵盜並息希崇卒未有主帥蕃部寇鈔無復畏憚朝廷以暉強暴之名聞于遐邇故以命之及暉到鎭大張宴席酒聲豐備羣夷告醉爭陳獻賀暉皆以錦綵酬之蕃情大悅黨項拓拔彥昭者州界部族之大者暉至來謁厚加

待遇仍爲治第豐其服玩因留之不令歸部河西羊馬由是易爲交市暉朞年得馬五千匹而蕃部歸心朝議患之隆平集藥元福傳西戎三族攻靈州命元福佐朔方節度使馮暉討之朔方距威州七百里地無水草謂之旱海賫糧至暉食盡詰朝行四十里而敵騎數萬扼要路暉大懼遣人致賂求成雖許及日中猶未決暉曰奈何元福曰彼正欲困我耳察其勢敵雖衆特依西山而陣者其精兵也請以驍銳先薄西山彼或少怯當舉黃旗爲識暉善其謀斬馘殆盡晉開運初桑維翰輔政欲圖大舉以制北戎命將佐十五人皆列藩之帥也唯暉不預其數乃上章自陳且言未老可用而制書見遺詔報云非制書忽忘實以朔方重地蕃部窺邊非卿雄名何以彈壓比欲移卿內地受代亦須奇才暉得詔甚喜又達情乞

移鎭邠州卽以節鉞授之行未及邠州又除陝州暉獻馬千匹駞五百頭在陝未幾除侍衞步軍都指揮使兼領河陽卽以王令溫爲靈武節度使暉旣典禁兵兼領近鎭爲朝廷縻留頗悔離靈武及馮玉李彥韜用事暉善奉之未幾復以暉爲朔方節度使加檢校太師漢高祖革命就加同平章事隱帝嗣位加兼侍中國初加中書令封陳留王廣順三年夏病卒年六十追贈衞王子繼業朔方衙內都虞候暉亡三軍請知軍府事因授檢校太保充朔方兵馬留後皇朝乾德中移于內地今爲同州節度使（永樂大典卷一萬八千一百三十三）

高允權延州人祖懷遷本郡牙將懷遷生二子長曰萬興次曰萬金梁唐之間爲延州節度使卒于鎭允權卽萬金子也雖出于將門不閑武藝起家爲義川主簿歷膚施縣令罷秩歸延州之第晉開運末以周密爲延帥延有東西二城其中限以深澗及契丹犯闕一日州兵亂攻密密固守東城亂兵旣無帥亦無敢爲帥者或曰取高家西宅郎君爲帥可也是夜未曙允權方寢亂軍排闥請知留後事遂居于西城與密相拒數日河東遣供奉官陳光穗宣撫河西允權乃遣支使李彬奉表太原周密棄東城而去漢祖遣使就加允權檢校太傅仍正受旄鉞漢祖入汴允權屢修貢奉隱帝卽位加檢校太尉同平章事允權與夏州李彝興不協其年李守貞據河中叛密搆彝興爲援及朝廷用兵夏州軍逼延州允權上章論列彝興亦紛然自訴朝廷賜詔和解之太子太師致仕劉景巖允權妻之祖也退老于州之別墅景巖舊事高氏爲牙校亦嘗爲延帥甚得民心景巖以允權婚家後輩心輕之允權恆忌其强是歲冬盡殺景巖之家收其家財萬計以謀叛聞朝廷不能辨關西賊平方面例覃恩命就加允權檢校太師太祖卽位加兼侍中廣順三年春卒其子紹基匿喪久之又擅主軍政

欲邀承襲觀察判官李彬以爲不可當聽朝旨紹基與羣小等惡其異議乃殺彬紿奏云彬結搆內外謀殺都指揮使及行軍副使自據城池已誅戮訖其妻子及諸房骨肉尋令捕繫次太祖聞之詔並釋之仍令都送汝州安置後朝廷令六宅使張仁謙往巡檢紹基乃發喪以聞輟視朝兩日（永樂大典卷五千五百三十八）

折從阮字可久本名從遠避漢高祖舊名下一字故改焉代家雲中父嗣倫爲麟州刺史累贈太子太師從阮性溫厚弱冠居父喪以孝聞唐莊宗初有河朔之地以代北諸部屢爲邊害起從阮爲河東牙將領府州副使

同光中授府州刺史長興初入朝明宗以從阮洞習邊事加檢校工部尚書復授府州刺史晉高祖起義以契丹有援立之恩賂以雲中河西之地從阮由是以郡北屬既而契丹欲盡從河西之民以實遼東人心大擾從阮因保險拒之晉少帝嗣位北絕邊好乃遣使持詔諭從阮令出師明年春從阮率兵深入邊界連拔十餘砦開運初加檢校太保遷本州團練使其年兼領朔州刺史安北都護振武軍節度使契丹西南面行營馬步都虞候漢祖建號晉陽引兵南下從阮率眾歸之尋升府爲永安軍析振武之勝州并沿河五鎮以隸焉授從阮

光祿大夫檢校太尉永安軍節度使府勝等州觀察處置等使仍賜功臣名號乾祐元年加特進檢校太師明年春從阮舉族入覲朝廷命其子德扆爲府州團練使授從阮武勝軍節度使太祖受命加同平章事尋移鎮滑州又改陝州二年冬授靜難軍節度使世宗即位就加兼侍中以年老上章請代優詔許之顯德二年冬赴闕行次西京以疾卒時年六十四制贈中書令（永樂大典卷一萬八千一百三十三）

王饒字受益慶州華池人也父柔以饒貴累贈太尉饒沈毅有才幹始事晉高祖天福初授控鶴軍使稍遷奉國軍校累加檢校尚書左僕射六年從杜重威平常山以功加檢校司空遷本軍都校領連州刺史時安從進叛于襄陽晉祖命高行周率兵討之以饒爲行營步軍都指揮使賊平授深州刺史逾年復入爲奉國都校加檢校司徒領欽州刺史未幾改本軍右廂都指揮使領閬州團練使晉末契丹據中原漢祖建義于晉陽尋剋復諸夏唯常山郡爲契丹所據時饒在其郡乃與李筠白再榮之儔承間竊發盡逐其黨漢祖嘉之授鄭州觀察留後加光祿大夫賜爵開國侯復移授鎮國軍節度使加檢校太傅國初就加同平章事賜推誠奉義翊戴

功臣顯德初以郊丘禮畢加檢校太尉移鎮貝州世宗嗣位加兼侍中改彰德軍節度使滿歲受代入奉朝請顯德四年冬以疾卒于京東之私第年五十九追封巢國公饒性寬厚體貌詳雅所蒞藩鎮民皆便之每接賓佐必怡聲緩氣恂恂如也故士君子亦以此多之（永樂大典卷六千八百五十一）

孫方諫鄭州清苑縣人也本名方簡廣順初以犯廟諱故改焉定州西北二百里有狼山山上有堡邊人賴之以避剽掠之患因中置佛舍有尼深意俗姓孫氏主其事以香火之教聚其徒聲言屍不壞因復以衣襟贍禮

信奉有同其生方諫即其宗人也嗣行其教率眾不食葷茹其黨推之為嵓主晉開運初定帥表為邊界遊奕使案宋史孫行友傳云方諫懼主帥捕逐乃表歸朝因署為東北面招討指揮使具賜院額日勝福每契丹軍來必帥其徒襲擊之鎧仗畜產所得漸多人益依以避難焉易定帥聞于朝因以方諫為邊界遊奕使行友副之自是捍禦多所殺獲乘勝入祁溝關平庸城破飛狐寨契丹頗畏之求請多端因少不得志潛通于契丹戎王之入中原也以方諫為定州節度使尋以其將耶律忠代之改方諫雲州節度使方諫恚憤與其黨歸狼山不受契丹命漢初契丹驟定州城壘燒爇廬舍盡驅居民而北中山為之一空方諫自狼山率其部眾迴保定州上表請命漢祖嘉之即授以節鉞累官至使相案宋史云漢授行友易州刺史行義泰州刺史弟兄犄角以居寇每入諸軍鎮閉壘坐視一無所得太祖受命加兼侍中未幾改華州節度使朝廷以其弟行友為定州留後案宋史云行友上言偵得契丹離合願得勁兵三千乘間平定幽州乃移方諫鎮華州以行友為定州留後又以弟議為德州刺史兄弟子姪職內廷者凡數人世宗嗣位史彥超代之車駕駐蹕于并門方諫自華覲于行在從大駕南巡以疾就醫于洛下尋授同州節度使加兼中書令未及赴任以疾卒于洛陽年六十二輟視朝兩日詔贈太師其弟行友繼為定州節度皇朝乾德中以其妖妄惑眾詔毀狼山佛寺遷其尼朽骨赴京遣焚于北郊以行友為諸衛

大將軍自是妖徒遂息焉永樂大典卷三千五百六十一續通鑑長編建隆二年八月義成節度使同平章事孫行友在鎮逾八年而狼山妖尼深意黨益盛上初即位行友不自安累表乞解官歸山上不許行友懼乃繕治甲兵將棄其帑還據山寨以叛兵馬都監樂繼能密奏其事上遣閤門副使武懷節馳騎會鎮趙之兵偽稱巡邊直入定州行友不之覺既而出詔示之令舉族歸朝行友倉皇聽命既至命侍御史李維岳即訊得實己酉制削奪行友官爵禁錮私第取尼深意尸焚之都城西北隅行友弟易州刺史方進姪保塞軍使全暉皆詣闕待罪詔釋之

史臣曰昔晉之季也敵騎長驅中原無主漢主雖思拯溺未果圖南趙暉首變陝郊同扶義舉漢之興也暉有力焉命以作藩斯無愧矣守恩乘時效順雖有可觀好利殘民夫何足貴允權方諫因版蕩之世竊屏翰之權比夫晝雲臺之功臣何相去之遠也永樂大典卷三千五百六十一

舊五代史卷一百二十五終

舊五代史卷一百二十五攷證

周列傳五高允權傳祖懷遷　懷遷原本作懷逵今據歐陽史改正

孫方諫傳又以弟議爲德州刺史　弟議宋史作行義

舊五代史卷一百二十五攷證

宋司空同中書門下平章事薛居正等撰

列傳第六　周書十七

馮道字可道瀛州景城人其先爲農爲儒不恆其業道少純厚好學能文不恥惡衣食負米奉親之外唯以披誦吟諷爲事雖大雪擁戶凝塵滿席湛如也天祐中劉守光署爲幽州掾守光引兵伐中山訪于寮屬道常以利害箴之守光怒寘于獄中尋爲人所救免守光敗逋歸太原監軍使張承業辟爲本院巡官承業重其文章履行甚見待遇時有周玄豹者善人倫鑒與道不洽謂

承業曰馮生無前程公不可過用時河東記室盧質聞之曰我曾見杜黃裳司空寫眞圖道之狀貌酷類焉將來必副大用玄豹之言不足信也承業尋薦爲霸府從事俄署太原掌書記時莊宗併有河北文翰甚繁一以委之莊宗與梁軍夾河對壘一日郭崇韜以諸校伴食數多主者不辦請少罷減莊宗怒曰孤爲效命者設席都不自由其河北三鎭令三軍別擇一人爲帥孤請歸太原以避賢路遽命道對面草詞將示其衆道執筆久之莊宗正色促焉道徐起對曰道所掌筆硯敢不供職今大王屢集大功方平南寇崇韜所諫未至過當阻拒之則可不可以向來之言遽動羣議敵人若知謂大王君臣之不和矣幸熟而思之則天下幸甚也俄而崇韜入謝因道爲之解焉人始重其膽量莊宗卽位鄴宮除省郎充翰林學士自綠衣賜紫梁平遷中書舍人戶部侍郎丁父憂持服于景城（談苑道聞父喪卽徒步見星以行家人從後持衣囊追及之）遇歲儉所得俸餘悉賑于鄉里道之所居惟蓬茨而已凡牧宰饋遺斗粟匹帛無所受焉時契丹方盛素聞道名欲掠而取之會邊人有備獲免（永樂大典卷四百三）明宗入洛遽謂近臣安重誨曰先帝時馮道郎中何在重誨曰今除翰林學士明宗曰此人朕素所諳悉是好宰相俄

拜端明殿學士端明之號自道始也未幾遷中書侍郎刑部尙書平章事（永樂大典卷一萬七千九百三十一）凡孤寒士子抱才業素知識者皆與引用唐末衣冠履行浮躁者必抑而置之有工部侍郎任贊因班退與同列戲道于後曰若急行必遺兔園册道知之召贊謂曰兔園册皆名儒所集道能諷之中朝士子止看文場秀句便爲舉業皆竊取公卿何淺狹之甚耶（歐陽史云兔園策者鄉校俚儒教田夫牧子之所誦也北夢瑣言云兔園策乃徐庾文體非鄙樸之談但家藏一本人多賤之困學紀聞云兔園策府三十卷唐蔣王惲令僚佐杜嗣先倣應科目策自設問對引經史爲訓注惲太宗子故用梁王兔園名其書馮道兔園策謂此也）贊大愧焉復有梁朝宰臣李琪每以文章自擅嘗進賀平

中山王都表云復眞定之逆城道讓珙曰昨來復收定州非眞定也珙昧于地理頓至折角其後百僚上明宗徽號凡三章道自爲之其文渾然非流俗之體舉朝服焉道尤長于篇咏秉筆則成典麗之外義含古道必爲遠近傳寫故漸畏其高深由是班行肅然無醨澆之態繼改門下侍郎戶部吏部尚書集賢殿弘文館大學士加尚書左僕射封始平郡公一日道因上謁既退明宗顧謂侍臣曰馮道性純儉頃在德勝寨居一茅庵與從人同器食臥則芻藁一束其心晏如也及以父憂退歸鄉里自耕樵採與農夫雜處畧不以素貴介懷眞士大

夫也（永樂大典卷四百三）天成長興中天下屢稔朝廷無事明宗每遇延英留道訪以外事道曰陛下以至德承天天以有年表瑞更在日愼一日以答天心臣每記在先皇霸府日曾奉使中山經井陘之險憂馬有蹶失不敢怠于銜轡及至平地則無復持控果爲馬所顚仆幾至于損臣所陳雖小可以喻大陛下勿以清晏豐熟便縱逸樂兢兢業業臣之望也明宗深然之他日又問道曰天下雖熟百姓得濟否道曰穀貴餓農穀賤傷農此常理也臣憶得近代舉子聶夷中傷田家詩云二月賣新絲五月糶秋穀醫得眼下瘡剜去心頭肉我願君王心化作

光明燭不照綺羅筵偏照逃亡屋明宗曰此詩甚好遽命侍臣錄下每自諷之道之發言簡正善于裨益非常人所能及也時以諸經舛謬同列李愚委學官田敏等取西京鄭覃所刊石經雕爲印板流布天下後進賴之明宗崩唐末帝嗣位以道爲山陵使禮畢出鎭同州循故事也道爲政閑澹獄市無撓一日有上介胡饒本出軍吏性麤獷因事詬道于牙門左右數報不應道曰此必醉耳因召入開尊設食盡夕而起無撓愠之色未幾入爲司空及晉祖入洛以道爲首相二年契丹遣使加徽號於晉祖晉祖亦獻徽號于契丹謂道曰此行非卿

不可道無難色晉祖又曰卿官崇德重不可深入沙漠道曰陛下受北朝恩臣受陛下恩何有不可（案楊內翰談苑云道與諸相歸中書食訖外廳堂吏前白道言北使事吏人色變手戰道取紙一幅署云道去卽遣寫勅進堂吏泣下道遣人語妻子不復歸家卽日舍都亭驛不數日北行晉祖餞宴語以家國之故煩者德遠使自酌巵酒賜之泣下）及行將達西樓契丹主欲郊迎其臣曰天子無迎宰相之禮因止焉其名動殊俗也如此（案談苑云契丹賜其臣牙笏及臘日賜牛頭者爲殊禮道皆得之作詩以紀云牛頭偏得賜象笏更容持契丹主甚喜遂潛諭留意道曰南朝爲子北朝爲父兩朝皆爲臣豈有分別哉道在契丹凡得所賜悉以市薪炭徵其意云北地苦寒老年所不堪當爲之備若將久留者契丹感其意乃遣歸道三上表乞留固遣乃去猶更住館中月餘既行所至留駐凡兩月方出境左右語道曰當北土得生還恨無羽翼公獨宿留何也道曰縱急還彼以筋脚馬一夕卽追及亦何

可脫但徐緩即不能測矣衆乃服四年二月始至京師及還朝廷廢樞密使依唐朝故事竝歸中書其院印付道事無巨細悉以歸之尋加司徒兼侍中進封魯國公晉祖嘗以用兵事問道道曰陛下歷試諸艱創成大業神武睿畧爲天下所知討伐不庭須從獨斷臣本自書生爲陛下在中書守歷代成規不敢有一毫之失也臣在明宗朝曾以戎事問臣臣亦以斯言答之晉祖頗可其說道嘗上表求退晉祖不之覽先遣鄭王就省謂曰卿來日不出朕當親行請卿道不得已出焉當時寵遇無與爲比晉少帝卽位加守太尉進封燕國公道嘗問朝中熟客曰道之在政事

堂人有何說客曰是非相半道曰凡人同者爲是不同爲非而非道者十恐有九昔仲尼聖人也猶爲叔孫武叔所毀況道之虛薄者乎然道之所持始終不易後有人問道于少帝曰道好平時宰相無以濟其艱難如禪僧不可呼鷹耳由是出道爲同州節度使歲餘移鎭南陽加中書令契丹入汴道自襄鄧召入戎王因從容問曰天下百姓如何可救道曰此時百姓佛再出救不得惟皇帝救得其後衣冠不至傷夷皆道與趙延壽陰護之所至也是歲三月隨契丹北行與晉室公卿俱抵常山俄而戎王卒永康王代統其衆及北去留其族嘉哩舊作解理今改正以據常山時漢軍憤激因共逐出嘉哩尋復其城道率同列四出按撫因事從宜各安其所人或推其功道曰儒臣何能爲皆諸將之力也道以德重人所取則乃爲衆擇諸將之勤宿者以騎校白再榮權爲其帥軍民由是帖然道首有力焉道在常山見有中國士女爲契丹所俘者出橐裝以贖之皆寄于高尼精舍後相次訪其家以歸之又契丹先留道與李崧和凝及文武官等在常山是歲閏七月二十九日契丹有僞詔追崧令選朝士十人赴木葉山行事契丹滿達勒舊作麻答今改正召道等至帳所欲諭之崧偶先至知其旨懼形于色

滿達勒將以明日與朝士齊遣之崧乃不俟道與凝先出旣而相遇于帳門之外因與分手俱歸俄而李筠等縱火與契丹交鬥鼓譟相及是日若齊至與滿達勒相見稍或躊躇則悉爲俘矣時論者以道布衣有至行立公朝有重望其陰報昭感多此類也及自常山入覲漢祖嘉之拜守太師洛陽搢紳舊聞記贈大監張公瑑漢祖卽位之初爲上黨戎判漢祖在北京時大聚甲兵禁牛皮不得私買易及民間盜用之如有牛死卽時官納其皮其有犯者甚衆及卽大位三司舉行請禁天下牛皮法與河東時同天下苦之會上黨民犯牛皮者二十餘人獄成罪俱當死大監時爲判官獨執曰主上欽明三司不合如此起請二十餘人死尙閭可使天下犯者皆衡冤而死乎且主上在河東大聚甲兵須藉牛皮嚴禁之可也今爲天下君何少牛皮立法至于此乎遂封奏之時三司使方用事執政之地除

馮瀛王外皆惡之曰豈有州郡使敢非朝廷詔勅力言于漢祖漢祖亦怒曰昭義一判官是何敢如此其犯牛皮者依敕俱死大監以非毀詔敕亦死敕未下獨瀛王非時請見漢祖出瀛王曰陛下在河東時斷牛皮可也今既有天下牛皮不合禁陛下赤子枉死之亦足爲陛下惜昭義判官以卑位食陛下祿居陛下官不惜軀命敢執而奏之可賞不可殺臣當輔弼之任使此敕枉害天下人性命臣不能早奏使陛下正臣罪當誅稽首再拜又曰張瓌不合加罪望加敕赦之漢祖久之曰已行之矣馮瀛王曰敕未下漢祖遽曰與赦之馮日勒停可張瓌體事未明執理乖當宜停見職犯皮者貸命放之大監聽宣敕訖聞敕云執理乖當尙日中書自不依能執理若一一教外道判官執理則焉用彼相乎乾祐中道奉朝請外平居自適一日著長樂老自敍云余世家家族本始平長樂二郡歷代之名實具載于國史家牒余先自燕亡歸晉事莊宗明宗閔帝淸泰帝又事晉高祖皇帝少帝契丹據汴京爲戎主所制自鎭州與文武臣寮馬步將士歸漢朝事高祖皇帝今上顧以久叨祿位備歷艱危上顯祖宗下光親戚亡曾祖諱湊累贈至太傅亡曾祖母崔氏追封梁國太夫人亡祖諱烱累贈至太師亡祖母褚氏追封吳國太夫人亡父諱良建秘書少監致仕累至尙書令母張氏追封魏國太夫人余階自將仕郎轉朝議郎朝散大夫銀青光祿大夫金紫光祿大夫特進開府儀同三司職自幽州節度巡官河東節度巡官掌書記再爲翰林學士改授端明殿學士集賢殿大學士太微宮使再爲弘文館大學士又充

諸道鹽鐵轉運使南郊大禮使明宗皇帝晉高祖皇帝山陵使再授定國軍節度同州管內觀察處置等使一爲長春宮使又授武勝軍節度鄧隨均房等州管內觀察處置等使官自攝幽府參軍試大理評事檢校尙書祠部郎中兼侍御史檢校吏部郎中兼御史中丞檢校太尉同中書門下平章事檢校太師兼侍中又授檢校太師兼中書令正官自行臺中書舍人再爲戶部侍郎轉兵部侍郎中書侍郎再爲門下侍郎刑部吏部尙書右僕射三爲司空兩在中書一守本官又授司徒兼侍中賜私門十六戟又授太尉兼侍中又授戎太傅又授漢太師爵自開國男至開國公魯國公再封秦國公梁國公燕國公齊國公食邑自三百戶至一萬一千戶食實封自一百戶至一千八百戶勳自柱國至上柱國功臣名自經邦致理翊贊功臣至守政崇德保邦致理功臣安時處順守義崇靜功臣崇仁保德寧邦翊聖功臣先娶故德州戶掾褚諱濆女早亡後娶故景州弓高縣孫明府諱師禮女累封蜀國夫人亡長子平自秘書郎授右拾遺工部度支員外郎次子吉自秘書省校書郎授膳部金部職方員外郎屯田郎中第三亡子可自秘書省正字授殿中丞工部戶部員外郎第四子幼亡第

五子義自秘書郎改授銀青光祿大夫檢校國子祭酒兼御史中丞充定國軍衙內都指揮使職罷改授朝散大夫左春坊太子司議郎授太常丞第六子正自協律郎改授銀青光祿大夫檢校國子祭酒兼御史中丞充定國軍節度使職罷改授朝散大夫太僕丞長女適故兵部崔侍郎諱衍子太僕少卿名絢封萬年縣君三女子早亡二孩幼亡唐長興二年勅瀛州景城縣莊來蘇鄉改爲元輔鄉朝漢里爲孝行里洛南莊貫河南府洛陽縣三州鄉靈臺里晉天福五年敕三州鄉改爲上相鄉靈臺里改爲中台里時守司徒兼侍中又奉八年敕

上相鄉改爲太尉鄉中台里改爲侍中里時守太尉兼侍中靜思本末慶及存亡蓋自國恩盡從家法承訓誨之旨關教化之源在孝于家在忠于國口無不道之言門無不義之貨所願者下不欺于地中不欺于人上不欺于天以三不欺爲素賤如是貴如是長如是老如是事親事君事長臨人之道曠蒙天恕累經難而獲多福曾陷蕃而歸中原非人之謀是天之祐六合之內有幸者百歲之後有歸所無以珠玉含當以時服斂以蘧篨葬及擇不食之地而葬焉以不及于古人故祭以特羊戒殺牲也當以不害命之物祭無立神道碑以三代墳

前不獲立碑故無請諡號以無德故又念自賓佐至王佐及領蕃鎮時或有微益于國之事節皆形于公籍所著文章篇詠因多事散失外收拾得者編于家集其間見其志知之者罪之者未知衆寡矣有莊有宅有羣書有三子可以襲其業于此日五盥日三省尙猶日知其所亡月無忘其所能爲子爲弟爲人臣爲師長爲夫爲父有子有猶子有孫奉身即有餘矣爲時乃不足不足者何不能爲大君致一統定八方誠有愧于歷職歷官何以答乾坤之施時開一卷時飲一杯食味別聲被色老安于當代耶老而自樂何樂如之時乾祐三年朱明

月長樂老序云及太祖平內難議立徐州節度使劉贇爲漢嗣遣道與秘書監趙上交樞密直學士王度等往迎之道尋與贇自徐赴汴行至宋州會澶州軍變樞密使王峻遣郭崇領兵至屯于衙門外時道與上交等宿于衙內是日贇率左右甲士閟門登樓詰崇所自崇言太祖已副推戴左右知其事變以爲道所賣皆欲殺道等以自快趙上交與王度聞之皆惶怖不知所爲惟道偃仰自適畧無懼色尋亦獲免焉道微時嘗賦詩云終聞海嶽歸明主未省乾坤陷吉人至是其言驗矣案靑箱雜記載馮道詩全篇云莫爲危時便愴神前程往往有期因終聞海嶽歸明主未省乾坤陷吉人道德幾時曾去

世舟車何處不通津但教方寸無諸惡狼虎叢中也立身廣順初復拜太師中書令
太祖甚重之每進對不以名呼及太祖崩世宗以道爲
山陵使會河東劉崇入寇世宗召大臣議親征道諫止
之世宗因言唐初天下草寇蜂起竝是太宗親平之道
奏曰陛下得如太宗否世宗怒曰馮道何相少也乃罷
及世宗親征不令扈從留道奉太祖山陵時道已抱疾
及山陵禮畢奉神主歸舊宮未及祔廟一夕薨于其第
時顯德元年四月十七日也享年七十有三世宗聞之
輟視朝三日册贈尚書令追封瀛王謚曰文懿案五代通錄作謚文懿見通鑑考異道歷任四朝三入中書在相位二十餘年以

持重鎮俗爲已任未嘗以片簡擾于諸侯平生甚廉儉
逮至末年閨庭之內稍狥奢靡其子吉尤恣狂蕩道不
能制識者以其不終令譽咸歎息之永樂大典卷一萬七千九百三十
五代史補馮道之鎮同州也有酒務吏乞以家財修夫子廟道以狀付判官參詳其事判官素滑稽因以一絕書之判後云荊棘森森遶杏壇儒官高貴盡偷安若教酒務修夫子覺我慚惶也大難道覽之有愧色因出俸重創之　馮瀛王道之在中書也有舉子李導投贄所業馮道之見之戲謂曰老夫名道其來久矣加以累居相府秀才不可謂不知然亦名導于禮可乎李抗聲對曰相公是無寸底道字小子有寸底道字何謂不可也公笑曰老夫不惟名無寸諸事亦無寸吾子可謂知人矣了無怒色　馮吉瀛王道之子能彈琵琶以皮爲弦世宗嘗令彈于御前深欣喜之因號其琵琶曰遶殿雷也道以其惰業每加譴責而吉攻之愈精道益怒凡與客飲必使廷立而彈之曲罷或賜以束帛命背負之然後致謝道自以爲戒勗極矣吉未能悛改既而益自若道

度無可奈何歎曰百工之司藝而身賤理使然也此子不過太常少卿耳其後果終于此
史臣曰道之履行鬱有古人之風道之宇量深得大臣
之體然而事四朝相六帝可得謂忠乎夫一女二夫人
之不幸況于再三者哉所以飾終之典不得謚爲文貞
文忠者蓋謂此也永樂大典卷一萬七千九百三十

舊五代史卷一百二十六終

舊五代史卷一百二十六攷證

周列傳六馮道傳諡曰文懿　案五代通錄作諡文懿見通鑑攷異

嘉里舊作解里今改　滿達勒舊作麻荅今改

舊五代史卷一百二十六攷證終

宋司空同中書門下平章事薛居正等撰

列傳第七　周書十八

盧文紀字子持京兆萬年人也（案以下原本有闕文）長興末爲太常卿文紀形貌魁偉語音高朗占對鏗鏘健于飲啖奉使蜀川路由岐下時唐末帝爲岐帥以主禮待之覩其儀形旨趣遇之頗厚清泰初中書闕輔相末帝訪之于朝左右曰臣見班行中所謩當大拜者姚顗盧文紀崔居儉耳或品藻三人才行其心愈惑末帝乃俱書當時清望達官數人姓名投琉璃缾中月夜焚香禱請于天

旭旦以筯挾之首得文紀之名次即姚顗末帝素已期待歡然命之即授中書侍郎同平章事與姚顗同升相位時朝廷兵革之後宗社甫寧外寇內侵强臣在境文紀處經綸之地無輔弼之謀所論者親愛朋黨之小瑕所糾者銓選擬掄之微纇時有蜀人史在德爲太常丞出入權要之門評品朝士多有譏彈乃上章云文武兩班宜選能進用見在軍都將校朝廷士大夫並請閱試澄汰能者進用否者黜退不限名位高下疏下中書文紀以爲非己怒甚召諫議盧損爲覆狀辭旨蕪漫爲衆所嗤三年夏晉祖引契丹拒命旣而大軍挫衂官寨受圍八月親征過徽陵拜于闕門休于仗舍文紀扈從帝顧謂之曰朕聞主憂臣辱予自鳳翔來首命卿爲宰相聽人所論將謂便致太平寇孽紛紛令萬乘自行戰賊于汝安乎文紀惶恐致謝時末帝季年天奪其魄聲言救寨其實倦行初次河陽召文紀張延朗謀議文紀曰敵騎倏往忽來無利則去大寨牢固足以枝梧況已有三處救兵可以不戰而解使人督促責以成功輿駕且駐河橋詳觀事勢況地處舟車之要正當天下之心必若未能解圍去亦非晚會延朗與趙延壽款密傍奏曰文紀之言是也故令延壽北行末帝坐俟其敗晉祖入

洛罷相爲吏部尚書再遷太子少傅少帝嗣位改太子太傅漢祖登極轉太子太師時朝官分司在洛雖有留臺御史紀綱亦多不整肅遂勑文紀別令檢轄侍御史趙礪及糺分司朝臣中有行香拜表疏怠者楊邠怒凡疾病不任朝謁者皆與致仕官時文紀別令檢轄之職頗甚滋章因疾請假復爲留臺所奏遂以本官致仕廣順元年夏卒年七十六贈司徒輟視朝二日文紀平生積財巨萬及卒爲其子龜齡所費不數年間以至蕩盡由是多藏者以爲誡焉（永樂大典卷一萬七千九百一十）

馬裔孫字慶先棣州商河人（案以下原本有闕文）唐末帝即位用

爲翰林學士戸部郎中知制誥賜金紫未滿歲改中書舍人禮部侍郎皆帶禁職尋拜中書侍郎平章事裔孫純儒性多凝滯遽登相位未悉朝廷舊事初馮道罷同州人朝拜司空唐朝故事三公爲加官無單拜者是時朝議率爾命道制出或曰三公正宰相便合參大政又云合受册衆言籍籍盧文紀又欲祭祀時便合掃除馮道聞之曰司空掃除職也吾無所憚既而知非乃止劉昫爲僕射性剛羣情嫉之乃共贊右常侍孔昭序論行香次第言常侍侍從之臣立合在僕射之前行疏奏下御史臺定例同光已來李琪盧質繼爲僕射質性輕脫

不能守師長之體故昭序輕言裔孫以羣情不悅劉昫馮道欲微抑之乃責臺司須檢則例而臺吏言舊不見例據南北班位即常侍在前俄屬國忌將就列未定裔孫即判臺狀曰既有援據足可遵行各示本官劉昫怒揮袂而退自後日責臺司定例崔居儉謂南宮同列曰從昭序言語是朝廷人總不解語也且僕射師長也中丞大夫就班修敬常侍班在南宮六卿之下況僕射乎已前騎省年深望南宮工部侍郎如仰霄漢癡人舉止何取笑之深耶衆聞居儉言紛議稍息文士哂裔孫堂判有援據二字其中書百職裔孫素未諳練無能專決

但署名而已又少見賓客時人目之謂三不開謂口不開印不開門不開也及太原事起唐末帝幸懷州裔孫留司在洛未幾趙德鈞父子有異志官砦危急君臣計無所出俄而裔孫自洛來朝衆相謂曰馬相此來必有安危之策既至獻綾三百匹卒無獻可之言晉祖受命廢歸田里裔孫好古慕韓愈之爲人尤不重佛及廢居里巷追感唐末帝平昔之遇乃依長壽僧舍讀佛書冀申冥報歲餘枕籍黃卷中有華嚴楞嚴詞理富贍由是酷賞之仍抄撮之相形于歌詠謂之法喜集又纂諸經要言爲佛國記凡數千言或嘲之曰公生平以傳奕韓

愈爲高識何前倨而後恭是佛佞公耶公佞佛耶裔孫笑而答曰佛佞予則多矣李崧相晉用李專美爲贊善裔孫以賓客致仕專美轉少卿裔孫得太子詹事晉漢公卿以裔孫好爲文章皆忻然待之太子即位就加檢校禮部尚書太子賓客分司在洛每閉關養素唯事謳吟著述嗜八分書往來酬答必親札以衒其墨蹟裔孫將卒之前覩白虺緣于庭槐驅之失所在裔孫感賦鵩之文作槐蟲賦以見志廣順三年秋七月卒于洛陽詔贈太子少傅輟視朝一日裔孫初爲河中從事因事赴闕宿于灑店其地有上灑神祠夜夢神見召待以優禮

手授二筆其筆一大一小覺而異焉及爲翰林學士裔孫以爲契鴻筆之兆旋知貢舉私自謂曰此二筆之應也洎入中書上事堂吏奉二筆熟視大小如昔時夢中所授者及卒後旬日有侍婢靈語一如裔孫聲氣處分家事皆有倫理時人奇之永樂大典卷一萬七千九百一十

和凝字成績汶陽須昌人也九代祖逢堯唐高宗時爲監察御史自逢堯之下仕皆不顯曾祖敏祖濡皆以凝貴累贈太師父矩贈尚書令矩性嗜酒不拘禮節雖素不知書見士未嘗有慢色必罄家財以延接凝幼而聰敏姿狀秀拔神彩射人少好學書一覽者咸達其大義

年十七舉明經至京師忽夢人以五色筆一束以與之謂曰子有如此才何不舉進士自是才思敏贍十九登進士第滑帥賀瓌知其名辟置幕下凝善射時瓌與唐莊宗相拒于河上戰胡柳陂瓌軍敗而北惟凝隨之瓌顧曰子勿相隨當自努力凝泣而對曰丈夫受人知有難不報非素志也但恨未有死所旋有一騎士來逐瓌凝叱之不止遂引弓以射應弦而斃瓌獲免旣而謂諸子曰昨非和公無以至此和公文武全才而有志氣後必享重位爾宜謹事之遂以女妻之由是聲望益隆後歷鄆鄧洋三府從事唐天成中入拜殿中侍御史歷禮部刑部二員外改主客員外郎知制誥尋召入翰林充學士轉主客郎中充職兼權知貢舉貢院舊例放牓之日設棘于門及閉院門以防下第不逞者凝令撤棘啟門是日寂無喧者所收多才名之士時議以爲得人澠水燕談范質初舉進士時和凝知貢舉凝常以宰輔自期登第之日名第十三人及覽質文尤加賞歎卽第十三名處之場屋間謂之傳衣鉢若禪宗之相付授也後質果繼凝登相位明宗益加器重遷中書舍人工部侍郎皆充學士晉有天下拜端明殿學士兼判度支轉戶部侍郎會廢端明之職復入翰林充承旨晉祖每召問以時事言皆稱旨五年拜中書侍郎平章事六年秋晉高祖將幸鄴都時襄州安從政反狀

已彰凝乃奏曰車駕離闕安從進或有悖逆何以待之晉高祖曰卿意如何凝曰以臣料之先人有奪人之心臨事卽不及也欲預出宣勑十數道密付開封尹鄭王令有緩急卽旋塡將校姓名令領兵擊之晉高祖從之及闕唐鄧奏報鄭王如所勑遣騎將李建崇監軍焦繼勳等領兵討焉相遇于湖陽從進出于不意甚訝其神速以至于敗由凝之力也少帝嗣位加右僕射開運初罷相守本官未幾轉左僕射漢興授太子太保國初遷太子太傅顯德二年秋以背疽卒于其第年五十八輟視朝兩日詔贈侍中凝性好修整自釋褐至登台輔車

服僕從必加華楚進退容止偉如也又好延納後進士無賢不肖皆虛懷以待之或致其仕進故甚有當時之譽平生爲文章于短歌豔曲尤好聲譽有集百卷自篆于板模印數百帙分惠于人焉宋朝類苑和魯公凝有豔詞一編名香奩集凝後貴乃嫁其名爲韓偓今世傳韓偓香奩集乃凝所爲也凝生平著述分爲演綸遊藝孝悌疑獄香奩籝金六集自爲遊藝集序云予有香奩籝金二集不行于世凝在政府避議論諱其名又欲後人知故于遊藝集序實之此凝之意也長子峻卒于省郎次子峴錦繡萬花谷范蜀公蒙求云和峴晉相和凝之子峴生會凝入翰林加金紫知貢舉凝喜曰我仕生平美事三者併集此子宜于我矣因名曰三美皇朝爲司勳員外郎永樂大典卷五千七百一十

蘇禹珪字玄錫其先出于武功近世家高密今爲郡人

也父仲容以儒學稱于鄉里唐末舉九經補廣文助教遷輔唐令累贈太師禹珪性謙和虛襟接物克搆父業以五經中第辟遼州倅職歷青鄆從事轉潞并管記累檢校官至戶部郎中漢高祖作鎮并門奏爲兼判開運末契丹入汴漢祖即位于晉陽授中書侍郎平章事漢祖至汴兼刑部尚書俄加右僕射集賢殿大學士漢祖大漸與蘇逢吉楊邠等受顧命立少主明年轉左僕射三年太祖入平內難禹珪遁入都城爲兵士所擄翌日太祖令人求之既見撫慰甚至尋復其位國初加守司空尋罷相守本官世宗嗣位封莒國公未幾受代歸第顯德三年正月旦與客對食之際暴疾而卒時年六十二禹珪純厚長者遭遇漢祖及蘇逢吉夷滅禹珪恬然無咎時人以爲積善之報也子德祥登進士第累歷臺省永樂大典卷三千三百九十三

景範淄州長山人案以下原本有闕文景範父名初以戶部郎中致仕見世宗紀世宗之北征也命爲東京副留守車駕迴自河東世宗以艱于國用乃以範爲中書侍郎平章事判三司案冊府元龜載世宗即位七月癸巳制曰朕自履宸極思平泰階出一令慮下民之未從行一事慮上玄之罔祐晨興夕惕終歲于茲雖禮讓漸聞興行而風雨未之咸若豈刑政之所闕而德教之未孚哉繇是進用良臣輔宣元化雖朕志先定亦輿情具瞻爰擇佳辰誕敷明命樞密院直學士中大夫尚書工部侍郎上柱國晉陽縣開國男食三百戶

賜紫金魚袋景範昔佐先帝每罄嘉謨逮事眇躬愈傾忠節奉上得大臣之體檢身爲君子之儒一咋戎輅親征皇都是守贊勳賢于留府副徵發于行營軍政所需國用無闕今則靈臺偃草宣室圖功思先朝欲用之言成聖考得賢之美俾參大政仍掌利權爾其明聽朕言往敷玄化予欲則垂象而清品彙爾則順天道以序彝倫余欲恤刑名而息戰爭爾則謹憲章而恢廟畧天人之際懸合軍民之事罔渝則國相之尊非爾孰處邦計之重惟財是藏勉思倜儻以致君勿效因循而保位竚聞成績用副虛懷可正議大夫中書侍御平章事判三司範爲人厚重剛正無所屈撓然理煩治劇非其所長雖悉心盡瘁終無稱職之譽世宗知之因其有疾乃罷司計尋以父喪罷相東歸顯德三年冬以疾卒于鄉里優詔贈侍中官爲立碑焉永樂大典卷一萬七千九百一十案景範神道碑以顯德三年十二月立今尚存

史臣曰夫以稽古之力取秉鈞之位者豈常人乎然文紀躭于貨殖畜孫傷于齷齪則知全其德者鮮矣如成績之文彩玄錫之履行景範之純厚皆得謂之君子矣以之爰立何用不臧永樂大典卷二千三百九十二

舊五代史卷一百二十七終

舊五代史卷一百二十七攷證

周列傳七和凝傳欲預出宣敕十數道密付開封尹鄭王令有緩急卽旋塡將校姓名令領兵擊之　案洛陽搢紳舊聞記作已命高行周爲招討張從恩爲都監仍令焦繼勳等數人備指使是晉祖未北征已命將校矣與是書異

補前盧文紀傳遂以本官致仕　歐陽史周太祖入立卽拜司空于家

舊五代史卷一百二十七攷證終

舊五代史卷一百二十八

宋司空同中書門下平章事薛居正等撰

列傳第八　周書十九

王朴字文伯東平人也父序以朴貴贈左諫議大夫朴幼警慧好學善屬文漢乾祐中擢進士第解褐授校書郎依樞密使楊邠館於邠第是時漢室寖亂大臣交惡朴度其必危因乞告東歸未幾李業輩作亂害邠等三族凡遊其門下者多被其禍而朴獨免國初世宗鎮澶淵朝廷以朴爲記室及世宗爲開封尹拜右拾遺充開封府推官世宗嗣位授比部郎中賜紫二年夏世宗命

朝廷文學之士二十餘人各撰策論一首以試其才時朴獻平邊策云唐失道而失吳蜀晉失道而失幽并觀所以失之由知所以平之術當失之時莫不君暗政亂兵驕民困近者姦于內遠者叛于外小不制而至于大大不制而至於僭天下離心人不用命吳蜀乘其亂而竊其號幽并乘其間而據其地平之之術在乎反唐晉之失而已必先進賢退不肖以清其時用能去不能以審其財恩信號令以結其心賞功罰罪以盡其力恭儉節用以豐其財徭役以時以阜其民俟其倉廩實器用備人可用而舉之彼方之民知我政化大行上下同心力強財足人知將和有必取之勢則知彼情狀者願爲之間諜知彼山川者願爲之先導彼民與此民之心同是與天意同與天意同則無不成之功攻取之道從易者始當今吳國東至海南至江可撓之地二千里從少備處先撓之備東則撓西備西則撓東必奔走以救其弊奔走之間可以知彼之虛實衆之強弱攻虛擊弱則所向無前矣勿大舉但以輕兵撓之彼人怯知我師入其地必大發以來應數大發則必民困而國竭一不大發則我獲其利彼竭我利則江北諸州乃國家之所有也既得江北則用彼之民揚我之兵江之南亦不難而

平之也如此則用力少而收功多得吳則桂廣皆爲內臣岷蜀可飛書而召之如不到則四面並進席卷而蜀平矣吳蜀平幽可望風而至唯并必死之寇不可以恩信誘必須以強兵攻之但亦不足以爲邊患可爲後圖俟其便則一削以平之方今兵力精練器用具備羣下知法諸將用命一稔之後可以平邊此歲夏秋便可於沿邊貯納臣書生也不足以講大事至於不達大體不合機變望陛下寬之（宋東都事略時朴與徐台符竇儀同議）世宗覽之愈重其器識未幾遷左諫議大夫知開封府事初世宗以英武自任喜言天下事常憤廣明之後中土日蹙值果

朝多事尙未克復慨然有包舉天下之志而居常計事者多不論其旨唯朴神氣勁峻性剛決有斷凡所謀畫動愜世宗之意繇是急于登用尋拜左散騎常侍充端明殿學士知府如故是時初廣京城朴奉命經度凡通衢委巷廣袤之間靡不由其心匠及世宗南征以朴爲東京副留守車駕還京改戶部侍郎兼樞密副使未幾遷樞密使檢校太保頃之丁內艱尋起復授本官四年冬世宗再幸淮甸兼東京留守京邑庶務悉以便宜制之比及還蹕都下肅如也默記引閒談錄云朴性剛烈大臣藩鎭皆憚之世宗收淮南俾朴留守時以街巷隘狹例從展拆朴怒廂校弛慢于通衢中鞭背數十其人忿然歎云宣補廂虞候豈得

便從決朴微聞之命左右擒至立斃于馬前世宗聞之笑謂近臣曰此七愚人去王朴面前誇宣補廂虞候宜其死矣六年三月世宗令樹斗門於汴口不踰時而歸朝是日朴方過前司空李穀之第交談之頃疾作而仆於座遽以肩輿歸第是夕而卒時年四十五默記王朴仕周世宗制禮作樂攷定聲律正星歷修刑統百廢俱起又取三關取淮南皆朴爲謀然事世宗纔四年耳使假之壽考安可量也世宗聞之駭愕卽時幸其第及柩前以所執玉鉞卓地而慟者數四贈賻之類率有加等優詔贈侍中宋史王侁傳朴卒世宗幸其第召見諸孤以侁爲東頭供奉官朴性敏銳然傷于太剛每稠人廣座之中正色高談無敢觸其鋒者故時人雖服其機變而無恭懿之譽其筆述之外多所該綜至如星緯

聲律莫不畢殫其妙所撰大周欽天曆及律並行于世永樂大典卷一萬八千一百二十三默記云周世宗于禁中作功臣閣畫當時大臣如李穀鄭仁誨之屬大祖卽位一日過功臣閣風開半門正與朴象相對太祖望見卻立聳然整御袍襟帶磬折鞠躬左右曰陛下貴爲天子彼前朝之臣禮何過也太祖以手指御袍云此人在朕不得此袍著其敬畏如此五代史闕文周顯德中朴與魏仁浦俱爲樞密使時太祖皇帝已掌禁兵一日有殿直乘馬誤衝太祖導從太祖自詣密地訴其無禮仁浦令徽院勘詰朴謂太祖曰太尉名位雖高未加使相殿直廷臣也與太尉比肩事主太尉況帶職不宜如此太祖唯唯而出臣謹按朴之行事傳于人口者甚衆而史氏缺書臣聞重修太祖實錄已于李穀傳中見朴遺事今復補其大者況太祖太宗在位每稱朴有上輔之器朝列具聞

楊凝式華陰人也父涉唐末梁初再登台席罷相守左僕射卒歐陽史楊涉傳云祖收父嚴吳縝纂誤云收與嚴乃兄弟非父子也又游宦紀聞載楊氏家譜

云唐修行楊氏系出越公房本出中山相結次子繼生洛州刺史暉暉生河間太守恩恩生越恭公鈞出居馮翊至藏器徙溽陽唐相楊收之父曰遺直生四子名皆從又曰發假收嚴以四時爲義故發之子名皆從木假之子從火收之子從金嚴之子從水嚴生涉涉生凝式而收乃藏器之兄涉之伯也新五代史記唐六臣傳乃以收爲涉之祖嚴之父非也凝式體雖蕞眇而精神穎悟宣和書譜云凝式形貌寢侻然精神矍然要大于身富有文藻大爲時輩所推唐昭宗朝登進士第解褐授度支巡官再遷秘書郎直史館梁開平中爲殿中侍御史禮部員外郎三川守齊王張宗奭見而嘉之請以本官充留守巡官梁相趙光裔素重其才奏爲集賢殿直學士改考功員外郎唐同光初授比部郎中知制誥尋以心疾罷去改給事中史館修撰判館

事明宗卽位拜中書舍人復以心疾不朝而罷長興中歷右常侍工戶部二侍郎以舊恙免改秘書監淸泰初遷兵部侍郎唐末帝按兵於懷覃凝式在扈從之列頗以心恙謟譁於軍砦末帝以其才名優容之詔遣歸洛晉天福初改太子賓客尋以禮部尙書致仕閑居伊洛之間恣其狂逸多所干忤自居守以降咸以俊才耆德莫之責也晉開運中宰相桑維翰知其絕俸艱于家食奏除太子少保分司於洛（案遊宦記聞引楊凝式傳所載仕梁仕晉年月皆與薛史異）漢乾祐中歷少傅少師太祖總政凝式候于軍門且以年老不任庶事上訴太祖特爲奏免之廣順中表求

致政尋以右僕射得請顯德初改左僕射又改太子太保並懸車元年冬卒于洛陽年八十五詔贈太子太傅凝式長於歌詩（別傳云凝式詩什亦多雜以詼諧少從張全義辟故作詩紀全義之德云洛陽風景實堪哀昔日曾爲瓦子堆不是我公重葺理至今猶自一堆灰他類若此張從恩尹洛凝式自汴還時飛蝗蔽日偶與之俱凝式先以詩寄曰押引蝗蟲到洛京合消郡守遠相迎從恩怫怪也然凝式詩句自佳其題壁有院似禪心靜花如覺性圓淸麗可喜）善于筆札洛州寺觀藍墻粉壁之上題紀殆遍時人以其縱誕有風子之號焉（永樂大典卷六千五百十二　五代史補楊凝式父涉爲唐宰相太祖之篡唐祚也涉當送傳國璽時凝式方冠諫曰大人爲宰相而國家至此不可謂之無過而更手持天子印綬以付他人保富貴其如千載之後云云何其宜辭免之時太祖恐唐室大臣不利于已往往陰使人來探訪羣議縉紳之士及禍甚眾涉常不自保忽聞凝式言大駭曰汝滅吾族于是神色沮喪者數日凝式恐事泄卽日遂佯狂時人謂之楊風子也　游宦紀聞載凝式年譜云唐咸通十四年癸巳凝式生是年生故題識多自稱癸巳人又別傳云凝式字景度　是別傳云凝式雖仕歷五代以心疾閒居故時人目以風子其筆迹遒放宗師歐陽詢與顏眞卿而加以縱逸既久居洛多遨遊佛道祠遇山水勝槩輒留連賞詠有垣牆圭缺處顧視引筆且吟且書若與神會率寶護之其號或以姓名或稱癸巳人或稱楊虛白或稱希維居士或稱關西老農其所題後或眞或草不可原詰而論者謂其書自顏中書後一人而已其佯狂之迹甚著卜第于尹京之側遇入府前輿後馬猶以爲遲乃杖策徒行市人隨笑之嘗迫冬家人未挾纊會有故人過洛以贈以綿五十兩絹百端凝式悉留之修行尼舍俾造襪以施崇德普明兩寺飯僧其家雖號寒啼饑而凝式不屑也留守聞其事乃自製衣給米遺之凝式笑謂家人曰我固知留守必見賙也每旦起將出僕請所之楊曰宜東遊廣愛寺僕曰不若西遊石壁寺凝式舉鞭曰姑遊廣愛僕又以石壁爲請凝式乃曰姑遊石壁聞者拊掌）

薛仁謙字守訓代居河東近世徙家于汴今爲浚儀人也父延魯仕唐爲汝州長史累贈吏部尙書仁謙謹厚廉恪深通世務梁鄴王羅紹威甚重之累署府職唐莊宗卽位於魏授通事舍人梁開平中聘于吳得使乎之體遷衞尉少卿引進副使累加檢校兵部尙書長興中轉客省使鴻臚少卿出爲建雄軍節度副使進階光祿大夫檢校左僕射改光祿少卿晉天福初授檢校司空河中節度副使歸朝爲衞尉太僕二卿丁繼母憂居喪制滿授司農卿漢乾祐中以本官致仕周初改太子賓客致仕仍加檢校司徒進封侯爵顯德三年冬以疾終

年七十八贈工部尚書初仁謙隨莊宗入汴也有舊第爲梁朝六宅使李賓所據時賓遠適而仁謙復得其第或告云賓之家屬厚藏金帛在其第內仁謙立命賓親族盡出所藏而後入焉論者美之子居正皇朝門下侍郎平章事永樂大典卷二萬一千三百六十七

蕭愿字惟恭梁宰相頃之子也頃明宗朝終于太子少保唐書有傳初愿之曾祖倣唐僖宗朝入相接客之次愿爲兒童戲效傳呼之聲倣謂客曰余豈敢以得位而喜所幸奕世壽考吾今又有曾孫在目前矣愿弱冠舉進士第解褐爲校書郎改畿尉直史館監察殿中侍御

史遷比部員外右司郎中太常少卿明宗朝祀大微宮愿乘醉預公卿之列爲御史所彈左遷右贊善大夫未幾授兵部郎中復金紫丁內艱服闋自左司郎中拜右諫議大夫歷給事中右常侍秘書監改太子賓客廣順元年春卒贈禮部尚書愿世純謹承事父母未嘗不束帶而見然性嗜酒無節職事弛慢爲兵部郎中日常掌告身印覃恩之次頗怠職司父頃爲吏部尚書代愿視印篆其散卒如此愿卒時年七十餘其母猶在一門壽考人罕及者永樂大典卷五千二百二十五

盧損其先范陽人也近世任於嶺表父潁遊宦于京師損少學爲文梁開平初舉進士性頗剛介以高情遠致自許與任贊劉昌素薛鈞高總同年擢第所在相詬時人謂之相罵榜及任贊劉昌素居要切之地而損自異不相親狎時左丞李琪素薄劉昌素之爲人常善待損琪有女弟恥長年婚對不售乃以妻損損慕琪聲稱納之及琪爲輔相致損仕進梁貞明中累遷至右司員外郎唐天成初由兵部郎中史館修撰轉諫議大夫屢上書言事詞理淺陋不爲名流所知清泰中盧文紀作相密與損參議時政初長興中唐末帝鎮河中損嘗爲加恩使副及末帝即位用爲御史中丞拜命之日以自前

憲使不能振舉綱領俾風俗頹壞乃大爲條奏而有平明放鑰日出守端之語大爲士人嗤鄙有頃誤詳赦書失出罪人停任晉天福中復爲右散騎常侍轉秘書監大失所望即拜章辭位乃授戶部尚書致仕退居潁川時少保李鏻年將八十善服氣導引損以鏻退有道術酷慕之仍以潁川逼于城市乃卜居陽翟誅茅種藥山衣野服逍遙于林圃之間出則柴車鶴氅自稱具茨山人晚年與同輩五六人于大隗山中疏泉鑿坏爲隱所誓不復出山久之齒髮不衰似有所得廣順三年秋卒時年八十餘贈太子少傅永樂大典卷二千二百十二

王仁裕字德輦天水人少孤不從師訓年二十五方有意就學一夕夢剖其腸胃引西江水以浣之又睹水中砂石皆有篆文因取而呑之及寤心意豁然自是姿性絕高案此下有闕文輿地紀勝云王仁裕知貢舉時所取進士三十三人皆一時名公卿李昉王溥爲冠有詩萬餘首勒成百卷目之曰西江集蓋以嘗夢呑西江文石遂以爲名焉後爲兵部尚書太子太保卒冊府元龜卷八百九十三 輿地紀勝仁裕所著有紫泥集西江集入洛記共百卷 五代史補王尚書仁裕乾□初放一榜二百一十四人乃自爲詩云二百一十四門生春風初動羽毛輕擲金換却天邊桂鑿壁偷將榜上名陶穀爲尚書素好恢諧見詩佯聲曰大奇大奇不意王仁裕今日做賊頭也聞者皆大笑

裴羽字用化唐僖宗朝宰相贄之子也羽少以父任爲河南壽安尉入梁遷御史臺主簿改監察御史唐明宗時爲吏部郎中使于閩遇颶風飄至錢塘時安重誨用事削奪吳越封爵羽被留于錢塘後吳越復通中國羽始得還晉初累遷禮部侍郎太常卿廣順初爲左散騎常侍卒贈工部尚書羽之使閩也正使陸崇卒于道羽載其喪還歸其槖裝時人義之永樂大典卷三千二百一

段希堯河內人也祖約定州戶掾贈太常少卿父昶晉州神山縣令累贈太子少保希堯少有器局累歷州縣唐天成中爲衛州錄事參軍會晉高祖作鎮于鄴聞其勤幹奏改洺州糾曹及晉祖鎮太原辟爲從事淸泰中

晉祖總戎于代北一日軍亂譟呼萬歲晉高祖惑之希堯曰夫兵猶火也弗戢將自焚譟請戮其亂首乃止明年晉祖將舉義于太原召賓佐謀之希堯極言以拒之晉祖以其純朴弗之咎也晉祖龍飛霸府舊寮皆至達官唯希堯止授省郎而已天福中稍遷右諫議大夫尋命使于吳越及乘舟汎海風濤暴起檝師僕從皆相顧失色希堯謂左右曰吾平生履行不欺暗室昭昭天鑒豈無祐乎汝等但以吾爲托必當無患言訖而風止乃獲利涉使廻授萊州刺史檢校尚書右僕射未赴任改懷州六年秋移棣州刺史兼榷鹽制置使少帝嗣位加檢校司空開運中歷戶部兵部侍郎漢初遷吏部侍郎判東西兩銓事國初拜工部尚書世宗嗣位轉禮部尚書顯德三年夏卒于洛陽時年七十九贈太子少保子思恭右諫議大夫永樂大典卷一萬六千三百一十

司徒詡字德普淸河郡人也父倫本郡督郵以淸白稱詡少好讀書通五經大義弱冠應鄉舉不第唐明宗之鎮邢臺詡往謁之甚見禮遇命試吏于邯鄲歷永年項城令皆能名長興初唐末帝鎮河中奏辟爲從事未幾徵拜左補闕史館修撰秦王從榮之開府也朝廷以詡爲戶部員外郎充河南府判官秦王遇害以例貶寧州

司馬清泰初爲兵部員外郎晉祖踐祚改刑部郎中充度支判官權密直學士由兵部郎中遷左諫議大夫給事中充集賢殿學士判院事轉左散騎常侍工部侍郎歷知許齊亳三州事漢初除禮部侍郎凡三主貢舉自起部貳卿不數年間徧歷六曹由吏部侍郎拜太子賓客世宗即位授太常卿時世宗留意于雅樂議欲考正其音而詡爲足疾所苦居多假告遂命以本官致仕顯德六年夏卒于洛陽之私第年六十有六贈工部尚書詡善談論性嗜酒喜賓客亦信浮屠之教漢乾祐中嘗使于吳越航海而往至渤澥之中睹水色如墨舟人曰

其下龍宮也詡因炷香興念曰龍宮珍寶無用俟迴棹之日當以金篆佛書一帙用伸贊敬洎復經其所遂以經一函投于海中俄聞梵唄絲竹之音喧于船下舟人曰此龍王來迎其經矣同舟百餘人皆聞之無不歎訝焉（永樂大典卷二千一百二十八）

邊蔚字得昇長安人父操華州下邽令累贈太子少師（宋史邊珝華州鄭人也曾祖頵石泉令祖操下邽令父蔚太常卿通鑑峻至商州得腹疾帝猶愍之命其妻往視之未幾而卒）蔚幼孤篤學有鄉里譽從交辟歷晉陝華三府從事唐莊宗之伐蜀大軍出于華下時屬華方闕帥蔚爲記室詔令權領軍府事供億軍儲甚有幹濟之稱及

明宗入洛遣李沖賫詔于闕右盡誅閹官沖性深刻而華人有爲閹官所累者沖欲盡戮之蔚以理救護獲免者甚衆毛璋之鎮邠寧奏爲廉判時璋爲麾下所惑有跋扈之意蔚因乘間極言諭以逆順之理璋即時遣妻子入貢朝廷以蔚有贊畫之效賜以金紫改許州戎判晉天福初自涇州戎幕徵拜虞部員外郎鹽鐵判官歷開封廣晉少尹晉少帝嗣位拜左散騎常侍判廣晉府事轉工禮二部侍郎再知開封府事開運初出爲亳州防禦使爲政清肅亳民感之歲餘入爲戶部侍郎漢初拜御史中丞轉兵部侍郎太祖受命復知開封府事遷

太常卿後以足疾辭位顯德二年冬卒于家時年七十一子玕珝俱仕皇朝爲省郎（永樂大典卷四千七百二十）

王敏字待問單州金鄉人性純直少力學攻文登進士第後依杜重威凡歷數鎮從事漢初杜重威叛于鄴時敏爲留守判官嘗泣諫重威懇請歸順重威始雖不從及其窮也納敏之言以其城降時魏之饑民十猶四五咸保其餘生者敏之力也入朝拜侍御史世宗鎮澶淵太祖以敏謹厚遂命爲澶州節度判官及世宗尹正王畿改開封少尹世宗嗣位權知府事旋拜左諫議大夫給事中遷刑部侍郎敏嘗以子壻陳南金薦于曹州節

度使李繼勳表爲記室其後繼勳僨軍于壽春及歸闕而無待罪之禮世宗以繼勳武臣不之責也因遷怒南金謂其裨贊無狀乃黜之敏由是連坐遂貶其官歲餘復拜司農卿顯德四年秋以疾卒永樂大典卷六千八百五十一

舊五代史卷一百二十八終

舊五代史卷一百二十八攷證

周列傳八楊凝式傳歷右常侍工戸二部侍郎　案別傳作工禮戸三部侍郎

年八十五　案別傳作八十二

裴羽傳贈工部尚書　案歐陽史作戸部尚書

段希堯傳河内人也　案宋史段思恭傳作澤州晉城人

舊五代史卷一百二十八攷證

宋司空同中書門下平章事薛居正等撰

列傳第九　周書二十

常思字克恭太原人也父仁岳河東牙將累贈太子太師唐莊宗之爲晉王也廣募勝兵時思以趫悍應募累從戎役後爲長直都校歷捧聖軍使晉初遷六軍都虞候漢高祖出鎭并門奏以思從行尋表爲河東牢城都指揮使以勤幹見稱漢國初建授檢校太保遥領鄧州漢有天下遷檢校太尉昭義軍節度使乾祐初李守貞叛于河中太祖征之朝廷命思帥部兵以副焉既而御

衆無能勒歸舊藩思在上黨凡五年無令譽可稱唯以聚斂爲務性又鄙吝未嘗與賓佐有酒肴之會嘗有從事欲求謁見者思覽刺而怒曰彼必是來獵酒也命典客者飲而遣之其鄙恡也如是太祖受命就加平章事初太祖微時以季父待思及卽位遣其妻入覲太祖拜之如家人之禮仍呼爲叔母其恩顧如是廣順二年秋思來朝加兼侍中移鎭宋州三年夏詔赴闕改授平盧軍節度使思將赴鎭奏太祖云臣在宋州出鎭得絲十餘萬兩謹以上進請行徵督太祖頷之尋詔本州折券以諭其民及到鎭未幾染風痺之疾上表請醫既而昇疾歸洛顯德元年春卒年六十有九贈中書令永樂大典卷六千八百一十二

翟光鄴字化基濮州鄄城人父景珂倜儻有膽氣梁貞明初唐莊宗始駐軍于河上景珂率聚邑人守永定驛固守踰年後爲北軍所攻景珂戰沒衆潰光鄴時年十歲爲明宗軍所俘以其穎悟俾侍左右字之曰永定既冠沈毅有謀涖事寡過明宗卽位時深委遇累遷至皇城使檢校司空長興中樞密使安重誨得罪時光鄴與中官孟小僧頗有力焉居無何出爲耀州團練使淸泰初入爲左監門衛大將軍晉天福中歷棣沂二州刺史

西京副留守開運初授宣徽使楊光遠叛滅青州平除爲防禦使朝廷以兵亂之後人物凋弊故命光鄴理之光鄴好聚書重儒者虛齋論議唯求理道時郡民喪亡十之六七而招懷撫諭視之如傷故期月之間流亡載輯契丹入汴僞命權知曹州李從益假號以光鄴明宗舊臣署爲樞密使漢祖至汴改左領衛大將軍乾祐初遷右金吾衛大將軍充街使檢校太保太祖踐祚復授宣徽使左千牛衛上將軍檢校太傅數月兼樞密副使會永興李洪信入朝代知軍府廣順二年十月卒于長安時年四十六光鄴有器度愼密敦厚出于天然喜慍不

形于色事繼母以孝聞兄弟皆雍睦雖食祿日久家無餘財任金吾日假官屋數間以蔽風雨親族累重糲食纔給人不堪其憂光鄴處之晏如也賓朋至則貰酒延之談說終日略無厭倦士大夫多之及權知京兆以寬靜爲治前政有煩苛之事一切停罷百姓便之及病甚召親隨于卧內戒之曰氣絕之後以屍歸洛不得于此停留慮煩軍府言訖而終京兆吏如喪所親或有以漿酒遥奠者樞密使王峻素重光鄴且欲厚卹其家爲之上請故自終及葬所賜賻賵幾千計詔贈太子少師光鄴膚格肥晢善于攝養故司天監趙延乂有袁許之術嘗謂人曰翟君外厚而內薄雖貴而無壽果如其言永樂大典卷二萬二千二百四十

曹英字德秀舊名犯太祖廟諱故改焉本常山鎮定人也父全武事趙王王鎔爲列校英因得隸于鎔之帳下及張文禮之亂唐莊宗奄有其地乃錄鎔之左右署爲散指揮使明宗卽位英侍于仗下問其祖考英以寔對明宗曰乃朕之舊也擢爲本班行首每加顧遇晉天福中遷弩手軍使平張從賓于汜水以功授本軍都校漢初改奉國軍主加檢校司徒兼康州刺史乾祐初李守貞據河中叛授行營步軍都校河中平遷本軍廂主領岳州防禦使隨太祖在魏爲北面行營步軍都校從平內難國初以翊戴功授昭武節度使檢校太傅侍衛步軍都指揮使二年春總兵討慕容彥超于兗州梯衝塹壘頗有力焉夏五月太祖親征因并兵攻陷其城及凱旋領彰信軍節度使典軍如故世宗嗣位加同平章事授成德軍節度使車駕自太原廻加兼侍中顯德元年冬卒于鎮時年四十九制贈中書令英性沉厚謙恭有禮雖衽席之際接對賓客亦未嘗造次及卒搢紳之士亦皆惜之永樂大典卷四千六百四十

李彥頵字德循太原人也本以商賈爲業太祖鎮鄴賓

之左右及卽位歷綾錦副使摧易使世宗嗣位以彥頵有舊超授內客省使未幾知相州軍府事尋改延州兵馬留後到鎮頗以殖貨爲意窺圖賸利侵漁蕃漢部人羣情大擾會世宗南征蕃部結聚圍廼州城彥頵閉壁自守求援于隣道賴救兵至乃解世宗不悅徵赴京師然猶委曲庇護竟不之責尋爲西京水南巡檢使居無何命權知泗州軍州事改滄州兩使留後彥頵到任處置乖方大爲物情所鄙顯德六年秋受代歸闕遇疾而卒時年五十二永樂大典卷一萬三千三百九十

李暉字順光瀛州東城人弱冠應募于龍驤軍漢祖領

河東暉請從因得署爲河東牙將漢有天下授檢校司徒大內皇城使未幾遷宣徽南院使乾祐初拜河陽節度使檢校太傅太祖登極加同平章事尋移鎭滄州顯德元年就加兼侍中二年秋以世宗誕慶節來朝改邠州節度使五年移鎭鳳翔歲餘卒于鎭優詔贈中書令暉之儀貌不及于常人而位極將相年登耳順袁許之術夫何恃哉然性貪鄙而好小惠以邀虛譽故在河陽及滄州日民皆詣闕請立碑以頌其美識者亦未之許也（永樂大典卷一萬三百九十）

李建崇潞州人少從軍善騎射初事唐武皇爲鐵林都將轉突騎飛騎二軍使從莊宗攻常山棄巴堅（舊作阿保機今改正）來援莊宗率親軍千騎遇于滿城兵少爲契丹所圍時建崇爲親將與契丹格鬭自午至申會李嗣昭騎至契丹乃解去同光中自龍武捧聖都指揮使出歷褒秦徐雍都指揮使建崇性純厚處身任過不能巧宦以致久滯偏裨明宗嘗掌牙兵與建崇共事及即位甚愍之連授磁沁二郡入晉爲申州刺史天福七年冬襄州安從進搆逆率眾寇南陽時建崇領步騎千餘屯于葉縣開封尹鄭王遣宣徽使張從恩皇城使焦繼勳率在京諸軍會建崇軍拒賊至湖陽縣之花山遇從進軍建崇接戰大敗之以功授亳州團練使襄陽平遷安州防禦使歷河陽邢州兵馬留後漢初入爲右衛大將軍年逾七十神氣不衰建崇始自代北事武皇至是四十餘年前後所掌兵麾下部曲多至節鉞零落殆盡唯建崇雖位不及藩屏而康強自適以至期耄太祖即位授左監門衛上將軍廣順三年春卒贈黔南節度使（永樂大典卷一萬三百九十）

王重裔陳州宛邱人父達歷安均洺三州刺史因家于洺重裔幼沉厚有勇善騎射年未及冠事莊宗爲廳直管契丹直從安汴洛累爲禁軍指揮使晉天福中鎭州

安重榮謀叛稱兵指闕朝廷命杜重威率師拒之賊陣于宗城東晉軍進擊之再合不動杜重威懼謀欲抽退重裔曰兵家忌退但請公分麾下兵擊其兩翼重裔爲公陷陣當其中軍彼必狼狽矣重威從之重榮即時退蹶遂敗以功遷護聖右廂都指揮使領費州刺史漢初仍典禁軍從征鄴都平遷深州刺史淮夷以李守貞故數侵地以重裔爲亳州防禦使又令于徐州巡檢兼知軍州就加檢校太傅太祖踐祚加爵邑改功臣廣順元年夏以疾卒年五十三贈武信軍節度使（永樂大典卷六千八百五十一）

孫漢英太原人也父重進事唐武皇莊宗爲大將賜姓名存進唐書有傳漢英少事戎伍稍至都將遷東面馬步軍都指揮使清泰初與元節度使張虔釗失律于岐下遂以其地西臣于蜀漢英兄漢韶時爲洋州節度使因茲阻隔亦送款于蜀由是漢英與弟漢筠久之不調漢乾祐中太祖西征蒲雍以漢英戚里之分奏于軍中指使蒲雍平班師隱帝以漢英爲絳州刺史檢校司徒廣順元年冬卒于都永樂大典卷一萬八千一百三十三

許遷鄆州人也初爲本州牙將性剛褊漢乾祐初爲左屯衛將軍與少府監馬從斌同監造漢祖山陵法物節

財省用減數萬計改左監門大將軍又加檢校司空漢末權知隰州太祖踐祚劉崇遣子鈞率兵寇平陽路由于隰賊衆攻城城中兵少遷感激指諭士鬬兼倍賊衆傷夷尋自退去太祖降詔撫諭正授隰州刺史遷切于除盜嫉惡過當或釘磔賊人令部下臠割誤斷不合死罪人其家詣闕致訟詔下開封府獄時陳觀爲知府秉與遷不協深劾其事欲追遷對訟太祖以事狀可原但罷郡而已遷既奉朝請因大詬陳觀謂王峻曰相公執政所與參議宜求賢德如陳觀者爲儒無家行爲官多任情苟知其徼屑沽兒恥與爲侶況明公乎峻無以沮之既而嬰疾請告歸汶上而卒永樂大典卷一萬八千一百三十三

趙鳳冀州棗強縣人幼讀書舉童子既長凶豪多力以殺人暴掠爲事吏不能禁安重榮鎭常山招聚叛亡鳳乃應募既而犯法當死即破械踰獄遁而獲免天福中趙延壽爲契丹鄉導歲侵深冀鳳往依焉契丹主素聞其桀黠署爲羽林軍使累遷羽林都指揮使常令將兵在邊貝冀之民日罹其患晉末契丹入洛鳳從至東京授宿州防禦使漢祖即位受代歸闕尋授河陽行軍司馬乾祐初入爲龍武將軍丁父憂起復授右千牛衛大將軍漢末都城變起兵集之夜無不剽之室唯鳳里閈

兵不敢犯人皆服其膽勇廣順初用爲宋亳宿三州巡檢使鳳出于伏莽尤知盜之隱伏乃誘致盜魁于麾下厚待之每桴鼓之發無不擒捕衆以爲能然平民因捕盜而破家者多矣鳳善事人或使臣經由靡不傾財厚奉故得延譽而掩其醜迹太祖聞其幹事用爲單州刺史既剛忿不仁得位愈熾刑獄之間尤爲不道嘗掠奪人之妻女又以進奉南郊爲名率斂部民財貨爲人所訟廣順三年十二月詔削奪鳳在身官爵尋令賜死永樂大典卷一萬五千九百九十一

齊藏珍少歷內職累遷諸衛將軍前後監押兵師在外

頗稱幹事然險詖無行殘忍辯給無不畏其利口廣順中奉命滑州界巡護河隄以弛慢致河決除名配沙門島世宗在西班時與藏珍同列每聆其談論或剖判世務似有可采及卽位自流所徵還泰鳳之役監偏師及淮上用兵復委監護與軍校何超領兵降下光州藏珍欺隱官物甚多超以爲不可藏珍曰沙門島已有屋數間不失再去矣其不畏法也如此世宗旣破紫金山砦追吳寇至渦口因與藏珍言及克捷之狀對曰陛下神武之功近代無比于文德則未光世宗頷之又問以揚州之事對曰揚州地實卑濕食物例多腥腐臣去歲在

彼人以鱓魚饋臣者覩其盤中虬屈一如蛇虺之狀假使鸛雀有知亦應不食豈況于人哉其敷奏大率多此類聞者無不悚然一日又奏云唐景思已爲刺史臣猶未蒙聖澤世宗俛而從之時濠梁未下卽命爲濠州行州刺史及張永德與李重進有間言藏珍嘗游說重進洎壽陽兵廻諸將中有以藏珍之言上奏者世宗怒急召赴闕四年夏以其冒稱檢校官罪按其事而斃之蓋不欲暴其惡跡也　永樂大典卷一萬八千一百三十三

王環本真定人唐天成初孟知祥鎭西川環往事之及知祥建號環典軍衞孟昶嗣位環兼領左右衞顯德二年秋王師西伐時環爲鳳州節度使初偏師傅其城下爲環所敗裨將胡立爲環所擒是冬王師大集急攻其城蜀之援兵相次敗走環聞之守備愈堅王師攻擊數月方克城陷環就擒及到闕世宗以忠于所事釋其罪授右驍衞大將軍四年冬世宗南征環隨駕至泗州遇疾而卒　永樂大典卷一萬八千一百三十三

張彥超本沙陀部人也素有郤克之疾時號爲跛子初以騎射事唐莊宗爲馬直軍使莊宗入汴授神武指揮使明宗嘗以爲養子天成中擢授蔚州刺史素與晉高祖不協屬其總戎于太原遂舉其城投于契丹卽以爲

雲州節度使契丹之南侵也彥超率部衆願爲鎭魏之患及契丹入汴遷侍衞馬軍都校尋授晉昌軍節度使漢高祖入洛彥超飛表輸誠移授保大軍節度使乾祐初奉詔歸闕止奉朝請而已太祖自鄴入平內難隱帝令彥超董騎軍爲拒劉子陂兵亂彥超先謁見太祖廣順中授神武統軍顯德三年冬以疾終于第制贈太子太師　永樂大典卷五千三百六十

張穎太原人駙馬都尉永德之父也累爲藩郡列校由內職歷諸衞將軍國初以戚里之故自華州行軍司馬歷郢懷二州刺史遷安州防禦使穎性卞急峻刻不容

人之小過雖左右親信亦皆怨之部曲曹澄有處女頴逼而娶之澄遂與不逞之徒數人同謀害頴中夜挾刃入于寢門執頴而殺之遂奔于金陵世宗征淮南以永德之故命江南李景令執澄等送行在及至世宗以澄等賜永德俾甘心而戮之永樂大典卷六千三百五十二

劉仁贍略通儒術好兵書在澤國甚有聲望吳主知之累遷爲僞右監門衛將軍歷黃袁二州刺史所至稱治洎李景僭襲僞位俾掌親軍遷鄂州節度使居數年復以兵柄任之改壽州節度使及王師渡淮而仁贍固守甚堅洎世宗駐蹕于其壘北數道齊攻塡塹陷壁晝夜

不息如是者累月世宗臨城以諭之而仁贍但遜詞以謝及車駕還京命李重進總兵守之復乘間陷我南砦自是圍之愈急城中饑死者甚衆三年冬淮寇復來救援立砦于紫金山夾道相屬纍然數十里垂及壽壁而重進兵幾不能支世宗患之遂復議親征車駕至壽春令今上率師破紫金山之衆擒其應援使陳承昭以獻仁贍聞援兵既敗計無所出但扼腕浩歎而已會世宗以紫金山之捷飛詔以諭之時仁贍卧疾已亟因翻然納款而城內諸軍萬計皆屏息以聽其命及見于行在世宗撫之甚厚賜與加等復令入城養病尋授天平軍節度使兼中書令制出之日薨于其家年五十八世宗閔之遣使弔祭命內臣監護喪事進封彭城郡王後以其子崇讚爲懷州刺史仁贍輕財重士法令嚴肅重圍之中其子崇諫犯軍禁即令斬之故能以一城之衆連年拒守逮其來降而其下未敢竊議者保其後嗣抑有由焉崇讚仕周累爲郡守幼子崇諒後自江南歸于本朝亦位至省郎永樂大典卷九千九十六

舊五代史卷一百二十九終

舊五代史卷一百二十九攷證

周列傳九張潁傳國初以戚里之故自華州行軍司馬歷鄧懷二州刺史遷安州防禦使　案宋史作事晉爲安州防禦使與是書異

劉仁贍傳時仁贍臥疾已亟因翻然納款　案歐陽史云仁贍固守三月病甚已不知人其副使孫羽詐爲仁贍書以城降是仁贍未嘗親納款于周也是書作翻然納款蓋仍周實錄原文未及釐正

安巴堅舊作阿保機今改

補前趙鳳傳鳳往依焉宋史荆罕儒傳云罕儒少無賴與趙鳳張輦爲羣盜晉天福中相率詣燕王趙延壽得掌兵權

補前張潁傳駙馬都尉永德之父也宋史列傳永德并州陽曲人家世饒財曾祖丕尚氣節後唐武皇鎮太原急于用度多嚴選富家子掌帑庫或調度不給即坐誅没入貲產丕爲之滿歲府財有餘宗人正當次補其任率屬泣拜請丕濟其急丕又爲代掌一年鄉里服其義

舊五代史卷一百二十九攷證

宋司空同中書門下平章事薛居正等撰

列傳十　周書二十一

王峻字秀峯相州安陽人也父豐本郡樂營使峻幼慧黠善歌梁貞明初張筠鎭相州憐峻敏惠遂畜之及莊宗入魏州筠棄鎭南渡以峻自隨時租庸使趙巖訪筠于其第筠召峻聲歌以侑酒巖悅筠因以贈之頗得親愛梁亡趙氏族滅峻流落無依寄食于符離陳氏之家久之彌窘乃事三司使張延朗所給甚薄淸泰末延朗誅漢祖盡得延朗之資產僕從而峻在籍中從歷數鎭常爲典客漢祖踐祚授客省使奉使荆南留于襄漢爲監軍入爲內客省使及趙思綰作亂于永興漢隱帝命郭從義討之以峻爲兵馬都監從義與峻不協甚如水火未幾改宣徽北院使賊平加檢校太傅轉南院使太祖鎭鄴兼北面兵馬峻爲監軍留駐鄴城隱帝蕭牆變起峻亦爲羣小所搆舉家見害從太祖赴闕綢繆帷幄贊成大事峻居首焉京師平定漢太后令充樞密使太祖北征至澶州爲諸軍擁廹峻與王殷在京聞變乃遣侍衞馬軍都指揮使郭崇往宋州前申州刺史馬鐸往許州以防他變二州安然亦峻之謀也太祖踐祚加平

章事尋兼右僕射門下侍郞平章事監修國史時朝廷初建四方多故峻夙夜奉事知無不爲每侍太祖商推軍事未嘗不移時而退甚有裨益然爲性輕躁舉措率易以天下之事爲己任每有啓請多自任情太祖從而順之則忻然而退稍未允可則應聲而愠不遜之語隨事輒發太祖素知其爲人且以佐命之故每優容之峻年長于太祖二歲太祖雖登大位時以兄呼之有時呼表字不忘布衣之契也峻以此益自負焉廣順元年冬劉崇與契丹圍晉州峻請行應援太祖用爲行營都部署以徐州節度使王彥超爲副詔諸軍並取峻節度許峻以便宜從事軍行資用仰給于官隨行將吏得自選擇將發之前召宴于滋德殿太祖出女樂以寵之奉辭之日恩賜優厚不拘常制及發太祖幸西莊親臨宴餞別賜御馬玉帶執手而別峻至陝駐留數夕劉崇攻晉州甚急太祖憂其不可及議親征取澤州路入與峻會合先令諭峻峻遣驛騎馳奏請車駕不行幸時已降御札行有日矣會峻奏至乃止峻軍旣過絳郡距平陽一舍賊軍燔營狠狽而遁峻入晉州或請追賊必有大利峻猶豫久之翌日方遣騎軍襲賊信宿而還向使峻極力追躡則幷汾之孽無噍類矣峻亦深恥無功因計度

增修平陽故城而迴時汞興軍節度使李洪信漢室之密戚也自太祖踐祚恆有憂沮之意而本城軍不滿千峻出征至陝州以救援晉州爲辭抽起數百人及劉崇北遁又遣禁兵千餘人屯于京兆洪信懼遂請入朝峻軍迴太祖厚加優賜時慕容彥超叛于兗州已遣侍衞步軍都指揮使曹英客省使向訓率兵攻之峻意欲自將兵討賊累言于太祖曰慕容劇賊曹英不易與之敵耳太祖默然未幾親征命峻爲隨駕一行都部署破賊之日峻督軍在城南其衆先登頗有得色從駕還京未幾貢表乞解樞機卽時退歸私第峻貪權利多機數好

施小惠喜人附己太祖登極之初務存謙抑潛龍將佐未甚進用其後鄭仁誨李重進向訓等稍遷要職峻心忌之至是求退蓋偵太祖之意也未陳請之前多發外諸侯書以求保證旬浹之內諸道馳騎進納峻書聞者驚駭其事峻連貢三章中使宣諭無虛日太祖嚴駕將幸其第峻聞之卽馳馬入見太祖慰勞久之復令視事竣又于北院之東別建公署廊廡廳事高廣華侈及土木之功畢請太祖臨幸恩賜甚厚其後內園新起小殿峻視之奏曰宮室已多何用于此太祖曰樞密院舍宇不少公更自興造何也峻慙默而退時峻以前事趙巘

頗承寵愛至是欲希贈官立碑或謂峻曰趙巘以諂佞事君破壞梁室至今言者無不切齒苟如所欲必貽物議乃止巖姪從勳居于陳郡峻爲求官田宅以賜之太祖亦從之三年春修利河堤大興土功峻受詔檢校既而世宗自澶州入覲峻素憚世宗之聰明英果聞其赴闕卽自河次歸朝居無何邀求兼領青州太祖不得已而授之既受命求暫赴任奏借左藏綾絹萬匹從之是歲戶部侍郞趙上交權知貢舉上交嘗詣峻峻言及一童子上交不違其旨牓出之日童子不第峻銜之及貢院申中書門下取日過堂峻知印判定過日及上交引

新及第人至中書峻在政事堂厲聲曰今歲選士不公當須覆試諸相曰但緣已行指揮行過臨事不欲改移況未勅下覆試非晚峻愈怒詬責上交聲聞于外少頃竟令引過及罷上交詣本廳謝峻峻又延之飲酌從容翼日峻奏上交知舉不公請致之法太祖頷之而已又奏請以顏衎陳觀代范質李穀爲相太祖曰進退宰輔未可倉卒待徐思之峻論列其事奏對不遜太祖未食日將亭午諍之不已太祖曰節假之內未欲便行已俟開假卽依所奏峻退至中書是月吏部選人過門下峻當其事頗疑選部不公其擬官選人落下者三十餘人

次日寒食時節臣寮各歸私第午時宣召宰臣樞密使及入幽峻于別所太祖見馮道已下泣曰峻淩朕頗甚無禮太過擬欲盡去左右臣寮翦朕羽翼朕兒在外專意阻隔暫令到闕即懷怨望豈有既總樞密又兼宰相堅求重鎭尋亦授之任其襟懷尚未足如此無君誰能甘忍即召翰林學士徐台符等草制其日退朝宣制貶授商州司馬差供奉官蔣光遠投送赴商州未幾死于貶所時廣順三年三月也初峻降制除靑州有司製造旌節以備迎授前一夕其旄有聲甚異聞者駭之主者曰昔安重誨授河中節亦有此異焉又所居堂陛忽然隱起如堆又夢被官府追攝入司簿既寤心惡之以是尤加狂躁峻才疎位重輕躁寡謀聽人穿鼻既國權在手而射利者曲爲指畫乃陷餌虎臣離間親舊加以善則稱已無禮于君欲求無罪其可得乎 永樂大典卷一萬八千一百三十三

五代史闕文廣順初河東劉崇引契丹攻晉州遣王峻率師赴援峻頓兵于陝周祖親征遣使諭之峻見使受宣訖謂使曰與某馳還附奏陛下言晉州城堅未易可破劉崇兵鋒方銳不可與力爭所以駐兵者待其氣衰耳非臣怯也陛下新即位不宜輕舉今朝中受聖知者惟李穀范質而已陛下若車駕出汜水則慕容彥超以賊軍入汴大事去矣還奏周祖自以手提其耳曰幾敗吾事

慕容彥超爲兗州節度使彥超即漢高祖之同產弟也嘗冒姓閻氏體黑麻面故謂之閻崑崙 冊府元龜卷八百三十五 彥超鎭兗州漢隱帝欲殺周太祖召彥超方食釋匕箸而就道周兵犯京師隱帝出勞軍太后使彥超衞帝彥超曰北兵何能爲當于陣上唱坐使歸營彥超敗奔兗隱帝遇弒 永樂大典卷一萬七千三百八十三 周太祖時 案通鑑注引薛史彥超傳有令兄事已至此語蓋彥超以漢高祖爲兄也通鑑改作今兄似未喻其意今全文無可考始附識于此 超進呈鄆州節度使高行周來書其書意即行周毀譖太祖結通彥超之意帝覽之笑曰此必是彥超之詐也試令驗之果然其鄆州印元有缺文不相接其爲印即無闕處帝尋令齎書示諭行周行周上表謝恩 永樂大典卷一萬八千四百十七 先是塡星初至角亢占者曰角亢鄭分兗州屬焉彥超即率軍府賓佐步出州西門三十里致祭迎于開元寺塑像以事之謂之菩薩日至祈禱又令民家豎黃旛以禳之及城陷彥超方在土星院燃香急乃馳去 永樂大典卷七千八百五十八

案慕容彥超永樂大典僅存三條今補錄冊府元龜一條以存大概

五代史補慕容彥超素有鈎距兗州有盜者詐爲大官從人跨驢于衢中市羅十餘疋價値既定引物主詣一宅門以驢付之曰此本宅使汝且在此吾爲汝上白于主以請値物主許之既而聲跡悄然物主怒其不出叩門呼之則空宅也于是連叫賊巡司至疑其詐兼以驢收之詣府彥超惆之且曰勿憂吾爲汝擒此賊乃留物主府中復戒廄卒高繫其驢通宵不與水草然後密召親信者牽于通衢中放之且曰此盜者之驢耳自昨日不與水草其饑渴者甚矣放之必奔歸家但可躡蹤而觀之盜無不獲也親信者如其言隨之其驢果入一小巷轉數曲忽有兒戲于門側視其驢連呼曰驢歸驢歸盜者聞之欣然出視遂擒之 高祖登極改乾祐爲廣順是年兗州慕

容彥超反高祖親征城將破忽夜夢一人狀貌甚偉異被王者之服謂高祖曰陛下明日當得城及覺天猶未曉高祖私謂徵兆如此可不預備乎于是躬督將士蟻力急攻至午而城陷車駕將入有司請由生方鳴鞘而進遂取別巷轉數曲見一處門墻甚高大門之上云夫子廟高祖意豁然謂近臣曰寡人所夢得非夫子乎不然何取路于此也因下馬觀之方升堂覩其聖像一如夢中所見者于是大喜叩首再拜近臣或諫以爲天子不合拜異世陪臣高祖曰夫子聖人也百王取則而又夢告寡人得非夫子幽贊所及也安得不拜仍以廟側數十家爲洒掃戶命孔氏襲文宣王者長爲本縣令

慕容超之被圍也乘城而望見高祖親臨矢石其勢不可當退而憂之因勉其麾下曰汝等宜爲吾盡命吾庫中金銀如山積若全此城吾盡以爲賜汝等勿患富貴頃之有卒私言曰我知庫中銀皆鐵胎得之何用于是諸軍聞之稍稍解體未幾城陷及高祖之入也有司閱其庫藏其間銀鐵胎者十有七八初彥超常令人開質庫有以鐵銀質錢者經年後庫吏始覺遂言之于彥超初甚怒頃之謂吏曰此易耳汝宜僞劃庫牆凡金銀器用暨縑帛等速皆藏匿仍亂撒其餘以爲賊踐後申明吾當擒此輩矣庫吏如其教于是彥超下令曰吾爲使長典百姓而又不謹遭賊劉去其過深矣今恐百姓疑彥超隱其物宜令三日內各投狀明言質物色自當倍償之不爾者有過百姓以爲然于是投狀相繼翌日鐵胎銀主果出于是擒之置之深屋中使教部曲輩晝夜造用廣府庫此銀是也

閻弘魯者後唐邢州節度使寶之子也寶唐書有傳宏魯事唐明宗晉高祖累歷事任家本魯中洎告疾歸里慕容彥超初臨禮待甚厚及謀大逆以宏魯子希俊爲鎮寧軍節度副使在世宗幕下而惡之聞朝廷出兵隄防即責弘魯曰爾教兒捍我于朝將覆吾族耶故罹其禍崔周度者父光表舉進士甲科盧質節制橫海辟爲支使周度有文學起家長蘆令登朝歷監察御史右補闕以家在齊州欲謀葬事懇求外任除泰寧軍節度判官而性剛烈又以嘗爲諫官覩凶帥之不法不忍坐視其弊因極言以諫彥超故及斯禍太祖平兗州詔曰閻宏魯崔周度死義之臣禮加二等所以滲漏澤而賁黃泉也爾等貞節昭彰正容肅厲以從順爲已任以立義作身謀履此禍機併罹冤橫宜伸贈典以慰貞魂弘魯可贈左驍衛大將軍周度可贈秘書少監永樂大典卷九千八百二

舊五代史卷一百三十終

舊五代史卷一百三十攷證

周列傳十王峻傳又奏請以顏衎陳觀代范質李穀爲相　案顏衎陳觀歐陽史作顏衎陳周

未幾死于貶所時廣順三年三月也　案五代春秋作三月誅王峻與是書異

補前王時廣順三年三月也　通鑑峻至商州得腹疾帝猶愍之命其妻往視之未幾而卒峻傳

舊五代史卷一百三十攷證

宋司空同中書門下平章事薛居正等撰

列傳第十一　　周書二十二

劉皡字克明晉丞相譙國公昫之弟也昫晉書有傳皡少離鄉里唐天祐中梁將劉鄩襲太原軍至樂平時皡客于縣舍爲鄩軍所俘謝彥章見之知其儒者待之以禮謂其鄉人劉去非曰爲君得一宗人卽令皡見之去非詢其爵里乃親族也對泣久之自是隨去非客于彥章門下彥章得罪去非爲郢州刺史皡隨之郡莊宗平河洛去非以嘗從劉守奇歸梁深懼獲罪乃棄郡投高

季興于荊南皡累爲荊州攝官旣而兄昫明宗朝爲學士遣人召歸梁漢顒鎮鄧州辟爲從事入爲監察御史歷水部員外郎史館修撰長興末宰臣趙鳳鎮邢臺表爲節度判官清泰初入爲起居郎改駕部員外郎兼侍御史知雜事移河南少尹兵部郎中轉太府卿漢祖受命用爲宗正卿周初改衞尉卿廣順元年冬十月稅居于東京夜夢鬼訴之曰公于我塚上安牀深不奉益皡問鬼姓氏曰李丕文皡曰君言殊誣都城內豈可塚耶曰塚本在野張十八郎展城時圍入忽寤又半月復夢前鬼曰公不相信屈觀吾舍可乎卽以手掊地豁然見華第花木叢萃房廊雕煥立皡于西廡久之見一圍火如電前來漸近卽前鬼也引皡深入出其孥泣拜如有所託皡問丕文鬼事曰冥司各有部屬外不知也皡曰余官何至再三不對苦訊之曰齊王判官皡曰張令公爲齊王去世久矣今鄆州高令公爲齊王余方爲列卿豈復爲賓佐乎鬼曰不知也皡旣寤欲掘而視之旣又告人曰鬼雖見訴其如吾稅舍何乃止廣順二年春朝廷以皡爲高麗册使三月至鄆節度使高行周以皡嗜酒留連累日旦晚沉醉其月二十三日晨興櫛髮狀如醉痳男涿視之已卒矣時年六十一其年八月鄆帥齊

王高行周亦夢鬼請齊王判官得無是乎皡從儒學好聚書嗜酒無儀檢然衷抱無他急于行義士友以此多之（永樂大典卷九千九十八）

張沆字太元徐州人父嚴本州牙將沆少力學攻詞賦登進士第唐明宗子秦王好文然童年躁率動不由禮每賓僚大集手自出題令面前賦詩少不如意則壞裂抵棄沆初以刺謁秦王屬合座客各爲南湖廳記因謂沆曰聞生名久矣請爲此文沆不獲已從之及羣士記成獨取沆所爲勒之于石繇是署爲河南府巡官秦王敗勒歸鄉里晉初桑維翰秉政沆以文干進用爲著作

佐郎集賢校理遷右拾遺維翰出鎭奏爲記室從維翰入朝授殿中侍御史歲餘自侍御史改祠部員外郎知制誥召入翰林爲學士維翰罷相馮玉用事不欲沆居禁密改右諫議大夫罷其職漢祖至汴轉右常侍復用爲學士未幾遷工部尚書充職明年以營奉葬事求解職改禮部尚書及歸朝復爲學士太祖以沆耳疾罷職改刑部尚書廣順二年秋命爲故齊王高行周册贈使復命而卒贈太子少保沆性儒雅好釋氏雖久居祿位家無餘財死之日圖書之外唯使郭之貲耳嗣子尚幼親友慮其耗散上言于太祖乃令三司差人主葬餘貲

市邸舍以贍其孤焉沆記覽文史好徵求僻事公家應用時出一聯以炫奇筆故不爲馮玉所重雖有瞶疾猶出入金門凡五六年漢隱帝末年楊史遇害翼日沆方知之聽猶未審忽問同僚曰竊聞盜殺史公其盜獲否是時京師恟懼之次聞者笑之有士人申光遜者與沆友善沆未病時夢沆手出小佛塔示光遜視其上有詩十四字云今生不見故人面明月高高上翠樓光遜旣痞心惡之俄聞沆卒（永樂大典卷六千三百五十）

張可復字伯恭德州平原人也父達累贈戸部侍郎可復畧通儒術少習吏事梁末薄遊于魏鄴王羅紹威表爲安陽簿唐天成初依晉公霍彥威于青州爲從事晉公以其滑稽好避事目爲姦兔長興中入朝拜監察御史六遷至兵部郎中賜金紫晉天福中自西京留守判官入爲秘書少監改左司郎中開運中遷左諫議大夫漢乾祐初湘陰公鎭徐方朝行中選可以從戎者因授武寧軍節度副使檢校禮部尚書及世宗鎭澶淵改鎭寧軍節度行軍司馬三年徵拜給事中世宗嗣位以澶淵幕府之舊拜右散騎常侍顯德元年秋以疾卒年七十三制贈戸部尚書可復無他才唯以謹愿保長年加之迂懦多爲同列輕侮者所侮而累階至金紫居三品

之秩亦其命耶（永樂大典卷六千三百五十）

于德辰字進明元城人也幼敏悟篤志好學及射策文場數上不調後唐明宗鎭邢州德辰往謁焉明宗見而器之因得假官于屬邑後繼歷州縣歷仕晉漢周官至贈工部尚書（永樂大典卷三千八百三十八）

王延字世美鄭州長豐人也少爲儒善詞賦會鄉曲離亂不獲從鄉薦因客于浮陽隨滄帥戴思遠入梁嘗以所爲賦謁梁相李琪琪覽之欣然曰此道近難其人王生升我堂矣繇是人士稱之尋薦爲卽墨縣令歷徐宋鄆青四鎭從事長興初鄉人馮道趙鳳在樞位擢拜左

補闕踰年以水部員外知制誥再遷中書舍人賜金紫清泰末以本官權知貢舉時有舉子崔頎者故相協之子也協素與吏部尚書盧文紀不睦及延將入貢院文紀謂延曰舍人以謹重聞于時所以去冬老夫在相位時與諸相首以長者聞奏用掌文衡然貢闈取士頗多面目說者云越人善泅生子方晬乳母浮之水上或駭然止之乳母曰其父善泅子必無溺今若以名下取士即此類也舍人當求實才以副公望延退而謂人曰盧公之言蓋為崔頎也縱與其父不悅致意何至此耶來春以頎登甲科其年改御史中丞歲滿尚書右丞奉使

兩浙吳人深重之復命授吏部侍郎改尚書左丞拜太常卿歷工禮刑三尚書以疾求分司西洛授太子少保既而連月請告為留臺所糾改少傅致仕廣順二年冬卒時年七十三子億仕皇朝為殿中丞（永樂大典卷六千八百五十）

申文炳字國華洛陽人也父鄂唐左千牛衛將軍文炳長興中進士擢第釋褐中正軍節度推官歷孟懷支使鄆城陝縣二邑宰自澶州觀察判官入為右補闕晉開運初授虞部員外知制誥轉金部郎中充職廣順中召為學士遷中書舍人知貢舉（玉壺清話李慶顯德中舉進士工詩有云醉輕浮世事老重故鄉人樞密王朴以此一聯薦于申文炳文炳知貢舉遂為第三人）顯德五年秋以疾解職授左散騎常侍六年秋卒于家時年五十文炳為文典雅有訓誥之風執性紓緩待縉紳以禮中年而卒人皆惜之（永樂大典卷二千九百二十）

扈載少好學善屬文賦頌碑贊尤其所長廣順初隨計于禮部文價為一時之最是歲昇高等（冊府元龜卷八百四十二）載因遊相國寺見庭竹可愛作碧鮮賦題其壁世宗聞之遣小黃門就壁錄之覽而稱善因拜水部員外郎知制誥遷翰林學士賜緋（宋史李穀傳扈載以文章馳名樞密使王朴薦令知制誥除書未下朴詣中書言之穀曰斯人命薄慮不克享耳朴曰公在衡石之地當以材進人何得言命而遺才哉遂知制誥遷翰林學士未幾卒世謂朴能薦士穀能知人）而載已病不能謝居百餘日乃

力疾入直學士院世宗憐之賜告還第遣太醫視疾（永樂大典卷一萬四千八百二十七）載為翰林學士年三十六卒載始自解褐至終纔四年而與劉衮皆有才無命時論惜之（冊府元龜卷九百二十一）

劉衮彭城人神爽氣俊富有文藻繇進士第任左拾遺與扈載齊名年二十八而卒（冊府元龜卷九百三十　案扈載傳原本殘闕今兼採冊府元龜以存大槩）

賈緯真定獲鹿人也（宋祁景文集賈令君墓誌銘賈氏自唐司空魏國公耽世貫滄州南皮子孫稍稍徙真定五世祖諒高祖瓘曾祖處士諱初有至性疾世方亂守鄉里不肯事四方祖諱緯）少苦學為文唐末舉進士不第遇亂歸河朔本府累署參軍邑宰唐天成中范延光鎮定州（范延光鎮定州按延光未嘗鎮定當是鎮

州誤之表授趙州軍事判官遷石邑縣令緯爲文之外勤于撰述以唐代諸帝實錄自武宗已下闕而不紀乃採掇近代傳聞之事及諸家小說第其年月編爲唐年補錄凡六十五卷識者賞之景文集緯博學善詞章論議明銳一時諸儒皆屈唐自武宗後史錄亡散君掇拾殘餘爲唐年補錄數十萬言敘成敗事甚悉書顯于時晉天福中入爲監察御史改太常博士緯常以史才自負銳于編述不樂曲臺之任乃陳情于相座又與監修國史趙瑩詩曰滿朝唯我相秉柄無親儺三年司大董最切是編修史才不易得勤勤處處求愚從年始立東觀思優游昔時人未許今來虛白頭春臺與秋閣往往興歸愁信運北

闕下不繫如虛舟綿蕝非所好一日疑三秋何當適所願便如昇瀛洲未幾轉屯田員外郎改起居郎史館修撰又謂瑩曰唐史一百三十卷止于代宗已下十餘朝未有正史請與同職修之瑩以其言上奏晉祖然之謂李崧曰賈緯欲修唐史如何對曰臣每見史官輩言唐朝近百年來無實錄既無根本安能編紀緯聞崧言頗怒面責崧沮己崧曰與公卿人理須相惜此事非細安敢輕言緯與宰臣論說不已明年春勅修唐史緯在籍中月餘丁內艱歸真定開運初服闋復起居郎修撰如故尋以本官知制誥緯長于記注應用文筆未能過人

而議論剛強儕類不平之因目之爲賈鐵嘴開運中累遷中書舍人契丹入京師隨契丹至真定後與公卿還朝授左諫議大夫緯以久次綸閣比望丞郎之拜及遷諫署觖望彌甚蘇逢吉監修國史以緯頻投文字甚知之尋充史館修撰判館事乾祐中受詔與王伸竇儼修漢高祖實錄緯以筆削爲己任然而褒貶之際憎愛任情晉相桑維翰執政日薄緯之爲人不甚見禮緯深銜之及敘維翰傳身沒之後有白金八千鋌他物稱是翰林學士徐台符緯邑人也與緯相善謂緯曰切聞吾友書魏公白金之數不亦多乎但以十目所覩不可厚誣

緯不得已改爲白金數十鋌緯以撰述之勞每詣宰執懇祈遷轉遇內難不果太祖即位改給事中判館如故先是竇貞固奏請修晉朝實錄既竟亦望陞擢貞固猶在相位乃上疏抗論除拜不平既而以所撰日歷示監修王峻皆媒孽貞固及蘇禹珪之短歷詆朝士之先達者惡之謂同列曰賈給事家有士子亦要門閥無玷今滿朝並遭非毀教士子何以進身乃于太祖前言之出爲平盧軍行軍司馬時符彥卿鎮青州以緯文士厚禮之緯妻以緯左遷駭惋傷離病留于京師緯昔候之日勉醫藥來春與子同歸獲鹿廣順二年春緯卒及訃至

妻一慟而終果雙柩北歸聞者歎之緯有集三十卷目曰草堂集並所撰唐年補錄六十五卷皆傳于世（永樂大典卷一萬一千七百十四）

趙延乂字子英秦州人曾祖省躬以明術數爲通州司馬遇亂避地于蜀祖師古黔中經略判官父温珪仕蜀爲司天監温珪長于袁許之術兼之推步王建時深蒙寵待延問得失事微差跌即被詰讓臨終謂其子曰技術雖是世業吾仕蜀已來幾由技術而死爾輩能以他途致身亦良圖也延乂少以家法仕蜀由曆爲奉禮部翰林待詔蜀亡入洛時年三十天成中得蜀舊職延乂世

爲星官兼通三式尤長于袁許之鑒清泰中嘗與樞密直學士呂琦同宿于內廷琦因從容密問國家運祚延乂曰來年厄會之期俟過別論琦訊之不已延乂曰保邦在刑政保祚在福德在刑政則術士不敢言奈際會諸公罕有卓絕福德者下官實在恤緯之儕其年兼衞尉少卿晉天福中代馬重績爲司天監契丹入京師隨至鎭州時契丹將滿達勒（舊作麻答今改正）爲帥會漢高祖定兩京控鶴都將李筠與諸校密謀刼庫兵逐契丹猶豫未決謀于延義因假以術數贊成之契丹既去還京師官秩如舊廣順初加檢校司徒本官如故太祖數召對焉（案歐陽史周太祖自魏以兵入京師召延乂問漢祚短促者天數耶延義言王者撫天下當以仁恩德澤而漢法酷刑濫天下稱冤此其所以亡也是時太祖方以兵圍蘇逢吉劉銖第欲誅其族聞延義言悚然因貸其族二家獲全）延義善交遊達機兼有技術見者歡心二年授太府卿判司天監事其年夏初火犯靈臺延乂自言星官所忌又言身命宮災併未幾其子卒尋又妻卒俄而延乂嬰疾故人省之舉手曰多謝諸親死災不可逭也尋卒年五十八贈光祿卿（永樂大典卷一萬六千九百九十一）

沈遘字期遠睢陽人也父振貝州永濟令累贈左諫議大夫遘幼孤以苦學爲志弱冠登進士第釋褐除校書郎由御史臺主簿拜監察御史凡五遷至金部郎中充

三司判官廣順中以本官知制誥世宗嗣位擢爲翰林院學士歲滿拜中書舍人充職顯德三年夏以扈從南征因而遇疾歸及京而卒遘爲人謙和勤于接下每文士投贄必擇其賢者而譽之故當時後進之士多歸焉

（永樂大典卷一萬二千一百五十六）

李知損字化機大梁人也少輕薄利口無行梁朝時以牒刺篇詠出入內臣之門繇是浪得虛譽時人目之爲李羅隱後累爲藩鎭從事入朝拜左補闕歷刑兵二員外度支判官右司郎中坐受權鹽使王景遇厚賂謫于均州漢初歸朝除右司郎中兼侍御史知雜事廣順中

拜右諫議大夫時王峻爲樞密使知損以與峻有舊遂詣峻求使于江浙峻爲上言太祖素聞知損所爲甚難之峻曰此人如或辱命譴之可也太祖重違其請遂可之知損既受命大恣其荒誕之意遂假貸于人廣備行李及即路所經州郡無不强貸又移書于青州符彥卿借錢百萬及在郵亭行止穢褻王峻聞而復奏之乃責授棣州司馬世宗即位切于求人素聞知損狂猖好上封事謂有可采且欲聞外事即命徵還遽與復資數月之間日貢章疏多斥譏貴近自謀進取又上章求爲過海使世宗因發怒仍以其醜行日彰故命除名配沙門島知損將行謂所親曰余嘗遇善相者言我三遂之後當居相位余自此而三矣子姑待我後歲餘卒于海中其庸誕也如此永樂大典卷一萬三百九十 五代史補李知損官至諫議大夫好輕薄時人謂之李羅隱至于親友間往還簡牘往往引里巷常談謂之偶對常有朝士奉使回以土物爲贈其意猶望郤回知損覺之且遺書謝之曰在小子一時間却擬送去恐大官兩羅裏更不將來乾祐中奉使鄭州時宋彥筠爲節度彥筠小字忙兒因宴會筠酒酣輒問曰衆人何爲號足下爲羅隱對曰下官平素好爲詩其格致大抵如羅隱故人爲號彥筠曰不然蓋爲足下輕薄如羅隱耳知損大怒厲聲曰只如令公人皆謂之宋忙兒未必便能放牛滿座皆笑

孫晟本名鳳案南唐書云孫忌高密人一名鳳又名晟少舉進士性陰賊好姦謀少爲道士工詩于廬山簡寂觀畫唐詩人賈島像懸于屋壁以禮事之觀主以爲妖妄執杖驅出之大爲時輩所嗤改儒服謁唐莊宗于鎭州授秘書省著作郎案南唐書云豆盧革爲相雅知晟辟爲判官天成初朱守殷據夷門叛時晟爲幕賓贊成其事是時晟常擐甲露刃以十數騎自隨巡行于市多所屠害汴人爲之切齒城陷朱氏被誅晟乃匿跡更名棄其妻子亡命于陳宋間案歐陽史云安重誨惡晟以爲教守殷反者晟也畫其像購之不可得遂族其家晟奔于吳與薛史微有詳略皆言晟因朱守殷事牽連而亡命也南唐書則云天成中與高輦同事秦王從榮從榮敗晟亡命至正陽未及渡追騎奄至亦疑其狀偉異睨之晟不顧坐淮岸捫敝衣齧蝨追者乃捨去是又以晟爲秦王賓客而出亡也與五代史異會同惡者送之過淮吳人方納叛亡即以僞官授之晟亦微有詞翰李昇僞尊楊溥爲讓皇之册文即晟之詞也故江南尤重之二十年間累歷僞任財貨邸第頗適其意晟以家妓甚衆每食不設食几令衆妓各執一食器周侍于其側謂之肉臺盤其自養稱愜也如是案玉壺清話載晟爲舒州觀察有二卒自晝持刃求害晟晟諭以禍福解金帶與之使遁去南唐書云晟爲舒州節度使治事嚴有歸化卒二人正晝挺白刃入府求晟殺之入自西門吏士倉卒莫能禦適晟間行在東門聞亂得民家馬乘之奔桐城叛卒不得晟乃殺都押衙李建崇而逃晟坐貶光祿卿考孫晟在舒州事不見五代正史故傳聞多失寔顯德三年春王師下廣陵江左驚駭李景僞署晟爲司空令奉貢于行在世宗遣右常侍劉悅伴之賜與甚厚洎隨駕到闕舍于都亭驛禮遇殊優每召見飲之醇醲問以

江南事晟但言吳畏陛下之神武唯以北面爲求保無二也先是張永德守下蔡素與李重進不協每宴將校多暴其短一日永德乘醉乃大言重進潛畜姦謀當時將校無不驚駭繇是人情大擾後密遣親信乘驛上言世宗不聽亦不介意一日重進自壽陽去其部從直詣永德帳下宴飲終日而去由此人情稍安時李景覘而知因密令人齎蠟書遺重進勸爲不軌重進以其蠟書進呈世宗覽之皆斥譖反間之言世宗怒晟前言失寔因急召侍衛都虞候韓通令收晟下獄與其從者百餘人皆誅之案南唐書云世宗命都承旨曹翰護至右軍巡院猶飲之酒數酌翰起曰相公得罪賜自盡晟怡然整衣索笏東南望再拜曰臣受恩深謹以死謝從者二百人亦皆誅死于東相國寺翌日宰臣上謁世宗親諭之始知其事實議者以晟昔搆禍于梁民今伏法于梁獄報應之道豈徒然哉晟性慷慨常感李景之厚遇誓死以報之案釣磯立談云晟將命周朝自知不免私謂副使王崇質曰吾思之熟矣終不忍負永陵一坏土餘非所知也及將下獄世宗令近臣問以江南可取之狀晟默然不對臨刑之際整其衣冠南望金陵再拜而言曰臣惟以死謝遂伏誅永樂大典卷三千五十一

舊五代史卷一百三十一終

舊五代史卷一百三十一攷證

周列傳十一王延傳改少傅致仕　案歐陽史作以太子少保致仕

賈緯傳開運中累遷中書舍人　案王珪華陽集賈文元墓誌銘作曾祖緯晉中書舍人宋史賈昌朝傳因之然緯實終于周非終于晉也宋祁景文集又作漢周間中書舍人據此傳緯仕漢周未嘗再爲舍人疑景文集誤

趙延乂傳　案歐陽史作趙延義

補前劉皞傳觀之已卒矣太平廣記云銜命使吳越路由暉州卒于郵亭

舊五代史卷一百三十二

宋司空同中書門下平章事薛居正等撰

世襲列傳第一

李茂貞本姓宋名文通深州博野人祖鐸父端唐乾符中鎮州有博野軍宿衛京師屯于奉天文通時隸本軍爲市巡累遷至隊長黃巢犯闕博野軍留于鳳翔時鄭畋理兵于岐下畋遣文通以本軍敗尙讓之衆于龍尾坡以功爲神策軍指揮使朱玫之亂唐僖宗再幸興元文通扈蹕山南論功第一遷檢校太保同平章事洋蓬壁等州節度使賜姓名茂貞僖宗親爲製字曰正臣光

化二年王行瑜殺朱玫于京師李昌符擁兵于岐下詔茂貞與陳佩等討之三年誅昌符車駕還京以茂貞爲鳳翔節度使加檢校太尉兼侍中隴西郡王大順二年觀軍容使楊復恭得罪奔山南與楊守亮據興元叛茂貞與王行瑜討平之詔以宰相徐彥若鎮興元茂貞違詔表其假子繼徽爲留後堅請旄鉞昭宗不得已而授之自是茂貞恃勳恣橫擅兵窺伺頗干朝政始萌問鼎之志矣既而逐涇原節度使張球洋州節度使楊守忠鳳州刺史滿存皆奪據其地奏請子弟爲牧伯朝廷不能制大臣奏議言其過者茂貞即上章論列辭旨不遜姦邪者因之附麗遂成朋黨朝政于是隳焉昭宗性英俊不任其逼欲加討伐乾寧初命宰臣杜讓能調發軍旅師未越境爲茂貞所敗茂貞乘勝進屯三橋京師大震士庶奔散天子乃誅中尉西門君遂李周潼等謝之茂貞嚴兵不解勢將指闕抗言讓能之罪誅之方罷及韋昭度李谿爲相茂貞聽崔昭緯之邪說復沮其事表昭度等無相業不可置之台司恐亂天下詔報曰軍旅之事吾則與藩臣圖之朝廷命相出自朕懷又請授王珙河中節度使詔報曰太原表先至已許王珂不可追改乾寧二年五月茂貞與王行瑜韓建稱兵入覲京師

震恐天子御樓待之抗表請殺宰相韋昭度李谿以謝天下移王珙于河中既還留其假子繼鵬宿衛即閻珪也時後唐武皇上表請討三鎭以寧關輔是歲七月太原之師至河中繼鵬與中尉景宣之子繼晟迫車駕幸鳳翔昭宗曰太原軍未至鑾輿不可輒動朕與諸王固守大內卿等安輯京師如太原實至吾可以方略制之繼鵬與景宣中尉駱全瓘因燔燒東市中夜大譟昭宗登承天門樓避亂令捧日都將李雲（案新唐書及通鑑俱作李筠薛史韓建傳亦作李筠惟此傳作李雲）守樓下繼鵬率衆攻雲昭宗憑軒慰諭繼鵬彎弧大呼矢拂御衣中樓桷侍臣扶昭宗下樓還

宮繼鵬卽縱火攻宮門昭宗召諸王謀其所向李雲奏曰事急矣請且幸臣營雲乃與扈蹕都將李君慶衞昭宗出啟夏門駐華嚴寺晡晚出幸南山之莎城駐于石門山之佛寺是月武皇至渭北遣副使王瓌奉表行在昭宗以武皇爲行營都統進討邠岐茂貞懼斬繼鵬繼晟上表待罪昭宗原之武皇曰不誅茂貞關輔無由寧謐時附茂貞者奏云若太原盡殄邠岐必入關輔京師憂未艾也乃詔武皇與茂貞和及行瑜誅武皇班師茂貞怨望驕橫如故明年五月制授茂貞東川節度使仍命通王覃王治禁軍于闕下如茂貞違詔卽討之茂貞

懼將赴鎭王師至興平夜自驚潰茂貞因出乘之官軍大敗車駕倉卒出幸華州茂貞之衆因犯京師焚燒宮闕大掠坊市而去自此長安大內盡爲丘墟矣四年昭宗復命宰臣孫偓統軍進討韓建諫止令茂貞上章請罪光化中加茂貞尚書令岐王令其子繼筠以兵宿衞天復元年十月梁祖攻同華勢逼京師十一月六日繼筠與中尉韓全誨刼昭宗幸鳳翔茂貞遂與全誨矯詔徵兵天下將討梁祖宰相崔胤召梁祖引四鎭之兵屯岐下重溝複壘圍守三年茂貞山南諸州盡爲王建所陷涇原秦隴邠鄜延夏皆降于汴茂貞獨據孤城內外援絕乃請車駕還京求和于汴卽斬韓全誨等二十人首級送于梁祖自是兵力殫盡垂翅不振懼梁祖復討請落尙書令許之（九國志李彥琦傳彥琦本姓楊氏鳳翔李茂貞委以心腹之任易姓李氏齒于諸子後昭宗西幸梁祖迎駕攻逼岐下者累年及昭宗東還長圍方解大軍之後府庫空竭彥琦請使甘州以通回鶻往復二載美玉名馬相繼而至所獲萬計茂貞賴之）及梁祖建號茂貞與王建會兵于太原志圖興復竟無成功茂貞疆土危蹙不遂僭竊之志但開岐王府署天官目妻爲皇后鳴鞘掌扇宣詞令一如王者之制然尙行昭宗之正朔焉茂貞鼠形多智數軍旅之事一經耳目無忘之者性至寬有部將符道昭者人或告其謀變茂貞親至其家去其

爪牙熟寢經宿而還軍士有鬬而訴者茂貞曰喫合公一椀不托與爾和解遂致上下服之尤善事母母終茂貞哀毀幾滅性聞者嘉之但御軍整衆都無紀律嘗食則造庖廚往往席地而坐內外持管鑰者亦呼爲司空太保與夫細柳大樹之威名蓋相遠矣及莊宗平梁茂貞自爲季父以書賀之及聞莊宗入洛懼不自安方上表稱臣尋遣其子繼曮來朝詔茂貞仍舊官進封秦王所賜詔勅不名又以茂貞宿望耆老特加優禮及疾篤遣中使賜醫藥問訊同光二年夏四月薨年六十九謚曰忠敬子從曮嗣（永樂大典卷一萬三百九十）

從曮茂貞之長子也未冠授諮議參軍賜緋魚袋尋遷領彭州副使鳳翔衙門都指揮使天復中自秦王府行軍司馬檢校太尉出爲涇州兩使留後茂貞尋承制加開府儀同三司檢校太尉兼侍中四鎮北庭行軍彰義軍節度使及唐莊宗平梁茂貞令從曮入覲制加從曮兼中書令俄而茂貞薨遺奏權知鳳翔軍府事詔起復授鳳翔節度管內觀察處置等使三年九月以魏王繼岌伐蜀詔充供軍轉運應接使四年正月蜀平繼岌命部署王衍一行東下至岐監軍使柴重厚不與符印促令赴闕從曮至華下聞內難歸鎮明宗詔誅重厚從曮

以軍民不擾重厚之力也不以前事爲隙上表論救事雖不允時議嘉之天成元年五月制落起復加檢校太師其年九月勑曰李從曮等世聯宗屬任重藩宣慶善有稱忠勤甚著旣預維城之列宜新定體之文是降寵光以隆敦敘俾煥承家之美貴從猶子之規宜于曮祀照上改稱從自長興元年明宗有事于南郊從曮入覲禮畢移鎮汴州四年復入覲改天平軍節度使及唐末帝起兵于岐下盡取從曮家財器仗以助軍須末帝發離岐城吏民叩馬乞以從曮爲帥末帝許之淸泰初卽以從曮復爲鳳翔節度使仍封秦國公晉高祖登極繼封岐王秦王累食邑至一萬五千戶食實封一千五百戶少帝嗣位加守太保開運三年冬卒于鎮年四十九從曮少敏悟善筆札性柔和無節操當莊宗新有天下因入覲獻寶裝釦珥于皇后宮時以爲佞但進退閑雅慕士大夫之所爲有請謁者無賢不肖皆盡其敬鎭于岐山前後二紀每花繁月明必陳勝會以賞之客有因于酒者雖吐茵隤幘而無厭色左右或有過未嘗笞責先人汧隴之間有田千頃竹千畝恐奪民力不令理之致岐陽父老再陳借寇之言良有以也子永吉歷數鎭行軍司馬永樂大典卷一萬三百九十五代史補李曮岐王之子昆仲間第六官至中書令世謂之六令公性情好戲爲鳳翔節度因生辰隣道持賀禮使畢至有魏博使少年如美婦人秦鳳使雄陋且多髯二人坐又相接而魏使在下曮因曰二使車一妍一醜何不相嘲以爲樂事魏博使恃少俊先起曰今日不幸與水草大王接席秦鳳使徐起應曰水草大王不敢承命然吾子容貌如此又坐次相接得非水草大王夫人耶在坐皆笑

從昶茂貞之第二子也十餘歲署本道中軍使後唐同光中茂貞疾從昶年十五遣代兄從曮爲涇州兩使留後朝廷尋加節制天成中明宗卽位改鎭三峯累官至檢校太保會郊天大禮表請入覲以恩加檢校太傅俄有代歸闕授左驍衛上將軍改右龍武統軍未幾出鎭許田在鎭三年淸泰中復入爲右龍武統軍再遷左龍

武統軍晉天福三年冬卒于官時年四十贈太尉從昶生于紈綺少習華侈以逸遊讌樂爲務而音律圖畫無不通之然性好談笑喜接賓客以文翰爲賞會無虛日復篤信釋氏時岐下有僧曰阿闍黎通五天竺語爲士人所歸從昶凡歷三鎭無尤政可褒無苛法可貶人用安之亦將門之令嗣也弟從照歷隴州刺史諸衞大將軍卒 永樂大典卷一萬三百九十

茂勳茂貞之從弟也唐末爲鳳翔都將茂貞表爲鄜州節度使累官至兼侍中梁祖之圍鳳翔也茂勳兵屯岐山梁祖以羸師誘之命孔勍潛率勁兵襲下鄜州盡俘

其家茂勳遂歸于梁改名周彝署元帥府行軍司馬開平中爲河陽節度使從梁祖伐鎭州圍棗強縣時有一民縋城而出茂勳納之而不疑一日其民竊發以木檐擊茂勳踣于地賴左右救至僅免居無何遷金吾上將軍副王瓚將兵于景店瓚令分屯西寨莊宗擊而敗之降爲左衞上將軍踰年以太子太傅致仕同光中復召茂勳天成初以疾卒于洛陽 永樂大典卷一萬三百九十

高萬興河西人祖君佐鄜延節度判官父懷遷都押衙萬興與弟萬金俱有武幹效用于本軍河西自王行瑜敗後郡邑皆爲李茂貞之所彊據以其將胡敬璋爲節度使萬興爲敬璋騎將昆弟俱有戰功邠州節度使楊崇本者茂貞之假子也號李繼徽梁祖既弒昭宗茂貞繼徽與西川王建之師會于岐陽以圖興復皆陳兵關輔梁祖遣將王重師守雍州劉知俊守同州以拒之天祐五年冬敬璋卒崇本以其愛將劉萬子爲鄜延帥萬子以兇暴而失士心又崇本爲汴人所攻六年二月萬子葬敬璋將佐皆集于葬所萬興萬金因會縱兵攻萬子殺之歸款于汴梁祖以萬興爲鄜延招撫使與劉知俊合兵攻收鄜坊丹延等州梁祖乃分四州爲二鎭以萬興與萬金皆爲帥及萬金卒梁祖以萬興兼彰武保大

兩鎭累加至太師中書令封北平王莊宗定河洛萬興來朝預郊禮陪位既還鎭復以舊爵授之同光三年十二月卒于位以其子允韜權典留後 永樂大典卷五千五百三十八

允韜字審機初仕梁朝起家授同州別駕尋加檢校右僕射改金紫光祿大夫檢校司空充保大軍內外馬步軍指揮使唐同光中檢校太保充保大軍兩使留後萬興卒允韜自理所奔喪天成初起復檢校太傅充延州節度使長興元年移鎭邢州頃之爲右龍武統軍未幾授滑州節度使清泰二年八月卒于任年四十二詔贈太師 永樂大典卷五千五百三十八

韓遜本靈州之列校也會唐季之亂因據有其地朝廷乃授以節鉞梁初累加檢校太尉同平章事開平中梁將劉知俊自同州叛歸鳳翔李茂貞以地褊不能容乃借兵以窺靈武且圖收固之地知俊乃帥邠岐秦涇之師數萬攻遜于靈州遜極力以拒之久之知俊遁去梁祖嘉之自是累加官至中書令封潁川郡王遜亦善于爲理部民請立生祠堂于其地梁祖許之仍詔禮部侍郎薛廷珪撰文以賜之其廟至今在焉貞明初遜卒子鎮永樂大典卷一萬八千一百二十七

洙遜之子也遜卒三軍推爲留後梁末帝聞之起復正

授靈武節度使特進檢校太傅同平章事貞明四年春靈武將軍尙貽敏等上言洙已服闋乞落起復梁末帝令中書商量宰臣奏曰舊例落鎮起復如先人已是一品階即與加爵如未是一品階即合加階乃授洙開府儀同三司唐莊宗明宗累加官爵天成四年夏洙卒朝廷以其弟澄爲朔方軍節度觀察留後是歲有列校李賓作亂部內不安乃遣使上表請帥于朝廷明宗命前磁州刺史康福爲朔方河西等軍節度靈威雄警涼等州觀察處置度支溫池榷稅等使仍遣福領兵萬人赴鎮其後靈武遂受代焉永樂大典卷三千六百七十五

李仁福世爲夏州牙將本拓拔氏之族也唐乾符中有拓拔思恭爲夏州節度使廣明之亂唐僖宗在蜀詔以思恭爲京城西北收復都統預破黃巢有功僖宗賜姓故仁福亦以李爲氏思恭卒弟思諫繼之梁開平元年授思諫檢校太尉兼侍中二年思諫卒三軍立其子彝昌爲留後尋起復正授旄鉞三年春牙將高宗益等作亂彝昌遇害時仁福爲蕃部指揮使本州軍吏迎立仁福爲帥其年四月梁祖降制授仁福檢校司空充定難軍節度使未幾後唐武皇遣大將周德威會邠鳳之師五萬同攻夏州仁福固守月餘梁援軍至德威遁去梁

祖喜之超授檢校太保同平章事仁福自梁貞明龍德及後唐同光中累官至檢校太師兼中書令封朔方王長興四年三月卒于鎮其年追封虢王子彝超嗣永樂大典卷一萬八千一百三十三

彝超仁福之次子也歷本州左都押牙防遏使仁福卒三軍立爲帥矯爲仁福奏云臣疾已甚已委彝超權知軍州事乞降真命明宗聞之遂以彝超爲延州留後以延帥安從進爲夏州留後朝廷慮不從命詔邠州節度使藥彥稠宮苑使安從益等率師援送從進赴鎮仍降詔諭之云近據西北藩鎮奏定難軍節度使李仁福薨

朕以仁福自分戎閫遠鎮塞垣威惠俱行忠孝兼著當本朝播越之後及先皇興復之初爰及邠躬益全大節就臨有衛遠邇咸安委仗方深凋殞何速忽窺所奏深愴予懷不朽之功既存于社稷有後之慶宜及于子孫但以彼藩地處窮邊每資經畧厥子年纔弱冠未歷艱難或虧禦御之方定啟姦邪之便其李彝超已除延州節度觀察留後便勒赴任但夏銀綏宥等州最居邊遠久屬亂離多染夷狄之風少識朝廷之命旣乍當于移易宜普示于渥恩應夏銀綏宥等州管內罪無輕重常赦所不原者並公私債負錢欠稅物一切並放兼自刺

史指揮使押衙已下皆勒依舊各與改轉官資朕自總萬幾惟弘一德內安華夏外撫戎夷先旣懷之以恩後必示之以信且如李從曮之守岐隴疆土極寬高允韜之鎮鄜延甲兵亦衆咸能識時知變舉族歸朝從曮則見鎮大梁允韜則尋除鉅鹿次及昆仲並建節旄下至將僚悉分符竹又若王都之貪上谷李賓之恡朔方或則結搆契丹偷延旦夕或則依憑党項竊據山河不稟除移唯謀旅拒纔興討伐已見覆亡何必廣引古今方明利害祇陳近事聊諭將來彼或要覆族之殃則王都李賓足爲鑒戒彼或要全身之福則允韜從曮可作規繩朕設兩途爾宜自擇或慮將校之內親要之間幸彼幼冲恣其熒惑遂成騷動致累生靈今特差邠州節度使藥彥稠部領馬步兵士五萬人騎送安從進赴任從命者秋毫勿犯違命者全族必誅先令後行有犯無赦云其年夏四月彝超上言奉詔授延州留後已迎受恩命緣三軍百姓擁隔未敢赴任明宗遣閤門使蘇繼彥齎詔促之五月安從進領軍至城下彝超不受代從進駐軍以攻之秋七月彝超昆仲登城謂從進曰孤弱小鎮不勞王師攻取虛煩國家餉運得之不武爲僕聞天子乞容改圖時又四面党項部族萬餘騎薄其糧運而

野無芻牧關輔之人運斗粟束藁動計數千窮民泣血無所控訴復爲蕃部殺掠死者甚衆明宗聞之乃命班師彝超亦上表謝罪乃授彝超檢校司徒充定難軍節度使旣而修貢如初清泰二年卒于鎮弟彝興襲其位永樂大典卷一萬八千一百三十三

彝興本名彝殷宋受命之初以犯廟諱故改之彝超旣卒時彝興爲夏州行軍司馬三年推爲留後唐末帝閔之正授定難軍節度使晉天福初加檢校太尉同平章事少帝嗣位加檢校太師八年秋彝興弟綏州刺史彝敏與其黨作亂爲彝興所逐彝敏奔延州彝興押送到

闕骨肉二百餘口朝廷以彛興之故縶送本道斬之開運元年春詔以彛興爲契丹西南面招討使漢乾祐元年春加兼侍中是歲李守貞叛于河中潛使人搆之彛興爲之出師駐于延州之北境旣而聞守貞被圍乃收軍而退周顯德中累加至守太傅兼中書令封西平王皇朝建隆元年春制加守太尉始改名彛興乾德五年秋卒于鎮制贈太師追封夏王子光叡繼其位其後事具皇朝日歷 永樂大典卷一萬八千一百三十

舊五代史卷一百三十二終

舊五代史卷一百三十二攷證

世襲列傳一李茂貞傳摔日都將李雲　案新唐書及通鑑俱作李筠是書韓建傳亦作李筠惟此傳作李雲

李茂勳傳一日其民竊發以木檑擊茂勳踣于地　案通鑑攷異引唐餘錄云東强民欲擊梁祖誤中茂勳蓋傳聞之異辭也附識于此

高萬興傳五年冬敬璋卒　卒原本訛平今據文改正

李仁福傳拓拔思恭　案思恭歐陽史作思敬

舊五代史卷一百三十三

宋司空同中書門下平章事薛居正等撰

世襲列傳第二

高季興字貽孫陝州硤石人也本名季昌及後唐莊宗即位避其廟諱改焉幼隸于汴之賈人李七郎梁祖以李七郎爲子賜姓名友讓梁祖嘗見季興于僕隸中其耳面稍異命友讓養之爲子梁祖以季興爲牙將漸能騎射唐天復中昭宗在岐下梁祖圍鳳翔日久衆議欲班師獨季興諫止之語在梁祖紀中既而竟迎昭宗歸京以季興爲迎鑾毅勇功臣檢校大司空行宋州刺史

從梁祖平青州改知宿州事遷潁州防禦使梁祖令復姓高氏擢爲荆南兵馬留後荆州自唐乾符之後兵火互集井邑不完季興招輯離散流民歸復梁祖嘉之乃授節鉞梁開平中破雷彥恭于朗州加平章事荆南舊無外壘季興始城之遂厚歛于民招聚亡命自後僭臣于吳蜀梁氏稍不能制焉因就封勃海王嘗攻襄州爲孔勍所敗及莊宗定天下季興來朝于洛陽加兼中書令時論多請留之郭崇韜以方推信義于華夏請放歸藩季興促程而去至襄州酒酣謂孔勍曰是行有二錯來朝一錯放迴二錯洎至荆南謂賓佐曰新主百戰方得河南對勳臣誇手抄春秋又豎手指云我于指頭上得天下如此則功在一人臣佐何有且遊獵旬日不迴中外之情其何以堪吾高枕無憂矣乃增築西面羅城備禦敵之具時梁朝舊軍多爲季興所誘由是兵衆漸多跋扈之志堅矣明年冊拜南平王魏王繼岌平蜀盡選其寶貨泝江而下舡至峽口會莊宗遇禍季興盡邀取之明宗即位復請夔峽爲屬郡初俞其請後朝廷除刺史季興上言稱已令子弟權知郡事請不除刺史不臣之狀既形詔削奪其官爵天成初命西方鄴興師收復三州又遣襄州節度使劉訓總兵圍荆南以問其罪

屬霖潦班師三年冬季興病脚氣而卒其子從誨嗣立累表謝罪請修職貢由是復季興官爵謚曰武信〔永樂大典卷一萬八千二百一十一〕

從誨初仕梁歷殿前控鶴都頭鞍轡庫副使左軍巡使如京使左千牛大將軍荆南牙內都指揮使領濠州刺史改歸州刺史累官至檢校太傅初季興之將叛也從誨常泣諫之季興不從天成三年冬季興薨從誨乃上表謝罪復修職貢明宗嘉之尋命起復授荆南節度使兼侍中長興三年加檢校太尉應順中封南平王清泰初加檢校太師晉天福中加守中書令六年襄州安從

進反王師攻討從誨饋軍食以助討詔書褒美尋加守尙書令從誨上章固讓朝廷遣使敦勉竟不受其命時有術士言從誨年命有厄宜退避寵祿故也及契丹入汴漢高祖起義于太原間道遣使奉貢密有所請言俟車駕定河汴願賜郢州爲屬郡漢祖依違之及入汴從誨致貢求踐前言漢高祖不從從誨怒率州兵攻郢州旬日爲刺史尹實所敗自是朝貢不至從誨東通于吳西通于蜀皆利其供軍財貨而已末年以鎭星在翼軫之分乃釋羅紈衣布素飲食節儉以禳災咎尋令人祈託襄州安審琦請歸朝待罪朝廷亦開納之漢乾祐元

年冬十一月以疾薨于位詔贈尙書令諡曰文獻子保融嗣位至荆南節度使守太傅中書令封南平王皇朝建隆元年秋卒諡曰貞懿其諸將之倚任者則有王保義保義本姓劉名去非幽州人少爲縣吏粗暴無行習騎射敢鬬擊劉仁恭之子守奇善射唯去非許以爲能守奇以兄守光奪父位亡入契丹又自契丹奔太原去非皆從之莊宗之伐燕也守奇從周德威引軍前進師次涿州刺史姜行敢登陴固守去非呼行敢曰河東小劉郎領軍來爲父除兇爾何敢拒守奇免胄勞之行敢遥拜即開門迎降德威害其功密告莊宗言守奇心不

可保莊宗召守奇還計事行次土門去非說守奇曰公不施寸兵下涿郡周公以得非己力必有如簧之間太原不宜往也公家于梁素有君臣之分宜往依之介福萬全矣守奇乃奔梁梁以守奇爲滄州留後以去非爲河陽行軍司馬時謝彦章移去非爲郢州刺史及莊宗平河洛去非乃棄郡歸高季興爲行軍司馬仍改易姓名自是季興父子倚爲腹心凡守藩規畫出兵方略言必從之乾祐元年夏高從誨奏爲武泰軍節度留後依前荆南行軍司馬加檢校太尉後卒于江陵永樂大典卷一萬入千一百十一

保勗季興之幼子也鍾愛尤甚季興在世時或因事盛怒左右不敢竊視唯保勗一見季興則怒自解故荆人目之爲萬事休皇朝建隆四年春卒是歲荆門之地不爲高氏所有則萬事休之言蓋先兆也永樂大典卷五千五百三十九

五代史補高季興本陝州陝人爲太祖將出爲郢州防禦使時荆南成汭征鄂州不利而卒太祖命季興爲荆南留後到未幾爲武陵土豪雷彦恭作亂季興破之遂以功授荆南節鉞莊宗定天下季興首入覲因拜中書令封南平王初季興嘗從梁太祖出征引軍早發至逆旅未曉有嫗秉燭迎門具禮甚厚季興疑而問之對曰妾適夢有人叩關呼曰速起速起有裂土王者來及起盥漱畢秉燭開門而君子奄至得非所謂王者耶所以不敢褻慢爾季興喜及來荆南竟至封王

高從誨季興之庶子而處長爲性寛厚雖士大夫不如也天成中季興叛從誨力諫之不從及季興卒朝廷知從誨忠使嗣亦封南平王初季興之事梁也每行軍常以愛姬

張氏自隨一旦軍敗擒之而竄遇夜誤入深澗中時張氏方姙行遲季興恐爲所累俟其寢酣以劍刺岸邊欲壓殺之然後馳去既而岸欲崩張氏且驚起呼季興曰妾適夢大山崩而壓妾身有神人披金甲執戈以手托之遂免季興聞之謂必生貴子遂挈之行後生從誨

梁震蜀郡人有才畧登第後寓江陵高季興素聞其名欲任爲判官震恥之然難于拒恐禍及因謂季興曰本山野鄙夫也非有意于爵祿若公不以孤陋令陪軍中末議但白衣從事可矣季興奇而許之自是震出入門下稱前進士而已同光中莊宗得天下季興懼而入覲時幕客皆贊成震獨以爲不可謂季興曰大王本梁朝與今上世稱讐敵血戰二十年卒爲今上所滅神器大寶雖歸其手恐餘怒來息觀其舊將得無加害之心宜深慮焉季興不從及至莊宗果欲留之樞密郭崇韜切諫以爲不可天下既定四方諸侯雖相繼稱慶然不過子弟與將吏耳惟季興能躬自入覲可謂尊獎王室者也禮待不聞加等反欲留縶之何以來遠臣恐此事一行則天下解體矣莊宗遂令季興歸行已浹旬莊宗易慮遽以詔命襄州節度使劉訓伺便囚之時季興至襄州就館而心動謂吏曰吾方寸擾亂得非朝廷使人追而殺吾耶梁先輩之言中矣與其往而生不若去而死遂棄輜重與部曲舊健者數百人南走至鳳林關已昏黑于是斬關而去既而是夜三更向之急遞果至襄州劉訓料其去遠不可追而止自是季興怨憤以兵襲取復州之監利玉沙二縣命震草奏請以江爲界震又曰不可若然則師必至矣非大王之利也季興怒卒使爲之既而奏發未幾朝廷遣夏魯奇房知溫等領兵來伐季興登城望之見其兵少喜欲開城出戰震復諫曰大王何不思之甚耶且朝延禮樂征伐之所自出兵雖小而勢實大加以四方諸侯介以相呑噬爲志但恨未見得其便耳若大王不幸或得以戰勝則朝廷徵兵于四方其誰不欲仗順而起以取大王之士地耶如此則社稷体矣爲大王計者莫若致書于主帥且以牛酒爲獻然後上表自勍如此則庶幾可保矣不然則非僕之所知也季興從之果班師震之裨贊皆此類也泊季興卒子從誨繼立震以從誨生于富貴恐相知不深遂辭居于龍山別業自號處士從誨見召跨黃牛直抵廳事前下呼從誨不以官閣但充召而已末年尤好篇詠與僧齊已友善貽之詩曰陳琳筆硯甘前席角里烟霞憶共眠蓋以其高尚之趣也

馬殷字霸圖許州鄢陵人也案通鑑作扶溝人歐陽史從薛史少爲木工及蔡賊秦宗權作亂始應募從軍初隨孫儒渡淮陷廣陵及儒敗于宣州殷隨別將劉建峯過江西連洪鄂潭桂等州建峯盡有湖南之地遂自爲潭帥頃之建峯爲部下所殺潭人推行軍司馬張佶爲帥時殷方統兵攻邵州佶曰吾才不及馬殷即牒殷付以軍府事殷自邵州旋軍偏勞將士誅害建峯者數十人自爲留後久之朝廷命爲湖南節度使遂有潭衡七州之地唐天復中楊行密急攻江夏杜洪求援于荆南成汭舉舟師援之時澧朗節度使雷彥恭乘汭出師襲取荆州載其寶貨焚毀州城而去彥恭東連行密斷江嶺行商之路殷與高季興合勢攻彥恭于澧朗數年擒之盡有其地乃以張佶爲朗州節度使由是兵力雄盛殷于梁貞明中爲時姑息所求皆允累官至守太師兼中書令封楚王又上章請依唐秦王故事乃加天策上將軍之號又請官位內添制置靜江武平甯遠等軍事皆從之既封楚王仍請依唐諸王行臺故事署置天官幕府有文苑學士之號知詔令之名總制二十餘州自署官吏征賦不供民間採茶並抑而買之又自鑄鉛鐵錢凡天下商賈所齎寶貨入其境者祗以土產鉛鐵博易之無餘遂

致一方富盛窮極奢侈貢奉朝廷不過茶數萬斤而已于中原賣茶之利歲百萬計唐同光初首修職貢復授太師兼尚書令楚王天成初加守尚書令長興二年十一月十日薨于位時年七十八明宗聞之廢朝三日謚曰武穆子希聲嗣初殷微時隱隱見神人侍側因默記其形像及貴因謁衡山廟覩廟中神人塑像宛如微時所見者則知人之貴者必有陰物護之豈偶然哉永樂大典卷一萬八千一百二十八　案以下原本殘闕

希範晉天福中授江南諸道都統又加天策上將軍谿州洞蠻彭士愁寇辰澧二州希範討平之士愁以五州乞盟乃銘于銅柱希範自言漢伏波將軍援之後故鑄銅柱以繼之永樂大典卷八千二百二十一　案此傳有闕文馬希廣希萼傳全篇俱佚　五代史補高郁爲武穆王謀臣莊宗素聞其名及有天下且欲離間之會武穆王使其子希範入覲莊宗以希範年少易激發因其數奏敏速乃拊其背曰國人皆言馬家社稷必爲高郁所取今有子如此高郁安得取此耶希範居常疾郁忽聞莊宗言深以爲然及歸告武穆請誅之武穆笑曰主上爭戰得天下能用機數以郁資吾覇業故欲間之耳若梁朝罷王彥章兵權也蓋遺此計必至破誅滅今汝誅郁正落其彀中愼勿言也希範以武穆不決禍在朝夕因使誣告郁謀反而族滅之自是軍中之政往往失序識者痛之初郁與武穆俱起行陣郁貪且僭常以所居之井不甚清澈思所以澄汰之乃用銀葉護其四方自內至外皆然謂之拓裏其奉養過差皆此類也故莊宗得以媒孽自後陰晦中見郁後竟爲所患術　馬希範武穆之嫡子性奢侈嗣位未幾乞依故事置天策府僚屬于是擢從事有才行者有若都統判官李鐸靜江府節度判官潘玘武安軍節度判官拓

拔坦都統掌書記李皐鎭南節度判官李莊昭順軍節度判官徐收澧州觀察判官彭繼英江南觀察判官廖圖昭順軍觀察判官徐仲雅靜江府掌書記鄧懿文武平軍節度掌書記李松年鎭南軍節度掌書記衞曮昭順軍觀察支使彭繼勳武平軍節度推官蕭鉌桂管觀察推官何仲舉武安軍節度巡官孟玄暉容管節度推官劉昭禹等十八人並爲學士其餘列校自袁友恭張少敵等各以次授任莫不大興土木以建興府庭其最爲壯麗者即有九龍金華等殿殿之成也用丹砂塗其壁凡用數十萬斤石每僚吏謁見將升殿但覺丹砂之氣藹然襲人其費用也皆此類初教令既下土者以丹砂非卒致之物相顧憂色居無何東境山崩湧出丹砂委積如丘陵于是收而用之契丹南侵聞其事以爲希範非常人遣使冊爲尚父希範得冊以爲契丹推奉欣然當之矣　丁思僅素有才畧爲馬氏騎將以希範受契丹冊命深恥之因謂希範曰今朝廷失守正忠臣義士奮發之時使馳檄四方引軍直趨京師驅契丹天子反正然後凱旋如此則齊桓晉文不足數矣時不可失願大王急圖之希範本無遠畧加以興作府署未畢不忍棄去遂寢思僅之謀思僅不勝其憤謂所親曰古人疾沒世而名不稱今遭逢擾攘不能立功于天下反顧戀數間屋子乎誠可痛也自是思僅常快快　文昭王夫人彭氏封秦國夫人常往城北報恩寺燒香時僧魁謂之長老問曰夫人誰家婦女彭氏大怒索檐子疾驅而歸文昭驚曰何歸之速也夫人曰今日好沒興被箇老禿兵問妾是誰家婦女且大凡婦女皆不善之辭安得對妾而發文昭笑曰此所謂禪機也夫人宜答弟子是彭家女馬家婦是則通其理矣何怒之有乎夫人素負才智耻不能對乃曰如此則妾所謂無見性也于是慙赧數日　石文德連州人形質矬陋好學尤工詩覇國時屢獻詩求用文昭以其寢陋未曾禮待文德由是窮悴有南宅王子者素重士延于門下其後文昭知之亦兼怒王宅欲庭辱文德而逐之居無何秦國夫人彭氏薨其文昭傷悼乃命有學者各撰挽詞文德亦獻十餘篇其一聯云月沉湘浦冷花謝漢宮秋文昭覽之大驚曰文德有此作用吾但以寢陋而輕之乃不如南宮小兒却能知賢耶于是始召文德而愧謝之未幾承制授水部員外郎充融州刺史文德晚尤好著述乃撰大唐新纂十三卷多名人遺事詞雖不工事或可采時以多聞許之　何仲舉營道人美姿容年十三後邁絕倫

時家貧輸稅不及限李皋爲營道令怒之乃荷項纍獄將橫楚焉或有言于皋曰此子雖丱能爲詩往往立同成章明府一察之皋聞遽召而問曰知汝有文且速敏今日之事若能文不加點爲一篇以自述吾當貸汝仲舉援筆而成曰似玉來投獄拋家去就枷可憐兩片木夾却一枝花皋大驚因自爲脫枷上廳與之抗禮自是仲舉始銳意就學天成中入洛時秦王爲河南尹尤重士仲舉與張杭江文蔚俱遊其門及其東薦也公舉數百人獨以仲舉爲擅場仲舉因獻詩曰碧雲章句纔離手紫府神仙盡點頭秦王大悅稱賞不已故一舉上第及歸過文昭馬氏承制依唐太宗故事于天冊府置十八學士以皋爲學士之首且執政柄而仲舉自以出于皋之門下雖策名中朝事皋未嘗懈皋感悅遂加引用未幾與之同列及出又爲全衡二州刺史先是湖南尤多詩人其最顯者有沈彬廖凝劉昭禹何顏齊已虛中之徒而仲舉在諸公間尤爲輕淺惟李皋獨推許之往往對衆吟秋日晚望詩曰樹迎高鳥歸深野雲傍斜陽過遠山以足扣地嘆曰何仲舉乃詩家之高邈者也諸官見取舍其餘奴岳乃聞氣爾故仲舉感皋之見知卒能自奮至于名節亦終始無玷論者以皋有知人之監

歐陽彬衡山人世爲縣吏至彬特好學工于詞賦馬氏之有湖南也彬將希其用乃攜所著詣府求見之禮必有通名紙有掌客吏衆謂樊知客好賄陰使人謂彬曰足下之來非徒然也實欲顯族致身而不以一物爲贄其可乎彬恥以賄進竟不與既而樊氏怒擲名紙于地曰豈吏人之子欲干謁王侯耶彬深恨之因退而爲詩曰無錢將乞樊知客名紙生毛不爲通因而落魄街市歌姬酒徒無所不狎有歌人瑞卿者慕其才遂延于家瑞卿能歌每歲武穆王生辰必歌于筵上時湖南自舊管七郡外又加武陵岳陽是九州彬作九州歌以授瑞卿至時使歌之實欲感動武穆既而竟不問彬嘆曰天下分裂之際廝徒負養皆能自奮我貧而至此耶計無所出思竊入鄰道但未有所向居無何聞西蜀圖將發彬遂謀入蜀且私謂瑞卿曰吾以干謁不遂居于汝家未嘗有倦色其可輕棄乎然士以功名爲不朽不于此時圖之恐貽後悔今吾他適庶幾有成勿以爲念瑞卿曰君于妾不可謂之無情然一旦不以妾自滯割愛而去得非功名之將至耶妾誠異之家財約數緡雖不豈顧分爲半以資路遂彬亦不讓因以瑞卿所贈盡賂吏求爲僞船儈夫吏許之既至蜀遂獻獨鯉

朝天賦蜀主大悅擢居清要其後官至尚書左丞相出爲夔州節度使既領夔州武穆王已薨其子希範纔立因致書于希範敘疇昔入蜀之由仍以衡山宗族爲托希範得書大慙彬之親友悉免其賦役下令搜訪草澤由是士無賢不肖參謁皆延客之因彬所致也彬雅有風儀其爲文辭近而理質聞之者雖不知書亦釋然曉之竟以此遇

戴偃金陵人能爲詩尤好規諷唐末罹亂游湘中値馬氏有國至文昭王以公子得位尤好奢侈起天策府構九龍金華等殿土木之工斤斧之聲晝夜不絕偃非之自稱玄黃子著漁父詩百篇以獻欲譏諷之故其句纔把咽喉吞世界蓋因奢侈致危亡又曰若須拋却便拋却莫待風高更水深文昭覽怒一旦謂賓佐曰戴偃何如人時賓佐不測以偃爲文昭所重或對曰偃詩人章句深爲流輩所推許乃今在貧悴大王哀之置之髯參短簿之間足矣文昭曰數日前獻吾詩想其爲人大抵務以漁釣自娛爾宜賜碧湘湖便以遂其性亦優賢之道也即日使遷居湖上乃潛戒公私不得與之往還自是偃窮餓日至無以爲計乃謂妻曰與汝結髮已生一男一女今度不惟擠于溝壑亦恐首領不得完全宜分兒遁去庶幾可免不然旦夕死矣于是舉假子與妻子約曰彩多得兒彩少得女既擲假彩少乃擲女相與慟哭而別偃將奔嶺南至永州會文昭薨乃止其後不知所終

李皋與弟節俱在湖南幕下節亦有文學同光初馬氏武穆王授江南諸道都統詔賜戰馬數百匹皋爲謝表百餘字後思意艱澀時節在側皋顧謂之曰嘗聞馬有旋風之隊如何得一事爲對節曰馬既有旋風軍亦有偃月營何患耶皋欣然下筆云尋當偃月之營摧作旋風之隊表遂成論者以此對最爲親切

僧洪道不知何許人通內外學道行尤高大爲時人所重天福中居于衡州石羊鎮山谷中馬氏文昭王之嗣位也聞其名召于府使于報慈寺住持洪不應命文昭堅欲致之督責州縣甚懼計無所出率五七十人一拱擁入州洪道知之乃引徒弟數輩轉徙入深山中得一岩遂且止息然辭舊居抵于山岩下則衆鳥千萬和鳴而隨之州縣雖疑或有相謂曰且深山之衆鳥何故而鳴又聲韵優遂得非和尚在彼耶試尋果得之于岩所父老再拜曰和尚佛之徒也佛不遺衆生願大王崇重要與和尚相見輒不應召竄入山林于是和尚即得計矣而州縣與鄉村得無勞擾而和尚忍不爲之開慈憫耶洪道于是始出頭曰如此則吾

爲汝行矣及至府文昭以國待之未幾堅乞歸山文昭知不可留乃許焉其後竟不知所終初洪道之入岩也見一虎在穴乳二子徒弟大駭洪道叱曰無懼彼當移去言訖虎啣二子趣出穴至行之所感也如此　馬希範常重一僧號報慈長老能入定觀人休咎希範因問之曰吾于富貴固無遺恨但不知者壽爾吾師以爲何如報慈曰大王無憂當與佛齊年希範喜以爲享壽無窮及薨也止于四十九先是希範常嫉高郁之爲人因莊宗言而殺之至是方臨江觀競渡置酒未及飲而希範忽驚起顧其弟曰高郁來希廣亦驚曰高郁死久矣大王勿妄言而希範血自鼻出是夕遂卒　馬希範卒判官李皐以希範同母弟希廣爲天策府都尉撫御尤非所長大校張少敵憂之建議請立希廣庶兄武陵帥希　且曰希　處長負氣觀其所爲必不爲都尉之下加之在武陵九溪鑾通好往來甚歡若不得立必引鑾軍爲亂幸爲思之李皐忽怒曰汝輩何知且先大王爲都尉俱爲嫡嗣不立之却用老婢兒可乎少敵曰國家之事不可拘以一途變而能通所以國長久也何嫡庶之云乎若明公必立都尉當妙設方畧以制武陵使帖然不動乃可不然則社稷去矣皐愈怒竟不從少敵

之謀少敵度無可奈何遂辭不出未幾希　果以五陵反引洞溪鑾數路齊進遂之長沙縊希廣于郊外而支解李皐自是湖南大亂未逾年而國滅一如少敵之言初希　之來也希廣以全軍付親校許可瓊使遂擊之可瓊覩希　衆盛恐懼夜送旗鼓乞降之希大喜于是兼可瓊之衆長驅而至希廣素奉佛聞之計無所出乃被緇衣引羣僧念寶勝如來謂之禳災頃之府廨火起人忽紛擾猶念誦之聲未輟其顧如此少敵憂之良有以也先是城中街道尙種槐其柳即無十一二至是內外一變皆種柳無復槐矣又居人夜間好織草鞋似槌芒之聲聞于郊野俄有童謠云湖南城郭好長街竟栽柳樹不栽槐百姓奔竄無一事只是槌芒織草鞋人無長少皆誦之未幾國亂百姓奔竄死于溝壑者十有八九至是議者始悟蓋長街者通內外之路也槐者皆言懷也不栽槐蓋兄弟不睦以至國亡失孔懷之義也草鞋者遠行所用蓋百姓遠行奔竄之象也　馬希　既立不治國事數與僚吏縱酒爲樂有小吏謝廷擇者本帳下廝養有容貌希範素寵嬖之每筵會皆命廷擇預坐諸官甚有在下者于是衆怒往往偶語曰此誰舊制有燕會唯用兵守門以防他虞今與我等齊列何辱之

甚耶其弟希崇因衆怒咄咄與其黨竊發擒希　囚之于衡陽又自立未數日江南遣袁州刺史邊鎬乘其亂領兵來伐希崇度不能敵遂降先是長沙童謠云鞭打馬走不暇未幾果爲邊鎬所滅初鎬嘗爲僧以覘湖南尤善[illegible][illegible]每侵晨必弄鉞行乞遇城往往擲起鉞以度門人[illegible][illegible]及來湖南士庶頗有議之者　廖氏虔州[illegible]縣人有子三人伯曰圖仲曰偃季曰凝圖凝皆有詩名偃蹻勇絶倫由是豪橫遂爲鄉里所憚江南名功臣鍾章爲虔州刺史深嫉之于是圖與凝等議曰觀章所爲但欲滅吾族矣若戀土不去禍且及矣于是領其族黨部等[illegible][illegible][illegible]人具鎧仗號令而後行章不敢逐遂奔江南時武穆王在位見其衆盛恐難制欲盡誅之或者曰大王姓馬[illegible]廖來歸廖者料也馬得料其勢必肥實國家大[illegible][illegible]兆其可殺之乎武穆喜遂善待仍制下以凝爲衡州刺史圖爲行軍司馬偃以天策府列校仍賜莊宅于衡山自稱逸人偃能于馬上挺身而立取　衣振奮而服之以示輕捷荊南高季興次子忘其名管親軍雲猛都謂之雲猛郎君聞偃名因兩境交兵請與偃鬪偃欣然而往雲猛能用鎗見偃瘦小心輕之馳騎而刺偃垂及之偃伴落馬雲猛勢未及止偃自後奮戈一擊

隨地因生擒之自是其名愈振故武穆王終世不爲鄰境所輕之者爲偃之力焉至其子範嗣位九溪鑾叛命率兵討之爲流矢所傷死于鑾中凶訃至希範使人報其母張氏張氏不哭謂其使曰爲我謝大王舉家三百餘口受大王分食解衣之賜雖盡死未足以上報況一子乎望大王勿以爲念希範嘆其賢厚加存恤仍遣使召興[illegible]希範薨國亂爲江南所滅遂遷金陵唐主授以水部員外郎爲洪州建昌縣令未幾[illegible]凝性不羈好恢諧嘗覽斐說經杜工部墓詩曰擬鑿孤墳破重教大雅生因曰如此一說乃工刼賊耳聞者笑之在江州盛暑嘗患體燥乃以大桶盛冷水坐其間或至終日雖賓友謁見出露其首與之談笑其簡率如此先是嘗夢人以印授之拜捧之際其印缺一角凝殊不能測及授江州團練副使之命始悟曰印缺一角蓋偏禆之象也團練副使不亦宜乎時人異之

劉言本朗州之牙將也初馬氏舉族爲江南所俘朗州無帥衆乃推列校馬光惠爲武平軍留後光惠署言爲

副使旣而光惠耽荒僭侈軍情不附逢行廢黜以言代光惠爲留後時周廣順二年秋也言旣立北則遣使奉表于周太祖東亦上章于江南李景求正授旄鉞景未之許時邊鎬據湖南潛遣人賫金帛說誘武陵谿洞諸蠻欲合勢以攻朗州會李景降僞詔徵言赴金陵言懼不從僞命以其年冬十月三日與其節度副使王進逵行軍司馬何敬眞都指揮使周行逢等同領舟師以襲潭州九日攻拔益陽寨殺淮軍數千人十三日至潭州城下是夕邊鎬領其部衆棄城東走進逵敬眞遂入據其城言乃遣牙將張崇嗣奉表于周太祖且言潭州兵

戈之後焚燒殆盡乞移使府于朗州從之詔升朗州爲大都督府在潭州之上廣順三年春正月制以言爲檢校太師同平章事朗州大都督充武平軍節度使制置武安靜江等軍事又以王進逵爲武安軍節度使何敬眞爲靜江軍節度使並檢校太尉以周行逢領集州刺史充武安軍節度行軍司馬未幾言遣何敬眞帥軍南擊廣賊敬眞失律奔歸潭州爲王進逵所殺其年秋進逵奏劉言與淮賊通連差指揮使鄭玫部領兵士欲併當道鄭玫爲軍衆所執奔入武陵劉言尋爲諸軍所廢臣已至朗州安撫訖周太祖詔劉言宜勒歸私第委王進逵取便安置言尋遇害朝廷乃正授進逵朗州節制顯德元年秋制以武安軍節度副使周行逢爲鄂州節度使權知潭州軍府事加檢校太尉三年春正月世宗將伐淮甸詔進逵率兵入江南界二月進逵準詔而行仍遣部將潘叔嗣領兵五千爲先鋒行及鄂州界叔嗣迴戈以襲朗州進逵聞之倍道先入武陵叔嗣遽攻其城進逵敗爲叔嗣所殺遣人詣潭州請周行逢至朗州斬叔嗣于市其年秋七月制以行逢爲朗州大都督充武平軍節度使加兼侍中自是潭朗之地遂爲行逢所有皇朝建隆初就加中書令四年行逢卒三軍立其子

保權爲帥未幾朗軍亂求救于朝廷及王師平定荆湖保權入朝由是湖湘之地盡爲王土矣（永樂大典卷九千九十九）

錢鏐杭州臨安縣人少拳勇喜任俠以解仇報怨爲事唐乾符中事於潛鎮將董昌爲部校屬天下喪亂黃巢寇嶺表江淮之盜賊羣聚大者攻州郡小者剽閭里董昌聚衆恣横于杭越之間杭州八縣每縣召募千人爲一都時謂之杭州八都以遏黃巢之衝要時有劉漢宏者聚徒據越州自稱節度使攻收鄰郡潤州牙將薛朗逐其節度使周寶自稱留後唐僖宗在蜀詔董昌討伐昌以軍政委鏐率八都之士進攻越州誅漢宏迴戈攻

潤州擒薛朗江浙平董昌爲浙東節度使越州刺史表
鏐代已爲杭州刺史唐景福中朝廷以李鋌爲浙江西
道鎭海軍節度使時孫儒楊行密交亂淮海烟塵數千
里鏐常率師以爲防捍孫儒據宣州不敢侵江浙由是
鏐勳名日著久之李鋌終不至治所朝廷以鏐爲鎭海
軍節度仍移潤州軍額于杭州爲治所又立威勝軍于
越州董昌爲節度使昌漸驕貴自言身應符讖又爲妖
人王百藝所誑僭稱尊號乃于越州自稱羅平國王年
號大聖僞命鏐爲兩浙都將鏐不受命以狀聞唐昭宗
命鏐討昌乾甯四年鏐率浙西將士破越州擒昌以獻

朝廷嘉其功賜鏐鐵券又除宰臣王溥爲威勝軍節度
使而兩浙士庶拜章請以鏐兼杭越二鎭朝廷不能制
因而授之改威勝軍爲鎭東鏐乃兼鎭海鎭東兩藩節
制鏐旣兼兩鎭精兵三萬而楊行密連歲興戎攻蘇湖
潤等州欲兼幷兩浙累爲鏐所敗亦爲行密侵盜數州
而鏐所部止一十三州而已天復中鏐大將許再思徐
綰叛引宣州節度使田頵謀襲杭州田頵等率師掩至
城下鏐激厲軍士一戰敗之生擒徐綰田頵遁走鏐于
臨安故里興造第舍窮極壯麗歲時遊于里中車徒雄
盛萬夫羅列其父寬每聞鏐至走竄避之鏐卽徒步訪

寬請言其故寬曰吾家世田漁爲事未嘗有貴達如此
爾今爲十三州主三面受敵與人爭利恐禍及吾家所
以不忍見汝鏐泣謝之鏐于唐昭宗朝位至太師中書
令本郡王食邑二萬戶梁祖革命以鏐爲尙父吳越國
王梁末帝時加諸道兵馬元帥同光中爲天下兵馬都
元帥尙父守尙書令封吳越國王賜玉册金印初莊宗
至洛陽鏐厚陳貢奉求爲國王及玉册詔下有司詳議
羣臣咸言玉簡金字唯至尊一人錢鏐人臣不可又本
朝以來除四夷遠藩羈縻封拜或有國王之號而九州
之內亦無此事郭崇韜尤不容其僭而樞密承旨段徊

姦佞用事能移崇韜之意曲爲鏐陳請崇韜僶俛從之
鏐乃以鎭海鎭東軍節度使名目授其子元瓘自稱吳
越國王命所居曰宮殿府署曰朝廷其參佐稱臣僭大
朝百寮之號但不改年號而已僞行制册加封爵于新
羅渤海海中夷落亦皆遣使行封册焉明宗卽位之初
安重誨用事鏐嘗與重誨書云吳越國王謹致書于某
官執事不敘暄涼重誨怒其無禮屬供奉官烏昭遇使
于兩浙每以朝廷事私于吳人仍目鏐爲殿下自稱臣
謁鏐行舞蹈之禮及迴使副韓玫具述其事重誨因削
鏐元帥尙父國王之號以太師致仕久之其子元瓘等

禮儀有失倘蒙赦宥未寘典刑敢不投杖責躬負荆請罪且爽爲臣之禮誠乖事上之儀夙夜包羞寢食俱廢捧詔而神魂戰慄拜章而芒刺交并伏以皇帝陛下濬哲文思含弘光大智周萬物日闢四方旣容能改之非許降自新之路將功補過捨短從長矧兹近代相持豈足玄機遠料且臣本道與淮南雖連疆畛久結仇讎交惡尋盟十翻九覆縱敵已逾于三紀弭兵纔僅于數年諒非脣齒之邦眞爲腹心之疾今奉詔書責問合陳本末端由布在衆多寧煩覶縷彼旣人而無禮此亦和而不同近知侵軼荆門乖張事大倘王師之問罪願率衆以齊攻必致先登庶覩後効横秋鵰鶚祇待指呼躍匣蛟龍誓平讐隙今則訓齊樓櫓淬礪戈鋋決副天威冀明臣節伏以臣父王鏐已于汎海繼有飛章陳父子之丹誠高懸皎日展君臣之大義上指圓穹其將修貢賦于梯航混車書而表率如虧奉賦自有陰誅今春已具表章未蒙便賜俞允地遠而經年方達天高而瀝懇難通伏乞聖慈曲行明命凌霜益翠始知松栢之心異日成功方顯忠貞之節臣元瓘等無任感激祈恩戰懼依投之至謹遣急脚間道奉絹表陳乞奏謝以聞明宗嘉之乃降制復授鏐天下兵馬都元帥尚父吳越國王未

上表陳叙時淮寇攻逼荆南明宗疑其同惡因降詔詰之元瓘等復遣使自淮南間道上表云竊念臣父天下兵馬都元帥吳越國王臣鏐爰自乾符之歲便立功勞至于天復之初已封茅土兩殄稽山之僭僞頻叨鳳詔之褒崇賜鐵劵而礪岳帶河藏清廟而銘鐘鏤鼎歷事列聖竭誠累朝罄臣節以無虧荷君恩而益重楚茅吳柚常居羣后之先赤豹黃羆不在諸方之後雲臺寫像盟府書勲戮力本朝一心體國常誡臣兄弟曰汝等諸子須記斯言老父起自諸軍早平多難素推忠勇實効辛勤遂蒙聖主之疇庸獲參眞王之列壤恒積滿盈之懼豫懷燕翼之憂蓋以恩禮殊尤寵榮抗極名品旣逾于五等春秋將及于八旬不諱之談尔當静聽而況手殲妖亂親覩興亡豈宜自爲厲階更尋覆轍老身猶健且作國王之呼嗣子承家但守藩臣之分臣等鯉庭灑袂雁序書紳中心藏之敬聞命矣頃以濟陰歸邸梁苑稱尊所在英雄遞相倣斆互起投龜之訴皆興逐鹿之謀唯臣父王未嘗隨例從微至著悉蒙天子之絲綸啟土封王自守諸侯之土宇乙酉歲伏蒙莊宗皇帝適降玉册金印恩加曲阜營丘顯自大朝來封小國遂有强名之改補實無干紀之包藏兼使人徐筠等進貢之時

錢又詔賜上表不名案五代會要載長興二年四月詔曰周榮呂望有尙父之稱漢重蕭何有不名之禮錢鏐冠公侯之位統吳越之封宜示異恩俾當縟禮其錢鏐宜賜不名鏐在杭州垂四十年窮奢極貴錢塘江舊日海潮逼州城鏐大庀工徒鑿石塡江又平江中羅刹石悉起臺榭廣郡郭周三十里邑屋之繁會江山之雕麗實江南之勝概也鏐學書好吟咏江東有羅隱者有詩名聞于海內依鏐爲參佐鏐嘗與隱唱和隱好譏諷嘗戲爲詩言鏐微時騎牛操梃之事鏐亦怡然不怒其通恕也如此鏐雖季年荒恣然自唐朝于梁室莊宗中興以來每來揚帆越海貢奉無闕故中朝亦以此善之鏐以長興三年三月二

十八日薨年八十一制曰故天下兵馬都元帥尙父吳越國王錢鏐累朝元老當代賢勳位已極于人臣名素高于簡册贈典既無其官爵易名宜示其優崇宜令所司定謚以王禮葬仍賜神道碑謚曰武肅鏐初事董昌時年甫壯室性尙剛烈有儒士謁于主帥已進刺矣見鏐稍怠鏐怒投之羅刹江及典謁者將召鏐詐云客已拂衣去矣及爲帥時有人獻詩云一條江水檻前流鏐不悅以爲譏已尋害之迨于晚歲方愛人下士留心理道數十年間時甚歸美鏐尤恃崇盛分兩浙爲數鎭其節制署而後奏左右前後皆兒孫甥姪軒陛服飾比于王者兩浙里俗咸曰海龍王梁開平中浙民上言請爲鏐立生祠梁太祖許之令翰林學士李琪撰生祠堂碑以賜之至今蒸黎豢之子孫保之斯亦近代之名王也

永樂大典卷一萬八千一百二十五

元瓘鏐第五子也起家爲鹽鐵發運巡官表授尙書金部郎中賜金紫天復中本州衲校許再思等爲亂構宣州節度使田頵頵令兵奄至鏐擊敗再思與頵通和頵要盟于鏐鏐徧召諸子問之曰誰能爲吾爲田氏之壻者例有難色時元瓘年十六進曰唯大王之命由是就親于宣州唐天祐初承制累遷檢校尙書左僕射內牙

將指揮使數年之間伐叛禦寇大著勳績梁貞明四年夏鏐大舉伐吳以元瓘爲水戰諸軍都指揮使戰棹抵東洲吳人以舟師拒戰元瓘爲大筏順風揚灰以坌之白晝如霧吳師迷方遂敗之擒軍使彭彥章並軍校七十餘人得戰艦四百隻吳人知不可校通好于鏐以功奏授鎭海軍節度副使檢校司徒梁末遷清海軍節度使檢校太傅同平章事後唐同光初加檢校太師兼中書令鎭東等軍節度觀察處置等使時鏐自爲天下兵馬都元帥尙父守尙書令吳越國王及鏐爲太師致仕元瓘累貢章數乞復舊號唐明宗許之鏐既年高欲立

嗣召諸子使各論功請讓于元瓘及鏐病召將吏謂之曰余疾不起兒皆愚懦恐不能爲爾帥與爾輩決矣帥當自擇將吏號泣言曰大令公有軍功多賢行仁孝已領兩鎭王何苦言及此鏐曰此渠定堪否皆曰衆等願奉賢帥卽出符鑰數箧于前謂元瓘曰三軍言爾可奉領取此鏐薨遂襲父位唐長興四年遣將作監李鏻起復元瓘官爵又命戶部侍郎張文寶授兼尚書令淸泰初封吳王二年封越王天福元年賜金印三年封吳越國王五年加天下兵馬元帥六年授天下兵馬都元帥其年夏有疾秋府署災焚之一空乃移于他所其餘皆

隨而發焉元瓘因驚悸發狂以是歲八月二十四日薨年五十五歲謚曰文穆元瓘幼聰敏長于撫馭臨戎十五年決事神速爲軍民所附然奢僭營造甚于其父故有回祿之災焉元瓘有詩千篇編其尤者三百篇命曰錦樓集浙中人士皆傳之子佐爲嗣（永樂大典卷四千六百九十二）

佐字弘祐元瓘薨遂襲其位晉天福末制授檢校太師兼中書令吳越王仍篆玉爲册以賜之前代玉册册夷王有之僞梁時欲厚於鏐首爲式例故因而不改俄授開府儀同三司守太尉時以建安爲淮寇所攻授東南面兵馬都元帥佐尋遣舟師進討淮人大敗以功加守太師漢高祖入汴佐首獻珍貲表率東道漢祖嘉之授諸道兵馬都元帥佐居列土凡七年境內豐阜父祖三世皆爲元帥時以爲榮漢初以疾卒年位謚曰忠獻佐幼好書性溫恭能爲五七言詩凡官屬遇雪月佳景必同宴賞由此士人歸心其班品亦有丞相已下名籍而祿給甚薄罕能自濟每朝廷降吏則去其僞官或與會則公府助以僕馬處事齷齪多如此類然航海所入歲貢百萬王人一至所遺至廣故朝廷寵之爲羣藩之冠佐有子昱年五歲未任庶務乃以其弟倧襲位（永樂大典卷四千六百九十二）

倧性明敏嚴毅未立時常以佐性寬善疑掌兵權者難制及代佐爲帥以禮法繩下宿將舊勳不甚優禮大將胡進思頗不平之乃密與親軍謀去倧漢祖入汴之歲十二月進思率甲士三百人諜突入衙署倧閫戶以拒之左右與之格鬭盡爲進思所殺遂遷倧于別館以甲士援送幽于衣錦軍立倧異母弟俶爲帥其年夏四月進思疽發背而卒越人快之以爲陰靈之誅逆也（永樂大典卷四千六百九十二）

俶元瓘之子倧之異母弟也倧旣爲軍校所幽時俶爲溫州刺史衆以無帥遂迎立之時漢乾祐元年正月十

五日也其年八月始授檢校太師兼中書令充鎭海鎭東等軍節度使東南面兵馬都元帥周廣順中累官至守尚書令中書令吳越國王皇朝建隆初復加天下兵馬大元帥其後事具皇朝日厤永樂大典卷四千六百九十二

五代史補錢鏐封吳越國王後大興府署版築斤斧之聲晝夜不絕士卒怨嗟或有中夜潛用白土書于門曰沒了期侵早起抵暮歸鏐一見欣然遽命書吏亦以白土書數字于其側曰沒了期春衣纔罷又冬衣時人以爲神輔自是怨嗟頓息矣　僧昭者通于術數居兩浙大爲錢塘錢鏐所禮謂之國師一旦謁鏐有宮中小兒嬉于側墜下錢數十文鏐見謂之曰速收慮人恐踏破汝錢昭師笑曰汝錢欲踏破須是牛郎可鏐喜以爲社稷堅牢之義後至曾孫俶舉族入朝因而國除俶年屬丑爲牛可謂牛踏錢而破矣　錢鏐末年患雙目有醫人不知所從來自云累世醫內外障眼其術善于用針無不效者鏐聞召而使觀之醫人曰可治然大王非常人患殆天與

之若醫是違天地也恐無益于壽幸思之鏐曰吾起自行伍跨有方面富貴足矣但得兩眼見物爲鬼不亦快乎旣而下手莫不應手豁然鏐喜所賜以萬計醫人皆辭不受明年鏐卒　僧契盈閩中人通內外學性尤敏速廣順初遊戲錢塘一旦陪吳越王遊碧浪亭時潮水初滿舟楫輻輳望之不見其首尾王喜曰吳國地去京師三千餘里而誰知一水之利有如此耶可謂三千里外一條水十二時中兩度潮時人謂之佳對時江南未通兩浙貢賦自海路而至青州故云三千里也

史臣曰自唐末亂離海內分割荆湖江浙各據一方翼子貽孫多歷年所夫如是者何也蓋值諸夏多艱王風不競故也洎皇宋之撫運也因朗陵之肇亂命王師以遄征一矢不亡二方俱服遂使瑤琨篠簜咸遵作貢之文江漢濉漳盡鼓朝宗之浪夫如是者何也蓋屬大統有歸人寰允洽故也唯錢氏之守杭越逾八十年蓋事大勤王之節與荆楚湖湘不侔矣永樂大典卷五千五百三十八

舊五代史卷一百三十三終

舊五代史卷一百三十三攷證

世襲列傳二高季興傳至襄州酒酣謂孔勍曰是行有二錯來朝一錯囘放二錯　案歐陽史作季興謂梁震語與是書作孔勍異

高從誨傳乾祐元年冬十一月以疾薨于位　十一月歐陽史作十月

高保勗傳皇朝建隆四年春卒　四年歐陽史作三年十一月

馬殷傳許州鄢陵人也　案通鑑作扶溝人歐陽史從是書

長興二年十一月十日薨于位時年七十八　案歐陽史作長興元年殷卒年七十九

馬希範傳谿州洞蠻彭士愁　士愁原本訛士秋今據歐陽史及通鑑改正

舊五代史卷一百三十三攷證

舊五代史卷一百三十四

宋司空同中書門下平章事薛居正等撰

僭僞列傳第一

楊行密廬州人少孤貧有膂力日行三百里唐中和之亂天子幸蜀郡將遣行密徒步奏事如期而復（案北夢瑣言云鄭棨嘗典楊行密爲本州步奏官）光啟初秦宗權擾淮右頻寇廬壽郡將募能致戰擒賊者計級賞之行密以膂力應募往必有獲得補爲隊長行密乃自募百餘人皆尪勇無行者殺都將自權州兵郡將即以符印付之而去朝廷因正授行密廬州刺史光啟三年揚州節度使高駢失政委

任妖人呂用之輩牙將畢師鐸懼爲用之所譖自高郵起兵以襲廣陵爲用之所卻乃乞師于宣州秦彥且言事克之日願以揚州帥之彥先遣將秦稠以兵三千人助師鐸攻陷廣陵高駢署師鐸爲行軍司馬未幾秦彥率大衆并家屬渡江入揚州軍府自稱節度使初揚州未陷呂用之詐爲高駢檄徵兵于廬州及城陷行密以軍萬人奄至畢師鐸之入廣陵也呂用之出奔于外至是委質于行密行密攻廣陵營于大明寺秦畢出兵以攻行密之營短兵纔接行密僞遁秦畢之兵爭入其柵以取金帛行密發伏兵以擊之秦畢大敗退走其壁自

是不復出戰其年九月秦畢害高駢于幽所少長皆死同坎瘞于道院北垣下行密攻圍彌急城中食盡米斗四十千居人相啗略盡十月城陷秦畢走東塘行密入廣陵葺外寨之粟以食饑民即日米價減至三千十一月蔡賊孫儒以衆萬人自淮西奄至還據外寨行密輜重牛羊軍食未入城者皆爲儒所有時秦畢來自東塘與儒軍合自是西門之外復爲敵境矣初呂用之遇行密于天長紿行密曰用之有白金五千鋌瘞于所居之廡下寇平之日願備將士倡樓一醉之資至是行密閱兵用之在側謂用之曰僕射許此輩銀何負心也遽命

斬于三橋之下夷其族行密既有廣陵遣使至大梁陳歸附之意是時梁祖兼領淮南乃遣牙將張廷範使于淮南與行密結盟尋遣行軍司馬李璠權知淮南留後令都將郭言以兵援送行密初則厚禮廷範及聞李璠之行悖然有拒命意廷範懼易衣夜遁遇梁祖于宋州備言行密不軌之心酌其兵勢未可圖也乃追李璠等還即表行密爲淮南留後文德元年正月孫儒殺秦彥畢師鐸于高郵引軍襲廣陵下之儒自稱節度使行密收其衆歸于廬江十一月梁祖遣大將龐師古自潁上渡淮討孫儒之亂師古引兵深入淮甸不利還龍紀元

年孫儒出攻宣州行密乘虛襲據揚州北通時溥孫儒引兵復攻行密大順元年行密危蹙率衆夜遁出據宣州儒復入揚州二年乃蒐練兵甲以攻行密屬江淮疾疫師人多死儒亦臥病爲部下所執送于行密殺之行密自宣城長驅入于廣陵盡得孫儒之衆自光啟末高駢失守之後行密與畢師鐸秦彥孫儒遞相窺圖六七年中兵戈競起八州之內鞠爲荒榛圜幅數百里人烟斷絶行密既併孫儒乃招合遺散與民休息政事寬閑百姓便之蒐兵練將以圖霸道所得孫儒之衆皆淮南之驍果也選五千人豢養于府第厚其衣食驅之即戰

靡不爭先甲冑皆以黑繒飾之命曰黑雲都乾寧二年行密盡有淮南之地昭宗乃降制授行密淮南節度副大使知節度使管內營田觀察處置等使開府儀同三司檢校太傅同中書門下平章事兼揚州大都督府長史上柱國弘農郡王食邑三千戶食實封一百戶四年梁祖平兗鄆朱瑾及沙陁將李承嗣史儼等皆奔淮南行密待之優厚任以爲將瑾與承嗣皆位至方伯是歲行密縱兵侵掠鄰部兩浙錢鏐江西鍾傳鄂州杜洪皆遣使求救於梁梁祖遣朱友恭率步騎萬人渡江取便討伐行密先令都將瞿章據黃州及梁師至即棄郡南

渡固守武昌寨行密遣將馬珣以精兵五千助之友恭與杜洪大破其衆遂拔武昌寨擒瞿章并淮軍三千餘人獲馬五百匹淮夷大恐八月梁祖遣葛從周領步騎萬人自霍丘渡淮遣龐師古率大軍營于清口淮人決堰縱水流潦大至又令朱瑾率勁兵以襲汴軍汴軍大敗師古死之葛從周聞師古之敗自濠梁班師至淠河爲淮人所乘諸軍僅得北歸光化二年行密北侵遣張歸厚禦之而退天復三年青州王師範叛乞師于淮南行密遣將王景仁帥師二萬以援之攻討密州七月梁祖大破師範及景仁之衆景仁遁還追至輔唐殺數千

人進取密州天祐元年十一月淮人攻光州梁祖率軍抵霍丘略地于廬壽之境淮人遁去二年正月進攻壽州淮人閉壁不出大掠而還是月行密攻陷鄂州擒節度使杜洪戮于揚州市梁之戍兵數千人亦陷焉其後江西鍾傳宣州田頵俱爲行密所併三年行密以疾卒于廣陵及其子渭僭號僞追尊爲太祖武皇帝（永樂大典卷六千五十一）渥字奉天行密長子也行密卒渥遂襲僞位自稱吳王委軍政于大將張顥渥性猜忍不能御下天祐五年六月渥爲將張顥所殺納款于梁遂自稱留後委別將徐溫握兵權居無何溫復殺顥立行密次子渭爲主

及渭僭號僞追尊爲景帝永樂大典卷六千五十一

渭渥之弟也既立政事咸委于徐温時温爲鎭海軍節度內外馬步軍都指揮使乃于上元縣置昇州盛開幕府自握兵柄于上流其子知訓等于揚州居以秉政凡十餘年温乃册渭爲天子國號大吳改唐天祐十六年爲武義元年渭以温爲大丞相都督中外諸軍事渭僭號凡三年而卒謚爲惠帝永樂大典卷六千五十一

溥行密幼子也初封丹陽王渭卒徐温乃推溥爲主復僭僞號唐同光元年莊宗平梁遷都于洛陽十二月溥遣使章景來朝稱大吳國主致書上大唐皇帝其辭旨

卑遜有同牋表明年八月又遣其司農卿盧蘋貢方物及獻貞簡太后珍玩莊宗命左藏庫使王居敏通事舍人張朗等以名馬報之郭崇韜之平西川也淮人大懼將去僞號稱藩於唐時崇韜欲陳舟師下峽爲平吳策會崇韜旣誅洛城有變淮人聞之比屋相慶明宗纂嗣溥復遣使修好安重誨奏曰楊溥既不稱藩無足與之抗禮來偵國情不如辭絕乃謝其使不受所貢遣之唐天成二年十月徐温卒追封爲齊王温之養子李昪代温佐輔秉政數年位至太尉中書令錄尚書事襲封齊王僞加九錫晉天福二年溥不得已遜位于昪昪遷溥于潤州築丹陽宮以處之溥自是服羽衣習辟穀之術年餘以幽死昪又遷其族于海陵吳人謂其居爲永甯宮周顯德中李景聞周師渡淮慮其爲變使人盡殺之自唐大順二年行密始有淮南之地至溥遜位凡四十七年而亡永樂大典卷六千五十一　五代史補楊行密常命宣州刺史田頵領兵圍錢塘錢鏐危急遣其子元璙修好于行密元璙風神俊邁行密見之甚喜因以其女妻之遽命頵罷兵初頵之圍城也嘗遣使候錢鏐起居鏐厚待之將行復與之小飲時羅隱皮日休在坐意以頵之師無能爲也且欲譏之于是日休爲令取一字四面被圍而不失其本音因曰其字上加草爲萁萊下加石爲棊广左加玉爲琪玉右加月爲期上加會羅隱取于字上加雨爲舞雩下加皿爲盤盂左加玉爲玗玉右加邑爲邪邑使者取亡字譏錢鏐必亡然亡上加草爲芒下加心爲忘右加邑爲邙左加心爲忙其令必不通合坐皆嗤笑之使大慙而去未幾頵果班師先

是行密與鏐勢力相敵其爲忿怒雖水火之不若也行密常命以大索爲錢貫號曰穿錢眼鏐聞之每歲命以大斧科柳謂之斫楊頭至是以元璙通婚二境漸睦穿眼斫頭之論始止

李昪本海州人僞吳大丞相徐温之養子也温字敦美亦海州人初從淮南節度使楊行密起兵于廬州漸至軍校唐末青州王師範爲梁祖所圍乞師于淮南楊行密發兵赴之温時爲小將亦預其行師次青之南鄙師範已敗淮兵大掠而還昪時幼穉爲温所虜温愛其慧黠遂育爲已子名曰知誥天祐初行密卒其子渥嗣會左衛都指揮使張顥殺渥欲歸命于梁温謂顥曰此去梁國往復三千里不月餘事不成軍國未有主無主將

亂不如有所立徐國其事顥然之乃立渥弟渭爲帥温尋殺顥渭僞授温常州刺史檢校司徒温留廣陵遣昇知州事是歲唐天祐五年也七年丁母憂起復授檢校太尉温州刺史充本州團練觀察八年宣州叛温與都將柴再用討平之加同中書平章事充淮南行軍司馬內外馬步都指揮使鎮海軍節度浙江西道觀察等使十二年八月温出鎮潤州以其子知訓知政事加温鎮海軍管內水陸馬步軍都軍使兼甯國軍節度宣歙池等州觀察使時昇爲温屬郡昇州刺史乃大理郡廨温表移其府于金陵僞授昇州大都督府長史充鎮海軍

節度副大使知節度事以昇爲鎮海軍節度副使行潤州刺史充本州團練使十五年知訓授淮南行軍副使內外馬步軍都指揮使通判軍府事居無何知訓爲大將朱瑾所殺温以昇代知政事明年温册楊渭爲天子僭稱大吳改唐天祐十六年爲武義元年十八年渭死温聞之自金陵馳歸揚州夜入廣陵議有所立或有希温旨言及蜀先主遺命諸葛亮之事温厲聲曰若楊氏無男有女當立矣無得異議由是羣心乃定遂迎丹陽王溥于潤州以其年六月十八日卽僞位改元爲順義自是温父子愈盛中外共專其國楊氏主祭而已温累

官至竭忠定難建國功臣大丞相都督中外諸軍事諸道都統鎮海甯國等軍節度宣歙池等州管內營田觀察等使開府儀同三司守太師中書令金陵尹東海王食邑一萬戶實封五百戶僞順義七年改乾貞元年卽後唐天成二年其年十月二十三日温卒僞贈大元帥追封齊王謚曰忠武昇前夢温負登山逾月温卒昇乃僞授輔政興邦功臣知內外左右事開府儀同三司守太尉中書令宣城公昇自平朱瑾之亂遂執吳政天成四年僞吳改太和元年是歲昇出鎮金陵尋封東海王至淸泰二年改天祚元年其年以金陵爲齊國封昇爲

齊王乃追謚温爲忠武王廟號太祖昇又進位太尉錄尚書事留鎮金陵以其子景總政于揚州爲東都昇開國依齊梁故事用徐玠爲齊國右丞相宋齊丘爲左丞相以爲謀主僞吳天祚二年楊溥遜位于昇國號大齊改元爲昇元建都于金陵時晉氏天福二年也昇乃册楊溥爲讓皇其册文曰受禪老臣知誥謹上册皇帝爲高尚思元弘古讓皇云仍以其子遥領平盧軍節度使遷于海陵昇自云唐玄宗第六子永王璘之裔唐天寶末安祿山連陷兩京玄宗幸蜀詔以璘爲山南嶺南黔中江南四道節度採訪等使璘至廣陵大募兵甲有窺

圖江左之意後爲官軍所敗死于大庾嶺北故昪指之以爲遠祖因還姓李氏始改名昪國號大唐尊徐溫爲義祖僭位凡七年子景立永樂大典卷一萬三百九十

景本名璟及將臣于周以犯廟諱故改之昪之長子也案釣磯立談云烈祖一日晝寢夢一黃龍出殿之西楹矯首內向如窺伺狀烈祖驚起使人偵之顧見元宗方倚楹而立遣人候上動靜于是立嫡之意遂決卒乃襲僞位改元爲保大以仲弟遂爲皇太弟季弟達爲齊王仍于父柩前設盟約兄弟相繼景僭號之後屬中原多事北土亂離雄據一方行餘一紀其地東暨衢婺南及五嶺西至湖湘北據長淮凡三十餘州廣袤數千里爲其所有近代僭竊之地最爲強盛又嘗遣使私賂北戎俾爲中國之患自固偷安之計案南唐書云契丹遣二使來告曰晉少主逆命背約自貽廢黜吾主欲與唐繼先世之好將冊君爲中原主嗣主曰孤守江淮社稷已固與梁宗阻隔若爾主不忘先好惠賜行人受賜多矣其他不敢拜命之辱周顯德二年冬世宗始議南征以宰臣李穀爲前軍都部署是冬周師圍壽春三年春世宗親征淮甸大敗淮寇于正陽遂進攻壽州尋又令上敗何延錫于渦口擒皇甫暉于滁州景聞之大懼遣其臣鍾謨李德明等奉表于世宗乞爲附庸之國仍歲貢百萬之數又進金銀器幣及犒軍牛酒未幾又遣其臣孫晟王崇質等奉表修貢且言景願割濠壽泗楚光海等六州之地隸于

大朝乞罷攻討世宗未之許時李德明等見周師急攻壽春慮不能保乃奏云寬臣等五日之誅容臣等自往江南取本國章表舉江北諸州盡獻于大朝世宗許其行久之德明等不至乃權議迴鑾唯留偏師數千圍守壽春而已四年春世宗再駕南征三月大敗江南援軍于紫金山壽下壽州乃命班師是歲冬十月世宗復臨淮甸連下濠泗二郡進攻楚州明年春正月拔之遂移幸揚州駐大軍于迎鑾將議濟江景聞之自謂亡在朝夕乃欲謀傳位其世子使稱藩于周案南唐書正月改元交泰遣其臣陳覺奉表陳情且願世宗之旨爲覺至世宗召對于御幄是時江北諸州唯廬舒蘄黃四郡未下世宗因謂覺曰江南國主若能以江北之地盡歸于我則朕亦不至窮兵黷武覺聞命忻然即遣人過江取景表以廬舒蘄黃等四州來上乞晝江爲界仍歲貢地征數十萬世宗許之乃還京自是景始行大朝正朔上章稱唐國主臣景累遣使修貢亦不失外臣之禮焉皇朝建隆二年夏景以疾卒于金陵時年四十六以其子煜襲僞位其後事具皇家日歷永樂大典卷一萬三百九十一五代史補李昪本爲徐溫所養溫殺張顥權出于己自得大丞相中書令都統及出居金陵以嫡子知訓爲丞相昪爲潤州節度昪始爲宣州及得潤州甚怏怏將自溫辭之宋齊邱素與昪善因謂昪曰知訓驕倨不可大用殆必有損足焚巢之患宣州去江都

違難爲應潤州方隔一水儻有急則可以立功愼勿辭
也昪聞之釋然遂行至潤州未幾知訓果爲朱瑾所殺
是夜江都亂火光亘天昪望之曰宋公之言中矣遂引
軍渡江盡誅朱瑾之黨後解甲去備以待徐溫溫至且
喜且怒謂昪曰猶幸汝在潤州不然吾家大事將去矣
汝于兄弟中有大功者耶即日用昪爲左僕射知政事
以代知訓昪善于撫御內外之心翕然而歸之故徐溫
卒未幾而江南遂爲昪所有先是江南童謠云東海鯉
魚飛上天東海郎徐之望也鯉者李也蓋言李昪一旦
自溫家起而爲君爾初昪旣嘗異志且欲諷動僚屬雪
天大會酒酣出一令須借雪取古人名仍詞理通貫時
齊邱徐融在坐昪舉杯爲令曰雪下紛紛便是白起齊
邱曰着屐過街必須雍齒融意欲挫昪等遽曰明朝日
出爭奈蕭何昪大怒是夜收融投于江自是與謀者惟
齊邱而已 宋齊邱豫章人父嘗在鍾傳幕下齊邱素
落魄父卒家計蕩盡已在窮悴朝夕不能度時姚洞天
爲淮南騎將素好士齊邱欲謁之且囊空無備紙筆之
費計無所出但于逆旅杜門而坐如此殆數日鄰房有
散樂女尙幼問齊邱曰秀才何以數日不出齊邱以實
告女歎曰此甚小事秀才何吝一言相示耶乃惠以數
緡齊邱用市紙筆爲詩詠以投洞天其略曰某學武無
成攻文失志歲華蹭蹬身事蹉跎胸中之萬仞青山壓
低氣宇頭上之一輪紅日燒盡風雲加以天步淩遲皇
綱廢絕四海淵黑中原血紅挹飛蒼走黃之辯有出鬼
沒神之機洞天怒其言大不即接見齊邱窘急乃更其
啓翌日復至其略曰有生不如無生爲人不若爲鬼又
云其爲誠懇萬端只爲饑寒兩字洞天始憫之漸加以
拯救徐溫聞其名召至門下及昪之有江南也齊邱以
佐命功遂至將相乃上表以散樂女爲妻以報宿惠許
之 韓熙載仕江南官至諸行侍郎晚年不羈女僕百
人每延請賓客而先令女僕與之相見或調戲或毆擊
或加以爭奪靴笏無不曲盡然後熙載始緩步而出習
以爲常復有醫人及燒煉僧數輩每來無不升堂入室
與女僕等雜處僞主知之雖怒以其大臣不欲直指其
過 因命待詔畫爲圖以賜之使其自愧而熙載視之安
然 沈彬宜春人能爲歌詩格高逸應進士不第遂遊
長沙 會武穆方霸彬獻頌德詩云金翅動身摩日月銀
河轉浪洗乾坤武穆覽而壯之欲辟之在幕府以其有
足疾遂止彬由是往來衡湘間自稱進士邊鎬之下湖
南也後主聞其名召歸金陵令爲縣宰彬辭不就遂授

金部郎中致仕年八十九初彬旣致仕營別業于鍾山
庭有古栢可百餘尺一旦爲迅雷所擊仆于地日成四
片彬視之欣然謂子廷瑞曰此天所以賜吾也汝宜成
之廷瑞曰雷擊之木恐非祥不宜爲棺彬怒曰吾命汝
安得違之耶廷瑞懼遂如教卒竟用此棺及葬掘地未
及丈餘得石槨上有篆文四字云杭彬之槨其制度大
小與棺正相稱遂葬之時人異焉 僧謙光金陵人也
素有才辯江南國主以國師禮之然無羈檢飲酒如常
國主無以禁制而又于諸內中尤嗜鵝鼈國主常以從
容言及釋氏果報且謂曰老僧無他願但得鵝生四隻
腿鼈長兩重裙足矣國主大笑顯德中政亂國主猶晏
然不以介意一日因賞花命謙光賦詩因爲所諷詩云
擁衲對芳叢由來事不同鬢從今日白花似去年紅
豔冶隨朝露馨香逐曉風何須對零落然後始知空
王審知字信通光州固始人父恁世爲農民（冊府元龜卷二百一十九）唐廣明中黃巢犯闕江淮盜賊蜂起有賊帥王緒者
自稱將軍陷固始縣審知兄潮時爲縣佐緒署爲軍正
蔡賊秦宗權以緒爲光州刺史尋遣兵攻之緒率衆渡
江所在剽掠自南康轉至閩中入臨汀自稱刺史緒多
疑忌部將有出已之右者皆誅之潮與豪首數輩共殺
緒其衆求帥乃刑牲歃血爲盟植劍于前祝曰拜此劍
動者爲將軍至潮拜劍躍于地衆以爲神異即奉潮爲
帥時泉州刺史廖彥若爲政貪暴軍民苦之聞潮爲理
整肅耆老乃奉牛酒遮道請留潮因引兵圍彥若歲餘
克之又平狼山賊率薛蘊兵鋒日盛唐光啓二年福建
觀察使陳巖表潮爲泉州刺史大順中巖卒子壻范暉
自稱留後潮遣審知將兵攻之踰年城中食盡乃斬暉

而降由是盡有閩嶺五州之地潮卽表其事昭宗因建威武軍于福州以潮爲節度福建管內觀察使審知爲副（冊府元龜卷二百二十三）審知爲觀察副使有過潮猶加捶撻審知無怨色潮寢疾舍其子延興延虹延豐延休命審知知軍府事十二月丁未潮薨審知以讓其兄審邽審邽以審知有功辭不受審知自稱福建留後表于朝廷（永樂大典卷一萬四千五百三十六）唐末爲威武軍節度福建觀察使累遷檢校太保封瑯琊郡王梁朝開國累加中書令封閩王（王審知德政碑云潮付公以戎旅仍具表奏尋加刑部尚書威武軍留後俄授金紫光祿大夫右僕射本軍節度使又改光祿大夫檢校司空轉特進檢校司徒又轉檢校太保琅邪郡王食邑四千戶食實封一百戶）是時楊氏據江淮故閩中與中國隔越審知每歲朝貢汎海至登萊抵岸往復頗有風水之患漂沒者十四五後唐莊宗卽位遣使奉貢制加功臣進爵邑（冊府元龜卷二百三十二）審知起自隴畝以至富貴每以節儉自處選任良吏省刑惜費輕徭薄歛與民休息三十年間一境晏然（冊府元龜卷二百二十九）同光元年審知卒子延翰嗣爲弟延鈞所殺

延鈞審知次子後唐長興三年上言吳越國王錢鏐薨乞封爲吳越王不報（冊府元龜卷二百一十九）未幾自稱帝國號大閩改元龍啟然猶稱藩于朝廷（冊府元龜卷二百二十二）清泰二年遇弑子昶嗣（冊府元龜卷二百一十九）

昶嗣僞位朝廷因授昶福建節度使晉天福三年遣使貢奉至闕止稱閩王其子繼恭稱節度使晉祖乃下制封昶爲閩王（冊府元龜卷二百三十二）改元通文後遇弑審知少子延羲嗣（冊府元龜卷二百一十九）

延羲嗣僞位改元永隆在位六年遇弑兄進政自稱帝于福州晉開運三年爲李景所滅（冊府元龜卷二百一十九　五代史補王潮之來福建也值連帥陳巖卒子壻范暉自稱留後潮攻拔之盡有其地遂爲福建觀察使至其子審知立雖天下多事猶能修其職貢朝廷嘉之封閩王審知卒子延鈞嗣无識輒改審知制度僭稱大閩改元龍啟其後爲子昶殺昶多行不道閩人殺之立從父延羲改元永隆延羲不恤政事國亂爲其將連重遇所殺王氏之族遂滅先是梁朝有王霸者郎王氏之遠祖爲道士居于福州之怡山時愛二皂莢樹因其下築壇爲朝禮之所其後丹成冲虛而去霸嘗云吾之子孫當有王于此方者乃自爲讖藏之于地唐光啟中爛柯道士徐景玄因于壇東北隅取土獲其詞曰樹枯不用伐壇壞不須結不滿一千年自有系孫列又曰後來是三王潮水蕩禍殃巖逢二乍間未免有銷亡子孫依吾道代代封閩疆議者以爲潮蕩禍殃謂王潮除其禍患以開基業也巖逢二乍間謂陳巖逢王潮未幾而亡土地爲其所有也代代封閩疆謂潮與審知也代代蓋兩世之稱明封崇不過潮與審知兩世耳初王潮嘗假道于洪州時鍾傳爲洪州節度使以王潮若得福建境上相接必爲已患陰欲誅之有僧上藍者通于術數動皆先知大爲鍾所重因入謁察傳詞氣驚曰令公何故起惡意是欲殺王潮否傳不敢隱盡以告之上藍曰老僧觀王潮與福建有緣必變彼時作一好世界令公宜加禮厚待若必殺之令公之福去矣于是傳加以援送及審知之嗣位也楊行密方盛常有吞東南之志氣審知居常憂之因其先人嘗爲上藍所知乃使人賫金帛往遺之號曰送供且問國之休咎使回上藍以十字爲報其詞曰不怕羊入屋只怕錢入腹審知得之歎曰羊者楊也腹者福也得福州之患不在楊行密而在錢氏乎今內外將吏無

姓錢者必爲子孫後世之憂矣至延義爲連重遇所殺諸將爭立江南乘其時命查文徽領兵伐之經年不能下會兩浙救兵至文徽腹背受敵遂大敗自是福州果爲錢氏所有入腹之讖始應蓋國之興衰皆冥數先定矣徐寅登第歸閩中途經大梁因獻太祖遊大梁賦先時梁祖與太原武皇爲讐敵武皇眇一目而又出自沙陀部落寅欲曲媚梁祖故詞及之云一眼胡奴望英威而膽落未幾有人得其本示太原者武皇見而大怒及莊宗之滅梁也四方諸侯以爲唐室復興奉琛爲慶者相繼王審知在閩中亦遣使至鄴召其使問曰徐寅在否使不敢隱以無恙對莊宗因慘然曰汝歸語王審知父母之讐不可同天徐寅指斥先帝今聞在彼中何以容之使回具以告審知曰如此則主上欲殺徐寅爾今殺則未敢奉詔但不可以用矣即日戒閽者不得引接徐寅坐是終身止于秘書正字　江爲建州人工于詩乾祐中福州王氏國亂有故人任福州官屬恐禍及一旦亡去將奔江南乃間道謁爲經數日爲且與草投江南表其人未出境遭邊吏所擒仍于囊中得所撰表二丁是收爲與奔者俱械而送爲臨刑詞色不撓且日稽康之將死也顧日影而彈琴吾今琴則不暇彈賦一篇可矣乃索筆爲詩曰衙鼓侵人急西傾日欲斜黃泉無旅店今夜宿誰家聞者莫不傷之　黃滔在閩中爲王審知推官一旦饋之魚時滔方與徐寅對談遂請爲代謝牋寅援筆而成其略曰銜諸斷索才從羊續懸來列在雕盤便到馮驩食處士人大稱之

史臣曰昔唐祚橫流異方割據行密以高材捷足敵之于前李昪以履霜堅氷得之于後以僞易僞逾六十年將有周興薄伐之師皇上示懷柔之德而乃走梯航而入貢奉正朔以來庭如是則長江之險又何足以恃哉審知僻據一隅僅將數世始則可方於吳芮終則竊効于尉佗與夫穴蜂井蛙亦何相遠哉五紀之王蓋其幸也

永樂大典卷六千八百四十八

舊五代史卷一百三十四終

舊五代史卷一百三十四攷證

僭僞列傳一楊行密傳乃追李璠等還　案通鑑作李璠至盱眙行密發兵襲之郭言力戰得免與是書異

瑾與承嗣皆位至方伯　案九國志行密承制授朱瑾泰寧軍節度使李承嗣振武軍節度使此云位至方伯似未明晰附識于此

楊渭傳渭渥之弟也　案渭歐陽史及通鑑皆作隆演惟是書作渭詳見通鑑攷異

王審知傳以潮爲節度福建管内觀察使審知爲副　案王審知德政碑作詔授潮節度累加檢校右僕射無審知爲副事

潮薨審知以讓其兄審邽　案王審知德政碑作仲兄審邦此作審邽當以碑爲正

舊五代史卷一百三十四攷證

舊五代史卷一百三十五

宋司空同中書門下平章事薛居正等撰

僭僞列傳第二

劉守光深州樂壽人也其父仁恭初隨父晟客于范陽晟以軍吏補新興鎭將事節度使李可舉仁恭幼多智數陳力于軍中李全忠之攻易定也别將于晏闉易州累月不能拔仁恭穴地道以陷之軍中號曰劉窟頭稍遷裨校仁恭志大氣豪自言嘗夢大佛幡出于指端或云年四十九當領旄節此言頗泄燕帥李匡威惡之不欲令典軍改爲府掾出爲景城令屬瀛州軍亂殺郡守

仁恭募白丁千人討平之匡威壯其才復使爲帳中爪牙令將兵戍蔚州兵士以過期不代思歸流怨會李匡儔奪兄位戍軍擁仁恭爲帥欲攻幽州比至居庸關爲府兵所敗仁恭挈族奔于太原武皇遇之甚厚賜田宅以處之出爲壽陽鎭將從征吐渾仁恭數進畫于蓋寓言幽州可圖之狀願得步騎萬人卽指期可取武皇從之洎仁恭舉兵屢不尅捷唐乾甯元年十一月武皇親征匡儔十二月破燕軍於威塞進拔嬀州收居庸二十六日匡儔棄城而遁武皇令李存審與仁恭入城撫勞封府庫卽以仁恭爲幽州節度使留腹心燕留德等十

餘人分典軍政武皇乃還二年七月武皇討王行瑜師于渭北上章請授仁恭節鉞九月天子以仁恭爲檢校司空幽州盧龍軍節度使三年羅弘信背盟武皇遣李存信攻魏州徵兵于燕仁恭託以契丹入寇俟斂退聽命四年七月武皇聞兗鄆俱陷復徵兵于仁恭數月之間使車結轍仁恭辭旨不遜武皇以書讓之仁恭覽書嫚罵拘其使人晉之戍兵在燕者皆拘之復以厚利誘晉之驍將由是亡命者衆矣八月武皇討仁恭九月五日次安塞軍九日渡木瓜澗大爲燕軍所敗死傷大半既而仁恭告捷于梁祖梁祖聞之喜因表仁恭加平章

事仁恭又遣使于武皇自陳邊將擅興之罪武皇以書報之仁恭既絶于晉恒懼討伐募兵練衆常無虛月光化元年三月令其長子襲滄州盧彦威委城而遁遂兼有滄景德三郡以守文爲留後請節鉞于朝昭宗怒其擅興不時與之會中使至范陽仁恭私之曰旄節吾自有但要長安本色耳何以累章見阻爲吾言之其悖戾如此仁恭兵鋒益盛每戰多捷以爲天贊遂有吞噬河朔之志二年正月仁恭率幽滄步騎十萬號三十萬將兼併魏博鎭定師次貝州一鼓而拔無少長皆屠之清水爲之不流羅紹威求援于汴汴將李思安葛從周赴

之思安屯內黃仁恭兵圍魏州聞汴軍在內黃戒其子守文曰李思安怯懦汝之智勇比之十倍當先殄此鼠輩次擒紹威守文與單可及率漁陽精甲五萬夾清水而上思安設伏于內黃清水之左袁象先設伏于內黃清水之右思安逆戰于繁陽城僞不勝徐退燕人追躡至于內黃思安步兵成列廻擊之燕人將引退左右伏兵發燕軍大敗臨陣斬單可及守文單騎僅免五萬之衆無生還者時葛從周率邢洺之衆入魏州與賀德倫李暉出擊賊營是夜仁恭燒營遁走汴人長驅追擊自魏至長河數百里殭屍蔽地敗旗折戟纍纍于路鎮人又又邀擊于東境燕軍復敗仁恭自是垂翅不振者累年汴人乘勝攻滄州仁恭率師援之營于乾寧軍汴將氏叔琮逆戰燕軍逗撓退保瓦橋乃卑辭厚禮乞師于晉武皇遣兵逼邢洺以應之十月汴人陷瀛鄚二州晉將周德威將兵出飛狐仁恭復修好于晉天祐三年七月梁祖自將兵攻滄州營于長蘆仁恭師徒屢喪而酷法盡發部內男子十五以上七十以下各自備兵糧以從軍閭里爲之一空部內男子無貴賤並黥其面文曰定霸都士人黥其臂文曰一心事主繇是燕薊人士例多黥涅或伏竄而免仁恭閱衆得二十萬進至瓦橋汴

人深溝高壘以攻滄州內外阻絕仁恭不能合戰城中大饑人相篡啖析骸而爨丸土而食轉死骨立者十之六七自七月至十月仁恭遣使求援于晉前後百餘輩武皇乃徵兵于燕仁恭遣都將李溥夏侯景監軍張居翰書記馬郁等以兵三萬來會十二月合晉師以攻潞州降丁會乃解滄州之圍是時天子播遷中原多故仁恭嘯傲薊門志意盈滿師道士王若訥祈長生羽化之道幽州西有名山名曰大安山仁恭乃于其上盛飾館宇僭擬宮掖聚室女豔婦窮極侈麗又招聚緇黃合仙丹講求法要又以墐泥作錢令部內行使盡斂銅錢于大安山巔鑿穴以藏之藏畢即殺石匠以滅其口又禁江表茶商自擷山中草葉爲茶以邀厚利改山名爲大恩山仁恭有嬖妾曰羅氏美姿色其子守光烝之事洩仁恭怒笞守光譴而不齒四年四月汴將李思安以急兵攻幽州營于石子河仁恭在大安山城中無備守光自外帥兵來援登城拒守汴軍既退守光乃自爲幽州節度令其部將李小喜元行欽將兵攻大安山仁恭遣兵拒戰爲小喜所敗乃擄仁恭歸幽州囚于別室仁恭左右洎至婢媵與守光不協者畢誅之其兄守文在滄州聞父被囚聚兵大哭諭之曰哀哉父母生我劬勞自

古豈有子讐父者吾家生此梟獍吾生不如死即率滄德之師討之守光逆戰于雞蘇爲守文所敗旣而守文詐悲單馬立于陣場泣諭于眾曰勿殺吾弟時守光驍將元行欽識之彼擒滄兵失帥自潰守光乃縶兄于別室圍以叢棘乘勝進攻滄州滄州賓佐孫鶴呂兗已推守文子延祚爲帥守光攜守文于城下攻圍累月城中乏食米斗直三萬人首級亦直十千軍士食人百姓食墐土驢馬相遇食其鬃尾士人出入多爲强者屠殺久之延祚力窮以城降于守光守文尋亦遇害守光性分庸昧以父兄失勢謂天所助淫虐滋甚每刑人必以鐵

籠盛之薪火四逼又爲鐵刷刷剔人面嘗衣赭黃袍顧謂將吏曰當今海內四分五裂吾欲南面以朝天下諸君以爲何如賓佐有孫鶴者骨鯁方略之士也率先對曰王西有幷汾之患北有契丹之虞乘時覬覦專待薄人彼若結黨連衡侵我疆埸地形雖險勢不可支甲兵雖多守恐不暇縱能卻敵未免生憂王但撫士愛民補兵完賦義聲馳于天下諸侯自然推戴今若恃兵與險未見良圖守光不悅及梁軍據深冀王鎔乞師于守光孫鶴勸守光出援軍以圖霸業守光不從及莊宗有柏鄉之捷守光謀攻易定諷動鎮人欲爲河朔元帥莊宗

乃與鎮州節度使王鎔易定節度使王處直昭義節度使李嗣昭振武節度使周德威天德軍節度使宋瑤同遣使奉册推守光爲尙父以稔其惡守光不悟謂藩鎮畏已仍以諸鎮狀送梁祖言臣被晉王等推臣爲尙父堅辭不獲又難拒違臣竊料所宜不如陛下與臣河北道都統則幷鎮之叛不足平殄矣梁祖知其詐優答之仍命閤門使王瞳供奉官史彥璋等使于燕册守光爲河北道採訪使六月梁使至守光令所司定尙父採訪使儀注所司取唐朝册太尉禮以示之守光曰此儀注中何無郊天改元之事梁使曰尙父雖尊猶是人臣守

光怒投于地謂將吏曰方今天下鼎沸英雄角逐朱公創號于夷門楊渭假名于淮海王建自尊于巴蜀茂貞矯制于岐陽皆因茅土之封自假帝王之制然兵虛力寡疆埸多虞我大燕地方二千里帶甲三十萬東有魚鹽之饒北有塞馬之利我南面稱帝誰如我何今爲尙父孰當帝者公等促具帝者之儀予且爲河朔天子燕之將吏竊議以爲不可守光置斧鑕于廷令將佐曰今三方協贊予難重違擇日而帝矣從我者賞橫議者誅孫鶴對曰滄州破敗僕乃罪人大王寬容乃至今日不敢阿旨以誤家國苟聽臣言死且無悔守光大怒推之

伏鎖令軍士割其肉生噉之鶴大呼曰百日之外必有急兵矣守光命窒其口寸斬之有識爲之嗟惋乃悉召部內官吏教習朝儀邊人旣非素習舉措失容相顧諸笑八月十三日守光僭號大燕皇帝改年曰應天以梁使王瞳判官齊涉爲宰相史彥璋爲御史大夫僞册之日契丹陷平州莊宗聞之大笑監軍張承業曰惡不積不足以滅身老氏所謂將欲取之必先與之今守光狂蹶請遣使省問以覘其釁十月莊宗令太原少尹李承勳徃使承勳至守光怒不稱臣械之于獄十二月莊宗遣周德威出飛狐會鎭定之師以討之德威攻圍歷年

屬郡皆下守光堅保幽州求援于梁北誘契丹救終不至十年十月守光遣使持幣馬見德威乞降又乘城呼曰予俟晉王至耶即出城十一月莊宗親征二十三日至幽州單騎臨城召守光曰丈夫成敗須決所向公將何如守光曰某俎上肉耳莊宗愍之折弓爲盟許其保全守光辭以他日莊宗乃令諸軍攻之二十四日四面畢攻莊宗登燕太子墓觀之俄而數騎執仁恭并其孥來獻檀州遊奕將李彥暉于燕樂縣獲守光幷妻李氏祝氏男繼珣繼方繼祚等來獻初守光城破後攜其妻子將走關南依劉守奇沿路寒瘡足踵經日不食至燕

樂縣匿于坑谷令妻祝氏乞食于田父張師造家怪婦人異狀詰之遂俱擒焉莊宗方宴府第引仁恭守光至席父子號泣謝罪莊宗慰撫之曰往事不復言人誰無過改之爲貴乃歸之傳舍是月己卯晉人執守光及仁恭露布表其罪驅以班師十一年正月至晉陽仁恭父子荷校于露布之下父母唾面罵守光曰逆賊破家如是守光俯首不顧自范陽至晉陽涉千餘里所在聚觀呼守光爲劉黑子略無媿色莊宗以仁恭守光徇于都城卽告南宮七廟禮畢守光與李小喜鄭藏斐劉延卿及其二妻皆伏誅李小喜者本晉之小校先奔于燕守

光以爲愛將守光雖凶淫出于天性然而稔惡侈毒抑亦小喜贊成守光將敗前一日來降守光將死大呼曰臣之悞計小喜熒惑故也若罪人不死臣必訴于地下莊宗急召小喜至令證辯小喜瞋目叱守光曰囚父殺兄烝淫骨肉亦我教耶莊宗怒小喜失禮先斬之守光慟哭曰王將定天下臣精于騎何不且留指使二妻讓之曰皇帝事勢及此生不如死卽延頸就戮守光猶哀訴不已旣誅命判官司馬揆備轊櫝祭醊瘞于城西三里龍山下令副使盧汝弼李存霸拘送仁恭至代州于武皇陵前刺心血以祭誅于鴈門山下自仁恭乾甯二

年春入幽州至天祐十年父子相承十九年而滅永樂大典卷九千九百九

劉陟即劉龑初名陟其先彭城人祖仁安仕唐爲潮州長史因家嶺表父謙素有才識唐咸通中宰相韋宙出鎮南海謙時爲牙校職級甚卑然氣貌殊常宙以猶女妻之妻以非其類堅止之宙曰此人非常流也他日我子孫或可依之謙後果以軍功拜封州刺史兼賀水鎮使甚有稱譽謙之長子曰隱即韋氏女所生也幼而奇特及謙卒賀水諸將有無賴者幸變作亂隱定計誅之連帥劉崇龜聞其才署爲右都校復領賀水鎮俄奏兼

封州刺史用法清肅威望頗振唐昭宗以嗣薛王知柔石門扈蹕功授清海軍節度使詔下有府之牙將盧琚譚玘謀不稟朝命隱舉部兵誅琚玘以間知柔至深德之辟爲行軍司馬委以兵賦唐昭宗命宰相徐彥若代知柔復署前職彥若在鎮二年臨薨手表奏隱爲兩使留後昭宗未之許命宰相崔遠爲節度使遠行及江陵聞嶺表多盜懼隱違詔遲留不進會遠復入相乃詔以隱爲留後然久未即眞及梁祖爲元帥隱遣使持重賂以求保薦梁祖即表其事遂降旄節梁開平初恩寵殊厚遷檢校太尉兼侍中封大彭郡王梁祖郊禮畢加

檢校太師兼中書令又命兼領安南都護充清海靜海兩軍節度使進封南海王案東都事略不載隱封南海王宋史不載隱封大彭郡王與薛史互有詳略考五代會要劉隱進封南海王在開平四年開平四年三月卒陟隱之弟也隱卒代據其位及梁末帝嗣位務行姑息之政乃盡以隱之官爵授陟先是邕州葉廣略容州龎巨源或自擅兵賦數侵廣之西鄙陟舉兵討之邕容皆敗因附庸于陟又交州土豪曲承美亦專據其地送款于梁因正授旄鉞陟不平之遣將李知順伐之執承美以獻陟自是盡有嶺表之地及聞錢鏐封吳越王陟恥稱南海之號乃嘆曰中原多故誰爲眞主安能萬里梯航而

事僞庭乎梁貞明三年八月陟乃僭號于廣州國號大漢僞改元爲乾亨明年僭行郊禮赦其境內及改名巖陟僭位之後廣聚南海珠璣西通黔蜀得其珍玩窮奢極侈娛僭一方與嶺北諸藩歲時交聘及聞莊宗平梁遣僞宮苑使何詞來聘稱大漢國主致書上大唐皇帝莊宗召見于鄴宮問南海事狀且言本國已發使臣大陳物朝貢今秋即至初陟聞莊宗兵威甚盛故令何詞來覘虛實時朝政已紊莊宗亦不能以道制禦遠方南海貢亦不至自是與中國遂絕唐同光三年冬白龍見于南海改僞乾亨元年爲白龍元年陟又改名龑以符

龍之瑞也白龍四年春又改大有元年是歲陟僭行藉田之禮陟之季年有梵僧善占算之術謂陟不利名龑他年慮有此姓敗事陟又改名龑龑讀爲儼古文無此字蓋妄撰也陟性雖聰辯然好行苛虐至有炮烙刳剔截舌灌鼻之刑一方之民若據鑪炭惟厚自奉養廣務華靡末年起玉堂珠殿飾以金碧翠羽嶺北行商或至其國皆召而視之誇其壯麗每對北人自言家本咸秦耻爲蠻夷之主又呼中國帝王爲洛州刺史其妄自尊大皆此類也晉天福七年夏四月陟以卒疾凡僭號二十六年年五十四僞謚爲天皇大帝廟號高祖陵曰康陵子玢嗣（永樂大典卷九千九百九）

玢陟長子也初封賓王又封秦王陟卒遂襲位僞號光天玢性庸昧僭位之後大恣荒淫尋爲其弟晟所弒在位一年僞謚殤帝（永樂大典卷九千九百九）

晟陟第二子也僞封勤王又封晉王玢之立也多行淫虐人皆惡之晟因與其弟僞越王昌等同謀弒玢自立爲帝改元爲應乾又改爲乾和晟率性荒暴得志之後專以威刑御下多誅滅舊臣及其昆仲數年之間宗族殆盡又造生地獄凡湯鑊鐵床之類無不備焉人有小過咸被其苦及湖南馬氏昆弟尋戈晟因其釁遣兵攻桂林管內諸郡及彬連梧賀等州皆尅之自此全有南越之地周顯德五年秋八月晟以疾卒僞謚曰文武光聖明孝皇帝廟號中宗陵曰昭陵是歲晟以六月望夜宴于甘泉宮是夕月有蝕之測在牛女之域晟自覽占書既而投之于地曰自古誰能不死乎縱長夜之飲至是而卒（永樂大典卷九千九百九）

鋹晟長子也僞封衞王晟卒乃襲僞位時年十七改元爲大寶鋹性庸懦不能治其國政事咸委于閹官復有宮人具冠帶預職官理外事者由是綱紀大壞先是廣州法性寺有菩提樹一株高一百四十尺大十圍傳云

蕭梁時西域僧眞諦之所手植蓋四百餘年矣皇朝乾德五年夏爲大風所拔是歲秋鋹之寢室屢爲雷震識者知其必亡皇朝開寶三年夏王師始議南征四年二月五日王師壓廣州鋹盡焚其府庫將赴火而死既而不能引決尋爲王師所擒舉族遷于京師皇上赦而不誅仍賜爵爲恩赦侯其後事具皇家日厤陟始自梁貞明二年僭號厤三世四主至皇朝開寶四年凡五十五年而亡（永樂大典卷九千九百九）

劉崇太原人漢高祖之從弟也少無賴好陸博意錢之戲弱冠隸河東軍唐長興中遷虢州軍校漢祖鎮幷汾

奏爲河東步軍都指揮使逾年授麟州刺史復爲河東馬步軍都指揮使兼三城巡檢使遙領泗州防禦使漢祖起義于河東以崇爲特進檢校太尉行太原尹是歲五月漢祖南行以崇爲北京留守尋加同平章事隱帝嗣位加檢校太師兼侍中乾祐二年九月加兼中書令時漢隱帝以幼年在位政在大臣崇亦招募亡命繕完兵甲爲自全之計朝廷命令多不稟行徵斂一方略無虛日人甚苦之三年十一月隱帝遇害朝廷議立崇之子徐州節度使贇爲主會周太祖爲軍衆所推降封贇爲湘陰公崇乃遣牙將李𧦬奉書求贇歸藩會贇已死唯以優辭答之周廣順元年正月崇僭號于河東稱漢改名旻仍以乾祐爲年號署其子承鈞爲侍衛親軍都指揮使太原尹以判官鄭珙趙華爲宰相副使李瓌代州刺史張暉爲腹心尋遣承鈞率兵攻晉隰二州不克而退九月崇自領兵由陰地關寇晉州乞師于契丹契丹以五千騎助之合兵以攻平陽又分兵寇昭義周太祖遣樞密使王峻等率大軍以援晉絳崇聞周師至遂焚營而遁是歲晉絳大雪崇駐軍六十餘日邊民走險自固兵無所掠士有饑色比至太原十亡三四二年二月崇遣兵三千餘衆寇府州爲折德扆所破其所部尚

嵐軍爲德扆所取崇自僭稱之後以重幣求援于契丹仍稱姪以事之契丹僞册崇爲英武皇帝及周世宗嗣位崇復乞師于契丹以圖入寇契丹遣將楊袞合勢大舉來迫潞州顯德元年三月周世宗親征與崇戰于高平大敗之崇與親騎十數人踰山而遁中夜迷惜不知所適劫村民使爲鄉導誤趨晉州路行百餘里方覺崇怒殺鄉導者得他路而去乃易名號被毛褐張草笠而行至沁州與從者三五騎止于郊舍寒餒尤甚潛令告僞刺史李廷誨廷誨饋盤飡解衣裘而與之每至屬邑縣吏奉食七箸未舉聞周師至即蒼黃而去崇年老力憊伏于馬上日夜奔竄僅能支持距太原一舍其子承鈞夜以兵百人迎之而入及周師臨城下崇氣懾自固閉壘不出月餘世宗乃旋軍顯德二年十一月崇以病死其子承鈞襲僞位鈞之事跡具皇家日曆（永樂大典卷九千九百九）

史臣曰守光逆天反道從古所無迨至臨刑尚求免死非唯惡之極也抑亦愚之甚也劉晟據南極以稱雄屬中原之多事洎乎奕世遇我昌朝力憊而亡不泯其嗣亦其幸也劉崇以亡國之餘而竊僞王之號多見其不知量也今元惡雖斃遺孽尚存勢蹙民殘不亡何待（永樂

大典卷九千九百九

舊五代史卷一百三十五終

舊五代史卷一百三十五攷證

僭僞列傳二劉守光傳汴人陷瀛鄚二州　鄚原本訛鄭今據歐陽史改正

書記馬郁　馬郁原本作馬都今據是書列傳改

盡斂銅錢于大安山巓　銅錢原本作錢鑄引用錯謬今據歐陽史改正

卽殺匠石以滅其口　案莊子石乃匠者之名詞家引用泛作工匠解者非乃紀事之文亦沿其誤殊乖史體今姑仍原文而駁正于此

劉陟傳謙之長子曰隱梁開平初封大彭郡王梁祖郊禋禮畢進封南海王　案東都事略不載隱封南海王宋史不載隱封大彭郡王與是書互有詳略攷五代會要劉隱進封南海王在開平四年

舊五代史卷一百三十五攷證

舊五代史卷一百三十六

宋司空同中書門下平章事薛居正等撰

僭僞列傳

王建陳州項城人唐末隸名于忠武軍秦宗權據蔡州懸重賞以募之建始自行間得補軍候廣明中黃巢陷長安僖宗幸蜀時梁祖爲巢將領衆攻襄鄧宗權遣小校鹿晏弘從監軍楊復光率師攻之建亦預行是歲復光入援京師明年破賊收京城初復光以忠武軍八千人立爲八都晏弘與建各一都校也復光死晏弘率八都迎扈行在至山南乃攻剽金商諸郡縣得兵數萬進逼興元節度使牛叢棄城而去晏弘因自爲留後以建等爲屬郡刺史不令之任俄而晏弘正授節旄恐部下謀已多行忍虐繇是部衆離心建與別將韓建友善晏弘益猜二建僞待之厚引入卧內二建懼夜登城慰守陴者因月下共謀所向謂韓建曰僕射甘言厚德是疑我也禍難無日矣早宜擇利而行韓曰善因率三千人趨行在僖宗嘉之賜與巨萬分其兵爲五都仍以舊校主之卽晉暉李師泰張造與二建也因號曰隨駕五都田令孜皆錄爲假子及僖宗還宮建等分典神策軍皆遙領刺史光啟初從僖宗再幸興元令孜懼逼求爲西

川監軍楊復恭代爲觀軍容使建等素爲令孜所厚復恭懼不附己乃出五將爲郡守以建爲壁州刺史案通鑑楊復恭出建爲利州刺史蜀檮杌作利州防禦使與薛史異天子還京復恭以楊守亮鎭興元尤畏建侵己屢召之建不安其郡因招合溪洞豪猾有衆八千冦閬州陷之復攻利州刺史王珙棄城而去建播剽二郡所至殺掠守亮不能制東川節度使顧彥朗初于關輔破賊時與建相聞每遣人勞問分貨幣軍食以給之故建不侵梓遂西川節度使陳敬瑄憂其膠固謀于監軍田令孜曰王八吾子也彼無他腸作賊山南實進退無歸故也吾馳咫尺之書可以坐置麾下卽飛書招建建大喜遣使謂彥朗曰監軍阿父遣信見招僕欲詣成都省阿父因依陳太師得一大郡是所願也卽之梓州見彥朗留家寄東川選精甲三千之成都行次鹿頭或謂敬瑄曰建今之劇賊鴟視狼顧專謀人國邑儻其卽至公以何等處之彼建雄心終不居人之下公如以將校遇之是養虎自貽其患也案蜀檮杌李乂曰建今之姦雄狼顧久矣必不爲人下若爲將校亦非公之利通鑑亦作李乂敬瑄懼乃遣人止建遽脩城守建怒遂摽漢州領輕兵至成都敬瑄讓之曰若何爲者而犯吾疆理建軍吏報曰閬州司徒比寄東川而軍容太師使者繼召今復拒絕何也司徒不惜

改轅而東來此省太師反爲拒絕處顧梓州復相嫌間謂我何心故也使我來報且欲寄食漢州公勿復疑時光啟三年居淶旬建盡取東川之衆設梯衝攻成都三日不尅而退復保漢州月餘大剽蜀土進逼彭州百道攻之敬瑄出兵來援建解圍縱兵大掠十一州皆罹其毒民不聊生建軍勢日盛復攻成都敬瑄患之顧彥朗亦懼侵已昭宗卽位彥朗表請雪建擇大臣爲蜀帥移敬瑄他鎮乃詔宰臣韋昭度鎮蜀以代敬瑄敬瑄不受代天子怒命顧彥朗楊守亮討之時昭度以建爲牙內都校董其部兵（按鑑戒錄云昭度以部兵置行府）及王師無功建謂昭度曰相公興數萬之衆討賊未効餉運交不相屬近聞還洛以來藩鎮相噬朝廷姑息不暇與其勞師以事蠻方不如從而赦之且以兵威靖中原是國之本也相公盍歸朝覲與主上畫之昭度持疑未決一日建陰令軍士于行府門外擒昭度親吏臠而食之建徐啟昭度曰蓋軍士乏食以至于是耳昭度大懼遂留符節與建卽日東還纔出劍門建卽嚴兵守門不納東師月餘建攻西州管內八州所至響應遂急攻成都田令孜登城謂建曰老夫與八哥相厚太師久以知聞有何嫌恨如是困我之甚耶建曰軍容父子之恩心何敢忘但天子付

以兵柄太師孤絕朝廷故也苟太師悉心改圖何福如之又曰吾欲與八哥軍中相款如何曰父子之義何嫌也是夜令孜攜蜀帥符印入建軍授建建泣謝曰太師初心太過致有今日相戾既比推心一切如舊翌日敬瑄啟關迎建以蜀帥讓之建乃自稱留後表陳其事明年春制授檢校太傅成都尹西川節度副大使知節度事管內觀察處置雲南八國招撫等使時龍紀元年也移敬瑄于雅州安置仍以其子爲刺史既行建令人殺之于路令孜仍舊監軍事數月或告令孜通鳳翔書問下獄餓死（案蜀檮杌云敬瑄廢處雅州以其子爲刺史既行建遣殺于三江令孜仍監其軍復以令孜陰附鳳翔下獄餓死）建雄猜多機畧意嘗難測既有蜀土復欲窺伺東川又以彥朗婚姻之舊未果行會彥朗卒弟彥暉代爲梓帥交情稍怠李茂貞乘其有間密搆彥暉因與茂貞連盟闘征疆吏之間與蜀人得失大順末建出師攻梓州彥暉求援于鳳翔李茂貞出師援之建卽圍解自是秦川交惡者累年後建大起蜀軍敗岐梓之兵于利州彥暉懼乞和請與岐人絕許之景福中山南之師寇東川彥暉求援于建建出兵赴之大敗興元之衆洎軍旋建乘虛掩襲梓州虜彥暉置于成都遂兼有兩川自此軍鋒益熾天復初李茂貞韓全誨劫遷車駕在

鳳翔梁祖攻圍歷年建外修好于汴指茂貞罪狀又陰與茂貞間使往來且言堅壁勿和許以出師赴援因分命諸軍攻取興元比及梁祖解圍茂貞山南諸州皆爲建所有自置守將及茂貞垂翅天子遷雒陽建復攻茂貞之秦隴等州茂貞削弱不能守或勸建因取鳳翔建曰此言失策吾所得已多不俟復增岐下茂貞雖常才然名望宿素與朱公力爭不足守境有餘韓生所謂入爲扞蔽出爲席藉是也適宜援而固之爲吾盾鹵耳及梁祖將謀強禪建與諸藩同謀興復乃令其將康宴率兵三萬會于鳳翔數與汴將王重師戰不利而還趙匡

凝之失荊襄也弟匡明以其帑奔蜀建因得夔峽忠萬等州及梁祖開國蜀人請建行劉備故事建自帝于成都（冊府元龜卷二百二十三）改元永平五年改元通正是年冬改元天漢又改元光天在位十二年年七十二子衍嗣（冊府元龜卷一百十九）

衍建之幼子也建卒衍襲僞位改元乾德六年十二月改明年爲咸康秋九月衍奉其母徐妃同遊于青城山駐于上清宮時宮人皆衣道服頂金蓮花冠衣畫雲霞望之若神仙及侍宴酣皆免冠而退則其髻髽然又構怡神亭以佞臣韓昭等爲狎客雜以婦人以恣荒宴或自旦至暮繼之以燭僞嘉王宗壽侍宴因以社稷國政爲言言發涕流至于再三同宴佞臣潘在迎等並奏衍云嘉王好酒悲因翻恣諧謔取笑而罷自是忠正之臣結舌矣（永樂大典卷三千一百九十三）時中國多故衍得以自安唐莊宗平梁遣使告捷于蜀蜀人恟懼致禮復命稱大蜀國主致書上大唐皇帝詞理稍抗莊宗不能容遣客省使李嚴報聘且市宮中珍玩蜀人皆禁而不出衍既沖騃軍國之政咸委于人有王宗弼者爲六軍使總外任宋光嗣者爲樞密使總內任洎嚴至蜀光嗣等曲宴因言中國近事嚴亦引近事折之語在嚴傳光嗣等聞嚴

辯對畏而奇之及嚴使還奏莊宗曰王衍騃童耳宗弼等總其兵柄但益家財不卹民事君臣上下唯務窮奢其舊勳故老棄而不任蠻蜑之人痛深瘡痏以臣料之大兵一臨望風瓦解莊宗深然之遂蒐兵括馬有平蜀之志唐師未起時僞東川節度使宋承葆獻計于衍云唐國兵強不早爲謀後將焉救請于嘉州沿江造戰艦五百艘募水軍五千自江下峽臣以東師出襄鄧水陸俱進東北沿邊嚴兵據險南師出江陵利則進取否則退保峽口又選三蜀驍壯三萬急攻岐雍東據河潼北招契丹啗以美利見可則進否則據散關以固吾圉事

縱一不撓亦攻敵人之心矣衍不從唐同光三年九月十日莊宗下制伐蜀命興聖宮使魏王繼岌爲都統樞密使郭崇韜爲行營都招討其月十八日魏王統闕下諸軍發洛陽十一月二十一日魏王至德陽衍報云比與將校謀歸國僞樞密使宋光嗣景潤澄南北院宣徽使李周輅歐陽晃等四人異謀熒惑臣各已處斬今送納首級案蜀檮杌皇太子開宗賢府募兵以拒唐師是日衍上表曰臣衍先人建久在坤維受先朝寵澤一開土宇將四十年頃以梁孽興災洪圖板蕩不可助逆遂乃從權勉徇眾情止王三蜀固非獲已未有所歸臣輒紹鎡基且安生聚臣衍

誠惶誠恐伏惟皇帝陛下嗣堯舜之業陳湯武之師廓定寰區削平凶逆梯航垂集文軌渾同臣方議改圖便期納款遽聞王師致討實抱驚危今則將千里之封疆盡爲王土冀萬家之臣妾皆沐皇恩必當輿櫬乞降負荊請命伏惟皇帝陛下廻照臨之造施覆幬之仁別示哀矜以安反側儻墳塋而獲祀實存沒以知歸臣無任望恩虔禱之至己酉年十一月日臣王衍上表其月二十七日魏王至成都北五里昇仙橋僞百官班于橋下衍乘行輿至素衣白馬牽羊草索係首面縛銜璧輿櫬而從魏王下馬受其璧崇韜釋其縛及燔其櫬衍率僞

百官東北舞蹈謝恩禮畢拜魏王崇韜李嚴皆答拜二十八日王師入成都自起師至入蜀城凡七十五日永樂大典六千八百四十九案以下原本殘闕據歐陽史云同光四年衍行至秦川驛莊宗用伶人景進計遣宦者向延嗣誅其族天成二年封衍順正公以諸侯葬五代史補王建在許下時尤不逞嘗坐事遣徒但無杖痕爾及據蜀得馬涓爲從事涓好詼訐建恐爲所議因問曰竊聞外議以吾曾遭徒刑有之乎涓對曰有之建曰恃無杖痕且對眾因袒背以示涓曰請足下試看有遺杖責而肌肉如是耶涓知其詐乃撫背而歎曰大奇當時何處得此好膏藥來賓佐皆失色而涓晏然王建之僭號也惟翰林學士最承恩顧侍臣或諫其禮過建曰蓋汝輩未之見也且吾在神策軍時主內門魚鑰見唐朝諸帝待翰林學士雖交友不若也今我恩顧比當時才有百分之一爾何謂之過當耶論者多之杜光庭長安人應九經舉不第時長安有潘尊師者道術甚高僖宗所重光庭素所希慕數遊其門當僖宗之幸蜀也觀蜀中道門牢落思得名士以主張之駕回詔潘尊

師使于兩街求其可者尊師奏曰臣觀兩街之眾道聽塗說一時之俊即有之至于掌教之士恐未合應聖旨臣于科場中識九經杜光庭其人性簡而氣淸量寬而議遠且困于風塵思欲脫屣名利久矣以臣愚思之非光庭不可僖宗召而問之一見大悅遂令披戴仍賜紫衣號曰廣成先生即日馳驛遣之及王建據蜀待之愈厚又號爲天師光庭嘗以道德二經注者雖多皆未能演暢其旨因著廣成義八十卷他術稱是識者多之

孟知祥字保裔邢州龍岡人也祖察父道世爲郡校伯父方立終于邢洺節度使從父遷位至于澤潞節度使知祥在後唐莊宗同光三年授西川節度副大使知節度事册府元龜卷二百一十九天成中安重誨專權用事以知祥莊宗舊識方據大藩慮久而難制潛欲圖之是時客省使李嚴以嘗使于蜀洞知其利病因獻謀于重誨請以已

爲西川監軍庶效方畧以制知祥朝廷可之及嚴至蜀知祥延接甚至徐謂嚴曰都監前因奉使請兵伐蜀遂使東西兩川俱至破滅川中之人其怨已深今既復來人情大駭固奉爲不暇也 案此句疑有舛誤 即遣人拽下階斬于階前 案歐陽史云李嚴至境上遣人持書候知祥知祥盛兵見之冀嚴懼而不來嚴聞之自若天成二年正月嚴至成都知祥置酒召嚴因責嚴曰今諸方鎭已罷監軍公何得來鑑戒錄云李嚴于天成初復來監護孟祖加之禮分從容數其五罪命劍斬之與薛史異 其後朝廷每除劍南牧守皆令提兵而往或千或百分守郡城時董璋作鎭東川已數年矣亦有雄據之意會朝廷以夏魯奇鎭遂州李仁矩鎭閬州皆領兵數千人赴鎭復授以密旨令制禦

兩川董璋覺之乃與知祥通好結爲婚家以固輔車之勢知祥慮唐軍驟至與遂閬兵合則勢不可支吾遂與璋協謀令璋以本部軍先取閬州知祥遣大將軍李仁罕趙廷隱率軍圍遂州長興元年冬唐軍伐蜀至劍門二年以遂閬既陷又糧運不接乃班師三年知祥又破董璋乃自領東西兩川節度使 冊府元龜卷二百二十七 應順元年以劍南東西川節度使蜀王稱帝于蜀改元明德七月卒年六十一 冊府元龜卷二百二十九 案薛史孟知祥傳永樂大典原闕今采冊府元龜僭僞部以存梗概

昶知祥之第三子也 案宋朝事實云昶初名仁贊揮麈餘話云昶字保元 母李氏本莊宗之嬪御以賜知祥唐天祐十六年歲在己卯十一月十四日生昶于太原 案花蕊夫人宮詞云法雲寺裏中元節又是官家降誕辰是昶以七月十五爲生辰也與薛史異 及知祥鎭蜀昶與其母從知祥妻瓊華長公主同入于蜀知祥僭號僞册爲皇太子知祥卒遂襲其僞位時年十六尚稱明德元年及僞明德四年冬僞詔改明年爲廣政元年是歲即晉天福三年也僞廣政十三年僞上尊號爲睿文英武仁聖明孝皇帝皇朝乾德三年春王師平蜀詔昶舉族赴闕賜甲第于京師迨其臣下賜賚甚厚尋册封楚王是歲秋卒于東京時年四十七事具皇家日歷自知祥同光二年丙戌

歲入蜀父子相繼凡四十年而亡 永樂大典卷一萬三千一百六十一 五代史補孟知祥之入蜀也視其險固陰有割據之志洎抵成都値晚且憩于郊外有推小車子過者其物皆以布袋盛之知祥問曰汝力能勝幾袋推者曰極力不過兩袋知祥惡之後果兩代而亡知祥與董璋有隙舉兵討之璋素勇悍聞知祥之來也以爲送死諸將兩端李鎬爲知祥判官深憂之及將戰知祥欲示閑暇自書一字以遺董璋無何舉筆輒誤書董爲重字不悅久之鎬在側大喜且引諸將賀于馬前知祥不測曰事未可測何賀耶鎬曰其董字艸下施重今大王去草書重是董已無頭此必勝之兆也于是三軍欣然一戰而董璋敗

史臣曰昔張孟陽爲劍閣銘云惟蜀之門作固作鎭世濁則逆道清斯順是知自古坤維之地遇亂代則閉之而不通逢興運則取之如俯拾然唐氏之入蜀也兵力

雖勝帝道猶昏故數年間得之復失及皇上之平蜀也煦之以堯日和之以舜風故比戸之民悅而從化且夫王衍之遭季世也則赤族于秦川孟昶之遇明代也則受封于楚甸雖俱爲亡國之主何幸與不幸相去之遠也（永樂大典卷一萬三千一百六十一）

舊五代史卷一百三十六終

舊五代史卷一百三十六攷證

僭僞列傳三王建傳以建爲壁州刺史　案通鑑作出建爲利州刺史蜀檮杌作利州防禦使俱與是書異

舊五代史卷一百三十六攷證

舊五代史卷一百三十七

宋司空同中書門下平章事薛居正等撰

外國列傳

契丹者古匈奴之種也代居遼澤之中潢水南岸南距榆關一千一百里榆關南距幽州七百里本鮮卑之舊地也其風土人物世代君長前史載之詳矣唐咸通末其王曰錫里濟（舊作習爾之今改正）疆土稍大累來朝貢光啟中其王沁丹（舊作欽德今改正。）者乘中原多故北邊無備遂蠶食諸郡達粗奚室韋之屬咸被驅役族帳寖盛有時入寇劉仁恭鎮幽州素知契丹軍情僞選將練兵乘秋深入

踰摘星嶺討之霜降秋暮即燔塞下野草以困之馬多飢死即以良馬賂仁恭以市牧地仁恭季年荒恣出居大安山契丹背盟數來寇鈔時劉守光戍平州契丹實里（舊作舍利今改正）王子率萬騎攻之守光僞與之和張幄幕于城外以享之部族就席伏甲起擒錫利王子入城部族聚哭請納馬五千以贖之不許沁丹乞盟納賂以求之自是十餘年不能犯塞及沁丹政衰有別部長耶律案巴堅（舊作阿保機今改正）最推雄勁族帳漸盛遂代沁丹爲主先是契丹之先大賀氏有勝兵四萬分爲八部每部皆號大人內推一人爲主建旗鼓以尊之每三年第其名以代之及案巴堅爲主乃怙强恃勇不受諸族之代遂自稱國王天祐四年大寇雲中後唐武皇遣使連和因與之面會于雲中東城大具享禮延入帳中約爲兄弟謂之曰唐室爲賊所簒吾欲今冬大舉弟可以精騎二萬同收汴洛案巴堅許之賜與甚厚留馬三千匹以答既左右咸勸武皇可乘間擒之武皇曰逆賊未殄不可失信于部落自亡之道也乃盡禮遣之及梁祖建號案巴堅亦遣使送名馬女樂貂皮等求封册梁祖與之書曰朕今天下皆平唯有太原未伏卿能長驅精甲徑至新莊爲我翦彼寇讎與爾便行封册莊宗初嗣世亦遣

使告哀賂以金繒求騎軍以救潞州答其使曰我與先王爲兄弟兒即吾兒也寧有父不助子耶許出師會潞平而止劉守光末年苛慘軍士亡叛皆入契丹洎周德威攻圍幽州燕之軍民多爲寇所掠既盡得燕中人士歸之文法由是漸盛十三年八月案巴堅率諸部號稱百萬自麟勝陷振武長驅雲朔北邊大擾莊宗赴援于代敵眾方退十四年新州大將盧文進爲眾所廹殺新州團練使李仁矩于祁溝關返攻新武周德威以眾擊之文進不利乃奔于契丹引其眾陷新州周德威率兵三萬以討之敵騎援新州德威爲敵所敗殺傷殆盡契

丹乘勝攻幽州是時或言契丹三十萬或言五十萬幽薊之北所在敵騎皆滿莊宗遣明宗與李存審閻寶將兵救幽州遂解其圍語在莊宗紀中十八年十月鎮州大將張文禮弒其帥王鎔莊宗討之時定州王處直與文禮合謀遣威塞軍使王郁復引契丹爲援十二月安巴堅傾塞入寇攻圍幽州李紹弘以兵城守契丹長驅陷涿郡執刺史李嗣弼進攻易定至新樂渡沙河王郁遣使告急時莊宗在鎮州行營聞前鋒報曰敵渡沙河軍中咸恐議者請權釋鎮州之圍以避之莊宗曰霸王舉事自有天道契丹其如我何國初突厥入寇至于渭

北高祖欲棄長安遷都樊鄧太宗曰獫狁孔熾自古有之未聞遷移都邑霍去病漢廷將帥猶且志滅匈奴況帝王應運而欲移都避寇哉文皇雄武不數年俘二突厥爲衛士今吾以數萬之衆安集山東王德明厮養小人安巴堅生長邊地豈有退避之理吾何面視蒼生哉爾曹但駕馬同行看吾破敵莊宗親御鐵騎五千至新城北遇契丹前鋒萬騎莊宗精甲自桑林突出光明照日諸部愕然緩退莊宗分二廣以乘之敵騎散退時沙河微氷其馬多陷安巴堅退保望都是夜莊宗次定州翌日出戰遇奚長塔納（舊作禿餒今改正）五千騎莊宗親軍千騎與之鬬爲敵所圍外救不及莊宗挺馬奮躍出入數四酣戰不解李嗣昭聞其急也灑泣而往攻破敵陣拔莊宗而歸時契丹値大雪野無所掠馬無芻草凍死者相望于路安巴堅召盧文進以手指天謂之曰天未令我到此乃引衆北去莊宗率精兵躡其後每經安巴堅野宿之所布秸在地方而環之雖去無一莖亂者莊宗謂左右曰蕃人法令如是豈中國所及莊宗至幽州發二百騎偵之皆爲契丹所獲莊宗乃還天祐末安巴堅乃自稱皇帝署中國官號其俗舊隨畜牧素無邑屋得燕人所教乃爲城郭宮室之制于漠北距幽州三千

里名其邑曰西樓邑屋門皆東向如車帳之法城南别作一城以實漢人名曰漢城城中有佛寺三僧尼千人其國人號安巴堅爲天皇王同光中安巴堅深著闢地之志欲收兵大舉慮渤海躡其後三年舉其衆討渤海之遼東令塔納盧文進據營平等州擾我燕薊明宗初纂嗣遣供奉官姚坤奉書告哀至西樓邑屬安巴堅在渤海又徑至慎州崎嶇萬里既至謁見安巴堅延入穹廬安巴堅身長九尺被錦袍大帶垂後與妻對榻引見坤坤未致命安巴堅先問曰聞爾漢土河南河北各有一天子信乎坤曰河南天子今年四月一日洛陽軍變

今凶問至矣河北總管令公比爲魏州軍亂先帝詔令除討旣聞內難軍衆離心及京城無主上下堅册令公請主社稷今已順人望登帝位矣案巴堅號咷聲淚俱發曰我與河東先世約爲兄弟河南天子吾兒也近聞漢地兵亂點得甲馬五萬騎比欲自往洛陽救助吾兒又緣渤海未下我兒果致如此冤哉泣下不能已又謂坤曰今漢土天子初聞洛陽有難不急救致令及此坤曰非不急切地遠阻隔不及也又曰我兒旣殂當合取我商量安得自立坤曰吾皇將兵二十年位至大總管所部精兵三十萬衆口一心堅相推戴違立則立見禍生非不知禀天皇王意旨無奈人心何其子托允（舊作突欲今改正）在側謂坤曰漢使勿多談因引左氏牽牛蹊田之說以折坤坤曰應天順人不同匹夫之義祇如天皇王初領國事豈是強取之耶案巴堅因曰理當如此我漢國兒子致有此難我知之矣聞此兒有宮婢二千樂官千人終日放鷹走狗耽酒嗜色不惜人民任使不肖致得天下皆怒我自聞如斯常憂傾覆一月前已有人來報知我兒有事我便舉家斷酒觧放鷹犬休罷樂官我亦有諸部家樂千人非公宴未嘗妄舉我若所爲似我兒亦應不能持久矣從此願以爲戒又曰漢國兒與我

雖父子亦曾彼此讐敵俱有惡心與爾今天子無惡足得歡好爾先復命我續將馬萬騎至幽鎭以南與爾家天子面爲盟約我要幽州令漢兒把捉更不復侵入漢界又問漢收東西川信不坤曰去年九月出兵十一月十六日收下東西川得兵馬二十萬金帛無筭皇帝初即位未辦送來續當遣使至矣案巴堅忻然曰聞西川有劍閣兵馬從何過得坤曰川路雖險然先朝收復河南有精兵四十萬良馬十萬騎但通人行處便能去得視劍閣如平地耳案巴堅善漢語謂坤曰吾解漢語歷口不敢言懼部人效我令兵士怯弱故也坤至止三日案巴堅病傷寒一夕大星殞于其帳前俄而卒于扶餘城時天成元年七月二十七日也其妻舒嚕（舊作述律今改正）氏自率衆護其喪歸西樓坤亦從行得報而還旣而舒嚕氏立其次子德光爲渠帥以總國事尋遣使告哀明宗爲之輟朝明年正月葬案巴堅于木葉山僞諡曰大聖皇帝案巴堅凡三子皆雄偉長曰人皇王托允即東丹王也次曰元帥太子即德光也幼曰安端少君德光本名耀衢芝（舊作耀屈之今改正）後慕中華文字遂改焉唐天成初案巴堅死其母令德光權主牙帳令小子安端少君往渤海國代托允托允將立而德光素爲部族所服又

其母亦常鍾愛故因而立之明宗時德光遣吏摩琳（舊作梅老今改正）等三十餘人來修好又遣使爲父求碑石明宗許之賜與甚厚并賜其母瓔珞錦綵自是山北安靜蕃漢不相侵擾三年德光僞改爲天顯元年是歲定州王都作亂求援于契丹德光遂陷平州塔納以騎五千援都于中山招討使王宴球破之于曲陽塔納走保賊城其年七月又遣特哩袞（舊作惕隱今改正）率七千騎救定州王宴球逆戰于唐河北大破之幽州趙德鈞以生兵接于要路生擒特哩袞等首領五千餘人獻于闕下明年王都平擒塔納及餘衆斬之自是契丹大挫數年不敢窺

邊嘗遣使紐赫美稜（舊作捺括梅里今改正）來求塔納骸骨明宗怒其詐斬之長興二年東丹王托允在闕下其母繼發使申報朝廷亦優容之長興末契丹迫雲州明宗命晉高祖爲河東節度使兼北面蕃漢總管清泰三年晉高祖爲張敬達等攻圍甚急遣指揮使何福賫表乞師願爲臣子德光白其母曰兒昨夢太原石郎發使到國今果至矣事符天意必須赴之德光乃自率五萬騎由雁門至晉陽即日大破敬達之衆于城下尋册晉高祖爲大晉皇帝約爲父子之國割幽州管內及新武雲應朔州之地以賂之仍每歲許輸帛三十萬時幽州趙德鈞

屯兵于團柏谷遣使至幕帳求立己爲帝以石氏世襲太原德光對使指帳前一石曰我已許石郎爲父子之盟石爛可改矣楊光遠等殺張敬達降于契丹德光戲謂光遠等曰汝輩大是惡漢兒不用鹽酪食卻一萬匹戰馬光遠等大慙晉高祖南行德光自送至潞州時趙德鈞趙延壽自潞州出降于契丹德光鎖之令隨牙帳晉高祖入洛尋遣宰相趙瑩致謝之于契丹天福三年又遣宰臣馮道左僕射劉昫等持節册德光及其母氏徽號賫鹵簿儀仗法服車輅于本國行禮德光大悅尋遣使奉晉高祖爲英武明義皇帝是歲契丹改天顯十

一年爲會同元年以趙延壽爲樞密使升幽州爲南京以趙思温爲南京留守既而德光請晉高祖不稱臣不上表來往緘題止用家人禮但云兒皇帝晉祖厚賫金帛以謝之晉祖奉契丹甚至歲時問遺慶弔之禮必令優厚每敵使至即于別殿致敬德光每有邀請小不如意則來譴責晉祖每屈己以奉之終晉祖世畧無釁隙及少帝嗣位遣使入契丹德光以少帝不先承稟擅即尊位所賫文字略去臣禮大怒形于責讓朝廷使去即加譴辱會契丹迴圖使喬榮北歸侍衛親軍都指揮使景延廣謂榮曰先朝是契丹所立嗣君乃中國所册稱

孫可矣稱臣未可中國自有十萬口橫磨劍要戰卽來
榮至本國具言其事德光大怒會青州楊光遠叛遣使
搆之明年冬德光率諸部南下開運元年春陷祁州直
抵大河少帝幸澶州以禦之其年三月德光敗于陽城
棄其車帳乘一橐駝奔至幽州因怒其失律自大首領
已下各杖數百唯趙延壽免焉是時契丹連歲入寇晉
氏疲于奔命邊民被苦幾無寧日晉相桑維翰勸少帝
求和于契丹以紓國難少帝許之乃遣使奉表稱臣卑
辭首過使迴德光報曰但使桑維翰景延廣自來并割
鎭定與我則可通和也朝廷知其不可乃止時契丹諸

部頻年出征蕃國君臣稍厭兵革德光母嘗謂蕃漢臣
寮曰南朝漢兒爭得一向卧耶自古及今惟聞漢來和
蕃不聞蕃去和漢待伊漢兒的當迴心則我亦不惜通
好也三年樂壽監軍王巒繼有密奏苦言瀛鄚可取之
狀十月少帝遣杜重威李守貞等率兵經略十一月蕃
將高牟翰敗晉師于瀛州之北梁漢璋死之契丹主聞
晉既出兵自率諸部由易定抵鎭州杜重威等自瀛州
西趨常山至中渡橋敵已至矣兩軍隔滹水而砦焉十
二月十日杜重威率諸軍降于契丹語在晉少帝紀中
十二日德光入鎭州大犒將士十四日自鎭州南行中

渡降軍所釋甲仗百萬計並令于鎭州收貯戰馬數萬
匹長驅而北命張彥澤領二千騎先趨東京遣重威部
轄降兵取邢相路前進晉少帝遣子延煦延寶奉降表
于契丹並傳國寶一紐至牙帳明年春正月朔日德光
至汴北文武百官迎于路是日入宮至昏復出次于赤
岡五日僞制降晉少帝爲負義侯于黃龍府安置七日
德光復自赤岡入居于大內分命使臣于京城及往諸
道括借錢帛僞命以李崧爲西廳樞密使以馮道爲太
傅以左僕射和凝及北來翰林學士承旨張礪爲宰相
二月朔日德光服漢法服坐崇元殿受蕃漢朝賀僞制

大赦天下改晉國爲大遼國以趙延壽爲大丞相兼政
事令充樞密使兼中京留守降東京爲防禦州尋復爲
宣武軍十五日漢高祖建號于晉陽德光聞之劇奪漢
祖官爵是月晉州潞州並歸河東時盜賊所在蠭起攻
劫州郡斷澶州浮梁契丹大恐沿河諸藩鎭並以腹心
鎭之三月朔日德光坐崇元殿行入閤之禮覩漢家儀
法之盛大悅以蕃大將蕭翰爲汴州節度使十七日德
光北還初離東京宿于赤岡有大聲如雷起于牙帳之
下契丹自黎陽濟河次湯陰縣界有一岡土人謂之愁
死岡德光憩于其上謂宣徽使高勳曰我在上國以打

圖食肉爲樂自及漢地每每不快我若得歸本土死亦無恨勳退而謂人曰其語偷殆將死矣時賊帥梁暉據相州德光親率諸部以攻之四月四日屠其城而去德光聞河陽軍亂謂蕃漢臣寮曰我有三失殺上國兵士打草穀一失也天下括錢二失也不尋遣節度使歸藩三失也十六日次于欒城縣殺胡林之側時德光已得寒熱疾數日矣命胡人賣酒脯禱于得疾之地十八日晡時有大星落于穹廬之前若迸火而散德光見之西望而唾連呼曰劉知遠滅劉知遠滅是月二十一日卒時年四十六主契丹凡二十二年契丹人破其屍摘去

腸胃以鹽沃之載而去漢人目之爲帝羓焉 永樂大典卷四千五百五十八。案以下原本闕佚據五代會要云四月十八日德光卒于欒城五月宣遺制以永康王襲位永康王者東丹王之長子以其月二十一日領部族歸國改會同十年爲天祿元年自稱天授皇帝漢乾祐三年十一月率數萬騎陷邢州之內丘縣深州之饒陽縣周廣順元年正月太祖命左千牛衛將軍朱憲往修和好永康王亦遣使報命獻良馬四匹太祖復遣尙書左丞田敏供奉官蔣光遂銜命往聘其年四月田敏等回永康王遣使獻碧玉金鍍銀裹鞍轡并馬四十匹其月太祖又命左金吾將軍姚漢英左神武將軍華光裔往使其年九月永康王爲部下太寧王所弒德光之子勒所部兵誅太寧王自立稱應懸元年號天順皇帝顯德元年春太原劉崇將圖南寇契丹將楊袞率騎萬餘以助之三月世宗親征與崇戰于潞州高平縣之南原崇軍大敗契丹衆棄甲而遁二年三月命許州節度使王彥超等築壘于李宴口與契丹兵數千騎戰于安平縣敗之

舊五代史卷一百三十七終

舊五代史卷一百三十七攷證

外國列傳一契丹傳兒卽吾兒也 案契丹國志作吾定兒也與是書異

遣供奉姚坤 案通鑑攷異引莊宗實錄作苗紳

兒昨夢太原石郎發使到國今果至矣 案契丹國志作太宗夢見眞武使之救晉與是書微異

錫里濟舊作習爾之今改 沁丹舊作欽德今改 實里舊作舍利今改 安巴堅舊作阿保機今改 托諾舊作禿餒今改 托雲舊作突欲今改 舒嚕舊作述律今改 阿敦舊作安端今改 耀庫濟舊作

耀屈之今改 摩琳舊作梅老今改 特哩衮舊作惕隱今改 紐赫美陵舊作捺括梅里今改

舊五代史卷一百三十七攷證

宋司空同中書門下平章事薛居正等撰

外國列傳

吐蕃本漢西羌之地或云南涼禿髮利鹿孤之後其子孫以禿髮爲國號語訛爲吐蕃國人號其主爲贊普置大論小論以理國事其俗隨畜牧無常居然亦有城郭都城號邏些城不知節候以麥熟爲歲首唐時屢爲邊患初唐分天下爲十道河西隴右三十三州最爲大鎭天寶置八監牧馬三十萬又置都護以控制之安祿山之亂肅宗在靈武悉召河西戍卒收復兩京吐蕃乘虛

取河西隴右華人百萬皆陷于吐蕃開成時朝廷嘗遣使至西域見甘涼瓜沙等州城邑如故陷吐蕃之人見唐使者旄節夾道迎呼涕泣曰皇帝猶念陷蕃生靈否其人皆天寶中陷吐蕃者子孫其語言小訛而衣服未改至五代時吐蕃已微弱回鶻党項諸羌夷分侵其地而不有其人民值中國衰亂不能撫有惟甘涼瓜沙四州常自通於中國甘州爲回鶻牙帳而涼瓜沙三州將吏猶稱唐官數來請命自梁太祖常以靈武節度使兼領河西節度而觀察甘肅威等州然雖有其名而涼州自立守將唐長興四年涼州留後孫超大將拓拔承謙

及僧道士耆老楊通信等至京師明宗拜孫超節度使淸泰元年留後李文謙來請命後數年涼州人逐出文謙靈武馮暉遣牙將吳繼興代文謙爲留後是時天福七年明年晉高祖涇州押牙陳延暉賫詔書安撫涼州涼州人共刼留延暉立以爲刺史至漢隱帝時涼州留後折逋嘉施來請命漢即以爲節度使嘉施土豪也周廣順二年嘉施遣人市馬京師是時樞密使王峻用事峻故人申師厚者少起盜賊爲兖州牙將與峻相友善後峻貴師厚弊衣蓬首日候峻出馬前訴以飢寒峻未有以發而嘉施等來請帥峻即建言涼州深入夷狄中

國未嘗命使請募率府率供奉官能往者月餘無應募者乃奏起師厚爲左衞將軍已而拜河西節度使師厚至涼州奏薦押衙副使崔虎心楊妃谷首領沈念般等及中國留人子孫王廷漢溫崇樂劉少英爲將吏又自安國鎭至涼州立三州以控扼諸羌用其酋豪爲刺史然涼州夷夏雜處師厚小人不能撫有至世宗時師厚留其子而逃歸涼州遂絕於中國獨瓜沙二州終五代常來沙州梁開平中有節度使張奉自號金山白衣天子至唐莊宗時回鶻來朝沙州留後曹義金亦遣使附回鶻以來莊宗拜義金爲歸義軍節度使瓜沙等州觀

寮處置等使晉天福五年義金卒子元德立至七年沙州曹元忠瓜州曹元深皆遣使來周世宗時又以元忠爲歸義軍節度使元恭爲瓜州團練使其所貢碙砂羚羊角波斯錦安西白氎金星礬大鵬砂眊褐玉團皆因其來者以名見而其卒立世次史皆失其記而吐蕃不見於梁世唐天成三年回鶻王仁喻來朝吐蕃亦遣使附以來自此數至中國明宗嘗御端明殿見其使者問其牙帳所居曰西去涇州三千里明宗賜以虎皮人一張皆披以拜委身宛轉落其氈帽髮亂如蓬明宗及左右皆大笑至漢隱帝時猶來朝後遂不復至史亦失其

君世云永樂大典卷四千二百五十七 案此傳多與歐陽史同疑永樂大典傳寫之誤也今無可復考姑仍其舊

回鶻其先匈奴之種也後魏時號爲鐵勒亦名回紇唐元和四年本國可汗遣使上言改爲回鶻義取迴旋搏擊如鶻之迅捷也本牙在天德西北娑陵水上距京師八千餘里唐天寶中安祿山犯闕有助國討賊之功累朝尚主自號天驕大爲唐朝之患會昌初其國爲黠戛斯所侵部族擾亂乃移帳至天德振武間時爲石雄劉沔所襲破之復爲幽州節度使張仲武所破餘衆西奔歸之吐蕃吐蕃處之甘州由是族帳微弱其後時通中

國世以中國爲舅朝廷每賜書詔亦常以甥呼之梁乾化元年十一月遣都督周易言等入朝進貢太祖御朝元殿引對以易言爲右監門衛大將軍同正以石壽兒石論思並爲右千牛衛將軍同正仍以左監門衛將軍楊沼充押領回鶻還蕃使通事舍人案五代會要以易言爲右監門衛大將軍同正弟畧麥之石論思並爲左千牛衛將軍同正李屋珠安鹽山並爲右千牛衛將軍同正仍以左監門衛上將軍楊沼爲左驍衛上將軍充押領回鶻還蕃使通事舍人 仇玄通爲判官厚賜繒帛放令歸國又賜其入朝僧凝盧宜李思宜延錢等紫衣後唐同光二年四月其本國權知可汗仁美遣都督李引釋迦副使鐵林都監楊福安等共六十六人來

貢方物幷獻善馬九匹案歐陽史作貢玉馬莊宗召對於文明殿乃命司農卿鄭續將作少監何延嗣持節冊仁美爲英義可汗至其年十一月仁美卒其弟狄銀嗣立遣都督安千等來朝貢狄銀卒案歐陽史同光四年狄銀卒阿咄欲立以遣使來貢名馬天成三年二月其權知可汗仁裕遣都督李阿山等一百二十人入貢明宗召對于崇元殿賜物有差其年三月命使冊仁裕爲順化可汗四年又遣都督掣撥等五人來朝授掣撥等懷化司戈遣還蕃長興元年十二月遣使翟未思三十餘人進馬八十匹玉一團四年七月復遣都督李未等三十人來朝進白鶻

十聯明宗召對于廣壽殿厚加賜賚仍命解放其鶻清泰二年七月遣都督陳福海已下七十八人進馬三百六十匹玉二十團八月初回鶻朝貢使密錄都督陳福海可懷化郎將副使達奚相溫可懷化司階監使屈密錄阿撥可歸德司戈判官安均可懷化司戈晉天福三年十月遣使都督李萬全等朝貢以萬全爲歸義大將軍監使雷福德爲順化將軍四年三月又遣都督拽里敦來朝兼貢方物其月命衛尉卿邢德昭持節就册爲奉化可汗案歐陽史晉高祖時又加册命阿咄欲不知其爲狄銀親疏亦不知其立卒而仁裕訖五代常來朝貢史亦失其紀五年正月遣都督石海金等來貢良馬百駟并白玉團白玉鞍轡等謝其封册漢乾祐元年五月遣使李屋等入朝貢馬并白玉藥物等七月以入朝使李屋爲歸德大將軍副使安鐵山監使末相溫爲歸德將軍判官翟毛哥爲懷化將軍周廣順元年二月遣使并摩尼貢玉團七十有七白氎貂皮氂牛尾藥物等先是晉漢已來回鶻每至京師禁民衷以私市易其所有寶貨皆鬻之入官民間市易者罪之至是周太祖命除去舊法每回鶻來者聽私下交易官中不得禁詰由是玉之價直十損七八顯德六年二月又遣使朝貢獻玉并硇砂等物皆不納所入馬量給價錢時世宗以玉雖稱寶無益國用故因而卻之永樂大典卷二萬一千一百九十九

高麗本扶餘之別種其故都平壤城卽漢樂浪郡之故地在京師東四千餘里東渡海至于新羅西北渡遼水至于營州南渡海至于百濟北至靺鞨東西三千一百里南北二千里其官大者號大對盧比一品總知國事三年一代若稱職者不拘年限對盧以下官總十二級外置州縣六餘大城置傉薩一人比都督小城置道使一人比刺史其下各有僚佐分曹掌事其王以白羅爲冠白皮小帶咸以金飾唐貞觀末太宗伐之不能下至總章初高宗命李勣率軍征之遂拔其城分其地爲郡縣及唐之末年中國多事其國遂自立君長前王姓高氏唐同光天成中累遣使朝貢永樂大典卷四千四百四十一周顯德六年高麗遣使貢紫白水晶二千顆永樂大典卷八千五百三十

渤海靺鞨其俗呼王爲可毒夫對面呼聖𦣻奏呼基下父曰老王母曰太妃妻曰貴妃長子曰副王諸子曰王子世以大氏爲酋長永樂大典卷二萬五十四

黑水靺鞨其俗皆編髮性凶悍無憂戚貴壯而賤老俗無文字兵器有弓角楛矢永樂大典卷二萬一千一百二十七

新羅其國俗重九日相慶賀每以是月拜日月之神婦人以髮繞頭用綵及珠爲飾髮甚長美永樂大典卷六千二百一十

党項其俗皆土著居有棟宇織毛罽以覆之尙武其人多壽至百五十六十歲不事生業好爲盜賊党項自同光以後大姓之强者各自來朝貢明宗時詔沿邊置場市馬諸夷皆入市中國有回鶻党項馬最多明宗招懷遠人馬來無駑壯皆集而所售過常直往來館給道路倍費其每至京師明宗爲御殿見之勞以酒食既醉連袂歌呼道其土風以爲樂去又厚以賜賚歲耗百萬計唐大臣皆患之數以爲言乃詔吏就邊場售馬給直止其來朝而党項利其所得來不可止其在靈慶之間者數犯邊爲盜自河西回鶻朝供中國道其部落輒邀刼之執其使者賣之他族以易牛馬明宗遣靈武康福邠州藥彥稠等出兵討之福等擊破阿埋韋悉褒勒强賴埋厮骨尾及其大首領連香李八薩王都統悉那埋摩侍御乞埋嵬悉逋等族殺數千人獲其牛羊鉅萬計及其所刼外國寶玉等悉以賜軍士由是党項之患稍息其他諸族散處沿邊界上甚衆然皆無國邑君長故莫得而紀次云（永樂大典卷一萬八千二百八十五）

昆明部落其俗椎髻跣足酋長披虎皮下者披氈子關

其俗好事妖神（永樂大典卷八千五百二十）

占城本地鳥之大者有孔雀（永樂大典卷八千四百二十九）

牂牱蠻其國法刼盜者三倍還贓殺人者出馬牛三十頭乃得贖死（永樂大典卷五千一百五）

舊五代史卷一百三十八終

舊五代史卷一百三十八攷證

外國列傳二吐蕃傳甘州爲回鶻牙帳　案原本脫帳字今據歐陽史增入

回鶻傳來貢方物并獻善馬九匹　案歐陽史作貢玉馬

舊五代史卷一百三十八攷證

宋司空同中書門下平章事薛居正等撰

天文志

案薛史天文志序永樂大典原闕然其日食星變諸門事蹟具存較歐陽史司天考爲詳備今考五代會要所載星變物異諸門與司天考互有詳畧蓋五代典章散佚各記所聞未能畫一也參考諸書當以薛史爲得其實也

日食

梁太祖乾化元年正月丙戌朔日有蝕之時言事諸臣多引漢高祖末年日蝕于歲首太祖甚惡之于是素服避正殿百官各守本司是日有司奏雲初陰晦事同不蝕百寮奉表稱賀　末帝龍德三年十月辛未朔日有蝕之

唐莊宗同光三年四月癸亥朔時有司奏日蝕在卯主歲大旱明宗天成元年八月乙酉朔日有蝕之　二年八月己卯朔日有蝕之　三年二月丁丑朔日食其日陰雲不見百官稱賀　長興元年六月癸巳朔日食其日陰寞不見至夕大雨　二年十一月甲申朔先是司天奏朔日合蝕二分伏緣所蝕微少太陽光影相鑠伏恐不辨虧闕請其日不入閤百官守司從之

晉高祖天福二年正月乙卯先是司天奏正月二日太陽虧蝕宜避正殿開諸營門蓋藏兵器半月不宜用軍

是日太陽虧十分內食三分在尾宿十七度日出東方以帶蝕三分漸生至卯時復滿　三年正月戊申朔司天先奏其日日蝕至是不蝕內外稱賀　四年七月庚子朔時中書門下奏謹案舊禮日有變天子素服避正殿太史以所司救日于社陳五兵五鼓五麾東戟西矛南弩北楯中央置鼓服從其位百職廢務素服守司重列于庭每等異位向日而立明復而止今所司法物咸不能具去歲正旦日蝕唯謹藏兵仗皇帝避正殿素食百官守司今且欲依近禮施行從之　七年四月甲寅朔是日百官守司大陽不蝕上表請賀　八月戊申朔日有蝕之　少帝開運元年九月庚午朔日有蝕之　二年八月甲子朔日有蝕之　三年三月壬戌朔日有蝕之

漢隱帝乾祐三年十一月甲子朔日有蝕之

周太祖廣順二年四月丙戌朔日有蝕之

月食

梁太祖開平四年十二月十四日夜先是司天奏是日月食不宜用兵時王景仁方總大軍北伐追之不及至五年正月二日果爲後唐莊宗大敗于柏鄉

唐莊宗同光三年三月戊申月食九月甲辰月食　明

宗天成三年十二月乙卯月食　四年六月癸丑望月食十二月庚戌月食

晉高祖天福二年七月丙寅月食　五年十一月丁丑月食鶉首之分　少帝開運二年三月戊子月食九月丙戌月食

漢高祖天福十二年十二月乙未月食

周世宗顯德三年正月戊申月食　五年十一月辛未月食

月暈

唐明宗天成元年十一月月暈匝火木

彗孛

梁太祖乾化二年四月甲戌夜彗見于靈臺之西

唐明宗天成三年十月庚午夜西南有孛長丈餘東南指在牛五度　末帝淸泰三年九月乙丑彗出虛危長尺餘形細微經天壘哭星

晉高祖天福六年九月有彗星長丈餘　八年十月庚戌夜有彗見于東方西指尾長一丈在角九度

周太祖顯德三年正月壬戌夜有星孛于參角其芒指于東南

五星淩犯

梁太祖開平二年正月乙亥歲星犯月　乾化二年五月壬戌熒惑犯心大星去心四度順行占曰心爲帝王之星其年六月五日帝崩案歐陽史正月丙申熒惑犯房第二星與薛史異五代會要與薛史異

唐莊宗同光二年八月戊子熒惑犯星　三年三月丙申熒惑犯上相四月甲申熒惑犯左執法六月丙寅歲犯右執法九月己亥熒惑在江東犯第一星案歐陽史九月丙辰太白歲相犯薛史不載疑有闕文　明宗天成元年八月癸卯太白犯心大星辛亥熒惑犯上將九月庚午熒惑犯右執法己卯熒惑犯左執法十月戊子熒惑犯上相十二月熒惑犯

氐　二年正月甲戌熒惑歲相犯二月辛卯熒惑犯鍵閉三月熒惑犯上相六月辛丑熒惑犯房九月壬子歲犯房　三年正月壬申太白熒惑合于奎八月癸卯熒惑犯上將乙卯熒惑犯右執法庚午太白犯左執法九月庚辰鎭歲合于箕辛巳太白熒惑合于軫十二月壬寅熒惑犯房太白歲相犯于斗四年三月壬辰歲犯牛九月丙子熒惑入哭星長興元年六月乙卯太白犯天罇十一月壬戌熒惑犯氐十二月丙辰熒惑犯天江二年正月乙亥太白犯羽林四月甲寅熒惑犯羽林八月辰犯端門十一月丙戌太白犯鍵　三年四月庚辰

熒惑犯積尸九月庚寅太白犯哭星十一月己亥太白犯壁壘　四年八月己未五鼓三籌熒惑近天高星歲星近司怪太白近軒轅大星（案歐陽史九月辛巳大白犯右執法薛史不載）

末帝清泰元年六月甲戌太白犯右執法

晉天福元年三月壬子熒惑犯積尸　四年四月辛巳太白犯東井北轅甲申太白犯五諸侯五月丁未太白犯輿鬼中星　六年八月辛卯太白犯軒轅九月己卯熒惑犯上將　八年八月丙子熒惑犯右掖十月丙辰熒惑犯進賢　開運元年二月壬戌太白犯昴己巳熒惑犯天鑰四月丁巳太白犯五諸侯七月甲申太白犯

東井八月甲辰熒惑入南斗十月壬戌熒惑犯哭星（案此條歐陽史不載）十二月太白犯辰　二年八月甲戌歲犯東井九月甲寅太白犯南斗十一月甲午朔太白犯哭星

漢天福十二年十月己丑太白犯亢距星　乾祐元年八月己丑鎮星入太微西垣戊戌歲犯右執法十月丁丑歲犯左執法二年九月壬寅太白犯右執法庚戌大白犯鎮丁卯太白犯歲十一月鎮星始出太微之左掖門自元年八月己丑鎮星入太微垣犯上將左右執法內屏謁者勾已（案原本作句已今從歐陽史改正）往來凡四百四十三日方出左掖　三年六月乙卯鎮犯左掖七月甲申熒惑犯司怪八月癸卯太白犯房庚戌太白犯心大星十月辛酉太白犯歲

周廣順元年二月丁巳歲犯咸池己未熒惑犯五諸侯三月甲子歲守心己卯熒惑犯鬼壬午熒惑犯天尸四月甲午歲犯鉤鈐　二年七月熒惑犯井鉞八月乙未熒惑犯天罇九月辛酉熒惑犯鬼庚戌熒惑掩右執法十月壬辰太白犯進賢三年四月乙丑熒惑犯靈臺五年熒惑犯上將　顯德六年六月庚子熒惑與心大星合度光芒相射先是熒惑勾已于房心間凡數月至是與心大星合度是夜順行（案此條歐陽史不載）

星晝見

唐同光三年六月己巳太白晝見　天成元年七月庚申太白晝見　長興二年五月己亥歲星晝見（案歐陽史作癸亥太白晝見）閏五月己巳歲星晝見八月戊子太白晝見三年十月壬申太白晝見　四年五月癸卯太白晝見

清泰元年五月己未太白晝見

漢天福十二年四月丙子太白晝見　乾祐三年四月壬午太白晝見

周廣順二年二月庚寅太白經天

流星

梁乾化元年十一月甲辰東方有流星如數升器出畢宿口曳光三丈餘有聲如雷

唐長興二年九月丙戌夜二鼓初東北方有小流星入北斗魁滅至五皷初西北方次北有流星狀如半升器初小後大速流如奎滅尾迹凝天屈曲似雲而散光明燭地又東北有流星如大桃出下台星西北速流至斗柄第三星旁滅五皷後至明中天及四方有流小星百餘流注交橫　應順元年春二月辛未夜有大星如五升器流于東北有聲如雷　清泰元年九月辛丑夜五皷初有大星如二斗器而南流尾迹長數丈亦赤色移時盤屈如龍形蹙縮如二鏵相鬬而散又一星稍亦小東流有尾迹凝成白氣食頃方散

晉天福三年三月壬申夜四鼓後東方有大流星狀如三升器其色白長尺餘屈曲流出河鼓星東三尺流丈餘滅

周顯德元年正月庚寅子夜後東北有大星墜有聲如雷牛馬震駭六街皷人方寐而驚以爲曉皷乃齊伐皷以應之至曙方知之三月高平之役戰之前夕有大流星如日流行數丈墜于賊營之所

雲氣

梁開平二年三月丁丑夜月有蒼白暈又有白氣如人形十餘皆東向出于暈內九月乙酉平旦西方有氣如人形甚衆若俯伏之狀經刻乃散

唐同光二年日有背氣凡十二三年九月丁未遍天陰雲北方有聲如雷四面雞雉皆雊俗謂之天狗落是歲日有背氣凡十三是月司天監奏自七月三日陰雲大雨至九月十八後方晴三辰行度災祥數日不見閏十二月庚午日有黑氣似日交相錯磨測在室十度　天成二年十二月壬辰西南有赤氣如火燄燄約二千里里占者云不出二年其下當有大兵　長興三年六月司天監奏自月初至月終每夜陰雲蔽天不辨星月

應順元年四月九日白虹貫日是時閔帝遇害

晉天福初高祖將建義于太原日傍多有五色雲如蓮芰之狀二年正月丙辰一皷初北方有赤氣向西至戌亥地東北至丑地已來向北闊三丈餘狀如火光赤氣內見紫微宮共北斗諸星其氣乍明乍暗至三點後後有白氣數條相次西行直至三皷後散

漢乾祐二年十二月日暈三重上有背氣

周顯德三年十二月庚午白虹貫日氣暈勾環（永樂大典卷三千二百七）

舊五代史卷一百三十九終

舊五代史卷一百三十九攷證

志一天文志乾化二年五月壬戌熒惑犯心　案歐陽史作正月丙申熒惑犯房第二星與是書異五代會要與是書同

內屏謁者勾已　勾已原本訛旬已今據歐陽史改正

長興二年五月己亥歲星晝見　案歐陽史作癸亥太白晝見

應順元年春　應順原本訛廣順今據歐陽史改正

舊五代史卷一百三十九攷證

舊五代史卷一百四十

宋司空同中書門下平章事薛居正等撰

歷志

案五代修歷法知晉馬重績調元歷周王朴欽天歷五代會要所載甚畧蓋因知歷者稀莫能是正也薛史載欽天歷用數爲歐陽史所本其字句異同彼此可互證云

志二

古先哲王受命而帝天下者必先觀象以垂法治歷以明時使萬物服其化風四海同其正朔然後能允釐下土欽若上天故虞舜之紹唐堯先齊七政武王之得箕子首敘九疇皇極由是而允與人時以之而不忒歷代已降何莫由斯粵自軒黃肇正天統歲躔辛卯歷法時成故黃帝始用辛卯歷顓頊夏用乙卯歷虞用戊午歷

夏用丙寅歷商用甲寅歷周用丁巳歷魯用庚子歷秦用乙卯歷漢用太初歷四分歷三統歷凡三本魏用黃初歷景初歷凡二本晉用元始歷合元萬分歷凡二本宋用大明歷元嘉歷凡二本齊用天保同章歷正象歷凡三本後魏用興和歷正光歷正元歷凡三本梁用大同歷乾象歷永昌歷凡三本後周用天和歷丙寅歷明元歷凡三本隋用甲子歷開皇歷皇極歷大業歷凡四本唐用戊寅歷麟德歷神龍歷大衍歷元和觀象歷長慶宣明歷寶應歷正元歷景福崇元歷凡九本洎梁氏之應運也乘唐室陵遲之後黃巢離亂之餘衆職未修

三辰執驗故當時歲歷猶用宣明崇元二法參而成之及晉祖肇位司天監馬重績始造新歷奏表上之云臣聞爲國者正一氣之元宣萬邦之命爰資歷以立章程長慶宣明雖氣朔不渝即星躔罕驗景福崇元縱五歷甚正而年差一日今以宣明氣朔崇元星緯二歷相參方得符合自古諸歷皆以天正十一月爲歲首循太古甲子爲上元積歲彌多差闊至甚臣改法定元創爲新歷一部二十一卷七章上下經二卷算草八卷立成十二卷取唐天寶十四載乙未立爲上元以雨水正月朔爲歲首謹詣閤門上進玉海調元歷蓋倣曹士蔿小歷之舊唐建中時曹士蔿始變古法以顯慶五年爲上元雨水爲歲首世謂之小歷晉高祖命司天少監趙仁錡

張文皓秋官正徐皓天文參謀趙延乂杜昇杜崇龜等以新歷與宣明崇元考覈得失俾有司奉而行之因賜號調元歷仍命翰林學士承旨和凝撰序其後數載法度寖差至周顯德二年世宗以端明殿學士左散騎常侍王朴明于歷算乃命朴考而正之朴奉詔歲餘撰成欽天歷十五卷上之表云臣聞聖人之作也在乎識天人之變者也人情之動則可以言知之天道之動則當以數知之數之爲用也聖人以之觀天道焉歲月日時由斯而成陰陽寒暑由斯而節四方之政由斯而行夫

爲國家者履端立極必體其元布政考績必因其歲禮動樂舉必正其朔三農百工必授其時五刑九伐必順其氣庶務有爲必從其日月六籍宗之爲大典百王執之爲要道是以聖人受命必治歷數故得五紀有常度庶徵有常應正朔行之于天下也自唐而下凡歷數朝亂日失天垂將百載天之歷數汨陳而已矣今陛下順考古道寅畏上天咨詢庶官振舉墜典以臣薄游曲藝嘗涉舊史遂降述作之命俾究推測之要雖非能者敢不奉詔乃包萬象以立法齊七政以立元測圭箭以候氣審朓朒以定朔明九道以步月校遲疾以推星考黃

道之斜正辯天勢之昇降而交蝕詳焉夫立天之道曰陰與陽陰陽各有數合則化成矣陽之策三十六陰之策二十四奇偶相命兩陽三陰同得七十二同則陰陽之數合七十二者化成之數也化成則謂之五行之數五之得朞之數過者謂之氣盈不及謂之朔虛至于應變分用無所不通所謂包萬象矣故以七十二爲經法經者常也常用之法也百者數之節也隨法進退不失舊位故謂之通法以通法進經法得七千二百謂之統法自元入經先用此法統歷之諸法也以通法進統法得七千二百萬（案下文以通法進全率得大率七千二百萬則此云七千二百萬者乃大率之數以言全率蓋傳寫之訛據統法七千二百通法一百以通法進統法當云得七十二萬）氣朔之下收分必盡謂之全率以通法通全率得七千二百萬謂之大率而元紀生焉元者歲月時皆甲子日月五星合在子正之宿當盈縮先後之中所謂七政齊矣古之植圭于陽城者以其近洛故也蓋尙慊其中乃在洛之東偏開元十二年遣使天下候影南距林邑國北距橫野軍中得浚儀之岳臺應南北弦居地之中皇家建國定都于梁今樹圭置箭測岳臺晷漏以爲中數晷漏正則日之所至氣之所應得之矣日月皆有盈縮日盈月縮則後中而朔月盈日縮則先中而朔自古朓朒之法率

皆平行之數入歷既有前次而又衰稍不倫皇極舊述則迂迴而難用降及諸歷則疎遠而多失今以月離朓朒隨歷較定曰躔朓朒臨用加減所得者入離定日也一日之中分爲九限逐限損益衰稍有倫朓朒之法所謂審矣赤道者天之弦帶也其勢圓而平紀宿度之常數焉黃道者日軌也半在赤道內半在赤道外去赤道極遠二十四度當與赤道交則其勢斜當去赤道遠則其勢直當斜則日行宜遲當直則日行宜速故二分前後加其度二至前後減其度九道者月軌也其半在黃道內半在黃道外去黃道極遠六度出黃道謂之正交

入黃道謂之中交若正交在秋分之宿中交在春分之宿則比黃道益斜若正交在春分之宿中交在秋分之宿則比黃道反直若正交中交在二至之宿則其勢差斜故較去二至二分遠近以考斜正乃得加減之數自古雖有九道之說蓋亦知而未詳空有祖述之文全無推步之用今以黃道一周分爲八節一節之中分用九道盡七十二道而復使日月之軌無所隱其斜正之勢焉九道之法所謂明矣星之行也近日而疾遠日而遲去日極遠勢盡而留自古諸歷分段失實隆降無准今日行分尚多次日便留自留而退唯用平行仍以入段行度爲入歷之數皆非本理遂至乖戾今校定逐日行分積逐日行分以爲變段于是日疾漸而遲勢盡而留自留而行亦積微而後多別立諸段變歷以推變差俾諸段變差際會相合星之遲疾可得而知之矣自古相傳皆謂去交十五度以下則日月有蝕殊不知日月之相掩與闇虛之所射其理有異焉今以日月徑度之大小校去交之遠近以黃道之斜正天勢之升降度仰視旁視之分數則交虧得其實矣乃以一篇步日一篇步月一篇步星案以下脫一篇步發斂五字下云以卦候没滅爲之下篇者言爲步發斂之下篇歐陽史約其文稱謹以步日步月步星步發斂爲四篇是也以卦候没滅爲之下篇都四

篇爲歷經一卷歷十一卷草三卷顯德三年七政細行歷一卷臣檢討先代圖籍今古歷書皆無蝕神首尾之文蓋天竺胡僧之祆說也近自司天卜祝小術不能舉其大體遂爲等接之法蓋從假用以求徑捷于是乎交有逆行之數後學者不能詳知便言歷有九曜以爲注歷之恆式今並削而去之昔在唐堯欽若昊天陛下親降聖謨考歷象日月星晨唐堯之道也其歷謹以顯德欽天爲名天道元遠非微臣之所盡知但竭兩端以奉明詔疎略乖謬甘俟罪戾世宗覽之親爲製序仍付司天監行用以來年正旦爲始自前諸歷並廢其歷經一卷今聊紀于後以備太史氏之周覽焉永樂大典卷二萬八百一十七

顯德欽天歷經

演紀上元甲子距今顯德三年丙辰積七千二百六十九萬八千四百五十二

欽天統法七千二百

欽天經法七十二

欽天通法一百

欽天步日躔術

歲率二百六十二萬九千七百六十四十

軌率二百六十二萬九千八百四十四八十

朔率二十一萬二千六百二十二十八

歲策三百六十五　一千七百六十四十

軌策三百六十五　一千八百四十四八十

歲中一百八十三　四千四百八十二十

軌中一百八十二　四千五百二十二四十

朔策二十九　三千八百二十二十八

氣策一十五　一千五百七十三三十五

象策七　二千七百五十五七

周紀六十

歲差八十四四十

辰則六百　八刻二十四分

案以上題稱步日躔術及後步月離術步五星術合爲曆經四篇者之三又皆僅列用數而不及推步據歐陽史云舊史亡其步發斂一篇而在者三篇簡畧不完然則薛史原文固已闕矣

欽天步月離術

離率一十九萬八千三百九十三九

交率一十九萬五千九百三十七九十七五十六

離策一十七　三千九百九十三九

案歐陽史作離策二十七此云一十七當是傳寫之訛以統法除離率得二十七日及餘分

交策二十七　一千五百二十七九十七五十六

望策一十四　五千五百一十一十四

交中一十三　四千四百六十三九十八七十八

案四千四百歐陽史作四千三百據交策半之爲交中當從歐陽史

離朔一　七千二十七一十九

交朔二　二千二百九十二三十四十四

中准一千七百三十六

中限四千七百八十

平離九百六十三　程節八百

欽天步五星術

歲星

周率二百八十七萬一千九百七十六六

變率二十四萬二千二百一十五六十六

歷率二百六十二萬九千七百六十一七十八

案七百六十一歐陽史訛作九百六十六非也據歷率半之爲歷中彼此互訂此條足正歐陽史之訛

周策三百九十八　六千三百七十六六

歷中一百八十二　四千四百八十九十六

案歐陽史小分作八十九此云九十六非也據歷中倍之爲歷率倍九十六適得大分一小分七十八

變段　變日　變度　變歷

晨見　一十七　三三十七　二二十四

順遲　二十五　二九　一二十九

退遲　一十四　一一十二　空二十八

退疾　二十七　四三十八　一三十七
後留　二十六三十二
順疾　九十　一十六六十三　一十一一十三
順疾　九十　一十六六十三　一十一一十三
前留　二十六三十二
退疾　二十七　四三十八　一三十七
退遲　一十四　一一十二　空二十八
順遲　二十五　二九　一二十九
夕伏　一十七　三三十七　二二十四

熒惑

周率五百六十一萬五千四百二十二一十
變率二百九十八萬五千六百六十一七十
曆率二百六十二萬九千七百六十
周策七百七十九　六千六百二十二一十
曆中百八十二　四千四百八十
變段　變日　變度　變歷
晨見　七十三　五十三六十八　五十五十八
順疾　七十三　五十一一　四十八三
次疾　七十一　四十六六十九　四十四一十六
次遲　七十一　四十五三十三　四十二五十八

順遲　六十二　一十九二十九　一十八二十
前留　八六十九
退遲　一十　一五十八　空四十四
退疾　二十一　七四十六　二四十
退疾　二十一　七四十六　二四十
退遲　一十　一五十八　空四十
後留　八六十九
順遲　六十二　一十九二十九　一十八二十
次遲　七十一　四十五三十三　四十二五十八
次疾　七十一　四十六六十九　四十四一十七

順疾　七十三　五十一一　四十八三
夕伏　七十三　五十三六十六　五十五十八

鎭星

周率二百七十二萬二千一百七十六九十
變率九萬二千四百一十六五十
曆率二百六十二萬九千七百五十九八十
周策三百七十八　五百七十六九十
曆中一百八十二　四千四百七十九九十
變段　變日　變度　變歷
晨見　一十九　二七　一一十四

順疾	六十五	六 三十八	三 五十一
順遲	一十九	空 六十三	空 三十五
前留	三十七		
退遲	一十六	空 四十三	空 一十四
退疾	三十三	二 三十五	空 六十
退疾	三十三	二 三十五	空 六十
退遲	一十六	空 四十三	空 一十四
後留	三十七 三		
順遲	一十九	空 六十三	空 三十五
順疾	六十五	六 三十八	三 五十一
夕伏	一十九	二 七	一 一十四

太白

周率四百二十萬四千一百四十三 九十六

變率四百二十萬四千一百四十三 九十六

歷率二百六十萬九千七百五十 五十六

周策五百八十三 六千五百四十三 九十六

案原本作周策五百八十三萬考周率滿統法得周率五百八十三日乃餘分萬字係衍文歐陽史亦無萬字今刪去

歷中一百八十二 四千四百七十五 二十八

案原本作歷中一百八十二萬考歷率半之滿統法得歷中一百八十二日及餘分萬字係衍文歐陽史亦無萬字今刪去

變段	變日	變度	變歷
夕見	四十二	五十三 四十	五十一 一十七
順疾	九十六	一百二十一 五十七	一百一十六 三十九
次疾	七十三	八十 三十七	七十七 一
次遲	三十三	三十四 一	三十二 四十
順遲	二十四	一十一 六十一	一十一 二十四
前留	六 六十九		
退遲	四	一 二十二	空 三十一
退疾	六	三 六十五	一 二十二
夕伏	七	四 四十	一 三十七
晨見	七	四 四十	一 三十七
退疾	六	三 六十五	一 二十二
退遲	四	一 二十二	空 三十一
後留	六 六十九		
順遲	二十四	一十一 六十一	一十一 二十四
次遲	三十三	三十四 一	三十二 四十
次疾	七十三	八十 三十七	七十七 一
順疾	九十六	一百二十一 五十七	一百一十六 三十九
晨伏	四十二	五十三 四十	五十一 一十七

辰星

周率八十三萬四千三百三十五 五十二

變率八十三萬四千三百三十五 五十二

曆率二百六十二萬九千七百六十 四十四

周策一百一十五 六千三百三十五 五十二

曆中一百八十二 四千四百八十 二十二

變段	變日	變度	變曆
夕見	一十七	三十四 一	二十九 五十四
順疾	一十一	一十八 二十四	一十六 四
順遲	一十六	一十一 四十三	一十 一十
前留	二 六十八		
夕伏	一十一	六	二
晨見	一十一	六	二
後留	二 六十八		
順遲	一十六	一十一 四十三	一十 一十
順疾	一十一	一十八 二十四	一十六 四
晨伏	一十七	三十四 一	二十九 五十四

舊五代史卷一百四十終

舊五代史卷一百四十攷證

志二曆志正元曆　案玉海作正統五代會要作正元

創爲新曆一部二十一卷　案玉海引崇文總目作二十卷

五行得期之數　五行原本訛五之今據五代會要改正

法者數之節也　法原本訛百今據五代會要改正

以通法進統法得七十二萬　案七十二萬原本作七千二百萬攷下文以通法進全率得七千二百萬謂之大率則此當云以通法進統法得七十二萬謂之全率原本全率之數倂作大率之數蓋傳寫之訛今據歐陽史改正

欽天步月離術離策二十七　二十七原本訛作一十七案以統法除離率得二十七日及餘分今據歐陽史改正

交中一十三四千三百六十三　四千三百原本訛作四千四百案交策半之爲交中當從歐陽史作四千三百今改正

欽天步五星術歲星曆率二百六十二萬九千七百六十一 七十八　案七百六十一歐陽史作九百六十六

非也據歷率半之爲歷中彼此互訂此條當以是書
爲正
歷中一百八十二四千四百八十八十九 案小分八十
九原本作九十六非也據歷中倍之爲歷率倍八十
九適得大分一小分七十八此條當以歐陽史爲正
今據改
太白周策五百八十三 案原本作周策五百八十三
萬攷周率滿統法得周策五百八十三日及餘分萬
字係衍文歐陽史亦無萬字今刪去
歷中一百八十二 案原本作歷中一百八十二萬攷
歷率半之滿統法得歷中一百八十二日萬字係衍
文歐陽史亦無萬字今刪去

舊五代史卷一百四十攷證

舊五代史卷一百四十一

宋司空同中書門下平章事薛居正等撰

五行志　志三

昔武王克商以箕子歸作洪範其九疇之序一曰五行所以紀休咎之徵窮天人之際故後之修史者咸有其說焉蓋欲使後代帝王見災變而自省責躬修德崇仁補過則禍消而福至此大略也今故按五代之簡編記五行之災沴追爲此志以示將來其于京房之舊說劉向之緒言則前史敘之詳矣此不復引以爲證焉

水渰風雨

梁開平四年十月梁宋輝亳水詔令本州開倉賑貸十一月大風下詔曰自朔至今異風未息宜命祈禱

唐同光二年七月汴州雍邱縣大雨風拔樹傷稼曹州大水平地三尺八月江南大雨溢漫流入鄆州界十一月中書門下奏今年秋天下州府多有水災百姓所納秋稅請特放加耗從之　三年六月至九月大雨江河崩決壞民田七月洛水泛漲壞天津橋漂近河廬舍艤舟爲渡覆沒者日有之鄴都奏御河漲于石灰窯口開故河道以分水勢鞏縣河堤破壞倉廒八月勅如聞天津橋未通往來百官以舟檝濟渡因茲傾覆兼踏泥塗自今文武百官三日一趨朝宰臣即每日中書視事　四年正月勅自京以來（案此句疑有脫誤）幅圓千里水潦爲沴流亡漸多宜自今年三日後避正殿減常膳徹樂省費以答天譴應去年經水災處鄉村有不給及逃移人戶夏秋兩稅及諸折科委諸處長吏切加點檢並與放免仍一年內不得雜差遣應在京及諸縣有停貯斛㪷並令減價出糶以濟公私如不遵守仰具聞奏　長興元年夏鄜州上言大水入城居人溺死　二年四月棣州上言水壞其城是月己巳鄆州上言黃河水溢岸闊三十里東流五月丁亥申州奏大水平地深七尺是月戊

申襄州上言漢水溢入城壞民廬舍又壞均州郛郭水深三丈居民登山避水仍畫圖以進是月甲子洛水溢壞民廬舍六月壬戌汴州上言大雨雷震文宣王廟講堂十一月壬子鄆州上言黃河暴漲漂溺四千餘戶　三年七月諸州大水宋亳潁尤甚宰臣奏曰今秋宋州管界水災最盛人戶流亡粟價暴貴臣等商量請于本州倉出斛㪷依時出糶以救貧民從之是月秦州大水溺死窯谷內居民三十六人夔州赤甲山崩大水漂溺居人　清泰元年九月連雨害稼詔曰久雨不止禮有祈禳都城門三日不止乃祈山川告宗廟社稷宜令太

子賓客李延範等禜諸城門太常卿李懌等告宗廟社稷

晉天福初高祖將建義于太原城中數處井泉暴溢　四年七月西京大水伊洛瀍澗皆溢壞天津橋八月河決博平甘陵大水　六年九月河決于滑州一概東流居民登丘塚爲水所隔詔所在發舟檝以救之兖州濮州界皆爲水所漂溺命鴻臚少卿魏玭將作少監郭廷讓右金吾衞將軍安濬右驍衞將軍田峻于滑濮澶鄆四州檢河水所害稼幷撫問遭水百姓兖州又奏河水東流闊七十里至七年三月命宋州節度使安彥威率

丁夫塞之河平建碑立廟于河決之所　開運元年六月黃河洛河泛溢堤堰鄭州原武滎澤縣界河決

周廣順二年七月暴風雨京師水深二尺壞墻屋不可勝計諸州皆奏大雨所在河渠泛溢害稼　三年六月諸州大水襄州漢江漲溢入城城內水深五尺倉庫漂盡居人溺者甚衆

地震

唐同光二年十一月鎭州地震　三年十一月二十五日夜魏博徐宿地大震　天成三年七月鄭州地震　長興二年六月太原地震自二十五日子時至二十七日申時二十餘度左補闕李詳上疏曰臣聞天地之道以簡易示人鬼神之情以禍福爲務王者祥瑞至而不喜災異見而輒驚罔不寅畏上穹思答天譴臣聞北京地震日數稍多臣曾覽國書伏見高宗時晉州地震上謂羣臣曰豈朕政教之不明使晉州地震耶侍中張行成奏曰天陽也地陰也天陽君象地陰臣象君宜轉動臣宜安靜今晉州地震彌旬不休將恐女謁任事臣下陰謀且晉州是陛下本封今地震焉尤彰其應伏願深思遠慮以杜未萌又開元中秦州地震尋差官宣慰兼降使致祭山川所損之家委量事安置奏聞伏惟陛下

中興唐祚起自晉陽地數震于帝鄉理合思于天誡況聖明御宇于今六年歲稔時康人安物阜臣慮天意恐陛下忘創業艱難之時有功成矜滿之意伏望特委親信兼選勳賢且往北京慰安密令巡問黎民之疾苦嚴山川之祭祀然後鑒前朝得喪之本採歷代聖哲之規崇不諱之風罷不急之務明宗深嘉之錫以三品章服　十一月雄武軍上言洛陽地震　三年八月秦州地震

漢乾祐二年四月丁丑幽定滄營深貝等州地震幽定尤甚

周廣順三年十月魏邢洺等州地震數日凡十餘度魏

州尤甚

蟲魚禽獸

梁龍德末許州進綠毛龜宮中造室以畜之命之曰龜堂識者以為不祥之言

唐天祐十八年二月張文禮叛于鎮州時野河水變其色如血游魚多死浮于水上識者知其必敗　十九年定州王處直卒先是處直自為德政碑建樓于衙城内言有龍見或覩之其狀乃黃么蜥蜴也處直以為神異造龍牀以安之又城東麥田有羣鵲數百平地為巢處直以為己德所感識者竊論曰蟲蛇陰物比藏山澤今

據屋室人不得而有也南方為火火主禮禮之壞則羽蟲失性以文推之上失其道不安于位之兆也果為其子都所廢　應順元年閏正月丙寅辰時唐閔帝幸至德宮初出興教門有飛鳶自空而落死于御前是日大風晦暝　淸泰元年十月辛未巳時有雉金色自南飛入中書止于政事堂之上吏驅之不去良久又北飛是日民家得之　二年鄴西李固鎮有大鼠與蛇鬬于橋下鬬及日之中蛇不勝而死　三年三月戊午有蛇鼠鬬于洛陽師子門外而鼠殺蛇夏四月戊子熊入市形如人搏人又一熊自老君廟南走向城會車駕幸近郊從官射之而斃

漢乾祐三年正月有狐出明德樓獲之比常狐毛長腹別有二足

周廣順三年六月河北諸州旬日内無烏既而聚潞澤之間山谷中集于林木壓樹枝皆折是年人疾疫死者甚衆至顯德元年河東劉崇為周師所敗伏尸流血故先萌其兆　顯德元年三月潞州高平縣有鵲巢于縣郭之南平地巢中七八鵲

蝗

梁開平元年六月許陳汝蔡潁五州蝝生有野禽羣飛

蔽空食之皆盡

唐同光三年九月鎮州奏飛蝗害稼

晉天福七年四月山東河南關西諸郡蝗害稼至八年四月天下諸州飛蝗害田食草木葉皆盡詔州縣長吏捕蝗華州節度使楊彥詢雍州節度使趙瑩命百姓捕蝗一斗以祿粟一斗償之時蝗旱相繼人民流移飢者盈路關西餓殍尤甚死者十七八朝廷以軍食不充分命使臣諸道括粟麥晉祚自茲衰矣

漢乾祐元年七月青鄆兖齊濮沂密邢曹皆言蝝生開封府奏陽武雍丘襄邑等縣蝗開封尹侯益遣人以酒

肴致祭尋爲鸜鵒食之皆盡勅禁羅弋鸜鵒以其有吞蝗之異也　二年五月溥州奏有蝝化生爲蝶飛去宋州奏蝗一夕抱草而死差官祭之

火

唐天成四年十一月汝州火燒羽林軍營五百餘間先是司天奏熒惑入羽林飭京師爲火備至是果應　長興二年四月辛丑汴州封禪寺門扉上欻然火起延燒近舍是月衞州奏黎陽大火先是下詔于諸道令爲火備至是驗之　三年十二月壬戌懷州軍營內三處火光自起人至即滅並不焚燒舍宇明宗謂侍臣曰火妖

乎侍臣曰恐妖人造作宜審詰之

晉天福三年十一月襄州奏火燒居民千餘家　九年春左龍武統軍皇甫遇從少帝禦契丹于鄆州北將戰之夕有火光熒然生于牙竿之上

周顯德五年四月吳越王錢俶奏十日夜杭州火焚燒府署殆盡世宗命中使賫詔撫問

草木石冰

梁開平三年春正月潞州軍前李思安奏壺關縣庶穰鄉村人因伐樹倒自分爲兩片內有六字皆如左書曰天十四載石進乃圖其狀以進梁祖異之命示百官莫有詳其義者及晉高祖即位人以爲雖有圖姓計其甲子則二十有九年矣議者曰天字取四字中兩畫加之于旁則丙字也四字去中間兩畫加十字則申字也晉祖即位之年乃丙申也

唐天祐五年長柳巷田家有殭桃樹經年舊坎猶在其仆木一朝屹然而起行數十步復于舊坎其家駭異倉皇散走議者以漢昭帝時上林仆木起生枝時蟲蠹成文而宣帝興今木理成文仆而重起乃莊宗中興之兆也　同光元年冬十二月辛卯亳州太淸宮道士上言玄元皇帝殿前枯檜年久再生一枝畫圖以進　淸泰

末年末帝先人墳側古佛刹中石像忽然搖動不已觀者咸訝焉

晉開運元年七月一日少帝御明德門宣赦改元是日遇大雷雨門內有井亭亭有石盆有走水槽槽有龍首其夕悉飄行數十步而龍首斷焉識者曰石國姓也此兆非祥石氏其遷乎其絕乎　二年正月汴州封丘門外壕水東北隅水上有文若大樹花葉芬敷之狀相連數十株宛若圖畫傾都觀之識者云唐景福中盧彥威浮陽壕水有樹文亦如此時有高尼辭郡人曰此地當有兵難至光化中其郡果爲燕帥劉仁恭所陷　三年

九月大水太原葭蘆茂盛最上一葉如旗狀皆南指十二月己丑雨木冰是月戊戌霜霧大降草木皆如冰

漢乾祐元年八月李守貞叛于河中境內蘆葉皆若旗旒之狀

周廣順三年春樞密使王峻遙鎮青州有司制旄節以備迎授前夕其節有聲主者曰昔後唐長興中安重誨授河中其節亦有聲斯亦木之妖也

舊五代史卷一百四十一終

舊五代史卷一百四十一攷證

志三五行志蔓州赤甲山崩　赤甲原本訛求甲今據五代會要改正

華州節度使楊彥詢　彥詢原本作彥珣今從列傳改正

舊五代史卷一百四十一攷證

宋司空同中書門下平章事薛居正等撰

禮志上 案禮志序永樂大典原缺　志四

梁開平元年夏四月太祖初受禪乃立四廟于西京從近古之制也

唐同光二年六月太常禮院奏國家興建之初已于北都置廟今克復天下遷都洛陽却復本朝宗廟按禮無二廟之文其北都宗廟請廢乃下尙書省集議禮部尙書王正言等奏議曰伏以都邑之制宗廟爲先今卜洛居尊開基御宇事當師古神必依人北都先置宗廟不

宜並設況每年朝享禮有常規時日既同神何所據竊聞近例亦有從權如神主已修迎之藏于夾室若廟宇已崇虛之以爲恆制若齊桓公之廟二主禮無明文古者師行亦無遷于廟主昔天后之崇鞏洛禮謂非宜漢皇之戀豐滕事無所法況本朝故事禮院具明洛邑舊都嵩邱正位豈宜遠宮闕之居建祖宗之廟事非可久理在從長其北都宗廟請准太常禮院申奏停廢從之

天成元年中書舍人馬縞奏曰伏見漢晉已來諸侯王宗室承襲帝統除七廟之外皆別追尊親廟漢光武皇帝立先四代于南陽其後桓帝已下亦皆上考前修追崇先代乞依兩漢故事別立親廟詔下尙書省集百官定議禮部尙書蕭頃等議曰伏見方册所載聖槼所存將達蘋藻之誠宜有桑梲之制臣等集議其尊追位號及建廟都邑乞特降制命依馬縞所議　天成二年中書門下又奏伏以兩漢以諸侯王入繼帝統則必易名上謚廣孝稱皇載于諸王故事孝德皇孝仁皇孝元皇是也伏乞聖慈俯從人願許取皇而薦號兼上謚以尊名改置園陵仍增兵衞還詔太常禮院定其儀制焉太常博士王丕等引漢桓帝入嗣尊其祖河間孝王曰孝穆皇帝蠡吾侯曰孝崇皇帝爲例請付太常卿定謚刑

部侍郎權判太常卿馬縞復議曰伏准兩漢故事以諸侯王宗室入承帝統則必追尊父祖修樹園陵西漢宣帝東漢光武孝饗之道故事具存自安帝入嗣遂有皇太后令別崇謚法追曰某皇所謂孝德孝穆之類是也前代惟孫皓自烏程侯繼嗣追封父和爲文皇帝事出非常不堪垂訓今據禮院狀漢安帝以下若據本紀又不見帝字伏以謚法德象天地曰帝伏緣禮院已曾奏聞難將兩漢故事便述尊名請詔百官集議時右僕射李琪等議曰伏覩歷代以來宗廟成制繼襲無異沿革或殊馬縞所奏禮有按據乞下制命令馬縞虔依典册

以述尊名時明宗意欲兼加帝字乃下詔曰朕開國承家得以制禮作樂故三皇不相襲五帝不相沿隨代創規于禮無爽矧或情關祖禰事繫烝嘗且追謚追尊稱皇與帝既有減增之字合陳褒貶之辭大約二名俱爲尊稱若三皇之代故不可加帝五帝之代不可言皇爰自秦朝便兼二號至若玄元皇帝事隔千祀宗追一源猶顯册于鴻名豈須遵于漢典況朕居九五之位爲億兆之尊不可總二名于眇躬惜一字于先代苟隨執議何表孝誠可委宰臣與百官詳定集兩班于中書逐班各陳所見唯李琪等請于祖禰二室先加帝字宰臣合

衆議奏曰恭以朝廷之重宗廟爲先事繫承祧義符致美且聖朝追尊之日即引漢氏舊儀在漢氏封崇之時復依何代故事理關凝滯未叶聖謨道合變通方爲民則且王者功成治定制禮作樂正朔服色尚有改更尊祖奉先何妨沿革若應州必立别廟即地遠上都今據開元中追尊皐陶爲德明皇帝涼武昭王爲興聖皇帝皆立廟于京都臣等商量所議追尊四廟望依御札並加皇帝之號兼請于洛京立廟勅宜于應州舊宅立廟餘依所奏案文獻通考後唐之所謂七廟者以沙陀之獻祖國昌太祖克用莊宗存勗而上繼唐之高祖太宗懿宗昭宗此所謂四廟者又明宗代北之高曾祖父也　其年八月太常禮院

奏莊宗神主以此月十日祔廟七室之內合有祧遷中書門下奏議請祧懿祖一室後下百寮集議禮部尚書蕭頃等奏請從中書所奏從之　應順元年正月中書門下奏太常以大行山陵畢祔廟今太廟見饗七室高祖太宗懿宗昭宗獻祖太祖莊宗大行升祔禮合祧遷獻祖請下尚書省集議太子少傅盧質等議曰臣等以親盡從祧垂于舊典疑事無質素有明文頃莊宗皇帝再造寰區復隆宗廟追三祖于先遠復四室于本朝式遇祧遷旋成沿革及莊宗升祔以懿祖從祧蓋非嗣立之君所以先遷其室光武滅新之後始有追尊之儀比

祇在于南陽元不歸于太廟引事且疎于故實此時須稟于所規將來升祔先廟次合祧遷獻祖既協隨時之義又符變禮之文從之時議以懿祖賜姓于懿宗以支庶繫大宗例宜以懿爲始祖次昭宗可也不必祖神堯而宗太宗若依漢光武則宜于代州立獻祖而下親廟其唐廟依舊禮行之可也而議謚者忘咸通之懿宗又稱懿祖父子俱懿于禮可乎將朱耶三世與唐室四廟連敘昭穆非禮之甚也議祧者不知受氏于唐懿宗而祧之今又及獻祖以禮論之始祧昭宗次祧獻祖可也而懿祖如唐景皇帝豈可祧乎

晉天福二年正月中書門下奏皇帝到京未立宗廟望令所司速具制度典禮以聞從之二月太常博士段顒議曰夫宗廟之制歷代爲難須考禮經以求故事謹按尙書舜典曰正月上日受終于文祖此是堯之廟也猶未載其數又按郊祀錄曰夏立五廟商立六廟周立七廟漢初立祖宗廟于郡國共計一百六十七所後漢光武中興後別立六廟魏明帝初立親廟四後重議依周法立七廟晉武帝受禪初立六廟後復立七廟宋武帝初立六廟齊朝亦立六廟隋文帝受命初立親廟四至大業元年煬帝欲遵周法議立七廟爰屬傳禪于唐武

德元年六月四日始立四廟于長安至貞觀元年命有司詳議廟制遂立七廟至開元十一年後創立九廟又按禮記喪服小記曰王者禘其祖之所自出以其祖配之而立四廟鄭玄注云高祖以下至禰四世卽親盡也更立始祖爲不遷之廟共五廟也又按禮記祭法及王制孔子家語春秋穀梁傳並云天子七廟諸侯五廟大夫三廟士一廟此是降殺以兩之義又按尙書咸有一德曰七世之廟可以觀德又按疑義云天子立七廟或四廟蓋有其義也如四廟者從禰至高祖已下親盡故有四廟之理又立七廟者緣自古聖王祖有功宗有德

更封立始祖卽于四親廟之外或祖功宗德不拘定數所以有五六廟或七廟九廟欲後代子孫觀其功德故尙書云七世之廟可以觀德矣又按周捨論云自江左已來晉宋齊梁相承多立七廟今臣等參詳唯立七廟卽並通其理伏緣宗廟事大不敢執以一理定之故檢七廟四廟二件之文俱得其宜他所論者並皆不取伏請下三省集百官詳議勅旨宜依左僕射劉昫等議曰臣等今月八日伏奉勅命于尙書省集議太常博士段顒所議宗廟事伏以將敷至化以達萬方克致平和必先宗廟故禮記王制云天子七廟諸侯五廟大夫三廟

疏云周制之七者太祖廟及文王武王之祧與親廟四太祖后稷也商六廟契及湯與二昭二穆夏則五廟太祖禹與二昭二穆而已自夏及周少不減五多不過七又云天子七廟皆據周也有其人則七無其人則五若諸侯廟制雖有其人不過五此則天子諸侯七五之異明矣至于三代已後魏晉宋齊隋及唐初多立六廟或四廟蓋于建國之始不盈七廟之數也今欲請立自高祖以下四親廟其始祖一廟未敢輕議伏俟聖裁御史中丞張昭遠奏議曰臣前月中預都省集議宗廟事伏見議狀于親廟之外請別立始祖一廟近奉中書門

下牒再令百官于都省議定聞奏者臣讀十四代史書見二千年故事觀諸家宗廟都無始祖之稱唯商周二代以稷契爲太祖禮記曰天子七廟三昭三穆與太祖之廟而七鄭玄注此周制也七者太祖后稷及文王武王與四親廟又曰商人六廟契及成湯與二昭二穆也夏后氏立五廟不立太祖唯禹與二昭二穆而已據王制鄭玄所釋即商周以稷契爲太祖夏后無太祖亦無追謚之廟自商周以來時更十代皆于親廟之中以有功者爲太祖無追崇始祖之例具引今古即恐詞繁事要證明須陳梗槩漢以高祖父太上皇執嘉無社稷功不立廟號高帝自爲高祖魏以曹公相漢垂三十年始封于魏故爲太祖晉以宣王輔魏有功立爲高祖以景帝始封晉故爲太祖宋氏先世官閥卑微雖追崇帝號劉裕自爲高祖南齊高帝之父位至右將軍生無封爵不得爲太祖高帝自爲太祖梁武帝父順之佐佑齊室封侯位至領軍丹陽尹雖不受封于梁亦爲太祖陳武帝父文讚生無名位以武帝功梁室贈侍中封義興公及武帝即位亦追爲太祖周閔帝以父泰相西魏經營王業始封于周故爲太祖隋文帝輔周室有大功始封于隋故爲太祖唐高祖神堯祖父虎爲周八柱國隋代

追封唐公故爲太祖唐末梁室朱氏有帝位亦立四廟朱公先世無名位雖追册四廟不立太祖朱公自爲太祖此則前代追册太祖不出親廟之成例也王者祖有功而宗有德漢魏之制非有功德不得立爲祖宗商周受命以稷契有大功于唐虞之際故追尊爲太祖自秦漢之後其禮不然雖祖有功仍須親廟今亦粗言往例以取證明秦稱造父之後不以造父爲始祖漢稱唐堯劉累之後不以堯累爲始祖魏稱曹參之後不以參爲始祖晉稱趙將司馬卬之後不以卬爲始祖宋稱漢楚元王之後不以元王爲始祖齊梁皆稱蕭何之後不以蕭何爲始祖陳稱太丘長陳寔之後不以寔爲始祖元魏稱李陵之後不以陵爲始祖後周稱神農之後不以神農爲始祖隋稱楊震之後不以楊震爲始祖唐稱臯陶老子之後不以臯陶老子爲始祖唯唐高宗則天武后臨朝革唐稱周又立七廟仍追册周文王姬昌爲始祖此蓋當時附麗之徒不諳故實武立姬廟乖越已甚曲臺之人到今嗤誚臣遠觀秦漢下至周隋禮樂衣冠聲明文物未有如唐室之盛武德議廟之初英才間世如温魏顏虞通今古封蕭薛杜達禮儀制度憲章必有師法夫追崇先王先母之儀起于周代據史記及禮經

云武王纘太王王季文王之緒一戎衣而有天下尊爲
天子宗廟饗之周公成文武之德追王太王王季祀先
公以天子之禮又曰郊祀后稷以配天據此言之周武
雖祀七世追爲王號者但四世而已故自東漢以來有
國之初多崇四廟從周制也況商因夏禮漢習秦儀無
勞博訪之文宜約已成之制請依隋唐有國之初創立
四廟推四世之中名位高者爲太祖謹議以聞勅宜令
尙書省集百官將前議狀與張昭遠所陳速定奪聞奏
左僕射劉昫等再奏議曰臣等今月十三日再于尙書
省集百官詳議夫王者祖武宗文郊天祀地故有追崇

之典以申配饗之儀切詳太常禮院議狀唯立七廟四
廟卽並通其理其他所論並皆勿取七廟者按禮記王
制曰天子七廟三昭三穆與太祖之廟而七鄭立注云
此周制也詳其禮經卽是周家七廟之定數四廟者謂
高曾祖禰四世也按周本紀及禮記大傳皆曰武王卽
位追王太王王季文王以后稷爲堯稷官故追尊爲太
祖此卽周武王初有天下追尊四廟之明文也故自漢
魏已降迄于周隋創業之君追謚不過四世約周制也
此禮行之也久事在不疑今參詳都省前議狀請立四
廟外別引始祖取裁未爲定議續准勅據御史中丞張

昭遠奏請創立四廟之外無別封始祖之文况國家禮
樂刑名皆依唐典宗廟之制須約舊章請依唐朝追尊
獻祖宣皇帝懿祖光皇帝太祖景皇帝代祖元皇帝故
事追尊四廟爲定從之七年七月太常禮院奏國朝見
饗四廟靖祖肅祖睿祖憲祖今大行皇帝將行升祔按
會要唐武德元年立四廟于長安貞觀九年高祖神堯
皇帝崩命有司詳議廟制議以高祖神主幷舊四室祔
廟今先帝神主請同唐高祖升祔從之
漢天福十三年閏七月時漢高祖已卽位尙仍天福之
號太常博士段顒奏議曰伏以宗廟之制歷代爲難須

按禮經旁求故實又緣禮貴隨時損益不定今參詳歷
代故事立高曾祖禰四廟更上追遠祖光武皇帝爲始
祖百代不遷之廟居東向之位共爲五廟庶符往例又
合禮經詔尙書省集百官議吏部尙書竇貞固等議云
按禮記王制云天子七廟諸侯五廟大夫三廟疏云周
制之七廟者太祖及文王武王之祧與親廟四太祖后
稷也又云天子七廟皆據周也有其人則七無其人則
五至于光武中興及歷代多立六廟或四廟蓋建國之
始未盈七廟之數又按郊祀錄王肅云德厚者流澤廣
天子可以事六代之義也今欲請立高祖已下四親廟

又自古聖王祖有功宗有德卽于四親廟之外祖功宗德不拘定數今除四親廟外更請上追高皇帝光武皇帝更立六廟從之案文獻通考莊宗明宗旣捨其祖而祖唐之祖矣及敬瑭知遠崛起而登帝位俱欲以華胄自詭故于四親之外必求所謂始祖而祖之張昭之言議正而詞偉矣至漢初則段顒竇貞固之徒曲爲詔附乃至上祖高光以爲六廟云

周廣順元年正月中書門下奏太常禮院議合立太廟室數若守文繼體則魏晉有七廟之文若創業開基則隋唐有四廟之議聖朝請依近禮追謚四廟伏恐所議未同請下百官集議太子太傅和凝等議請據禮官議立四親廟從之案五代會要和凝議曰恭以肇啓洪圖惟新黃屋左宗廟而右社稷率由舊章崇祖禰而辨尊卑載于前史雖質文互變義趣各殊或觀損益之規或繫興隆之始陛下體元立極本義祖仁開變家成國之基遵奉先思孝之道合據禮官議立四親廟以叶前文從之

其年四月中書門下奏太常禮院申七月一日皇帝御崇元殿命使奉册四廟准舊儀服衮冕卽座太尉引册案入皇帝降座引立于御座前南向中書令奉册案進皇帝搢珪捧授册使跪受轉授昇册官其進寶授寶儀如册案臣等參詳至時請皇帝降階授册從之

三年九月將有事于南郊議于東京別建太廟時太常禮院言准洛京廟室一十五間分爲四室東西有夾室四神門每方屋一間各三門戟二十四別有齋宮神厨屋宇准禮左宗廟右社稷在國城內請下所司修奉從之

其月太常禮院奏迎太廟社稷神主到京其日未審皇帝親出郊外迎奉否檢討故事元無禮例伏請召三省官集議勑宜令尚書省四品已上中書門下五品以上同參議司徒竇貞固司空蘇禹珪等議按吳主孫休卽位迎祖父神主于吳郡入祔太廟前一日出城野次明日常服奉迎此其例也遂署狀言車駕出城奉迎爲是請下禮儀使草定儀注至十月禮儀使奏太廟神主將至前一日儀仗出城掌次于西御莊東北設神主行廟幄幕面南其日放朝羣臣早出西門皇帝常服出城詣行宮羣臣畢就

次神主將至羣臣班定皇帝立于班前神主至太常卿請皇帝再拜羣臣俱拜神主就行廟幄幕座設常饌羣臣班于神幄前侍中就次請皇帝謁神主旣至羣臣再拜皇帝進酒畢再拜羣臣俱拜皇帝還幄羣臣先赴太廟門外立班俟皇帝至起居俟神主至羣臣班于廟門外皇帝立于班前太常卿請皇帝再拜羣臣俱拜皇帝還幄羣臣就次宮闈令安神主于本室訖羣臣班于廟庭太常卿請皇帝于四室奠饗逐室皇帝再拜羣臣俱拜四室祔饗畢皇帝還宮前件儀注望付中書門下宣下從之

顯德六年七月詔以大行皇帝山陵有期神主將祔太廟其廟殿屋宇合添修否國子司業兼太常博士聶崇義奏議曰奉勅爲大行皇帝山陵有期神主祔廟恐殿室間數少合重添修今詣廟中相度若是添修廟殿一間至兩間並須移動諸神門及角樓宮墻仗舍及堂殿正面檐栿階道亦須東省牲立班位直至齋宮漸近迫窄今重拆廟殿續更添修不唯重勞兼恐未便竊見廟殿見虛東西二夾室況未有祧遷之主欲請不拆廟殿更添間數即便將夾室重安排六室位次所有動移神主若准舊禮于殿庭權設行廟幕殿即恐雨水猶多難于陳設伏請權于太廟齋宮內奉安神主至修奉畢日庶爲宜稱又按禮記云廟成則于中屋刲羊以釁之夾室則用雞又大戴禮及通典亦有夾室祭文觀義乃是備廟之制況新主祔廟諸經有遷易之文考古沿今庶合通禮伏請遞遷諸室奉安大行皇帝神主以符禮意勅依典禮永樂大典卷一萬七千五十二

舊五代史卷一百四十二終

舊五代史卷一百四十二攷證

志四禮志上鬣吾侯　鬣吾原本訛鬣愚今據後漢書改正

周捨論　周捨原本訛周拾今據新唐書禮志改正

漢稱唐堯劉累之後　劉累原本訛劉里今據漢書改正

懿祖光皇帝　懿祖原本作義祖今從新唐書改正

舊五代史卷一百四十二攷證

宋司空同中書門下平章事薛居正等撰

禮志下　志五

後唐長興元年九月太常禮院奏來年四月孟夏禘饗于太廟謹按禮經三年一禘以孟冬五年一祫以孟夏已毀未毀之主並合食于太祖之廟逐廟功臣配饗于本廟之庭本朝寶應元年定禮奉景皇帝高祖太宗爲始封之祖既廟號太祖百代不遷每遇禘祫位居東向之尊自代祖元皇帝高祖太宗已下列聖子孫各序昭穆南北相向合食于前聖朝中興重修宗廟今太廟見

饗高祖太宗懿宗昭宗獻祖太祖莊宗七廟太祖景皇帝在祧廟之數不列廟饗將來禘禮若奉高祖居東向之尊則禘饗不及于太祖代祖若以祧廟太祖居東向之位則又違于禮意今所司修奉祧廟神主及諸色法物已備合預請參詳事須具狀申奏勑下尚書省集百官詳議戶部尚書韓彥惲等奏議曰伏以本朝尊受命之祖景皇帝爲始封之君百代不遷長居廟食自貞觀至于天祐無所改更聖祖神孫左昭右穆自中興國祚再議宗祧以太祖景皇帝在祧廟之數不列祖宗欲尊太祖之位將行東向之儀爰命羣臣同議可否伏詳本朝列聖之舊典明皇定禮之新規開元十年特立九廟子孫遵守歷代無虧今既行定禮之規又以祧太祖之室昔德宗朝將行禘祫之禮顏真卿議請奉獻祖居東向之位景皇帝暫居昭穆之列考之于貞元則以爲誤行之于今日正得其禮今欲請每遇禘祫之歲暫奉景皇帝居東向之尊自元皇帝以下敘列昭穆從之

周廣順三年冬十月禮儀使奏郊廟祝文禮例云古者大事皆書于册而有長短之差魏晉郊廟祝文書于册唐初悉用祝版惟陵廟用玉册玄宗親祭郊廟用玉爲册德宗朝博士陸淳議准禮用祝版祭已燔之可其議

貞元六年親祭又用竹册當司准開元禮並用祝版梁朝依禮行之至明宗郊天又用竹册今詳酌禮例祝版爲宜從之　周廣順三年九月南郊禮儀使奏郊祀所用珪璧制度准禮祀上帝以蒼璧祀地祇以黃琮祀五帝以珪璋琥璜其玉各依本方正色祀日月以珪璋祀神州以兩珪有邸其用幣天以蒼色地以黃色配帝以白色日月五帝各從本方之色皆長一丈八尺其珪璧之狀璧圓而琮八方珪上銳而下方半珪曰璋琥爲虎形半璧曰璜其珪璧琮璜皆長一尺二寸四珪有邸邸本也珪著于璧而整肅也日月星辰以珪璧五寸前件

珪璧雖有圖樣而長短之說或殊按唐開元中玄宗詔曰祀神以玉取其精潔比來用珉不可行也如或以玉難辦寧小其制度以取其真今郊廟所修珪璧量玉大小不必皆從古制伏請下所司修制從之　顯德四年夏四月禮官博士等准詔議祭器祭玉制度以聞時國子祭酒尹拙引崔靈恩三禮義宗云蒼璧所以祀天其長十有二寸蓋法天之十二時又引江都集白虎通等諸書所說云璧皆外圓內方又云黃琮所以祀地其長十寸以法地之數其琮外方內圓八角而有好國子博士聶崇義以爲璧內外皆圓其徑九寸又按阮氏鄭玄

圖皆云九寸周禮玉人職又有九寸之璧又引爾雅云肉倍好謂之璧好倍肉謂之瑗肉好若一謂之環郭璞注云好孔也肉邊也而不載尺寸之數崇義又引冬官玉人云璧好三寸爾雅云肉倍好謂之璧兩邊肉各三寸通好共九寸則其璧九寸明矣崇義又云黃琮八方以象地每角各剡出一寸六分共長八寸厚一寸按周禮疏及阮氏圖並無好又引冬官玉人云琮八角而無好崇義又云琮璜珪璧俱是祀天地之器而爾雅唯言璧環瑗三者有好其餘璜琮諸器並不言之則璜琮八角而無好明矣太常卿田敏以下議以爲尹拙所說雖有所據而崇義援周禮正文其理稍優請從之其諸祭器制度亦多以崇義所議爲定　顯德二年秋八月兵部尚書張昭上言今月十二日伏蒙宸慈召對面奉聖旨每年祀祭多用太牢念其耕稼之勞更備犧牲之用比諸豢養特可愍傷令臣等討故事可以代牲代否臣仰禀綸言退尋禮籍其三牲八簋之制五禮六樂之文著在典彝迭相沿襲累經朝代無所改更臣聞古者燔黍捭豚尙多質略近則梁武麪牲竹脯不可宗師雖好生之德則然于奉先之儀太劣蓋禮主于信孝本因心黍稷非馨鬼神饗德不必牲牢之巨細籩豆之方圓苟

血祀長保于宗祧而牲俎何須于繭栗但以國之大事儒者久行易以佗牢恐未爲便以臣愚見其南北郊宗廟社稷朝日夕月等大祠如皇帝親行事備三牲如有司攝行事則用少牢已下雖非舊典貴減牲牛是時太常卿田敏又奏云臣奉聖旨爲祭用犢事今太僕寺供犢一年四季都用犢二十二頭唐會要武德九年十月詔祭祀之意本以爲民窮民事神有乖正直殺牛不如礿祭明德即是馨香望古推今民神一揆其祭圜丘方澤宗廟以外並可止用少牢用少牢者用特牲代時和年豐然後克修常禮又按會要天寶六載正月十三日

敕文祭祀之典犧牲所備將有達于虔誠蓋不資于廣殺自今後每大祭祀應用騂犢宜令有司量減其數仍永爲恆式其年起請以舊料每年用犢二百一十二頭今請減一百七十三頭止用三十九頭餘祠饗並停用犢至上元二年九月二十一日敕文國之大事郊祀爲先貴其誠不美多品黍稷雖設猶或非馨牲牢空多未爲能饗圜丘方澤任依恆式宗廟諸祠臨時獻熟用懷明德之馨庶合西隣之祭其年起請昊天上帝太廟各太牢一餘祭並隨事市供若據天寶六載自二百一十二頭減用三十九頭據武德九年每年用犢十頭圜丘

方澤一宗廟五據上元二年起請祇昊天上帝太廟又無方澤則九頭矣今國家用牛比開元天寶則不多比武德上元則過其大半案會要太僕寺有牧監掌孳課之事乞今後太僕寺養孳課牛其犢遇祭昊天前三月養之滌宮取其蕩滌精潔餘祭則不養滌宮若臨時買牛恐非典故奉敕祭祀尚誠祝史貴信非誠與信何以事神禴祭重于殺牛黍稷輕于明德犧牲之數具載典經前代以來或有增損宜採酌中之禮且從貴少之文起今後祭圜丘方澤社稷並依舊用犢其太廟及諸祠宜准上元二年九月二十一日制並不用犢如皇帝親行事則依常式

後唐同光二年三月十日祠部奏本朝舊儀太微宮每年五薦獻其南郊壇每年四祠祭吏部申奏請差中書門下攝太尉行事其太廟及諸郊壇並吏部差三品已上攝太尉行事從之至其年七月中書門下奏據尚書祠部狀每年太微宮五薦獻南郊壇四祠祭並宰相攝太尉行事惟太廟時祭獨遣庶僚雖爲舊規慮成闕禮臣等商量今後太廟時祭亦望差宰臣行事從之　三年十一月禮儀使奏伏准禮經喪三年不祭天地社稷爲越紼行事此古制也爰自漢文益尊神器務徇公絕

私之義行以日易月之制事久相沿禮從順變今園陵已畢祥練既除宗廟不可以乏享神祇不可以廢祀宜遵禮意式展孝思伏請自貞簡太后升祔禮畢應宗廟儀樂及羣祀並准舊施行從之　天成四年九月太常寺奏伏見大祀則差宰臣行事中祠則差諸寺卿監行事小祠則委太祠奉禮今後凡小事請差五品官行事從之　其年十月中書門下奏太微宮太廟南郊壇宰臣行事宿齋宮百官皆入白事伏以奉命行事精誠齋宿儼偏見于朝官涉不虔于祠祭今後宰臣行事文武兩班望令並不得到宿齋處者奉勑宜依　其年十二

月中書門下奏今後宰臣致齋內請不押班不知印不起居或遇國忌應行事官受誓戒並不赴行香并不奏覆刑殺公事及大祠致齋內請不開宴從之　長興二年五月尙書左丞崔儉奏大祠差官行事皇帝雖不預祭其日亦不視朝伏見車駕其日或出于理不便今後請每遇大祀中祀車駕不出從之　四年二月太常博士路航奏比來小祠已上公卿皆著祭服行事近日唯郊廟太微宮具祭服五郊迎氣日月諸祠並祇常服行事兼本司執事人等皆著隨事衣裝狠藉鞋履便隨公卿升降于壇壝按祠部令中祠以上應齋郎等升壇行事者並給潔服事畢收納今後中祠以上公卿請具祭服執事升壇人並着具緋衣幘子又臣檢禮閣新儀太微宮使卯時行事近年依諸郊廟例五更初便行事今後請依舊以卯時從之　淸泰元年五月中書門下奏據太常禮院申明宗聖德和武欽孝皇帝今月二十日祔廟太尉合差宰臣攝行緣馮道在假李愚十八日私忌在致齋內今劉昫又奏見判三司事煩請免祀事今與禮官參酌諸私忌日遇大朝會入閤宣召尙赴朝參今祔饗事大忌日屬私齋日請比大朝會宣召例差李愚行事從之

晉開運三年六月西京留司監祭使奏以祠祭所定行事官臨日或遇疾病或奉詔赴闕留司吏部郎中一人主判有闕便依次第定名庶無闕事從之　天成三年十一月太常定唐少帝爲昭宣光烈孝皇帝廟號景宗博士呂朋龜奏謹按禮經臣不誄君稱天以謚之是以本朝故事命太尉率百寮奉謚册告天于圜丘迴讀于靈座前並在七月之內謚册入陵若追尊定謚命太尉讀謚册于太廟藏册于本廟伏以景宗皇帝頃負沈冤歲月深遠園陵已修不祔于廟則景宗皇帝親在七廟之外今聖朝申冤追尊定謚重新帝號須撰禮儀又禮云君不逾年不入宗廟且漢之殤冲質君臣已成晉之惠懷愍俱負艱難皆不列廟食止祀于園寢臣等切詳故實欲請立景宗皇帝廟于園所命使奉册書寶綬上謚于廟便奉太牢祀之其四時委守奉薦請下尙書省集三省官詳議施行右散騎常侍蕭希甫等議請依禮院所奏奉敕宜令本州城內選地起廟乃于曹州立廟四年五月中書門下奏先據太常寺定少帝謚昭宣光烈孝皇帝號景宗者伏以景宗生曾爲帝饗乃承祧既號景宗合入宗廟如不入宗廟難以言宗于理而論祧一遠廟安少帝神主于太廟即昭穆序而宗祀正今或

且居别廟郎請不言景宗但云昭宣光烈孝皇帝兼册文內有基字是玄宗廟諱雖尋常詔勅皆不迴避少帝是繼世之孫不欲斥列聖之諱今改基爲宗從之案五代會要風俗通陳孔璋云尊卑有叙喪祭哀敬各有攸終欲令言著而可遵事施而不犯禮云卒哭之後宰執木鐸徇于宮曰捨故而諱新故謂毀廟之主也恩遠屬絕名不可諱今昭宣上去玄宗十四世奏改册文非典故也

八月戊申明宗服袞冕御文明殿追册昭宣光烈孝皇帝禮畢册使兵部尚書盧質押册出應天門登車鹵簿鼓吹前導入都停驛翌日登車赴曹州時議者以追尊則可立之爲宗不入太廟深爲失禮夫言宗者功業纂于祖禰德澤被于生民發號申令可也且輝王纂嗣之

日國命出于賊臣君父銜寃毋后塗炭遭罹放逐曁祚覆亡追謚易名當循故實如漢之冲質晉之閔懷但尊稱而無廟號前代亡國者周赧漢獻魏陳留亦不稱宗中興之追謚者孺子嬰光武竟無追宗之典設如自我作古酌于人情則謂之爲景宣光烈深不稱也古之周景漢景周宣漢宣皆中興再造之主至如國朝太祖曰景皇帝以受命而有唐室宣宗皇帝以隔代承運皇綱復振故也今輝王亡國墜業謂之宣景得無謬乎先是太常旣奏下尚書省集議雖有智者依違不言至是旣立爲景宗陵號温陵乃于曹州置廟以時告享仍以本州刺史以下爲三獻官後宰臣知其非乃奏去廟號

晉天福四年十一月太常禮院奏議立唐朝帝廟引武德年故事祀隋三帝今請立近朝莊宗明宗閔帝三廟庶合前規詔曰德莫盛于繼絕禮莫重于奉先莊宗立興復之功明宗垂光大之業逮乎閔帝實繼本枝然則丕緒洪源皆尊唐室繼周者須尊后稷嗣漢者必奉高皇將啟嚴祠當崇茂典宜立唐高祖太宗及莊宗明宗閔帝五廟　其月太常禮院又奏唐廟制度請以至德宮正殿隔爲五室三分之南去地四尺以石爲埳中容二主廟之南一屋三門門戟二十有四東西一屋一門

門無棨戟四仲之祭一羊一豕如中祠其幣帛牲牢之類光祿主之祠祝之文不進不署神廚之具鴻臚督之五帝五后凡十主未遷者六未立者四未謚者三高宗太宗與其后暨莊宗明宗凡主在清化里之寢宮祭前二日以殿中織扇二十迎置新廟以享禮閔皇帝莊宗明宗二后及魯國孔夫人神主四座請修制祔廟及三后請定謚法之

周廣順元年二月太常禮院上言准勅遷漢廟入昇平宮其唐晉兩朝皆止五廟遷移今漢七廟未審總移爲復祗移五廟勅宜准前勅並移于昇平宮其法物神廚

齋院祭服祭器饌料皆依中祠例用少牢光祿等寺給其讀文太祝及奉禮郎太常寺差每仲饗以漢宗子為三獻從之

舊五代史卷一百四十三終

舊五代史卷一百四十三攷證

志五禮志下寶應元年寶應原本訛寶字攷新唐書寶應係代宗年號無所謂寶字者今改正

並著具緋衣幘子　緋衣原本作絳衣今據五代會要改正

唐天成三年十一月太常寺定議唐少帝謚廟號景宗四年八月戊申明宗服袞冕御文明殿追冊昭宣光烈孝皇帝　歐陽史作四年五月乙酉追謚與是志定謚冊廟月日俱不符

舊五代史卷一百四十三攷證

宋司空同中書門下平章事薛居正等撰

樂志上

古之王者理定制禮功成作樂所以昭事天地統和人神歷代以來舊章斯在洎唐季之亂咸鎬為墟梁運雖興英莖掃地莊宗起于朔野經始霸國其所存者不過邊部鄭聲而已先王雅樂殆將泯絕當同光天成之際或有事清廟或祈祀泰壇雖簨簴猶施而宮商孰辨遂使磬襄鼗武入河漢而不歸湯濩舜韶混陵谷而俱失洎晉高祖奄登大寶思迪前規爰詔有司重與二舞旋屬烽火為亂明法罔修漢祚幾何無暇制作周顯德五年冬將立歲仗有司以崇牙樹羽宿設于殿庭世宗因親臨樂懸試其聲奏見鐘磬之類有設而不擊者訊于工師皆不能對世宗惻然乃命翰林學士判太常寺事竇儼參詳其制又命樞密使王朴考正其聲朴乃用古累黍之法以審其度造成律準其狀如琴而巨凡設十三弦以定六律六宮旋相為宮之義世宗善之申命百官議而行之今亦備紀于後以志五代雅樂沿革之由焉

梁開平初太祖受禪始建宗廟凡四室每室有登歌酌獻之舞

肅祖宣元皇帝室曰大合之舞

敬祖光憲皇帝室曰象功之舞

憲祖昭武皇帝室曰來儀之舞

烈祖文祖皇帝室曰昭德之舞

登歌樂章各一首五代會要云太常少卿楊煥撰

二年春梁祖將議郊禋有司撰進樂名舞名

樂曰慶和之樂

舞曰崇德之舞

皇帝行奏慶順

奠玉帛登歌奏慶平

迎俎奏慶肅

酌獻奏慶熙

飲福酒奏慶隆

送文舞迎武舞奏慶融

亞獻奏慶和

終獻奏慶休

樂章各一首

太廟迎神舞名開平

皇帝盥手登歌飲福酒徹豆送神皆奏樂

樂章各一首

唐莊宗光聖神閔孝皇帝廟室酌獻舞武成之舞

登歌樂章一首五代會要云尚書兵部侍郎崔居儉撰

明宗聖德和武欽孝皇帝廟室酌獻舞雍熙之舞

登歌樂章一首五代會要云太常卿盧文紀撰

晉高祖聖文章武明德孝皇帝廟室酌獻舞咸和之舞

登歌樂章一首五代會要云太子賓客判太常寺事趙光輔撰

漢文祖明元皇帝廟室酌獻舞靈長之舞

德祖恭僖皇帝廟室酌獻舞積善之舞

翼祖昭獻皇帝廟室酌獻舞顯仁之舞

顯祖章聖皇帝廟室酌獻舞章慶之舞

登歌樂章各一首五代會要云太常卿張昭撰

高祖睿文聖武昭肅孝皇帝廟室酌獻舞觀德之舞

登歌樂章一首

周信祖睿和皇帝廟室酌獻舞肅雍之舞

僖宗明憲皇帝廟室酌獻舞章德之舞

義祖翼順皇帝廟室酌獻舞善慶之舞

慶祖章肅皇帝廟室酌獻舞觀成之舞

登歌樂章各一首

太祖聖神恭肅文武孝皇帝廟室酌獻舞明德之舞

世宗睿武孝文皇帝廟室酌獻舞定功之舞

登歌樂章各一首五代會要云太祖廟室樂章太常卿田敏撰世宗廟室樂章翰林學士判太常寺事竇儼撰樂章詞多不錄

右樂章

晉天福四年十二月禮官奏來歲正旦王公上壽皇帝舉酒請奏元同之樂再舉酒奏文同之樂從之五年始議重興二舞詔曰正冬二節朝會舊儀廢于離亂之時興自和平之代將期備物全繫用心須議擇人同爲定制其正冬朝會禮節樂章二舞行列等事宜差太常卿崔棁御史中丞竇貞固刑部侍郎呂琦禮部侍郎張允與太常寺官一一詳定禮從新意道在舊章庶知治世

之和漸見移風之善其年秋棁等具述制度上奏云按禮云天子以德爲車以樂爲御大樂與天地同和大禮與天地同節又曰安上治人莫善于禮移風易俗莫善于樂故樂書議舞云夫樂在耳曰聲在目曰容聲應乎耳可以聽之容藏于心難以貌覩故聖人假干戚羽旄以表其容發揚蹈厲以見其意聲和合則大樂備矣又按義鏡問鼓吹十二按合于何所答云周禮鼓人掌六鼓四金漢朝乃有黃門鼓吹崔豹古今注云因張騫使西域得摩訶兜勒一曲李延年增之分爲二十八曲梁

置鼓吹清商合二人唐又有堈鼓金鉦大鼓長鳴歌簫笳笛合爲鼓吹十二按大享會則設于懸外此乃是設二舞及鼓吹十二按之由也今議一從合式排列教習文舞郎六十四人分爲八佾每佾八人左手執籥禮云葦籥伊耆氏之樂也周禮有籥師教國子爾雅曰籥如笛三孔而短大者七孔謂之簅歷代已來文舞所用凡用籥六十有四右手執翟周禮所謂羽舞也書云舞干羽于兩階翟山雉也以雉羽分析連攢而爲之二人執纛前引數于舞人之外舞人冠進賢冠服黄紗中單皂領褾白練𧞤襠白布大口袴革帶烏皮履白布襪武舞

郎六十四人分爲八佾左手執干干楯今之旁牌所以翳身也其色赤中畫獸形故謂之朱干周禮所謂兵舞取武象用楯六十有四右手執戚斧也上飾以玉故謂之玉戚二人執旌前引旌似旗而小絳色畫升龍二人執鞀鼓二人執鐸周禮有四金之奏其三曰金鐸以通鼓形如大鈴仰而振之金錞二每錞二人舉之一人奏之周禮四金之奏一曰金錞以和鼓銅鑄爲之其色玄其形圓若椎上大下小高三尺六寸有六分圍二尺四寸上有伏虎之狀旁有耳獸形銜鐶二人執鐃以次之周禮四金之奏二曰金鐃以止鼓如鈴無舌搖柄以鳴

之二人掌相在左禮云理亂以相制如小鼓用皮爲表實之以糠撫之以節樂二人掌雅在右禮曰訊疾以雅以木爲之狀如漆筩而弇口大二尺圍長五尺六寸以羖皮鞔之旁有二紐𩍐畫賓醉而出以器築地明行不失節武舞人服弁平巾幘金支緋絲大紬緋絲布𧞤襠甲金飾白練𧞤襠錦騰蛇起梁帶豹文大口布袴烏皮靴工人二十數于舞人之外武弁朱褠革帶烏皮履白練𧞤襠白布襪殿庭仍加鼓吹十二按義鏡云帝設𩍐按以𩍐爲牀也今請制大牀十二牀容九人振作歌樂其牀爲熊羆貙豹騰倚之狀以承之象百獸率舞之意

分置于建鼓之外各三按每按羽葆鼓一大鼓一金錞一歌二人簫二人笳二人十二按樂工百有八人舞郎一百三十有二人取年十五以上弱冠以下容止端正者其歌曲名號樂中詞句中書條奏差官修撰從之案歐陽史崔棁傳高祖詔太常復文武二舞詳定正冬朝會禮及樂章自唐末之亂禮樂制度亡失已久棁與御史中丞竇貞固刑部侍郎呂琦禮部侍郎張允等草定之其年冬至高祖朝會崇元殿廷設宮懸二舞在北登歌在上文舞郎八佾六十有四人冠進賢黃紗袍白中單白練𧞤襠白布大口袴革帶履左執籥右秉翟執纛引者二人武舞郎八佾六十有四人服平巾幘緋絲布大袖繡襠甲金飾白練𧞤襠騰蛇起梁帶豹文大口袴烏皮靴左執干右執戚執旌引者二人加鼓吹十二按負以熊豹以象百獸率舞按設羽葆鼓一大鼓一金錞一歌簫笳各二人王公上壽天子舉爵奏元同二舉登歌奏文同舉食文舞昭德武舞成功之曲禮畢高祖大悅

賜棁金帛羣臣左右觀者皆贊嘆之然禮樂廢久而制作簡繆又繼以龜茲部霓裳法曲參亂雅音其樂工舞郎多教坊伶人百工商賈州縣避役之人又無老師良工教習明年正旦復奏于廷而登歌發聲悲離煩慝如薤露虞殯之音舞者行列進退皆不應節聞者皆悲憤開運二年太常少卿陶穀奏廢二舞

漢高祖受命之年秋九月權太常卿張昭上疏奏改一代樂名其略曰昔周公相成王制禮作樂殿廷徧奏六代舞所謂雲門大咸大韶大夏大濩大武也周室既衰王綱不振諸樂多廢唯大韶大武二曲存焉秦漢以來名爲二舞文舞韶也武舞武也漢時改爲文始五行之舞歷代因而不改貞觀作樂之時祖孝孫改隋文舞爲治康之舞武舞爲凱安之舞貞觀中有秦王破陣樂功

成慶善樂二舞樂府又用爲二舞是舞有四焉前朝行用年深不可遽廢俟國家偃武于靈臺卽別召工師更其節奏今改其名具書如左祖孝孫所定二舞名文舞曰治康之舞請改爲治安之舞武舞曰凱安之舞請改爲振德之舞貞觀中二舞名文武功成慶善樂前朝名九功舞請改爲觀象之舞秦王破陣樂前朝名爲七德舞請改爲講功之舞其治安振德二舞請依舊郊廟行用以文舞降神武舞送神其觀象講功二舞請依舊宴會行用又請改十二和樂云昔周朝奏六代之樂卽今二舞之類是也其賓祭常用別有九夏之樂卽肆夏皇夏等是也梁武帝善音樂改九夏爲十二雅前朝祖孝孫改雅爲和示不相沿也臣今改和爲成取韶樂九成之義也十二成樂曲名祭天神奏豫和之樂請改爲禋成祭地祇奏順和請改爲順成祭宗廟奏永和請改爲裕成祭天地宗廟登歌奏肅和請改爲肅成皇帝臨軒奏太和請改爲政成王公出入奏舒和請改爲弼成皇帝食舉及飲宴奏休和請改爲德成皇帝受朝皇后入宮奏正和請改爲扆成皇太子軒懸出入奏承和請改爲肩成元日冬至皇帝禮會登歌奏昭和請改爲慶成郊廟俎入奏雍和請改爲騂成皇帝祭享酌獻讀祝文

及飲福受胙奏壽和請改爲壽成祖孝孫元定十二和開元朝又奏三和遂有十五和之名凡制作禮法動依典故梁置十二雅蓋取十二天之成數契八音十二律之變輙益三和有乖稽古又緣祠祭所用不可盡去臣取其一焉祭孔宣父齊太公廟降神奏宣和請爲師雅之樂三公升殿會訖下階履行奏祴和請廢同用弼成享先農耕籍奏豐和請廢同用順成已上四舞十二成雅樂等曲今具錄合用處所及樂章首數一一條列在下其歌詞文多不錄

舊五代史卷一百四十四終

舊五代史卷一百四十四攷證

志六樂志上廟室酌獻舞武成之舞　原本脫成字今據五代會要增入

以雉羽分析連攢而爲之　連攢原本訛運攢今據五代會要改正

朱襪革帶　襪原本訛搆今據五代會要改正

舊五代史卷一百四十四攷證

宋司空同中書門下平章事薛居正等撰

樂志下　志七

周廣順元年太祖初卽大位惟新庶政時太常卿邊蔚上疏請改舞名其略云前朝改祖孝孫所更定十二和之名文舞曰治安之舞武舞曰振德之舞今請改治安爲政和之舞振德爲善勝之舞前朝改貞觀中二舞名文舞曰觀象之舞武舞曰講功之舞今請改觀象爲崇德之舞講功爲象成之舞又議改十二成今改爲順十二順樂曲名祭天神奏禋成請改爲昭順之樂祭地祇

奏順成請改爲寧順之樂祭宗廟奏裕成請改爲肅順之樂祭天地宗廟登歌奏肅成今請改爲感順之樂皇帝臨軒奏政成請改爲治順之樂王公出入奏弼成請改爲忠順之樂皇帝食舉奏德成請改爲康順之樂皇帝受朝皇后入宮奏扆成請改爲雍順之樂皇太子軒懸出入奏肴成請改爲溫順之樂元日冬至皇帝禮會登歌奏慶成請改爲禮順之樂郊廟俎入奏騂成請改爲禋順之樂皇帝祭享酌獻讀祝及飲福受胙奏壽成請改爲福順之樂梁武帝改九夏爲十二雅以協陽律陰呂十二管旋宮之義祖孝孫改爲十二和開元中乃益三和前朝去二和改一雅今去雅只用十二順之曲祭孔宣父齊太公廟降神奏師雅請同用禮順之樂三公升殿下階履行同用弼成請同用忠順之樂享籍田同用寧順之樂曲詞文多不載案五代會要邊蔚請添召樂師令在寺習樂勅太常寺見管兩京雅樂節級樂工共四十人外更添六十人內三十八人宜抽教坊貼部樂官兼充餘二十二人宜令本寺照名充塡仍令三司定支春冬衣糧月報聞奏其舊管四十人亦量添請

世宗顯德元年卽位有司上太祖廟室酌獻奏明德之舞五年六月命中書舍人竇儼參詳太常雅樂十一月翰林學士竇儼上疏論禮樂刑政之源其一曰請依唐會要所分門類上自五帝迄于聖朝凡所施爲悉命編

次凡關禮樂無有缺漏名之曰大周通禮俾禮院掌之其三曰伏請命博通之士自五帝迄于聖朝凡樂章沿革總次編錄繫于歷代樂錄之後永爲定式名之曰大周正樂俾樂寺掌之依文教習務在齊肅詔曰竇儼所上封章備陳政要舉當今之急務疾近世之因循器識可嘉辭理甚當故能立事無愧莅官所請編集大周通禮大周正樂宜依仍令于內外職官前資前名中選擇文學之士同共編集具名以聞委儼總領其事所須紙筆下有司供給六年春正月樞密使王朴奏詔詳定雅樂十二律旋相爲宮之法并造律準上之其奏疏略曰

夫樂作于人心成聲于物聲氣既和反感于人心者也所假之物大小有數九者成數也是以黃帝吹九寸之管得黃鍾之聲爲樂之端也半之清聲也倍之緩聲也三分其一以損益之相生之聲也十二變而復黃鍾之總數也乃命之曰十二律旋迭爲均均有七調合八十四調播之于八音著之于歌頌宗周而上率由斯道自秦而下旋宮聲廢洎東漢雖有太子丞鮑鄴興之人亡而政息無嗣續之者漢至隋垂十代凡數百年所存者黃鐘之宮一調而已十二律中唯用七聲其餘五律謂之啞鐘蓋不用故也唐太宗復古道乃用祖孝孫張文

收考正雅樂而旋宮八十四調復見于時在懸之器方無啞者安史之亂京都爲墟器之與工十不存一所用歌奏漸多紕繆逮乎黃巢之餘工器都盡購募不獲文記亦亡集官詳酌終不知其制度時有太常博士商盈孫按周官考工記之文鑄鎛鐘十二編鐘二百四十處士蕭承訓校定石磬今之在懸者是也雖有樂器之狀殊無相應之和逮乎朱梁後唐歷晉與漢皆享國不遠未暇及于禮樂以至于十二鎛鐘不問聲律宮商但循環而擊編鐘磬徒懸而已絲竹匏土僅有七聲作黃鍾之宮一調亦不和備其餘八十三調于是乎泯絕樂之缺壞無甚于今陛下天縱文武奄宅中區思復三代之風臨視樂懸親自考聽知其亡失深動上心乃命中書舍人竇儼參詳太常樂事不踰月調品八音粗加和會以臣嘗學律曆宣示古今樂錄令臣討論臣雖不敏敢不奉詔遂以周法以秬黍校定尺度長九寸虛徑三分爲黃鍾之管與見在黃鍾之聲相應以上下相生之法推之得十二律管以爲眾管互吹用聲不便乃作律準十三絃宣聲長九尺張絃各如黃鍾之聲以第八絃六尺設柱爲林鍾第三絃八尺設柱爲太簇第十絃五尺三寸四分設柱爲南呂第五絃七尺一寸三分設柱爲

姑洗第十二絃四尺七寸五分設柱爲應鍾第七絃六尺三寸三分設柱爲蕤賓第二絃八尺四寸四分設柱爲大呂第九絃五尺六寸三分設柱爲夷則第四絃七尺五寸一分設柱爲夾鐘第十一絃五尺一分設柱爲無射第六絃六尺六寸八分設柱爲仲呂第十三絃四尺五寸設柱爲黃鐘之清聲十二律中旋用七聲爲均爲均之主者宮也徵商角羽變宮變徵次焉發其均主之聲歸乎本音之律七聲迭應而不亂乃成其調均有七調聲有十二均合八十四調歌奏之曲由之出焉伏以旋宮之聲久絕一日而補出臣獨見恐未詳悉望集

百官及內外知音者較其得失然後依調制曲八十四調曲有數百見存者九曲而已皆謂之黃鐘之宮今詳其音數內三曲卽是黃鐘宮聲其餘六曲錯雜諸調蓋傳習之誤也唐初雖有旋宮之樂至于用曲多與禮文相違既不敢用唐爲則臣又懵學獨力未能備究古今亦望集多聞知禮文者上本古曲下順常道定其義理于何月行何禮合用何調何聲曲數長短幾變幾成議定而制曲方可久長行用所補雅樂旋宮八十四調并所定尺所吹黃鐘管所作律準謹同上進世宗善之詔尚書省集百官詳議兵部尚書張紹等議曰昔帝鴻氏

之制樂也將以範圍天地協和人神候八節之風聲測四時之正氣器之清濁不可以筆授聲之善否不可以口傳故鳧氏鑄金伶倫截竹爲律呂相生之筭宮商正和之音乃播之于管絃宣之于鐘石然後覆載之情訢合陰陽之氣和同八風從律而不奸五色成文而不亂空桑孤竹之韵足以禮神雲門大夏之容無虧觀德然月律有還宮之法備于太師之職經秦滅學雅道陵夷漢初制氏所調惟存鼓舞旋宮十二均更用之法世莫得聞漢元帝時京房善易別音探求古義以周官均法每月更用五音乃立準調旋相爲宮成六十調又以日法析爲三百六十傳于樂府而編懸復舊律呂無差遭漢中微雅音淪缺房準法屢有言者事終不成錢褒空記其名沈重但條其說六十律法寂寥不傳梁武帝素精音律自造四通十二笛以鼓八音又引古五正二變之音旋相爲宮得八十四調與律準所調音同數異侯景之亂其音又絕隋朝初定雅樂羣黨沮議歷載不成而沛公鄭譯因龜茲琵琶七音以應月律五正二變七調克諧旋相爲宮復爲八十四調工人萬寶常又減其絲數稍全古淡隋高祖不重雅樂令儒官集議博士何妥駁奏其鄭萬所奏八十四調並廢隋氏郊廟所奏唯

黃鐘一均與五郊迎氣雜用蕤賓但七調而已其餘五鐘懸而不作三朝宴樂用縵樂九部迄于革命未能改更唐太宗受命舊工祖孝孫張文收整比鄭譯萬寶常所均七音八十四調方得絲管並施鐘石俱奏七始之音復振四廟之韵皆調自安史亂離咸秦盪覆崇牙樹羽之器掃地無餘戛擊搏拊之工窮年不嗣郊廟所奏何異南箕波蕩不還知音殆絕臣等竊以音之所起出自人心夔曠不能常泰人亡則音息世亂則樂崩若不深知禮樂之情安能明制作之本陛下心苞萬化學富三雍觀兵耀武之功已光鴻業尊祖禮神之致尤軫皇

情乃聰奉常痛淪樂職親閱四懸之器思復九奏之音爰命廷臣重調鐘律樞密使王朴採京房之準法練梁武之通音考鄭譯寶常之七均校孝孫文收之九變積累黍以審其度聽聲詩以測其情依權衡嘉量之前文得備數和聲之大旨施于鐘簴足洽簫韶臣等今月十九日于太常寺集命大樂令賈峻奏王朴新法黃鐘調七均音律和諧不相凌越其餘十一管諸調望依新法教習以備禮寺視用其五郊天地宗廟社稷三朝大禮合用十二管諸調並載唐史開元禮近代常行廣順中太常卿邊蔚奉勅定前件祠祭朝會舞名樂曲歌詞寺

司合有簿籍伏恐所定與新法曲調聲韵不協請下太常寺檢詳校試如或乖舛請本寺依新法聲調別撰樂章舞曲令歌者誦習永爲一代之法以光六樂之書世宗覽奏善之乃下詔曰禮樂之重國家所先近朝以來雅音廢墜雖時運之多故亦官守之因循遂使擊拊之音空留梗槩旋相之法莫究指歸樞密使王朴博識古今懸通律呂討尋書典撰集新聲定六代之正音成一朝之盛事其王朴所奏旋宮之法宜依張昭等議狀行仍令有司依調制曲其間或有疑滯更委王朴裁酌施行自是雅樂之音稍克諧矣

舊五代史卷一百四十五終

舊五代史卷一百四十五攷證

志七樂志下太子丞鮑鄴　鮑鄴原本訛鮑節今據五代會要及文獻通攷改正

十二鎛鍾　鎛鍾原本訛鍾鎛攷隋書樂志宮懸各設十二鎛鍾于其辰位則知鍾鎛之爲鎛鍾也今改正

漢初制氏所調　制氏原本訛知氏今據漢書改正

舊五代史卷一百四十五攷證

宋司空同中書門下平章事薛居正等撰

食貨志 案薛史食貨志序永樂大典原闕卷中唯鹽法載之較詳其田賦雜稅諸門僅存大略疑明初薛史已有殘闕也今無可采補姑存其舊 志八

梁祖之開國也屬黃巢大亂之後以夷門一鎮外嚴烽候內辟汙萊厲以耕桑薄以租賦士雖苦戰民則樂輸二紀之間俄成霸業及末帝與莊宗對壘于河上河南之民雖困于輦運亦未至流亡其義無他蓋賦歛輕而丘園可戀故也及莊宗平定梁室任吏人孔謙為租庸使峻法以剝下厚歛以奉上民產雖竭軍食尚虧加之以兵革因之以饑饉不三四年以致顛隕其義無他蓋賦役重而寰區失望故也 案以上見容齋三筆所引薛史釋其文義當係食貨志序今錄于卷首

唐同光三年二月勅魏府小菉豆稅每畝減放三升城內店宅園圃比來無稅頃因偽命遂有配徵後來以所徵物色添助軍裝衣賜將令通濟宜示矜蠲今據緊慢去處于見輸稅絲上每兩作三等酌量納錢收市軍裝衣賜其絲仍與除放其年閏十二月吏部尚書李琪上言請賦稅不以折納為事一切以本色輸官又不以紐配為名止以正稅加納勅曰本朝徵科唯配有兩稅至

于折納當不施為宜依李琪所論應逐稅合納錢物斛斗鹽錢等宜令租庸司指揮並准元徵本色輸納不得改更若合有移改即須具事由奏聞　天成元年四月勅應納夏秋稅先有省耗每斗一升今後止納正稅數不量省耗　四年五月戶部奏三京鄴都諸道州府逐年所徵夏秋稅租兼鹽麴折徵諸般錢穀起徵各視其地節候早晚分立期限其月勅百姓今年夏苗委人戶自通供手狀具頃畝多少五家為保委無隱漏攢連狀本州具狀送省州縣不得迭差人檢括如人戶隱欺許令陳告其田倍令并徵

長興二年六月勅委諸道觀察使屬縣于每村定有力人戶充村長與村人議有力人戶出剩田苗補貧下不迨肯者即具狀徵收有辭者即排段檢括自今年起為定額有經災沴及逐年逋處不在此限　三年十二月三司奏請諸道上供稅物充兵士衣賜不足其天下所納斛斗及錢除支贍外請依時折納綾羅絹帛從之

晉天福四年正月勅應諸道節度刺史不得擅加賦役及于縣邑別立監徵所納田租委人戶自量自槩

周顯德三年十月宣三司指揮諸道州府今後夏稅以六月一日起徵秋稅至十月一日起徵永為定制　五

年七月賜諸道均田圖十月命左散騎常侍艾頴等三十四人下諸州檢定民租

周顯德六年春諸道使臣回總計檢到戸二百三十萬九千八百一十二

唐同光二年度支奏請牓示府州縣鎮軍民商旅凡有買賣並須使八十陌錢

唐同光二年二月詔曰錢者古之泉布蓋取其流行天下布散人間無積滯則交易通多貯藏則士農困故西漢興改幣之制立告緡之條所以權蓄賈而防大姦也宜令所司散下州府常須檢察不得令富室分外收貯

見錢又工人銷鑄爲銅器兼沿邊州鎮設法鈐轄勿令商人般載出境三月知唐州晏駢安奏市肆間點檢錢帛內有錫鑞小錢揀得不少皆是江南綱商挾帶而來詔曰泉布之幣雜以鉛錫惟是江湖之外盜鑄尤多市肆之間公行無畏因是綱商挾帶舟檝往來換易好錢藏貯富室寔爲蠧弊須有條流宜令京城諸道于坊市行使錢內點檢雜惡鉛錫錢並宜禁斷沿江州縣每有舟船到岸嚴加覺察不許將雜鉛錫惡錢往來換易好錢如有私載並行收納　天成元年八月中書門下奏訪聞近日諸道州府所賣器價貴多是銷鎔見錢以邀厚利乃下詔曰宜令遍行曉告如元舊係銅器及碎銅即許鑄造器仍令生銅器物每斤價定二百文熟銅器物每斤四百文如違省價買賣之人依盜鑄錢律文科斷　清泰二年十二月詔御史臺曉告中外禁用鉛錢如犯准條流處分

晉天福二年詔禁一切銅器其銅鏡今後官鑄造于東京置場貨賣許人收買于諸處興販去

廣順元年三月勅銅法今後官中更不禁斷一任興販所在一色即不得瀉破爲銅器貨賣如有犯者有人糺告捉獲所犯人不計多少斤兩並處死其地分所由節

級決脊杖十七放鄰保人決臀杖十七放其告事人給與賞錢一百貫文

江南因唐舊制饒州置永平監歲鑄錢池州永寧監建州永豐監並歲鑄錢杭州置保興監鑄錢

唐同光二年二月詔曰會計之重鹹鹾居先矧彼兩池寔有豐利頃自兵戈擾攘民庶流離既場務以隳殘致程課之虧失垂茲葺理須仗規模將立事以成功在從長而就便宜令河中節度使冀王李繼麟兼充制置安邑解縣兩池榷鹽使仍委便制一一條貫（案五代會要同光三年二月勅魏府每年所徵隨絲鹽錢每兩與減放五文逐年俵賣蠶鹽食鹽大鹽甜次八鹽每斗與減五十樂鹽與

減三十天成元年四月勅諸州府百姓合散蠶鹽今後每年祇二月內一度俵散依夏稅限納錢長興四年五月七日諸道鹽鐵轉運使奏諸道州府鹽法條流元末一槩定奪謹具如後　應食顆鹽州府省司各置榷糶折博場院應是鄉村並通私商興販所有折博并每年人戶蠶鹽並不許將帶一斤一兩入城侵奪榷糶課利如違犯者一兩已上至一斤買賣人各杖六十一斤已上至三斤買賣人各杖七十三斤已上至五斤買賣人各杖八十五斤已上至十斤買賣人各徒二年十斤已上不計多少買賣人各決脊杖二十處死所有犯鹽人隨行錢物驢畜等並納入官所有元本家業莊田如是全家逃走者即行點納仍許般載脚戶經過店主并脚下人力等糾告等第支與優給如知情不告與賣鹽人同罪其犯鹽人經過處地分門司廂界巡檢節級所由并諸色關連人等不專覺察委本州臨時斷訖報省如是門司關津口鋪捉獲私鹽即依下項等第一半賞錢一斤已上至十斤支賞錢二十千五十斤已上至一百斤支賞錢三十千一百斤已上支賞錢五十千一應食末鹽地界州府縣鎮並有榷糶場院久來內外禁法即未一槩條流應刮鹹煎鹽不計多少斤兩並處極法兼許四隣及諸色人等陳告等第支給賞錢欲指揮此後犯一兩已上至一斤買賣人各杖六十一斤已上至二斤買賣人各杖七十二斤以上至三斤買賣人各徒一年三斤已上至五斤買賣人各徒二年五斤已上買賣人各決脊杖二十處死如是收到鹹土鹽水即委本處煎鍊鹽數准條科斷或有已曾違犯不至死刑經斷後公然不懼條流再犯者不計斤兩多少所犯人並處極法其有榷糶場院員寮節級人力煎鹽池客竈戶般鹽船綱押綱軍將衙官稍工等具知鹽法如有公然偷盜官鹽或將貨賣其買賣人及窩盤主人知情不告並依前項刮鹹例五斤已上處死其諸色關連人等並合支賞錢仰准洛京諸鎮條流事例指揮　顆末青白等鹽元不許界分參雜其顆鹽先許通商之時指揮不得將帶入末鹽地界如有違犯一斤一兩並處極法所有隨行物色除鹽外一半納官一半與捉事人充賞其餘鹽色未有畫一條流其洛京并鎮定邢州管內多北京末鹽入界捉獲並依洛京條流科斷欲指揮此後但是顆末青白諸色鹽侵界參雜捉獲並准洛京條流施行一應諸道今後若捉獲犯私鹽麴人罪犯分明正該條法便仰斷遣訖奏若稍涉疑誤祇須申奏取裁

晉天福中河南河北諸州除俵散蠶鹽徵錢外每年末鹽界分場務約糶錢一十七萬貫有餘言事者稱雖得此錢百姓多犯鹽法請將上件食鹽錢于諸道州府計每戶一貫至二百爲五等配之然徒任人逐便興販既不虧官又益百姓朝廷行之諸處場務亦且仍舊俄而鹽貨頓賤去出鹽遠處州縣每斤不過二十文近處不過一十文掌事者又難驟改其法奏請重制鹽場稅蓋欲絕其興販歸利于小官也七年十二月宣旨下三司應有往來鹽貨悉稅之過稅每斤七文住稅每斤十文其諸道州府應有屬州監務並令省司差人勾當既而糶鹽雖多而人戶鹽錢又不放免至今民甚苦之案五代會要晉天福元年十一月敕節文洛京管內逐年所配人戶食鹽起來年每斗減放十文周廣順元年九月詔改鹽法凡犯五斤已上者處死煎鹹鹽犯一斤已上者處死先是漢法不計斤兩多少並處極刑至是始革之三年三月詔曰青白池務素有定規祇自近年頗乖循守比來青鹽一石抽稅錢八百文足陌鹽一斗白鹽一石抽稅錢五百文鹽五升其後青鹽一石抽錢一千鹽一斗訪聞更改已來不便商販蕃人漢戶求利艱難宜與優饒庶令存濟今後每青鹽一石依舊抽稅錢八百文以八十五爲陌鹽一斗白鹽一石抽稅錢

五百鹽五升此外更不得別有邀求訪聞邊上鎮鋪于蕃漢戶市易糶糴私有抽稅今後一切止絕按五代會要周廣順二年九月十八日勅條流禁私鹽麴法如後一諸色犯鹽麴所犯一斤已下至一兩杖八十配役五斤以下一斤以上徒三年配役五斤以上並決重杖一頓處死一應所犯鹽麴關津門司廂巡門保如有透漏並行勘斷一刮鹻煎鍊私鹽所犯一斤已下徒三年配役一斤以上並決重杖一頓處死犯私鹽若捉到鹹氷秪煎成鹽秤盤定罪逐處凡有鹻鹵之地所在官吏節級所由常須巡檢村坊隣保遞相覺察若有所犯犯處彰露並行勘斷　一所犯私鹽捉事告事人各支賞錢以保省錢充至死刑者賞錢五十千不及死刑者三十千一顆末鹽各有界分若將本地分鹽侵越疆界同諸色犯鹽例科斷　一鄉村人戶所請蠶鹽秪得將歸零蓮供食不得別將博易貨賣投托與人如違並同諸色犯鹽例科斷若是所請蠶鹽道路津濟須經過州府縣鎮委三司明行指揮　一凡買鹽麴並須于官場務內一買若衷私投托與販其買賣人並同諸色犯鹽麴例

諸官場官務如有羨餘出剩鹽麴並許盡底報官如衷私貨賣者買賣人並同諸色犯鹽麴科斷若鹽鋪酒店戶及諸色人與場院衷私貨賣者並同罪科斷一所犯私鹽麴有同情共犯者若是骨肉卑幼奴婢同犯祇罪家長主首不知情祇罪造意者餘減等科斷若是他人同犯並同罪斷若與他人同犯據逐人腳下所犯斤兩依輕重斷遣一州城縣鎮郭下人戶係屋稅合請鹽者若是州府並于城內請給若是外縣鎮郭下人戶亦許將鹽歸家供食仰本縣預取逐戶合請鹽數目攢定文賬部領人戶請拔勒本處官吏及所在場務同點檢人城若縣鎮郭下人戶城外別有莊田亦仰本縣預先分擘開坐勿令一處分給供使　三年十二月勅諸州府并外縣鎮城內其居人屋稅鹽今後不俵其鹽錢亦不徵納所有鄉村人戶合請蠶鹽所在州城縣鎮嚴切檢校不得放入城門　顯德元年十二月世宗謂侍臣曰朕覽食末鹽州郡犯私鹽多于顆鹽界分蓋卑濕之地易爲刮鹻煎造豈唯違我榷法兼又污我好鹽況末鹽煎鍊般

運費用倍于顆鹽今宜分割十餘州令食顆鹽不唯輂運省力兼且少人犯禁自是曹宋已西十餘州皆盡食顆鹽案五代會要顯德二年八月二十四日宣頭節文改立鹽法如後　一贍國軍堂場務邢洺州鹽務應有見垜貯鹽貨處并煎鹽場竈及應是鹻地並須四面修置墻塹如是地里遙遠難爲修置墻塹即作壕籬爲規隔內偷盜夾帶官鹽兼于壕籬外煎造鹽貨便仰收捉及許諸色人陳告所犯不計多少斤兩並決重杖一頓處死其經歷地分及門司節級人員並當罪勘斷所有捉事告事人賞錢二十千一斤已上至十斤賞錢三十千一十斤已上賞錢五十千　一應有不係官中煎鹽處鹻地並須標識委本州府差公幹職員與巡監節級村保地主隣人同共巡檢若諸色人偷刮鹵地便仰收捉及許人陳告若勘逐不虛捉事人每獲一人賞絹一十匹獲二人賞絹二十匹獲三人以上不計人數賞絹五十匹一刮鹻煎鹽人并知情人所犯不計多少斤兩並決重杖一頓處死其刮鹻處地分并刮鹻人住處巡檢節級所由村保等各徒二年半令眾一月依舊

勾當刮鹻處地主不切檢校徒二年令眾一月　一顆鹽地分界內有人刮鹻煎鍊鹽貨所犯並依前法　一今緣改價賣鹽處有別界分鹽貨遞相侵犯及諸鹽人城諸色犯鹽人令下三司依下項條流科斷其犯鹽人隨行物色給與本家其鹽沒納入官所經歷地分節級人員並行勘斷一兩至一斤決脊杖十五合眾半月捉事告事人賞錢五千一斤已上至一十斤徒一年半令眾一月捉事人賞錢七千十斤已上不計多少徒二年配發運務役一年捉事告事人賞錢十千　一諸州府人戶所請蠶鹽不得于鄉村衷私貨賣及信閘頭腳戶縣司請鹽節級所由等輒折糴賣如有犯者依諸色犯鹽例科斷　一如有人于河東界將鹽過來及自家界內有人往彼與販鹽貨所犯者並處斬其犯鹽人隨行驢畜資財並與捉事人充賞慶州青白榷稅院元有透稅條流所有隨行驢畜物色一半支與捉事人充賞其餘一半并鹽並納入官欲並日依舊一斗已上至三斗杖七十三斗已上至五斗徒一年五斗已上處死安邑解縣兩池榷鹽院河中節度使兼判之時申到書一事件條流等准勅牒兩池所出鹽舊日苦無文榜如擅將一斤一兩准元勅條並處極法其犯鹽人應有錢物並

與捉事充賞者切以兩池禁棘峻阻不通人行四面各置場門弓射分擘鹽池分居住並在棘圍裏面更不別有差遣祗令巡護鹽池如此後有人偷盜官鹽一斤一兩出池其犯鹽人並准元勅條流處分應有隨行錢物並納入官其捉事人依下項定支優給若是巡檢弓射池場門子自不專切巡察致有透漏到棘圍外被別人捉獲及有納告兼同行反告官中更不坐罪陳告人亦依捉事人支賞應有知情偷盜官鹽之人亦依犯鹽人一例處斷其不知情關連人臨時酌情定罪所有透漏地分弓射及池場門子自不專切巡察致有透漏到棘圍外被別人捉獲及有納告兼同行反告官中更不坐罪陳告人亦依捉事人支賞應有知情偷盜官鹽之人亦依犯鹽人一例處斷其不知情關連人臨時酌情定罪所有透漏地分弓射及池場門子如是透漏出鹽二十斤己下徒一年半一十斤己上至二十斤支賞錢一十千二十斤已上至五十斤支賞錢二十千五十斤已上至一百斤支賞錢三十千一百斤已上支賞錢五十千前項所定奪到鹽法條流其應屬州府捉獲抵犯之人便委本州府檢條流科斷訖申奏刑報省司其屬省院捉到犯鹽之人干死刑者即勘情罪申上候省司指揮不至極刑者便委務司准條流決放訖申報從之三年十月勅漳河已北州府

界元是官場糶鹽今後除城郭草市內仍舊禁法其鄉村並許鹽貨通商逐處有鹹鹵之地一任人戶煎鍊興販則不得踰越漳河入不通商地界案文獻通考五年既取江北諸州唐主奉表入貢因白帝以江南無鹵田願得海陵鹽監南屬以贍軍帝曰海陵在江北難以交居當別有處分乃詔歲支鹽三十萬斛以給江南士卒稍稍歸之

周顯德二年正月世宗謂侍臣曰轉輸之物向來皆給斗耗自晉漢已來不與支破食廩所納新物尙除省耗況水路所般豈無損折起今後每石宜與耗一斗

後唐天成三年七月詔曰應三京鄴都諸道州府鄉村人戶自今年七月後于是秋田苗上每畝納麴錢五文足陌一任百姓自造私麴醞酒供家其錢隨夏秋徵納其京都及諸道州府縣鎭坊界內應逐年買官麴酒戶便許自造麴醞酒貨賣仍取天成二年正月至年終一年逐戶計算都買麴錢數徵十分只納二分以充榷酒錢便從今年七月後管數徵納榷酒戶外其餘諸色人亦許私造酒麴供家即不得衷私賣酒如有故違便即糾察勒依中等酒戶納榷其坊村一任沽賣不在納榷之限時孔循以麴法殺一家于洛陽或獻此意以爲愛其人便于國故行之長興元年二月赦書節文諸道州

府人戶每秋苗一畝上元徵麴錢五文今後特放二文只徵三文二年詔曰酒醴所重麴蘖是須緣賣價太高禁條頗峻士庶因斯而抵犯刑名由是以滋彰爰行改革之文庶息煩苛之政各隨苗畝量定稅錢訪聞數年已來雖犯法者稀而傷民則甚蓋以亂離日久貧下戶多纔遇昇平便勤稼穡各務耕田鑿井孰能枕麴藉糟旣隨例以均攤遂抱虛而輸納漸成彫敝深可憫傷況欲致豐財必除時病有利之事方切施行無名之求尤宜廢罷但得日新之理何辭夕改之嫌應在京諸道苗畝上所徵麴錢等便從今年夏並放其麴官中自造委

逐州減舊價一半于在城撲斷貨買除在城居人不得私造外鄉村人戶或要供家一任私造勅下之日人甚悅之（永樂大典卷四千六百八十一）

顯德四年七月詔曰諸道州府麴務今後一依往例官中禁法賣麴逐處先置都務候勅到日並仰停罷據見在麴數准備貨買兼據年計合使麴數依時踊造候人戶將到價錢據數給麴不得賖賣抑配與人（永樂大典卷一萬四千九百八十）

舊五代史卷一百四十六終

舊五代史卷一百四十六攷證

志八食貨志至于折納　折納原本訛折約今據文改正

委人戶自量自槩　槩原本訛桀今據五代會要改正

置場貨賣　置場原本訛置常今據五代會要改正

舊五代史卷一百四十六攷證

宋司空同中書門下平章事薛居正等撰

刑法志 案刑法志序永樂大典原闕 志九

梁太祖開平三年十一月詔太常卿李燕御史蕭頃中書舍人張袞戶部侍郎崔沂大理卿王鄯刑部郎中崔誥共删定律令格式四年十二月宰臣薛貽矩奏太常卿李燕等重刊定律令三十卷式二十卷格一十卷并目錄一十三卷律疏三十卷凡五部一十帙共一百三卷勑中書舍人李仁儉詣閤門奉進伏請目爲大梁新定格式律令仍頒下施行從之 原註是時大理卿李保殷進所撰刑律總要十二卷

唐莊宗同光元年十二月御史臺奏當司刑部大理寺本朝法書自朱温僭逆删改事條或重貨財輕入人命或自徇枉過濫加刑罰今見在三司收貯刑書並是僞廷删改者兼僞廷先下諸道追取本朝法書焚毁或經兵火所遺皆無舊本節目只定州勑庫有本朝法書具在請勑定州節度使速寫副本進納庶刑法令式並合本朝舊制從之未幾定州王都進納唐朝格式律令凡二百八十六卷二年二月刑部尚書盧質奏纂集同光刑律統類凡一十三卷上之

周太祖廣順元年六月勑侍御史盧億刑部員外郎曹匪躬大理正段濤同議定重寫法書一百四十八卷先是漢隱帝末因兵亂法書亡失至是大理奏重寫律令格式統類編勑凡改點畫及義理之誤字凡二百一十四以晉漢及國初事關刑法勑條凡二十六件分爲二卷附于編勑目爲大周續編勑命省寺行用焉 宋史盧億周初爲侍御史漢末兵亂法書亡失至是大理奏重寫律令格式統類編勑乃詔億與刑部員外郎曹匪躬大理正段濤同加議定舊本以京兆府改同五府開封大名府改同河南府長安萬年改爲次赤縣開封浚儀大名元城改爲赤縣又定東京諸門薰風等爲京城門明德等爲皇城門啓運等爲宮城門昇龍等爲宮門崇元等爲殿門廟諱書不成字凡改點畫及義理之誤字二百一十有四又以晉漢及周初事關刑法勑條者分爲二卷附編勑目爲大周續編勑詔行之

二年二月中書門下奏准元年正月五日赦書節文今後應犯竊盜贓及和姦者並依晉天福元年已前條制施行諸處犯罪人等除反逆罪外其餘罪並不籍没家產誅及骨肉一依格令處分者請再下明勑頒示天下乃下詔曰赦書節文明有釐革切慮邊城遠郡未得審詳宜更申明免至差誤其盜賊若是强盜並准自來格條斷遣其犯竊盜者計贓絹滿三匹以上者並集衆決殺其絹以本處上估價爲定不滿三匹者等第決斷應有夫婦人被强姦者男子決殺婦人不坐其犯和姦者並准律科斷罪不至死其餘姦私罪

犯准格律處分應諸色罪人除謀反大逆外其餘並不得誅殺骨肉籍没家產先是晉天福中勅凡和姦者男子婦人並處極法至是始改從律文焉　世宗顯德四年五月中書門下奏准宣法書行用多時文意古質條目繁細使人難會兼前後勅格互換重疊亦難詳定宜令中書門下並重删定務從節要所貴天下易爲詳究者伏以刑法者御人之銜勒救弊之斧斤故鞭扑不可一日弛之于家刑法不可一日廢之于國雖堯舜淳古之代亦不能捨此而致理矣今奉制旨删定律令有以見聖君欽恤明罰勑法之意也竊以律令之書政理之

本經聖賢之損益爲古今之章程歷代以來謂之彝典令朝廷之所行用者一十二卷律疏三十卷式二十卷令三十卷開成格一十卷大中統類一十二卷後唐以來至漢末編勑三十二卷及皇朝制勑等折獄定刑無出於此律令則文辭古質看覽者難以詳明格勑則條目繁多檢閱者或有疑悞加之邊遠之地貪猾之徒緣此爲姦寖以成弊方屬盛明之運宜伸畫一之規所冀民不陷刑吏知所守臣等商量望准聖旨施行仍差侍御史知雜事張湜太子右庶子劇可久殿中侍御史帥汀職方郎中鄧守中倉部郎中王瑩司封員外郎賈玭

太常博士趙礪國子博士李光贊大理正蘇曉太子中允王伸等一十人編集新格勒成部帙律令之有難解者就文訓釋格勑之有繁雜者隨事删除止要諸理省文兼且直書易會其中有輕重未當便于古而不便于今矛盾相違可于此而不可于彼盡宜改正無或牽拘候編集畢日委御史臺尚書省四品以上及兩省五品以上官參詳可否送中書門下議定奏取進止詔從之自是湜等于都省集議删定仍令大官供膳五年七月中書門下奏侍御史知雜事張湜等九人奉詔編集刑書悉有條貫兵部尚書張昭等一十人參詳旨要更加

損益臣質臣溥據文評議備見精審其所編集者用律爲主辭旨之有難解者釋以疏意義理之有易了者略其疏文式令之有附近者次之格勑之有廢置者又次之事有不便于該說未盡者别立新條于本條之下其有文理深古慮人疑惑者别以朱字訓釋至于朝廷之禁令州縣之常科各以類分悉令編附所冀發函展卷綱目無遺究本討源刑政咸在其所編集勒成一部别有目錄凡二十一卷刑名之要盡統于茲目之爲大周刑統欲請頒行天下與律疏令式通行其刑法統類開成格編勑等採掇既盡不在法司行使之限自來有宜

命指揮公事及三司臨時條法州縣見今施行不在編集之數應該京百司公事逐司各有見行條件望令本司刪集送中書門下詳議聞奏勅宜依仍須行天下乃賜侍御史知雜事張湜等九人各銀器二十兩雜綵三十匹賞刪定刑統之勞也 案以下疑原本有闕佚

唐同光二年六月己巳勅應御史臺河南府行臺馬步司左右軍巡院見禁囚徒據罪輕重限十日內並須決遣申奏仍委四京諸道州府見禁囚徒速宜疏決不得淹停兼恐內外形勢官員私事寄禁切要止絕俾無冤滯 三年五月己未勅在京及諸道州府所禁罪人如

無大過速令疏決不得淹滯六月甲寅勅刑以秋冬雖關惻隱罪多連累翻慮滯淹若或十人之中止爲一夫抵死豈可以輕附重禁錮逾時言念哀矜又難全廢其諸司囚徒罪無輕重並宜各委本司據罪詳斷申奏輕者即時疏理重者候過立春至秋分然後行法如是事繫軍機須行嚴令或謀惡逆或畜奸邪或行刼殺人難于留滯並不在此限 天成元年十一月庚申勅應天下州使繫囚除大辟罪以上委所在長吏速推勘決斷不得傍追證對經過食宿之地除當死刑外並仰釋放兼不許懲治 二年春左拾遺李同上言天下繫囚請委長吏逐旬親自引問質其罪狀眞虛然後論之以法庶無枉濫從之六月大理少卿王鬱上言凡決極刑合三覆奏近年以來全不守此伏乞今後前一日令各一覆奏奉勅宜依八月西京奏奉近勅在京犯極刑者令決前一日各一覆奏緣當府地遠此後凡有極刑不審准條疏覆奏奉勅旨昨六月二十日所降勅文祇爲應在洛京有犯極刑者覆奏其諸道已降旨命准舊例施行今詳西京所奏尙未明近勅兼慮諸道有此疑惑故令曉諭十月辛丑德音爲政之要切在無私聽訟之方唯期不濫天下諸州府官員如有善推疑獄及曾雪冤

濫兼有異政者當具姓名聞奏別加甄獎 長興元年二月制曰欲通和氣必在伸冤將設公方實資獎善州縣官僚能雪冤獄活人生命者許非時選仍加階超資注官與轉服色已著緋者與轉兼官 二年二月辛亥勅朕猥以眇躬薦承鴻業念彼疲瘵勞于寐興或慮官不得人因成紊亂或慮刑非其罪遂至怨嗟王化所興獄訟爲本苟無訓勵必有滯淹近日諸道百姓或諸多違犯或小可鬭爭官吏曲縱胥徒巧求瑕釁初則滋張節目作法拘囚終則誅剝貨財市恩出放外憑公道內徇私情無理者轉務遷延有理者却思退縮積成訛弊

漸失紀綱自今後切委逐處官吏州牧縣宰等深體余
懷各舉爾職凡關推究速與剸裁如敢苟縱依違遂成
枉濫或經臺訴屈或投匭申冤勘問不虛其元推官典
並當責罰其逐處觀察使刺史別議朝典宜令諸道州
府各依此處分所管屬郡委本道嚴加指揮八月丁卯
勅三京諸道州府刑獄近日訪問依前禁繫人多不旋
決諸道宜令所在各委長吏專切推窮不得有滯淹四
月前濮州錄事參軍崔琮上言諸追獄囚恐不依法拷
掠或不勝苦致斃翻以病聞請置病囚院兼加醫藥中
書覆云有罪當刑仰天無恨無病致斃没地銜冤燃死

灰而必在至仁照露盆而須資異鑑書著欽哉之旨禮
標恤也之文因彰善于泣辜更推恩于扇暍所謂置病
囚院望依仍委隨處長吏專切經心或有病囚當時遣
醫人診候治療後據所犯輕重決斷如敢故違致病囚
負屈身亡本處官吏並加嚴斷兼每及官至五日一度
差人洗刷枷匣　應順元年三月戊午詔應三京諸道
州府繫囚據罪輕重疾速斷遣比來停滯須奏取裁不
便區分故爲留滯今後凡有刑獄據理斷遣如有勑推
按理合奏聞不在此限　清泰元年五月丁丑詔在京
諸獄及天下州府見繫罪人正當暑毒之時未免拘囚

之苦誠知負罪特軫予懷恐法吏生情滯于決斷詔至
所在長吏親自慮問據輕重疾速斷遣無淹滯
晉天福二年八月勅下刑部大理寺御史臺及三京諸
道州府今後或有繫囚染疾者並令逐處軍醫看候于
公廨錢內量支藥價或事輕者仍許家人看候　四年
九月相州節度使桑維翰奏管內所獲賊人從來籍没
財產云是鄴都舊例格律未見明文勅今後凡有賊人
准格定罪不得没納家貲天下諸州准此處分　三月
庚午詳定院奏前守洪洞縣主簿盧燦進策云伏以刑
獄至重朝廷所難尚書省分職六司天下謂之會府且

請決獄若關人命即刑部不合不知欲請州府凡斷大
辟罪人訖逐季具有無申報刑部仍具錄案款事節并
本判官馬步都虞候司法參軍法直官馬步司判官名
銜申聞所責或有案內情曲不圓刑部可行覆勘如此
則天下遵守法律不敢輕易刑書非唯免有銜冤抑亦
勸其立政者臣等參詳伏以人命至重國法須精雖載
舊章更宜條理誠爲允當望賜施行從之五月詔曰刑
獄之難古今所重但關人命實動天心或有冤魂則傷
和氣應諸道州府凡有囚徒據推勘到案款一一盡理
子細檢律令格勑其間或有疑者准令又讞大理寺亦

疑申尙書省省寺明有指歸州府然後決遣　五年三月丙子詔曰自大中六年已來務耳稱寃決杖流配訴雖有理不在申明今後據其所陳與爲勘斷釐耳之罪准律別科　六年秋七月庚辰詔曰政教所切獄訟惟先推窮須察于事情斷遣必遵于條法用弘欽恤以致和平應三京鄴都及諸道州府見禁諸色人等宜令逐處長吏常切提撕疾速決遣每務公當勿使滯淹　天福八年四月壬申勅朕自臨寰宇思致和平將以四海爲家慮有一物失所每念狴牢之內或多枉撓之人屬此炎蒸倍宜軫憫冀絕滯淹之歎用資欽恤之仁應三

京鄴都及諸道州府見禁罪人等宜令逐處長吏嚴切指揮本推司及委本所判官疾速結絕斷遣不得淹延及致寃濫仍付所司　開運二年五月壬戌殿中丞桑簡能上封事曰伏以天地育萬物廣博厚之恩帝王牧黎元行寬大之令是知恤刑緩獄乃爲政之先布德行惠實愛民之本今盛夏之月農事方殷是雷風長養之時乃動植蕃廡之際宜順時令以弘至仁竊以諸道州府都郡縣應見禁罪人或有久在囹圄稍滯區分胥吏侮文枝蔓乃眾捶楚之下或陷無辜縲絏之中莫能自理苟一人拘繫則數人營財物用既殫工業亦罷若此

之類實繁有徒切恐官吏因循寖成斯弊伏乞降詔合所在刑獄委長吏親自錄問量罪疾速斷遣務絕寃濫勿得淹留庶免虛禁平人妨奪農力冀召和氣以慶明時勅曰囹圄之中縲絏之苦奸吏苟窮于枝蔓平人用費于貨財由玆滯淹兼致屈塞桑簡能體玆軫憫專有敷陳請長吏躬親免獄官抑逼深爲允當宜再頒行宜依十月甲子秘書省著作郎邊玗上封事曰臣聞從諫如流人君之令範極言無隱臣子之常規蓋欲表大國之任人致萬邦之無事前文備載可舉而行伏以皇帝陛下德合上元運膺下武旰食宵衣而軫念好生惡殺

以推仁凡措典刑固無寃枉然以照臨之內州郡尤多若不再舉明伏恐漸成奸弊臣竊見諸道刑獄前朝曾降勅文凡是禁繫罪人五日一度錄問但以年月稍遠漸致因循或長吏事煩不服躬親點檢或胥徒啟倖妄要追領證明慮有涉于淫刑即恐傷于和氣伏乞特降詔勅自今後諸道並委長吏五日一度當面同共錄問所冀處法者無恨銜寃者獲申俾令四海九州咸歌聖德五風十雨永致昌期勅曰人之命無以復生國之刑不可濫舉雖一成之典務在公平而三覆其詞所宜詳審凡居法吏合究獄情邊玗近陟周行俄陳讜議更彰

欽恤宜允申明　三年十一月丁未左拾遺寶儼上疏曰臣伏覩名例律疏云死刑者古先哲王則天垂象本欲生之義期止殺絞斬之坐皆刑之極也又准天成三年閏八月二十三日勑行極法日宜不舉樂減常膳又刑部式決重杖一頓處死以代極法斯皆人君哀矜不捨之道也竊以蚩尤爲五虐之科尙行鞭扑漢祖約三章之法止有死刑絞者筋骨相連斬者頭頸異處大辟之目不出兩端淫刑所興近聞數等蓋緣外地不守通規肆率情性或以長釘貫簪人手足或以短刀臠割人肌膚乃至累朝半生半死俾寃聲而上達致和氣以有

傷將宏守位之仁在峻惟行之令欲乞特下明勑嚴加禁斷者勑曰文物方興刑罰須當有罪亦從于正法去邪漸契于古風實儼所貢奏章實裨理道宜依所奏准律令施行

漢乾祐二年正月勑政貴寬易刑尙哀矜慮滋蔓之生奸實軫傷而是念今屬三元改候四序履端將冀和平無如獄訟應三京鄴都諸道州府見繫罪人委逐處長吏躬親慮問其于決斷務在公平俱見其情即爲具獄勿令率引遂致淹停無縱舞文有傷和氣四月甲午勑日月届正陽候當小暑乃挺重出輕之日是恤刑議獄之辰有罪者速就勘窮薄罰者晝時疏決用符時令勿縱滯淹三京鄴都諸道州府在獄見繫罪人宜令所司疾速斷遣無致淹滯枉濫五月辛未勑政化所先獄訟攸切不惟枉撓兼慮滯淹適當長養之時正屬熇蒸之候累行條貫俾速施行靡不丁寧未曾奏報再須告諭無或因循應三京鄴都諸道州府詔至宜具疏放已行未行申奏無致逗留

周廣順三年四月乙亥勑朕以時當化育氣屬炎蒸乃思縲絏之人是軫哀矜之念慮其非所案鞫淹延或枉濫窮屈而未得申宣或饑渴疾病而無所控告以罪當

刑者惟彼自召法不可移非理受苦者爲上不明安得無慮欽恤之道夙夜靡寧應諸道州府見繫罪人宜令官吏疾速推鞫據經斷遣不得淹滯仍令獄吏洒掃牢獄當令虛歇洗滌枷械無令蚤虱供給水漿無令饑渴如有疾患令其家人看承囚人無主官差醫工診候勿致病亡循典法之成規順長贏之時令俾無淹滯以致治平又賜諸州詔曰朕以敷政之勤惟刑是重旣未能化人于無罪則不可爲上而失刑况時當長贏事貴清適念囹圄之閉固復桎梏之拘縻處于炎蒸何異焚灼在州及所屬刑獄見繫罪人卿可躬親錄問省畧區分

于入務不行者令俟務開繫有理須申者速期疏決俾皆平允無至滯淹又以獄吏逞任情之奸四人被非法之苦宜加檢察勿縱侵欺常令淨掃獄房洗刷枷匣知其饑渴供與水漿有病者聽骨肉看承無主者遣醫工救療勿令非理致斃以致和氣有傷卿忠幹分憂仁明涖事必能奉詔體我用心瞻委于茲輿寐無已餘從勅命處分　顯德元年十一月帝謂侍臣曰天下所奏獄訟多追引證甚致淹延有及百餘日而未決者其中有徒黨反告者劫主陳訴者及妄遣牽引者慮獄吏作倖遲留致生人休廢活業朕每念此彌切疚懷此後宜條貫所在藩郡令選明幹寮吏當其訴訟如獄不滯留人無枉撓明具聞奏量與甄獎

內外官當贖之法梁唐皆無定制多示優容或因時分輕重晉天福六年五月尚書刑部員外郎李象請今後凡是散官不計高低若犯罪不得當贖亦不得上請詳定院覆奏應內外文武官有品官者有從品官法無品官有散試官者應內外帶職廷臣賓從有功將校等並請同九品官例其京都運巡使及諸道州府衙前職員內外雜任鎮將等並請准律不得上請當贖其巡司馬步雖有曾歷品者亦請同流外職准律杖罪以下決罰例徒以上仍依當贖法至周顯德五年七月新定刑統今後定罪諸道行軍司馬節度副使留守准從五品官例諸道兩使判官防禦團練副使准六品官例節度掌書記防團判官兩蕃營田等使判官准從七品官例諸道推巡及軍事判官准從八品官例諸軍將校內諸司使使副供奉殿直臨時奏聽勅旨由是內外品官當贖之法始有定制焉 永樂大典卷八千二百九十

舊五代史卷一百四十七終

舊五代史卷一百四十七攷證

志丸刑法志統類編勑　統類原本訛統數今據文獻通攷改正

倉部郎中　倉部原本訛臧部今據新唐書百官志改正

前濮州錄事參軍崔琮　崔琮原本作崔瑽今據册府元龜改正

相州節度使桑維翰　相州原本訛松州今據通鑑改正

團判官　團判官疑當作團練判官攷五代會要亦作團判官蓋當時案牘之文官名名從簡省今姑仍其舊

宋司空同中書門下平章事薛居正等撰

選舉志　志十

按唐典凡選授之制天官卿掌之所以正權衡而進賢能也凡貢舉之政春官卿掌之所以覈文行而第儁秀也洎梁氏以降皆奉而行之縱或小有釐革亦不出其軌轍今採其事備紀于後以志五代審官取士之方也

梁開平元年七月勅近年舉人當秋薦之時不親試者號為拔解今後宜止絕四月兵部尚書權知貢舉姚洎奏近代設文科選冑子所以綱維名教崇樹邦本也今在公卿親屬將相子孫有文行可取者請許所在州府薦送以廣疏材之路從之（案文獻通考唐時知貢舉皆用禮部侍郎梁開平中始命兵部侍郎楊涉權知貢舉此事薛史不載）

唐同光二年十月中書奏請停舉選一年勅舉選二門國朝之重事但要精確難議權停宜准常例處分　天成元年八月勅應三京諸道今年貢舉人可依常年取解仍令隨處量事津送赴闕　五年二月九日勅近年文士輕視格條就試時疏于帖經登第後恥于赴選宜絕躁求之路別開獎勸之門其進士科已及第者計選數年滿日許就中書陳狀于都堂前各試本業詩賦判文其中才藝灼然可取者便與除官如或事業不甚精者自許准添選

晉天福三年三月翰林學士承旨兵部侍郎權知貢舉崔梲奏臣謬蒙省遇叨掌文衡實憂庸懦之才不副搜羅之旨敢不揣摩頑鈍杜絕阿私上則顯陛下求賢次則使平人得路但以今年就舉比常歲倍多科目之中兇豪甚衆每駁牓出後則時有喧張不自省循但言屈塞互相朋扇各出言詞或云主司不公或云試官受賂實慮上達聖聽微臣無以自明晝省夜思臨深履薄今臣欲請令舉人落第之後或不甘心任自投狀披陳邪請所試與疏義對證兼令其日一甲同共校量若獨委試官恐未息詞理倘是實負抑屈則所司固難逭憲章如其妄有陳論則舉人乞痛加懲斷冀此際免虛遭謗議亦將來可久遠施行倘蒙聖造允俞伏乞降勅處分從之　五年三月詔及第舉人與主司選勝筵宴及中書舍人靸鞋接見舉人兵部禮部引人過堂之日幕次酒食會客悉宜廢之　四月禮部侍郎張允奏曰明君側席雖切旁求貢士觀光豈宜濫進竊窺前代未設諸科始以明經俾昇高第自有九經五經之後及三禮三傳已來孝廉之科遂因循而不廢搢紳之士亦緘默而

無言以至相承未能改作每歲明經一科少至五百以上多及一千有餘舉人如是繁多試官豈能精當況此等多不究義唯攻帖書文理既不甚通名第豈可妄與且常年登科者不少相次赴選者甚多州縣之間必無遺闕輦轂之下須有稽留怨嗟自此而興謗讟因茲而起但令廣場大啟諸科並存明經者悉包於九經五經之中無出于三禮三傳之內若無釐革恐未便宜其明經一科伏請停廢又奏國家懸科待士貴務搜揚責實求才須除訛濫童子每當就試止在念書背經則雖似精詳對卷則不能讀誦及名成貢部身返故鄉但尅日

以取官更無心而習業濫蠲徭役虛占官名其童子一科亦請停廢勅明經童子宏詞拔萃明算道舉百篇等科並停　七年五月勅應諸色進策人等皆抱材能方來投獻宜加明試俾盡臧謀起今後應進策條中書奏覆勅下其進策人委門下省試策三道仍定上中下三等如是元進策內有施行者其所試策或上或中者委門下省給與減選或出身優牒合格參選日其試策者委銓司超壹資注擬其試策中者委銓司依資注擬如是所試策或上或中元進策條並不施行所試策下元進策條內有施行者其本官並仰量與恩賜發遣若或所試策下所進策條並不施行便仰曉示發遣不得再有投進餘並准前後勅文處分　開運元年八月詔曰明經童子之科前代所設蓋期取士亘謂通規爰自近年暫從停廢損益之機未見牢籠之義全虧將闡斯文宜依舊貫庶臻至理用廣旁求其明經童子二科今後復置　十一月工部尚書權知貢舉竇貞固奏進士考試雜文及與諸科舉人入策歷代已來皆以三條燭盡爲限長興二年改令晝試伏以懸科取士有國常規沿革之道雖殊公共之情難失若使就試兩廊之下揮毫短景之中視晷刻而惟畏稽遲演詞藻而難求妍麗

未見觀光之美但同欵答之由既非師古之規恐失取人之道今欲考試之時准舊例以三條燭爲限其進士諸色舉貢人等有懷書冊入院者舊例扶出不令就試近年以來雖見懷藏多是容縱今欲振舉弛紊明辨臧否冀在必行庶爲定式

漢乾祐二年刑部侍郎邊歸讜上言臣竊見每年貢舉人數甚衆動引五舉六舉多至二千三千既事業不精即人文何取請勑三京鄴都諸道州府長官合發諸色貢舉人文解者並須精加考校事業精研即得解送不得濫有舉送塞濫進之門開與能之路勅從之其間條

奏未盡處下貢院錄天福五年四月二十七日勅文告諭天下依元勅條件施行如有故違其隨處考試官員當準勅條處分

周廣順二年二月禮部侍郎趙上交奏貢院諸科今欲不試汎義其口義五十道改試墨義十道從之　三年正月趙上交奏進士元試詩賦各一首帖經二十帖對義五通今欲罷帖經對義別試雜文二首試策一道從之其年八月刑部侍郎權知貢舉徐台符奏請別試雜文外其帖經墨義仍依元格從之　顯德二年三月禮部侍郎竇儀奏請諸科舉人若合解不解不合解而解者監試官爲首罪勅停見任舉送長官奏聞取裁監試官如受賂及令徒進士如有倩人述作文字應舉者許人言告送本處色役永不進仕

唐同光四年三月中書門下奏議左拾遺王松吏部員外郎李愼儀上疏以諸道州縣皆是攝官誅剝生靈漸不存濟比者郭崇韜在中書日未詳本朝故事妄被閑人獻疑點檢選曹曲生異議或告赤欠少一事闕違保內一人不來五保卽須並廢文書一紙有誤數任皆不勘詳其年選人及行事官一千二百五十餘員得官者才及數十皆以偷濫爲名盡被焚毀棄逐或斃踣于旅店或號哭于道途以至二年以來選人不敢赴集銓曹無人可注中書無人可除去年闕近二千授官不及六十伏請特降勅文宣布遐邇明往年制置不自于宸衷此日焦勞特頒于睿澤望以中書條件及王松等所論事節委銓司點檢務在酌中以爲定制從之時議者以銓注之弊非止一朝搢紳之家自無甄別或有伯叔告赤讓于同姓之家隨賂更改因亂昭穆至有季父伯舅反拜姪甥者郭崇韜疾惡太深奏請釐革豆盧革韋說俛免賛成或有親舊訊其事端者革說曰此郭漢子之意也及崇韜誅韋說卽教門士王松上疏奏論故有此奏議者非之　天成四年冬十月丙申詔曰本朝一統之時除嶺南黔中去京地遠三年一降選補使號爲南選外其餘諸道及京百司諸色選人每年動及數千分爲三選尙爲繁重近代選人每年不過數百何必以一司公事作三處官方況有格條各依資考兼又明行勅命務絕阿私宜新公共之規俾愼官常之要其諸道選人宜令三銓官員都在省署子細磨勘無違礙後卽據格同商量注擬連署申奏仍不得躡前于私第注官如此則人吏易可整齊公事亦無遲滯　長興元年三月勅凡是選人皆有資考每至赴調必驗文書或不具全

多稱失墜將明本未須示規程其判成諸色選人黃甲下後將歷任文書告赤連粘宜令南曹逐縫使印都于後面粘紙其前後歷任文書都計多少紙數仍具年月日判成授某官蓋懼其分假于人故也　其年十月中書奏吏部流內銓諸色選人先條流試判兩節並委本官優劣等第申奏文優者宜超一資注擬其次者宜依資吏次者以同類官注擬所以勵援毫之作亦不掩歷任之勞其或于理道全疎者以人戶少處州縣同類官中比擬仍准元勑業文者任徵引古今不業文者但據公理判斷可否不當罪在有司兼諸色選人或有元通

家狀不實鄉里名號將來赴選者並令改正一一堅本貫屬鄉縣兼無出身一奏一除官等宜並不加選限從之　應順元年正月丁卯中書門下奏准天成二年十二月勑長定格應經學出身人一任三考許入下縣令下州錄事參軍亦入中下州錄事參軍兩任四考許入中下縣令中州錄事參軍兩任六考許入上縣令及緊州錄事參軍凡爲進取皆有因依或少年便受好官或暮齒不離卑任兄孤貧舉士或年四十始得經學及第入年合選方受一官在任多不成三考第二選漸向蹉跎一生終不至令錄者若無改革何以發揚自此經學

出身請一任兩考許入中下縣令下州錄事參軍者詔曰參選之徒艱辛不一發身遲滯到老卑低宜優未達之人顯示惟新之澤其經學出身一任兩考元勑入中下縣令下州錄事參軍起今後更許入中下縣令下州錄事參軍一任三考者于人戶多處州縣注擬如于近勑條內資敘相當者卽準格循資考入官其兩任四考者準二任五考例入官餘準格條處分

晉天福三年正月詔曰舉選之流苦辛備歷或則就書歲久或則守事年深少有違礙格條例是不知式樣今則方求公器宜被皇恩所有選人等宜令所司除元毀

故及落下事由外如無違礙並與施行仍令所司遍下諸道起今後文解差錯過在發解州府官吏

漢乾祐二年八月右拾遺高守瓊上言仕官年未三十請不除授縣令因下詔曰起今後諸色選人年七十者宜注優散官年少未歷資考者不得注授令錄其年十二月中書門下奏應出選門官并歷任內曾升朝及兩使判官今任卻授令錄者並依見任官選數赴集從之

周廣順元年二月詔曰自前朝廷除官銓司選授當其用闕皆稟舊規近聞所得官人或他事阻留或染疾淹駐始赴任者旣過月限後之官者遂失期程以至相訟

漸成非次是致新官參謁欲上舊官考秩未終待滿替移動逾時月凋殘一處新舊二官在迎送以爲勞必公私之失緒今後應諸道州府錄事參軍判司縣令主簿等宜令本州府以到任月日旋具申奏及報吏部此後中書及銓司以到任月日用闕永爲定制其年十月詔曰選部公事比置三銓所有員闕選人分在三處每至注擬之際資敘難得相當況今年選人不多宜令三銓公事併爲一處委本司長官通判同商量可否施行今當開泰之期宜軫單平之衆自今後合格選人歷任無違礙者並仰吏部南曹判成如文解差錯不合式樣罪在發解官吏永樂大典卷一萬六千七百八十三

舊五代史卷一百四十八終

舊五代史卷一百四十八攷證

志十選舉志踈于帖經　帖經原本作帖括今據五代會要改正

不試汎義　案原本作不汎試曰義今據册府元龜改正

王松等所論　王松册府元龜作王權考文獻通攷作王松是書韋說傳亦作松今仍其舊

舊五代史卷一百四十八攷證

宋司空同中書門下平章事薛居正等撰

職官志　　志十一

夫官非位無以分貴賤位非品無以定高卑是以歷代史官咸有所紀皆窮源而討本期與世以作程迨乎唐祚方隆玄宗在宥採累朝之故事考衆職之遐源申命才臣著成六典其勳階之等級品秩之重輕則已備載于其中矣故今之所撰不敢相沿祖述五代之命官以踵百王之垂範或釐革升降則謹而志之俾後之爲天官卿者得以觀焉 案薛史職官志本唐六典而紀其釐革故載同光天成之改制者稱後唐所以別于六典也

梁開平三年三月詔升尚書令爲正一品 按唐六典尚書令正二品是時以將授趙州王鎔此官故升之 後唐天成四年八月詔曰朝廷每有將相恩命準往例諸道節度使帶平章事兼侍中中書令並列銜于勑牒後側書使字今兩浙節度使錢鏐是元帥尚父與使相名殊承前列銜久未改正湖南節度使馬殷先兼中書令之時埋宜齒于相位今守太師尚書令是南省官資不合列署敕尾今後每署將相敕牒宜落下錢鏐馬殷官位仍永爲常式

梁開平二年四月改左右丞爲左右司侍郎避廟諱也至後唐同光元年十月復舊爲左右丞 後唐長興元年九月詔曰臺轄之司官資並設左右貂素來相類左右揆不至相懸以此比方豈宜分別自此宜升尚書右丞官品與左丞並爲正四品

右都省

後唐長興四年九月勑馮贇有經邦之茂業宜進位于公台但緣平章事字犯其父名不欲斥其家諱可改同平章事爲同中書門下二品後至周顯德中樞密使吳廷祚亦加同中書門下二品避其諱也

晉天福五年二月勑以門下侍郎中書侍郎並爲清望正三品

晉天福五年九月詔曰六典云中書舍人掌侍奉進奏參議表章凡詔旨制勑璽書策命皆按故事起草進畫旣下則署而行之其禁有四一曰漏洩二曰稽緩三曰違失四曰忘誤所以重王命也古昔已來典實斯在爰從近代別創新名今運屬興王事從師古俾仍舊貫以耀前規其翰林學士院公事宜並歸中書舍人七年五月中書門下上言有司檢尋長興四年八月二十一日勑準官品令侍中中書令正三品按會要大曆二年十

一月陞爲正三品左右常侍從三品按會要廣德二年五月陞爲正三品門下中書侍郎正四品大曆二年十一月陞爲正三品諫議大夫正五品按續會要會昌二年十二月陞爲正四品以補中書門下四品之闕御史大夫從三品會昌二年十二月陞爲正三品御史中丞正五品亦與大夫同時陞爲正四品勅宜各準元勅處分仍添入令文永爲定制又詔門下侍郎班在常侍之下俸祿同常侍　周顯德五年六月勅諫議大夫宜依舊正五品上仍班位在給事中之下按唐典諫議大夫四員正五品上皆隸門下省班在給事中之下至會昌

二年十一月中書門下奏陞爲正四品下仍分爲左右以備兩省四品之闕故其班亦陞在給事中之上近朝自諫議大夫拜給事中者官雖序遷位則降等至是以其遷次不備故改正焉

右兩省

後唐清泰二年十一月制以前同州節度使檢校太尉同平章事馮道爲守司空時議者曰自隋唐以來三公無職事自非親王不恆置于宰臣爲加官無單置者道在相位時帶司空及罷鎭未命官議者不練故事率意行之及制出言議紛然或云便可綜中書門下事或云須册拜開府及就列無故事乃不就朝堂敍班臺官兩省官入就列方入宰臣退踵後先退劉昫又以罷相爲僕射出入就列一與馮道同議者非之及晉天福中以李鏻爲司徒周廣順初以竇貞固爲司徒蘇禹珪爲司空遂以爲例議者不復有云

右三公

後唐天成元年夏六月以李琪爲御史大夫自後不復除　其年冬十一月丙子諸道進奏官上言今月四日中丞上事臣等禮合至臺比期不越前規依舊傳語忽蒙處分通出尋則再取指揮要明審的又蒙問大夫相

公上事日如何臣等訴云大夫曾爲宰相進奏官伏事中書事體之間實爲舊吏若以刑官除授合云傳語勞來又堅令通出臣等出身藩府不會朝儀拒命則恐有奏聞遵稟則全隳則例伏恐此後到臺參賀儀則不定者詔曰御史臺是大朝執憲之司乃四海繩違之地凡居中外皆所整齊藩侯尙展于公參郞吏豈宜于抗禮遽觀論列可驗侮輕但以喪亂孔多紀綱隳紊霜威掃地風憲銷聲今則景運惟新皇圖重正稍加提舉漸止澆訛宜令御史臺凡關舊例並須舉行如不稟承當行朝典時盧文紀初拜中丞領事于御史府諸道進奏官

來賀文紀曰事例如何臺吏喬德威言朝廷在長安日進奏官見大夫中丞如胥吏見長官之禮及梁氏將革命本朝微弱諸藩强據人主大臣姑息邸吏時中丞上事邸吏雖至皆于客次傳語竟不相見自經兵亂便以爲常文紀令臺吏諭以舊儀相見據梜端簡通名贊拜邸吏輩旣出怒不自勝相率于閤門求見騰口喧訴明宗謂趙鳳曰進奏官比外何官鳳對曰府縣發遞祗候之流也明宗曰乃吏役耳安得慢吾法官乃下此詔

晉天福五年二月以御史中丞爲淸望正四品按唐典御史中丞正五品上今始陞之　三年三月壬戌御史臺奏按六典侍御史掌糾舉百僚推鞫獄訟居上者判臺知公廨雜事次知西推贓三司受事次知東推理匭勑宜依舊制遂以駕部員外郎兼侍御史知雜事劉皡爲河南尹自是無省郎知雜者　開運二年八月勑御史臺准前朝故事以郎中員外郎一人兼侍御史知雜事近年停罷獨委年深御史知雜振舉之間紀綱未峻宜遵舊事庶叶通規宜却于郎署中選淸愼强幹者兼侍史知雜事

右御史臺

昔唐朝擇官一人焉爲樞密使以出納帝命案職官分紀唐樞密使與兩軍中尉謂之四貴天祐元年廢項安世家說唐于政事堂後列五房有樞密房以主曹務則樞密之任宰相主之未始他付其後寵任宦人始以樞密歸之內侍至梁開平元年五月改樞密院爲崇政院始命敬翔爲院使仍置判官一人自後改置副使一人二年十一月置崇政院直學士二員選有政術文學者爲之其後又改爲直崇政院案原本作直崇文院今從五代會要改正

後唐同光元年十月崇政院依舊爲樞密院命宰臣郭崇韜兼樞密使亦置院一人案五代會要作亦置院使一人　晉天福四年四月以樞密副使張從恩爲宣徽使權廢樞密院故也先是晉祖以宰臣桑維翰兼樞密使懇求免職只在中書遂以宣徽使劉處讓代之每有奏議多不稱旨其後處讓丁憂乃以樞密印付中書門下故有是釐改也　開運元年六月勑依舊置樞密院以宰臣桑維翰兼樞密使從中書門下奏請也　周顯德六年六月命司徒平章事范質禮部尚書平章事王溥並參知樞密院事

梁開平元年四月始置建昌院以博王友文判院事以太祖在藩時四鎭所管兵車賦稅諸色課利按舊簿籍而主之其年五月中書門下奏請以判建昌院事爲建昌宮使仍以東京太祖潛龍舊宅爲宮也二年二月以

侍中（案原本有闕文據五代會要以侍中韓建判建昌宮使）判建昌宮事至十月以尚書兵部侍郎李皎爲建昌宮副使三年九月以門下侍郎平章事薛貽矩兼延資庫使判建昌宮至四年十二月以李振爲建昌宮副使乾化二年五月以門下侍郎平章事于兢兼延資庫使判建昌宮事其年六月廢建昌宮以河南尹魏王張宗奭爲國計使凡天下金穀兵戎舊隸建昌宮者悉主之至後唐同光四年二月以吏部尚書李琪爲國計使自後廢其名額不置

後唐同光元年十一月以左監門衛將軍判內侍省李紹宏兼內勾凡天下錢穀簿書悉委裁遣自是州縣供

帳煩費議者非之又內勾之名人以爲不祥之言二年正月勅鹽鐵度支戶部三司凡關錢物並委租庸使管轄廼梁之舊制也天成元年四月詔廢租庸院依舊爲鹽鐵戶部度支三司委宰臣一人專判至長興元年八月以許州節度使張延朗行工部尚書充三司使班在宣徽使之下三司置使自延朗始也唐朝已來戶部度支掌泉貨鹽鐵時置使名戶部度支則尚書省本司郎中侍郎判其事天寶中楊愼矜王鉷楊國忠繼以聚貨之術媚上受寵然皆守戶部度支本官別帶使額亦無所改作下及劉晏第五琦亦如舊制自後亦以宰臣各判一司不置使額乾符後天下兵興隨處置租庸使以主調發兵罷則停梁時乃置租庸使專天下泉貨莊宗中興秉政者不閑典故廼踵梁朝故事復置租庸使以魏博故吏孔謙專使務斂怨于下斵喪王室者實租庸之弊故也洎明宗嗣位思革其弊未及下車乃詔削除使名但命重臣一人判其事曰判三司至是延朗自許州入再掌國計白於樞密使請置三司名宣下中書議其事宰臣以舊制覆奏授延朗特進行工部尚書充諸道鹽鐵轉運等使兼判戶部度支事從舊制也明宗不從竟以三司使爲名

梁開平三年正月改思政殿爲金鑾殿至乾化元年五月置大學士一員始命崇政院使敬翔爲之前朝因金巒坡以爲門名與翰林院相接故爲學士者稱金鑾焉梁氏因之以爲殿名仍改巒爲鑾從美名也大學士與三館大學士同（青箱雜記梁祖都汴庶事草創貞明中始于今右長興門東北創小屋數十間爲三館湫隘尤甚又周廬徼道咸出其間衞士騶卒朝夕喧雜每受詔撰述皆移他所）

後唐天成元年五月勅翰林學士尚書戶部侍郎知制誥馮道翰林學士中書舍人趙鳳俱以本官充端明殿學士非舊號也時明宗登位每四方書奏多令樞密使安重誨讀之不曉文義於是孔循獻書始置端明殿學

士之名命道等爲之二年正月勅端明殿學士宜命班在翰林學士上今後如有轉改仍只于翰林學士內選任初置端明殿學士名目如三館之例職在官下趙鳳轉侍郎遣人諷任圜移職在官上至今爲例案職官分紀晉天福五年廢端明殿學士開運元年桑維翰爲樞密使復奏置學士同光元年四月置護鑾書制學士以尙書倉部員外郎趙鳳爲之時莊宗初建號故特立此名非故事也八月賜翰林學士承旨戶部尙書盧質論思匡佐功臣亦非常例也

天成三年八月勅掌綸之任擢才以居或自初命而升或自憲秩而授蓋重厥職靡繫其官雖事分皆同而行綴或異誠由往日未有定規議官位則上下不恒論職次則後先未當宜行顯命以正近班今後翰林學士入院並以先後爲定惟承旨一員出自朕意不計官資先後在學士之上仍編入翰林志其年十一月勅新除翰林學士張昭遠早踐綸闈久司史筆曾居憲府累陟貳卿今既擢在禁林所宜別宣班序其立位宜次崔梲宋史張昭傳晉天福二年宰相桑維翰薦昭爲翰林學士內署故事以先後入爲次不繫官序特詔昭立位次承旨崔梲據宋史則此勅當在晉天福中是書繫于唐天成三年後疑原本有脫誤

晉開運元年六月勅翰林學士與中書舍人分爲兩制各置六員偶自近年權停內署况司詔命必在深嚴將使從宜却仍舊貫宜復置翰林學士院　周顯德五年十一月詔曰翰林學士職係禁庭地居親近與班行而既異在朝請以宜殊起今後當直下直學士宜令逐日起居其當直學士仍赴晩朝舊制翰林院學士與常參官五日一度起居時世宗欲令朝夕謁見訪以時事故有是詔

右內職

後唐天成三年五月詔曰開府儀同三司階之極太師官之極封王爵之極上柱國勳之極近代已來文臣官階稍高便授職柱國歲月未深便轉上柱國武資不計何人初官便授上柱國官爵非無次第階勳備有等差宜自此時重修舊職今後凡是加勳先自武騎尉經十二轉方授上柱國永作成規不令踰越雖有是命竟不革前例

右勳格

後唐淸泰二年秋九月庚申尙書考功上言今年五月翰林學士程遜所上封事內請自宰相百執事外鎭節度使刺史應係公事官逐年書考較其優劣遂檢尋唐書六典會要考課令書考第從之時議者曰考績之法

唐堯三代舊制西漢以刺史六條察郡守五曹尚書綜庶績法尤精察吏有檢繩漢末亂離舊章弛廢魏武于軍中權制品第議吏清濁用人拔吏頓爽前規隋唐已來始著于令漢代郡守入爲三公魏晉之後政在中書左右僕射知政事午前視禁中午後視省中三臺百職無不統攝以是論之宰輔憑何較考自天寶末權置使務已後庶事因循尚書諸司漸致有名無實廢墜已久未知憑何督責程遜所上亦未詳本源其時所司雖有舉明大都諸官亦無考較之事

右較考

梁開平元年四月詔開封府司錄參軍及六曹掾屬宜各置一員兩畿赤縣置令簿尉各一員　二年十月省諸道州府六曹掾屬只留戶曹一員通判六曹　後唐同光元年十一月中書門下奏諸寺監各請只置大卿監祭酒司業各一員博士兩員其餘官屬並請權停惟太常寺事關大禮大理寺事關刑法除太常博士外許更置丞一員其王府及東宮屬司天五官正奉御之類凡不急司存並請未議除授其諸司郎中員外郎應有雙曹處且署一員左右散騎常侍諫議大夫給事中起居郎起居舍人補闕拾遺各置一半三院侍御史仍委御史中丞條理申奏即日停罷朝官仍各錄名氏具罷任月日留在中書候見任官滿二十五箇月並據資品却與除官從之　周顯德五年十二月詔兩京五府少尹司錄參軍先各置兩員起今後只置一員六曹判司內只置戶曹法曹各一員其餘及諸州支使兩蕃判官並省

右增減

梁開平元年五月改御食使爲司膳使小馬坊使爲天驥使文思院使爲乾文院使同和院使爲儀鸞院使其年又改城門郎爲門局郎避廟諱也唐同光元年十一月依舊爲城門郎　後唐天成元年十一月詔曰雄武軍節度使官銜內宜兼押蕃落使（案職官分紀長興元年分飛龍院爲左右院以小馬坊爲右飛龍院）　二年七月詔曰頃因本朝親王遙鎮其在鎮者遂云副大使知節度事但年代已深相沿未改今天下侯伯並正節旄惟東西兩川未落副大使字宜令今後只言節度使　晉天福五年四月丙午詔曰承旨者承時君之旨非近侍重臣無以稟朕命宜予言是以大朝會宰臣承旨草制詔學士承旨若無區別何表等威除翰林承旨外殿前承旨宜改爲殿直密院承旨宜改爲承宣御史臺三司閤門客省所有承旨並令別

定其名　周廣順二年十二月詔改左右威衞復爲屯衞避御名也

右改制

後唐同光二年三月中書門下奏糾轄之任時謂外臺宰字之官古稱列爵如非朝命是廢國章近日諸道多是各列官銜便指州縣請朝廷之正授樹藩鎮之私恩頗亂規程宜加條制自今後大鎮節度使管三州已上者每年許奏管內官三人如管三州以下者許奏管內官二人仍須有課績尤異方得上聞若止于檢慎無瑕科徵及限是守常道只得書考旌嘉不得特有薦奏其

防禦使每年只許奏一人若無尤異不得奏薦刺史無奏薦之例不得輒亂規程其年八月中書奏僞庭之時諸藩參佐皆從除授自今後諸道除節度副使兩使判官除授外其餘職員并諸州軍事判官各任本處奏辟其軍事判官仍不在奏官之限所冀招延之禮皆合于前規簡辟之間無聞于濫舉從之　長興二年十一月詔曰闕員有限人數常多須以高低定其等級起今後兩使判官罷任後宜一年外與比擬書記支使防禦團練判官等二年外推巡防禦團練推官軍事判官等並三年後與比擬仍每遇除授量與改轉官資或階勳或職資其有殊常勳績者別議優陞若有文學智術超邁羣倫或爲衆所稱或具知迴舉察驗的實者不拘年月之限　清泰二年八月中書門下上言前大卿監五品陞朝官西班將軍皆在任許滿二十五月如衞替已經二十月即別任用少卿監舊例三任四任方入大卿監五品三任四任方入少卿監今後並祇三任逐任須月限滿無殿責者便入此官西班將軍罷任一年許求官舊例三任四任方入大將軍今祇無殿責或曾任金吾將衛使藩鎮刺史特勅並不拘此例諸道除兩使判官外書記已下任自辟請應朝官除外任罷任後一年方

許陳乞諸道賓席未曾陞朝者若官兼三院御史即除中下縣令兼大夫中丞祕書少監郎中員外郎與清資初任陞朝官檢校官至尚書常侍祕書監庶子陞朝便與少卿監諸州防禦團練判推官並請本州辟諸中書不更除授應出選門官帶三院御史供奉裏行及省銜罷任後周年許陳乞諸州別駕不除令錄仍守本官月限得替後一年許陳乞長史司馬因攝奏正未有官者送名從之　三年五月乙未詔曰近以內外臣寮出入迭處稍均勞逸免滯轉遷應兩司判官畿赤令取郎中員外補闕拾遺三丞五博少列宮寮選擇擢任一則俾

藩方侯伯別耀資階次則致朝列人臣備諸時政今後或有滿闕便宜依此施行　周廣順元年夏五月辛巳詔朝廷設爵命官求賢取士或以資敘進或以科級陞至有白首窮經方諧一第半生守選始遂一官是以國無幸民士不濫進近年州郡奏薦多無出身前官或因權勢書題或是衷私請託既難限意便授真恩遂使躁求僥倖之徒爭趨捷徑辛苦孤寒之士盡泣窮途將期激濁揚清所宜循名責實今後州府不得奏薦無前官及無出身人如有奇才異行越衆超羣亦許具名以聞便可隨表赴闕當令有司考試朕亦親自披詳斷其否

臧僥倖之陞黜庶使人不謬舉野無遺才　顯德二年六月詔兩京諸州州府留守判官兩使判官少尹防禦團練軍事判官今後並不得奏薦其防禦團練刺史州各置推官一員

右釐革

晉天福三年十一月起居郎殷鵬上言竊聞司封格式內外文武臣寮幾陞朝籍者無父母便與追封贈父母在即未敘未封以臣所見誠爲不可此則輕生者而重死者棄今人而錄故人其榮有何其理安在又云父母在品秩及格者即以封其母不加其父便加邑號兼曰太君遂令妻則旁若無夫子則上若無父豈有父則賤而母則貴夫則卑而妻則尊若謂其父未合加恩安得其母受賜若謂以子便合貴曷得其父不先封伏以父尊母卑天地之道尊無二上國家同體今授封父無爵名教不順莫大于茲臣伏乞自今後文武臣寮父母在其父母已有官爵者即敘進資品以及格式或不任祿仕即可授以致仕或同正官所貴得以敘封妻室即父母俱榮孝子無不逮之感閨門交映聖君覃慶賞之恩噫荷陛下孝治之風受陛下榮親之祿者靜而屈指不過數人陛下得以特議舉行編爲令式勸天下之爲善

令域中之望風自然見前代之闕文成我朝之盛典況唐長興元年德音內一節應在朝中外臣僚父母在並與加恩司封不行明制堅執前文倘布新恩兼合舊勑庶使事君事父恒尊一體之規爲子爲臣不失兩全之義臣又聞封令式內外臣寮官階及五品以上者即與封妻蔭子固不分於清濁但祇言其品秩且諫議大夫給事中中書舍人並是五品贊善大夫洗馬中允奉御等亦是五品若論朝廷之委任宰臣之擬論出入之階資中外之瞻望則天壤相懸矣及其敘封乃爲一貫相沿至此甚非而况北省爲陛下侍從之臣南宮掌陛下

經綸之務憲臺執陛下紀綱之司首冠羣寮總爲三署當職尤重責望非輕此則清列十年不遂顯榮之願彼則雜班兩任便承封廕之恩事不均平理宜改革伏乞自今後應諸官及五品已上者卽依舊制施行應三署清望官及六品以上便與封廕清濁旣異品秩宜升仍下所司議爲恆式從之　漢乾祐元年七月詔尙書省集議內外臣寮父在母承子廕敘封追封合加太字否以聞尙書奏議曰今詳前後勅條凡母皆加太字存沒並同此卽是父歿母存卽敘封進封內加太字母沒追封亦加太字故云存沒並同若是父在據勅格無載爲

母加太字處若以近勅因子貴與父命官父自有官卽妻從父品可以封妻父在不合以其子加母太字若雖有因子之官其品尙卑未得廕妻亦不合用子廕之限從之　周顯德六年冬十二月壬辰尙書兵部上言本司廕補千牛進馬在漢乾祐中散失勅文自來只準晉編勅及堂帖施行伏緣前後不同請別降勅命詔曰今後應廕補子孫宜令逐品許補一人直候轉品方得更補不得於本品內重疊收補如是所補人有身故除名落蕃廢疾及應舉及第內只許于本品內再補一人太子進馬太子千牛不用收補詹事依祭酒例施行兵部尙書侍郎舊制不許收補宜許收補致仕官歷任中曾任在朝文班三品武班二品及丞郎給舍已上金吾大將軍節度防禦團練留後者方得補蔭皇蔭人其祖父曾授著皇朝官秩方得收補應合收補人須是本官親子孫年貌合格別無諭濫方許施行餘從舊例處分

右封廕

梁開平四年四月勅諸州鎭使官秩無高卑並在縣令之下其年九月詔曰魏博管內刺史比來州務並委督郵遂使曹官擅其威權州牧同于閑冗俾循通制宜塞異端並宜依河南諸州例刺史得以專達時議者曰唐

朝憲宗時烏重胤爲滄州節度使嘗以河朔十六州能抗拒朝命者以奪刺史權與縣令職而自作威福耳若二千石各得其柄又有鎭兵雖安史挾奸豈能據一墉而叛哉遂奏以所管德棣景三州各還刺史職分州兵並隸收管是後雖幽鎭魏三道以河北舊風自相傳襲惟滄州一道獨稟命受代自重胤制置使然也則梁氏之更張正合其事矣　後唐長興元年正月詔曰要道纔行則千岐共貫宏綱一舉則萬目畢張前王之法制罔殊百代之科條悉在無煩改作各有定規守程式者心逸日休率胸臆者心勞日拙天垂萬象星辰之分野

靡差地載羣倫岳瀆之方隅不易倘各司其局則皆盡其心且律令格式六典凡關庶政互有區分久不舉行遂至墜紊宜準舊制令百司各於其間錄出本局公事巨細一一抄寫不得漏落纖毫集成卷軸仍粉壁書在公廳若未有廨署者文書委官司主掌仍每有新授官到令自寫錄一本披尋或因顧問之時應對須知次第無容曠闕每在執行使庶寮則守法奉公宰臣則提綱振領必當彝倫攸敘所謂至道不繁何必期年然後報政宜令御史臺遍加告諭催促限兩月內鈔錄及粉壁書寫須畢其間或有未可便行及曾釐革事件委逐司旋申中書門下當更參酌奏覆施行其年八月勅今後大理寺官員宜同臺省官例升進其法直官比禮直官任使　應順元年春三月戊午宗正上言故事諸陵有令丞各一員近令丞不俱置便委本縣令兼之緣河南洛陽是京邑恐兼令丞不便詔特置陵臺令丞各一員

右雜錄永樂大典卷三千七百九十五

舊五代史卷一百四十九終

舊五代史卷一百四十九攷證

志十一職官志四曰忘誤　忘誤册府元龜作失誤攷五代會要職官分紀俱作忘今仍其舊

又改爲直崇政院　直崇政院原本作直崇文院今從五代會要改正

亦置直院一人　案五代會要作亦置院使一人石林燕語作改爲樞密院直學士

𢥠補千牛進馬　進馬原本訛進貝攷職官分紀有太子進馬貝字係傳寫之訛今改正

舊五代史卷一百四十九攷證

舊五代史卷一百五十

宋司空同中書門下平章事薛居正等撰

郡縣志　案郡縣志序永樂大典原闕、　志十二

河南道　西京河南府滑州許州陝州青州兗州宋州陳州曹州亳州鄭州汝州單州濟州濱州密州潁州濮州蔡州

關西道　雍州京兆府同州華州耀州乾州隴州涇州原州鄜州威州衍州武州良州府州雄州警州

河東道　并州太原府潞州澤州晉州新州武州雲州應州絳州慈州隰州遼州沁州解州勝州河中府

河北道　魏州大名府鎮州真定府滄州景州德州邢州磁州澶州貝州相州泰州雄州幽州新城縣定州博州莫州深州瑞州靜安軍

劍南道　蜀州漢州彭州

江南道　黔州處州溫州婺州湖州秀州全州杭州福州台州明州虔州蘇州邵州郴州建州道州鄂州潭州

淮南道　安州盧州楚州壽州天長縣

山南道　襄州鄧州唐州復州金州忠州萬州夔州利州閬州果州郎州集州鳳州唐州商州隨州合州雄勝軍

隴右道　秦州成州洮州

嶺南道　邕州恩州溥州恩唐州潘州桂州　案以上見永樂大典卷一萬二百八十二考薛史諸志之體郡縣志當是以開元十道圖爲本惟載五代之改制其仍唐舊制者則闕焉永樂大典載薛史原文疑有刪節今仍錄于卷首以存其舊

梁開平元年梁祖初開國升汴州爲開封府建名東京元管開封浚儀陳留雍丘封丘尉氏六縣至是割滑州之酸棗長垣鄭州之中牟陽武宋州之襄邑曹州之戴邑許州之扶溝鄢陵陳州之太康九縣隸焉後唐復降

爲汴州以宣武軍爲額其陽武長垣扶溝考城等四縣仍且隸汴州其餘五縣却還本部晉天福中復升爲東京復以前五縣隸之漢周並因之單州本單父縣梁爲輝州後唐同光二年復舊隸宋州周廣順中割隸曹州　案以上二條見太平御覽其餘郡縣闕畧不全今考薛史諸志多本五代會要謹采五代會要附載于後

後唐長興三年四月中書門下奏據十道圖舊制以王者所都之地爲上本朝都長安遂以關內道爲上今宗廟宮闕皆在洛陽請以河南道爲上關內道爲二河東道第三河北道第四劍南道第五江南道第六淮南道第七山南道第八隴右道第九嶺南道第十從之

河南道

滑州酸棗縣長垣縣　梁開平三年二月割隸汴州後唐同光二年二月酸棗縣郤隸滑州長垣縣郤改爲匡城縣晉天福三年十月酸棗縣郤割隸開封府

鄭州中牟縣陽武縣　梁開平三年二月割隸汴州後唐同光二年二月勑中牟縣郤隸鄭州晉天福三年十月中牟縣郤割屬開封府

宋州襄邑縣　梁開平三年二月割隸汴州後唐同光二年郤隸宋州晉天福三年十月復割隸開封府

曹州戴邑縣　梁開平三年二月割隸曹州後唐同光二年二月復爲考城縣

許州扶溝縣鄢陵縣　梁開平三年二月割隸汴州後唐同光二年二月鄢陵縣郤隸許州天成元年九月扶溝縣郤隸許州晉天福三年十月並割屬開封府

陳州太康縣　梁開平三年二月割隸汴州後唐同光二年二月復隸陳州晉天福三年十月郤屬開封府

單州楚丘縣　梁開平四年四月割隸宋州

碭山縣　後唐同光二年勑碭山縣僞梁朔爲輝州併單州後理所于輝州今宜郤屬單州其

輝州依舊爲碭山縣

汝州葉縣襄城縣後唐同光二年十二月租庸使奏二縣原屬汝州今隸許州伏緣最鄰京畿戶口全少伏乞却割隸許州從之

臨汝縣周顯德三年三月廢

密州輔唐縣梁開平三年八月改爲安上縣後唐同光元年十月復爲輔唐縣晉天福七年七月改爲膠西縣避高祖諱也

濟州周廣順二年九月以鄆州鉅野升爲州其地望爲上割兗州任城中都單州金鄉等縣隸之其年十二月又割鄆州鄆城縣隸之中都縣却隸鄆州

濱州周顯德三年六月制以贍國軍升爲州其地望爲上亢屬京割棣州渤海蒲臺兩縣隸之

關內道

京兆府奉先縣梁開平三年二月割隸同州後唐同光三年二月却隸京兆府

武功縣

好畤縣後唐長興元年五月勑併臨等四鄉隸京兆府

渭南縣周顯德三年四月割屬華州

同官縣梁開平三年三月割隸司州後唐同光三年七月割隸耀州

美原縣後唐同光三年七月割隸耀州

華州洛南縣後唐同光三年六月河中府奏韓城郃陽澄城縣僞梁割屬當府其澄城縣今請却立同州韓城郃陽縣且屬當府從之天成元年七月勑韓城郃陽二縣却割隸同州

隴州汧陽縣汧源縣吳山縣後唐長興元年五月依舊割隸隴州

涇州平涼縣後唐清泰三年正月涇州奏平涼縣自吐蕃陷渭州權于平涼縣爲渭州理所遂罷平涼縣又有安國耀武兩鎮兼屬平涼其賦租節目並無縣管今却置平涼縣管安國耀武兩鎮人戶從之

臨涇縣後唐清泰三年二月原州刺史翟建奏本州自陷吐蕃權于臨涇縣理所臨涇原屬涇州刺史只管捕盜其人戶卽涇州管縣既無屬縣刺舉何施伏乞割涇屬當州從之

鄜州鄜城縣梁開平三年四月改爲昭化縣後唐同光元年十月復爲鄜城縣

咸寧縣周顯德三年三月十日廢

威州晉天福四年五月勑靈州方渠鎮宜升爲威州隸靈武仍割寧州木波馬嶺二鎮隸之周廣順二年三月改爲環州顯德四年九月降爲通遠軍

衍州周顯德五年六月廢爲定平鎮隸邠州

武州周顯德五年六月廢爲潘源縣隸渭州

河東道

絳州梁開平四年四月割屬晉州後唐同光二年六月却割屬河中府

慈州隰州後唐同光二年六月割隸晉州

儀州梁開平三年閏八月勑兗州管內已有沂州其儀州改爲遼州晉天福五年三月并沁州割隸潞州六年七月并沁州却隸太原

解州漢乾祐元年九月升解縣爲州割河中府聞喜安邑解三縣爲屬邑

河中府稷山縣後唐同光二年正月割隸絳州

慈州仵城縣

呂香縣周顯德三年三月降

河北道

鎮州後唐同光元年四月改爲北京至十一月却復爲成德縣

幽州北平縣後唐長興三年八月改爲燕平縣

滄州長蘆縣乾符縣周顯德三年十月併入清池縣

無棣縣周顯德五年改爲保順軍

弓高縣周顯德六年二月併入東光縣

博州武水縣周顯德三年十月併入聊城

深州博野縣周顯德四年五月割隸定州

澤州梁開平元年六月割隸河陽四年二月却隸潞州

德州晉天福五年十一月移就長河縣爲理所

泰州後唐天成二年三月升奉化軍爲泰州以清苑縣爲理所至晉開運二年九月移就滿城縣至周廣順二年二月廢州其滿城割隸易州

雄州霸州周顯德六年五月以瓦橋關爲雄州割容城歸義二縣隸之益津關爲霸州割文安大成二縣隸之地望並爲中州時初平關南故也

劍南道

蜀州唐興縣梁開平二年八月改爲陶胡縣後唐同光元年十月復爲唐興縣

彭州唐昌縣梁開平二年八月改爲歸化縣後唐同光元年十月復爲唐昌縣

江南道

杭州臨安縣梁開平二年正月改爲安國縣福州閩清縣梁開平元年十月移就梅溪場置蘇州吳江縣梁開平三年閏八月兩浙奏與吳江松江置縣明州望海縣梁開平三年閏八月兩浙奏置處州松陽縣梁開平四年五月改爲長松縣秀州晉天福三年十月兩浙錢元瓘奏以杭州嘉興縣置湘州晉天福四年四月湖南馬希範奏以湘川縣置州仍置清湘縣并割淮陽縣隸之

淮南道

壽州周顯德四年移于潁州下蔡縣仍以下蔡縣爲倚郭以舊壽州爲壽春縣盛唐縣梁開平二年八月改爲濠山縣後唐同光元年十月復爲盛唐

山南道

復州梁乾化二年十月割隸荊南後唐天成二年五月却隸襄州晉天福五年七月直屬京并爲防禦

果州後唐天成二年五月隸利州唐州慈丘縣周顯德三年三月廢鄧州臨湍縣漢乾祐元年正月改爲瀨縣避廟諱也菊潭縣向城縣周顯德三年三月廢商州乾化縣漢乾祐二年六月改爲乾祐縣割隸京兆襄州樂鄉縣周顯德六年二月併入宜城

隴右道

秦州天水縣隴城縣後唐長興三年二月秦州奏見管長道成紀天水三縣外有十鎮徵科並係鎮將今請以歸化恕水五龍黃土四鎮就歸化鎮復置就龍城赤砂染坊夕陽南冶鐵務五鎮就赤砂鎮復置舊天水縣其白石大澤良恭三鎮割屬長道縣從之成州同谷縣栗亭縣後唐清泰三年六月秦州奏階州元管將利福津兩縣並無遷鎮成州元管同谷縣鎮並是鎮便係徵科今欲取成州西南近便鎮分併入同谷縣其東界四鎮別創一縣耆州西南有府城長豊魏平三鎮其地東至泥陽鎮界二十五里北至黃竹路金砂鎮界五十里南至興州界三十里西至白石鎮界一百一十里西南至舊階州界砂地嶺四十五里其三嶺管界併入同谷縣廢其鎮額州東界有勝仙泥陽金砂栗亭四鎮東至鳳州美贈鎮界十五里南至界州界二十里北至高橋三十五里西至同谷界三十五里北至秦州界六十七里欲併其西鎮地于栗亭縣其徵科委縣司捕盜委鎮司從之

嶺南道

潘州茂明縣梁開平元年五月改爲越常縣至後唐同光元年十月復爲茂明縣桂州純化縣梁開平元年五月改爲歸化縣後唐同光元年十月復爲純化縣邕州晉天福七年七月改爲誠州避廟諱溥州晉開運三年三月升桂州全義縣爲州仍改全義縣爲德昌縣并割桂州臨州廣明義寧等三縣隸之從湖南馬希範奏也

舊五代史卷一百五十終

舊五代史卷一百五十攷證

志十二郡縣志曹州之戴邑　案歐陽史職方攷開平元年割曹州之考城更曰戴邑隸開封此祇云曹州之戴邑未見分晰

其陽武長垣扶溝考城等　陽武原本誤武陽今據唐書地理志改正

華州洛南縣　案此下注文所載韓城郃陽澄城等縣似不相屬據歐陽史職方攷洛南故屬商州周割屬華州此本當是脫去洛南沿革小注又脫去同州郃陽縣澄城縣韓城縣等大字今無別本可校姑仍其

舊附識于此

湘州　案湘州二字原本誤作小字連注文一段與秀州下注接寫文不相屬攷唐開元十道圖潭鄂等州原隸江南道應以湘州另爲一條作大字其天福四年四月馬希範奏云云作小注今改正

舊五代史卷一百五十攷證

舊五代史一百五十卷目錄二卷宋薛居正等撰原書久佚乾隆四十年　詔開四庫館從永樂大典中輯錄間有殘闕復取他書所引補之此爲邵學士晉涵原輯本晉涵字二雲餘姚人乾隆辛卯二甲進士歸部銓選以大學士劉文正薦奉　特旨改庶吉士充四庫館纂修旋授職編修歷官至翰林院侍讀學士陽湖洪稚存太史嘗稱其史學本於劉蕺山黃梨洲兩先生此書乃其一手所勘定也逐條之下註明採取書名卷數後來諸家所輯已佚諸經傳注悉用其例四十九年　武英殿刊板盡刪去之彭文勤公屢爭于總裁不見聽薛氏

眞面目遂不可識余於甬東盧氏抱經樓得其原輯本亟以千金購歸付梓行格悉遵　殿本俾得兩本對勘學士纂輯之勤不遂湮沒殆有默相之者司馬遷史記實繼春秋而作謙不敢自居曰余所謂述故事整齊其世傳非所謂作今觀薛史比次舊聞紀傳首尾亦復完具正所謂述且由此可以進窺歐史筆削之意後人以敘次繁允少之抑未知述與作之不同也學士從散佚之餘傍搜博採整比之使歸條理以復原書之舊仍每條註明所採書名卷數亦述者所有事也若刪之則讀者無所徵信矣茲得學士原輯本刻之以廣其傳彭文勤公所屢爭而不得者一旦竟復舊觀不獨讀者之幸抑亦此書之幸也乙丑仲春吳興劉承幹謹跋

跋

宋史太祖紀開寶六年四月戊申詔修五代史玉海是年四月二十五日詔梁後唐晉漢周五代史宜令參政薛居正監修盧多遜扈蒙張澹李穆李昉等同修至七年閏十月甲子書成凡百五十卷目錄二卷其事凡記十四帝五十三年爲紀六十一志十二傳七十七居正本傳則以監修五代史在開寶五年王鳴盛已辨其誤晁氏讀書志同修者尙有劉兼李九齡二人或刊本結銜如是也其後歐陽修以薛史繁猥失實重加修定藏於家修歿後朝廷聞之取以付國子監刊行按宋史選舉志朱子議設諸經子史時務各科試士諸史以左傳國語史記兩漢

爲一科三國晉書南北史爲一科新舊唐書五代史爲一科唐書兼舉新舊而五代史僅舉其一維時歐史盛行所指必非薛史又金史選舉志學校以經史子課士均指定當用之書諸史則史記用裴駰註前漢書用顏師古註後漢書用李賢註三國志用裴松之註及唐太宗晉書沈約宋書蕭子顯齊書姚思廉梁書陳書魏收後魏書李百藥北齊書令狐德棻周書魏徵隋書新舊唐書新舊五代史皆國子監印之授諸學校至章宗泰和七年十一月癸酉詔新定學令內削去薛居正五代史止用歐陽修所撰按金泰和七年當宋寧宗開禧三年爲朱子歿後七年竊意是時南朝先已擯廢薛史北朝文化

自知不逮故起而從其後自是其書遂微元九路分刊十七史明南北監兩刊二十一史均不之及四庫總目謂惟明內府有之見於文淵閣書目按閣目字字號第三櫥存五代史十部有册數無卷數不注新舊使悉爲薛史不應通行之歐史反無一存且薛史刊本絕少亦不應流傳如是之夥如謂兼而有之更不應一無區別頗疑總目所言誤也以余所知明萬曆間連江陳一齋有是書所記卷數與玉海合見世善堂書目清初黃太冲亦有之見南雷文定附錄吳任臣書全謝山謂其已燬於火陳氏所藏陸存齋謂嘉慶時散出趙谷林以兼金求之不可得則亦必化爲刼灰矣然余微聞有人曾見金承

安四年南京路轉運司刊本故輯印之始雖選用嘉業堂劉氏所刻大典有注本仍刊報蒐訪冀有所獲未幾果有來告者謂昔爲歙人汪允宗所藏民國四年三月售於某書估且出其貨書記相眎允宗余故人也方其在日絕未道及然余讀其所記謂所藏爲大定刊本（與上文所云承安微有不合然相距不遠或一爲開工之始一爲竣事之期）題五代書不作五代史較今本不特篇第異同甚多卽文字亦什增三四且同時記所沽書凡七種書名版本均甚詳知所言爲不虛乃展轉追尋歷有年所迄離惝怳莫可究詰今諸史均將竣事不得已惟有仍用劉氏大典本以觀厥成大典本者餘姚邵晉涵取永樂大典所引薛史掇拾成文不足以册府

元龜所引補之均各記其所從出卷數又不足則取宋人所著如太平御覽五代會要通鑑考異等書凡數十種或入正文或作附注亦一一載其來歷四庫館臣復加參訂書成奏進勅許頒行最先刊者爲武英殿本主其事者盡削其所注原輯卷數彭元瑞力爭不從而薛史眞面不可復見且原文凡涉契丹之戎夷蕃胡寇賊虜敵僞僭酋首凶醜及犬羊異類腥膻氊幕編髮左衽犯闕盜據猾夏亂華等字無一不改一再失眞尤涉誣衊久已爲世詬病矣同時有四庫全書寫本近歲南昌熊氏據以景印稍免於已上諸弊然仍有所芟削劉本得諸甬東抱經樓盧氏疑亦當時傳錄之本所列附注凡一千

三百七十條彼此對校殿本少於劉本者凡五百三十八條庫本少於劉本者凡四百七十一條雖殿本增於劉本者有三十九條庫本亦三條而以此方彼總不能不以劉本爲較備且劉本卷七十一有鄭元素傳庫本闕卷九十六有淳于晏傳殿本又闕卷九十八張礪傳文字亦視殿庫二本爲詳凡此皆足證劉本之彼善於此也曩聞長洲章式之同年嘗迻錄孔葒谷校邵氏稿本馳書乞假留案頭者數月悉心讐校亦有異同劉本有而孔本無者三百八十一條有而不全者二十三條孔本有而劉本無者六十五條式之謂邵氏所輯不免偶誤館臣有所增補改正然亦未必能出於劉本之上所惜者

劉氏校勘稍疏間有譌奪全書既成當續輯校記並取各本所增注文別爲補編以臻完美然余終望金南京路轉運司刊本尚在人間有出而與顧讀者相見之一日也海鹽張元濟

百衲本二十四史

舊五代史

撰　者◆宋・薛居正等
發行人◆王學哲
總編輯◆方鵬程
編印者◆本館古籍重印小組

出版發行：臺灣商務印書館股份有限公司
台北市重慶南路一段三十七號
電話：(02)2371-3712
讀者服務專線：0800056196
郵撥：0000165-1
網路書店：www.cptw.com.tw
E-mail：ecptw@cptw.com.tw
網址：www.cptw.com.tw

局版北市業字第 993 號
初版一刷：1937 年 01 月
臺一版一刷：1970 年 01 月
臺二版一刷：2010 年 12 月
定價：新台幣 2500 元

ISBN：978-957-05-2548-9

舊五代史／（宋）薛居正等撰. --臺二版. -- 臺北
市： 臺灣商務, 2010. 11
冊； 公分. --（百衲本二十四史）

ISBN 978-957-05-2548-9（全套：精裝）

1. 五代史

624.201　　99019681